सम्पादक

विजया घोष

हमारी टीम

सम्पादकीय
विजया घोष
आरती मुथन्ना सिंह
एमके जोस
अमरीन तूर

रचना एवं निर्माण प्रारूप
पीपी पीटर

विपणन
वीवीआर मूर्ति

LIMCA BOOK OF RECORDS 2009

ISBN: 978-81-907956-0-9 (Hard cover - English)

ISBN: 978-81-907956-1-6 (Soft cover - English)

ISBN: 978-81-907956-4-7 (Soft cover - Hindi)

ISBN: 978-81-907956-2-3 (Hard cover - Malayalam)

ISBN: 978-81-907956-3-0 (Soft cover - Malayalam)

Researched, compiled and designed by
VG COMMUNICATIONS

Processed and printed by
Ajanta Offset & Packagings Ltd,
Wazirpur, New Delhi

Address all correspondence to
Limca Book of Records
C/o Coca-Cola Inc
Enkay Towers, Udyog Vihar - V
Gurgaon 122 106
Tel: 0124-234 8041/ 571 Extn: 5209/ 5212
e-mail: *editorlimcabook@gmail.com*
Website: **www.limcabookofrecords.in**

सलाहकार

उषा राय
जया रामानाथन
अतनु रॉय
केवीजे चैनुलू
बिनीता सेन
नोवी कपाडिया
विजय कुमार घई
सुरेश कुमार लौ
पीके दत्ता
राकेश राव
कामेश श्रीनिवासन
हरिप्रसाद चट्टोपाध्याय
रन्जीत भाटिया
वीके पाहूजा
रमेश गुप्ता

विशेष धन्यवाद
लीन थोबियस
बिमल नाथ (*दा वीक*)
रक्षा मंत्रालय
सैनिक समाचार
तरूण राय
संधीर एस फ्लोरा
मिनर्वा रिसर्च एंड मीडिया सर्विसेज प्रा. लि.

हिन्दी अनुवाद
वी.के. शर्मा

नोटः लिम्का बुक ऑफ रिकार्ड्स का कोई प्रतिनिधि या शाखा कार्यालय नहीं है।

प्रस्तावना

भारत अपने उत्कर्ष पर के दो दशकों का सफर बहुत ही उत्साहवर्धक और सूचनापरक रहा है। यह *लिम्का बुक ऑफ रिकार्ड्स* का विशेष 20वां संस्करण है। बीस वर्षों से हमने देखा है कि हमारे रिकॉर्ड धारकों ने नई ऊंचाइयों को छुआ है, श्रेष्ठता के नए मापदंड तय किए हैं और आशा के अनुरूप उपलब्धियों को साकार किया है। मैं उन सभी को सैल्यूट करता हूं और उनके जबरदस्त आगे बढ़ने के जबरदस्त जज्बे और पक्के इरादे की सराहना करता हूं, जोकि प्रत्येक *लिम्का बुक ऑफ रिकार्ड्स* धारक में सामान्य तौर पर मौजूद है।

गत् वर्ष हमने हिन्दी संस्करण प्रस्तुत किया था और इस वर्ष *लिम्का बुक ऑफ रिकार्ड्स* मलयालम में भी उपलब्ध है, विशेषकर हमारे केरल के उत्सुक पाठकों के लिए।

लिम्का बुक ऑफ रिकार्ड्स- वाह! इंडिया शो, स्टार न्यूज पर 2008 में भारतीय शो अत्यधिक सफल रहा – आठ महीनों तक पूरे विश्व में लोगों के ड्राइंग रूम तक जांबाज रिकॉर्ड धारक सीधे पहुंचे।

लिम्का बुक ऑफ रिकार्ड्स क्विज़ की पुनः धमाकेदार शुरूआत हुई – डेरेक ओ' ब्रॉयन ने टीमों और दर्शकों के समन्वय से अति रोमांचकारी निर्णायक फैसला किया! युवावस्था के दिनों में एक धुरन्धर क्विज़र रहने के पश्चात, यह कहना वास्तव में अच्छा लगता है कि क्विज़ के दिन फिर से लौट आए हैं, तो फिर हो जाए!

अतुल सिंह

अध्यक्ष एवं मुख्य कार्यकारी अधिकारी,
कोका-कोला इंडिया

विषय सूची

वर्ष के महानुभाव

डॉ. जी. माधवन नायर (पृष्ठ: 9)

प्रो. डॉ. एस. रमेश बाबू (पृष्ठ: 16)

सुदर्शन पटनायक (पृष्ठ: 110)

रघु राय (पृष्ठ: 120)

नसीरूद्दीन शाह (पृष्ठ: 144)

अरविन्द केजरीवाल (पृष्ठ: 149)

युद्धबीर सिंह ख्यालिया (पृष्ठ: 206)

बाइचुंग भूटिया (पृष्ठ: 257)

अनु आगा (पृष्ठ: 30)

राजदीप सरदेसाई (पृष्ठ: 94)

महाश्वेता देवी (पृष्ठ: 108)

अमिताभ बच्चन (पृष्ठ: 138)

मोहनलाल (पृष्ठ: 138)

लता मंगेशकर (पृष्ठ: 132)

के. सुधाकर (पृष्ठ: 173)

डॉ. वेनुगोपाल (पृष्ठ: 193)

अब्दुल करीम (पृष्ठ: 208)

सचिन तेन्दुलकर (पृष्ठ: 243)

सायना नेहवाल (पृष्ठ: 238)

अभिनव बिन्द्रा (पृष्ठ: 261)

चन्द्रयान - 1

भारत का प्रथम चंद्रमा अभियान

इसरो -भारतीय अंतरिक्ष अनुसंधान संगठन का मुख्यालय बेंगलौर, कर्नाटक में है। यह संगठन भारत के अंतरिक्ष कार्यक्रम के जनक कहे जाने वाले डा. विक्रम साराभाई की दृष्टता से प्रेरित था। भारत के वैज्ञानिक अभियान को चंद्रमा तक ले जाने का विचार 1999 में भारतीय विज्ञान अकादमी की बैठक में सामने आया जिस पर 2000 में इंडियन एस्ट्रोनॉटिकल सोसायटी में विचार-विमर्श हुआ। इन मंचों के सदस्यों की सिफारिशों के आधार पर भारतीय अंतरिक्ष अनुसंधान संगठन (इसरो) द्वारा नेशनल लूनार मिशन टॉस्क फोर्स का गठन किया गया। एकमत से यह अनुशंसा की गई कि भारत को चंद्रमा पर जाने का अभियान प्रारंभ करना चाहिए। भारत सरकार ने नवम्बर 2003 में इसरो के प्रथम भारतीय चंद्रमा अभियान, चंद्रयान-1 के प्रस्ताव को मंजूरी दी।

अभियान का क्रम

चंद्रयान 1-अंतरिक्ष यान अक्तूबर 22, 2008 को प्रात: 6.22 बजे सतीश धवन अंतरिक्ष केन्द्र, एसएचएआर, श्रीहरिकोटा से पीएसएलवी-एक्सएल से छोड़ा गया। भूमध्य-रेखा पर 17.9 डिग्री पर नत इस यान को पैरीजी (पृथ्वी का निकटतम बिन्दु) में 255 किमी. और एपोगी (पृथ्वी का दूरस्थ बिन्दु) में 22,860 किमी. पर उच्च दीर्घवृत्तीय आरंभिक कक्षा में (आईओ) छोड़ा गया। इस आरंभिक कक्षा में चंद्रयान ने लगभग साढ़े छ: घंटे में पृथ्वी की कक्षा का चक्कर लगाया।

चंद्रयान को पैरीगी से एपोगी तक पहुंचाने के लिए चंद्रयान के पैरीगी के निकट आने पर अक्तूबर 23 को प्रात: 9.00 बजे तरल द्रव्य अपोजी मोटर (एलएएम) का दहन उस समय किया गया जब पैरीगी 305 किमी. की दूरी पर और एपोगी की दूरी 37,900 किमी. थी। चंद्रयान ने पृथ्वी का एक चक्कर पूरा करने में 11 घंटे का समय लिया।

अक्तूबर 25 को प्रात: 5.48 बजे इसकी कक्षा को फिर 336 किमी. से बढ़ाकर 74,715 किमी. तक किया गया। चंद्रयान ने पृथ्वी का चक्कर पूरा करने में लगभग साढ़े 25 घंटे का समय लिया।

चंद्रयान-1 को 1,64,600 किमी. एपोजी और 348 किमी. पैरीगी वाली अत्यंत उच्च दीर्घवृत्तीय कक्षा में ले जाने के लिए अक्तबूर 26 को प्रात: 7.08 बजे एलएएम का फिर से दहन किया गया। चंद्रयान-1 ने पृथ्वी का एक चक्कर पूरा करने में लगभग 73 घंटे का समय लिया।

अक्तबूर 29 प्रात: 7.38 बजे चंद्रयान-1 को 465 किमी. पैरीगी और 2,67,000 किमी. वाली एपोजी तक बढ़ाया गया। चंद्रयान की वर्तमान कक्षा का विस्तार पृथ्वी से चंद्रमा की दूरी का आधे से अधिक था व इसने पृथ्वी का चक्कर पूर करने में लगभग छ: दिन का समय लिया।

चंद्रयान-1 ने नवम्बर 4 को प्रात: 4.56 बजे 3,80,000 किमी. एपोजी के चंद्रसतह अंतरण प्रक्षेप-पथ में प्रवेश किया।

चंद्रयान-1 ने नवम्बर 8 को प्रात: 4.51 बजे इसके तरल इंजिन के दहन को कम करके इसके वेग को कम किया गया ताकि अंतरिक्ष यान को चंद्रमा के कक्ष में प्रविष्ट कराया जा सके और यह चंद्रमा के गुरूत्वाकर्षण में आ पाए। इसके परिणमस्वरूप अंतरिक्ष यान-1 दीर्घ वृत्तीय कक्षा में प्रविष्ट हुआ जिसका पैरीसलीन (चंद्रमा से निकटतम दूरी) 504 किमी. और एपोसलीन (चंद्रमा से दूरस्थ बिन्दु) 7,502 किमी. था।

नवम्बर 9 को सायं 8.03 बजे प्रथम कक्ष न्यूनीकरण का कार्य सफलतापूर्वक किया गया। अब अंतरिक्ष यान चंद्रमा की कक्षा में था जिसका पैरीसलीन 200 किमी और एपोसलीन) 7,502 किमी. था।

नवम्बर 12 को ध्यानपूर्वक और विस्तृत अवलोकन के बाद तीन कक्षाओं के न्यूनीकरण का कार्य सफलतापूर्वक किया गया और अंतरिक्षयान की कक्षा को उसके कार्य करने योग्य वांछित 100 किमी. की वृत्ताकार ध्रुवीय कक्षा तक न्यून कर दिया गया।

नवम्बर 14 को रात्रि 8.06 बजे चन्द्रयान-1 अंतरिक्ष यान से मून इम्पैक्ट प्रोब (एमआईपी) प्रक्षेपित किया गया जो 25 मिनट की यात्रा के बाद रात्रि 8.31 बजे दक्षिण ध्रुवदेश के निकट चंद्रमा की सतह पर उतरा। इसने भारत के तिरंगे को वहां रखा जिसे एमआईपी के दोनों ओर लगाया गया।

डा. जी माधवन नायर

कैबिनेट की नियुक्ति समिति ने सितम्बर 22, 2003 को सचिव, अंतरिक्ष विभाग, अध्यक्ष, अंतरिक्ष आयोग और इसरो का प्रमुख नियुक्त किया।

डा. नायर का जन्म अक्तूबर 31, 1943 को तिरूवनंतपुरम, केरल में हुआ था। उन्होंने केरल विश्वविद्यालय से इंजीनियरिंग में स्नातक किया और भाभा आण्विक अनुसंधान केन्द्र (बीएआरसी), मुम्बई से प्रशिक्षण लिया। वह 1967 में थूम्बा इक्टोरियल रॉकेट लांचिंग स्टेशन (टीइआरएलएस) में आए।

इसरो के प्रमुख/ अंतरिक्ष विभाग के सचिव के रूप में उनके कार्यकाल के दौरान 22 अभियान सफलतापूर्वक पूरे किए गए। उन्होंने समाज की जरूरतों को पूरा करने के लिए टेलीशिक्षा, और टेलीमेडिसन जैसे अनुप्रयोगात्मक कार्यक्रम आरंभ किए। इडीयूएसएटी नेटवर्क के अंतर्गत 31,000 कक्षाओं को जोड़ा गया और टेलीमेडिसन का 315 अस्पतालों में विस्तार किया गया जिसमें से 269 दूर-दराज़ के क्षेत्रों/ ग्रामीण/ जिला अस्पतालों में थे जिसमें 10 चल इकाईयां और 46 उच्च सुविधाओं से युक्त अस्पताल थे।

डा. माधवन नायर रॉकेट प्रणाली के क्षेत्र में अग्रणी प्रौद्योगिकीविद् हैं। उन्हें प्रथम भारतीय सेटेलाइट लांच व्हीकल एसएलवी-3 को और उसके साथ परियोजना निदेशक के रूप में पोलर सेटेलाइट लांच व्हीकल को विकसित करने का दायित्व सौंपा गया था।

उनके कार्यकाल के दौरान भारत के जियो-साइक्रोनस सेटेलाइट लांच व्हीकल-जीएसएलवी ने पहली बार में सफलतापूर्वक उड़ान भरी और मई 2003 में अपनी सफल उड़ान के बाद इसे उपयोग के योग्य घोषित किया गया।

अंतर्राष्ट्रीय क्षेत्र में डा. नायर ने कई अंतरिक्ष एजेंसियों और देशों विशेषकर सोवियत रूस, फ्रांस, ब्राजील, इस्रायल इत्यादि देशों के साथ द्विपक्षीय सहयोग और बातचीत के लिए भारतीय प्रतिनिधिमंडलों का प्रतिनिधित्व किया। डा. माधवन नायर को कई प्रतिष्ठित पुरस्कार भी मिले जिसमें श्री ओम प्रकाश भसीन पुरस्कार, स्वदेशी शस्त्र पुरस्कार, एफआई फाउंडेशन पुरस्कार और आईएससीए का विक्रम साराभाई मेमोरियल गोल्ड मेडल और 1998 में दिया गया पदम भूषण शामिल है।

सतीश धवन अंतरिक्ष केन्द्र (एसडीएससी), एसएचएआर

यह उडान स्थल चेन्नई से 100 किमी. उत्तर में श्रीहरिकोटा द्वीप पर स्थित है। इसका नाम सितम्बर 2002 में प्रो. सतीश धवन की स्मृति में सतीश धवन अंतरिक्ष केन्द्र, एसएचएआर रखा गया था जो कि 1972 से 1984 तक इसरो के प्रमुख थे।

Did You Know?
Limca was born in 1971 and has led the cloudy lime category ever since. With a sharp fizz and lemoni bite, Limca has been the refresher for the past 3 decades!!
Fresh ho jao
lime 'n' lemoni
Limca
'Limca' is the registered TradeMark of The Coca-Cola Company. Contains no fruit. Contains added flavour.

मानव कथा

जबकि 2009 संस्करण के लिए प्रविष्टियां अगस्त 15, 2008 को बंद हो गई थीं, हमने अनेकों पुराने कीर्तिमानों को हटा दिया है। जो ऐसी प्रविष्टियों में इच्छुक हों वो पिछले संस्करणों का संज्ञान लें - सम्पादक

मानव अस्तित्व

सर्वाधिक लम्बी जोड़ी
पुणे, महाराष्ट्र के शरद की लम्बाई 2.9 मीटर (7 फुट 2 इंच) और संजोत कुलकर्णी की लम्बाई 1.9 मीटर (6 फुट 3 इंच) है।

विश्व कीर्तिमानः सबसे छोटी जोड़ी
जनकपुरी, लुधियाना के लाल सिंह गारचा (जन्म जून 1, 1958) की लम्बाई 1.09 मी. (3 फुट 7 इंच) और उनकी पत्नी सुरजीत कौर की लम्बाई 1.04 मी. (3 फुट 5 इंच) है। इनका विवाह दिसम्बर 14, 1986 को अम्बाला हरियाणा में हुआ।

सबसे लम्बी महिला
मेरठ उप्र. की स्वेतलाना सिंह की लम्बाई 2.05 मी. (6 फुट 8-1/2 इंच) है। इनका विवाह डा. संजय सिंह से हुआ। इन्होंने जून 13, 2007 को एक पुत्र को जन्म दिया।

सबसे छोटा बॉडी बिल्डर
पंजाब के आदित्य देव (20) प्रशिक्षित बॉडी बिल्डर हैं। इनकी लम्बाई मात्र 80 सेंमी. (3 फुट 3 इंच) है व वजन मात्र 9.25 किग्रा. है। इनके सिर की गोलाई 38 सेंमी. (15 इंच) व छाती 51 सें.मी. (20 इंच) है। इन्हें इनके आकार के बने डम्बल से प्रशिक्षित किया गया। दूसरे बौनों के विपरीत आदित्य का पूरा शरीर समानुपात में है। आदित्य ने लियो हेल्थ क्लब में जून 26, 2006 को बॉडी बिल्डिंग प्रदर्शन किया।

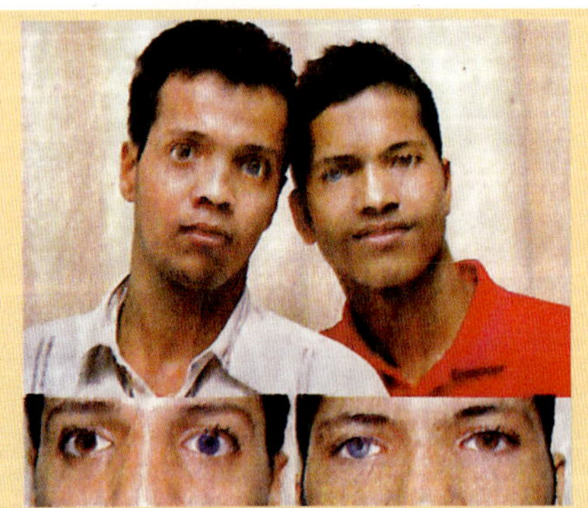

भिन्न रंगों वाली आंखें
अहमदाबाद गुजरात के दो भाईयों पवन (20) और अमित (24) अग्रवाल की आंखें भिन्न रंगों की हैं। पवन की बांई आंख नीली और दांई आंख भूरी है जबकि अमित की आंखें इसके विपरीत है उसकी दांई आंख नीली और बांई आंख भूरी है। रोचक बात यह है कि 20 सदस्यों वाले परिवार में किसी भी अन्य सदस्य की आंखें भिन्न रंगों मे नहीं है।

सर्वाधिक लम्बा हाथ
खोरी, रेवाड़ी, हरियाणा के रनसिंह श्योरन का हाथ आश्चर्यजनक रूप से लम्बा है। उनके हाथ की चौडाई 27 सेंमी. और हर हथेली का माप 22 सेंमी. है।

सर्वाधिक उंगलियां
पुणे के हीराम्भ कुमथेकर के पास हाथ और पैरों की उंगलियों को मिलाकर कुल 26 अंक है। इनके हर पैर मे सात उंगलियां हैं और हर हाथ में 6 उंगलियां हैं। गोवा के ड्यानेशोक पी. गोन्कर (23) के पास भी उंगलियों की कुल 26 संख्या है। इनके भी हर हाथ में छः उंगलियां और हर पैर में सात उंगलियां हैं। दिल्ली की बेबी निलय सिन्हा (जन्म सितम्बर 27, 2007) की कुल 26 उंगलियां हैं। इनके हाथों में 14 और पंजों की 12 उंगलियां हैं। मैसूर, कर्नाटक की बेबी ग्रीष्मा (जन्म जुलाई 31, 2007) की कुल 26 उंगलियां है।

सर्वाधिक लम्बे बाल
उज्जैन, मध्य प्रदेश की माता जगदम्बा (जन्म अगस्त 10, 1913) के बालों की लम्बाई 4.37 मी. (14 फुट 4 इंच) लम्बे है। जब वह अपने प्रथम तल पर स्थित फ्लैट की छत से बालों को लटकाती है तो उनकी लटें ज़मीन को छूती हैं।

विश्व कीर्तिमानः सबसे वृद्ध व्यक्ति

जयपुर के हबीब मियां पिछले 50 वर्षों से नेत्रहीन थे। वह अर्स्टवाइल जयपुर स्टेट फोर्सेस बैंड में तुरहीवादक थे। वह 1938 मे सेवानिवृत्त हुए। अगस्त 19, 2008 को 138 की आयु में उनका निधन हुआ।

2005

स्मरण शक्ति

10 अंकों से अधिक के पहाड़े
राजकोट गुजरात के विशाल मनसुख भाई नगानी (जन्म दिसम्बर 29, 1982) 10 संख्या वाले दस गुणा तक के पहाड़े पढ़ते हैं। इन्होंने अपनी इस क्षमता का प्रदर्शन अगस्त 4, 2008 को मैमोरी विज़न, नई दिल्ली में किया। इन्होंने समस्त पहाड़ों को लिखने में 5 मिनट 16 सैकंड का समय लिया और यह 100 प्रतिशत सही थे। इन्होंने 100 करोड़ तक के पहाडों से सम्बन्धित बेतरतीब प्रश्नों के उत्तर भी दिए।

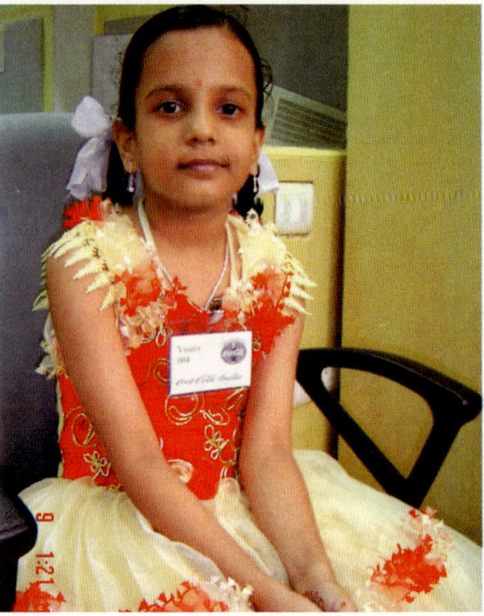

सबसे कम आयु में कण्ठस्थ गीता
लखनऊ, उप्र. की श्रद्धा वाजपेयी (जन्म दिसम्बर 15, 1999) को भागवद् गीता के 18 अध्यायों के 700 श्लोकों (छन्द) को मई 18 से जून 20, 2008 तक कुल 33 दिनों में स्मरण किया और उसने अगस्त 8, 2008 को बिना रूके उनका उच्चारण किया। जब श्रद्धा केवल तीन वर्ष से कुछ कम की थी तो पाणिनी की *अष्टाध्यायी* को धाराप्रवाह सुनाती थी।

वर्गमूल और घनमूल
थिरूवला, केरल के कुन्नूमपूराथू कूरियन थॉमस (63) 10 अंकों वाली संख्या का किसी पेन, कागज अथवा किसी अन्य सहायता के बिना ही वर्गमूल 20-30 सेकंड में और 15 अंकों वाली संख्या का घनमूल 40-60 सेकंड अपने मस्तिष्क में निकाल लेते हैं। इन्होंने अपनी इस क्षमता का प्रदर्शन जून 4, 2008 को निर्णायकों और मीडिया के समक्ष बेंगलौर में किया।

दिमागी गणित
गुजरात, अहमदाबाद के अनमोल भौ (12) 13 से 15 चरणों की जमा, घटा की संख्याओं को दिमाग में रखकर मात्र 3 मिनट में 30 सवालों का मौखिक हल निकाल देते हैं। हांगकांग चीन में मई 28, 2006 को आयोजित तृतीय अंतर्राष्ट्रीय अलोह मैंटल अर्थमैटिक प्रतियोगिता (स्तर 3) में अनमोल को दूसरे स्थान पर रहा। वह मई 6, 2007 को कुआलालमपुर, मलेशिया में आयोजित इसी प्रतियोगिता में तृतीय रहे।

कौशल

सर्वाधिक विशाल समूह द्वारा सीटी बजाना

जुलाई 20, 2008 को 48 सीटी बजाने वाले सदस्यों के समूह ने राष्ट्रगान 'सारे जहां से अच्छा' सीटीवादन द्वारा प्रस्तुत किया। इस समूह मे व्हिस्लर एसोसिएशन की 11 महिलाएं भी सम्मिलित थी। यह प्रस्तुति आशा निवास, रूटलैंड गेट, चेन्नई में प्रस्तुत की गई। यह आयोजन इंडियन व्हिस्लर एसोसिएशन के दो दिन के राष्ट्रीय सम्मेलन 'व्हिस्लर सरगम 2008' का हिस्सा था। इसमें क्षेत्र अनुसार सीटी प्रतियोगिताएं और सीटी अंताक्षरी भी आयोजित की गई। 2004 मे ऋग्वेद देशपांडे द्वारा स्थापित यह संगठन सीटी को मुख्यधारा की कला के रूप मे स्थापित करने के लिये प्रयत्नशील है। देशभर में अब इसके 350 से अधिक सदस्य है।

हस्तनिर्मित वृत्त

आप एक वृत्त को बनाने के लिये कम्पास का प्रयोग करते हैं और यह एक सामान्य तरीका है। परन्तु मुम्बई के योगेश पटेल (जन्म नवम्बर 3, 1978) केवल अपने हाथों का प्रयोग करके एकदम सही वृत्त बनाते हैं। इसमें वह पेंसिल के अलावा किसी अन्य उपकरण का प्रयोग नहीं करते। वह केवल कागज पर अपने सधे हाथों से सावधानी पूर्वक पेंसिल को घुमाते हैं और एकदम सही क्षिप्र बन जाता है। उन्हें 7.5 सेमी. का वृत्त बनाना सुविधाजनक लगता है जबकि बड़े आकार के वृत्त बनाने में कठिनाई आती है।

नाईट की जादुई यात्रा

लखनऊ, उप्र. के अवनी कुमार (जन्म अगस्त 10, 1962) ने 12 x 12 के बोर्ड पर 1,300 से अधिक एकल विकर्ण जादुई नाईट यात्रा पूर्ण की है। इन्होंने 12 x 12 x 12 क्यूब पर मैजिक नाईट टूर का निर्माण किया। अब तक सबसे विशाल और 8 x 8 x 8 के क्यूब पर 3 विमित्तिय एक दूसरे को न काटने वाले नाईट टूर का निर्माण किया है।

विश्व कीर्तिमान: सर्वाधिक संविधान का विपरीत लेखन

शाहजहांपुर, मप्र. के परीक्षित शर्मा ने धार्मिक पुस्तकों जैसे- गीता, रामायण और बाइबल का विपरीत लेखन किया है। इन्होंने विश्वभर के 18 संविधानों का विपरीत लेखन अथवा शीशे में देखकर विपरीत लेखन किया है। सर्वाधिक लम्बा संविधान (598 पन्ने) जोकि भारत का है व सबसे छोटा संविधान (29 पन्ने) जोकि अमेरिका का है, का भी इन्होंने विपरीत लेखन किया है।

रोलर स्केट्स पर निशानेबाजी

भोपाल, मप्र. के अमन उद्दीन (जन्म सितम्बर 15, 1997) स्थायी लक्ष्य पर रोलर स्केट्स पहनकर 22 बोर की राईफल से 4.5-9 मीटर (15-30 फुट) के शूटिंग रेंज पर आंखों पर पट्टी बांधे निशाना लगाते हैं। अमन ऐसा उच्च कोण परिशुद्धता के साथ कर सकते हैं।

सात कैंचियों से बाल काटना

सौराष्ट्र ब्यूटी पार्लर, मोर्बी, गुजरात के कीर्ति बटुकभाई कांजिया (जन्म मार्च 24, 1989) आंखों पर पट्टी बांधे एक हाथ से 8 कैंचियां लेकर बाल काट सकते हैं।

राजकोट, गुजरात की इशिता कक्कड (जन्म मार्च 19, 1991) अपने ग्राहकों के बाल एक समय में सात कैंचियों से काट सकती है और यह कार्य आंखों पर पट्टी बांधे चार कैंचियों से कर सकती है। उसके ब्यूटी पार्लर के बाहर 200 से ज्यादा ग्राहक (केवल महिलाएं) लाइन लगाए खड़ी रहती हैं।

सर्वाधिक युवा स्कूबा गोताखोर

श्रेया एस पाठक (जन्म दिसम्बर 27, 1995) ने स्कूबा गोताखोरी का प्रथम प्रमाणपत्र पाठ्यक्रम गोवा मे पूर्ण किया। प्रमाणपत्र (नं. 0604ए17746) अप्रैल 7, 2006 को प्रोफैशनल एसोसिएशन ऑफ डाइविंग इंस्ट्रक्टर्स (पीएडीआई), आस्ट्रेलिया ने जारी किया।

मुम्बई के साहिल पिशारोडी (जन्म फरवरी 2, 1997) को स्कूबा गोताखोरी व पानी के भीतर की दुनिया के अजीब और असाधारण निवासियों को देखना बहुत प्रिय है। इन्होंने जूनियर वाटर कोर्स पट्टाया, थाईलैंड में पूर्ण किया व मई 31, 2008 को पीएडीआई, आस्ट्रेलिया का प्रमाणपत्र प्राप्त किया।

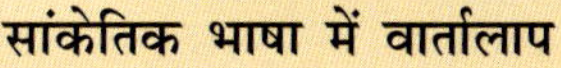

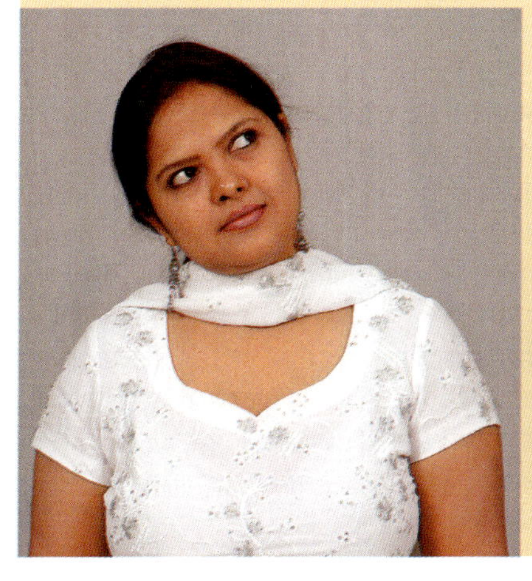

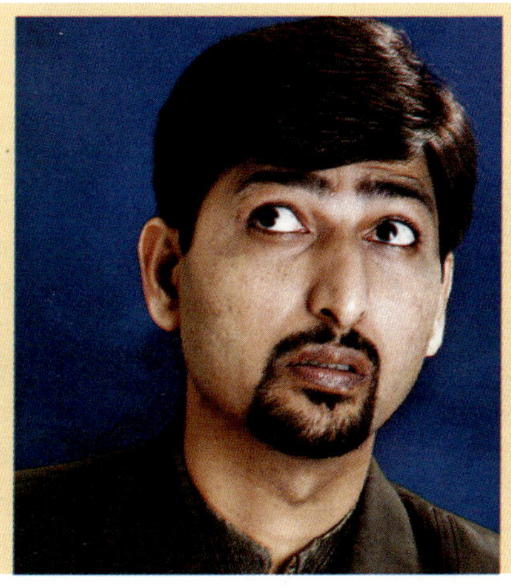

सांकेतिक भाषा में वार्तालाप

सूरत, गुजरात के शरद, भारत और कल्पना गांधी ने 1992 में सांकेतिक भाषा का अविष्कार किया जिसमें वे परस्पर बातचीत के लिये अपने चेहरे के भावों का प्रयोग करते हैं। वे एकांत में एक-दूसरे की रूचि-अरूचि पर बात करते हैं जिसका अन्य व्यक्तियों के लिये कोई अर्थ नहीं होता। इन तीन व्यक्तियों का यह वार्तालाप एक सुन्दर कलाम परिवर्तित हो चुकी है। इनके पास अपना 70,000 शब्दों का शब्दकोश है। इनके वार्तालाप में व्याकरण की दृष्टि से कोमा अथवा किसी अन्य चिन्ह का कोई स्थान नहीं है। ये हिन्दी, गुजराती, संस्कृत, मराठी अथवा उर्दू के अतिरिक्त अंग्रेजी और फ्रैंच में भी निपुण है।

मार्शल आर्ट

एकमात्र महिला ब्लैक बैल्ट (ताईक्वांडो)

किरण उपाध्याय (जन्म जनवरी 28, 1986) फैडरेशन ऑफ इंडिया एवं इंटरनेशनल ताइक्वांडो एकेडमी कोरिया की सदस्य है। इन्होंने ताइक्वांडो में 6 डैन वर्ग में राष्ट्रीय ब्लैक बैल्ट प्राप्त की। जिसके लिए इसका अभ्यास वह 1998 से कर रही थी। वह मार्शल आर्ट को प्रोत्साहन देने के लिये बहुत सी प्रस्तुतियां और अनेकों प्रदर्शन कर चुकी है।

दांतों से भार उठाना

काजोरमल बागडिया (जन्म मई 11, 1956) अपने दांतों से असंभव भार उठा सकते हैं। फरवरी 16, 2008 को अजमेर और पुन: मार्च 8, 2008 को सीकर मे उन्होंने 140 किग्रा. का भार अपने दांतों से उठाया और उसे 10 सेकंड के पश्चात वापस रखा।

बैक किक

एम पृथ्वी (जन्म 17 अगस्त) ने अगस्त 12, 2008 को कृष्णा मैदान, स्ट्रीट प्लांट, विशाखापट्टनम आंध्र प्रदेश में 50 बैक किक का प्रदर्शन किया। यह आयोजन शाओलिन पावर किक कराटे-डू फैडरेशन ऑफ इंडिया द्वारा आयोजित किया गया।

विश्व कीर्तिमानः कंक्रीट के ब्लॉक को तोड़ना

करीम नगर, आंध्र प्रदेश के श्रीराम तल्लापल्ली गौड़ (जन्म सितम्बर 1, 1984) ने अगस्त 14, 2008 को 625 कीलों वाले तख्त पर लेटकर 40 सेकंड मे 75 सेमी. वाले मोटे कंक्रीट के ब्लॉक को अपनी छाती पर एक लोहे के हथौडे से तोड़ा। तीन ब्लॉक का भार 100 किग्रा. था जबकि चौथे का 105 कि.ग्रा. था।

तलवार से हथेली पर रखे पान के पत्ते को काटना

हुगली, पश्चिम बंगाल की अमृता मोय दास (जन्म अक्टूबर 26, 1975) बड़े आकार की सब्जियों को तेज धार तलवार से लम्बाई में आधा काट सकती है। अगस्त 14, 2008 को अमृता ने पान के पत्ते को अपनी हथेली पर रखकर तेज तलवार से काटा।

ट्यूबलाईट दीवार के पार निकलना

वर्ल्ड मार्शल आर्ट फैडरेशन धनबाद के सुभाष कुमार दास ने नवम्बर 16, 2005 को धनबाद झारखंड मे आग से निकलते हुए ट्यूब लाईट की दीवार को तोड़ा।

विश्व कीर्तिमानः
रोलर लिम्बो

हैदराबाद, कर्नाटक के अंकित रेड्डी श्यामला गौरी (जन्म अक्तूबर 31, 1988) ने मई 10, 1993 को जमीन से 4.7 इंच (11.93 सेमी.) ऊंची छड़ के नीचे से लिम्बो स्कोटिंग की।

1994

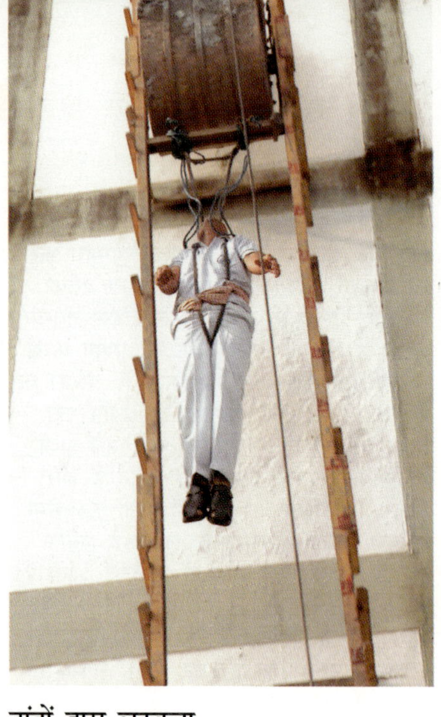

दांतों द्वारा लटकना

कैथल, हरियाणा के सुखविंदर पाल (जन्म फरवरी 15, 1980) ने अगस्त 11, 2008 को विशाल जनसमूह के समक्ष एक करतब दिखाया (इसे वह अनेक बार उत्साह और धैर्य के साथ कर चुके हैं) इसमे एक मजबूत रस्सी को 15 मीटर की ऊंचाई से लटकाया जाता है, जिसका एक सिरा ट्रैक्टर से बंधा होता है। इनके दोनों हाथ पीछे बंधे होते हैं। सुखविंदर रस्सी के दूसरे सिरे को अपने दांतो से पकड़ते हैं। जैसे ही रस्सी को ट्रैक्टर द्वारा खींचा जाता है, वह झूलते हुए ऊपर और ऊपर जाते हैं और इसी प्रकार से वह नीचे भी आते हैं। उन्हें इस कार्य में तीन मिनट लगते हैं, दो मिनट ऊपर जाने में और एक मिनट नीचे आने में।

नानचॉक

शाओलिन पावर किक कराटे-डू फैडरेशन ऑफ इंडिया के 12 विद्यार्थियों जिसमें 10 लड़के व 2 लड़कियां हैं, ने मई 24, 2008 को सायं 4 बजे से अगले दिन सायं 4 बजे तक डबल नानचॉक से 24 घंटे तक प्रदर्शन किया। यह आयोजन स्वर्ण भारती इंडोर स्टेडियम, विशाखापट्टनम, आन्ध्र प्रदेश में हुआ। सबसे युवा प्रतियोगी 12 वर्ष व सबसे अधिक आयु का प्रतियोगी 25 वर्ष का था।

हाथों से वैन रोकना

वर्ल्ड मार्शल आर्ट्स फैडरेशन के संजय प्रसाद ने नवम्बर 16, 2005 को धनबाद में अपने दोनों हाथों से 10 वैन को 47 सेकंड के लिये रोका।

क्वालिस को उंगली से धकेलना

हैदराबाद के कोण्डा सहदेव ने दिसम्बर 12, 2005 को 1,595 किग्रा. की ट्योटा क्वालिस को अपने उल्टे हाथ की छोटी ऊंगली से 228.6 मी. तक 4 मिनट में धकेला।

नन्हा कलाबाज

देव समाज मॉडल हाई स्कूल फिरोजपुर, पंजाब के तृतीय कक्षा में पढ़ने वाले मास्टर जय जगदीश वंशम (जन्म मार्च 2, 2000) आश्चर्यजनक करतब करते हैं, जिसे देखकर

उंगली के नाखूनों से मैक्सी कैब धकेलना
कुड्डालोर, तमिलनाडु के जे एंटोनी प्रभाकरन (जन्म अगस्त 17, 1987) ने अपने बाएं हाथ के नाखूनों में छेद कर उनमें तार जोड़ी। जनवरी 13, 2008 को इन नाखूनों मे जोड़ी तार द्वारा महिन्द्रा मैक्सी कैब को जिसके अन्दर ड्राइवर बैठा था, 1 मी. (200 फुट) तक खींचा। इन्होंने इस प्रदर्शन के लिये अपनी ऊंगलियों के नाखूनों को एक साल तक बढ़ाया।

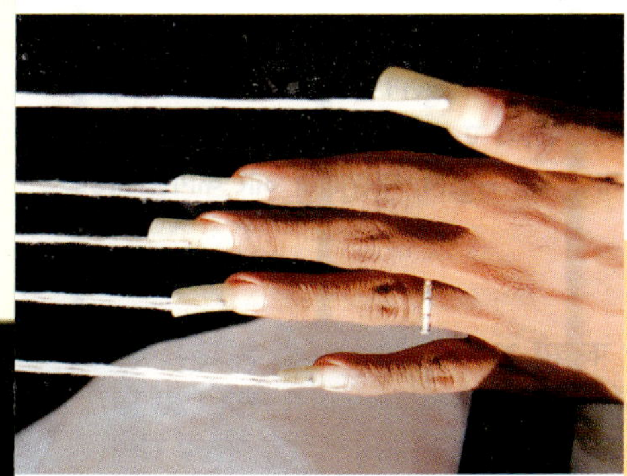

साइकिल करतब
जोधपुर, राजस्थान के खिवराज गुर्जर ने जुलाई 2, 2007 को भोपाल, मध्य प्रदेश में अपनी अमेरिकी बीएमएक्स स्टंट साईकल पर 22 योग आसनों का प्रदर्शन किया। उनकी साइकिल का हर टायर 50 मीटर ऊंचे ग्लास पुल पर 1 फुट की दूरी पर रखी दो लकड़ी की मेजों पर टिका था। उनको अपने ऊपर इतना विश्वास है कि वह इस करतब के लिए किसी सुरक्षा पेटी अथवा जाल का प्रयोग नहीं करते। 30 मिनट के प्रदर्शन में वह 19 सामान्य आसनों के अतिरिक्त वे 'फ्राग जम्प' नामक एक नया आसन भी करते हैं। उनके दूसरे साइकिल प्रदर्शनों में शामिल हैं: जोधपुर, राजस्थान में बोंगो बोर्ड, बीएमएक्स-एक्शन बाईक पर संतुलन, जोधपुर किले पर 161 फुट की ऊंचाई पर 32 पावर योग आसन, फरवरी 2008 में जैसलमेर मे बीएमएक्स एक्शन बाईक पर योग और बहुत कुछ.........

पेट के ऊपर से मोटरसाईकिल
मेलूकावयू, कोट्टायम, केरल के शेल्फी जोस ने मार्च 16, 2008 को मरीन ड्राईव, कोची पर 16 मिनट 31 सेकंड में 21 मोटरसाईकिलों को 678 बार अपने पेट के ऊपर से गुजारा।

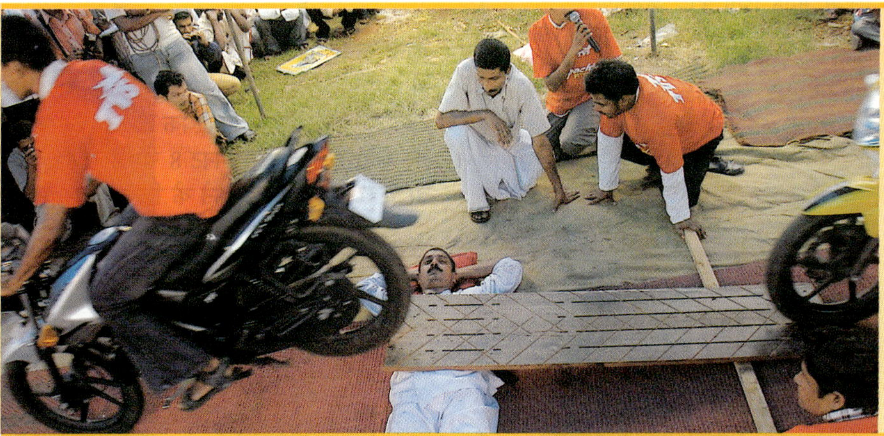

लोग स्तब्ध रह जाते हैं।

इनके बहुत से अवतार हैं, ये नन्हें स्पाईडरमैन और नन्हें रामदेव के नाम से लोकप्रिय है। इनके शब्दकोश में डर का कोई स्थान नहीं है। इनके कुछ दु:साहसिक प्रदर्शन इस प्रकार से हैं

- मुड़ी हुई मुद्रा में 3' x 9" की दीवार पर 15 मिनट में 375 बार कूदना
- 10 फुट लंबी व 9 इंच चौड़ी दीवार पर 5 मिनट में 428 बार गाड़ी के पहिये की तरह घूमना।
- उसी दीवार पर रस्सी कूदना।
- 16 फुट ऊंची सीढ़ी को उल्टे होकर तीन छलांगों में उतरना।

ऊंची मुंडेर पर चलना
अरूविकारी, कन्याकुमारी, तमिलनाडु के पी जोशुआ ने 42.7मी. (140 फुट) ऊंचे मंजूर ब्रिज की 5 सेमी. चौडी 585 मी. (1,920 फुट) लम्बी मुंडेर पशु चारे का 25 किग्रा. भार सिर पर रखकर आठ मिनट में पार की। इस साहसिक कार्य को इन्होंने तीन बार किया- जुलाई 13, 1995, जनवरी 20, 1997 व सितम्बर 1, 2002 को। उन्होंने रबड़ की साधारण चप्पलें पहनी थीं।

सबसे भारी कोल्हापुरी चप्पलें

अब ठाणे, महाराष्ट्र निवासी शोलापुर के अनन्त दाजी डोलताडे की कोल्हापुरी चप्पलें शहर में चर्चा का विषय है। लगभग 20 वर्ष पहले जब उन्होंने इन चप्पलों को पहनना आरम्भ किया तब इनका सामान्य वजन 2 किग्रा था। धीरे-धीरे वे इसमें 2-6 किग्रा. की वृद्धि करते गये। इन्होंने चमड़े की 12 परतों, 24 पेंच और काबला व 400 रिबिट्स का उपयोग कर चार जोड़ी चप्पलों का निर्माण किया। इन्होंने इनकी सज्जा के लिये बैटरी से चालित 100 रंग-बिरंगे बल्ब और 900 टिमटिमाते छोटे घुंघरू भी लगाए। जब वे चलते हैं तो आप हवा में इत्र की खुशबू का अनुभव कर सकते है। अनन्त ने इन चप्पलों को बनाने में 1,00,000 रूपए खर्च किए। वे इन अनूठी चप्पलों को पहनकर प्रतिदिन 4-5 किमी. चलते हैं।

जिगसॉ

समाचार पत्रों के समूह लोकमत के निदेशक (कार्यवाहक) अशोक जैन ने अपने जन्मदिन अप्रैल 2, 2008 को 6000 टुकडों (156 x 107 सेमी.) की जिगसॉ पहेली की रचना पूर्ण की। यह पहेली स्पैनिश पेंटर की कलाकृति - (सरैंडर ऑफ ग्रेनाडा) की अनुकृति थी। इसकी रचना में 100 दिनों के 500 घंटों का समय लगा। इसका आरम्भ दिसम्बर 24, 2007 को किया गया। पहेली की पहल स्वयं उनके द्वारा की गई। इसमें उनके परिवार, सम्बन्धी अथवा मित्रों में से कोई भी सदस्य सम्मिलित नहीं था। इन्होंने दिन के 5 घंटे इस पहेली को समर्पित किये हैं।

विश्व कीर्तिमान: *चपाती*

ज्ञान विहार स्कूल ऑफ होटल मैनेजमेंट (जीवीएसएचएम) जयपुर, राजस्थान के 200 विद्यार्थियों के समूह ने 3.66 मीटर (12 फुट) व्यास और 154.15 किग्रा. भारी गोल चपाती मई 4, 2008 को बनाई। 100 विभिन्न सामग्रियों के साथ तैयार की गई चपाती को गौरव टावर, जयपुर पर एकत्र हुए 3,000 हजार व्यक्तियों में वितरित किया गया। इसे विशेष रूप से बनाये गये 900.50 किग्रा. के तवे पर बनाया गया और क्रेन की सहायता से इसे पलटा गया। इस विचार का उद्‌गम राजस्थान पत्रिका के डा. अजय कुलश्रेष्ठ और जीवीएसएचएम के निदेशक डा. सुधांशु द्वारा किया गया।

चप्पलें

कागावाड बेलगम, कर्नाटक के सुरेश कृष्णा भण्डारी ने अप्रैल 2008 को 1.5 मी. (5 फुट) लम्बी और 61 सेमी. (2 फुट) चौडी कोल्हापुरी चप्पल बनाई। चमड़े से निर्मित और धातु के छोटे छल्लों से सज्जित इसका भार 4.75 किग्रा. था। इस चप्पल के अन्य विवरण इस प्रकार से है: ऐडी-2.5 सेमी. (1इंच), तनी-1.3 मी. (51इंच) लम्बी और 20 सेमी. (8इंच) चौडी, भीतरी तरफ 16.5 सेमी. (6.5इंच), पतावे की मोटाई 3.8 सेमी. (1-1/2इंच)। यह चप्पल बिना किसी कील के 884 टांकों द्वारा बनाई गई। इसके निर्माण में 27 दिन का समय लगा।

टेढ़ा-मेढ़ा पीज़ा

अगस्त 15, 2008 को 61वें स्वतंत्रता दिवस पर सैनीज़ इन्स्टीट्यूट ऑफ होटल मैनेजमेंट सेलम, तमिलनाडु के प्रधानाचार्य के कथीरावण और उनके विद्यार्थियों ने मिलकर 241 मीटर लम्बा, 15 सेमी. मोटा और 800 कि.ग्रा. भारी पीज़ा बनाया। इसमें पिसा टमाटर, पत्तागोभी, शिमला मिर्च, गाजर, प्याज, हरी प्याज और चीज़ का मिश्रण भरा गया। इसमें 400 कि.ग्रा. आटा, 5 किग्रा. खमीर, 5 किग्रा. चीनी, 10 किग्रा. मक्खन, 30 किग्रा. टमाटर, 25 किग्रा. प्याज, 2 किग्रा. लहसुन, 200 किग्रा. सब्ज़ियों का मिश्रण और 150 कि.ग्रा. चीज़ का प्रयोग भी किया गया। इसको बनाने मे 8-1/2 घंटे का समय लगा, इसमें भरावन तथा पकाने का समय भी सम्मिलित है। इसे अगस्त 14, 2008 को प्रात: 6 बजे से दोपहर 2.30 बजे के मध्य बनाया गया।

साइनेज

जेसी रोड़ बेंगलौर स्थित केनरा बैंक की शाखा ने दिसम्बर 29, 2007 को अपनी 6 मंजिला इमारत के शीर्ष पर 68.9 मी. लम्बा, 2.07 मी. चौड़ा साइनेज लगाया। यह साइनेज एक लम्बे बोर्ड से बना है जो की दो हिस्सों में है, जिनका आकार 48.16 x 2.07 मी. और 20.73 x 2.007 मी. है। इसका पृष्ठ भाग 22 गज शीट से बना है। इस चमचमाते साइनेज को 3एम फ्लेक्स और 3एम विनी 1 के साथ लगाया गया है। इसके अन्दर 420 फिलिप्स के बल्ब लगे हैं। इस साइनेज को पूर्ण करने मे 8 दिन का समय लगा।

हस्ताक्षर अभियान

एलीट सर्कल (एलीट के प्रदीप कुमार संस्थापक और निदेशक) ने अगस्त 18, 2007 को कोदीसिया ट्रेड फेयर काम्प्लैक्स, कोयम्बटूर,

विशाल जुराब

ग्लोबस ने 2007 की क्रिसमिस ऋतु के दौरान बांद्रा (पश्चिम) मुम्बई स्थित ग्लोबस स्टोर की इमारत पर 33.86 मी. (111.1 फुट) लम्बी क्रिसमिस जुराब लगाई। इसकी लम्बाई 11.58 मी. (38 फुट) और पंजों पर से चौडाई 9.14 मी. (30 फुट) थी। इस जुराब में भरा गया सामान मुम्बई के विभिन्न स्वयंसेवी संस्थाओं से संबन्धित बच्चों में बांटा गया। अभिनेता डीनो मोरियो ने इस आयोजन का प्रारम्भ इसमे प्रथम क्रिसमिस उपहार डालकर किया और मुम्बईवासियों से भी इसका अनुसरण करने की अपील की।

सर्वाधिक विशाल मानव प्रतीक

नोकिया इंडिया प्राइवेट लिमिटेड और एचसीएल इनफोसिस्टम ने मिलकर मई 18, 2008 को मूव एन पिक रिसोर्ट, फुकेट, थाईलैंड में 191 व्यक्तियों का विशाल मानव प्रतीक बनाया।

भारत का बाह्यरेखा नक्शा

डीएवी पब्लिक स्कूल एरोली, ठाणे, महाराष्ट्र ने दादाजी कोंडेव स्टेडियम में जनवरी 27, 2008 को भारत के नक्शे की विशाल बाह्यरेखा बनाई। जिसका आकार 51.5 x 36.9 मी. था। इसमें 870 विद्यार्थियों और 80 शिक्षकों ने हिस्सा लिया। 70 मिनट के इस लम्बे आयोजन में 1-5 कक्षा के बच्चों और संजीवन दीप परप्लेजिक ट्रस्ट के विशेष बच्चों ने 5,000 दर्शकों के समक्ष विभिन्न पारम्परिक वेशभूषाओं से सज्जित होकर नाच-गाना प्रदर्शित किया। इस कार्यक्रम का आयोजन कासबेर काउंसिल फोर परफार्मिंग आर्ट्स और ठाणे प्लस (टाइम्स समूह) की सहयोगी कल्चरल ट्रस्ट इन एसोसिएशन द्वारा किया गया।

तमिलनाडु में एचआईवी/ एड्स पर विशाल हस्ताक्षर अभियान का आयोजन किया। जिसमें 13 राज्यों के 63,755 व्यक्तियों ने 9 घंटे 23 मिनट में हस्ताक्षर किये। यह अभियान राष्ट्रीय स्तर के अंतर स्कूल सांस्कृतिक मिलाप जो क्लिनिक प्लस गेटवे का हिस्सा था।

रिबनों का वितरण

सडकों के बच्चों की सहायता के लिये उठाया गया कदम 'रिबन ऑफ लाइफ' 'द लाईट ऑफ लाइफ' हाई स्ट्रीट फोनिक्स मुम्बई का ही एक हिस्सा है। इनके द्वारा दिये गये 61,980 रिबनों को उन व्यक्तियों मे वितरित किया गया , जिन्होंने इसे एक रूपये में खरीदा। सुबह 11 बजे रिबनों का वितरण प्रारम्भ किया गया और रात 9 बजे इसे समाप्त किया गया। लोगों की ही उदारता के कारण प्रायोजकों ने 55,000 रिबनों के आरंभिक लक्ष्य को बढ़ा दिया।

दाँत स्वास्थ्य क्रियाकलाप

कोलगेट पामोलिव (भारत) लिमिटेड और इंडियन डेंटल एसोसिएशन (आईडीए) ने अक्तूबर 2007 मे एक महीने लम्बा अभियान 'कोलगेट ब्रश-अप चैलेंज' का प्रारम्भ किया। इस अभियान में सम्पूर्ण भारत के 22 राज्यों के 386 स्कूलों के 1,77,003 विद्यार्थियों ने अक्टूबर 9, 2007 को 1 मिनट के लिये निरंतर ब्रश किया। इन्हें दांतों का ब्रश, दंतमंजन, पानी की बोतल, थूकने के लिये थैली उपलब्ध कराई गई। उप्र. के गोरखपुर और कानपुर के अधिकांश स्कूलों ने इसमें भाग लिया।

सबसे छोटा...

चरखा

साबरमती, गुजरात के नरेन्द्र पाटिल (जन्म जुलाई 1, 1977) ने अगस्त 13, 2008 को प्रारम्भ करके चार दिनों में 17 एमएम लम्बा और 21 एमएम ऊंचा चरखा बनाया। 1.37 ग्रा. भार का चरखा हाथ द्वारा नीम की लकडी से बनाया गया है।

कूलर

भोपाल एमपी के शैलेन्द्र श्रीवास्तव (जन्म नवम्बर 10, 1961) ने जामुनी रंग से ढ़का 5.08 x 5.08 x 3.81 सेमी. का कूलर पानी के पंप सहित बनाया। इसमें एग्जास्ट पंखा व 1.5 वोल्ट की बैटरी भी लगी है। इसका वजन मात्र 51.269 एमजी है। इसमें 14.88 एमजी का ढांचा, 22.65 एमजी का पानी का पंप और 10 एमजी की बैटरी भी सम्मिलित है। इस कूलर में चलाने तथा बन्द करने का बटन भी लगा है। और यह रिमोट से भी चलता है। इसे बनाने मे मई 1 से जुलाई 1, 2008 तक एक महीने का समय लगा।

बलिया, उप्र. के शमशेर खान ने जुलाई 2008

में एल्यूमिनियम का कूलर बनाया जो 4.60 सेमी. लम्बा व 4.56 सेंमी. चौड़ा व 5.18 सेंमी. ऊंचा है, इसका वजन 38.12 ग्रा. है। इसमें पानी का पंप, पंखा तथा 5.25 वोल्ट की बैटरी भी लगी है।

करीमनगर, आंध्र प्रदेश के बसे प्रकाश ने जुलाई 2008 में 30 एमएल का कूलर बनाया। यह 5.5 x 3.5सेमी. और वजन 24 ग्रा. था।

उदयपुर, राजस्थान के सलीम जावेद ने मई 2008 में तीन दिनों में 5.70 x 4.45 x 5.7सेमी. का प्लास्टिक का कूलर बनाया। यह 12 वोल्ट की बैटरी से चलता था और इसमें चलाने व बन्द करने का बटन भी लगा था। *(यह प्रविष्टि 2010 के प्रकाशन से निकाल दी जाएगी-सम्पादक)*

पानी का पंप

थांथा कुंआ, राजस्थान के अब्दुल रज्जाक ने 2005 में 2 सेमी. ऊंचा प्रयोग किया जा सकने वाला पानी का पंप बनाया था। इसका वजन केवल 30 ग्राम था।

लोहे का बक्सा

चिन्नालापट्टी, तमिलनाडु के सी सथ्यन (जन्म अक्टूबर 20, 1991) ने 4.5 सेंमी. ऊंचा निकल-क्रोमियम आयरन बाक्स बनाया। जिसका आकार त्रिकोण था। इसे हथेली पर रखा जा सकता था। इसे छोटे कपडों पर नियंत्रक द्वारा

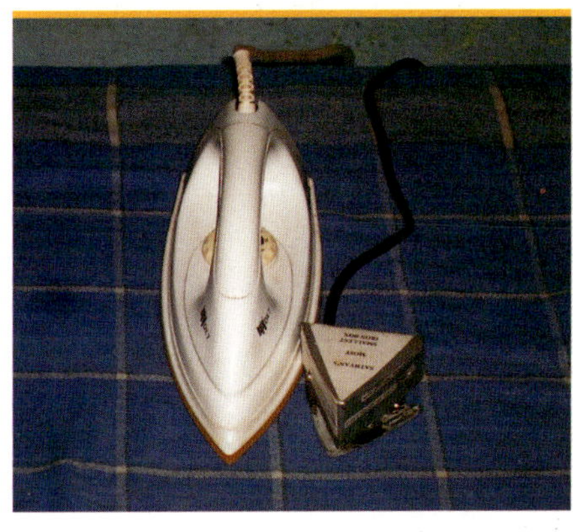

प्रयोग किया जा सकता था। इस आयरन में 35 वाट बिजली का प्रयोग होता था।

छेद करने वाली मशीन

पाली, राजस्थान के जगदीश कुमार लोहार (जन्म जुलाई 10, 1972) ने बिजली की छेद करने वाली मशीन बनाई जो हल्के स्तहों पर कार्य करती थी। 2 एमएम लम्बी, 25 एमएम मोटी व 5.7 ग्राम वजनी मशीन प्लास्टिक व कोमल वस्तुओं में छेद कर सकती है। इसमें चलाने/ बन्द का बटन लगा था और इसके हिस्सों को बदला जा सकता था। इसके निर्माण में 71 घंटे व 1,420 रूपये खर्च हुए।

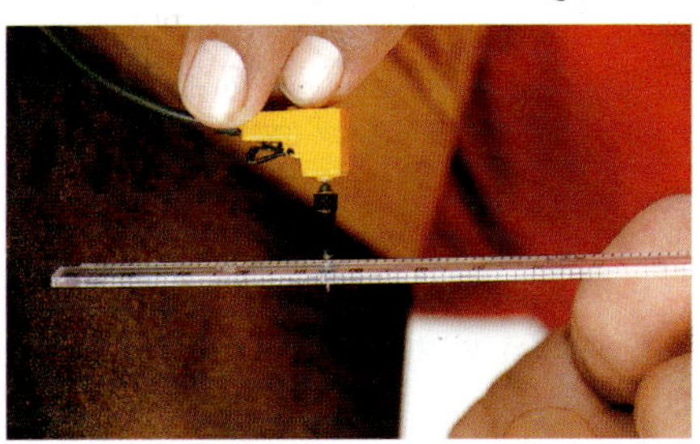

पंखा

कोराटला, करीमनगर, आंध्रप्रदेश के जक्कानी साईराम ने 2.4 सें.मी. ऊंचा टेबल पंखा बनाया। इसमें इसे संचालित करने का बटन भी लगा था। इसमें एक सें.मी. की मोटर और छोटे बैटरी सैल भी थे। लाल रंग की पंखुड़ियों और चांदी रंग के इस पंखे में केवल तांबे और प्लास्टिक की चीज़े ही लगी हैं। इन्होंने यह पंखा 23 घंटों और 200 रूपए में बनाया।

संग्रह

हस्ताक्षर

प्रफुल्ल ठक्कर (जन्म अप्रैल 25, 1940) के पास भारतीय और विश्व के प्रसिद्ध व्यक्तियों के 4,300 से अधिक हस्ताक्षरों का संग्रह है, जो इन्होंने 40 वर्षों से अधिक विषय के अनुसार 50 श्रेणियों में संग्रहित किया गया है। इस संग्रह में 519 पद्मश्री पुरस्कार से सम्मानित व्यक्तियों के हस्ताक्षरों का संग्रह है और 101 नोबल प्रतिष्ठित व्यक्तियों के हस्ताक्षर भी हैं। इनकी वेबसाइट जो गूगल साइट पर उपलब्ध हैं इस पर 53 देशों से 1,50,000 हस्ताक्षर प्राप्त है।

पुस्तकें (लघु)

राजकोट, गुजरात के

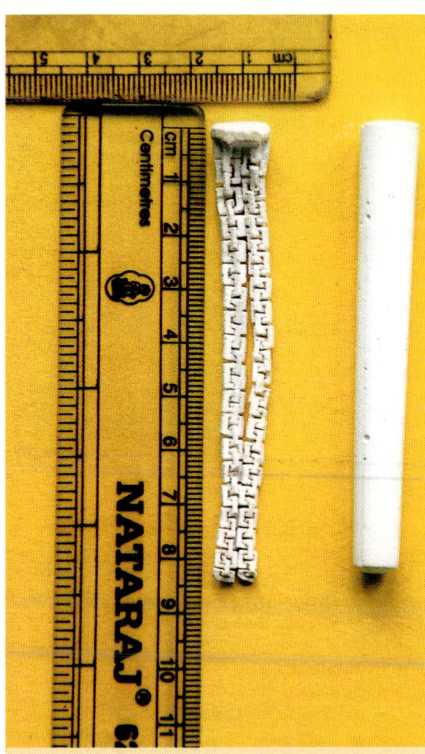

दो जोडों के साथ चॉक की जंजीर

होलेनरसिपुरा, हासन, कर्नाटक के बासवाराजाचार कब्बूर (जन्म मई 20, 1986) ने एक सामान्य चॉक से 72 जोडों वाली जंजीर बनाई। इसमे इन्होंने केवल सुंई और ब्लेड का उपयोग किया है।

पुस्तकालय

डूंगरपुर, राजस्थान के डा. आरके जैन (जन्म दिसम्बर 16, 1979) के पास 570 हस्तलिखित लघु पुस्तकों का संग्रह है। जिनके पन्नों की संख्या 7-38 के बीच में है। सबसे छोटी पुस्तक 0.9 x 0.9 सेमी. जबकि सबसे बड़ी 1 x 1 सेमी. की है। इन्होंने 75 मी. लम्बी, 70 एमएम चौडी और 22 एमएम गहरी अल्मारी बनाई है, जिसमें 20 खाने हैं, इसमें 600 पुस्तकें रखी जा सकती हैं। ये इसे लिलीपुट पुस्तकालय कहते हैं। इन्होंने इस पर 2005 पर कार्य करना प्रारम्भ किया था!

कैमरे

मुम्बई के दिलीश ललित पारेख के पास 1977 से एकत्र किये गये 4,425 कैमरों का संग्रह है। इनके संग्रह में से कुछ प्राचीन और दुर्लभ कैमरे हैं जैसे लीका 250, रॉयल मेल पोस्टेज (1908), कैनोन रेंज फाइंडर, निकोन रेंजफाइंडर, सुपर इकोंटा जेइस, लीकास्, मिनोक्स, रोलीफ्लेक्स, फ्रेंच डैग्यूरेओ (1890), कोडेक पैनोरामा और छुपे हुए कैमरे जैसे-बटन, घडी, जिप्पो, लाईटर और दूरबीन। दिलीश को यह रूचि 600 कैमरों के साथ अपने पिता से विरासत मे मिली थी।

निकुंज वगाडिया के पास 507 लघु पुस्तकों का संग्रह है। जिनका आकार 1 x 2 एमएम व 45 x 55 एमएम के बीच है। इनकी रचना निकुंज द्वारा की गई है। प्रतिकृति के साथ इनकी संख्या 525 है। सबसे लघु पुस्तक (1 x 2 एमएम) है, इसमे 6 पन्ने हैं और इसका आवरण सिल्क का है, इसे 1997 में बनाया गया था। सबसे बड़ी पुस्तक में 464 पन्ने 13,920 पंक्तियां और 69,600 शब्द हैं। इसका आवरण हरे रंग के सिल्क का बना है। इसे दिसम्बर 2007 में बनाया गया था। यह पुस्तक महात्मा गांधी से उद्धृत है।

निकुंज ने सबसे छोटी 13 x 16 एमएम की शादी की एलबम भी बनाई है। इसमें 33 रंगीन तस्वीरें हैं, जो स्वयं उनके विवाह की है। इस एलबम पर उन्होंने स्वयं जामुनी रंग के सिल्क का आवरण चढाया है। इसमें 13 x 16 एमएम की 33 तस्वीरें हैं। इन्होंने यह एलबम 48 घंटों में अपनी पत्नी हस्मिता की सहायता से बनाई है।

ब्रैड के चूरे से गहने

झांसी, मप्र. के अमिक खान (नवम्बर 10, 1998) पिसी ब्रैड पाउडर को मिट्टी में मिलाकर दिलचस्प गहने बनाते हैं। वे इन्हें रंगों तथा आकर्षक डिजाईनों से सज्जित करते हैं। इन्होंने अगस्त 15, 2008 तक 276 ऐसे गहने बनाये थे।

हस्ताक्षर

सतनाम सिंह हितकारी (70) के पास जानी-मानी हस्तियों के 3,600 से अधिक हस्ताक्षरों का संग्रह है। वे पिछले 50 वर्षों से इन हस्ताक्षरों को एकत्र कर रहें हैं।

1991

बस टिकट

इरोड, तमिलनाडु के के शानमुरगाप्रकाश (जन्म नवम्बर 5, 1984) जो अभी बेंगलौर में बतौर साफ्टवेयर इंजीनियर के पद पर कार्यरत हैं, के पास 34,000 से अधिक बस के टिकट हैं, जो अगस्त 2002 से स्वयं उनके अथवा उनके मित्रों द्वारा एकत्र किये गये हैं।

कैंटीन टोकन

अहमदाबाद के प्रफुल्ल ठक्कर (जन्म अप्रैल 25, 1940) के पास निजी क्षेत्रों अथवा सरकारी दफ्तरों में स्थापित कैंटीनों के 450 से अधिक धातु के टोकनों का संग्रह है। 1938 से यह टोकन रूपये के विकल्प के तौर पर प्रयोग होते रहे हैं। इन्होंने अपने संग्रह की सूची को 2004 में *कलैक्टर्स गाईड टू इंडियन कैंटीन टोकन्स* शीर्षक से प्रकाशित किया गया।

टोपियां

कल्याण, महाराष्ट्र के अनन्त जोशी के पास 988 टोपियों का संग्रह है। इनकी वर्गीकृत टोपियों का संग्रह न केवल विभिन्न प्रकार की टोपियों से ही नहीं बना है अपितु इसमें कवच व सरौतें भी शामिल है। इनमें से अधिकांश उन्होंने 20 वर्षों में अपनी यात्राओं के दौरान एकत्र किये हैं। कुछ विदेशी भी हैं क्योंकि इनके घर में यह संग्रह नहीं रखा जा सकता था, इसलिये इन्होंने अपने घर के पीछे टोपियों का एक संग्रहालय बनाया है।

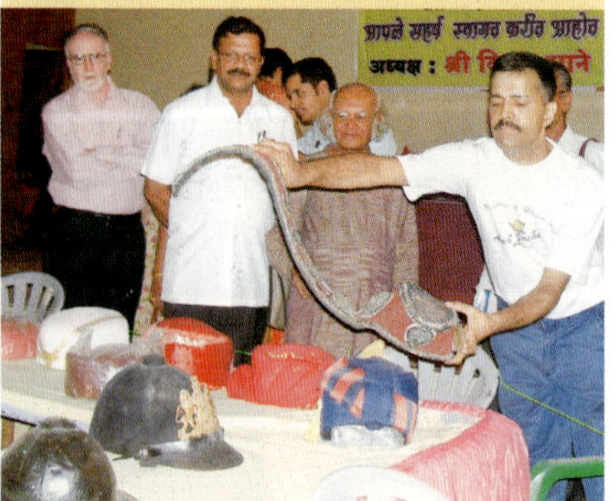

मुफ्त उपहार

चंडीगढ के दो भाईयों विश्व (जन्म सितम्बर 10, 1962) व विशाल (जन्म सितम्बर 10, 1964) ने 1983 से मुफ्त में मिले 65,000 उपहार एकत्र किये। इस संग्रह का प्रथम उपहार एक पैन था जो एक टिफिन के साथ मिला। मंहगा उपहार 8,000 रूपए का एक डिनर सैट है जो उन्हें फ्रिज के साथ मिला। सस्ती वस्तु कंघी है जो उन्हें सुई-धागे के पैकेट के साथ मिली।

विभिन्न देशों के सिक्के

दिल्ली के एसएल सिंघी ने 1940 से 311 देशों के सिक्के एकत्रित किये हैं। कुछ देशों में यह अब प्रचलन में नहीं है जबकि कुछ छोटे हिस्सों मे बंटे हैं।

ओहिओ, अमेरिका के राहुल सामंत (33) एक साफ्टवेयर इंजीनियर हैं, के पास 243 देशों के 904 सिक्के हैं, जो फिलहाल प्रचलन में हैं। अगर आप उन देशों को भी सम्मिलित करें जहां ये प्रचलन में नहीं हैं, तो इनकी संख्या 291 देशों के 977 सिक्के हैं।

वर्गपहेलियां

नैरोबी, केन्या के राजू उमामहेश्वर के पास वर्गपहेलियों का विशाल संग्रह है-इनमें-1,28,104 हल की गई और 3,63,000 बिना हल की गई पहेलियां सम्मिलित है। उन्हें इसका शौक 21 वर्ष की आयु में लगा। इनमें सीडी और ऑनलाईन पर 30,000 अनसुलझी पहेलियां शामिल नहीं हैं। इस संग्रह मे सबसे बडी पहेली 90,000 वर्ग (4 x 4 फुट) की है जिसके साथ 12,500 से अधिक संकेत है। अब जबकि राजू अर्धसेवानिवृत है तो उन्हें उम्मीद है कि समय देने पर वह बाकी बची पहेलियों को भी हल कर लेंगे।

वर्गपहेली (विषयक)

मुम्बई की नीला एच जग्गी (जन्म 20 दिसम्बर 1967) ने विषयक क्रासवर्ड को 13 x 13 की क्रमबद्ध जाली पर बनाया है। इस प्रकरण के आवरण विषय जैसे-आईटी, हालीवुड, वाणिज्य (15 विषय), सट्टा बाजार, और क्रिकेट थे। नीता के संदर्भ मे जाली का हर शब्द पूर्णत: विषयक है। नीता ने अगस्त 15, 2008 को

1,213 पहेलियां पूर्ण की है। नीता ने बच्चों के लिए क्रिकेट पर *हावजैट* नाम से पहेलियों और क्रासवर्ड की पुस्तक भी निकाली है।

786 अंक पर खत्म होने वाली मुद्रा के नोट

चंडीगढ़ के नरेन्द्र पाल सिंह पिछले 13 वर्षों से विशेष रूप से 786 के अंक पर समाप्त होने वाली मुद्रा के नोटों को इकट्ठा कर रहे हैं। इस समय उनके पास कुल रू. 8,26,475 मूल्य के ऐसे 14,786 नोट हैं। संयोगवश उनके बचत बैंक खाते में भी 786 और 1786 का अंक आता है और उनके मोबाइल नम्बर 9888459786, 9814247786 में भी यह अंक आता है। उनके अन्य छोटे-बड़े ब्यौरे भी 786 पर ही समाप्त होते हैं!

7 अंकों वाली मुद्रा

वडोदरा, गुजरात के दीपक पी शाह (31) के पास 10,00,000 या उससे अधिक की क्रम संख्या वाले सभी वर्ग-मूल्यों की 260 विभिन्न भारतीय मुद्रा के नोटों का अनूठा संग्रह है। उन्होंने इस सात साल पहले संग्रह करना आरंभ किया था और अब उनके संग्रह का अंकित मूल्य रू.11,000 और बाज़ार मूल्य रू.11,000 से भी अधिक है। इस संग्रह में सबसे कम वर्ग-मूल्य में 1रू. का नोट है और सबसे अधिक में रू.1,000 का नोट है। उनके पास सभी नोट अदला-बदली में आए।

इक्विटी फॉर्म

फरीदाबाद, हरियाणा के अखिलेश कुमार साह 2004 से शौकिया तौर इक्विटी फॉर्म इकट्ठा कर रहे हैं। वह अगस्त 15, 2008 तक सार्वजनिक लिमिटेड कंपनियों के 2,693 इक्विटी/ आईपीओ निर्गमों का संग्रह कर चुके थे।

गणेशजी (कढ़ाईदार)

जयपुर, राजस्थान की कल्पना मेहता (जन्म फरवरी 4, 1952) मलमल के टुकड़े पर चेन सिलाई से गणेश जी उकेरती है। उन्होंने 5 सेमी. छोटे से 75 सेमी. तक बड़े गणेशजी को कपड़े पर उकेरा है। शुरू में वह 10-15 सेमी. का चित्र ही बनाती थी लेकिन बाद में उसने गणेश के बड़े चित्र भी बनाने शुरू कर दिए। वह रोज़ सुबह 1 घंटे यह काम करती है। बड़े टुकड़े को तैयार करने में 15 दिनों से 1 महीने का समय लगता है। वह तीन प्रदर्शनियां भी लगा चुकी हैं।

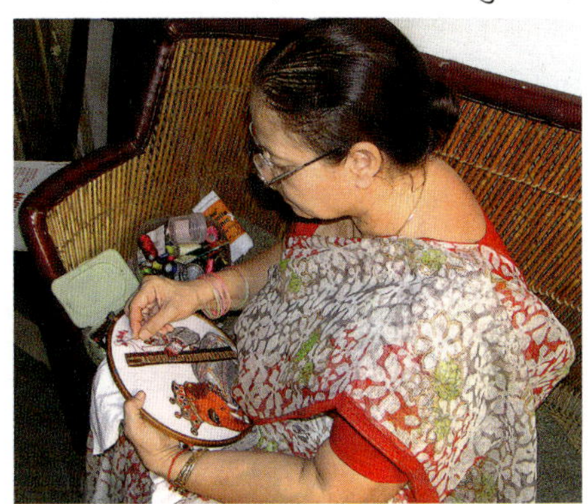

पेंसिलें

दिल्ली के तुषार लखनपाल (जन्म अप्रैल 14, 1998) के पास विभिन्न देशों की 1,577 लीड पेंसिलों का संग्रह है जिसमें से कोई भी दो पेंसिलें एक सी नहीं है। तुषार तीन वर्ष की आयु से यह संग्रहित कर रहे हैं। उनके पास स्मारकों, क्रिकेट बैट, झंडे आदि आकारों की निराली व स्पाइडरमैन, बार्बी जैसे चरित्रों की पेंसिलें हैं। सबसे छोटी पेंसिल 25 मिमि. लम्बी व 2 मिमि. चौड़ी है व सबसे लम्बी पेंसिल की लम्बाई 548 सेंमी. व चौड़ाई 2 मिमि. है। सबसे मोटी पेंसिल 266.7 सेमी. लम्बी व 29 सेमी. चौड़ी है। उनके संग्रह में एक अनोखी सुगंधित पेंसिल भी है।

रबड़

दिल्ली की खुशबु मर्दा-मालनी के पास भारत और विदेशों से इकट्ठा किए गए 6,912 से अधिक अलग-अलग प्रकार के 8,184 रबड़ हैं (देखें चित्र)। यह अलग-अलग आकारों, साइज़ और रंगों के हैं जिनमें प्रमुख व्यक्तित्व, खेल, पशु, खाने का सामान, परिवहन, इलेक्ट्रॉनिक्स, मुद्राएं, शैक्षिक वस्तुएं और भी बहुत कुछ शामिल हैं। दिल्ली की कनिका गुप्ता (जन्म दिसम्बर 7, 1993) के पास भारत और विदेशों से एकत्र किए गए 5,873 एकल रबड़ और 6,287 डुप्लीकेट रबड़ों का संग्रह हैं। पुणे, महाराष्ट्र के पीयूष कमलेश शाह (जन्म मई 5, 1998) के पास विभिन्न आकारों, साइज़ों, और रंगों के रबड़ हैं। इनके पास अलग-अलग प्रकार-सुगंधित, बैटरी चालित, फ्लैप वाले सेलफोन, रोल वाला छोटा कैमरा के रबड़ हैं। पीयूष इंटरनेशनल कलेक्टर्स सोसायटी ऑफ रेयर आइटम के सदस्य भी हैं।

चाबी के छल्ले

मुम्बई की दीना विनयकांत पारिख (जन्म फरवरी 12, 1940) के पास अब 131 वस्तुएं हैं जो एक बड़े चाबी के छल्ले से लटकी हैं जिनमें उनकी अपनी चाबियां भी हैं। वह इसे अपनी साड़ी की कमर में लगा कर रखती हैं। उन्होंने जरूरी सामान के खो जाने से तंग आकर इन्हें चाबी के छल्ले के साथ बांधना शुरू कर दिया जिसे वह अपने साथ रखती हैं। उनकी कीचेन में चाबी के छोटे छल्लों में चाबियों के ऊपर चाबियां लटकती रहती हैं और इनके साथ चाकू, सुई, चम्मच, रबड़ के पैकेट जैसी बहुत सी चीजें रहती हैं।

पत्रिकाएं

नागपुर, महाराष्ट्र के निनाद जाधव के पास सितम्बर 4, 2006 से जुलाई 11, 2008 के बीच पत्रिकाओं के प्रथम 127 अंकों का उनके वर्ण क्रम में संग्रह है। उन्होंने पुरानी पत्रिकाओं में पहला अंक खोजने में अपना बहुत समय लगाया है! उनके संग्रह में सबसे पुरानी भारतीय पत्रिका *सन्यास* (1977) और सबसे पुरानी विदेशी पत्रिका पैराडाइज़ (1976) है। वह इन्हें विशेष शैल्फ में रखते हैं। उनके संग्रह में पहली 3-डी कॉमिक्स *शैतानों का जाल* भी है हालांकि यह प्रथम अंक नहीं है।

पांच पीढ़ियों के विवाह निमंत्रण पत्र

रंजीत मल नाहर (मसूद) के पास परिवार के 44 सदस्यों की पांच पीढ़ियों के विवाह निमंत्रण-पत्र हैं। पहला कार्ड जुलाई 1894 में हरकबाई का और उसके बाद 1898 में अज्जन बाई के विवाह का है। 1894 और 2008 के अंतराल में विवाह के 44 कार्ड हैं। 19 वीं सदी के रूढ़िवादी उत्तर भारतीय परिवारों में कार्ड पर केवल दूल्हे का नाम रहता था। वधू का नाम लिखने का रिवाज़ 1941 में शुरू हुआ। परिवार के मुखिया सेठ सूरजमल जी नाहर मसूद

(परिवार के वर्तमान मुखिया रणजीत मल नाहर के सम्मानीय दादाजी) थे।

माचिस के लेबल

लखनऊ, उप्र. के निकट लक्ष्मणपुर के रामसागर के पास 5,800 अलग-अलग तरह की माचिस की डिब्बियों के 8,32,467 लेबल हैं। उनके पास केवल ट्रैक्टर ब्रांड के 45,000 लेबल हैं।

नाम स्लिप

दिल्ली की कनिका गुप्ता (जन्म दिसम्बर 7, 1993) के पास एयरलाइन्स, बैंकों, टीवी चैनलों, सिने जगत की हस्तियों वगैरह के नाम की भिन्न-भिन्न 1,873 रंगीन स्लिपें हैं। दोहरा करने पर इनकी संख्या 2,373 हो जाती है।

पैन

जयपुर, राजस्थान के डा. सुनील गुप्ता के पास लकड़ी की परिसज्जा वाले अथवा लकड़ी जैसे 209 फाउंटेन पैन हैं। ये पैन धातु, प्लास्टिक, एबोनाइट इत्यादि अलग-अलग सामग्री के बने हैं। वह इन्हें सही हालत में रखने के लिए प्रतिदिन बारी-बारी से इस्तेमाल करते हैं। उन्होंने 1982 में इनका संग्रह करना शुरू किया था जिसमें विश्व के सर्वाधिक महंगे ब्रांड जैसे मोन्ट ब्लैक, पियर कार्डिन, वाटरमैन, स्कैवर, क्रॉस... हैं। शायद वह उन बहुत थोड़े से नेत्र विशेषज्ञों में से एक हैं जो अपना नुस्खा स्याही से लिखते हैं!

रोज़ एक फोटो!

केंट, यूके में रहने वाले मुनीश बंसल रोज़ फोटो खींचने वाले एक खुशमिज़ाज पिता हैं जो अपने बच्चों सुमन (जन्म मई 16, 1996) और जय (जन्म नवम्बर 14, 1998) का उनके जन्म से ही प्रतिदिन फोटो खींच रहे हैं! इनकी फोटो उपलब्ध ऑनलाइन-सुमन स्कैन और जयस्कैन-पर लगाई जाती हैं। जब मुनीश बाहर यात्रा पर होते हैं या फिर काम व्यस्त होते हैं तो उनकी पत्नी रीता बच्चों का फोटो खींचती हैं। जुलाई 31, 2008 तक सुमन की 4,459 और जय की 3,547 फोटो थीं।

पोस्टर

कारों के शौकीन मुम्बई के प्रीतेश टेलर (22) के पास कारों के 1,944 असली और 169 डुप्लीकेट पोस्टर हैं। वह 2005 से इन पोस्टरों को संग्रहित कर रहे हैं।

जूतों की आकृतियां

मुंबई के एएल मर्चेंट ने अलग-अलग साइज़ों और सामान की बनी जूते की आकृति की चीज़ें संग्रहित की हैं जिनमें कुछ लघुरूप मॉडल भी शामिल हैं। उनके पास अगस्त 15, 2008 तक 129 तरह की 6,350 वस्तुओं की बड़ी संख्या थीं।

उद्धरण

मोम्बासा, केन्या के गुलनार सुल्तान सुल्तनली फज़ल 1976 से दिलचस्प उद्धरण और उक्तियां इकठ्ठा कर रहे हैं। उन्होंने सभी 59,562 उद्धरणों को 76 नोट पुस्तिकाओं में हाथ से लिखा है।

रेलवे टिकट

ठाणे, महाराष्ट्र के स्वप्निल सुभाष सामते के पास 1,953 रेलवे टिकट हैं। इनमें से अधिकांश टिकटें मुम्बई की उपनगरीय रेलगाड़ियों की हैं। वह 2004 से इनको संग्रहित कर रहे हैं। उन्होंने टिकटों के रंग और प्रकार के आधार पर आठ वर्गों में बांटा है।

स्केल मॉडल

पुणे के विवेक दवे (जन्म दिसम्बर 20, 1980) के पास मोटर वाहनों के 1,575 स्केल मॉडल हैं जो डुप्लीकेट नहीं है। इनमें अलग-अलग किस्म की रेसिंग कारें, एसयूवी और अन्य परिवहन एवं उपयोगी वाहनों के मॉडल हैं। प्रत्येक वाहन के आधार पर मॉडल का मेक, प्रकार, और स्केल अंकित किया गया है।

वाहनों का साइज़ बहुत बड़े स्केल से लेकर (1/18) से लेकर छोटे स्केल (1/32) तक है। उनके पास मैचबॉक्स, कोरगी, डिंकी, टॉय, वेली, सोलिडो (सभी यूके), बुरगो (इटली), किन्समार्ट, सिकू (जापान), मायस्तो, टोमिक (जर्मनी), मज़रोती (फ्रांस) जैसे और अन्य शानदार मॉडल हैं।

विज़िटिंग कार्ड

रायपुर, छत्तीसगढ़ की शुभांगी आप्टे (जन्म अप्रैल 25, 1955) अमेरिका, यूएई, सिंगापुर आदि देशों के 25,936 विज़िटिंग कार्ड हैं। इस संग्रह में प्लास्टिक पेपर, रिसाइकिल पेपर, धातु वगैरह के कार्ड भी हैं। शुभांगी ने अप्रैल 27, 2008 को अपने संग्रह की प्रदर्शनी भी लगाई!

नागपुर, महाराष्ट्र के देवेन्द्र सामा के पास वर्णक्रम में लगे 7,000 से भी ज़्यादा विज़िटिंग कार्डों का संग्रह है जिसमें से 230 अंतर्राष्ट्रीय कम्पनियों के हैं। वह कभी विदेश नहीं गए

लेकिन उन्होंने इसे अपने दोस्तों और रिश्तेदारों से एकत्र किया है। उन्होंने 2004 में इन्हें इकट्ठा करना प्रारंभ किया था।

घड़ियां

नागपुर, महाराष्ट्र के निनाद जाधव के पास वर्णक्रम में अलग-अलग ब्रांडों की 167 घड़ियों का संग्रह है। ब्रांड नाम में अंग्रेजी की वर्णमाला का हर एक अक्षर है। उनके ए से जैड तक के संग्रह में भारतीय और विदेशी दोनों घड़ियां हैं जिनमें से 113 घड़ियां चालू हालत में हैं।

लखनऊ, उप्र. के इमरान अहमद (जन्म फरवरी 22, 1989) के पास जुलाई 8, 2008 तक वर्णक्रम में 235 घड़ियों का संग्रह था। इनमें से कुछ मूल घड़ियों की नकल थी।

डिजाइन निर्मित

सर्वाधिक भव्य आधुनिक मंदिर

दिल्ली में यमुना नदी के तट की 100 एकड़ भूमि पर आधुनिक भव्य अक्षरधाम मंदिर बना है जिसे नवम्बर 6, 2005 को जनता के लिए खोला गया। 9 गुम्बदों (43 x 9 x 108.5 मी.) वाले विश्व के इस सबसे विशाल भव्य हिन्दू मंदिर को 11,000 कारीगरों ने पांच वर्षों में पूरा किया। इसमें अलंकारिक रूप से उत्कीर्ण किए गए 234 स्तम्भ, जटिल रूप से उत्कीर्ण 148 हाथियों के चित्र और 20,000 से अधिक मूर्तिशिल्प हैं। अक्षरधाम परामुख स्वामी महाराज द्वारा प्रेरित और निर्मित है।

स्तंभ रहित परिसर

कोयम्बत्तूर, तमिलनाडु में 40 एकड़ से अधिक में बने कोयम्बत्तूर स्मॉल इंडस्ट्रीज़ एसोसिएशन टेक्नॉलोजी सेन्टर में 13,500 वर्ग मी. में स्तंभ रहित ट्रेड फेयर परिसर बना है। जनवरी 20, 2008 को इसका 19,203 वर्ग मी. विस्तार किया गया।

प्रजापिता ब्रह्मकुमारी ईश्वरीय विश्वविद्यालय ने आध्यात्मिक सभाओं के लिए शांतिवन, आबूरोड, राजस्थान में स्तंभरहित डायमंड हॉल नामक सभागार का निर्माण किया। इसका जनवरी 15, 1996 को उद्घाटन किया गया। 137 x 65.5 मी. के इस सभागार का कवर क्षेत्र 8,988 वर्ग मी. है और इसके निर्माण पर 3 करोड़ रू. की लागत आई तथा इसमें 20,000 लोग आ सकते हैं।

प्रथम वाटर पार्क

मुछाला मैजिक लैंड प्रा.लि. द्वारा 2002 में ठाणे, महाराष्ट्र में 17 एकड़ में बनाया गया सूरज वाटर पार्क अपने नए आकर्षणों के कारण सभी आयु वर्ग के लोगों के आकर्षण का केन्द्र हैं। इसमें बच्चों के लिए एक अलग खंड है जिसमें वह पूरी मौज-मस्ती कर सकते हैं। यहां मानव निर्मित एशिया की सबसे बड़ी गुफा भी है। हाल ही में इसमें धड़कन और उल्टा-पुल्टा के दो और नए मनोरंजन भी जोड़े गए है।

सबसे लम्बी रोबोटिक कार पार्किंग संरचना

आकृति सिटी लि. द्वारा ब्रीच कैंडी, मुम्बई बनाया गया आकृति स्काई पार्क पूरी तरह सेंसर एवं मानवरहित रोबोटिक आर्म चालित स्वचालित पार्किंग व्यवस्था है। इस 50 मी. ऊंचे कार पार्क में एक कार को पार्क करने में लगभग दो मिनट लगते हैं। कार चालक को अपनी कार बस प्रविष्टि स्थल तक ले जाने होती है जहां उसे उतर कर ई-टिकट या स्वाइप कार्ड लेना होता है। कार को भूतल पर एक बड़े घूमने वाले फोयर पर छोड़ दिया जाता है जहां से कार को स्वचालित लिफ्ट से उठा कर उत्थापक पर डाल दिया जाता है जो कार को उपलब्ध स्थान/ तल पर छोड़ देता है। स्वचालित लिफ्टों को में क्षैतिज और उर्ध्वाधर दोनों तरह तरह से घुमाया जा सकता है और इस यह एक समय में एक ही कार ले जा सकती है। इस 20 तल के कार पार्क में 240 कारें खड़ी हो सकती हैं व प्रत्येक तल की ऊंचाई 2.23-2.43 मी. है। इसके लिए तकनीक और साजो-सामान जर्मन कंपनी व्होर पार्किंग सिस्टम ने दिए हैं।

कागज़ से बना सबसे लम्बा पुल

मुम्बई के वीरमाता जीजाबाई टैक्नॉलोजीकल इंस्टीट्यूट के 48 छात्रों ने 180 अखबारी कागज़ों के रोल से 18 मी. लम्बा पुल बनाया। यह कागज़ी पुल सात दिनों (लगभग 10 घंटे प्रतिदिन) में 3,500 श्रमघंटे लगा कर जनवरी 13-15, 2008 में बनाया गया। यह 80 कसकर बंधे फैले कागज़ों से बनाया गया जिसके प्रत्येक रोल को एक-दूसरे में फंसा कर लगाई गई विशेष गांठों से जोड़ा और दाब से कसा गया। इसी तरह के रोलों से दो 3मी. ऊंचे व चार 2.5मी. ऊंचे कॉलम बनाए गए जिन्हें एक कठोर जोड़ द्वारा मध्य स्थल से जोड़ा गया। इसके लिए 1,000 मी. की मनीला रस्सी का उपयोग भी किया गया। इसे बनाने में अधिक श्रमशक्ति और कम पूंजी को ध्यान में रखा गया ताकि इस परियोजना को ग्रामीण सहित चौड़े क्षेत्रों में भी संभव किया जा सके। इस पुल पर एकसाथ 10 लोगों को चढ़ाकर इसका सफलतापूर्वक परीक्षण भी किया गया। इसे पार करने में प्रत्येक व्यक्ति 60-80 सेकंड का समय लगा।

'ऊपर उठाए गए' घर

जब मामचंद (जन्म 1947) ने जब पानी से भरे घर को देखा तो उसने विचार किया कि घर को कैसे रहने योग्य बनाया जा सकता है। उसे घर का पूरा ढांचा उठाकर सड़क के बराबर ले जाने का अनूठा विचार आया। इसके लिए उसने एक अनूठी तकनीक निकाली जिसके द्वारा वह डाई-इस्पात के बने, लगभग 15 किग्रा. के और 50 टन तक का वजन उठाने वाले छोटे स्क्रूजैकों से घर को आधार तल से उठाकर वांछित ऊंचाई तक ले गए। उसके बाद स्क्रूजैकों को घुमाकर सेमी. दर सेमी. घर को उठाया जाता है।

मामचंद (जन्म 1947) और उसके पुत्र बंसीलाल (जन्म 1968), हरकेश कुमार (जन्म 1971) और राकेश कुमार (जन्म 1974) 1993 से इस अवास्तुकारी विधि का प्रयोग कर रहे हैं और पंजाब, हरियाणा, दिल्ली और राजस्थान में 1500 से भी अधिक परियोजनाओं पर काम कर चुके हैं जिनमें कुछ 4 मंजिला घर भी शामिल हैं। उसके दल द्वारा अब तक सबसे बड़ा उठाया गया घर पंजाब में 464.5 वर्ग मी. का था। उन्होंने गुड़गांव, हरियाणा में 275 स्क्रूजैकों से ढाई मंजिला घर को भी उठाया है।

लकड़ी के लिए कोई जगह नहीं!

कोझीकोड, केरल के पीके प्रदीप 2002 में लकड़ी के बिना घर बनाने के तरीके को सामने लाए। प्रदीप कुमार के 2006 में पूरे हुए घर का नाम भी एकदम ऐसा ही 'वुडनिल' था जिसे बनाने में उन्होंने लकड़ी के एक टुकड़े का भी इस्तेमाल नहीं किया। कुल 214.7 वर्ग मीटर में बना यह घर बाहर से सामान्य घरों जैसा ही दिखता है जिसमें दरवाजे, खिड़कियां, कोट और मेजे हैं, लेकिन अंतर केवल इतना है कि ये हल्के इस्पात और एल्युमिनियम से बने हैं। इसे बनाने में 9.75 लाख रूपए का खर्च आया। वुडनिल सस्ता होने के साथ-साथ पर्यावरण के अनुकूल भी है।

बांस गुंफित लैंटर

तीन दशकों से भी ज़्यादा समय से निर्माण के व्यवसायी जंदियाला गुरू, अमृतसर, पंजाब के मेहर सिंह लोहे के सरियों के बिना रिहायशी मकानों के लैंटर डालते हैं। उन्होंने 7 विविध तरह के रसायनों के प्रयोग से 3.6मी. x 6.7मी. का दो मंजिला भवन बनाया। परंतु वह इस अनूठे तकनीकी काम का रहस्य किसी को नहीं बताते हैं!

गाता हुआ घंटाघर

रायपुर विकास प्राधिकरण ने दिसम्बर 19, 1995 को पंडित रविशंकर शुक्ला पार्क, रायपुर में कंक्रीट से बना घंटाघर लगाया। इस घंटाघर की ऊंचाई 15 मी. और इसका व्यास 1.8 मी. है। घंटाघर को सफेद संगमरमर और ग्रेनाइट से परिसज्जित किया गया है। जनवरी 26, 2008 से इसकी जीपीएस चालित घड़ी में हर एक घंटे में औसतन 25 से 30 सेकंड तक छत्तीसगढ़ का एक लोकगीत बजता है।

सर्वाधिक लघु बचत योजनाएं

इंदौर, मध्यप्रदेश के कमलकांत काला (जन्म दिसम्बर 13, 1962) फरवरी 2000 से लघु बचत योजनाओं में निवेश कर रहे हैं। वह हर माह भारत सरकार के डाक विभाग की लघु बचत योजना में आवर्ती जमा खाता खोलते हैं। जुलाई 31, 2008 तक कमल के 433 चालू खाते थे।

अनु आगा - एक स्वप्नदृष्टा

अरनवाज़ (अनु) आगा (जन्म अगस्त 3, 1942) ने 1985 में थर्मेक्स लि. से अपने कैरियर की शुरूआत की थी जिसमें वह 1991 से 1996 तक कंपनी के मानव संसाधन की प्रभारी रही। वह फरवरी 1996 में कंपनी की कार्यकारी अध्यक्ष और 1998 में गैर कार्यकारी अध्यक्ष बनीं। वह 2001-02 में भारतीय उद्योग परिसंघ (सीआईआई), पश्चिम क्षेत्र की अध्यक्ष बनने वाली प्रथम महिला थीं।

वह पुणे और मुम्बई में वंचित बच्चों के लिए शिक्षा परियोजनाएं चलाने वाले गैर सरकारी संगठन आकांक्षा के भी निदेशक मंडल में हैं। उन्होंने प्रो. महेसलकर के साथ मिलकर इनोवेशन फॉर इंडिया-मेरीको की स्थापना की। यह संगठन भारत के व्यापार, सामाजिक और शैक्षिक क्षेत्र में नई पहलों को प्रोत्साहन देने कार्य करता है।

वह अक्तूबर 2004 में कंपनी के अध्यक्ष के रूप में सेवानिवृत्त हुई लेकिन वह अभी भी कंपनी के निदेशक मंडल में हैं।

सबसे बड़ी सॉफ्टवेयर और सूचना प्रौद्योगिकी (आईटी) सेवा कंपनी

1968 में स्थापित टाटा कंसलटेन्सी में 1,1,407 कर्मचारी हैं और देश भर में 152 कार्यालय हैं। मार्च 31, 2008 तक इसकी विश्वव्यापी वार्षिक बिक्री 5.7 बिलियन डालर रही। यह एक तिमाही में 1 बिलियन डॉलर के राजस्व का आंकड़ा पार करने वाली भी पहली कंपनी रही।

इंजीनियरिंग कम्पनी द्वारा सबसे लम्बे समय तक लेखा रख-रखाव

जून 4, 1904 को पेस्टनशा एन वकील और जेम्स के द्वारा अहमदाबाद, गुजरात में एक सार्वजनिक लिमिटेड कंपनी के रूप में स्थापित की गई अहमदाबाद विक्टोरिया ऑयरन वर्क्स कं. लि. अपने आरंभ की तिथि से ही मूल बैलेंस शीट और जून 4, 1904 को बनाए गए संस्था अंतर्नियम को आज तक बनाए हुए है। यह कंपनी 1957 में मेट्रो समूह को बेच दी गई और 1966 में किरणभाई द्वारकादास सेठ ने इसका अधिग्रहण किया। कंपनी ने 1971 में रसायनों और लुगदी एवं पेपर मशीनरी के उत्पादन का कारोबार आरंभ किया।

पहले और लाखवें कर्मचारी को रखने वाली प्रथम कंपनी

सुरक्षा और उससे जुड़ी सेवाएं देने वाली कंपनियों में अग्रणी ग्रुप 4 सेक्योरिकोर (जी4एसएस) इंडिया ने एक अलग गौरव हासिल किया है। उसने अक्तूबर 1, 1989 को उनकी कंपनी में आने वाले पहले कर्मचारी हरी सिंह नेगी और जुलाई 27, 2006 को कंपनी में आने वाले 1,00,000वें कर्मचारी एस श्रीनिवासन को सफलतापूर्वक अपनी कंपनी में रखा। कंपनी छः महाद्वीपों के 110 देशों में कार्यरत है और विश्वभर में इसके 5,30,000 से ज़्यादा कर्मचारी हैं। भारत में इसके 180 कार्यालय और 1,30,000 से अधिक कर्मचारी हैं।

एक ही दिन में खोले गए सर्वाधिक आउटलेट

अपने नए ब्रांड 'बार्सीलोना' को बाज़ार में उतारने के अवसर पर लिवरपूल रिटेल इंडिया लि. ने जून 15, 2008 को एक साथ 151 स्टोर खोले। इसके 45 वर्ग मी. से 225 वर्ग मी. में बने सभी शोरूमों का 15 राज्यों में प्रातः 11.00 बजे उद्घाटन किया गया जिसमें सर्वाधिक शोरूम गुजरात (22) में थे। कंपनी ने 2006 में पूरे देश में 142 रिटेल आउटलेट खोलकर लिवरपूल के ब्रांड नाम से रेडीमेड वस्त्रों का कारोबार आरंभ किया था। बार्सीलोना के तैयार फैशन वस्त्र 400 से 2,000 रूपए तक की किफायती श्रेणी में मिलते हैं। कंपनी के दुबई में दो विशेष शोरूम भी हैं।

प्रभाव दिवस 2008

डिलॉइट हैदराबाद और मुम्बई ने अपनी अहम वार्षिक वैश्विक कॉरपोरेट सामाजिक दायित्व गतिविधि के तहत जून 14, 2008 को प्रभाव दिवस मनाया। यह दिन यातायात, शिक्षा, व्यवसायिक प्रशिक्षण, वयोवृद्ध सेवा से लेकर

दूसरे कई क्षेत्रों से जुड़ी कई सामुदायिक सेवाओं को समर्पित था जिसका 1.21 लाख से अधिक लोगों को लाभ मिला और 15,000 लोगों को भोजन दिया गया। इसका कार्यव्यापार प्रातः 6.30 बजे आरंभ हुआ और रात को 8.00 बजे तक चला जिसमें 35,300 किमी. में 167 स्थानों पर 5,330 लोगों ने हिस्सा लिया। इस कार्यक्रम को आयोजित करने के लिए 514 योजना बनाने वाले सदस्यों ने तीन महीने से भी अधिक समय तक 36,420 घंटों तक काम किया जिसमें 280 गतिविधियों को चलाने के लिए 36 शाखाओं ने काम किया और इसके लिए 256 बसें/ कैब लगाई गई थीं।

काराबोरी कक्ष

मोतीलाल ओसवाल सिक्योरिटीज़ लि. ने मार्च 11, 2008 को मलाड में 385 डीलरों और परामर्शदाताओं के साथ 2,340 वर्ग मी. में एक कारोबारी कक्ष खोला। यह कारोबारी कक्ष सिक्योरिटीज़ कंपनियों का केन्द्र है जहां से कारगर टर्मिनलों से निवेश की सलाह और कारोबार से जुड़े आदेश दिए जाते हैं।

स्थायी विद्युत चुम्बकीय चक

ईस्ट कोस्ट एंटरप्राइजिज़ लि. कोलकात्ता ने 20 ग10 ग 1 सेंमी. के स्थायी विद्युत चुम्बकीय चक का उत्पादन किया जिसकी मार्च 26, 2005 को भारत हेवी इलेक्ट्रिकल्स लि. भोपाल को आपूर्ति की गई। इसका इस्तेमाल होमा डबल कॉलम मिलिंग मशीन पर चुम्बकीय प्रभाव से लोहे के घटकों को स्थिर करने के लिए किया जाता है।

सबसे बड़े हौज़री उत्पादक

1968 में तीन भाईयों पीआर, जीपी और केबी अग्रवाल ने कोलकात्ता में बिनोद हौज़री की शुरूआत की जिसका नाम 1985 रूपा एण्ड कं. पड़ा। आज यह हौज़री उत्पादों (भीतरी और बाहरी) के सबसे बड़े निर्माता हैं और इसकी पहचान 'स्टाइल्स अहेड' से होती है। कंपनी के उत्पादों में फ्रंटलाइन, माइक्रोमैन, सॉफ्टलाइन, जॉन, बुमचम्स, थर्मोकोट, किडलाइन और रिबलाइन श्रेणी के उत्पाद आते हैं। कंपनी ने 2001 में मध्य-पूर्व में निर्यात आरंभ किया था और एक साल के भीतर ही इसने यूके, दक्षिण अफ्रीका और आस्ट्रेलिया में भी निर्यात आरंभ कर दिया। रूपा एण्ड कं. की निटित अधोवस्त्रों तथा हल्के-फुल्के वस्त्रों में उपमहाद्वीप और मध्य-पूर्व के बाज़ार में सबसे बड़ी हिस्सेदारी है।

कंपनी ने 2007-08 मे 13.61 करोड़ पीस की बिक्री से रू.372.32 करोड़ का वार्षिक टर्नओवर किया। रूपा के 700 से ज़्यादा वितरक, एक लाख से अधिक थोक विक्रेता और एक लाख फुटकर आउटलेट हैं।

यह और वह

देश का प्रतिनिधित्व करने वाला सबसे युवा रोलर-स्कैटर

हरियाणा के ध्रुव गौतम (जन्म दिसम्बर 14, 1990) ने 2004 में अकिता, जापान में हुई 10वीं एशियाई रोलर स्केटिंग प्रतियोगिता में 13 वर्ष की आयु में भारत का प्रतिनिधित्व किया। हरियाणा की टीम का वह एकमात्र ऐसा खिलाड़ी है जिसने लगाता नौ बार राष्ट्रीय खिताब जीता है और आखिरी खिताब तो उसने जनवरी 28 से 31, 2008 तक विशाखापत्तनम, आंध्र प्रदेश में हुई 45वीं राष्ट्रीय रोलर स्केटिंग प्रतियोगिता में जीता।

विश्व कीर्तिमानः सर्वाधिक *उत्तपम*

ओरियंटल स्कूल ऑफ होटल मैनेजमेंट, वायनाडे, केरल के दस छात्रों ने फरवरी 26, 2008 को दोपहर 2.40-3.25 के बीच 45 मिनट में 1,001 विभिन्न टॉपिंग वाले 1,001 *उत्तपम* बनाए। वहां मक्का व चावल के भुने दाने और उसके साथ चीनी व फेंटे अंडे का मसाले से तैयार दिलस्प, स्वादिष्ट व्यंजन थे, जिस पर चैरी व अनानास का आर्कषक व्यंजन हो। इन 1,001 व्यंजनों में से केवल 23 मांसाहारी थे और सभी झींगों से तैयार किए गए थे।

विश्व कीर्तिमानः सांस्कृतिक आयोजन में सर्वाधिक बच्चे

इलाईट सर्किल (इलाइट के प्रदीप कुमार, संस्थापक एवं अध्यक्ष) ने अगस्त 30, 2008 कोडीसिया ट्रेड फेयर परिसर, कोयम्बत्तूर, तमिलनाडु में क्लीनिक प्लस 2008 के नाम से अंर्तविद्यालीय साहित्यिक एवं सांस्कृतिक आयोजन किया जिसमें 66,004 बच्चों ने भाग लिया। इसको हिंदुस्तान यूनीलीवर लि. ने प्रायोजित किया और विज़न प्रो इवेंट मैनेजमेंट, चेन्नई ने इसे सहायता दी। इस कार्यक्रम में दो कीर्तिमान बने:

सर्वाधिक बच्चों द्वारा शपथ: अगस्त 30, 2008 को 64,328 बच्चों ने तमिलनाडु में शपथ ली जिसकी विषयवस्तु *'इंडिया एट हर बेस्ट'* थी।

सर्वाधिक दांत ब्रश: अगस्त 28, 2008 को प्रात: 11.15 बजे सामूहिक दांतों पर ब्रश करने के एक मिनट के सत्र में 5,362 बच्चों ने हिस्सा लिया। बच्चों ने पेप्सोडेंट पेस्ट का प्रयोग किया।

शादी की 80वीं वर्षगांठ

बनवारी लाल पाल (जन्म जून 5, 1918) और फूलवती देवी (जन्म 1921) ने मई 27, 2008 को वडोदरा, गुजरात में अपने विवाह की 80वीं वर्षगांठ मनाई। उन्होंने यह वर्षगांठ परिवार के साथ मनाई जिसमें उनके 13 पोते-पोतियां और नौ पड़पौते-पड़पौतियां शामिल थे और इनके साथ मित्र, पड़ोसी और टीवी चैनलों की चमक-दमक भी थी।

बहुविध सब्ज़ी कटर

फरीदाबाद, हरियाणा के बीएस मथारू (72) ने अगस्त 2007 में एक ऐसी मशीन तैयार की जो विभिन्न साइज़ों और आकारों में लगभग सभी सब्ज़ियां काट सकती है। इसमें स्टेनलेस स्टील के बने 15 तरह के कट्टर हैं। 1.22 मी. (4 फुट) लम्बी और 91.44 सेमी. (3 फुट) चौड़ी इस मशीन का वजन 150 किग्रा और क्षमता प्रति मिनट 2 किग्रा से 2.5 किग्रा है।

विश्व कीर्तिमानः सर्वाधिक की गई यात्राएं (देशों की)
वर्तमान में दुबई, संयुक्त अरब अमीरात में रह रहे कोलकात्ता के काशी नाथ सामदार (जन्म अगस्त 20, 1954) ने अगस्त 15, 2008 तक 218 देशों की यात्राएं की जिनमें 192 संयुक्त राज़्ट्र के सदस्य देश, द वैटीकन और 24 अन्य प्रदेश हैं। उन्होंने मई 12, 1983 में सबसे पहले भूटान की यात्रा की। उन्होंने सौ से ज़्यादा बार संयुक्त अरब अमीरात और 19 बार हांगकांग की यात्रा की है। वह सामान्य पासपोर्ट पर यात्राएं करते हैं। वर्तमान में उनके पास ज़ैड 1806621 नं. वाला पासपोर्ट है। अब तक वह 16 पासपोर्ट बुकलेट का प्रयोग कर चुके हैं।

(नोट: 'देश' शब्द में सभी स्वतंत्र देश, बसे अधीन राष्ट्र, विवादित स्वायत्त भू-भाग इत्यदि जहां प्रवेश करने के लिए वीज़ा/विशेष अनुमति जरूरी है)

सर्वाधिक दीये
शक्तिपीठ धाम, कृष्णागिरी, तमिलनाडु के परमपवित्र श्री श्री वसंत गुरूजी पीठाधिपति जून 8, 2008 को अस्सी घाट, वाराणसी, उप्र. में भगवान पार्श्वनाथ उत्सव के अवसर पर एक कार्यक्रम का आयोजन किया। इस कार्यक्रम में 41 लोगों के समूह ने दोपहर 3.00 बजे से रात के 11.00 बजे तक आठ घंटे में 1,31,000 दीप प्रज्जवलित किए।

'रोशन' बाल!
कुछ नया करने की चाहत रखने वाले युवाओं में नए-नए हेयरस्टाइलों का चलन बढ़ रहा है। ऐसा ही एक हेयरस्टाइल भोपाल, मध्य प्रदेश के मोहम्मद मंसूर मतीन (जन्म जनवरी 1, 1981) का है जो कि अनूठी 'हेयर टॉर्चिंग' तकनीक के माहिर हैं। वह कई छोटे-छोटे छेदों वाली बाउल को ग्राहक के सिर पर उल्टा रखकर उसके बालों में रोशनी कर देते हैं! मंसूर ने अप्रैल 17, 2007 को अपने तीन ग्राहकों पर एक साथ 30 सेकंड में ऐसा करके दिखलाया।

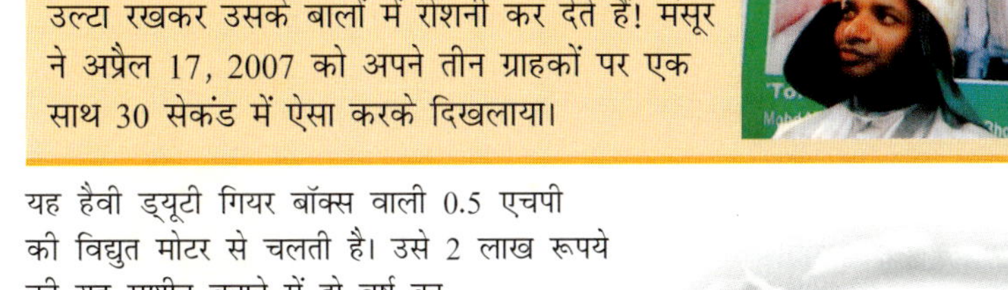

यह हैवी ड्यूटी गियर बॉक्स वाली 0.5 एचपी की विद्युत मोटर से चलती है। उसे 2 लाख रूपये की यह मशीन बनाने में दो वर्ष का समय लगा।

एक पेन्सिल सीसे में 80 जोड़
कसाबा सनगांव, महाराष्ट्र के रावसाहेब छिल्कावाले जनवरी 12, 2006 को दो अकेली 175 मिमी. लम्बी 2 मिमी. व्यास के पेन्सिल सीसों से क्रमशः 80 और 104 अखण्ड जोड़ लगाए। इसके लिए उसने एक ब्लेड और सूईं का प्रयोग किया। मार्च 25, 2006 को दोनों जोड़ सम्पूर्ण बनाने में उसे 7 घंटे और 8 घंटे का समय लगा। उसने पांच सीसा पेन्सिलों की जंजीर बनाई है।

विश्व कीर्तिमानः मारूति में सर्वाधिक सवार
चेन्नई के गिरी बर्गी ने 35 लोगों को बैठाकर 1989 में आयोजित पैक योअर मारूति प्रतियोगिता जीती थी और उन्होंने ही फरवरी 26, 1995 को अपना कीर्तिमान तोड़ दिया। उन्होंने 42 लोगों को कार में भरकर थोड़ी दूरी तक कार चलाई।

1997

एक कमीज़ में सर्वाधिक बटन
सूरत, गुजरात के मुरूगेश दिनेश परमार ने अप्रैल 14, 2008 को प्रातः 7.00 बजे से 62 घंटे 20 मिनटों में 10.16 मिमि साइज़ की 3,001 बटन लगी एक्सएक्सएल पॉलिएस्टर की कमीज़ बनाई। कमीज़ की पैमाइश थी: छाती-112 सेमी., लम्बाई-76 सेमी., बाजुएं-61 सेमी., कफ-24 सेमी. और कॉलर 42 सेमी.।

सबसे अधिक किस्म के परांठे
आप कितनी तरह के परांठों-विदेशों में इसे 'इंडियन ब्रैड' कहा जाता है- के नाम गिना सकते हैं? 100? 200? 500? थेवरा, कोच्चि केरल के क्राइस्ट केटरिंग कॉलेज के प्रधानाचार्य शाजी जोसफ वी और छात्रों ने अक्तूबर 26, 2007 को भारतीय परांठा फूड फेस्टिवल में 4,688 किस्म के हैरतअंगेज परांठे प्रदर्शित किए। यहां शाकाहारी व मांसाहारी, मिर्ची वाले और मीठे, फल और मेवे वाले सभी तरह के सुस्वादिष्ट परांठे थे।

विश्व कीर्तिमान: सबसे महंगी साड़ी
तमिलनाडु में कोयम्बत्तूर की चेन्नई सिल्क ने 6.2 मी. लम्बी हैंडलूम सिल्क की साड़ी बनाई जो आधिकारिक तौर पर नवम्बर 26, 2007 को चेन्नई में दिखाई गई। साड़ी में लम्बाई और चौड़ाई में 12 कीमती नग और दूसरी मूल्यवान चीजें जड़ी गई हैं जिसमें हीरा, सोना, चांदी, रूबी, प्लेटिनम, नीला नीलम, पीला नीलम, पुखराज और पन्ना शामिल है। बारीकी से हाथ से बुनी गई साड़ी मे प्रसिद्ध चित्रकार राजा रवि वर्मा की पेंटिंग भी उतारी गई है जोकि इस लोकप्रिय कलाकार का सम्मान है। साड़ी के पूरे बार्डर में 'महिला संगीतज्ञों' की पेंटिंग की प्रतिकृति बनाई गई है।

इस साड़ी को अत्यंत दक्ष शिल्पकारों ने 7,440 जैकरर्ड हुकों और 66,794 कार्डों का इस्तेमाल करके बनाया। इस 1.6 किग्रा. की साड़ी को 30 बुनकरों ने 4,680 श्रम घंटों में सात महीनों में तैयार किया। यह जनवरी 4, 2008 को 40 लाख रूपए में बिकी।

दियासलाई वीणा
तिरूपुर, तमिलनाडु के सीपी अजित कुमार (जन्म मई 21, 1975) दियासलाईयों से प्रतिरूप बनाने का शौक रखते हैं। उनके संग्रह में नवीनतम और सबसे सुंदर चीज़ एक वीणा है। 134 सेंमी. लम्बी, 26.5 सेमी. और 36 सेमी. ऊंची (क्रमश: आगे और पीछे) यह वीणा 63,654 दियासलाईयों से बनाई गई है। इस वीणा की आवाज़ असली वीणा की तरह ही है। इसकी सारिका और तांबे की तारों को छोड़कर पूरी वीणा दियासलाईयों से बनी हैं। उन्होंने इसे चिपकाने वाले पदार्थों और वार्निश की कई परतों के लेपन से जोड़ा है। उन्हें इसे बनाने में 756 घंटे (अधिकतर रातें) लगे। वह वीणा नहीं बजाते हैं लेकिन एक संगीतज्ञ ने इसे जुलाई 13, 2008 को तिरूपुर के अय्यपा मंदिर में बजाया था।

दुपहिया पर फैंसी ड्रैस
केरल में एरनाकुल्लम में कुवापड़ी के पीपी रफेल (56) को कुछ अलग करने का शौक रहा है। वह 1982 से राज्य के विभिन्न हिस्सों में दुपहिया पर होने वाली फैंसी ड्रैस प्रतियोगिता में भाग लेते आ रहे हैं और अगस्त 15, 2008 तक 134 पुरस्कार जीत चुके हैं। उनमें दर्पण लेखन, उल्टी लिखाई और एक साथ दोनों हाथों से लिखने जैसी कई दुर्लभ क्षमताएं भी हैं। वह चारों दिशाओं और सात भाषाओं में दर्पण-लिखाई कर सकते हैं।

लिम्का बुक ऑफ रिकार्ड्स वाह! इंडिया शो

अप्रैल 12, 2008 से दिसम्बर 14, 2008 तक स्टार न्यूज़ पर प्रत्येक शनिवार (सायं 7.00 बजे) और रविवार (प्रात: 11.00 बजे पुन: प्रसारण) को *लिम्का बुक ऑफ रिकार्ड्स* वाह! इंडिया शो का प्रसारण हुआ। इन आठ महीनों में इन रिकार्ड धारकों को दिखाया गया। इस शो को चारूल मलिक ने प्रस्तुत किया और अंजु जुनेजा के संचालन में स्टार न्यूज़ के निर्माताओं की टीम (निर्माता यासीर उस्मान और नीरज पांडे) ने पूरे देश में इसकी शूटिंग की जिसमें रिकार्ड धारकों में अपने कीर्तिमान दिखाने की होड़ लगी रही! कुल मिलाकर इस शो ने अपार सफलता प्राप्त की!

सर्वाधिक मधुमक्खियां (अप्रैल 12, 13 को प्रसारित)
20 वर्षों से मधुमक्खी पालन केन्द्र चला रहे मधुमक्खी पालक दिल्ली के विपिन सेठ ने अप्रैल 4, 2008 को राजघाट, नई दिल्ली में स्वयं को 4 लाख से भी अधिक मधुमक्खियों से ढ़क कर दिखलाया।

(बाद में जून 8, 2008 को उन्होंने नेशनल विक्टर स्कूल, नई दिल्ली में 4,09,638 मधुमक्खियों से ढ़क कर अपना ही कीर्तिमान ध्वस्त किया)।

वृक्ष पर घर (अप्रैल 19, 20 को प्रसारित)
चित्रकूट नगर, उदयपुर बाईपास, पीएफ कार्यालय के सामने, उदयपुर तब तक आपके लिए केवल मात्र एक पता है जब तक आप इसे सही में देख न लें कि यहां कौन रहता है और वो भी किस पर! यहां एक आम के पेड़ पर कानपुर के एक सिविल इंजीनियर कुल प्रदीप सिंह (जन्म जुलाई 19, 1948) का 260.12 वर्ग मी. का घर है। यह घर दिसम्बर 1999 में छ: माह में 15 लाख रूपए में बन कर तैयार हुआ। सिंह और उनका परिवार 2000 में इस घर में आ गए थे।

यह वृक्ष घर दो स्तंभों पर खड़ा है जिसे घर का आधार बनाने के लिए शीट से आवरित किया गया है और कासल रोलर्स से स्थिर किया गया है। इस तिमंजिला घर में दो भारतीय शैली के बाथरूम हैं। निकासी के लिए रसोईघर, बाथरूम और शौचालय में एक-एक पाइप लगा है। इस वृक्ष घर में दो सीढ़ियां हैं- एक सीढ़ी भूमि तल से प्रथम तल तक और बॉलकनी में भी जाती है और दूसरी सीढ़ी कंक्रीट की है जो घर के द्वितीय और तृतीय तल के लिए बनाई गई है।

चलती मोटरसाइकिल पर खाना बनाना (अप्रैल 19, 20 को प्रसारित)
खेरवाड़, राजस्थान के राज मोहम्मद अकरम 70 किमी./ प्रतिघंटा की औसत गति से मोटरसाइकिल चलाते हुए उस पर खाना बनाते हैं। उन्होंने जनवरी 5, 2007 को आलुओं से शाकाहारी खाना बनाया। उसी दिन इन्होंने चपाती के साथ दो और व्यंजन - *गाजर का हलवा और आलू की सब्ज़ी* - बनाए। अकरम मोटरसाइकिल पर सभी तरह की अवस्थाओं-पैर लहारते हुए, कूल्हे के बल खड़े और लेटना-में आ सकते हैं।

दांत से बोतल के ढ़क्कन खोलना (अप्रैल 26, 27 को प्रसारित)
कानपुर के आरिफ खान (जन्म अगस्त 12, 1980) ने अप्रैल 22, 2008 को स्टार न्यूज़ के कार्यालय में अपने दांतो से 1 मिनट में लिम्का की 74 बोतलों के ढ़क्कन खोले।

नरसापुरम, आंध्र प्रदेश के प्रसाद रेड्डी (30) ने अगस्त 30, 2007 को अपने दांतो से लिम्का की 71 बोतलें खोलीं।

विश्व कीर्तिमानः एक मिनट में सबसे अधिक बार हाथ पर घूमना (जुलाई 5, 6 को प्रसारित) 'नवीं मुम्बई के ब्रूस ली' कहे जाने वाले बीबी नायक मार्च 23, 2008 को डा. डीवाई पाटिल स्टेडियम में एक हाथ की उंगलियों की गांठों के बल एक मिनट में 34 बार घूमे। यह उनका आठवां विश्व कीर्तिमान है।

कौवों का साथी (अप्रैल 26, 27 को प्रसारित)
पश्चिम दिल्ली में विकासपुरी के नवीन खन्ना के पंखों वाले अलग तरह के दोस्त हैं-जंगली कौवे! आम तौर पर मनुष्यों से डरने वाले ये कौवे कॉटेज चीज़ (स्किमड दूध से बना पदार्थ) और पकौड़ों के नाश्ते के लिए नवीन की छत पर डेरा डाले रहते हैं। जब वह कालकाजी में रहते थे तो उनका ऐसा ही पंखों वाला दोस्त 20 वर्षों तक उनके पास आता रहा! कुछ कौवे उसके हाथ से ही खाते हैं और जबकि कुछ ताश जैसा समय बिताने वाला खेल उसके साथ खेलते हैं।

सबसे लम्बी पलकें (मई 3, 4 को प्रसारित)
लुधियाना, पंजाब की जैस्मिन जवांदा (जन्म अगस्त 4, 1984) की पलकें 3.2 सेंमी. लम्बी हैं।

कान से टेम्पो ट्रैवलर खींचना (मई 3, 4 को प्रसारित)
नानक नगर, लुधियाना, पंजाब के राकेश कुमार ने मई 19, 2007 को अपने कान से 40 फुट तक टेम्पो ट्रैवलर खींचा। उन्होंने अपना यह कारनामा फिर से दिखाया लेकिन इस बार उन्होंने टेम्पो ट्रैवलर 1 किमी. तक खींचा।

सबसे तेज रस्सी कूद 1 मिनट (मई 10, 11 को प्रसारित)
फगवाड़ा, पंजाब के रंजीत पाल (जन्म जुलाई 25, 1962) ने मार्च 30, 2008 को म्यूनिख के निकट दाचू, जर्मनी में एक मिनट में 255 बार रस्सी कूदी।

बिन्दिया (मई 10, 11 को प्रसारित)
बिन्दियों की शौकीन मुम्बई की अरूणा बी भट्ट अपने माथे पर प्रतिदिन बिन्दियों से प्यारे-प्यारे डिजाइन बनाती हैं। उन्होंने अब तक 320 से भी डिजाइन बनाए हैं और इनमें से एक भी डिजाइन में दोहराव नहीं हैं। वह बिंदियों से छोटे या बड़े हर तरह के डिजाइन रिकार्ड समय में बनाती हैं। उन्हें साधारण डिजाइन बनाने में एक मिनट और फैंसी डिजाइन बनाने में एक से दो मिनट का समय लगता है। इसके लिए वह सभी तरह के श्रृंगार प्रसाधनों -काजल, लिपस्टिक, मस्कारा और नम रंगो वाला श्रृंगार बक्से का प्रयोग करती हैं।

बॉडी स्किप (मई 17, 18 को प्रसारित)
दरभंगा, बिहार के प्रेम कुमार (जन्म सितम्बर 6, 1992) ने मई 11, 2008 को पटना में 1 मिनट में 35 बॉडी स्किप किए।

अपहृत व्यक्ति द्वारा प्रथम पुस्तक
डा. आरके गुप्ता। साहित्य का अध्याय देखें (मई 17, 18 को प्रसारित)

हरे नारियल तोड़ना (मई 17, 18 को प्रसारित)
भुवनेश्वर, उडीसा के 35 वर्षीय केशव स्वेन ने अपनी कोहनी, घुटने और सिर और बारी-बारी अपने मुक्के की चोट से पूरा हरा नारियल तोड़ देते हैं। कई बार तो वह नारियल का पानी बाहर आने तक उसे हथेलियों से मसलते रहते हैं! मई 8, 2008 को उन्होंने भुवनेश्वर के बीजू पटनायक पार्क में बड़ी संख्या में दर्शकों के सामने 6 मिनट 22 सेकंड में 170 नारियल तोड़कर अपनी ताकत का प्रदर्शन किया।

रोलिंग स्केटिंग व निशानेबाज़ी (मई 24, 25 को प्रसारित)
भोपाल के बिलाल (जन्म सितम्बर 16, 1997) एक साथ स्केटिंग और निशानेबाज़ी करते हैं। उन्होंने अपने हुनर का नमूना दिखाया और स्केटिंग करते हुए 30 फुट की दूरी से अपने सभी दस प्रयासों में 6 x 6 इंच के लक्ष्य पर अचूक निशाना लगाया।

सबसे वृद्ध पैरासेलर
नारायण कृष्ण महाजन। साहसिक कार्य अध्याय देखें (मई 31, जून 1 को प्रसारित)।

जन्मदिवस का सबसे बड़ा कार्ड (मई 31, जून 1 को प्रसारित)
केन्द्रीय कृषि मंत्री शरद पवार के जन्मदिन दिसम्बर 12, 2006 को पुलिस परेड ग्राउंड, पुणे में 100 मीटर x 40 इंच का एक कार्ड प्रदर्शित किया गया। चारूदत्ता घाटगे द्वारा बनाए गए इस कार्ड का वजन 33 किग्रा. था और इसमें विशेषत: अनेक एनसीपी के सदस्यों के हस्ताक्षर थे।

तीन वायु सेनाओं के विमानों के स्केल मॉडलों का सबसे बड़ा संग्रह (मई 31, जून 1 को प्रसारित)
पुणे, महाराष्ट्र के गजानन गोविंद गाडगिल

(जन्म मई 13, 1932) पिछले चालीस वर्षों से विश्व की चार वायु सेनाओं-पाकिस्तान, भारत, मिस्र और इस्राइल- के उन विमानों के मॉडल इकट्ठा कर रहे हैं जो या तो प्रयुक्त हो चुके हैं या फिर प्रयोग में हैं। उनके पास 1932 से प्रारंभ होने वाले 230 मॉडल हैं।

कीलों के बिस्तर पर वजन उठाना (जून 7, 8 को प्रसारित)
नई दिल्ली के विनोद कुमार शर्मा ने मुंह को ऊपर रखते हुए कीलों के बिस्तर पर हाथों को सीधा रखकर उस पर एक के बाद एक 101 किग्रा. तक वजन रखा। उन्होंने जून 6, 2008 को नोएडा, उप्र. में एक मिनट तक यह कारनामा किया।

आंखों पर पट्टी बांधकर जिम रबड़ प्लेट उछालना (जून 7, 8 को प्रसारित)
दिल्ली के विनोद कुमार शर्मा ने जुलाई 6, 2008 को नोएडा, उप्र. में 5 किग्रा. की रबड़ की प्लेट को 1 मिनट में दाएं हाथ और 1 मिनट में बाएं हाथ से 77 बार उछाला। उन्होंने यह करतब आंखों पर पट्टी बांधकर किया!

सभी संभव तरीकों से हारमोनियम बजाना! (जून 7, 8 को प्रसारित)
प्रेम नारायण राव ने मई 12, 2008 को नोएडा, उत्तर प्रदेश में स्टार न्यूज़ के गेस्ट हाउस में अपने पेट पर रखकर, छाती पर रखकर, ठोड़ी पर रखकर, सिर पर मटका रखकर, लेट कर इत्यादि इत्यादि तरीकों से हारमोनियम बजाया।

सर्वाधिक पोस्टर (जून 21, 22 को प्रसारित)
कारों के शौकीन मुम्बई के प्रीतेश आर टेलर (22) के पास कारों के 1,944 असली और 169 डुप्लीकेट पोस्टर हैं। वह 2005 से इन पोस्टरों को संग्रहित कर रहे हैं। ये उनके शयनकक्ष की दीवारों की शोभा बढ़ा रहे हैं।

चार्ली चैप्लिन द्वितीय
राजन कुमार। चलचित्र एवं रंगमंच अध्याय देखें (जून 28, 29 को प्रसारित)

1 रूपए का सिक्का मोड़ना (जून 28, 29 को प्रसारित)
इलाहाबाद, उप्र. के संतोष कुमार मिश्रा (जन्म दिसम्बर 11, 1973) अपने दाएं हाथ से 1 रूपए के सामान्य सिक्के को एक मिनट में मोड़ देते हैं। इतना ही नहीं वह इसे उसी शक्ल में वापिस भी ले आते हैं और वो भी इस्तेमाल करने लायक। उन्होंने जुलाई 2008 में नोएडा, उप्र. में स्टार न्यूज़ के गेस्ट हाउस में इसे करके दिखाया।

अविराम हूल्ला-हूप (जुलाई 5, 6 को प्रसारित)
जोधपुर, राजस्थान के मेधांत अग्रवाल ने मई 25, 2007 को बिना रूके 1 घंटे 37 मिनट तक रोलर स्केट पर हूल्ला-हूप (शरीर पर रिंग को घुमाना) किया। मेधांत ने फरवरी 3, 2007 को भी 4 घंटे 4 मिनट तक बिना रूके हूल्ला-हूप किया था।

पत्थर की टाइलें तोड़ना (अक्तूबर 4, 5 को प्रसारित)
जयपुर के अमरदीप सोनी (जन्म जुलाई 15, 1981) ने जून 30, 2007 को पत्थर की 501 टाइलें तोड़ीं। 50 टाइलों के नौ ढ़ेर थे जिन्हें एक के ऊपर एक पंक्ति में लगाकर रखा गया था और आखिरी ढ़ेर में 51 टाइलें थीं और प्रत्येक टाइल 55 सेंमी. लम्बी, 9 सेंमी. चौड़ी और 1.5 सेमी. मोटी थी! उन्होंने यह कारनामा ब्लू हेवन स्कूल में 27.44 सेकंड में किया।

विश्व कीर्तिमान: सबसे बड़ी सोने की चूड़ी (अगस्त 30, 31 को प्रसारित)
टाटा इन्डस्ट्रीज की एक ज्वैलरी शाखा, टाटा गोल्डप्लस ने अगस्त 7, 2008 को ईरोड, तमिलनाडु में 22 कैरेट का 6-3/4 फीट की चूड़ी लांच की। भारतीय डिजाइन की एक चूड़ी आवश्यक रूप से, होसर फैक्टरी में 227 मानव-दिवसों में 30 कारीगरों ने तैयार की। चूड़ी का वजन 24.20 किग्रा., 1,830 मिमी. व्यास और 140 मिमी. चौड़ी है जिसे घरेलू टीम ने तैयार किया। शुद्धता की मोहर चूड़ी पर आठ भारतीय भाषाओं में कुरेदी गई है ताकि सारे भारत में कम्पनी की उपस्थिति महसूस कराने की इच्छा को सार्थक किया जा सके।

कांच के गिलास पर शीर्षासन (जुलाई 5, 6 को प्रसारित)
भटिंडा, पंजाब के नायक हरजिंदर सिंह हाथ के नीचे दो और सिर के नीचे एक गिलास पर संतुलन बनाकर कांच के गिलास पर एक मिनट में शीर्षासन करते हैं। उन्होंने यह कारनामा जुलाई 2008 में स्टार न्यूज़ के मुम्बई कार्यालय में भी करके दिखाया।

सबसे तेज रस्सी कूदना - 30 सेकंड (अगस्त 1, 2 को प्रसारित)
प्रो. डा. रमेश बाबू जुलाई 9, 2008 को एक टांग पर (दूसरी टांग मोड़कर) 30 सेकंड में 88 बार कूदे।

विश्व कीर्तिमान: सबसे लम्बी लिम्बो स्केटिंग (नवम्बर 29, 30 को प्रसारित)
बेलगांव, कर्नाटक के अनिकेत रमेश छिंदक (जन्म सितम्बर 16, 2000) ने अप्रैल 27, 2008 को 53.02 सेकंड में 81 टाटा सूमो (एसयूवी) के नीचे से निकलते हुए लिम्बो स्केटिंग की। उन्होंने टांगों को चौड़ा करके, धड़ को आगे की ओर झुकाते हुए और ठोड़ी को लगभग ज़मीन से सटाते हुए शरीर को भूमि के समानांतर रखकर स्केटिंग का यह कारनामा किया।

उंगली पर प्लेट को घुमाना (अगस्त 1, 2 को प्रसारित)
नई दिल्ली के करण दीप सिंह (जन्म सितम्बर 1991) अपनी तर्जनी पर प्लेट का घुमाते हुए कैसियो बजाते हैं। उन्होंने दिल्ली में 1 घंटे 20 मिनट तक ऐसा करके दिखाया। वह केवल एक उंगली पर केवल एक प्लेट ही नहीं बल्कि दो उंगलियों पर दो और माथे पर एक प्लेट के साथ तीन प्लेटें घुमा सकते हैं।

सबसे लम्बा चम्मच और कांटा (अगस्त 1, 2 को प्रसारित)
आज़ादपुर, दिल्ली की आरआर इंडस्ट्रीज़ सीआईएलओ (सीलो) के ब्रांड नाम से स्टेनलेस स्टील के चम्मच और कांटा सेट बनाती है। इन्होंने ,632 ग्राम भार का 74 इंच का चम्मच और 40 ग्राम भार वाला कांटा बनाया। इन दोनों की डण्डी की मोटाई 1.6 मिमी. थी।

जुड़ी कारें (अगस्त 9, 10 को प्रसारित)
दमोह, मध्यप्रदेश के विजय कुमार सोनी जीप और चार कारों के बीच कड़ी का काम करते हैं। सबसे आगे जीप होती है जिसका इंजन चालू रहता है और जब जीप चलती है तो वह हाथों से चलती जीप के पिछले हिस्से को पकड़ते हैं और अपनी टांगे पीछे की कार में फंसाकर विजय 'मानव कड़ी' का काम करते हैं। चार कारें एक दूसरे के पीछे हुक से फंसी होती है। इन कारों के इंजन चालू नहीं रहते हैं लेकिन कारों को सीधा चलाने के लिए इनमें ड्राइवर होते हैं। उन्होंने एक मिनट में इस श्रृंखला को 128 फुट की दूरी तक चला कर दिखाया।

10 पैनों से उल्टी लिखाई (अगस्त 9, 10 को प्रसारित)
दिल्ली की दिव्या पाहवा ने अगस्त 8, 2008 को दिल्ली में दोनों हाथों में 10 पैनों को (एक-एक हाथ में 5 पैन) पकड़कर एक मिनट में 320 शब्द लिखकर दिखाए। वह लिखती तो सामान्य प्रारूप में है लेकिन वह दर्पण प्रतिरूप होता है। वह संख्याओं के अलावा हिंदी, संस्कृत व अंग्रेजी तीन भाषाएं दर्पण प्रतिरूप में लिख सकती है।

सबसे छोटी साईकिल (अगस्त 9, 10 को प्रसारित)
गुरदासपुर, पंजाब के सतीश शर्मा ने एक 12 इंच ऊंची साईकिल बनाई है जिसे वह चलाते भी हैं! वह हरियाणा, गुडगांव में *लिम्का बुक ऑफ रिकार्ड्स* के कार्यालय तक पूरे रास्ते यही साइकिल चलाकर पहुंचे। वह जनवरी 8, 2005 दोपहर 12 बजे पठानकोट से चले व 535 किमी. की दूरी तय करके जनवरी 15 को यहां पहुंचे।

विश्व कीर्तिमान: दूध निकालना व मोमबत्तियां बुझाना (अगस्त 16, 17 को प्रसारित)
दरियापुर कलां, दिल्ली के प्रवीण कुमार (जन्म जुलाई 15, 1989) ने लगभग चार साल पहले अपनी आंखों के कोनों से दूध निकालना शुरू किया था। फिर वह ऐसा करने में माहिर हो गए। ऐसा करते हुए वह 45 सेकंड में 5 मोमबत्तियां भी बुझा देते हैं। उन्होंने अगस्त 2008 में नोएडा, उप्र. में स्टार न्यूज़ कार्यालय में दूध निकालने के साथ 1 मिनट 1 सेकंड में 18 मोमबत्तियां बुझाई!

उल्टे हाथ से सर्वाधिक अंडे तोड़ना (अगस्त 16, 17 को प्रसारित)
मेरठ, उप्र. के कार्तिकेय शांडिल्य ने अगस्त 12, 2005 को गुड़गांव, हरियाणा में अपनी उंगलियों को मोड़कर उल्टे हाथ से एक मिनट में 35 अंडे तोड़े। उन्होंने 30 सेकंड में 27 अंडे तोड़े। उन्होंने 2008 में स्टार न्यूज़ के गेस्ट हाउस में भी यही रिकार्ड दोहराया।

विकलांगता नहीं बाधा (अगस्त 16, 17 को प्रसारित)
नवीन गुल्ला गर्दन के निचले हिस्से से अपंग हैं और उनकी उंगलियों में अधिक जान नहीं है (100 प्रतिशत विकलांग)। उन्होंने बदली हुई टाटा सफारी में हिमालय में मारसिमिक ला (5,680 फुट) का अभियान सफलतापूर्वक पूरा किया। उन्होंने सितम्बर 10, 2004 को प्रात: 3.00 बजे अपना अभियान शुरू किया और सितम्बर 12, 2004 को प्रात: 10.00 बजे पास पर पहुंचे। इस अभियान में अंकुश कपाही (नेवीगेटर), केशव शर्मा और अजय यादव ने उनकी सहायता की। उन्हें वर्ष 2005 के विशिष्ट लोगों में से एक चुना गया।

आंखों पर पट्टी बांधकर बिना रूके बाल काटना (अगस्त 23, 24 को प्रसारित)
हेयर स्टाइलिस्ट रमज़ान अली (जन्म 1967) ने दिल्ली एक पार्लर में 32 घंटे तक लगातार बाल काटे। उन्होंने फरवरी 17 को दोपहर 2.00 बजे कटिंग प्रारंभ की और फरवरी 19, 2007 को दोपहर 1.00 बजे इसे समाप्त किया। इस लम्बे सत्र में 525 लोगों ने बाल कटवाए।

विश्व कीर्तिमान: सबसे तेज़ी से मोज़े पहनना (अगस्त 23, 24 को प्रसारित)

ऋषि कुमार सक्सेना (जन्म अक्तूबर 15, 1980) ने अगस्त 18, 2008 को 4 मिनट 40 सेकंड में अपने दाएं पैर में 61 मोजे पहने।

ट्रैक्टर में हिमालय का अभियान
जयबीर सिंह विर्क। देखें साहसिक कार्य अध्याय (अगस्त 23, 24 को प्रसारित)

पहला स्वयं-करो सिरेमिक स्टूडियो
रंग की फैक्टरी। देखें चित्रकला अध्याय (अगस्त 30, 31 को प्रसारित)

प्रथम महिला पेटबोला
इन्दुश्री। देखें अध्याय चलचित्र एवं रंगमंच (अगस्त 30, 31 को प्रसारित)

नाक द्वारा निरंतर माउथ आर्गन को बजाना
(सितम्बर 6, 7 को प्रसारित)
रायपुर, छत्तीसगढ़ के विशाल शर्मा (जन्म मार्च 5, 1986) ने अक्तूबर 9, 2006 को प्रात: 1.30 बजे से प्रात: 9.00 बजे तक 7 घंटे 30 मिनट तक नाक से हवा फूंककर 7 घंटे तक माउथ आर्गन बजाया।

एक-सा-दिखना! (अक्तूबर 4, 5 को प्रसारित)
बसंत (जन्म जून 28, 1961) और अनिता जैन (जन्म सितम्बर 2, 1965) जब भी कहीं से गुज़रते हैं तो लोग उनके कपड़ों को देखने लगते हैं। ऐसा इसलिए क्योंकि वो हमेशा एक ही रंग के कपड़े पहनते हैं। वह जिस रंग की साड़ी या सलवार-कमीज़ में होती है तो वह उसी रंग की कमीज़, टी-शर्ट और पैंट में होता है।

हाथ-से-बने सर्वाधिक गणेश (अक्तूबर 4, 5 को प्रसारित)
मुम्बई की रामा सतीश शाह बिना किसी ब्लॉक या सांचे के गणेश जी बनाती है और वह उन्हें आंखो को पट्टी बांधकर भी बनाती है।

रमा शाह, जिसका नाम *रिपले बिलीव इट ऑर नॉट* में है, ने अगस्त 2000 तक 99 दिनों में 9,999 प्रतिमाएं बनाई। उसने अगस्त 15, 2008 तक 7 वर्षों में 85,000 से ज्यादा मूर्तियां बनाई हैं।

सबसे बड़ा फिल्म निर्माण परिसर
रामोजी फिल्म सिटी। अध्याय चलचित्र एवं रंगमंच देखें (अक्तूबर 18, 19 को प्रसारित)

सबसे ठिगनी लड़की (अक्तूबर 18, 19 को प्रसारित)
नागपुर की ज्योति अमगे (जन्म दिसम्बर 16, 1993) मात्र 23.5 इंच या 2 फुट से कम लम्बी है और उसका वजन मात्र 5 किलो 250 ग्राम है।

ऑटो डिजाइनर
सुधा कार संग्रहालय के के सुधाकर। अध्याय परिवहन देखें (अक्तूबर 24, 25 को प्रसारित)

गर्म वायु गुब्बारे में शादी! (सितम्बर 6, 7 को प्रसारित)
साहसिक खेलों की शौकीन शीतल महाजन और वैभव राणे की शादी अप्रैल 19, 2008 को पुणे से 18 किमी. दूर गर्म वायु गुब्बारे में संपन्न हुई। पंडित मिलिंद बिल्दीकर गुरूजी और शीतल के पिता कमलाकर महाजन युवा जोड़े के साथ टोकरी में बैठे। गुरूजी ने वैदिक मंत्रोच्चारण के साथ 'सात फेरे' कराए। शादी की रस्म 600 फुट की ऊंचाई पर 4' x 5.5' के टोकरे में प्रात: 7 से 8 के बीच कराई गई जबकि उनके अभिभावकों और अन्य आमंत्रित लोगों ने उन्हें ज़मीन पर खड़े होकर देखा।

शीतल ने उत्तरी और दक्षिणी ध्रुव दोनों पर मुक्त छलांग लगाकर प्रथम अमेच्योर महिला की उपलब्धि हासिल की है।

आंखों पर पट्टी बांधे प्रथम शतरंज खिलाड़ी (महिला) (नवम्बर 1, 2 को प्रसारित)
विजयवाड़ा, आंध्र प्रदेश की वाई साई लक्ष्मी ने मई 12, 2005 को मीडिया के लोगों के साथ शतरंज की एक बाज़ी खेली जो उन्होंने जीती!

विश्व मार्शल आर्ट संघ के कारनामे (नवम्बर 8, 9 को प्रसारित)
धनबाद, झारखंड टाइगर ली और उनकी टीम ने कुछ ऐसे अविश्वसनीय करतब किए जिनका अनुकरण नहीं किया जाना चाहिए क्योंकि ये खतरनाक है या फिर केवल सख्त निगरानी में ही किए जाने चाहिए। अनिरूद्ध कुमार ने पीछे की ओर झुककर 15 मी. की दूरी से धनुष-बाण से व्यक्ति या मूर्ति को माला डाली। अफरीस जायसवाल (21) ने अपने अंगूठे से नली का मुंह बंद कर एयर पिस्टल की 7

LION TEJPAL SINGH KHILLAN WITH LIONS INTERNATIONAL DIGNITARIES

The International Association of Lions Clubs

Multiple District - 321

MEMBERSHIP GROWTH- A RECORD

Lion Tej Pal Singh Khillan, Past District Governor of Lions Clubs International, District 321-A1 was appointed as **Multiple District-321 Chairperson Membership Committee** for the period July 2008 to June 2011. In the six months of his tenure, with the help of Multiple Council Chairperson **Lion Dr. M.S.Bhatnagar** & all ten District Governors, more than 1500 members have been added in the Multiple District. The Committee has set a target of growth of 2000 members every year. Lion Khillan has promised to surpass the target given. All the Lions of the Multiple District are with him to get success in his endeavors.

A lot of untiring efforts are put up by the Committee for Membership growth including organizing Membership Seminars at Multiple & District level, motivating Club Presidents & its Membership Chairpersons to add members utilizing benefits given by Lions Clubs International for Students membership program, Leo to Lion program & Family members program. To inculcate competition & for honouring them, Lion T.P.S. Khillan has sponsored a lot of Awards.

* **One Diamond Membership Growth Award** for Club President reporting 1 to 3 new members in the Club.
* **Two Diamonds Membership Growth Award** for Club President reporting 4 to 5 new members in the Club.
* **Three Diamonds Membership Growth Award** for Club President reporting 6 or more new members in the Club.
* **A New Member Sponsoring Award** for the Lion sponsoring a new member.

Lions Clubs International is world's largest service organization with 1.3 million Members,45000 Clubs in 205 countries.For the purpose of administration and to promote Service activities in the world,the world has been divided into 745 Districts. Each District is managed by a District Governor, who is elected by the Lion Members of respective District.

Lion M. G. Agrawal will take charge as District Governor of District 321A-1 ,w.e.f.1st July 2009 for the year 2009-2010.The District Governor is required to promote Service Activities in his Geographical Area with the help of Lion Members along with usual Administrative responsibilities. Though Lions are Every Day Heros,who work for betterment of downtrodden and needy persons of the society, but Lion M. G. Agrawal is determined to emphasize to present the Lions as Role Model in the Society by highlighting their Personalities & Service Activities through Media and other means so that more people will join this great organization and better service activities would be provided to the needy persons.

Highest Award in Lionism

Lion Jagdish Aggarwal, Past District Governor, District 321-A1 was honoured with the highest Lionistic Award in the world, AMBASSADOR OF GOODWILL AWARD by the then International President Lion Dr. Ashok Mehta. Lion Jagdish Aggarwal was the only District Governor in the world, who was honoured with this greatest Award. He was such a dynamic District Governor that he gave maximum Melvin Jones Fellows under the Campaign Sight First-II program of Lions Clubs International, which raised more than 200 million US $.

Lion Gurnam Singh, Past District Governor, District 321-B1 has provided a great service to humanity by his dedication towards Lionism. During his tenure as District Governor or even after becoming PDG, he has been instrumental in the achievements of the Multiple. As a token of recognition for his services, he was honoured by the then International President Lion Dr. Ashok Mehta with LIONS SHIROMANI AWARD

Lion S. K. Madhok, District Orientation Chairperson in the MERLOW Team, District 321-A1 has been performing his task very effectively. He is regularly organizing Orientation programs for the new Lion members in the existing clubs & for the members of newly chartered Lions Clubs in the District. The purpose of Orientation is to inform the new members about Lionism, as a better-informed member is likely to stay for long in Lionism. Lion S. K. Madhok has been quite successful in his efforts.

Lion T.S. Arora, District Membership Chairperson in the MERLOW Team of District 321-A1 has done wonderful work in the field of Membership Growth in the District. A good number of members have been added in the District by different clubs. In the first five months of the current Lionistic year, 339 members were added in the District. The District 321-A1 is second in Membership growth in the Multiple District 321. This could be possible only because of the great efforts by Lion T.S. Arora.

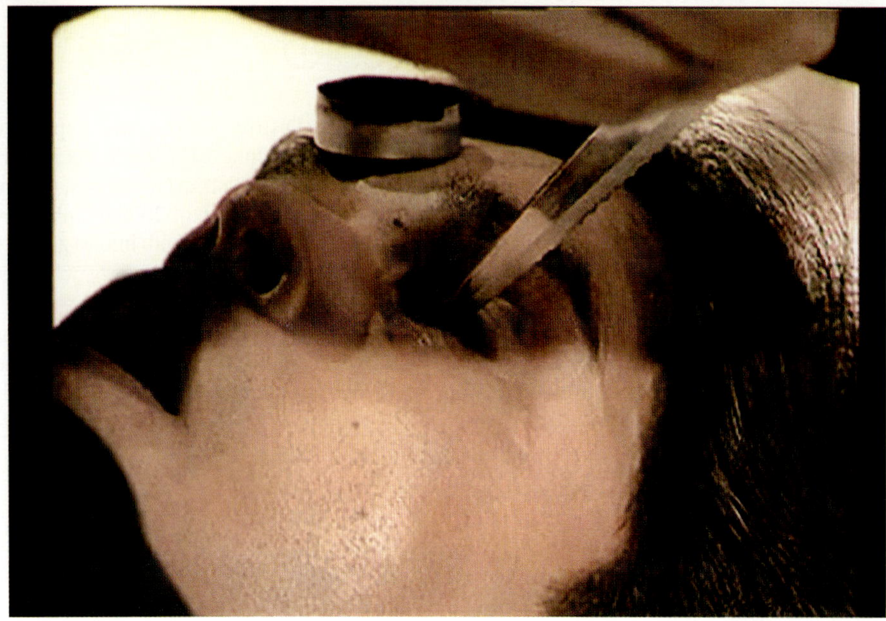

तलवार से आंखों में काजल लगाना (नवम्बर 1, 2 को प्रसारित)
ग्वालियर के अमजद खां (जन्म जनवरी 5, 1987) अविश्वसनीय कारनामे करते हैं। वह अपने घुटनों के बल झुककर लम्बी, पतली तलवार उठाते हैं और जब अपनी खुली आंखों में काजल लगाते हैं तो पलक झपकते ही आस-पास छाया तनाव भी समाप्त हो जाता है! तीन वर्षों के अनुभव के साथ वह इसमें अचूक हो गए हैं और वह लेटकर, चलते हुए भी ऐसा कर सकते हैं।

राउंड गोलियां रोकी। ये सभी कारनामे धनबाद में किए गए।

तीन गद्दी वाली साइकिल पर सबसे लम्बी दूरी (नवम्बर 15, 16 को प्रसारित)
जयेश पांडया ने तीन गद्दी वाली साइकिल बनाई और उस पर कुणाल पारधी तथा विक्रम सिंह एन गोहिल के साथ बैठकर 450 किमी. की यात्रा की। उन्होंने अपनी यह यात्रा जनवरी 2, 2007 को प्रात: 8.30 बजे वडोदरा से प्रारंभ की और जनवरी 3, 2007 को मुम्बई पहुंचे। इन तीन लोगों का दल रात को वापी, गुजरात में रूका। इनकी यात्रा का वास्तविक समय 17 घंटे व यात्रा का कुल समय 20 घंटे 30 मिनट था। उन्होंने नवम्बर 13, 2008 को नोएडा, उप्र. में फिर से अपनी साइकिल का प्रदर्शन किया।

बड़े पियानो पर युवा प्रतिभा (नवम्बर 15, 16 को प्रसारित)
गुड़गांव के अभय गोयल (जन्म अगस्त 31, 1995) ने दिसम्बर 2005 में ट्राइनिटी कॉलेज से ग्रेड-3 उत्तीर्ण की व जुलाई 20, 2002 को सिरी फोर्ट सभागार में अपनी प्रथम एकल प्रस्तुति दी।

35 जैकेट पहनने के 9,800 तरीके (नवम्बर 29, 30 को प्रसारित)
जालंधर के पवन कुमार कैली ने 2001 में एक ऐसी पैंट डिजाइन व तैयार की जिसके हिस्सों को अलग-अलग किया जा सकता है व 10 तरीकों से डाला जा सकता है। इससे भी बड़ा अजूबा उनकी 35 जैकेटों का सेट है। प्रत्येक जैकेट चार अलग-अलग छपे हुए हिस्सों से बनी है और पीछे व आगे के बटन खोलकर इसके दो और हिस्से किए जा सकते हैं। इस तरह हर एक जैकेट के आठ संयोजन (4 x 2) बनते हैं व 35 जैकेटों के 9,800 संयोजन (35 x 35 x 8) बनते हैं!

विश्व कीर्तिमान: स्थिर खड़े रहना
नई दिल्ली के अक्षिंथला सेशु बाबू फरवरी 21, 2003 को आंध्र प्रदेश भवन, नई दिल्ली में दोपहर 2.30 बजे से दूसरे दिन सायं 8.40 बजे तक राष्ट्रपिता महात्मा गांधी की वेशभूषा पहन कर 30 घंटे 10 मिनट तक स्थिर खड़े रहे।

सर्वाधिक घंटियां (दिसम्बर 6, 7 को प्रसारित)
बोरीवली (पश्चिम), मुम्बई में विनोद कुमार तिवारी, 28, द्वारा संचालित घंटेवाला पान मंदिर में सभी साइज़ों, आकारों की और सामग्री से बनी घंटियां हैं। उनके पिता केएस तिवारी ने इनका संग्रह आरंभ किया था। अगस्त 15, 2008 को उनके पास 169 देशों की 450 घंटियां थी।

माइक पांडे (दिसम्बर 13, 14 को प्रसारित)
अध्याय प्रकृति एवं कृषि देखें। उन्हें वर्ष 2005 के पांच व्यक्तियों में से एक चुना गया।

शीला दीक्षित (दिसम्बर 13, 14 को प्रसारित)
अध्याय सरकार देखें। उन्हें वर्ष 2005 के पांच व्यक्तियों में से एक चुना गया।

नरेश त्रेहन (दिसम्बर 13, 14 को प्रसारित)
अध्याय चिकित्सा विज्ञान देखें। उन्हें वर्ष 2005 के पांच व्यक्तियों में से एक चुना गया।

वेणी से ट्रक खींचना (जून 21, 22 को प्रसारित)
भोपाल की रानी रेकवर, 23, अपने लम्बे, घने बालों का सही इस्तेमाल करती है। वह इनसे ट्रक, जीप, रेल इंजिन, कार और यहां तक कि हवाई जहाज़ जैसी भारी चीजें खींचती हैं! उन्होंने अपना यह हुनर स्टार न्यूज़ के कार्यालय परिसर में अपनी वेणी से आसानी से 9 टन का ट्रक काफी आसानी से 90 फुट तक खींचकर दिखाया।

साहसिक कार्य

विश्व कीर्तिमान : 'तीन ध्रुवों' की यात्रा करने वाला प्रथम संगठन

भारतीय नौसेना का दल धरती के तीन ध्रुवों -2004 में वर्टिकल माउंट एवरेस्ट, 2004 में भौगोलीय दक्षिणी ध्रुव और 2008 में उत्तरी ध्रुव पर गया। कमोडोर सत्यब्रत दाम, पीओएमए राकेश कुमार और पीओएमए विकास कुमार सभी तीन ध्रुवों पर कदम रखने वाले पहले भारतीय बने।

माउंट एवरेस्ट: भारतीय नौसेना के 13 सदस्यीय दल ने कमोडोर सत्यब्रत दाम के नेतृत्व में उत्तरी हिस्से से माउंट एवरेस्ट की चढ़ाई की और मई 19, 2004 (देखें एलबीआर 2005 संस्करण) को चोटी पर तिरंगा लहराया।

दक्षिणी ध्रुव : भारतीय नौसेना के 13 सदस्यीय दल ने कमोडोर सत्यब्रत दाम के नेतृत्व में 2006 में भौगोलीय दक्षिण ध्रुव पर सफलतापूर्वक उतरे। इन्होंने नवम्बर 22, 2006 को भारत से यात्रा प्रारंभ की और दिसम्बर 28, 2006 को प्रातः 2.00 बजे ध्रुव पर पहुंचे तथा जनवरी 17, 2007 को भारत वापिस पहुंचे।

उत्तरी ध्रुव : *नीचेप्रविष्टिदेखें।*

उत्तरी ध्रुव पर स्कीइंग करने वाला प्रथम भारतीय दल

भारतीय नौसेना के 10 सदस्यीय दल ने कमोडोर सत्यब्रत दाम के नेतृत्व में 2006 में भौगोलीय उत्तरी ध्रुव पर स्की चालन किया। इस दल ने मार्च 24, 2008 को दिल्ली से यात्रा आरंभ की और ओस्लो, स्वीडन पहुंचा जहां से अभियान की शुरूआत हुई। अप्रैल 2, 2008 को दल बरेनो में सी आईस बेस कैम्प पहुंचा और फिर झंझावत के बीच कड़ाके की ठंड (-35 से.) में हेलीकॉप्टर से प्रारंभिक बिन्दु पर उतरा। अगले आठ दिनों में दल ने जमे हुए आर्कटिक सागर को स्कीइंग से पार किया और अप्रैल 9, 2008 को 8.16 (भारतीय मानक समय) बजे उत्तरी ध्रुव पर पहुंचा जहां उसने राष्ट्रीय और नौसेना का ध्वज फहराया तथा राष्ट्र गान गाया। अगले दिन दल ने वहां अभियान पर आए यूके और आस्ट्रेलिया के दलों के साथ 5 ओवरों का एक त्रिदेशीय तत्कालिक क्रिकेट मैच खेला जो भारतीय नौसेना के दल ने 1 रन से जीता। संयागेवश यह भौगोलीय उत्तरी ध्रुव पर खेला गया पहला क्रिकेट मैच भी था।

यह दल अप्रैल 24, 2008 को दिल्ली लौटा।

दल के सदस्य : कमोडोर सत्यब्रत दाम, ले.कमोडोर अविनाश खजूरिया, सार्जेंट ले.अजय शर्मा, एमसीइआरए राजकुमार, पीओएमए राकेश कुमार, पीओएमए विस्कास कुमार, एलएमई रामेन्द्र पांडे, सी 1 ब्रिजेन्द्र सिंह, एमए 1 सोनम तमचॉस और सी 1 मनोज वत्स।

सबसे गहरा संतृप्ति गोता
भारतीय नौसेना के छह गोताखोरों की एक टीम- ले. कमोडोर एएस पतनकर, केके सिंह, पीके चौहान, जगवीर सिंह, सुजीत कुमार और कमलेश सिंह-ने विशाखापत्तनम, आन्ध्र प्रदेश के दक्षिणी तट पर खड़े आईएनएस *निरीक्षक* से मार्च 30, 2007 को 218 मी. गहरा गोता लगाया।

भारतीय नौसेना की स्काईडाइविंग उपलब्धियां
भारतीय नौसेना ने अप्रैल 26 से जून 10, 2008 तक आईएनएस गरूड़ पर हवाई गोताखोरी का एक कैम्प लगाया था जिसमें दल के सदस्यों ने क्रमवार सहयोग से लगाई गई उन्मुक्त छलांग के दौरान आपेक्षिक कार्य किए और विंगसूट छलांग लगाई।

क्रमवार सहयोग से लगाई गई उन्मुक्त छलांग के दौरान आपेक्षिक कार्य: दल के सदस्यों एडम सुनील लांबा, चीफ ऑफ स्टाफ, दक्षिणी कमान, ले.कमोडोर एन राजेश तथा सहयोग प्रमुख ले.कमोडोर एमवी बिराजदार, जीएम राव, एलएमई और अनुपम भोर, एलएमई ने जून 4, 2008 को दोपहर 3.30 बजे आईएनएएस 336 के सीकिंग 42सी हेलीकॉप्टर से 13,000 फुट की ऊंचाई से छलांग लगाई। 5,000 फुट की ऊंचाई पर पैराशूट खोलने से पूर्व यह फ्रीफॉल संयोजन 45 सेकंड तक रहा। यह कारनामा ले.कमोडोर एस कार्तिकेयन ने वीडियो में उतारा।

विंगसूट छलांग: ले. कमोडोर एम वी बिराजदार ने जून 5, 2008 को प्रात: 8.00 बजे चेतक हेलीकॉप्टर से 11,500 फुट से कोच्चि में आईएनएस *गरूड़* पर विशेष बर्डमैन सूट पहनकर छलांग लगाई। आईएनएस गरूड़ नौवहन स्टेशन पर उतरने से पूर्व 1 मिनट व 50 सेकंड नियंत्रित फ्लाइट ने कोच्चि बंदरगाह और मैटनचेरी चैनल के ऊपर 4 कि.मी की पार्श्विक दूरी तय की।

ध्रुव

सर्वप्रथम आर्कटिक पर
शरत कुमार राय (1897-1962) 1927 में रॉसन-मैकमिलन आर्कटिक अभियान के सदस्य के रूप में आर्कटिक पर पहुंचने वाले प्रथम भारतीय बने।

सबसे पहले स्थल द्वारा उत्तरी ध्रुव पर
बेंगलौर कर्नाटक के डॉ एमआर शेट्टी, अगस्त 5, 2001 को नाभिकीय ऊर्जा (न्यूक्लीयर पॉवर) चालित *यमल* नामक बर्फ भेदी पोत से स्थल द्वारा भौगोलीय उत्तरी ध्रुव पर पहुंचने वाले पहले भारतीय बने। 100 सदस्यीय दल ने अगस्त 1, 2001 को प्रात: 10.00 बजे लांग्येरब्येन नार्वे से यात्रा प्रारंभ की थी।

उत्तरी ध्रुव पर स्काईडाइविंग
स्कवाड्रन लीडर संजय थापर ने अप्रैल 21, 1996 को 10,000 फुट की ऊंचाई से भारतीय तिरंगा लिए उत्तरी ध्रुव पर छलांग लगाई।

सर्वप्रथम स्थल द्वारा दोनों ध्रुवों पर

उत्तरी ध्रुव पर स्की करने वाले प्रथम भारतीय तथा वहां अप्रैल 26, 2006 को तिरंगा फहराने वाले अजीत बजाज (42) एक माह लम्बे ट्रैक के बाद 26 जनवरी 2007 को दक्षिणी ध्रुव पर भी तिरंगा फहराने वाले पहले भारतीय बने।

2008

दक्षिणी ध्रुव पर सर्वप्रथम
नौसेना की शिक्षा शाखा के अधिकारी तथा मौसम विज्ञान के विशेषज्ञ ले.रामचरण 1960 में एक आस्ट्रेलियाई अभियान दल के साथ दक्षिणी ध्रुव पर गए थे।

दक्षिणी ध्रुव पर स्कीइंग
कर्नल जितेन्द्र कुमार बजाज जनवरी 17, 1989 को स्कीइंग पर भौगोलीय दक्षिण ध्रुव पर पहुंचने वाले पहले भारतीय बने। 11 सदस्यों के अंतर्राष्ट्रीय दल के एकमात्र ऐसे सदस्य थे जो 50 दिनों में 1,200 किमी. स्कीइंग करके ध्रुव पर पहुंचे।

दोनों ध्रुवों पर स्काईडाइविंग
फ्लाइट लेफ्टिनेंट कमल सिंह ओबराह ने जनवरी 1, 2000 को 20 देशों के 34 अन्य लोगों सहित दक्षिणी ध्रुव पर छलांग लगाई। इन्होंने अप्रैल 20, 2002 को उत्तरी ध्रुव पर भी छलांग लगाई थी।

विश्व कीर्तिमान: दोनों ध्रुवों पर पहली छलांग (महिला)
पुणे की शीतल कमलाकर महाजन (जन्म सितम्बर 19, 1982) ने अप्रैल 18, 2004 को अत्यंत ठंडे तापमान वाली परिस्थितियों-37 से. में 2,400 फुट की ऊंचाई से भौगोलीय उत्तरी ध्रुव पर पहली बार स्थैतिक रेखा पैराजम्प लगाई। वह अभियान आर्कटिक 72004 दल की सदस्य भी थी।

उन्होंने यही कारनामा दिसम्बर 15, 2006 को भी दोहराया जब उन्होंने समुद्र तल से औसतन 14,850 फुट की ऊंचाई से टिवन-ओटर वायुयान से दक्षिणी ध्रुव पर छलांग लगाई थी। इनके साथ भारतीय नौसेना के दो अधिकारी ले.कमोडोर महेश बिराजदार और ले.कमोडोर राजेश नंदगोपाल भी थे। शीतल दोनों ध्रुवों पर पहली छलांग लगाने वाली एकमात्र महिला है।

उन्हें तेनजिंग नोर्गे नेशनल एडवेंचर पुरस्कार 2008 से सम्मानित किया गया था। दिलचस्प बात यह है कि उनका विवाह अप्रैल 19, 2008 को एक एनआरआई सॉफ्टवेयर इंजीनियर वैभव राणे के साथ धरती से 600 फुट की ऊंचाई पर एक हॉट-एयर बैलून में हुआ था।

उत्तरी ध्रुव पर स्कीइंग
अजीत बजाज (42) ने फोर्टिस उत्तरी ध्रुव स्की अभियान के हिस्से के रूप में उत्तरी ध्रुव पर स्कीइंग की। यह अभियान अप्रैल 12, 2006 को बरनियो में ध्रुवीय अनुसंधान कैम्प से आरंभ हुआ और अप्रैल 26, 2006 को राष्ट्रीय ध्वज फहराया गया।

अप्रैल 13, 2008 को उत्तर प्रदेश लखनऊ के अक्षय मिश्रा (जन्म सितम्बर 22, 1982) ने उत्तरी ध्रुव पर स्की की। अप्रैल 4, 2008 को उनके अतिरिक्त नार्वे के दो व्यक्तियों तथा एक ईरानी-अमरीकी व्यक्ति के चार सदस्यी दल ने 89° उत्तर से शुरूआत की और अप्रैल 11, 2008 को ध्रुव पर पहुंचे। 25 वर्ष और 7 महीने की आयु में ऐसा करने वाले सबसे युवा भारतीय बने।

पर्वतारोहण

विश्व कीर्तिमान: माउंट एवरेस्ट पर सर्वप्रथम
तेनजिंग नोर्गे और न्यूज़ीलैंड के सर एडमंड हिलेरी ने मई 29, 1953 को 8,848 मीटर (29,029 फुट) ऊंचे माउंट एवरेस्ट को फतह किया।

बिना ऑक्सीजन के सर्वप्रथम
मई 9, 1984 को फू दोरजी ऑक्सीजन के बगैर शिखर पर पहुंचे। वह 1984 में भारतीय एवरेस्ट अभियान का हिस्सा थे।

विश्व कीर्तिमान: असीम शिखर
नेल्लौर, आंध्र प्रदेश के पर्वतारोही, मैराथन धावक, तैराक और खिलाड़ी माली मस्तान बाबू (जन्म सितम्बर 10, 1974) के नाम कई सर्वप्रथम उपलब्धियां हैं। इनका नाम विश्व के सात आरोहियों में शामिल है जिसने सात महाद्वीपों में विश्व की सात सबसे ऊंची चोटियों पर चढ़ाई की है। मस्तान ने यह कारनामा जनवरी 19, 2006 से जुलाई 10, 2006 के बीच 172 दिनों में किया। यह दिलचस्प है कि इन्होंने अलग-अलग महीनों में सप्ताह के सातों दिन चढ़ाई की है-माउंट एवरेस्ट (8,848 मीटर नेपाल में रविवार को), माउंट देनाली (6,194 मीटर अमेरिका में सोमवार को), माउंट एलबरस (5,642 मीटर रूस में मंगलवार को), माउंट किलीमंजारों (5,895 मीटर तंज़ानिया में बुधवार को), माउंट विन्सन मेसिफ (4,897 मीटर अंटार्कटिका में गुरूवार को), माउंट एकॅनगुआ (6,962 मीटर अर्जेंटीना में शुक्रवार को), माउंट कोसीसको (2,228 मीटर आस्ट्रेलिया में शनिवार को)। ऐसा करने वाले वह पहले दक्षिण एशियाई और माउंट कारस्टेन्ज़ पिरामिड (ओशियाना की सबसे ऊंची चोटी); माउंट विन्सन मेसिफ (अंटार्कटिका की सबसे ऊंची चोटी) तथा माउंट एकॅनगुआ (दो बार) की चढ़ाई करने वाले पहले भारतीय है। वह माउंट किलीमंजारों की चढ़ाई करने वाले भी पहले भारतीय हैं।

स्नोमैन ट्रेक
बेंगलौर की लक्ष्मी रंगनाथन (जन्म जून 7, 1958) ने डूकेल जोंग (2,580 मीटर) से सीफू (2,740 मीटर) तक की 'भूटान स्नोमैन ट्रेक' के नाम से 370 कि.मी. लम्बी जोखिमभरी पैदल यात्रा (ट्रेकिंग) की। यह ट्रेकिंग सितम्बर 27, 2007 से अक्तूबर 20, 2007 तक 24 दिनों में हिमालय के भूटान खंड के साथ होते हुए पूरी की गई जिसमें वह रिंचन जो़ ला पर 5,319 मीटर (17,449 फुट) की सबसे ऊंची जगह तक गई। लक्ष्मी ने यह यात्रा प्रकाश और सूमा राव के साथ आरंभ की थी जिन्होंने कुछ दिनों के बाद छोड़ दिया।

माउंट एवरेस्ट पर चढ़ने वाली पहली महिला
मई 24, 1984 को बछेन्द्री पाल माउंट एवरेस्ट पर कदम रखने वाली पहली भारतीय महिला बनी। जाने-माने साउथ कोल मार्ग से शिखर पर जाने वाली बछेन्द्री के साथ अभियान में दो पुरूष सदस्य शेरपा अंग दोरजी और लाथू दोरजी भी थे। वह शिखर पर जाने वाली विश्व की पांचवी महिला हैं।

1991

माउंट एवरेस्ट पर सबसे तेज़ चढ़ाई
काज़ी शेरपा ने 1998 में 20 घंटे और 24 मिनट में माउंट एवरेस्ट पर चढ़ाई कर 22 घंटे और 29 मिनट के रिकार्ड को तोड़ा।

एवरेस्ट पर सबसे अधिक आयु के व्यक्ति
सीमा सुरक्षा बल में एडीशनल डीआईजी एससी नेगी (जन्म मार्च 8, 1950) मार्च 24, 2006 को माउंट एवरेस्ट पर पहुंचने वाले सबसे अधिक आयु के व्यक्ति बने।
विश्व कीर्तिमान: मिन बहादुर शेरचा (76) नेपाल मई 25, 2008 को।

माउंट एवरेस्ट पर सबसे कम आयु की महिला
डिकी डोल्मा ने 1993 में 19 वर्ष की आयु में माउंट एवरेस्ट फतह किया।
विश्वकीर्तिमान:अमेरिकाकीसामंतालॉरसन(18)

खंगशुंग मुहाने से प्रथम
असम राइफल्स के हवलदार अमर प्रकाश डोगर (अब नायब सूबेदार) ने दो अन्य लोगों के साथ मई 28, 1999 को तिब्बत-चीन में खंगशुंग मुहाने से माउंट एवरेस्ट की चढ़ाई की। ये तीनों आरोही इंडियन एडवेंचर एण्ड माउंटनेरिंग एसोसिएशन द्वारा आयोजित शती भारतीय एवरेस्ट अभियान दल 1999 का हिस्सा थे।

पहला भारतीय-नेपाली सेना अभियान
माउंट एवरेस्ट पर चढ़ाई के 50 वर्ष मनाने के लिए माउंट एवरेस्ट और (8,516 मीटर) के लिए मई 26, 2003 को भारत-नेपाल संयुक्त सेना अभियान का आयोजन किया गया। इसका नेतृत्व ले.कर्नल अशोक अबी ने किया। इस दल में 31 आरोहक (9 भारतीय सेना, 10 रॉयल नेपाल सेना के आर 12 शेरपा) थे। यह माउंट लोत्से (8,516 मीटर) पर भारत की पहली चढ़ाई थी।

माउंट एवरेस्ट पर भारतीय वायु सेना का प्रथम अभियान
विंग कमांडर ए चौधरी ने माउंट एवरेस्ट पर भारतीय वायुसेना के प्रथम अभियान की अगुवाई की। नई दिल्ली से रवाना होने वाले इस दल के सदस्यों स्कवैड्रन लीडर आरसी त्रिपाठी, स्कवैड्रन लीडर एनआर चौधरी और फ्लाइट ले.एसएस चैतन्य ने मई 30, 2005 को उत्तरी मुहाने से होकर सफलतापूर्वक माउंट एवरेस्ट पर विजय पताका फहराई।

प्रथम माउंट शीशा पंगमा अभियान

नायब सूबेदार मोहिन्दर सिंह, नायब सूबेदार नीलचंद, नायब सूबेदार राजेन्द्र सिंह जलाल, रणवीर सिंह नेगी, च्वांग नोरबू, खुशहाल सिंह का दल कर्नल अशोक अब्बी के नेतृत्व में मई 17, 2005 को प्रात: 8.00 बजे ऑक्सीजन के बिना 8,012 मीटर ऊंची चोटी माउंट शीशा पंगमा पर सफलतापूर्वक पहुंचा।

सबसे अधिक आयु वाला ट्रेकर

पुणे, महाराष्ट्र के 93 वर्षीय लक्ष्मण गणेश दिनकर (जन्म सितम्बर 28, 1913) ने दिसम्बर 31, 2006 को पुणे की सीमा पर स्थित 2800 फुट की ऊंचाई वाले सिंहगढ़ किले पर 2 घंटे और 38 मिनट में चढ़ाई की।

एक दिन में घाटी को सर्वाधिक बार पार किया

कॉग्नीज़ेट टेक्नॉलजी सॉल्यूशन्स इंडिया प्रा.लि., पुणे के 160 कर्मचारियों और 20 सहायकों को मिला कर 180 लोगों के दल ने जुलाई 8, 2008 को ड्यूक नोज़ (नागपानी) की दो चोटियों के बीच 250 फुट चौड़ी और 900 फुट गहरी घाटी 8 घंटे में पार की। यह करतब एडवेन्चरिज़ेन्ट्स (कॉग्नीज़ेट के समूह) ने जयंत डोफे के नेतृत्व में 29028 एडवेंचर वर्ल्ड के साथ मिल कर किया।

सड़क अभियान

रेगिस्तानी कारवां

बछेन्द्री पाल (52) ने एक ऐसे रेगिस्तानी कारवां का नेतृत्व किया जिसमें सभी महिलाएं थी। 12 सदस्यीय दल ने जनवरी 16 से फरवरी 18, 2007 के बीच विगकोट, भुज, गुजरात से अमृतसर के निकट वाघा सीमा तक लगभग 1,800 किमी. की यात्रा 32 दिनों में ऊंट पर और पैदल चल कर तय की। अभियान के दौरान दल भुज, कच्छ का रण, थार रेगिस्तान और अंत में वाघा सीमा की अंतर्राष्ट्रीय सीमाओं से होकर गुजरा। यह अभियान टाटा फांउडेशन ऑफ एड़वेंचर स्पोर्टस् द्वारा आयोजित और टाटा इस्पात द्वारा प्रायोजित था और जिसे सीमा सुरक्षा बल ने तकनीकी सहायता दी।

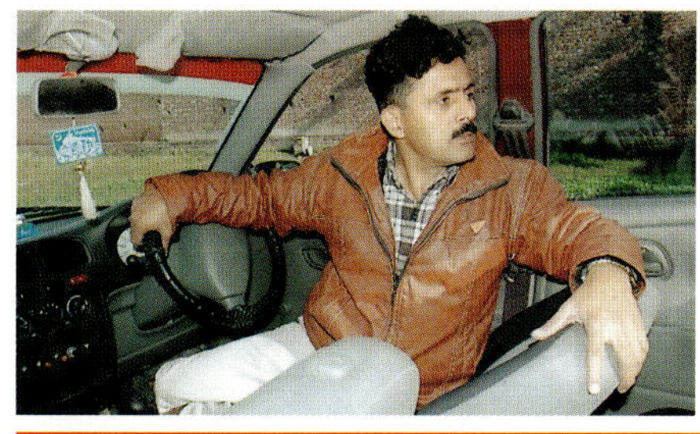

उल्टी ड्राइविंग

काशीपुर के मोबिन खान, 39, ने उत्तराखंड की पहाड़ी सड़कों पर रिवर्स गियर में 6 दिनों में 2,500 किमी. ड्राइविंग की। उन्होंने अक्तूबर 28, 2008 को काशीपुर से प्रात: 11.00 बजे मारूति आल्टो में ड्राइविंग आरंभ की और नवम्बर 3, 2008 को शाम 6.00 बजे वापिस आए।

भारतीय रिक्शाओं की शानदार दौड़

इंग्लैड की लीग ऑफ एडवेंचरिस्ट इंटरनेशनल ने साहस के साथ-साथ परमार्थ की शक्ल में सर्वप्रथम रिक्शा दौड आयोजित की। इस दौड़ में सात देशों की 34 टीमों ने दिसम्बर 2006-जनवरी 2007 के बीच ऑटोरिक्शा में कोच्चि, केरल से दार्जिलिंग, पश्चिम बंगाल तक लगभग 3,500 किमी तय किए। यह रैली मर्सी कॉर्प चेरिटी तथा अधिकतर आंध्र प्रदेश के हिस्सों के 42,000 से अधिक लोगों को स्वच्छ जल सुलभ कराने का कार्य कर रहा द फ्रैंक वाटर प्रोजेक्ट के लिए की गई थी जिससे 1,00,00 पौंड से अधिक की राशि एकत्रित हुई।

इसका दूसरा संस्करण रिक्शा रन समर 2007 जून 24, 2007 को ला मार्टिनर बॉयस स्कूल, कोलकात्ता से आरंभ हुआ और और जुलाई 8, 2007 को मनाली, हिमाचल प्रदेश पहुंचा। इसमें 22 टीमों ने हिस्सा लिया जिसमें नेहा दारा, शाज़िया जिफरी और अक्षय महाजन की पहली भारतीय टीम तीसरा पहिया भी शामिल थी।

जनवरी 1-16, 2008 तक कोच्चि से काठमांडू (नेपाल) तक रिक्शा रन विन्टर 2008 में 65 टीमों ने हिस्सा लिया। इसके बाद काठमांडू से पांडिचेरी तक रैली का 2008 ग्रीष्म संस्करण (जून 1-15, 2008) आयोजित किया गया जिसमें 70 टीमों ने हिस्सा लिया।

ट्रैक्टर पर अकेले हिमालय अभियान

कुरूक्षेत्र, हरियाणा के जयबीर सिंह विर्क (जन्म अप्रैल 13, 1980) ने प्रीत ट्रैक्टर-6049 पर 19 दिनों में 3,175 किमी. की दूरी तय कर अकेले हिमालय अभियान सफलतापूर्वक पूरा किया। उन्होंने जून 12, 2008 को दोपहर 1.00 बजे नाभा, पंजाब से अभियान की शुरूआत की। यह अभियान मार्ग में 18,380 फुट पर स्थित विश्व की सबसे ऊंची मोटरवाहन योग्य सड़क खरदूंगला सहित नौ उच्च पासिस से होते हुए जून 30, 2008 को दोपहर 4.00 बजे वापिस नाभा पहुंचा। यह अभियान प्रीत ट्रैक्टर प्रा.लि. ने प्रायोजित किया था।

पैदल सैनिक

जयपुर, राजस्थान के गीतेश शर्मा (जन्म जून 4, 2006) ने नवम्बर 18, 2006 से जम्मू से कन्याकुमारी की दौड़ अकेले 31 दिनों में सफलता से पूरी की।

पैदल तटीय यात्रा

सेरमपुर, पश्चिम बंगाल के दिलीप कुमार भट्टाचार्य (65) ने प्रायद्वीपीय तटीय रेखा से होते हुए पश्चिम बंगाल में गंगासागर से कच्छ के रण में लखपत तक पैदल भारत जोड़ो तटीय यात्रा की। उन्होंने अक्तूबर 2, 2005 को यात्रा शुरू की और नवम्बर 22, 2005 को दोपहर 5.00 बजे समाप्त की।

हिमालय-पार अभियान

तरूण रॉय, केपी सुनील और वी उमापति ने हिमालय-पार अभियान की शुरूआत मोटरसाइकिलों से तेजू, अरूणाचल प्रदेश से की। सितम्बर 20 से अक्तूबर 9, 1999 के बीच 5,500 किमी. की दूरी दो टीवीएस सुजुकी शोगन बाइकों पर 187 घंटे 15 मिनट में तय की गई

2000

साइकिल चालन

सबसे तेज साइकिल चालन

मुम्बई, महाराष्ट्र के विनोद पुनमिया (52) ने मार्च 27, 2007 को अपनी 24 गियर की इटालियन ट्रेक साइकिल से बिना रूके चलते हुए पुणे-मुम्बई के बीच चलने वाली डेक्कन क्वीन रेलगाड़ी को 20 मिनटों से पछाड़ दिया। यह रेलगाड़ी 2 घंटे 30 मिनट में मुम्बई का सफर तय करती है। प्रात: 7.10 बजे बेलवाड़ी, पुणे में शिवाजी छत्रपति स्पोर्ट्स कॉम्पलैक्स से चलकर पुनमिया उसी दिन प्रात: 9.20 बजे मुम्बई (पूर्व) के पेंढ़ारकर कॉम्पलैक्स पहुंचे। उन्होंने 140 कि.मी. का सफर लगभग 64.5 किमी. प्रति घंटे की औसत से 2 घंटे 10 मिनट में पूरा किया।

शारीरिक रूप से विकलांग एस सुब्रमणि (जन्म मई 15, 1963) ने कन्याकुमारी से चेन्नई के निकट अवाड़ी तक 750 किमी. बिना रूके 37½ घंटे साइकिल चलाई। आर्डिनेंस फैक्टरी, त्रिचुरापल्ली, तमिलनाडु में मैकेनिक सुब्रमणि जनवरी 24, 2008 को प्रात: 6.00 बजे चले और अगले दिन शाम 7.00 बजे चेन्नई पहुंचे।

उत्तर-दक्षिण अभियान (अकेले)

लखनऊ, उत्तर प्रदेश के हरि प्रसाद यादव ने अपनी साइकिल पर 4,249 कि.मी.की दूरी तय कर उत्तर-दक्षिण अभियान को पूरा किया। उन्होंने अक्तूबर 24, 2005 को दोपहर 3.00 बजे लेह से अभियान शुरू किया और नवम्बर 23, 2005 को दोपहर 1.00 बजे कन्याकुमारी पहुंचे।

उत्तर-दक्षिण अभियान (दल)

कॉर्प ऑफ इलेक्ट्रॉनिक्स एवं मैकनिकल इंजीनियरिंग के 15 सदस्यीय दल ने मेजर विशाल अहलावत की अगुवाई में उत्तर-दक्षिण के अभियान में उन्होंने 18 दिन 17 घंटे 35 मिनट में 4,249 कि.मी. की दूरी तय की। यह अभियान जुलाई 30, 2007 को प्रात: 5.30 बजे लेह से आरंभ हुआ और अगस्त 17, 2007 को दोपहर 11.00 बजे कन्याकुमारी पहुंचा।

विश्व कीर्तिमान: मोटसाइकिल पर सबसे बड़ा मानवीय पिरामिड
डेयर डेविल्स ने फिर से कर दिखाया! भारतीय सेना के कॉर्प ऑफ सिग्नल की डेयर डेविल्स टीम ने जून 11, 2008 को गौरी शंकर परेड ग्राउंड, जबलपुर, मध्य प्रदेश में 350 सीसी की 11 स्टैण्डर्ड रॉयल एनफील्ड मोटरसाइकिलों पर 251 लोगों का मानव पिरामिड बनाया और 240 मीटर चले। इससे पूर्व कैप्टन राहुल जुआल के नेतृत्व में इस दल ने उसी दिन 11 मोटरसाइकिलों पर 230 और फिर 241 लोगों के दो सफल प्रयास किए और दोनों बार अपना ही रिकार्ड तोड़ा।

मोटरसाइकलिंग

मोटरबाइक पर सर्वाधिक व्यक्ति

सेन्ट्रल स्कूल ऑफ मोटर ट्रांसपोर्ट, सीमा सुरक्षा बल (बीएसएफ), तिकनपुर से प्रशिक्षित सीमा सुरक्षा बल की मोटरसाइकिल टीम जांबाज ने 350 सीसी की रायल एनफील्ड मोटरसाइकिल पर लगभग 2,437 कि.ग्रा. वजन के 40 लोगों को बिठाया। इस करतब के लिए किसी बैल्ट, जोड़ने वाले अथवा सहायक उपकरणों का प्रयोग नहीं किया गया। मानव पिरामिड ने मार्च 17, 2005 को 25 बीएन बीएसएफ कैम्प, छावला, नई दिल्ली में 48.11 सेकंड में 325 मीटर की दूरी तय की। इंस्पेक्टर गुरप्रीत सिंह ने दल का नेतृत्व किया और कांस्टेबल सन्नी ने मोटरसाइकिल चलाई।

एक दिन में सबसे तेज़ मोटरसाइकिल चालन

पुणे महाराष्ट्र के प्रवीण जी शिराली (जन्म अप्रैल 19, 1983) ने बजाज पल्सर-100 पर 1,813.1 किमी. की अपनी पुणे-धारवाड़-पुणे की यात्रा 23 घंटे 33 मिनट में की। वह दिसम्बर 21, 2007 को रात को 10.29 पर चले और औसतन 77 किमी. प्रति घंटा की गति से चलते हुए अगले दिन रात्रि 10.02 पर पहुंचे।

चीन में एवरेस्ट बेस कैम्प पर सर्वप्रथम

उत्तरी कोलकात्ता के दिशा संगठन ने चीन में माउंट एवरेस्ट नार्थ फेस बेस कैम्प (17,200 फुट) के लिए सितम्बर 2000 में मोटरसाइकिल अभियान आयोजित किया। इस अभियान का संचालन गौतम दत्ता ने किया और सितम्बर 12 को प्रात: 8.00 बजे सात सदस्यों का दल मोटर साइकिलों पर दमदम कोलकात्ता से रवाना हुआ तथा 1,572 किमी. की दूरी तय करके सितम्बर 26 को दोपहर 4.05 बजे बेस कैम्प पहुंचा। यह दल 3,289 की यात्रा करके अक्तूबर 4 को कोलकात्ता पहुंचा।

2002

रेड शील्ड अभियान

जम्मू-कश्मीर लाइट इनफैंटरी की हीरक जयंती मनाने के लिए जेएके एलआई ने 'रेड शील्ड-जेएके एलआई मोटरसाइकिल अभियान' का आयोजन किया। यह अभियान इम्फाल से आरंभ हुआ और सियाचिन होते हुए नई दिल्ली पहुंचा तथा 12 राज्यों से होते हुए 8,765 किमी. की दूरी तय की। 23 सदस्यों का दल ले.कर्नल हीरन देसाई और ले.मोहित पंवार के नेतृत्व में सितम्बर 18, 2007 को 12 हीरो होंडा मोटरसाइकिलों पर निकला और अक्तूबर 12, 2007 को अभियान पूरा हुआ।

परिधीय यात्रा

जामनगर, गुजरात के कमलेश उनदकत और विनय गेरा ने 21 दिनों में 16,894 किमी. तय कर भारत की परिधिगत यात्रा की। इन्होंने मई 28, 2006 को दोपहर 3.00 बजे जामनगर से यात्रा प्रारंभ की और जून 17, 2006 को प्रात: 10.15 बजे वापिस आए।

पूर्व-पश्चिम अभियान

मुम्बई के डा. अरनब के. गुप्ता ने तेजू, अरूणाचल प्रदेश से कोटेश्वर, गुजरात तक की 3,766 किमी. की यात्रा मई 3-8, 2004 तक 4 दिन 23 घंटो में पूरी की।

तटीय अभियान

नवसारी, गुजरात के विष्णु हरगोविंद मेहता ने बजाज पल्सर पर मोटरबाइक अभियान किया। उन्होंने भारत की तटीय रेखा के साथ-साथ कोटेश्वर, गुजरात से भोखली, पश्चिम बंगाल

हिमालयन ओडिसी

रॉयल एन्फील्ड हिमालयन ओडिसी दिल्ली से खारदुंग ला (समुद्र तल से 18,350 मीटर ऊंचाई पर) और वहां से वापिसी का वार्षिक रूप से आयोजित किया जाने वाला 15 दिन का बाइकिंग ट्रिप होता है जिसमें विश्व के सबसे विषम क्षेत्रों से होकर 2,500 किमी. लम्बी दूरी तय की जाती है। 2005 में आयोजित रैली में देश भर के 46 मोटरसाइकिल सवारों ने हिस्सा लिया था। 2008 में यह जून 28 को दिल्ली से रवाना हुआ था जिसमें दो लड़कियों सहित 52 लोगों ने हिस्सा लिया था।

उत्तर-दक्षिण के अभियान

करणबीर सिंह और पंकज जितेन्द्र त्रिवेदी ने दो हीरो होडा करिज़्मा बाइक पर *गल्फ ओवरड्राइव एन्ड्यारेंसएक्स्ट्रीम चैलेंज 2008* नामक अपने उत्तर-दक्षिणी अभियान पूरे किए। उन्होंने 3,874 किमी. का अभियान 5 दिन 5 घंटे और 45 मिनट में पूरा किया। वह मई 27, 2008 को शाम 6.00 बजे कन्याकुमारी से रवाना हुए और जून 1, 2008 को रात 11.45 पर लेह पहुंचे।

नवसारी, गुजरात के विष्णु हरगोविंद मेहता (जन्म फरवरी 16, 1959) ने लेह-कन्याकुमारी तक अकेले दुपहिया पर उत्तर-दक्षिण अभियान पूरा किया। वह इस अभियान के लिए जून 15, 2007 को बजाज पल्सर पर रवाना हुए और 4,196 किमी. लम्बा रास्ता 6 दिन 7 घंटे और 35 मिनट (वास्तविक यात्रा समय 117 घंटे 25 मिनट) में पूरा किया। अपने इस अभियान में उन्होंने एचआईवी/ एड्स के प्रति जागरूकता पैदा की।

मेरठ, उत्तर प्रदेश के शैलेन्द्र भारद्वाज (जन्म जून 16, 1985) व अनुज प्रकाश (जन्म सितम्बर 19, 1985) ने दुपहिया वाहन पर 4,347 कि.मी. का उत्तर-दक्षिण का अभियान 7 दिन 6 घंटे और 15 मिनट (वास्तविक यात्रा समय 174 घंटे 15 मिनट) में पूरा किया। वह जून 8, 2008 को 350 सीसी रॉयल एनफील्ड बाइक पर लेह से यात्रा शुरू कर जून 15 को कन्याकुमारी पहुंचे।

दिल्ली के दुर्गा चरण मिश्रा (जन्म मार्च 7, 1953) ने अपनी पत्नी ज्योत्सना मिश्रा (जन्म जून 1, 1961) सहित 350 सीसी रॉयल एनफील्ड मैक्सिमो बाइक पर लेह से 3,759 किमी. लम्बा उत्तर-दक्षिण अभियान पूरा किया। ये सितम्बर 22, 2006 को लेह से चलकर सितम्बर 29, 2006 को 7 दिन 1 घंटे व 45 मिनट में कन्याकुमारी पहुंचे।

तक की 7,084 किमी. लम्बी यात्रा 11 दिन, 12 घंटे और 45 मिनट में पूरी की। विष्णु अप्रैल 2, 2007 को प्रात: 8.45 बजे रवाना हुए और अप्रैल 13, 2007 को रात 9.00 बजे भोखली, पश्चिम बंगाल पहुंचे।

एक दिन में पांच ऊंचे दर्रे (एकल)

नई दिल्ली के अजय शर्मा ने जुलाई 27, 2004 को प्रात: 2.30 बजे लेह से काइनेटिक लेज़र पर सवार होकर खरदुंग ला (5,604मी.), वारी ला (5,274मी.), चांग ला (5,290मी.), मारसिमिक ला (5,680मी.) और तांगलांग ला (5,360मी.) 19 घंटे 30 मिनट में पार किये।

चार पहियों के वाहन

गौंडवानालैण्ड अभियान

महाद्वीपों के बीच दीर्घ काल से लुप्तप्राय: संबंधों की खोज के लिए एशिया और अफ्रीका के 18 देशों पहुंचने वाला गोंडवानालैण्ड नामक एक मैत्री एवं वैज्ञानिक अभियान मार्च 24, 2006 को भारत के हिमालय क्षेत्र से प्रारंभ हुआ और जून 26, 2006 को केपआगुलॉस, दक्षिण अफ्रीका में समाप्त हुआ। इस अभियान में 24,800 किमी. तीन माह से कुछ अधिक समय में अधिक तय किए गए। (भारतीय उपमहाद्वीप, पश्चिम एशिया, अफ्रीका, आस्ट्रेलिया, दक्षिण अमेरिका और अंटार्कटिका विशाल गौंडवाना महाद्वीप के हिस्से थे। अखिल बख्शी के नेतृत्व में 10 सदस्यों के वैज्ञानिक दल ने विभिन्न स्थानों की भूगर्भीय विशेषताओं का अवलोकन किया और मार्ग में आने वाले 26 विश्वविद्यालयों के साथ जानकारियों को बांटा। यह अभियान युवा शक्ति ने आयोजित किया था तथा वाहन (गंगा, टिगरिस एवं नील के नाम से एक स्कारपियो, दो बोलेरो जीप जिनके नाम भारत, पश्चिम एशिया व अफ्रीका की तीन नदियों के नाम पर रखे गए थे) महिन्द्रा एण्ड महिन्द्रा ने प्रायोजित किए थे।

अखिल-भारतीय अभियान

संगरूर, पंजाब के दसवीर सिंह डल्ली, अमरीक सिंह दुल्लत, गुरमिन्दर सिंह ग्रेवाल और मोहिन्दर सिंह ने टाटा सफारी में 19 दिन, 23 घंटे 10 मिनट में 16,070 कि.मी. की दूरी तय की।

तीव्रतम ड्रैग रेस

मुम्बई के गौतम सिंघानिया ने मार्च 1, 2008 को खारघर, महाराष्ट्र में हुई स्पीड रन ड्रैग रेस की असीमित वर्ग की रेस निसान स्काईलाइन कार में 9.855 सेकंड में पूरी की। वह स्ट्रीट स्टॉक (2000 सीसी एवं 3301 सीसी तक) एवं प्रो-स्टॉक वर्ग (2001-3000 सीसी) की विदेशी कार रेस में भी प्रथम आए।

विश्व कीर्तिमान:
तीव्रतक छह: महाद्वीपों के पार

नवीन कपिला, मन बहादुर और विजय रमन ने 39 दिनों 7 घंटे और 55 मिनटों में छह: महाद्वीपों को पार किया। दिल्ली से नवम्बर 22, 1992 को अपनी कान्टेसा में रवाना होकर वो दिसम्बर 31, 1992 को वापिस दिल्ली पहुंचे।

1995

अभियान अप्रैल 3, 2005 को प्रात: 9.50 बजे संगरूर से आरंभ हुआ और सभी राज्यों की राजधानियों एवं केन्द्र शासित प्रदेशों से होता हुआ अप्रैल 23, 2005 को प्रात: 9.00 बजे समाप्त हुआ।

तटीय अभियान

मुम्बई के भारतीय सफारी दल के प्रगनेश एच पारीख, संजय वी पटेल और राजेश सी जोशी ने ओपल एस्ट्रा कोटेश्वर गुजरात से नमकाना, पश्चिम बंगाल तक का 7,922 किमी. लम्बा तटीय अभियान फरवरी 17-25, 2003 के बीच 7 दिन 23 घंटे और 40 मिनट में पूरा किया।

स्वर्णिम चतुर्भुज को पार करने में सर्वप्रथम (दल)

ओवरड्राइव पत्रिका के दल ने संपादक योगेन्द्र प्रताप के नेतृत्व में स्वर्णिम चतुर्भुज के साथ-साथ 6,180 किमी. की दूरी छ: दिनों में पूरी की (स्वर्णिम चतुर्भुज पर वास्तविक दूरी 5,800 किमी. है)। दल जुलाई 29, 2006 को शाम 5.00 बजे पुणे से निकला। दल के सदस्यों शिरीज़ चंद्रन, बरट्रेंन डिसूजा, विक्रांत सिंह, हरमन मेडोन, आशीष झा और विवेक शर्मा ने स्कोडा ओक्टोविया, होंडा सिविक और टोयोटा करोला में अभियान किया। दल ने पुणे से मुम्बई, वड़ोदरा, अहमदाबाद, उदयपुर, जयपुर, दिल्ली, आगरा, कानपुर, इलाहाबाद, कोलकात्ता, भुवनेश्वर, विशाखापट्टनम, नेल्लौर, चेन्नई, बेंगलौर और वापिस पुणे यात्रा की।

स्वर्णिम चतुर्भुज पर तीव्रतम

ऑटोकारइंडिया के हॉरमाज़, एशले, इकबाल, मनीज़, अभिजीत, ओसेफ, रिशाद एम, रिशाद सी, बैराम, जुनैद और कार्तिक के 11 सदस्यीय दल ने पांच दिनों में स्वर्णिम चतुर्भुज की अविराम भारत यात्रा की। इस दल ने सितम्बर 3, 2007 को बेंगलौर से टोयोटा करोला पर स्वर्णिम चतुर्भुज का यात्रा अभियान शुरू किया और 5,979 किमी. की दूरी तय कर सितम्बर 7 को लौटा।

महिलाओं का हिमालय अभियान

बांद्रा, मुम्बई की सम्पदा एस रंगनेकर के नेतृत्व में सुवर्णा डी पारले, अमिता वाई प्रभु, रोहना आर शेट्टी और पूजा पी हतकर के 11 सदस्यों के महिला दल ने महिन्द्रा स्कारपियो में मुम्बई से खारदुंग ला और वापिसी की कुल 6,224 किमी. की यात्रा की। जुलाई 10, 2008 को आरंभ हुई यात्रा जुलाई 16 को लेह पहुंची तथा जुलाई 29, 2008 को मुम्बई लौटी। दल की एक सदस्या (सुवर्णा) को खरदुंग ला पार करने के बाद बीमार होने के कारण हटना पड़ा।

राष्ट्रीय साहसिक कार्य पुरस्कार

देश में साहसिक खेलों के क्षेत्र में दिए जाने वाले सर्वोच्च सम्मान तेनजिंग नोर्गे राष्ट्रीय साहसिक कार्य पुरस्कार की शुरूआत 1993 में की गई। यह पुरस्कार धरती, वायु और आकाश में साहसिक कार्यों को प्रोत्साहन देने के लिए आरंभ किए गए थे। अर्जुन पुरस्कारों के समान इस पुरस्कार में भी 3 लाख रूपए का नकद पुरस्कार, एक कांस्य की प्रतिमा और सम्मान प्रतीक दिया जाता है। अभी तक (अगस्त 2008 तक) 75 व्यक्तियों को यह पुरस्कार दिया जा चुका है।

हाल ही में इस पुरस्कार को पाने वाले हैं:

2006

सूबेदार पालदेन गियाछू
विंग कमांडर मोतुकू इंद्र कांत रेड्डी
तपस चौधरी
गुरदयाल सिंह

2007

नायब सूबेदार मोहिन्दर सिंह
सूबेदार नील चंद
एयर कमोडोर टीके रथ
कैप्टेन एमएस कोहली

जल

विश्व कीर्तिमान: विकलांग नाविक द्वारा सर्वप्रथम नौकापरिक्रमा

समुद्रपोत *आईएनएस तृष्णा* के स्थायी चालक दल के सदस्य एवं 1994 के राष्ट्रीय साहसिक कार्य पुरस्कार के विजेता मेजरी अशोक कुमार ने 1985 में विश्व परिक्रमा की। उनकी यह यात्रा किसी विकलांग व्यक्ति द्वारा अब तक की गई सबसे लम्बी यात्रा भी थी।

विश्व कीर्तिमान: सबसे युवा अंतराष्ट्रीय तैराक

आदित्य संतोष राउत (जन्म अगस्त 20, 1993) के नाम कई सर्वप्रथम जुड़े हैं जैसे:

- फरवरी 21, 2005 को न्यूजीलैंड में कुक स्ट्रेट पार करना
- जुलाई 23, 2005 को ग्रीस में हाइकीडिकी से निकिती तक टोरोनियस की खाड़ी पार करना
- अगस्त 5, 2006 को अमेरिका में कैटलिना द्वीप से लांस एंजिल्स तक कैटलिना चैनल पार करना
- सभी महाद्वीपों में वाटर चैनल पार करना।

नाव द्वारा अंध महासागर पार करना (अकेले)

स्वीडन में रहने वाले भारतीय मूल के भाविक गांधी (जन्म नवम्बर 15, 1977) ने अंध महासागर में अकेले नाव चलाने का कारनामा किया। वह जून 14, 2006 को शाम 5.36 बजे (स्थानीय समय) एंटीगुआ समुद्र तट के उत्तर-पूर्व में ब्लिजार्ड मिलिट्री कैम्प के निकट जैबरवोक बीच पर उतरा और स्पेन से एंटीगुआ तक की 6,393 किमी. की यात्रा 106 दिन और 9 घंटे में अकेले नाव चलाते हुए पूरी की। उन्होंने स्पेन से यात्रा प्रारंभ की और आरंभ में दक्षिण दिशा की ओर बढ़ते हुए केपवरदा द्वीप की ओर गए। इस यात्रा में 7.1 मी. x 1.9 मी. x 1 मी. की उसकी नाव *मिस ओलिव* ही उसकी एकमात्र संगिनी थी।

विश्व कीर्तिमान: जल में सबसे अधिक समय तक सीधे खड़े रहने का कीर्तिमान

एससी नागंदस्वामी (जन्म जुलाई 1, 1969) सितम्बर 22, 2000 को नई दिल्ली के तालकटोरा तरणताल परिसर के डाइविंग पूल में प्रात: 9.10 बजे से अगले दिन तक 20 फुट गहरे पानी में लगातार 22 घंटे तक एक ही स्थिति में सीधे खड़े रहे।

अधरंगघात महिला द्वारा सबसे लम्बी तैराकी

अहमदनगर, महाराष्ट्र की अधरंगघात (छाती से नीचे अधरंग से ग्रस्त) से पीड़ित 38 वर्षीय दीपा मलिक ने जून 15, 2008 को इलाहाबाद में यमुना नदी में 35.36 मिनट में एक किलोमीटर तैराकी की। एस-1 श्रेणी (भारत) की विकलांगता में आने वाली दीपा को उत्तर प्रदेश विकलांग तैराक समिति (यूपीएसएडी) द्वारा आयोजित द्वितीय ओपन वाटर नेशनल पैराओलिम्पक में भाग लेने के लिए विशेष अनुमति लेनी पड़ी थी।

गंगा नाव अभियान

गोल्डन की डिवीज़न की 109 रेपिड इंजीनियर रेजीमेन्ट ने 'गोल्डन की गंगा रिवर रोइंग अभियान' किया। यह अभियान अप्रैल 14, 2008 से जून 6, 2008 तक चला जिसमें हरिद्वार से फरक्का बैराज तक के गंगा के फैलाव की 1,700 किमी. की दूरी 54 दिनों में तय की गई। मेजर अजय गर्ग के संचालन में 15 सदस्यों की टीम ने अभियान के रास्ते में गैर स्वयंसेवी संगठनों तथा पूर्व सैनिकों से बातचीत करना, प्रदूषण जांच के लिए पानी के नमूने तथा वनस्पति के आंकड़े इकठ्ठा करना, नागरिक-सेना संवाद तथा मेडिकल कैम्प आयोजित करना जैसे कई काम भी किए। दल ने 10 लाख से अधिक लोगों को प्रदूषण रहित गंगा का संदेश दिया और घाटों पर स्वच्छता अभियान चलाए।

पूरी नर्मदा तैर कर पार करना

डा. गोविन्द मिश्रा (67) नर्मदा महाराष्ट्र, गुजरात और मध्य प्रदेश से होकर नर्मदा के बहाव के साथ 1,290 किमी. तैरे। उन्होंने 3 वर्ष की अवधि के 3 चरणों में नर्मदा का पूरा भाग तैरकर पार किया। उन्होंने सितम्बर 10, 1997 को बारगी बांध, जबलपुर से शुरूआत की, दूसरे चरण में अक्तूबर 2, 1998 को राजघाट से भरूच व अंतिम चरण में मार्च 28, 1999 को अमरकंटक से आरंभिक स्थान तक की यात्रा नवम्बर 1, 2000 को पूरी की। उनका वास्तविक तैराकी समय 66 दिनों का था।

सबसे कम आयु में कृष्णा नदी पार करना

तिरूपति, आन्ध्र प्रदेश के रयाली नव शक्ति (जन्म अप्रैल 29, 2004) ने कृष्णा नदी में 3 किमी. तक अविराम तैराकी की। उन्होंने दिसम्बर 29, 2007 को लोटस फूड सिटी से बहाव के विपरीत दुर्गा घाट प्रकाशम बैराज तक शाम 4.00 बजे से 6.44 बजे तक तैराकी कर यह कारनामा किया। इसका आयोजन कृष्णा डिस्ट्रिक्ट एमेच्योर एक्वेटिक एसोसिएशन ने आयोजित किया था।

गंगा में सबसे लम्बा डोंगी चालन

नई दिल्ली के तरूण के रॉय और ब्रिज मोहन बिष्ट ने हिमालय से गंगा सागर तक का अभियान पूरा किया। उनका यह अभियान जनवरी 5, 2003 को ऋषिकेश से आरंभ हुआ और मार्च 19, 2003 को बंगाल की खाड़ी में गंगा सागर द्वीप पर समाप्त हुआ। इस अभियान में डोंगी से 2,443 किमी. की दूरी 74 दिनों में तय की गई।

सुफीयान शेख

नौ सागरों में तैराकी

अहमदाबाद, गुजरात के सुफीयान शेख ने मार्च 10, 2004 से अक्तूबर 28, 2007 के बीच 3 वर्ष 6 माह और 6 दिनों की अवधि में नौ सागरों में तैराकी की।

क्रम	तिथि	सागर	दूरी	समय	अवसर
1.	मार्च 10, 2004	अरब सागर	38.5	6:15.25 घंटे	वीएस अखिल भारतीय सागर तैराकी प्रतिस्पर्धा
2.	अप्रैल 22, 2004	परशिया की खाड़ी	10 किमी.	-	एशियन ओपन वाटर चैम्पियनशिप
3.	जुलाई 21, 2006	उत्तरी सागर	33.7 किमी.	12 घंटे	सीएसपीएफ चैम्पियनशिप
4.	मई 26, 2007	प्रशांत महासागर	6 किमी.	-	स्विम अराउंड द रॉक (अल्कात्रेज)
5.	जून 16, 2007	अंध महासागर	20.11 किमी.	-	स्विम अराउंड की वेस्ट आइलैंड
6.	जून 16, 2007	मैक्सिको की खाड़ी	-	-	,,
7.	अगस्त 25, 2007.	अड्रियाटिक समुद्र	-	-	फारकोस मैराथन
8.	सितम्बर 27, 2007	भूमध्य सागर	21.2 किमी.	3.40 घंटे	स्ट्रेट ऑफ जिबरॉल्ट स्विमिंग एसोसिएशन
9.	अक्तूबर 28, 2007	हिन्द महासागर	10 किमी.	-	बाली इंट. मैराथन स्विमिंग चैम्पियनशिप

शिक्षा

प्राथमिक एवं माध्यमिक शिक्षा

लड़कियों का पुराना सर्वप्रथम विद्यालय

सेंट थामस स्कूल फॉर गर्ल्स, कोलकात्ता देश का दूसरा सबसे पुराना स्कूल है। यह स्कूल अंग्रेजी भाषी समुदाय के लिए 1789 में स्थापित किया गया था। केवल लड़कियों के लिए यह प्रथम स्कूल था। इसका 21 एकड़ में फैला कैम्पस सेंट थामस बॉयस स्कूल के साथ है।

बेपटिस्ट मिशन द्वारा बनाई गई कोलकात्ता फीमेल जुवनाइल सोसायटी ने आठ छात्रों के साथ 1819 में गौरीबारी में कोलकात्ता में भारतीय लड़कियों के लिये पहला स्कूल स्थापित किया।

लड़कियों के लिये प्रथम भारतीय पब्लिक स्कूल

सवाई जय सिंह की पत्नी महारानी गायत्री देवी ने अगस्त 12, 1943 को महारानी गायत्री देवी स्कूल, जयपुर, राजस्थान में स्थापना की। यह 6 अध्यापकों तथा 40 छात्रों के साथ शुरू हुआ था। यह लड़कियों के लिए पहला ऐसा पब्लिक स्कूल था जिसे 1950 में आईपीएससी के सदस्य के रूप में स्वीकार गया था। 26 एकड़ कैम्पस मे फैले इस स्कूल में बड़ी इमारतें बाग-बगीचे, मैदान, खेल का मैदान और स्वीमिंग पूल है।

ब्रिटेन में प्रथम हिन्दू स्कूल

राज्य द्वारा निधिक स्कूल कृष्णा आवंती स्कूल, इस्कॉन द्वारा विवेचित (इन्टरनेशनल सोसायटी फॉर कृष्णा कांशियसनैस जिसे हरे कृष्णा आन्दोलन के नाम से जाना जाता है) हैरो, उत्तर पश्चिम लंदन के आधार पर बनाया गया है। स्कूल का उद्घाटन सितम्बर 15, 2008 को हुआ जो 3-4 साल के बीच की आयु वाले 30 छात्रों की एक कक्षा के साथ शुरु हआ लेकिन अनुमान है कि यह 2014 तक 240 बच्चों के साथ बढ़ जाएगी। इनके पाठ्यक्रम में निरन्तर पढ़ाई के अतिरिक्त योग, चिन्तन, प्रार्थना भी शामिल है। इसकी सरंचना में अत्याधुनिक चिन्तन मैदान और अखाड़ा है। नयना परमार इस स्कूल की प्राचार्या हैं।

केन्द्रीय विद्यालय संगठन

KENDRIYA VIDYALAYA SANGATHAN

केन्द्रीय विद्यालय संगठन (सरकारी स्कूलों की सबसे बड़ी श्रृंखला)

1965 में अपनी स्थापना से ही केन्द्रीय विद्यालय अपने पूर्ण व्यक्तित्व की सुनिश्चितता के साथ माध्यमिक और वरिष्ठ माध्यमिक शिक्षा के क्षेत्र में उत्कृष्टता के केन्द्र के रुप में माने जाने लगे हैं। केन्द्रीय विद्यालय संगठन तीन विदेशी स्कूल-तेहरान, मास्को एवं काठमांडू सहित 981 स्कूलों में जुलाई 31, 2008 को 10,12,493 नामांकित छात्रों और 44,874 कर्मचारियों का संचालन कर रहा है। उत्तर प्रदेश में सर्वाधिक केन्द्रीय विद्यालय की संख्या 97 है। संगठन के चौहरे मिशन हैं - उन लोगों के बच्चों की मदद करना जो स्थानांतरण वाली नौकरियों जैसे रक्षा, अर्द्धसैनिक आदि में है, सीबीएसई और एनसीईआरटी के सहयोग से प्रयोगात्मक शिक्षा आरंभ करना, स्कूली शिक्षा के क्षेत्र में श्रेष्ठता प्राप्त करना और एकता तथा भारतीयकरण की भावना को जागृत और विकसित करना।

अक्टूबर 2005 तक विद्यार्थियों में निजी कम्प्यूटर का अनुपात 53:1 था। केन्द्रीय विद्यालयों में आईसीटी को बढ़ावा देने के लिये नवंबर 2005 से अथक प्रयास किए जा रहे हैं। इस बीच अतिरिक्त कम्प्यूटर प्रयोगशालाएं स्थापित की गई हैं और नए कम्प्यूटर भी प्राप्त किये गये हैं। पिछले 33 महीनों के दौरान कम्प्यूटर प्रयोगशालाओं में 24,717 नए कम्प्यूटर लगाए गये हैं जिससे उनकी संख्या 37,871 तक पंहुच चुकी है। परिणामस्वरुप जुलाई 31, 2008 को विद्यार्थियों और पीसी अनुपात 27:1 तक पहुंच गया है।

प्रोजेक्ट शिक्षा के अंतर्गत केन्द्रीय विद्यालयों ने अध्यापकों और प्राध्यापकों को प्रशिक्षण देने के लिये माइक्रोसॉफ्ट के साथ समझौता ज्ञापन पर हस्ताक्षर किए गए। केवी और माइक्रोसॉफ्ट सिखाने में भागीदार बन गये हैं। जनवरी 2, 2007 को आरम्भ हुए प्रशिक्षण कार्यक्रम का पहला सत्र फरवरी 23, 2007 को समाप्त हो गया जिसमें 100 केन्द्रीय विद्यालयों के 5,000 से अधिक अध्यापकों एवं कार्यालय कर्मचारियों को शामिल किया गया।

संगठन ने जुलाई 31, 2008 को छात्र नामांकन के संदर्भ में 1 मिलियन का आंकड़ा पार कर लिया है।

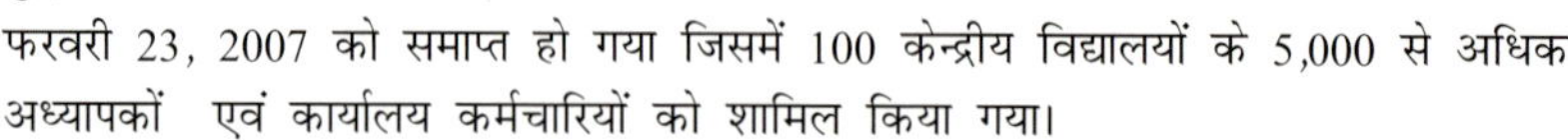

सबसे वृद्ध मैट्रिक

कीरित माहीजी मकवान (जन्म अप्रैल 16, 1959) महाराष्ट्र बोर्ड आफ सेंकेडरी एंड हायर एजुकेशन से एसएससी परीक्षा उत्तीर्ण कर 49 वर्ष की आयु में 54.92% के साथ सबसे वृद्ध मैट्रिक पास बने। वाईजेएस गुजराती नाइट हाई स्कूल मुम्बई का यह वृद्ध छात्र विलिंगडन स्पोर्टस क्लब, हाजी अली, मुम्बई में देखभाल का काम करता है। वास्तव में उसने दबहाशी, गुजरात में 1978 में 9वीं कक्षा पूरी करने के बाद नौकरी की तलाश में स्कूल छोड़ दिया। उसने अगस्त 8, 2007 को वाईजेएस गुजराती नाइट हाई स्कूल में प्रवेश लिया था।

पैरों के साथ लेखन

दलीपुर गांव, बड़गांव, वाराणसी, उप्र., की रानी वर्मा (15) के पास साहस है जो कि सबके लिए केवल एक सपना होता है। रानी जब 10 साल की थी तो एक दुर्घटना में उसकी दोनों बाजुएं चली गई थी। लेकिन यह उस लड़की को नहीं रोक सका जिसने विश्व की सर्वश्रेष्ठ

युवा मैट्रिक

एक दैनिक मजदूर की बेटी सुषमा वर्मा (जन्म फरवरी 7, 2000) लखनऊ, उप्र. 7 साल 3 महीने 28 दिन की आयु में जून 2007 में सबसे युवा मैट्रिकुलेट बनी। सेंट मीरास इंटर कालेज की छात्रा सुषमा ने उत्तर प्रदेश बोर्ड हाई स्कूल परीक्षा में 600 में से 354 अंक प्राप्त किए। वह केवल 6 अंकों से प्रथम श्रेणी में आने से रह गई ।

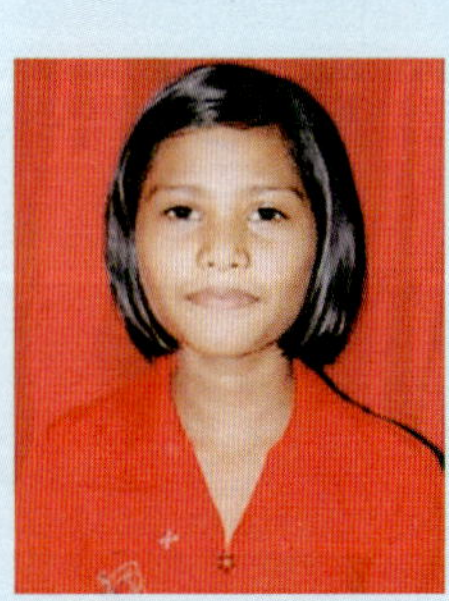

लिम्का बुक ऑफ रिकार्ड्स 2009

इंजीनियर का सपना मन में संजो रखा था। वह एक प्रमुख इंजीनियरिंग कालेज में अपनी योग्यता के आधार पर प्रवेश पाना चाहती है न कि किसी आरक्षण या कोटा के आधार पर। उसने अपनी दुर्घटना के बाद वर्ष भर में ही अपने पैरों से लिखना सीखा और मार्च 2007 में हाई स्कूल परीक्षा में बैठी। उसके साहस और संकल्प से प्रभावित होकर प्रधानमंत्री ने उसे एक लाख रुपये का अनुदान दिया जो उसके बैंक में शिक्षा जारी रखने के लिये जमा कर दिया जाएगा। मूलधन राशि उसे 18 साल की आयु होने पर दी जाएगी।

अध्यापकों द्वारा सबसे अधिक ऑनलाइन पंजीकरण (एक स्कूल से)

रेयॉन इंटरनेशनल ग्रुप ऑफ स्कूल ने 109 अध्यापकों (200 में से) को ऑनलाइन कम्प्यूटर कोर्स के लिये नामांकित किया जो फरवरी 2008 में वर्ल्ड हारवर्ड ग्रेजुएट स्कूल ऑफ एजुकेशन (डब्ल्यूआईडीई) द्वारा विकसित किया गया था। यह पाठ्यक्रम इस बात पर केन्द्रित है कि किस प्रकार बहुविध समझ (मल्टीपल इंटैलिजेंसी) पढ़ाने और सीखने के तरीकों को आधार देने वाली बौद्धिकता को परिभाषित करती है। इसका लक्ष्य ऑनलाइन परिवेश में प्रभावी रुप में सीखना था।

रेयॉन स्कूल के उत्तर गुजरात, मुम्बई, नवी मुम्बई और अन्य स्थानों के अध्यापकों को कोर्स में शामिल किया गया।

एकल प्रबंधन वाले स्कूलों में रेयॉन इंटरनेशनल स्कूल समूह का सबसे बड़ा अध्यापन समूह है। इसके देशभर में 105 स्कूल हैं। इसका अध्यक्ष अगस्ताइन पिन्टो है।

फिर से किया यादों को ताज़ा

जब से एसआर अय्यंगर (जन्म मार्च 27, 1950) ने इलाहाबाद बैंक में 28 वर्ष में नौकरी करने के पश्चात 2001 में स्वैच्छिक सेवानिवृत्ति ली तभी से उनके मन में एक छुपी लालसा थी कि वह अपने उन स्कूलों, कालेज और उन सभी घरों में फिर से जाएंगे जहां वह रह चुके हैं।

आखिरकार अय्यंगर ने अपना सपना साकार किया जब उसने 15 दिन का भ्रमण किया जिसमें वह अपने सभी पुराने स्कूलों/ कालेजों और यथाराभंव सभी पुराने मित्रों और अध्यापकों से मुलाकात की। उसकी स्मृतियों की यात्रा के दौरान, फरवरी 22, 2008 को पहला स्थान जो उसने देखा वह छिंदवाड़ा था जहां से उसने 1954 60 में 5वीं श्रेणी पूरी की थी। भ्रमण के दौरान वह मुलतई, होशंगाबाद, कन्नौड़, सागर, जबलपुर, मंडला गए। उसकी यात्रा मार्च 5, 2008 को रायगढ़ में समाप्त हुई जहां से उसने 1960-61 मे छठी कक्षा उत्तीर्ण की थी।

सबसे लंबे समय से कार्यरत प्राध्यापक

झरिया जिला झारखंड के डा. जेके सिन्हा प्राध्यापक के रुप में मई 21, 1965 से इंडियन स्कूल आफ लर्निंग (सीबीएसई संबद्ध) झारखंड में कार्यरत हैं।

2006

सबसे बड़ी अन्तर-स्कूल क्विज़

टी.आई.एम.ई. ने नवम्बर 29, 2007 को शन्मुघानन्द ऑडोटोरियम, मुम्बई में मुम्बई सिटी फाइनल और एक्वा रिजी साइज क्विज के क्षेत्रीय फाइनल का सफलतापूर्वक संचालन किया जोकि अब तक की एक दिन में एक स्टेज पर की गई सबसे बडी क्विज थी। इस मौके पर 1,065 विद्यार्थियों वाली दो टीमों के 2,130 विद्यार्थियों ने भाग लिया। 13,516 टीमों (27,032 विद्यार्थियों) में से चुनी गई टीमों ने स्कूल स्तर के प्रारम्भिक चरणों में भाग लिया।

नेशनल सर्किट ऑफ एक्वा रिजी साइंस क्विज ने 25 शहरों को शमिल किया जिसमें 8वीं, 9वीं और 10वीं कक्षा के भाग लेने वाले 2,40,000 से अधिक विद्यार्थी थे। इस कार्यक्रम को ट्रम्फेंट इंस्टीट्यूट ऑफ मैनेजमेंट एजुकेशन (टी.आई.एम.ई.) प्रा. लि. द्वारा संचालित किया गया। श्रीमती सुलोचना देवी सिंघानिया स्कूल, ठाणे (पश्चिम) की टीम ने क्षेत्रीय फाइनल में जीत प्राप्त की और दिसम्बर 3, 2007 को हैदराबाद में राष्ट्रीय फाइनल भी जीता।

पाठ्यक्रम में हास्य थैरेपी वाला प्रथम स्कूल

सूरत के अन्तर्राष्ट्रीय ख्याति प्राप्त हास्य चिकित्सक कमलेश मसालावाला को सनाकर भारती स्कूल, सूरत द्वारा पूर्णकालीन हास्य-थैरेपी अध्यापक नियुक्त किया गया। कमलेश स्कूल पाठ्यक्रम के एक हिस्से के रुप हास्य-थैरेपी की कक्षाएं लेते रहे हैं। उसे दिसम्बर 29, 2006 को नियुक्त किया गया।

शिक्षा के भिन्न-भिन्न माध्यमों वाला एक स्कूल कैम्पस

अभिनव शेतकारी शिक्षण मंडल के अधीन अभिनव शिक्षा कैम्पस, गोदीओ, भयंदर (पूर्व) ठाणे, महाराष्ट्र अद्वितीय शैक्षणिक सुविधाओं वाला स्कूल है। एक ही परिसर के भीतर अंग्रेजी, हिन्दी, गुजराती और मराठी माध्यमों वाले चार स्कूलों के अतिरिक्त प्रत्येक के प्री-प्राइमरी, प्राइमरी, सैकेण्डरी, जूनियर कालेज और डिग्री कालेज चार विभाग सफलतापूर्वक चल रहे हैं। अभिनव शिक्षा कैम्पस एक अकेले मुख्य कैम्पस के माध्यम से 14000 से अधिक छात्रों का प्रबंधन कर रहा है। इसमें से सबसे पुराने मराठी और गुजराती माध्यम स्कूल है - अभिनव विद्या मंदिर (मराठी और अंग्रेजी विभाग, प्री प्राइमरी जून 15, 1977 को स्थापित किया गया)। मुख्य कैम्पस में सबसे आखिर में दिसम्बर 22, 1988 को गुजराती प्राइमरी स्कूल खोला गया। 354 (अध्यापक) और 154 (गैर अध्यापन स्टॉफ) की कुल स्टाफ संख्या सहित इसके 19 विभाग हैं।

स्वर्गीय मोरेश्वर नारायण पाटिल ने सितम्बर 16, 1972 को अभिनव शेतकारी शिक्षण मंडल नाम से एक पब्लिक ट्रस्ट बनाया था जिसमें स्वतन्त्रता सेनानी और स्थानीय किसान शामिल थे।

पहियों पर शिक्षा

स्वामी विवेकानंद जी ने कहा था कि 'अगर गरीब शिक्षा के लिये नहीं आ सकते तो शिक्षा उनके पास जानी चाहिए' और स्व. नेमीचंद रनवाल सामाजिक शिक्षा ट्रस्ट इसी का अनुकरण कर रहा है जो पहियों पर शिक्षा की संकल्पना पर चल रहा है। ट्रस्ट नासिक, महाराष्ट्र की मलिन बस्तियों और अन्य आवासों में रहने वाले बच्चों की शैक्षणिक जरुरतों को पूरा करता है। यह चलता फिरता स्कूल है जो पूरी तरह से अध्ययन सामग्री, कम्प्यूटर, टीवी और डीवीडी, प्रयोगशाला, 2,000 से अधिक किताबों वाले पुस्तकालय से सुसज्जित है। यह स्वयं शिक्षाविद् सचिन जोशी के दिमाग की उपज है। पहियों पर शिक्षा का उद्घाटन दिसंबर 16, 2007 को किया गया लेकिन वास्तविक काम जनवरी 1, 2008 को ही आरंभ हुआ। चलता फिरता स्कूल हर रोज दो निर्धारित स्थानों पर प्रत्येक दिन दो घंटे का समय देता है और 309 से अधिक बच्चों को शिक्षा दे रहा है। शनिवार को नियमित कक्षाओं के अलावा कई प्रकार की स्लम गतिविधियां भी होती है। कक्षाएं हर रोज सायं 4 बजे शुरू होती हैं और रात 9.30 बजे समाप्त होती है। वर्तमान समय में पहिये पर शिक्षा कार्यक्रम में केवल एक बस, गणित, अंग्रेजी, विज्ञान और कम्प्यूटर के लिए चार अध्यापक हैं। कक्षाएं खुले स्थान पर 16 फुट चौड़ी तिरपाल के नीचे रात के समय प्रकाश और ध्वनि के साथ आयोजित की जाती है।

सुनील एन रुनवाल इस ट्रस्ट के प्रधान हैं।

उच्च शिक्षा

प्रथम

प्रथम तकनीकी : रुडकी स्थित थॉमसन कालेज ऑफ इंजीनियरिंग (1847 में स्थापित)

प्रथम संस्कृत विद्यालय : वर्णाश्रय संस्कृत विश्वविद्यालय, 1958, इसको बाद में 1974 में सम्पूर्णानन्द संस्कृत विश्वविद्यालय नाम दिया गया।

प्रथम कृषि विश्वविद्यालय : अमेरिका की लैंड ग्रांट यूर्निवसिटी के नमूने पर बनाया गया गोविन्द वल्लभ पंत कृषि और प्रौद्योगिकी विश्वविद्यालय (1961 में स्थापित) पंतनगर, उप्र.।

प्रथम कानून विश्वविद्यालय : नेशनल लॉ स्कूल आफ इंडिया यूर्निवसिटी (एनएलएसआईयू) (अगस्त 29, 1987 में बेंगलौर में स्थापित) यह बार काउंसलिंग इंडिया द्वारा प्रायोजित किया गया।

प्रथम अंग्रेजी विभाग : अंग्रेजी एक विषय के रूप में 1828 में दिल्ली कालेज में शुरू हुई।

प्रथम चिकित्सा कॉलेज (एशिया) : जनवरी 28, 1844 में लार्ड विलियम बैंटिंग द्वारा स्थापित कोलकात्ता मैडिकल कालेज।

प्रथम इंजीनियरिंग कॉलेज: अक्तूबर 19, 1847 को रुड़की में स्थापित थॉमसन कॉलेज ऑफ सिविल इंजीनियरिंग। कोलकात्ता कॉलेज ऑफ सिविल इंजीनियरिंग (1856 में स्थापित) को 1864 में प्रेजीडेंसी कालेज में और अन्त में शिबपुर के साथ जोड दिया गया और इसका नया नाम बंगाल इंजीनियरिंग कालेज (1880) कर दिया गया। मद्रास सिविल इंजीनियरिंग कालेज (स्थापित अगस्त 1, 1859) को अन्ना इंजीनियरिंग कालेज नया नाम दिया गया।

सबसे युवा स्नातकोत्तर

बिहार के तथागत अवतार तुलसी (जन्म सितंबर 9, 1987) ने 12 वर्ष 3 महीने की आयु में नवम्बर 28, 1999 को अपनी एमएससी साइंस कालेज, पटना से पूरी की।

2004

प्रथम फोटोग्राफी कक्षाएं : 1855 में आर्ट स्कूल, मुम्बई।

प्रथम स्नातकोत्तर डिग्री : कोलकात्ता विश्वविद्यालय में प्रथम स्नातकोत्तर डिग्री (एमए) 1862 में शुरू हुई।

प्रथम पशु चिकित्सा विज्ञान कालेज : 1882 में लाहौर में स्थापित।

प्रथम समाज शास्त्र विभाग : 1919 में बाम्बे विश्वविद्यालय में स्थापित जिसके अध्यक्ष शहरी समाजशास्त्री पैटरिक जॅडस थे।

प्रथम माइन स्कूल : इंडियन स्कूल ऑफ माइन्ज (स्थापित 1926 में), धनबाद।

प्रथम गृह विज्ञान कालेज : नई दिल्ली में लेडी इरविन कालेज (स्थापित 1932 में)।

प्रथम आईआईटी : इंडियन इंस्टीट्यूट ऑफ टेक्नोलोजी, खड़गपुर (स्थापित 1951 में)।

प्रथम जनसंचार कक्षाएं : इंडियन इंस्टीट्यूट ऑफ मास कम्यूनिकेशन, नई दिल्ली में अगस्त 17, 1965 में खोला गया।

जनसंचार में प्रथम में स्नातकोत्तर : मुद्रा इंस्टीट्यूट ऑफ कम्यूनिकेशन (एमआईसीए), अहमदाबाद, गुजरात ने 1991 में अल्प-अवधि पाठ्यक्रम शुरु किया और स्नातकोत्तर डिग्री 1994 में शुरु की।

प्रथम समुद्री इंजीनियर्स प्रशिक्षण संस्थान : दा ताराताला मेरीन इंजीनियरिंग एवं रिसर्च इंस्टीट्यूट (एमईआरआई) की स्थापना 1949 में भारत सरकार के परिवहन मंत्रालय के अधीन की गई।

प्रथम थिएटर प्रशिक्षण संस्थान : नेशनल स्कूल ऑफ ड्रामा (एनएसडी), नई दिल्ली (1959 में स्थापित) संगीत नाटक अकादमी द्वारा स्थापित किया गया।

प्रथम सॉफ्टवेयर फिनिशिंग स्कूल : टेक्नो कैम्पस कोलकात्ता, दक्षिण एशिया में पहला सॉफ्टवेयर फिनिशिंग स्कूल, ग्लोबल तकनॉलोजी लिमिटेड द्वारा आईटीएम ग्लोबल सर्विसिज इंडिया के गंठबंधन से 1997 में शुरु किया गया।

प्रथम जनसांख्यिकी संस्थान : द इंडियन सांख्यिकी संस्थान (आईएसआई) पीवी महालानोबिस ने 1931 में कोलकात्ता में स्थापित किया।

प्रथम राष्ट्रीय प्रबंधन संस्थान : कोलकात्ता में इंडियन इंस्टीट्यूट ऑफ मैनेजमेंट नवंबर 17, 1961 में एल्फ्रैडपी सलोन प्रबंधन स्कूल एमआईटी और द फोर्ड फाउंडेशन के सहयोग के साथ स्थापित हुआ।

प्रथम फैशन प्रौद्योगिकी संस्थान

कपड़ा मंत्रालय, भारत सरकार ने नेशनल इंस्टीट्यूट आफ फैशन तकनॉलोजी नई दिल्ली में अगस्त 24, 1987 को स्थापित किया।

प्रथम इवेंट प्रबंधन प्रशिक्षण संस्थान

डा. होशी भिवंडीवाला ने जून 2000 में मुम्बई में नेशनल इंस्टीट्यूट ऑफ इवेंट मैनेजमेंट एनआईईएम) की स्थापना की।

अंतर्राष्ट्रीय बैकलॉरिऐट (स्नातक की उपाधि) परिषद् के लिए आमंत्रित प्रथम एशियाई (महिला)

कामर्स एवं अर्थशास्त्र मानव संसाधन कालेज की प्रधानाचार्य और मुम्बई शेरिफ इंदु साहनी पहली एशियाई महिला हैं जिन्हें 2004 में अंतर्राष्ट्रीय बैकलॉरिऐट (आईबी) फांउडेशन परिषद् की सदस्य बनने के लिए आंमत्रित किया गया। वह मुम्बई के विश्वविद्यालय की विद्या परिषद् की सदस्य है और यूसी बर्कले और प्रबंधन स्कूल (एनजेआईटी) की अतिथि संकाय की सदस्य भी है। डा. साहनी ने शिक्षा में उत्कृष्टता के लिये सहयोग फांउडेशन से पुरस्कार प्राप्त किया है।

प्रथम महाविद्यालय

लार्ड वैलेसले ने अगस्त 18, 1800 को फोर्ट विलियम कालेज कोलकात्ता की स्थापना की। यह कॉलेज 1854 में बन्द हो गया। ईस्ट इंडिया कंपनी ने 1812 में मद्रास में इसी तरह का दूसरा महाविद्यालय फोर्ट सेंट जार्ज स्थापित किया।

विदेशी विश्वविद्यालय से प्रथम पीएचडी

मारमागोवा, गोआ के अगोस्टीनो लॉरैनको ने अपनी रसायन शास्त्र की पीएचडी दिसंबर 4, 1860 को पेरिस से की।

वित्तीय आयोजन में पहला पाठयक्रम

प्रमाणित वित्तीय योजना (सीएफपी) मानक बोर्ड 2001 में स्थापित अंतर्राष्ट्रीय निकाय है। इस निकाय के डिप्लोमा को व्यवसायिक वित्तीय नियोजक के लिए उच्च स्तर की उपलब्धि के रूप में विश्वभर के 14 देशों में मान्यता प्राप्त है। इसका पंजीकरण 2002 में प्रारंभ हुआ था।

औद्योगिक कला का पहला विद्यालय

1854 में कोलकात्ता में स्थापित हुआ जिसे औद्योगिक कला सोसायटी द्वारा चलाया जाता है। बाद में उसी वर्ष चेन्नई में द स्कूल ऑफ इंडस्ट्रियल आर्ट खोला गया।

भारतीय सिविल सेवा परीक्षा

ब्रिटिश इंडिया ने सिविल सेवा परीक्षा 1855 में इग्लैंड में आरम्भ की थी। भारतीयों को लंदन में परीक्षा देने की आज्ञा थी। इसे अब भारतीय प्रशासनिक सेवा (आईएएस) के नाम से जाना जाता है और यह संघ लोक सेवा आयोग (यूपीएससी) द्वारा भारत में ही आयोजित की जाती है।

महिलाओं के लिए प्रथम महाविद्यालय

जॉन बेथुन द्वारा कोलकात्ता में मार्च 4, 1879 को स्थापित किया गया बेथुन कालेज ऑफ कोलकात्ता, ब्रिटिश साम्राज्य के अंतर्गत ब्रिटेन के बाहर एकमात्र महिला कालेज था।

सबसे युवा स्नातक

तथागत अवतार तुलसी (जन्म सिंतबर 9, 1987) ने 1998 में साइंस कालेज, पटना से 11 वर्ष 2 महीने की आयु में बीएससी परीक्षा भौतिकी (ऑनर्स) विषय के साथ उत्तीर्ण की।

सबसे युवा आईआईटी

एस चन्द्रशेखर (जन्म सिंतबर 25, 1990) 15 वर्ष की आयु में आईआईटी के सबसे युवा इंजीनियरिंग स्नातक थे।

दो वर्ष बाद जुलाई 25, 2008 को वो आईआईटी

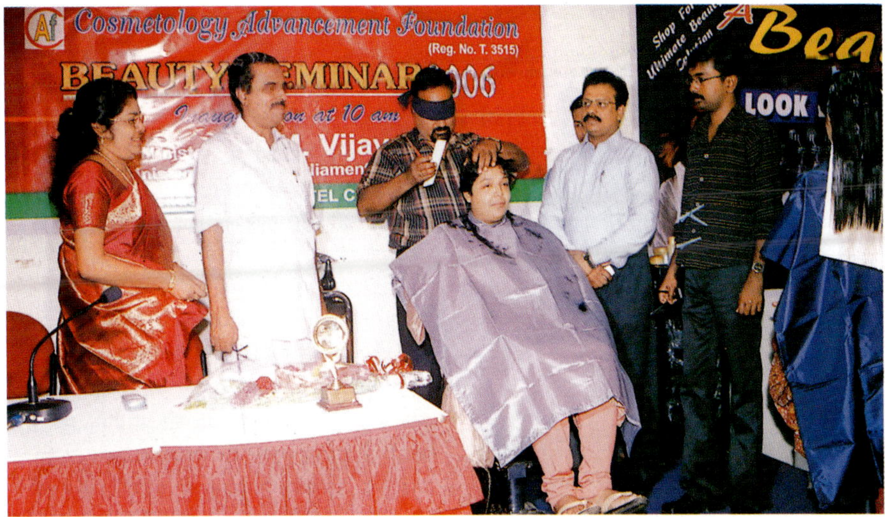

कास्मेटॉलोजी में प्रथम पीजीडीसी

केरल विश्वविद्यालय से संबद्ध कास्मेटॉलोजी एडवांसमेंट फाउन्डेशन, तिरुवनंतपुरम पहला ऐसा संस्थान है जिसने 2005 में दूरस्थ शिक्षा संस्थान से कास्मेटॉलोजी में स्नातकोत्तर डिप्लोमा पाठ्यक्रम (पीजीडीसी) की शुरुआत की। 25 छात्रों से शुरू हुए इस एक वर्ष के डिप्लोमा पाठ्यक्रम में तीन साल का ब्यूटी साइंस का स्नातक कार्यक्रम है लेकिन यह अनुमोदित डिप्लोमा नहीं है। दूरस्थ शिक्षा पाठ्यक्रम होने के कारण इसकी कक्षाएं सप्ताह में तीन बार 10 बजे से 2 बजे तक होती है। इस पाठ्यक्रम की फीस 6,000 रुपये है। वर्तमान में 20 छात्र कास्मीटोलॉजी में पीजीडीसी कर रहे हैं।

प्रथम ईक्यूआईएस मान्यताप्राप्त

आईआईएम-अहमदाबाद ने जून 2008 में ईक्यूआईएस (यूरोपियन क्वालिटी इम्प्रूवमैंट सिस्टम) से प्रत्यायन प्राप्त किया। भारत का यह पहला एकमात्र ऐसा बिजनेस स्कूल है जिसे अंतराष्ट्रीय मान्यता हासिल है। आईआईएम-ए 113 ईक्यूआईएस मान्यताप्राप्त स्कूलों में से है जिन्हें विश्व के 33 देशों में से चुना गया है।

ईक्यूआईएस प्रबंधन प्रशासन में गुणता मूल्यांकन, गुणता सुधार और उच्च शिक्षा संस्थानों को मान्यता देने वाली प्रमुख अंतर्राष्ट्रीय व्यवस्था है। ईक्यूआईएस योजना को बिजनेस स्कूलों की सभी गतिविधियों पर विशेष ध्यान देकर डिजाइन किया गया है जिसका उद्देश्य गुणवत्ता के अंतराष्ट्रीय मानकों को पूरा करना है।

आईसीएसए अवार्ड पाने वाला प्रथम व्यक्ति

पुणे, महाराष्ट्र के आर. बालाकृष्णन को अक्टूबर 4, 2007 को लंघम होटल, ब्रिटेन में तृतीय आईसीएसए कम्पनी सेक्रेटरी अवार्ड्स में 'कंपनी सेक्रेटरी ऑफ द ईयर 2007' रनर अप पुरस्कार प्रदान किया गया। आईसीएसए अवार्ड की नौ श्रेणियां थीं और जुलाई 1, 2006 से जून 30, 2007 तक प्राप्त प्रविष्टियों में से विजेताओं को चुना गया एवं चुनिंदा उम्मीदवारों की घोषणा जुलाई 16, 2006 को की गई।

जून 20, 2007 को देश में सीआईसीएस प्रमाणीकृत आन्तरिक नियंत्रण विशेषज्ञ प्रमाणीकरण प्राप्त करने वाला भी वह देश का प्रथम व्यवसायिक है।

विश्व कीर्तिमान : एएस 9100 प्रशिक्षण पाठ्यक्रम उत्तीर्ण करने वाली सबसे कम आयु का व्यक्ति

सोमपुर, तमिलनाडु की एस ऐश्वर्या (जन्म 8 जून 1988) सबसे कम उम्र की ऐसी प्रमाणपत्र धारक है जिसने पैरी जॉनसन रजिस्ट्रार्स इन्कॉ., अमेरिका द्वारा संचालित एएस 9100 लेखा परीक्षक/ लीड लेखा परीक्षण प्रशिक्षण कार्यक्रम पूरा करके आरएबीक्यूएसए इंटरनेशनल एरोस्पेस ऑडिट ग्रेड की प्रशिक्षण अपेक्षाएं पूरी कर ली है। यह पाठ्यक्रम सं. एएस 658 आरएबीक्यूएसए, इन्टरनेशनल द्वारा प्रमाणित है। यह 5 दिवसीय पाठ्यक्रम प्रतिदिन प्रातः ठीक 8.30 बजे शुरू होता है और चार दिन के लिए हर रोज लगभग 10 घण्टे चलता है एवं पांचवें दिन इसकी परीक्षा होती है। सितम्बर 3-7, 2007 को बेंगलौर के होटल आईबरी हॉल के चैकर्स बैंकट हॉल में आयोजित किया गया। उसने अपने एरोनॉटिकल इंजीनियरिंग व 2008 में पार्क कालेज ऑफ इंजीनियरिंग एंड टैक्नॉलोजी, कन्युर्यूर, कोयम्बटूर से पास की।

मद्रास से सबसे युवा स्नातकोत्तर बना और एमटैक परीक्षाओं में सर्वोच्च स्थान पाया। अपने सफल प्रदर्शन को बनाए रखते उसने आईआईटी में प्रवेश पाने के लिए ग्रेजुएट एप्टीट्यूट टेस्ट में 99.32 प्रतिशत अंक पाए।

सबसे पुराना अध्ययन समुदाय

कॉर्पोरेट लॉ एवं सम्बद्ध विषयों से सम्बन्धित कोलकात्ता अध्ययन समुदाय 85 समरूचि रखने वाले लोगों का दल है जो जनवरी 19, 1963 से एक महीने में एक बार, अधिकांशतः चौथे बृहस्पतिवार को मिलकर कम्पनी एक्ट 1956 के प्रावधानों से सम्बन्धित विषयों पर चर्चा करते हैं एवं नए कानूनों का जनप्रचार करते हैं। कम्पनी कार्य विभाग, भारत सरकार द्वारा शुरू किया गया यह एक अपंजीकृत निकाय है। इस अध्ययन समुदाय की बैठकें कम्पनी मामले मंत्रालय, भारत सरकार कोलकात्ता, पूर्वी क्षेत्र में क्षेत्रीय निदेशक के कक्ष में आयोजित की जाती है। अप्रैल 24, 2008 को कोलकात्ता अध्ययन समुदाय को समर्पित पूर्ण विकसित पुस्तकालय का उद्घाटन किया गया। अब तक अध्ययन समुदाय में 1972-1988 के बीच पांच पुस्तकें प्रकाशित की हैं जिनमें बैठकों के दौरान दिये गये सुझावों का विवरण दिया गया है। इसके गठन के समय से ही इसके सदस्यों की संख्या 100 निर्धारित की गई है। कोलकात्ता अध्ययन समुदाय में कॉरपोरेट लॉ एवं संबंधित विषयों के संयोजक आरएन भादुड़ी और डीके घोष हैं। एक अध्ययन समुदाय लोगों का छोटा दल होता है जो एक विषय पर चर्चा करने के लिए कई बार मिलते हैं।

अध्ययन समुदाय राजनीति, धर्म से लेकर शौक-शगल आदि किसी भी विषयों पर चर्चा करने के लिए गठित किये जा सकते हैं। वे क्लब से अलग होते हैं क्योंकि अध्ययन समुदाय गतिविधियों या समाजीकरण के बजाय किसी मामले या विषयों के अन्वेषण पर ध्यान देते हैं।

कला का सबसे पुराना स्कूल

जेजे स्कूल ऑफ आर्ट्स, मुम्बई 1833 में जमशेदजी जीजीभोय द्वारा स्थापित किया गया। मॉडलिंग, चित्रकला और लौह कार्य की कक्षाएं 1866 में शुरु हुई। वास्तुकला का प्रथम पाठ्यक्रम 1900 में शुरु हुआ जो 1908 में एक 4 वर्षीय पाठ्यक्रम बन गया।

2002

सबसे वृद्ध स्नातकोत्तर

मुम्बई के बीके जोशी (जन्म जुलाई 25, 1917) को मई 2003 में 86 वर्ष की आयु में पुणे विश्वविद्यालय से संस्कृत विषय में स्नातकोत्तर की डिग्री मिली।

सबसे वृद्ध पीएचडी

जोधपुर, राजस्थान के श्री कृष्णा टॉक (जन्म सितम्बर 25, 1916) को सितम्बर 30, 2004 को 89 वर्ष की आयु में जय नारायण व्यास विश्वविद्यालय, जोधपुर, राजस्थान द्वारा राजनीति शास्त्र विषय में पीएचडी की डिग्री प्रदान की गई।

निरन्तर सबसे अधिक डिग्रियां

अहमदाबाद गुजरात के आशीष शाह (जन्म अक्टूबर 9, 1965) ने 1988 से लेकर 54 डिग्रियां/ डिप्लोमा/ प्रमाणपत्र प्राप्त किए हैं। उसकी योग्यताओं में एलएलबी, एमबीए,

सबसे वृद्ध साहित्य वाचस्पति (डी लिट्)

आगरा उत्तर प्रदेश के डॉ. त्रिलोकचन्द सी कोठारी (जन्म जून 11, 1927) ने दिसम्बर 2008 में 81 वर्ष की आयु में डा. बीआर अम्बेडकर विश्वविद्यालय, आगरा से 9वीं एवं 10वीं शताब्दी का भारतीय संस्कृत इतिहास में प्राचीन भारतीय इतिहास विषय सामाजिक एवं सांस्कृतिक पर डी लिट् प्राप्त की। डा. चन्द ने इस पाठ्यक्रम में दिसम्बर 2003 मे नामांकन कराया था।

बस्तर, छत्तीसगढ़ के डा. कृष्ण कुमार (जन्म नवम्बर 22, 1932) ने 72 वर्ष 4 महीने 24 दिन की आयु में पंडित रविशंकर शुक्ला विश्वविद्यालय रायपुर से वर्ष 2005 में इतिहास में डी लिट् प्राप्त की।

डा. त्रिलोकचन्द सी कोठारी

डा. कृष्णा कुमार झा

सबसे कम समय में अबेकस पर समस्याएं हल

एसआईपी एकेडमी इंडिया प्रा. लिमिटेड ने दिसंबर 23, 2007 को प्रात: 7.30 बजे से सायं 7 बजे तक मुम्बई एग्ज़ीबिशन सेंटर, हाल सं. 6 गोरेगांव (पूर्व) मुम्बई में प्रोडिगी 2007 के नाम से चौथी नेशनल अबेकस मैंटल अर्थमेटिक प्रतियोगिता आयोजित की। प्रतियोगिता 11 स्तरों पर विभाजित की गई जिसमें विभिन्न आयु वर्गों (5-14 वर्ष) की 14 श्रेणियों में 4,704 विद्यार्थियों ने भाग लिया। केवल पहले दो स्तरों पर अबेकस के प्रयोग की अनुमति दी गई एवं बाद के दौर कल्पना विधि पर आधारित थे। प्रतियोगिता 15 मिनट तक चली जिसमें एक दौर में सभी प्रतिभागियों को समायोजित किया गया। प्रात: 10.10 बजे से 10.23 बजे के बीच बच्चों ने 5 मिनट में 125 समस्याएं हल की और बीच में 5 मिनट के अंतराल के बाद 3 मिनट में 140 गणित के प्रश्न हल किए। प्रतियोगिता के अंत में विभिन्न आयु वर्गों में 720 पुरस्कार विजेता थे। 1993 में मलेशिया में शुरू की गई एसआईपी अकादमी अबेकस द्वारा गणना की विधि सिखलाती है।

एमकॉम, बीकॉम आदि की उपाधियां शामिल हैं। उसकी योग्यताओं की लम्बी सूची में सबसे अन्तिम अक्टूबर 2006 में पास किए गए टीचिंग इन बिजनेस इंगलिश और सितम्बर 2005 में पास म्यूचुअल फंड एडवाइजरी) मॉड्यूल हैं।

एक ही परीक्षा में सबसे अधिक बार

सीकर, राजस्थान के एसके सरकारी स्नातकोत्तर महाविद्यालय में कार्यरत रसायन विज्ञान के प्राध्यापक सुरेश कुमार वर्मा (जन्म दिसम्बर 10, 1974) ने जून 1999 से दिसम्बर 2007 तक राष्ट्रीय योग्यता परीक्षा (जूनियर रिसर्चफैलोशिप) में 17 बार बैठे और सफल हुए। यह परीक्षा प्रत्येक वर्ष दो बार (जून और दिसम्बर) में आयोजित की जाती है। वह रसायन विज्ञान विषय के स्नातकोत्तर पाठ्यक्रम और परीक्षा प्रारुप में हुए परिवर्तनों/ समावेशों को जानने के लिए परीक्षा में बैठे।

प्रथम कुलपति (महिला)

हंस मेहता को 1949 में बड़ौदा में नए स्थापित महाराजा सायाजी राव विश्वविद्यालय की कुलपति चुना गया।

2000

विश्व कीर्तिमान: सबसे अधिक आईएटीए उत्तीर्ण पाठ्यक्रम

थिरुर, केरल के फारुख सेनसेई ने 2007 तक 34 अंतर्राष्ट्रीय एयर ट्रांसपोर्ट एसोसिएशन (आईएटीए) पाठ्यक्रम सफलतापूर्वक पूरे किए। उन्होंने एयरलाइन अध्ययन में आईएटीए डिप्लोमा भी प्राप्त किया है। फारुख ने वर्ष 1994 में पहला आईएटीए मान्यता प्राप्त प्रमाण पत्र प्राप्त किया। उन्होने सबसे अन्त में अक्तूबर 25, 2007 को बेसिक एसरसाइड सेफ्टी पाठ्यक्रम में प्रमाणपत्र प्राप्त किया। उनकी इस उत्कृष्ट उपलब्धि के लिए आईएटीए में उन्हें वर्ष 2007 में उनकी पसन्द के किसी भी आईएटीए कक्षा पाठ्यक्रम में नि:शुल्क सीट का प्रस्ताव रखा।

विश्व कीर्तिमान: दिमागी गणित प्रतियोगिता में सबसे अधिक विद्यार्थी

दृष्टि एकेडमी (इंडिया) प्रा. लिमिटेड ने अप्रैल 27, 2008 को मुम्बई स्थित वर्ल्ड ट्रेड

अत्यधिक विभिन्न शैक्षणिक योग्यताएं

कहना मुश्किल है कि विभिन्न शैक्षणिक क्षेत्रों की डिग्रियां लेने वाले राजामुंदरी, आंध्र प्रदेश के करी रामा रेड्डी को वकील, डाक्टर, कम्प्यूटर विज., प्रबंधन गुरू या फिर लेखक में से क्या कहकर पुकारा जाए, किन्तु उन्हें डाक्टर रेड्डी कहना ही सही होगा क्योंकि एमबीबीएस उनकी पहली व्यवसायिक डिग्री थी जो उन्होंने 1975 में आंध्र विश्वविद्यालय से प्राप्त की। डा. करी रामा रेड्डी (जन्म अगस्त 1, 1952) ने इसके पश्चात् 1977 में मनोवैज्ञानिक चिकित्सा में एमडी की डिग्री प्राप्त की। उन्होने जुलाई 1991 में नागार्जुन विश्वविद्यालय से कला संकाय (अंग्रेजी) में स्नातकोत्तर की डिग्री प्राप्त की तथा साथ ही 1991 (इग्नू) में अंग्रेजी में डिप्लोमा इन क्रिएटिव राइटिंग प्राप्त किया तथा फरवरी 1991 में (आंध्र विश्वविद्यालय) से क्रियात्मक अंग्रेजी में स्नातकोत्तर डिप्लोमा प्राप्त किया। डाक्टर रेड्डी अगस्त 25, 1996 से तेलुगू दैनिक समाचारम् में नियमित स्तम्भ-लेखक हैं। उनका स्तम्भ पिछले 11 वर्ष 9 महीनों से प्रतिदिन प्रकाशित हो रहा है। वह अन्य दो तेलुगू दैनिक समाचार पत्रों- श्री साई संध्या और साक्षी के लिए भी लिखते हैं। अपनी उद्यम कौशल को पैना करने के लिए उन्होंने जून 1995 में इंदिरा गांधी राष्ट्रीय मुक्त विश्वविद्यालय (इग्नू) से मास्टर ऑफ बिजनेस एडमनिस्ट्रेशन (एमबीए) की डिग्री की। उन्होंने मद्रास विश्वविद्यालय से अक्टूबर 2003 में मास्टर इन कम्प्यूटर एप्लीकेशन (एमसीए) उत्तीर्ण की। डॉक्टर रेड्डी आंध्रा विश्वविद्यालय (अप्रैल 2007 में एलएलबी) से एक शिक्षित वकील भी हैं। उनकी अन्तिम डिग्री कम्प्यूटर साइंस और इंजीनियरिंग में एम.टैक हैं जो उन्होंने फरवरी 2008 में इलाहाबाद कृषि संस्थान, डीम्ड विश्वविद्यालय से प्राप्त की।

एक कैम्पस से सर्वाधिक कैम्पस प्लेसमेंट

इन्डिया टुडे द्वारा किए गए एक सर्वेक्षण में वैल्लोर तकनीकी संस्थान (वीआईटी) ने उच्च 10 इंजीनियरिंग संस्थानों की श्रेणी में से एक ही कैम्पस से 1075 कैम्पस प्लेसमेंट होने का गौरव प्राप्त किया। टाटा कन्सलटेन्सी सर्विसेस (टीसीएस) ने वीआईटी में 2009 में स्नातक करने वाले अन्तिम वर्ष के बैच के विद्यार्थियों में से जून 2-4, 2008 के बीच 1,075 विद्यार्थियों को नियुक्त किया। कुल 1,693 परीक्षार्थियों ने प्लेसमेंन्ट में भाग लिया जिनमें से 1,416 ने परीक्षा पास की और अन्त में टीसीएस ने 1,075 विद्यार्थियों को लिया। जून 2001 तक इस संस्थान को वीईसी वैल्लोर इंजीनियरिंग कालेज के नाम से जाना जाता था। जून 2001 में विश्वविद्यालय अनुदान आयोग (यूजीसी) ने बीईसी को डीम्ड विश्वविद्यालय का दर्जा दिया और इसे वीआईटी-वैल्लोर तकनीकी संस्थान (डीम्ड विश्वविद्यालय) का नाम दिया गया और वर्ष 2006 में वीआईटी विश्वविद्यालय।

सैंटर में चौथा महाराष्ट्र राज्य स्तर यूसीएमएएस अबेकस एंड मैटल अरिथमैटिक (दिमागी गणित) प्रतियोगिता का आयोजन किया। इस प्रतियोगिता में 4-12 वर्ष के आयु वर्ग में 9,704 विद्यार्थियों ने भाग लिया। विद्यार्थियों ने

आगे-पीछे सुबह 9 बजे से शुरु करके 6 बजे सांय तक एक ही दिन एक ही स्थान पर भाग लिया। उसी दिन विजेताओं की घोषणा हुई और अप्रैल 28, 2008 को पुरस्कार वितरित किए गए।

विश्व कीर्तिमान : सबसे बड़ा मुक्त विश्वविद्यालय

इन्दिरा गांधी राष्ट्रीय मुक्त विश्वविद्यालय (इग्नू) ने 180 लाख छात्रों के साथ विश्व के सबसे बड़े मुक्त विश्वविद्यालय होने का गौरव प्राप्त किया है। छात्रों की संख्या में वृद्धि के साथ इसके शैक्षणिक पाठ्यक्रमों की संख्या भी 138 तक पहुंच गई। इग्नू छात्र सेवाओं के नेटवर्क में अब 1,804 से अधिक अध्ययन केन्द्र हैं जिन्हें 58 क्षेत्रीय केन्द्रों द्वारा समन्वित किया गया है। प्रो. वीएन राजशेखर पिल्लई इसके कुलपति हैं। यह पहला वर्चुअल विश्वविद्यालय भी है। इग्नू ने जुलाई 1999 में अपने प्रोजेक्ट वर्चुअल कैम्पस इनीशिएटिव के माध्यम से छात्रों को इंटरनेट सुविधा प्रदान करने के लिए सत्यम् इन्फो लिमिटेड के साथ काम आरम्भ किया है।

एक विश्वविद्यालय से सर्वाधिक स्नातकोत्तर उपाधियां

पटियाला जिला पंजाब के पातरां के निवासी राज कुमार सिंगला (जन्म सितम्बर 1947) ने पंजाबी विश्वविद्यालय, पटियाला से कला संकाय में 11 स्नातकोत्तर डिग्रियां प्राप्त कीं। उसने पहली एम.ए. की डिग्री सितम्बर 1977 में हिन्दी विषय में ली। बाद में - पंजाबी (1981), इतिहास (1984), लोक प्रशासन (1986), शिक्षा (पत्राचार 1987), राजनीति शास्त्र (1989), समाज शास्त्र (1991), धार्मिक अध्ययन (1997), दर्शनशास्त्र (1999), डिफेंस एंड स्ट्रैटेजी स्टडीज़ (2001) एवं सिख अध्ययन (2008) में स्नातकोत्तर की उपाधियां ली।

प्रकाश की किरण

मेजर गोपाल मित्रा (36) ने कुपवाड़ा, जम्मू एवं कश्मीर में आतंकवादियों के विरूद्ध खोज एवं ध्वस्त अभियान का नेतृत्व करते हुए एक विस्फोटक सुरंग में अपनी आंखों की रोशनी गंवा दी। उन्हें सितंबर 13, 2005 को सेना ने सेवा अयोग्य घोषित कर दिया लेकिन जो एक बार सिपाही बन जाता है वह हमेशा सिपाही ही रहता है। यह जीवन बदल देने वाली घटना भी सेना के इस जवान के मनोबल को देर तक डिगा न सकी व उसने अपने जीवन के अन्धकारमय अध्याय का सदुपयोग उप-महाद्वीप के हजारों बच्चों को रोशनी देने के लिए किया। विस्फोट के बाद मेजर मित्रा ने वर्ष 2006 में लंदन स्कूल ऑफ इकोनॉमिक्स से विकास प्रबंधन के एमएससी पाठ्यक्रम में प्रथम स्थान प्राप्त किया और बाद में बेंगलौर स्थित लियोनार्ड चैशहायर डिसेबिलिटी इंटरनेशनल के दक्षिण एशियाई क्षेत्रीय कार्यालय में कार्य करना आरंभ किया जहां वह शारीरिक रूप से विकलांग बच्चों को शिक्षित करते हैं। 1995 में 15 माहिर सैन्यदल में नियुक्ति के पश्चात् 26 जनवरी 2000 को उन्हें वीरता के लिए सेना पदक दिया गया। मेजर मित्र अपने लैपटॉप पर अपनी शिक्षा के साथ दैनिक कार्यालय के काम के लिए जेएडब्ल्यूएस (जॉब एसेस विद स्पीच) सॉफ्टवेयर का प्रयोग करते हैं। मेजर मित्र उन थोड़े से दृष्टिहीन छात्रों में से भी है जिन्होंने वर्ष 2006 में टाटा इंस्टीट्यूट ऑफ सोशल साइंसेज से समाज कल्याण में स्नातकोत्तर डिग्री ली।

सबसे बडा कम्प्यूटर प्रशिक्षण संगठन

"जनता और कम्प्यूटर को सफलतापूर्वक एक साथ करना", इस लक्ष्य के साथ 1981 में स्थापित एनआईआईटी ऐसा एशिया का नं. 1 प्रशिक्षक और अग्रणी वैश्विक प्रतिभा विकास कार्पोरेशन है जो 40 देशों के 50 लाख सीखने वाले लोगों को ज्ञान और शिक्षा देता है। वैश्विक रूप में एनआईआईटी 7,700 से ऊपर प्रशिक्षण केन्द्रों के माध्यम से ज्ञान प्रदान करता है।

सलाखें....... कोई बाधा नहीं!

पुणे, महाराष्ट्र की येरावाद सैंट्रल जेल में सजा काट रहे संतोष अर्जुन शिंदे ने अपनी जीवन को एक नया मोड़ दिया और भरपूर पढ़ाई की। फरवरी 8, 1993 से आजीवन कारावास भुगत रहे संतोष ने जेल की चारदीवारी के भीतर ही 11 डिग्री/ डिप्लोमा/ प्रमाण-पत्र पाठ्यक्रम पूरे किए। उसने जीवन से हार न मानते हुए जेल में अपने वक्त का पूरा-पूरा लाभ उठाने की ठान ली और तिलक महाराष्ट्र महाराष्ट्र विद्यापीठ, पुणे से अंग्रेजी में स्नातक डिग्री पाठ्यक्रम में नामांकन करवाया और इसे 1995 में पूरा किया। बाद में उसने समाजशास्त्र, राजनीतिशास्त्र और इतिहास में क्रमश: 1997, 1998 और 1999 में तीन स्नातक डिग्रियां प्राप्त की। उसने 2000 में तीन प्रमाण-पत्र/ डिप्लोमा पाठ्यक्रम पूर्ण किए और बाद में तीन स्नातकोत्तर डिग्रियां पूरी की जिनमें से 2005 में समाजशास्त्र (तिलक महाराष्ट्र विद्यापीठ और पुणे विश्वविद्यालय) और 2007 में पुणे विश्वविद्यालय से हिन्दी की स्नातकोत्तर डिग्री प्राप्त की।

निजी वित्त संचालित एकमात्र विश्वविद्यालय

चिदम्बरम, तमिलनाडु में राजा अन्नामलाई द्वारा स्थापित अन्नामलाई विश्वविद्यालय विश्व के उन दो विश्वविद्यालयों में से है जो निजी वित्त से चल रहा है जबकि दूसरा विश्वविद्यालय रॉकफैलर फाउंडेशन है।

1997

सुपर-30 की कक्षा

पटना विश्वविद्यालय के एक विख्यात गणितज्ञ आनन्द कुमार की एक प्रबल इच्छा थी कि बिहार का कोई भी बच्चा ऐसा न हो जो गरीबी की वजह से उच्च शिक्षा में प्रवेश से वंचित रह जाए और वर्तमान में बिहार पुलिस में उच्च रूप से प्रेरित आईजी अभ्यानन्द कुमार होशियार गरीब विद्यार्थियों के लिए नि:शुल्क प्रशिक्षण प्रदान कर रहे हैं ताकि वे आईआईटी-जेईई पास कर सकें। सुपर 30 राज्य के लिए एक आईकन बन गये हैं।

एक मेधावी छात्र रहे कुमार को 1994 में कैम्ब्रिज विश्वविद्यालय में अध्ययन के लिए चुना गया परन्तु वह अपने परिवार की खराब वित्तीय स्थिति की वजह से विश्वविद्यालय में प्रवेश न ले सके, इसलिए कुमार ने उज्ज्वल विद्यार्थियों की मदद के लिए ख्याति प्राप्त संस्थानों में प्रवेश को सुरक्षित करने के लिए गणितज्ञ रामानुजम् सोसायटी की स्थापना की ताकि जो अवसर उन्हें नहीं मिल पाया वह दूसरों को मिल सके। बाद में अभ्यानन्द भी ऐसे जरूरतमन्द छात्रों की मदद के लिए कुमार के साथ शामिल हो गये। प्रत्येक वर्ष परीक्षा के आधार पर मेधावी छात्रों में से सुपर 30 के नाम से जाने जाने वाले 30 छात्र चुने जाते हैं और आईआईटी के लिए लगभग सारा साल प्रशिक्षित किए जाते हैं। अभी तक उनमें से 142 ने उच्च शिक्षा के प्रतिष्ठित संस्थानों में प्रवेश हासिल किया है। शुरू में 2003 में 30 में से केवल 18 छात्रों ने संयुक्त प्रवेश परीक्षा को पास किया। 2004 में इनकी संख्या बढ़कर 22 हो गई है, 2005 में 26 और 2006-2007 में प्रत्येक वर्ष 28 छात्रों का चयन हुआ। 2008 में सभी 30 छात्रों ने जिन्हें रामानन्द सोसाइटी द्वारा परीक्षण दिया गया आईआईटी में प्रवेश पा लिया। जिन छात्रों को सुपर 30 के प्रशिक्षण के लिए चुना जाता है उन्हें न तो फीस देनी पडती है यहां तक कि उनकी भोजन व्यवस्था और आवास भी नि:शुल्क है। संस्थान को न तो सरकार से और न ही किसी संस्थान से वित्तीय सहायता प्राप्त है। इस सुपर 30 प्रशिक्षण को आर्थिक सहायता उस धनराशि से मिलती है जो विभिन्न इंजीनियरिंग की परीक्षाओं में रूचि रखने वाले मध्यम स्तर के छात्रों के लिए चलाई जाने वाली सांयकालीन कक्षाओं से अर्जित किया जाता है। उनसे नाममात्र का शुल्क लिया जाता है जो कि अन्य किसी संस्थान से 15 कम होता है। यहां आनन्द कुमार गणित, प्रवीण कुमार और अमित कुमार भौतिकी तथा नीरज प्रताप सिंह रसायन पढ़ाते हैं। ये सभी आनन्द कुमार के पुराने छात्र हैं। अभ्यानन्द ने छात्रों को अपने लक्ष्य को प्राप्त करने के लिए प्रेरित किया। आनन्द कुमार अन्तर्राष्ट्रीय पत्रिकाओं के लिए गणित में लेख भी लिखते हैं। सुपर 30 पर कई वृत्तचित्र बनाए गए हैं और उनमें से एक ने अन्तर्राष्ट्रीय फिल्म समारोह में खिताब भी जीता है।

सम्पर्क: *0612-2282379/2235387ईमेल: anandkumar@teacher.com*

बुद्धिमान मिस एवं मिस्टर टीन इंडिया!

एली क्लब, नई दिल्ली 13-14 आयु वर्ग के किशोर-किशोरियों के लिए सौन्दर्य प्रतियोगिता आयोजित करता है। यह पहली बार अगस्त 4, 1997 को आयोजित किया गया। यह प्रतियोगिता न केवल रूप रंग और सामान्य ज्ञान पर केन्द्रित है, बल्कि इसमें प्रतिभा पर भी बल दिया जाता है। इसकी 12वीं वर्षगांठ पर होटल अशोक, चाणक्यपुरी, नई दिल्ली में अगस्त 18, 2008 को एक समारोह आयोजित किया गया जिसमें रति अग्निहोत्री, शंकर साहनी, शाहबाज खां और अमनप्रीत वाही जैसे यशस्वी व्यक्ति निर्णायक थे। दिल्ली पब्लिक स्कूल मथुरा रोड की छात्रा अकेता सैन और फ्रैंकफिन के छात्र निखिल मल्होत्रा वर्ष 2008 के विजेता रहे। इस अद्वितीय संकल्पना को सम्बिता बोस पिछले 12 वर्षों से तैयार और साकार करने के साथ-साथ इसका नृत्य निर्देशन करती आ रही हैं।

एक ही कम्प्यूटर सेंटर में सबसे ज्यादा छात्र श्री शंकराचार्य कम्प्यूटर सेंटर, 1995 में कन्नूर, केरल में स्थापित हुआ। इस एक ही केन्द्र में 5,364 पंजीकृत छात्रों को नामांकित किया गया जिसकी देशभर में कोई भी शाखा नहीं है। यह सारे दक्षिण भारत के छात्रों के प्रबंधन की व्यवस्था करता है। 30,000 वर्ग फीट से भी ज्यादा क्षेत्र में फैले इस केन्द्र की 100 मीटर के भीतर पांच इमारतें हैं। यहां 400 स्टॉफ सदस्यों, 150 प्राध्यापकों और 200 पर्यवेक्षकों/प्रशिक्षुओं के साथ 100 पीसी, 19 कक्षाएं और नौ प्रयोगशालाएं हैं। यह केन्द्र किसी भी विश्वविद्यालय से सम्बद्ध नहीं है और छात्र इस संस्थान के पाठ्यक्रमों से ही पढ़ रहे हैं। सॉल्यूशन रिसर्च सर्विसेज प्रा. लि.

द्वारा अनुसंधान और वैधता सात कारकों पर आधारित थी - बाजार के अवसरों के साथ परिसर, स्थान, छात्र बुनियादी सुविधाएं, प्राध्यापक, प्लेसमेंट और पाठ्यक्रम की प्रासंगिकता। यह सर्वेक्षण 11 प्रमुख शहरों में किया गया।

सबसे लम्बा पीएचडी शोधप्रबंध

अशोक कुमार वैश ने 1986 में बेंगलौर के इंडियन इंस्टीट्यूट ऑफ साइंस से अपने *स्टडीज़ ऑफ मॉडलिंग, स्केल अप एंड डिजाइन ऑफ फ्लूडाइज़्ड बैड रिएक्टर* शोधप्रबंध दाखिल किए। शोधप्रबंध 6 खंडों में, 2,722 पृष्ठों, 780 रूप, 140 तस्वीरें और 636 सारणियां समेटे थे।

1994

एनआईआईटी

एनआईआईटी एशिया का नंबर 1 प्रशिक्षक और अग्रणी ग्लोबल टेलेंट डिवेलपमैंट निगम है जो 40 देशों में 50 लाख से अधिक छात्रों को प्रशिक्षण और ज्ञान देता है।

डेटाक्वेस्ट ने एनआईआईटी को शीर्ष आईटी ट्रेनिंग कम्पनी 2007 के पुरस्कार से सम्मानित किया है। इंडिया बिजनेस सुपरब्रांडस 2008 की श्रेणी में आने वाले एनआईआईटी व्यक्तिगत प्रशिक्षण हल में उद्योगों द्वारा आईटी में सहायता प्राप्त कार्यक्रमों को शामिल किया गया है जैसे जीएनआईटी इंजीनियरों (एनआईआईटी इंजीनियर) के लिये समन्वित कार्यक्रम, बुनियादी सुविधाओं के लिये प्रबंधन कार्यक्रम (एनआईआईटी ग्लोबलनेट+)।

एनआईआईटी स्कूल प्रशिक्षण हल स्कूलों के लिए टरंकी आईटी एकीकरण कार्यक्रम देता है और इसने 9500 से अधिक सरकारी और निजी स्कूलों के 7.80 लाख छात्रों को कम्प्यूटर आधारित शिक्षा प्रदान की है। एनआईआईटी ई-गुरु स्कूलों के लिये एक व्यापक प्रशिक्षण समाधान है।

पेशेवर लोगों लिये एनआईआईटी इम्पीरिया, सेंटर फॉर एडवांस्ड लर्निंग, अहमदाबाद, इंदौर, कोलकात्ता, लखनऊ, आईएमटी गजियाबाद और आई आईएफटी, दिल्ली में भारतीय प्रबंधन संस्थानों (आईआईएम) के सहयोग से कार्यकारी प्रबंधन शिक्षा कार्यक्रम दे रहा है।

एनआईआईटी वित्त बैंकिंग एवं बीमा संस्थान (आईएफबीआई) आईसीआईसीआई बैंक से बराबर की भागीदारी के साथ एनआईआईटी गठित किया गया है जो व्यक्तियों और बैंकिंग में निगमों, वित्तीय सेवाओं और बीमा के लिये कार्यक्रम चलाता है।

एनआईआईटी यूनीक्वा, सेंटर फॉर प्रोसेस एक्सीलैंस बीपीओ उद्योग में प्रतिभा की जरूरतों को पूरा करता है। यह केन्द्र एनआईआईटी प्रक्रिया उत्कृष्टता संस्थान, एनआईआईटी जेनपेक्ट उपक्रम का एक हिस्सा है।

एनआईआईटी कॉरपोरेट लर्निंग सॉल्यूशन फॉर्च्यून की 500 कम्पनियों विश्वविद्यालयों, तकनीकी कंपनियों, प्रशिक्षण निगमों और प्रकाशन केन्द्रों को समन्वित प्रशिक्षण हल प्रदान करता है (जिसमें स्ट्रैटेजिक कंसल्टिंग, प्रशिक्षण डिजाइन, सामग्री विकास, वितरण, तकनीक, मूल्यांकन और प्रशिक्षण प्रबंधन शामिल हैं)।

के एलिमेंट कैटलॉग प्रशिक्षण उत्पादों, तकनीक और सेवाओं के अनुकूल सम्मिश्रण द्वारा ग्राहकों और भागीदारों को प्रशिक्षण हल प्रदान करता है। यह वीलैब हैंड्स ऑन प्रयोगशालाएं, निर्देशन युक्त कोर्सवेयर, व्यापक ई-संदर्भ वाले पुस्तकालय, तकनीकी प्रकाशन एवं नॉलेज हब होस्टिड: ज्ञान प्रबंधन प्लेटफार्म की सुविधाएं देता है। एनआईआईटी अब के एलिमेंट सहित विश्वभर में व्यापक प्रशिक्षणों के लिए पहला और सबसे अच्छा विकल्प है।

संचार

डाक

विद्युत कार में डाकिया

केरल राज्य डाक विभाग ने रेवा इलैक्ट्रिक कार कारपोरेशन लिमिटेड के सहयोग से भारत की प्रथम डाक सेवा (एकत्रीकरण और तीव्रता से डाक पहुंचाना) का आरम्भ विद्युत कार द्वारा तिरूवनंतपुरम से किया गया। अप्रैल 2007 में प्रायोगिक तौर पर तीन रेवा कारों को इस सेवा मे सम्मिलित किया गया। इन विद्युत कारों पर लाल रंग से *पोस्टआफिस* छपा है। ये कारें दिन में औसतन 60 घंटे प्रति/ किलोमीटर दौडती हैं। ये कारें चालक, डाकिये और 70 किलोग्राम का अतिरिक्त भार भी उठा सकती हैं।

मेघदूत पोस्टकार्ड

2008 में डाक विभाग ने *मेघदूत* नामक एक अधिक विकसित पोस्टकार्ड का आरम्भ किया। बहुत कम कीमत (केवल 25 पैसे) और वृहद जनसमूह तक पहुंचने की क्षमता के कारण विस्तृत डाक तंत्र से संयोजित यह, कम्पनियों तथा जो अपना संदेश इसके द्वारा भेजना चाहते हैं, के लिये एक सफल और कम कीमत का प्रभावशाली

माध्यम बन गया है। 2 पैसे प्रति पोस्टकार्ड पर पते से आगे का भाग 4 रंगों में विज्ञापनों के लिये उपलब्ध है। सितम्बर 2, 2002 को मेघदूत पोस्टकार्ड की प्रथम खेप का अवतरण किया गया।

ऐरो योजना

अगस्त 2008 मे डाक विभाग ने ऐरो योजना का अवतरण किया गया। यह एक आधुनिकता से उन्नत, डाकखानों को ग्रामीण क्षेत्रों में स्थापित करने के लिये, बहुचरण कार्यक्रम है, जो आन्ध्र प्रदेश, झारखंड, तमिलनाडु, उप्र. और उत्तराखण्ड के 10 डाक क्षेत्रों के 50 डाकखानों मे प्रारम्भ किया गया। इस योजना का उद्‌देश्य वर्ष के अन्त तक इनमे से 500 को आधुनिकता से सज्जित करना है। एक खिड़की वाले नवीनीकृत डाकखाने मे बैंकिंग, धनप्रेषण, हस्तांतरण और जानकारी का वितरण आदि सुविधाएं उपलब्ध हैं। इस योजना के अन्य भाग-नवीन प्रतीक चिन्ह-उड़ता हुआ पक्षी-और एक नवीन परिचय पंक्ति-(अभी अवतरण शेष है), डाकखानों की आंतरिक तथा बाहरी सज्जा, कम्प्यूटर हार्डवेयर तथा साफ्टवेयर का उन्नत रूप, वितरण सेवा मे प्रगति और सम्पर्कता में उन्नति आदि भी इसकी पहचान की छाप में सम्मिलित है। लगभग 90 प्रतिशत भारतीय डाक का विस्तार ग्रामीण क्षेत्रों में है।

भारतीय डाक का प्रथम हवाई जहाज

भारतीय डाक ने 15 टन क्षमता वाले समर्पित बोइंग 737-200 हवाई जहाज का अवतरण किया। इसे एयर इंडिया से स्पीड पोस्ट, संदेश, पार्सल और उत्तरपूर्व के संभारतंत्र के लिये पट्टे पर लिया गया। इसने अपनी प्रथम उड़ान अगस्त 29, 2007 को कोलकात्ता से गुवाहाटी (असम) के लिये भरी।

कबूतर डाक

कटक, उडीसा का कबूतर डाक स्टेशन केवल भारत में है। 1946 में प्रारम्भ, इसमें 940 कबूतर स्टेशन कटक, छत्रपुर, केन्द्रपारा, संभलपुर और धेनकनाल में है। यह डाक पुलिस द्वारा संचालित है।

1992

सम्पूर्ण स्पीड पोस्ट आरक्षण सुविधा

केरल डाक परिधि, जो सम्पूर्ण राज्य, लक्षदीप का संघ प्रदेश और माहे (पांडेचेरी के संघप्रदेश का भाग), में स्पीड पोस्ट आरक्षण सुविधा उपलब्ध कराई गई। सितम्बर 1, 2007 से 5,070 डाकखानों में भी इसे उपलब्ध कराया गया। इस सुविधा के कारण उपभोक्ता इस सेवा को अपने दरवाजे पर निकट के डाकखाने में केवल एक फोन द्वारा प्राप्त कर सकते हैं।

आंगुलिक डाक पता

विशाखपट्टनम, आन्ध्र प्रदेश के पीआर नरेश

डाक द्वारा सोना

डाक विभाग ने अक्टूबर 15, 2008 को वर्ल्ड गोल्ड काउंसिल और रिलायंस मनी लिमिटेड के साथ सांझेदारी द्वारा दिल्ली, महाराष्ट्र, गुजरात और तमिलनाडु के 102 डाकखानों मे सोने के सिक्कों की बिक्री का आरम्भ किया। सीलबन्द 24 कैरट सोने के सिक्के, जिन्हें वल्काम्बि, स्विटज़रलैंड द्वारा प्रमाणित है और यह 0.5 ग्रा., 1ग्रा., 5ग्रा. और 8ग्रा. में उपलब्ध है।

पूर्णतः अस्पष्ट छपाई वाला लिफाफा

गोरेगांव, मुम्बई के दिनेश शिवनाथ उपाध्याय (जन्म जनवरी 16, 1976) के पास, 1990 में जारी हुआ 1 रूपये वाला लिफाफा है, जिसमें इसके सभी प्रतीकों - राष्ट्रीय प्रतीक, शब्द भारत, इंडिया, सत्यमेव जयते, 100 और पिन आदि की विपरीत छपाई हुई है। इंडिया सिक्योरिटी प्रैस, नासिक, महाराष्ट्र में छपा यह लिफाफा आधिकारिक जांच से बच गया।

कुमार ने दो पोस्ट कार्ड प्राप्त किये, जिनकी तिथि 03-08-02 और 18-05-94 थी। इन कार्डों पर पते के स्थान पर अंक 9-14-16 पिन के साथ अंकित थे। ये अंक क्षेत्र, सडक तथा मकान नम्बर को दर्शा रहे थे। दोनों पोस्टकार्ड बिना किसी गलती के सही स्थान पर पहुंचे।

राज्यों तथा संगठनों के प्रमुखों को सर्वाधिक पत्र

अहमदाबाद, गुजरात के निखिल पारेख (30) 2003 से विश्व नायकों, राज्यों के प्रमुखों और सरकारी प्रमुखों को पत्र भेज रहे हैं। मई 31, 2007 तक वे चीन, फ्रांस, आस्ट्रेलिया, डेनमार्क आदि देशों के राष्ट्रपतियों से 33 प्रत्युत्तर प्राप्त कर चुके हैं। प्रतिकृतियों के साथ इनकी संख्या 67 से अधिक है।

ये विश्व संगठनों जैसे यूनाइटेड नेशन, कॉमनवेल्थ और यूरोपियन संसद से 95 वास्तविक प्रत्युत्तर प्राप्त कर चुके हैं, प्रतिकृतियों के साथ इनकी संख्या 97 से अधिक है।

सर्वाधिक सांत्वना पत्र

जयपुर, राजस्थान के गोवर्धन दास केशवानी (जन्म सितम्बर 17, 1951), 1991 से समाचार पत्रों के निधन सूचना कालम से उनके पते लेकर अपने परिजन से वंचित हुए शोकग्रस्त परिवार को हस्तलिखित सांत्वना पत्र लिखते आ रहे हैं। इन्होंने प्रतिदिन 5-6 पत्रों द्वारा इस कार्य का प्रारम्भ किया, अब इनकी संख्या 35-37 पत्र प्रतिदिन हो गई है। ये अब तक 72,000 से अधिक सांत्वना पत्र लिख चुके हैं।

राष्ट्रीय टिकट संग्रह प्रदर्शनी

इन्पैक्स, भारतीय राष्ट्रीय टिकट संग्रह प्रदर्शनी का 10वां संस्करण, *इन्पेक्स2008* को डाक विभाग द्वारा जनवरी 2-6, 2008 को चेन्नई में आयोजित की गई। इस प्रदर्शनी में टिकट संग्रह के करीब 1000 ढांचे प्रदर्शित थे। इसमें सम्पूर्ण भारत के टिकट विक्रेताओं के लिये भी दुकानें थी। इसके उद्घाटन समारोह मे *1857थ्री इंडियन पोस्टेज स्टैम्प* शीर्षक से एक पुस्तक भी प्रकाशित की गई।

प्रथम इन्पैक्स कोलकात्ता में दिसम्बर 1975 को आयोजित हुई।

टिकट संग्रह

सर्वाधिक देशों के टिकट

नागपुर, महाराष्ट्र के जयशंकर जे प्रसाद (जन्म फरवरी 3, 1989) के पास 308 देशों अथवा क्षेत्रीय अथवा राज्य की टिकटें पिछले 10 वर्षों से एकत्र कर रहे हैं। इनमें सबसे बड़ा टिकट फूजाइराह, यूएई का है, जिसका आकार 9 सेमी. x 4.5 सेमी. है।

झण्डे वाली टिकट

कोलकात्ता के शेखर चक्रवर्ती (जन्म अक्तूबर 17, 1946) एक अनुभवी वैक्सीलोलोजिस्ट अथवा टिकट संग्रहकर्ता है। यह कार्य वह 1907 से कर रहे हैं, झण्डा टिकटों मे वह विशेषज्ञ है। इनके पास 54 देशों की राष्ट्रीय झंडे को दर्शाने वाली 126 विभिन्न प्रकार की टिकटें हैं। इसके अतिरिक्त इनके पास 16 देशों की वे 16 टिकटें हैं, जो भारतीय झंडे को दर्शाती हैं, परन्तु इनमें मुख्य डिज़ाइन की

शताब्दी टिकटें

पुणे, महाराष्ट्र के प्रतिसाद नारूगांवकर (जन्म मार्च 31, 1969) के पास नई शताब्दी के अवसर पर 1999-2000 में जारी 140 देशों की 1,916 टिकटें हैं। ये टिकटें विभिन्न क्षेत्रों मे मानव उपलब्धियों- तकनीकी, प्रगति, अविष्कार, खोज आदि पर आधारित हैं। इंटरनैशनल कलैक्टर्स सोसाइटी ऑफ रेयर आइटम्स, फिलॉटेलिक कांग्रेस ऑफ इंडिया, फिलॉटेलिक सोसाइटी राजस्थान, डेक्कन फिलॉटेलिक सोसाइटी के सदस्य हैं। ये समय-समय पर प्रदर्शनियां और बच्चों तथा व्यस्कों के लिये कार्यशालाएं भी आयोजित करते हैं।

सुगन्धित टिकटें

डाक विभाग ने दिसम्बर 13, 2006 को चंदन से सुगन्धित प्रथम टिकट का अवतरण किया। इस टिकट के ऊपरी भाग को हल्के से रगड़ने पर इसकी सुगन्ध बाहर आ जाती है। यह टिकटें अत्यधिक सफल रहीं। गुलाब से सुगन्धित टिकटों के अन्य चरण को फरवरी 7, 2007 को नई दिल्ली में अवतरित किया गया। *फ्रैगरेंस ऑफ रोज़ेज़* में 4 टिकटें समाविष्ट थीं, *दिल्ली प्रिंसेस* और *जवाहर* इन दोनों में से प्रत्येक का मूल्य 15 रूपये और *नीलम* तथा *भीम* में से प्रत्येक का मूल्य 5 रूपये था।

नकारात्मक बात यह है कि इनमें अशोक चक्र लुप्त है। इनके पास तीन भारतीय झंडे हैं जो टिकट के बढ़े हुए हिस्से पर नजर आते हैं और सात टिकटें स्तंभ चिन्ह के साथ है, जो भारतीय झंडे को फैला हुआ दिखाता है। शेखर के पास गंभीर शोध का पक्का संग्रहालय है, जिसमे इंडियन नेशनल आर्मी के प्रमुख नेताजी की दुर्लभ अप्रकाशित टिकटें हैं, जो 1943 में जर्मनी मे छपी थीं। वह भारत तथा विदेशों मे बहुत सी प्रदर्शनियों मे भाग ले चुके हैं।

अंतरिक्ष यात्रियों पर टिकटें

दिल्ली के कैलाश नारायण माथुर के पास अंतरिक्ष यात्रियों से सम्बन्धित डाक टिकटों का संग्रह है। इनके पास 808 वास्तविक आवरण पृष्ठ और 12 पोस्ट कार्ड हैं। इस संग्रह से उन ऐतिहासिक क्षणों की झलक मिलती है, जिसने विश्व को बदला है जैसे- कल्पना चावला का अंतरिक्ष मे प्रथम कदम। अधिकांश टिकटों को रूस और अमेरिका ने जारी किया था, जहां से अंतरिक्ष दौड़ प्रारम्भ हुई थी।

टिकट संग्रह आवरण

जयपुर, राजस्थान के कैलाश नारायण माथुर (65) के पास 201 विशेष टिकट संग्रह आवरण हैं, जिसमे उस आवरण से सम्बन्धित व्यक्ति के हस्ताक्षर हैं- इनमें कुल 306 हस्ताक्षर हैं। इनके पास सबसे पुराना लिफाफा राष्ट्रपति डा. जाकिर हुसैन का है, जिस पर उनकी पत्नी के हस्ताक्षर हैं। कैलाश माथुर ने 1975 में इस संग्रह का प्रारम्भ किया ।

क्रिकेट पर टिकटें

जब आप किसी कार्य को अति उत्साह के साथ करते हैं, तब आप भीलवाड़ा, राजस्थान के अरविन्द जैन की तरह उन्मादी बन जाते हैं। इनके टिकट संग्रह का आरम्भ 36 वर्ष पहले हुआ था। अब इनके पास 497 वास्तविक टिकटें, 67 लघु पेपर और 110 प्रथम दिवस विशेष आवरण सूक्ति कार्ड और टिकट पत्रिकाएं हैं। ये सभी क्रिकेट पर आधारित है। ये टिकटें विश्व क्रिकेट आयोजनों और व्यक्तित्वों पर पर जारी किये गये थे।

लघु टिकटें और प्रथम दिवस आवरण

भावनगर, गुजरात के टिकट संग्रहकर्ता शान्तिलाल शाह (73) के पास लगभग 26,892 ताजा छपे लघु टिकटें, 6,759 प्रथम दिवस आवरण और जीपीओ द्वारा उसी दिन संग्रहित की गई 954 पुस्तिकाओं का संग्रह है। उनके संग्रहण की तिथि 1947 से 2006 है।

जैवविविधता पर सर्वाधिक टिकटें

कोयम्बटूर, तमिलनाडु के जोस गिलबर्ट के पास '*स्पेशीज़ ऑफ द वर्ल्ड*' श्रेणी की 192 देशों और 42 क्षेत्रीय की 1998 से एकत्र की गई टिकटों का विशेष संग्रह है। इनके पास 1,200 पक्षियों की किस्मों, पशुओं, सरीसृपों और जीव-जन्तुओं पर टिकटें हैं। इनके संग्रह का कुल मूल्य 4 लाख रूपये है।

प्रथम टिकट

जुलाई 1, 1852 को कराची में सिंध के कमीश्नर द्वारा आधे आने के मूल्य में '*सिंध डाक*' को जारी किया गया। सम्पूर्ण भारत में अक्टूबर 1, 1854 को आधे आने की टिकट जारी की गई। अक्तूबर 15, 1854 को चार आने की टिकट जारी हुई।

1991

महात्मा गांधी पर टिकटें

मुम्बई के माइकल राजा थिमान के पास विश्व के देशों द्वारा महात्मा गांधी पर जारी की गई टिकटों का संग्रह है। इनके पास 82 देशों की महात्मा गांधी पर जारी की गई 360 विभिन्न टिकटें हैं। इसके अतिरिक्त गांधी पर आधारित बहुत से प्रथम दिवस आवरण पृष्ठ है। इन्होंने अपने संग्रह का प्रारंभ 1980 में किया।

एकल व्यक्तित्व पर टिकटें

भीलवाडा, राजस्थान के अरविन्द जैन के पास 130 देशों द्वारा *सर रौनाल्ड हिल* (मृत्यु अगस्त 27, 1879) पर जारी की गई 577 टिकटों का संग्रह है। सर हिल डाक टिकटों के जन्मदाता और डाक सुधार के महान जुझारू व्यक्तित्व थे। उनकी शताब्दी महोत्सव को बहुत से देशों द्वारा टिकटें और दूसरे स्मृति चिन्हों को जारी करके मनाया गया। जब 100 देशों द्वारा महात्मा गांधी पर 375 टिकटें जारी की गई, तब यह टिकट जन्मदाता प्रथम स्थान पर आ गये।

मुद्रण

बाज़ार का द्वितीय सर्वाधिक विशाल समाचार पत्र

2007 में चीन के 10.7 करोड़ प्रतियों के पश्चात्, भारत 9.9 करोड प्रतियों दैनिक के साथ विश्व में द्वितीय विशाल समाचार पत्र बाज़ार है। जापान 6.8 करोड और अमेरिका 5.1 करोड़ के साथ तृतीय और चतुर्थ स्थान पर है। विश्व समाचार पत्र संगठन की रिपोर्ट के अनुसार वैश्विक वृद्धि 2.57 प्रतिशत के विपरीत भारत की वार्षिक वृद्धि दर 53.2 करोड़ प्रतियों के साथ 11.2 प्रतिशत पंजीकृत की गई।

सर्वाधिक विशाल समाचार पत्र परिशिष्ट

मराठी समाचार पत्र *दैनिक सामना* ने जुलाई 27, 2008 को शिव सेना नेता उद्धव ठाकरे के जन्मदिन पर 104 पन्नों का परिशिष्ट निकाला।

शिवसेना वक्तव्य दल के सर्वेसर्वा बाल ठाकरे द्वारा सम्पादित होता है।

विश्व कीर्तिमान: सम्पादक को सर्वाधिक पत्र
दिल्ली के सुभाष चंद्र अग्रवाल 1967 से सितबर 2008 के मध्य समाचारपत्रों और पत्रिकाओं के सम्पादकों को 12,394 पत्र लिख चुके हैं। इनमें से 1,816 पत्र बहुराज्यों के समाचार पत्रों के संस्करणों में प्रकाशित हुए हैं।

गुलमोहर पार्क, दिल्ली के महेश कपासी के 1974 से 8,909 पत्र 304 समाचार पत्रों में प्रकाशित हो चुके हैं। इनमें से 3,411 पत्र बहुराज्यों के संस्करणों में प्रकाशित हैं और 2,855 पत्र 50,000 से अधिक वितरण वाले समाचार पत्रों में प्रकाशित हुए हैं।
एक महीने मे सर्वाधिक पत्र: मार्च 2007 में भी इनके 79 पत्र बहुत से समाचार पत्रों और पत्रिकाओं में प्रकाशित हुए हैं।
वर्ष में एकमात्र समाचारपत्र में सर्वाधिक प्रकाशित पत्र: जुलाई 10, 2006 से जुलाई 9, 2007 के मध्य *सैंट्रल क्रोनिकल* में 149 पत्र प्रकाशित हुए।
सर्वाधिक लम्बा पत्र: दिसम्बर 3, 1996 को 960 शब्दों वाला एक पत्र पटना, बिहार के प्रथम अंग्रेजी दैनिक *इंडियन नेशन* में प्रकाशित हुआ।

विश्व कीर्तिमान: एक महिला द्वारा सम्पादक को सर्वाधिक पत्र
दिल्ली की मधु अग्रवाल ने 1976 से सितम्बर 2006 तक भारत और विदेशों के समाचार पत्रों और पत्रिकाओं के सम्पादकों को 9,446 पत्र लिखे हैं। इनमें से 1,383 बहुराज्य संस्करणों वाले समाचार पत्रों में प्रकाशित हुए है। इन्होंने 2006 के कैलेंडर वर्ष में सर्वाधिक पत्र-1,029 पत्र भेजने का भी कीर्तिमान बनाया है।

सर्वाधिक युवा सम्पादक (समाचार)
पुणे, महाराष्ट्र के श्रीजीत रमेशन (जन्म जनवरी 26, 1982), भारत के समाचार पत्र प्रबन्धक द्वारा पंजीकृत अंग्रेजी साप्ताहिक *दी ऐम्बियन्स* के सम्पादक हैं। पुणे, महाराष्ट्र से प्रकाशित 6 पन्नों और पत्रिका के आकार के इस समाचार पत्र का प्रथम संस्करण जून 5, 2006 को प्रकाशित हुआ।

पुराने समाचार पत्रों की कतरनों की प्रदर्शनी
आंध्र प्रदेश के नंदनवनम् जयप्रसाद, जो एक सेवानिवृत्त तहसीलदार है, 1953 से 55 वर्षों से अधिक समय से अंग्रेजी और तेलगु समाचार पत्रों से काटी गई कतरनों को एकत्र कर रहें है। इन्होंने इन सभी 623 कतरनों को राजनीति, खेलकूद, सम्पादकीय आदि विषयों के अनुसार संरक्षित किया है। जयप्रसाद ने दिसम्बर 5-10, 2006 को सैंट्रल सिटी लाईब्रेरी हॉल चिक्कड़पल्ली, हैदराबाद में इन कतरनों की प्रदर्शनी लगाई गई।

कार्टून कतरनों का सबसे लम्बा संग्रह
जयपुर, राजस्थान के आनन्द प्रकाश सिंघल (जन्म जनवरी 1, 1943) नवम्बर 12, 1975 से हिन्दी दैनिक *राजस्थान पत्रिका* में प्रकाशित कार्टूनों की कतरनों को एकत्र कर रहे हैं। इन्होंने इसे 2,818 ड्राइंग पेपरों पर कालक्रमानुसार लगाया है। जिस कारण प्रत्येक कहानी बिना रूके पढ़ी जा सकती है। मई 26, 2008 तक इनके पास 9,902 तस्वीरों वाली कतरनों के साथ 170 कहानियां थी। इनमें सबसे लम्बी कहानी 185 कतरनों के साथ *भगवद महागाथा* थी, जो जुलाई 2, 1987 से प्रकाशित हुई थी।

सर्वाधिक भाषाओं मे प्रकाशित
पकनपुर, जगतसिंहपुर, उडीसा के बिजय कुमार महापात्र (40) पिछले 20 वर्षों से 300 भाषाओं में बच्चों की पत्रिका प्रकाशित करने के स्वप्न के साथ जीवित हैं। वह 50 भारतीय भाषाओं, उपभाषाओं और अंग्रेजी में बाल पत्रिका के प्रकाशन तथा सम्पादन में सफल रहे हैं। 1990 में प्रकाशित *सुना भाऊनी* उडिया से प्रारंभ कर अंग्रेजी में *लविंग सिस्टर* 1991 और हिन्दी में *प्यारी बहन* 1992 को, इन्होंने 2007 तक एक के बाद एक 50 भाषाओं में

सर्वाधिक शहरों मे एक साथ समाचार पत्र का प्रारंभ
मार्च 23, 2008 में जागती पब्लिकेशन प्राईवेट लिमिटेड, हैदराबाद द्वारा तेलगु प्रात:कालीन दैनिक *साक्षी* को एक साथ 23 विभिन्न राज्यों मे एक ही दिन आरंभ किया गया। जिसमें आंध्रप्रदेश के 19 शहर और चार महानगर- दिल्ली, मुम्बई, चेन्नई और बेंगलौर सम्मिलित हैं। ऐसा करने वाला यह प्रथम समाचार पत्र बन गया है। इसके प्रथम संस्करण का कुल वितरण 12,86,670 प्रतियां था। जिसमें हैदराबाद संस्करण 3,25,346 प्रति के साथ शीर्ष पर था। सर्वाधिक वितरित इस तेलगु दैनिक की सज्जा मारियो गार्शिया ने की है और इसके सभी पन्ने रंगीन हैं।

సాక్షి
రాందాస్‌కు పరాభవం
కొత్త కార్డుల పంపిణీ

सर्वाधिक खेद पर्चियां
बेंगलौर के एस सत्यनारायण अय्यर के पास समाचार पत्रों और पत्रिकाओं से एकत्र की गई 375 खेद पर्चियां हैं। अब वह स्वयं को खेद अय्यर के नाम से पुकारते हैं।

1990

सबसे लम्बा चलने वाला कार्टूनिस्ट कॉलम
वसंथा होसाबिट्टू का 'वाह रे वाह' एक साप्ताहिक कॉलम है, जो न्यू इंडियन एक्सप्रेस समूह के एक कन्नड़ दैनिक के *कन्नड़प्रभा* के हर बुधवार को प्रकाशित होता है। इसमें पूरे विश्व के कार्टूनों, कार्टूनकारों और कार्टून बनाने की प्रक्रिया के विषय में जानकारी होती है। कार्टून सम्बन्धित यह कॉलम दिसम्बर 1, 2004 से अब तक निरंतर प्रकाशित हो रहा है। इसके प्रथम 101 कॉलम साधना प्रकाशन बेंगलौर द्वारा समान शीर्षक से एक पुस्तक के रूप में प्रकाशित किये गये। ये 20 से अधिक देशों की अंतर्राष्ट्रीय प्रदर्शनियों मे भाग ले चुके हैं।

SOME OF THE PUBLISHED WORKS OF VASANTHA HOSABETTU

केन्स मे पहला विशाल प्रिंक्स (पीआरआईएक्स)

जून 16, 2008 मे केन्स विज्ञापन उत्सव मे विज्ञापन एजेंसी जेडब्ल्यूटी इंडिया द्वारा आरंभ दी *टाइम्स ऑफ इंडिया* के *लीड इंडिया कैम्पेन* को *ग्रैंड प्रिक्स लायन सम्मान* दिया गया। डायरेक्ट मार्केटिंग कैम्पेन भारत के युवाओं, जो राजनीति में प्रवेश चाहते हैं, उन्हें आधार उपलब्ध कराता है। सम्पूर्ण विश्व से आई 1700 प्रविष्टियों में से *लीड इंडिया* को चुना गया। विज्ञापनों मे ग्रैंड प्रिक्स की तुलना आस्कर अथवा ग्रैमी से की जाती है। इस कैम्पेन के पीछे जेडब्ल्युटी के एग्नेलो डियास ने रचनात्मक समूह का नेतृत्व किया था।

इस कैम्पेन की प्रस्तावना के तौर पर टीओआई ने पहले प्रिंट विज्ञापनों और टीवी के विज्ञापनों मे विचारों की श्रृंखला '*इंडिया पोइज़्ड*' का आरंभ जनवरी 1, 2007 को किया। इसके पश्चात् प्रिंट विज्ञापनों मे '*डू*' शीर्षक से दूसरी श्रृंखला प्रारंभ की गई, जिसमें लोगों से पूछा गया, यदि वे देश के नेता होते तो वे क्या करते और उम्मीदवारों से अगस्त 15, 2007 को ऑनलाईन आवेदन के लिये कहा गया। टीओआई को सम्पूर्ण भारत से 34,000 आवेदन पत्र प्राप्त हुए, जिसमें से कठोर चयन प्रक्रिया के पश्चात् 64 उम्मीदवारों का चयन किया गया। इसके अगले भाग में दिसम्बर 8, 2007 को स्टार वन चैनल पर प्रसारित लीड इंडिया कार्यक्रम में 8 विभिन्न राज्यों का प्रतिनिधित्व करते (दिल्ली, लखनऊ, मुम्बई, कोलकात्ता, बेंगलौर, हैदराबाद, अहमदाबाद और पुणे) 8 प्रतियोगियों का चयन किया गया।

अन्त में फरवरी 9, 2008 को चुनौतीपूर्ण कार्यों के 10 स्तरों को पार करने के पश्चात बेंगलौर के आरके मिश्रा को देश का नेतृत्व करने के लिये श्रेष्ठ उम्मीदवार घोषित किया गया। जबकि अहमदाबाद के देवांग नानावटी को द्वितीय स्थान प्राप्त हुआ। सात सदस्यों वाले न्यायदल के अतिरिक्त जनता भी जनता पोल और एसएमएस द्वारा इस प्रक्रिया में सम्मिलित थी। राष्ट्रपति डा. एपीजे अब्दुल कलाम ने विजेता को प्रमाणपत्र तथा 50 लाख की धनराशि भी प्रदान की।

प्रकाशित किया। 5 रूपये मूल्य में ये सभी पत्रिकाएं प्रकाशन पंजीकृत है। साधनों के अभाव के कारण इनकी यह इच्छा है कि कम से कम इसका उडिया, हिन्दी और अंग्रेजी संस्करण प्रतिमाह निरंतर प्रकाशित होता रहे।

रामनाथ गोयनका पुरस्कार

रामनाथ गोयनका पुरस्कार पत्रकारिता में उत्कृष्टता के लिये दिये जाने वाले देश के सबसे बड़े पुरस्कारों में से एक है, जिसे स्वच्छता वर्ष उत्सव के भाग एक्सप्रेस समूह के संस्थापक द्वारा 2006 मे प्रारंभ किया गया। इसका उद्देश्य '*भारतीय पत्रकारिता में खून, पसीने और स्याही के श्रेष्ठ प्रदर्शन*' को सम्मान देना है। इस पुरस्कार की हर श्रेणी मे पुरस्कार राशि 25 लाख है। इसके द्वितीय संस्करण में 24 पत्रकारों को उनकी कहानियों में पत्रकारिता के उच्चतम स्तर के लिये पुरस्कृत किया गया। इन्हें भारत के सभी भागों और सभी भाषाओं में से चुना गया। यह पुरस्कार भारतीय मीडिया, प्रिंट और इलैक्ट्रॉनिक और पत्रकारिता की सभी श्रेणियों को समेट

लेता है। जुलाई 17, 2007 को ताज पैलेस होटल, दिल्ली मे राष्ट्रपति एपीजे अब्दुल कलाम द्वारा यह पुरस्कार दिया गया।

बिना विज्ञापनों के एकमात्र साप्ताहिक

अहमदाबाद से प्रकाशित गुजराती साप्ताहिक *चंदन* 1976 से करीब 33 वर्षों से विज्ञापनों से मुक्त है। नूरमोहम्मद जुस्साभाई द्वारा प्रकाशित वास्तविक शीर्षक *चक्रम* के साथ सर्वप्रथम

समाचार पत्र संग्रह

नागपुर, महाराष्ट्र के दीपक रघुनाथ संत (जन्म अक्टूबर 15, 1953) ने 35 देशों के 35 समाचार पत्रों सहित 1,200 समाचार पत्रों का संग्रह किया है। इनके संग्रह में संग्रहित विदेशी दैनिकों की अलग बात यह है की इनका आरंभ अंग्रेजी वर्णमाला के प्रत्येक वर्ण से हुआ है। 19 भारतीय राज्यों के संग्रह से अलग इनके पास (1938-78) के *दा टाइम्स ऑफ इंडिया* और

स्टेट्समैन (1941-2001) की झलक भी प्राप्त होती है। इनके संग्रह में सबसे पुरानी प्रति मराठी दैनिक *तरूण भगत* मई 12, 1935 की है। इनके आकार भी भिन्न प्रकार के है- एक समाचार पत्र के एक पन्ने से एक समाचार पत्र के 220 पन्नों तक। इनमें *टाइम्स* शीर्षक से 25 समाचार पत्र हैं।

इन्होंने संग्रह की प्रदर्शनी फरवरी 2005 को नागपुर व दिसम्बर 2007 में जयपुर में लगाई।

सर्वाधिक सज्जित पत्रिका आवरण

भावेश मिरानी द्वारा सम्पादित गुजराती पत्रिका *सृजनहार* ने अगस्त 2008 में अपना प्रथम वार्षिक संस्करण का आवरण विशेष रूप से 69 हीरे (गहनों में लगने वाले पत्थर) और जरी से हर प्रति को सज्जित किया गया। इस आवरण में श्रीकृष्ण बांसुरी बजाते हुए चित्रित थे। अगस्त 2008 तक इस पत्रिका की वितरण संख्या 1,000 प्रतियां थीं।

1947 में प्रकाशित हुई। यह *गोलीबर* के नाम से अधिक जानी जाती है। इसके वर्तमान सम्पादक मोहम्मद युनूस ने 1971 मे इसका भार संभाला और 1976 से इसे विज्ञापनों से मुक्त रखने का निर्णय लिया।

हाथ से बने कागज की एकमात्र पत्रिका

भोपाल की पत्रिका *समीरा* का प्रकाशन अगस्त 2005 से हो रहा है। पर्यावरण के प्रति इसकी सही मायनों मे चिन्ता, इसे दूसरों से अलग करती है- पेड़ों की रक्षा के लिये हस्तनिर्मित कागज से इस मासिक पत्रिका की छपाई होती है। इससे भी एक कदम आगे, यह पाठकों से इसे पृथक रूप से पढ़ने की बजाय इसे पाठकों को समूह में पढने के लिये प्रेरित करती है। इसका साधारण वितरण 4,500 प्रतियां मासिक है। हस्तनिर्मित कागज के ऊपर छपाई में आने वाली कठिनाई के पश्चात् भी इसके प्रारंभ के 6 महीनों के अन्दर ही ये इस पत्रिका के आवरण पृष्ठ को चार रंगों से सज्जित करने मे सफल रहे। इस प्रेरक पत्रिका के पृष्ठ समूह का नेतृत्व सम्पादक मीरा सिंह करती है।

ब्रेल में प्रथम द्विमासिक पत्रिका

ब्रेल की प्रथम द्विमासिक पत्रिका *बियांड दी आई* के सम्पादक जार्ज इब्राहिम है। सर्वप्रथम इसका प्रकाशन दिसम्बर 2004 में हुआ था। कुशाग्रबुद्धि जार्ज इब्राहिम दृष्टिहीन थे। यह पत्रिका दृष्टिहीनता के कारण, नेत्र अस्पताल और नेत्रदान आदि से सम्बन्धित है। यह इस प्रकार की प्रथम पत्रिका भी है जिसे भारत के समाचार पत्र निबन्धक द्वारा पंजीकृत किया गया है।

प्रथम महिला कार्टूनिस्ट

मंजूला पद्मनाभन द्वारा रचित *डबल टाक* का पात्र *सूकी* सर्वप्रथम अगस्त 26, 1982 को संडे आब्ज़र्वर में प्रकाशित हुआ था। यह अगस्त 1986 तक निरंतर प्रकाशित होता रहा और तब इसकी कुल संख्या 200 थी।

1995

प्रथम वाइन पत्रिका

कंसोलिडेटिड मिडिया इंटरनेशनल द्वारा प्रकाशित पत्रिका *सोमेलियर इंडिया वाइन* तथा वाइन प्रेमियों को समर्पित है। इसमें समाचार, लेख, वाइन का इतिहास पार्श्वदृश्य, वाइन की सभ्यता के विषय में जानकारी होती है। इएचआई लिमिटेड द्वारा विश्व के बड़े शहरों और भारत के बहु जनसंख्यक क्षेत्रों में इसका विपणन होता है। यह पत्रिका जो 16 पृष्ठों से आरम्भ हुई थी अब 58 पृष्ठों की पाक्षिक प्रकाशन बन चुकी है जिसमें सम्पूर्ण विश्व के 30 प्रख्यात वाइन और खाद्य लेखकों के लेखों का समावेश होता है।

कलम का सिपाही

अंतर्राष्ट्रीय एनजीओ ट्रांसपेरेंसी इंटरनैशनल ने अपने सहयोगी ओबेराय समूह के साथ मिल कर देश में भ्रष्टाचार की कलई खोलने वाली उत्कृष्ट कहानी के लिये पत्रकारों को दी ट्रांसपेरेंसी इंटरनैशनल इंडिया जर्नलिज़्म पुरस्कार से सम्मानित करती है। प्रिंट और इलैक्ट्रॉनिक दोनों श्रेणियों के लिये स्वर्ण और रजत पुरस्कारों की धनराशि 2,00,000 और 50,000 पदक और प्रशस्ति पत्र के साथ दिया जाता है। पहली बार यह पुरस्कार भारत में जनवरी 11, 2008 को नई दिल्ली में दिया गया। 2007 के विजेता थे–

स्वर्ण

प्रिंट: वर्गीज़ के जार्ज (इंडियन एक्सप्रेस)
इलैक्ट्रानिक्स: सीएनएन–आईबीएन के रोहित खन्ना

रजत

प्रिंट: इंडियन एक्सप्रेस के समुद्र गुप्ता कश्यप ईनाडू के एमएल नरसिम्हा रेड्डी
इलैक्ट्रानिक्स: सीएनएन–आईबीएन के सिद्धार्थ शुक्ला

सर्वाधिक युवा सम्पादक (पत्रिका)

बडौदा, गुजरात के ईशान आर अग्रवाल (जन्म अगस्त 26, 1986) द्वि–मासिक पत्रिका *मार्शल आर्ट्स वर्ल्ड* के सर्वाधिक युवा सम्पादक है। 35 रूपये मूल्य की यह पत्रिका मार्शल आर्ट के विभिन्न प्रकारों जैसे- कराटे, जूडो, ताईक्वांडो आदि के विषय में है। यह फरवरी 2005 को भारत मे समाचार पत्र प्रबन्धन द्वारा पंजीकृत की गई है और यह बड़ौदा से प्रकाशित होती है।

सर्वाधिक विशाल पाठकसंख्या सर्वेक्षण

नैशनल रीडरशिप स्टडी 2006 ने अनुमानत: 2,84,373 घरों में जाकर साक्षात्कार कर विश्व में अपने ही प्रकार का विशालतम सर्वेक्षण किया। ये सर्वेक्षण, प्रकाशनों के पाठकों का अनुमान लगाने और भारत के शहरी और ग्रामीण क्षेत्रों में मीडिया का कितना दखल है, यह जांचने के लिये था। इस सर्वेक्षण में 230 दैनिक और 305 पत्रिकाओं के साथ 535 प्रकाशनों को सम्मिलित किया गया।

सबसे पुराना चलने वाला समाचार पत्र

जनरल मोहयाल सभा द्वारा दिल्ली में प्रकाशित मासिक *मोहयाल मित्र* पिछले 117 वर्षों से अधिक से प्रकाशित हो रहा है। इसका प्रथम संस्करण सितम्बर 1891 में लाहौर (अब पाकिस्तान में) में उर्दू में जारी हुआ था। इसमे 16 पन्ने थे और यह 2.50 रूपये वार्षिक शुल्क पर उपलब्ध था। विभाजन के पश्चात् इस संगठन का मुख्यालय दिल्ली में स्थानांतरित हो गया। यह 1970 में द्वि–भाषीय (अंग्रेजी तथा हिन्दी) पत्रिका बन गई।

दूरसंचार

सबसे विशाल दूरसंचार कम्पनी

अक्टूबर 2002 में राजकीय क्षेत्र की कम्पनी *भारत संचार निगम लिमिटेड (बीएसएनएल)* की स्थापना हुई। इसका संचारतंत्र दिल्ली और मुम्बई के अतिरिक्त सम्पूर्ण देश में फैला है। 351 लाख उपभोक्ताओं के साथ स्थायी उपभोक्ताओं के साथ 85 प्रतिशत भागीदारी इनके खाते में है। इनकी सैल्युलर सेवा सेलवन के पास 178 लाख से अधिक उपभोक्ताओं के साथ बाजार मे 24 प्रतिशत की भागीदारी इनके पास है। इनके पास 25 लाख से अधिक डब्ल्यूएलएल और 25 लाख इंटरनेट उपभोक्ता हैं। बीएसएनएल के पास अपने 37,382 एक्सचेंज, 18,000 बीटीएसएस, 287 सैटेलाईट स्टेशन, 4,80,196 किलोमीटर ओएफसी केबल, 63,730 किलोमीटर माइक्रोवेव नेटवर्क है, जो 602 जिलों, 7,330 शहरों/ उपनगरों और 5.5 लाख गांवों को जोडते हैं।

प्रथम ऑनलाईन लोकसेवा आयोग (पीएससी) हेल्पलाईन

विश्व की सबसे पुरानी सभ्यता क्या है? इससे पहले की आप सामान्य ज्ञान की पुस्तकों को खंगालें। प्रथम *पीएससी* हेल्पलाईन केरल के नम्बर 9961166856 पर फोन करने के लिये कुछ क्षण निकालिये। यह सेवा अगस्त 2006 में 9388601431 के साथ आरंभ हुई और अप्रैल 14, 2007 को अन्य नम्बर 9961166856 पर स्थानांतरित कर दी गई। अब तक निरंतर जारी इस सेवा में केवल फोन ही सुने जाते हैं, एसएमएस नहीं। जयशंकर जो यह सेवा संचालित करते हैं वे केएसईबी कार्यालय, ज्हाव्यूर, कोयम्बटूर, केरल में बतौर खजांची कार्य करते हैं। कार्य समय के पश्चात् प्रात: 10 बजे से सायं 5 बजे का समय छोड़कर सदैव इस नम्बर पर उपलब्ध रहते हैं। वह प्रतिदिन लगभग 200 फोन सुनते हैं।

प्रथम सैल्युलर फोन

बीके मोदी समूह और आस्ट्रेलिया की टेलस्ट्रा की संयुक्त कम्पनी मोदी टेलस्ट्रा ने प्रथम व्यवसायिक सैल्युलर सेवा का अगस्त 23, 1995 को उद्घाटन किया। सैल्युलर काल का प्रथम जन प्रमाणन जुलाई 31, 1995 को किया गया। जब पश्चिम बंगाल के मुख्यमंत्री ने राज्यमंत्री सुखराम से दिल्ली में बात की।

एक महीने में सर्वाधिक एसएमएस

शाहाना परवीन ने अपने पति मोहम्मद आसिफ के साथ मिलकर मार्च 2008 में नं. 9358402464 से 3,56,287 एसएमएस किये (जो रिलायंस कम्युनिकेशन बिल नं. 292160287965 दिनांक अप्रैल 1, 2008 पर अंकित हैं)।

टाकेथन

लखनऊ, उप्र. के पवन कुमार श्रीवास्तव (33) ने बिना रूके 72 घंटों के अवकाश के साथ 1,300 लोगों से बात की प्रत्येक का औसतन समय 2 मिनट 52 सैकंड था। रिलायंस कम्युनिकेशन, उ.प्र., पूर्वी क्षेत्र लखनऊ में जून 27, 2008 को सायं 4.10 बजे से जून 30, 2008 को सायं 4.10 मिनट तक *'मि.- अनलिमिटेड-बोल इंडिया बोल'* का आयोजन किया। जिसमें पवन ने 09307037301-5 से, 1,150 आने वाले फोन और 150 किये जाने वाले फोन को मिलाकर 1,300 व्यक्तियों से बात की।

प्रथम फोन गोपनीय सेवा

मैरी स्टोप्स् की विश्व श्रृंखला के एक भाग परिवार सेवा संस्था ने मई 31, 1993 को दिल्ली में हॉट लाईन का प्रारंभ किया। यह फोन पर परामर्श सेवा उपलब्ध कराती है। स्पर्श नामक यह सेवा पूर्णत: गोपनीय है।

1994

तीव्रतम एसएमएस

जयपुर, राजस्थान के पुष्पादीप पांडे ने अपने नोकिया 3310 से, अगस्त 7, 2005 को, पंक्ति *'पद्मनाभपुरम प्लेस इन तिरूवनंथपुरम, दी फार्मर रेज़िडेंस ऑफ त्रावंकोर किंग्स इज़ क्लोज़ टू ट्रांक्विल एंड पिक्चरसेक हिल स्टेशन इन पोनमुदी हिल्स'* को 56.4 सैकंड में टाइप किया। इसमें इन्होंने किसी प्रकार के वाक्य लेखन सहायता का उपयोग नहीं किया।

रक्त के लिये एसएमएस

क्या आपको रक्त की आवश्यकता है? एसएमएस करें 5676775, इसके लिये आवश्यक प्रारूप है: ब्लड़ (स्पेस) शहर का एसटीडी कोड (स्पेस)

केरल का प्रथम दूरसंचार

केरल टेलीकॉम सर्कल 60.96 लाख फोन कनैक्शन (36.03 लाख स्थायी, 4.33 लाख डब्ल्युएलएल और 20.6 लाख मोबाईल कनैक्शन) के साथ देश का दूसरा विशाल दूरसंचार तंत्र है। इसकी अन्य विशेषताएं हैं-

- उच्चतम् सर्वव्यापी टेलीफोन घनत्व: 1,000 जनसंख्या पर 114.3
- उच्चतम ग्रामीण टेलीफोन घनत्व: 1,000 जनसंख्या पर 100
- प्रथम सम्पूर्ण नियंत्रक: 1990 में सभी 988 एक्सचेंजों को डिजिटल करना।
- 1990 से सभी एक्सचेंज में एसटीडी सेवा उपलब्ध करवाई गई।
- 1992 से सभी पंचायत मुख्यालयों में लोक फोन सुविधा
- 1995 से प्रत्येक गांव में जन फोन उपलब्ध करवाए गए।

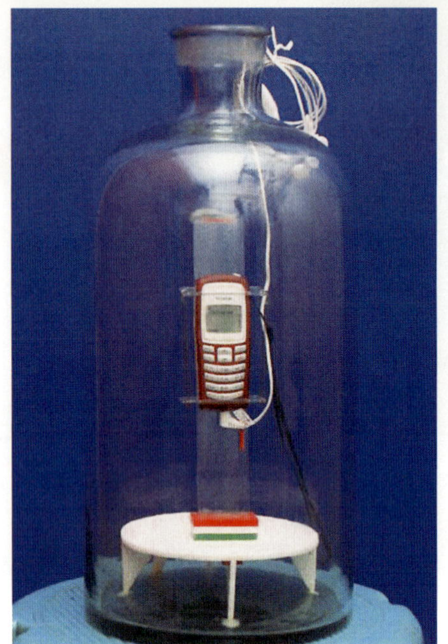

बोतल में मोबाईल फोन

अगस्त 27, 2008 को बेंगलौर के बसु गोंडा नोकिया 2100 मोबाईल को 10 लीटर शीशे की बोतल में डालने मे सफल रहे। वह एक डंडी से नम्बर मिलाते हैं और फोन आने पर ईयर फोन की सहायता से बात करते हैं। इसकी बैटरी को चार्ज भी किया जा सकता है।

ब्लड ग्रुप (स्पेस) भेजने वाले का नाम। दिसम्बर 3, 2007 को नागपुर, महाराष्ट्र के खुशबू पोचा और उनकी पत्नी फर्मिन द्वारा इस सेवा का प्रारंभ हुआ। अप्रैल 2008 तक यह नि:शुल्क हेल्पलाईन सेवा अब एक भागीदारी अभियान में परिवर्तित हो चुकी है। इसके आंकडों में 300 भारतीय नगर और उपनगरों मे 45,000 रक्तदाता हैं। इस एसएमएस की पहुंच वेबसाईट *www.blooddonors.com* से सम्बद्ध है, जो शहर में रक्तदाता के नाम और फोन नम्बर के साथ तुरन्त उत्तर देती है। मरीज अथवा उसके परिजन ईमेल द्वारा भी प्रार्थना भेज सकते हैं। इसे और अधिक जनसहयोगी बनाने के लिये जुलाई 2008 में प्रतिपुष्टि का विकल्प भी जोड़ा गया। इसी प्रकार रक्तदाता इसी एसएमएस प्रारूप का प्रयोग करके केवल 'ब्लड' के स्थान पर 'डोनर' का उपयोग करके इससे जुड़ सकते हैं।
(चिकित्सा विज्ञान अध्याय भी देखें)

मोबाईल फोन द्वारा ट्यूशन

चेन्नई की अरूणा माहेश्वरी (जन्म जून 6, 1986) द्वारा प्रारंभ की गई रोम्प क्वाकर नामक सेवा से ट्यूशन के प्रारूप मे क्रान्तिकारी परिवर्तन ले आई है। यह सेवा इन्होंने जुलाई 21, 2005 को तमिलनाडु में चार्टर्ड अकाउंटेसी से सम्बन्धित पाठ्यक्रम दैनिक आधार पर प्रारंभ की। बाद में इस सेवा को मुम्बई, कोलकात्ता, नई दिल्ली, बेंगलौर, पुणे, बड़ौदा, हैदराबाद, चंडीगढ़, उड़ीसा, गोवा, केरल और आंध्रप्रदेश आदि में भी फैलाया गया। कोई भी वितरणकर्ता का अथवा अरूणा को फोन 9841388852 पर एसएमएस करके इस सेवा के लिये पंजीकरण करवा सकता है। यह एक नि:शुल्क सेवा है और यह कार्यकलाप नि:शुल्क एसएमएस योजना पर आधारित है।

सर्वाधिक विशाल मोबाईल परिचालक

भारती एयरटेल के मोबाईल सेवा विभाग जुलाई 2008 तक 72.07 लाख उपभोक्ताओं के साथ देश के विशालतम मोबाईल परिचालक है। चाईना मोबाईल (414.5 लाख, चाईना यूनिकॉम (170.7 लाख) और अमेरिकन एटी-टी (72.9 लाख) के पश्चात विश्व मे चतुर्थ स्थान पर है।

भारत की विशालतम निजी टेलीकॉम कम्पनी 23 टेलीकॉम क्षेत्रों में संचालित भारती एयरटेल के अगस्त 2008 तक 75 लाख उपभोक्ता थे। यह जून 30, 2008 तक बाजार मे मोबाईल उपभोक्ताओं के 24 प्रतिशत भागीदारी के साथ देश में शीर्ष स्थान पर थे। नवम्बर 28, 2007 मे भारती एयरटेल ने श्रेष्ठ उत्पादन और श्रेष्ठ मोबाईल परिचालक श्रेणी का वर्ल्ड कम्युनिकेशन का पुरस्कार प्राप्त किया। इस पुरस्कार के लिये विभिन्न श्रेणियों की 200 से अधिक प्रविष्टियां सम्मिलित थी। यह पुरस्कार 1999 मे टोटल टेलीकॉम द्वारा विश्व भर में सम्पर्कता में उत्कृष्टता को सम्मानित करने के लिये प्रारंभ किया गया।

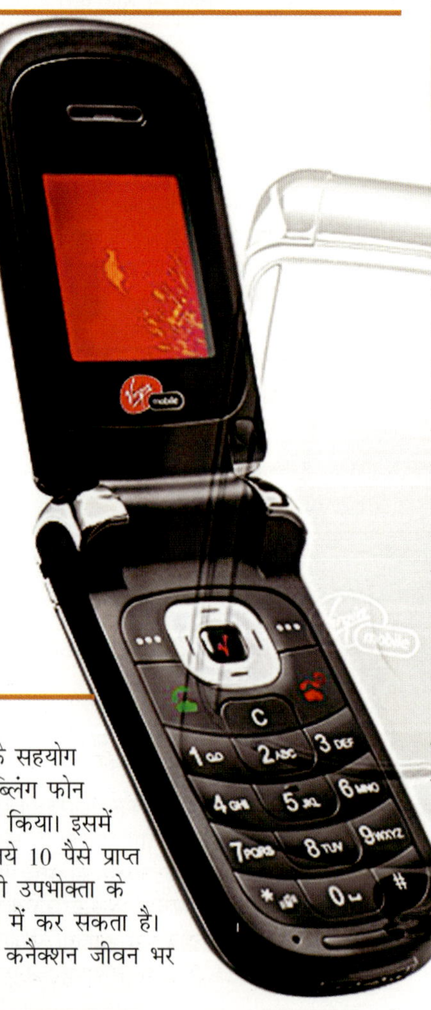

एयरटेल कॉल होम सेवा

भारती एयरटेल ने दिसम्बर 7, 2006 को भारत से अमेरिका में *कॉल होम सेवा* का, वहां के 25 लाख एनआरआई समुदाय को ध्यान में रखते हुए, प्रारंभ किया। मार्च 11, 2008 को कम्पनी ने कॉल होमसेवा को अधिक विकसित रूप में, दूसरों की तुलना में 30 प्रतिशत कम शुल्क के साथ प्रारंभ किया। इसी प्रकार की सेवा यूके, सिंगापुर और कनाडा में 2008 को शुरू की गई। इस अप्रत्याशित सेवा को प्राप्त करने के लिये उपभोक्ताओं को सर्वप्रथम *www.airtelcallhome.com* पर अपना खाता खोल कर पिन नम्बर प्राप्त करना होता है।

आने वाले फोन पर शुल्क प्राप्ति

यूके आधारित *वर्जिन मोबाईल* ने टाटा टेली सर्विसिज़ के सहयोग से जुलाई 7, 2008 को अपना सीडीएमए आधारित वीब्लिंग फोन को अन्यों की तुलना से अनोखे प्रस्ताव के साथ प्रस्तुत किया। इसमें उपभोक्ता प्रत्येक आने वाले फोन के एक मिनट के लिये 10 पैसे प्राप्त कर सकता है (6 सैकंड के लिये 1 पैसा) जो स्वयं ही उपभोक्ता के खाते में जुड़ जाता है, जिसका उपयोग वह फोन करने में कर सकता है। इस प्रस्ताव में टाटा इंडिकॉम का अग्रिम भुगतान वाला कनैक्शन जीवन भर की वैद्यता सहित 2,199 रूपये में उपलब्ध है।

विश्व कीर्तिमान: विशालतम आईपी समर्थ सम्पर्कता ढांचा

रिलायंस कम्युनिकेशन भविष्य के लिये आईपी- योग्य ढांचे के लिये 1,75000 फाइबर आप्टिक तार व्यवस्था को भारत, अमेरिका, यूरोप, मध्यपूर्व और एशिया महाद्वीप क्षेत्र में समाविष्ट किया है।

हैलमेट फोन

पिंजौर, हिमाचल प्रदेश के गुरविन्दर सिंह (जन्म अक्टूबर 6, 1980), जिनको खोज की सनक है, ने एक हैलमेट बनाया है, जो फोन का भी कार्य करता है। जब आप जीएसएम सिम कार्ड हैलमेट में डालते हैं, तब वाहन चलाते हुए भी इसके किसी भी बटन को दबाकर आने वाले फोन पर बात कर सकते हैं। इसमें एक निश्चित समय के बाद आने वाला फोन स्वयं ही प्राप्त हो जाता है। आप हैलमेट के एक ओर लगे बटन को दबा कर वाहन चलाते हुए नम्बरों को पुनः मिला सकते हैं। इसकी बैटरी के चलने की क्षमता 7 दिन है और कोई भी साधारण बैटरी भी इसमे कार्य कर सकती है। इसका स्पीकर भी साधारण फोन से 8 गुणा अधिक शक्तिशाली है।

गुरविन्दर ने इस अनुपम उपकरण पर रू. 1,200 लगाए हैं, जिसे दो महीने लगाकर जुलाई 10, 2008 तक पूरा किया गया। बहुत उपयोगी है!

प्रथम स्पर्श एफएलओ मोबाईल फोन

माइक्रोसाफ्ट विन्डो द्वारा उपलब्ध उच्च तकनीक कम्प्यूटर मोबाईल आधारित उत्तम उपकरण, भारती एयरटेल के सहयोग से एचटीसी टच प्रथम मोबाईल फोन स्पर्श एफएलओ तकनीक के साथ जून 19, 2007 को जारी किसा गया, यह एक जीएसएम/ जीपीआरएस/ ईडीजीई ट्राईबेंड योग्य फोन है, जिसमे वाई-फाई और ब्लूटूथ ए2डीपी क्षमता के साथ उपलब्ध है। यह नैविगेशन तकनीक के कारण स्क्रीन अंतर्बोध स्पर्श द्वारा संचालित होता है।

अत्याधुनिक आई फोन

अगस्त 2008 को दिल्ली और गुडगांव में भारती एयरटेल और वोडाफोन ने *थर्डजनरेशनएप्पलआईफोन3जी* को जारी किया। इस फोन को टाइम्स पत्रिका द्वारा *इनवैंशन ऑफ दी इयर 2007* पुरस्कार दिया गया। इसका मूल्य 30 हजार रूपये था। इसमे 16 जीबी आईपोड के रूप मे एक नवीन अंग भी सम्मिलित था।

सर्वप्रथम उपलब्ध सीडीएमए व जीएसएम सेवाएं

रिलायंस कम्युनिकेशन (आरकॉम) ने अगस्त 3, 2008 को दिल्ली में पहले से चलित *सीडीएमए* सेवा के साथ *जीएसएम* आधारित मोबाईल सेवा का अवतरण किया। कम्पनी ने 1,000 जीएसएम कनैक्शन प्रायोगिक तौर पर अपने कर्मचारियों को दिये। आर कॉम, जीएसएम स्पैक्ट्रम को देश के 14 क्षेत्रों में संचालित कर रहा है।

पानी में सेल फोन

मई 26, 2008 को ऊटी के निकट के झरने के निकट की धारा में 100 सेल फोनों से भरा बैग इसमें गिर गया। यह सभी फोन श्री नारायण गुरू बीएड कालेज थुरावूर, केरल के छात्रों के थे। जो पहाड़ी क्षेत्र में अध्ययन यात्रा पर गये थे। यह दुर्घटना एक कीर्तिमान बनाने में सहायक हुई!

दिशा निर्देश उपलब्ध कराता प्रथम फोन

दिसम्बर 2007 में *नोकिया 6110 नेवीगेटर* जारी हुआ, जिसमें आठ शहरों के नक्शे- दिल्ली, जयपुर, अहमदाबाद, पुणे, मुम्बई, चेन्नई, बेंगलौर और हैदराबाद, पहले से सम्मिलित थे। इन नक्शों में 75,000 किमी. लम्बी सडकों, 10,000 रेस्टोरेंट और होटल, 10,000 बैंक और एटीएम, 5,000 स्कूल और कॉलेज, 3,000 पैट्रोल पंप, 3,000 पूजास्थल, 2,000 अस्पताल और दवाईयों की दुकानें, 2,000 मोटर गैराज और ऐसे ही हजारों दूसरे आवश्यक स्थान दर्शाए गये हैं। उपभोक्ता 150 से अधिक देशों के नक्शे अपने इस फोन पर हस्तांतरित कर सकते हैं।

नोकिया 6110 में तीव्र वेबसेवा के लिये एचएसडीपीए तकनीक और दो मेगा पिक्सल कैमरा स्क्रीन है जिसमें 16 मिलियन रंगों के साथ 2.2 इंच स्क्रीन, हल्के संसर और एसएमएस को सुनने की सुविधा भी उपलब्ध है।

इन्टरनेट

प्रथम आईपीटीवी सेवा प्रदाता

अक्टूबर 2007 को, महानगर टेलीफोन निगम लिमिटेड ने अक्ष आप्टीफाइबर लिमिटेड व आईओएल ब्रॉडबैंड लिमिटेड के सहयोग से *इंटरनेट प्रोटोकाल टेलीविजन (आईपीटीवी)*, जो इंटरनेट के माध्यम से डिजिटल टीवी सेवा उपभोक्ताओं को उपलब्ध करवाया। इसका अवतरण अक्टूबर 14, 2006 को किया गया। प्रारंभ में यह सुविधा मुम्बई में एमटीएनएल ब्रॉडबैंड उपभोक्ताओं को उपलब्ध करवाई गई। यह सुविधा अक्टूबर 17, 2006 को दिल्ली में भी प्रारंभ हुई। यह व्यवसायिक सेवा अगस्त 2007 को लांच हुई।

सर्वाधिक ईमेल आईडी

कोलकात्ता के शारीरिक रूप से विकलांग सुजीत घोष ने अप्रैल 1-25, 2008 को 25 दिनों में रेडिफमेल.कॉम पर 5,555 ईमेल एकाउंट बनाये। इस कार्य में उन्हें एक दिन के लगभग 16 घंटों का समय लगा। ईमेल पतों का आरंभ- *kolkattaismycity1@rediffmail.com* से *kolkattaismycity5555@rediffmail.com* तक के पते केवल एक हाथ के प्रयोग से बनाये गये।

सबसे लम्बा वेब प्रसारण

नेटटॉक इंटरनेट सोल्यूशन ने दिसम्बर 22, 2006 को 17.46 मिनट सायं से दिसम्बर 24, 2006 सायं 7.47 बजे तक *पीस फॉर इंडिया* नामक संगीत आयोजन का *www.veeworld.com* पर 50 घंटे और 1 मिनट लम्बा वेब प्रसारण किया। इस आयोजन मे अस्ट्रिया मॉल में तपस्या और 6 वाद्यवादकों के समूह द्वारा प्रदर्शन किया गया।

ई ज्ञानकोष

इंदिरा गांधी नेशनल ओपन यूनिवर्सिटी (इग्नू) नई दिल्ली के इलैक्ट्रिकल मीडिया प्रोडक्शन में *ई ज्ञानकोश*, एक राष्ट्रीय डिजिटल भंडार है, जिसमें गणना, सूचकांक, संरक्षण और वितरण तथा दूरस्थ अध्ययन संस्थानों द्वारा विकसित डिजिटल अध्ययन साधन सम्मिलित है। इसे जून 2008 को जारी किया गया। इसके द्वारा विद्यार्थी इग्नू ऑनलाईन पर स्वयं निर्देशित छपी पाठ्य सामग्री तक पहुंच सकते हैं।

सर्वाधिक विशाल सायबर मित्र प्रवेशद्वार

जुलाई 1997 को कोलकात्ता स्थित इंडिया टैक्नोलोजी लिमिटेड (पूर्व *allindia.com* लिमिटेड) की प्राथमिक वेबसाइट *www.batchmates.com* का अवतरण हुआ। यह कक्षा के उन साथियों में सम्पर्क स्थापित करने के लिये बनाई गई थी, जिनका आपस में सम्पर्क टूट चुका है। आज 2,06,200 स्कूल और कॉलेज तथा 12,800 कार्यालय *batchmates.com* से जुड़े हैं। बैचमेट्स में ई-कार्ड का प्रबन्ध है, जो परिवार और मित्रों को शुभकामनाएं भेजने में सहायता करता है। प्रतिदिन 7,5000 से अधिक सदस्य इसका उपयोग करते हैं। यह सेवा 3,000,000 प्रियजनों को आपस में सम्पर्क में रखती है।

अंटार्टिका से सीधा प्रथम ब्लॉग

दिल्ली के डा. सुधीर के खंडेलवाल जो 27वें इंडियन साइंटिफिक अंर्टाकटिका एक्सपीडिशन के सदस्य थे। नवम्बर 2007 के मध्य से अप्रैल 2008 के मध्य तक अंर्टाकटिका में 5 महीने व्यतीत किये। इस अवधि में इन्होंने अपने परिवार और मित्रों को श्वेत शुद्धता से ढ़के अपने आवास के विषय में जानकारी *www.himalayaanadventure.blogspot.com* पर सीधे अपने ब्लॉग द्वारा उपलब्ध कराते रहे। अंर्टाकटिका से प्रथम ब्लॉग नवम्बर 16, 2007 को भेजा गया। वहां इनके निवास की अवधि में इनके द्वारा भेजे गये ब्लॉग की संख्या 100 थी।

इंटरनेट पर लघु फिल्म की प्रथम प्रस्तुति

दिल्ली के उल्हास पीआर ने अपनी लघु फिल्म (लम्बे शीर्षक के साथ) *क्या रखा है नाम में, मै नहीं जानता, मगर मेरा नाम उल्हास है, मेरा परिवार और मेरे जानने वाले मुझे इसी नाम से जानते हैं,* को वेबसाइट *http://bharatkahero.in, bharatkahero.com, delhikahero.in and delhikahero.com* पर अगस्त 14, 2008 को प्रात: 10.32 मिनट पर प्रसारित की गई।

विश्व कीर्तिमान: सबसे ऊंचा वीडियो कान्फ्रेंसिंग स्टूडियो

नेशनल इन्फोर्मेटिक सेंटर (एनआईसी) ने जनवरी 2002 को न्योमा, लेह, जम्मू और कश्मीर में 13,890 फुट की ऊंचाई पर वीएसएटी आधारित वीडियो कान्फ्रेंसिंग स्टूडियो का निर्माण किया। (वीएसएटी अथवा वेरी स्माल एपर्टयूर टर्मिनल, जो डिश ऐंटीना के साथ दो प्रकार का सैटेलाईट पृथ्वी स्टेशन है), यह स्टूडियो तीन डीएएमए- आधारित वीएसएटीएस- न्योमा के एसडीएम कार्यालय, लेह मे डीसी कार्यालय और लेह मे हिल काउंसिल सचिवालय के साथ सज्जित है। इसमें 50 व्यक्तियों का स्थान है।

विश्व कीर्तिमान: उच्चतम इंटरनेट कैफे

अक्टूबर 2006 को सूचना तकनीकी विभाग द्वारा न्योमा, लेह के कम्युनिटी इन्फोर्मेशन सैंटर मे पांच उपभोक्ता व्यवस्था, एक सर्वर, 2 यूपीएस, 1 लेज़र प्रिंटर, 1 डॉटमैट्रिक्स प्रिंटर, एक वेब कैमरा तथा सीडी राईटर के साथ 13,772 फुट की ऊंचाई पर यह सायबर कैफे खोला गया। यह मुख्यत: छात्रों, सेना के लोगों और सरकारी नौकरों द्वारा प्रयोग होता है। इसमे एक साथ 20 लोग बैठ सकते हैं।

रेडियो

विश्व कीर्तिमान :सबसे लम्बी चली स्कूली प्रश्नोत्तरी

बोर्नविटा क्विज़ कॉन्टेस्ट रेडियो पर प्रश्नोत्तर प्रतियोगिता के रूप मे 1972 में प्रारंभ हुआ। इस कार्यक्रम की रूपरेखा 1993 में बदली गई। इन प्रतियोगिताओं को 6 महानगरों के स्कूलों में आयोजित किया जाता था। 1994 में साप्ताहिक टेलीविजन कार्यक्रम बन गया जिसके प्रस्तुतकर्ता डेरेक ओ ब्रॉयन थे। यह कार्यक्रम जी टीवी पर 2001 तक निरंतर प्रसारित होता रहा। बाद में यह सोनी टी.वी. पर स्थानांतरित कर दिया गया। एशिया की सर्वाधिक खण्डों वाली इस प्रश्नोत्तर प्रतियोगिता की अधिकांश कड़ियां डेरेक ओ ब्रॉयन के माध्यम से छात्रों तक पहुंची जोकि भारत के अतिरिक्त एशिया के छः अन्य देशों से भी जुड़े रहे।

सर्वाधिक पहुंच वाला दैनिक कार्यक्रम

ऑल इंडिया रेडियो पर छः राज्यों के 40 से अधिक प्रमुख स्टेशनों से प्रसारित होने वाला गोदरेज पाउडर हेयर डाई टॉप की बात 15 मिनट का अपनी ही तरह का प्रायोजित कार्यक्रम था। हर दिन इसकी एक नई कड़ी प्रसारित होता थी जिसमें बालों की देखभाल और सुन्दरता आदि पर वार्ता होती थी। इस कार्यक्रम ने लगातार 365 कड़ियों के साथ जनवरी 23, 2006 को अपना एक वर्ष पूरा किया।

रेडियो फिल्म?

रेडियो मिर्ची 98.3 एफएम ने जून 23, 2006 को लोदी गार्डन, नई दिल्ली में पहली रेडियो फिल्म का निर्माण किया। इस फिल्म का शीर्षक 'कुछ-कुछ सुनता है' था। इस रूमानी हास्य रेडियो फिल्म ने श्रोताओं को रोमांचित कर दिया। इसमें रेडियो जॉकी ने मुख्य भूमिकाएं निभाई। यह फिल्म निरंतर बम्पर टू बम्पर पर (शाम 6-7 बजे) प्रसारित हुई। इसका उद्देश्य पुरातत्वीय सर्वेक्षण के इस तथ्य पर बल देना था कि कृत्रिम रोशनी में फिल्मों की शूटिंग से ऐतिहासिक स्मारकों को नुकसान पहुंचता है इसलिए इस फिल्म निर्माण में किसी रोशनी का प्रयोग नहीं किया गया। अनमोल और पूजा ने इसमें मुख्य भूमिकाएं निभाई और इसका निर्देशन आरजे नावेद ने किया था।

प्रथम स्वतंत्र सामुदायिक रेडियो

बुदीकोट जिला कोलार, कर्नाटक में *नम्मा ध्वनि* ने मार्च 2003 में केबलकास्टिंग पर सुबह और शाम एक घंटे के दैनिक कार्यक्रमों का प्रसारण प्रारंभ किया। स्थानीय कन्नड भाषा में नाम्मा धवानी का अर्थ 'हमारी आवाज' होता है।

नम्मा ध्वनि और बुदीकोट के लोगों तथा एनजीओ वॉयस एवं मर्यादा के साथ मिलकर चलाया जाने वाला सामुदायिक रेडियो है जिसे यूनेस्को का सहयोग प्राप्त है जो इसके लिए तारें बिछाने, केबल जैक के साथ सस्ती दरों पर रेडियो बेचने है तथा युवा लोगों को रेडियो चलाने के लिये प्रशिक्षित करने जैसे कार्य करता है।

पहला इंटरनेट रेडियो

Worldtamilnews.com पहला इंटरनेट रेडियो है जिसका उद्घाटन तमिलनाडु के मुख्यमंत्री डा. कालाइगर करूणानिधि ने जुलाई 15, 2001 को अपने भाषण द्वारा किया। इसका क्षेत्र अगस्त 14, 2000 को तैयार किया गया।

देशभर के स्वतंत्र संगीतकारों को प्रोत्साहित करने के लिये कौस्तुभ श्रीकांत ने 2003 में रेडियो VeRVe (पूर्व में विस्तारित रेडियो के रूप में) की शुरूआत की। श्रेयस और गौरव 2005 में कौस्तुभ के साथ जुड़े। रेडियो VeRVe जुलाई 2006 में दो घंटे (9-11 बजे) के कार्यक्रम देने वाले सीमित रेडियो के रूप से निकलकर 24 घण्टे के रेडियो स्टेशन के रूप में सामने आया। यह रेडियो स्टेशन स्वतंत्र संगीत का प्रसारण करता है जिसके प्रसारण अधिकार किसी भी संगीत कंपनी के पास नहीं है।

सर्वाधिक युवा रेडियो जॉकी

14 साल का सिद्धार्थ कानन (जन्म मार्च 31, 1979) सर्वाधिक युवा रेडियो जॉकी है, जो सिड् के नाम से अधिक प्रसिद्ध है। इसने अपनी शुरूआत मार्च 15, 1994 को टाइम्स एफएम पर रेडियो जॉकी के रूप में की।

प्रथम महिला संचालित रेडियो सेवा

अक्तूबर 6, 2006 को शुरू हुए *आंगन के पार* कार्यक्रम में उप्र., बिहार और झारखंड के दुर्गम स्थानों से आई 12 रिपोर्टर है जो उनकी जिंदगी और यथार्थ से जुड़ी ज़मीनी समस्याओं जैसे- घरेलू हिंसा, एचआईवी/एड्स आदि को इस कार्यक्रम में लेती हैं। *आंगन के पार* आकाशवाणी के 22 स्टेशनों और बीबीसी हिन्दी पर प्रसारित होने वाला बीबीसी वर्ल्ड सर्विस ट्रस्ट का कार्यक्रम है।

महिलाओं को समर्पित पहला रेडियो स्टेशन

रेडियो टुडे ब्राडकास्टिंग लि. इंडिया टुडे ग्रुप की रेडियो इकाई ने मई 28, 2007 को प्रातः 6 बजे नई दिल्ली में 'म्यांऊ 104.8 एफएम' का प्रसारण आरम्भ किया । यह केवल महिलाओं के लिए वार्ताएं प्रसारित करने वाला पहला रेडियो स्टेशन है। प्रस्तुतकर्ता और श्रोताओं के बीच की वार्ता पूरी तरह से अलिखित होती है और सीधी प्रसारित होती है। इसकी टैगलाइन 'थोडी मीठी थोडी खट्टी' से ही इस स्टेशन के मिजाज का पता चल जाता है जिसमें महिलाओं की विभिन्न मनोदशाओं को प्रभावित करने की ललक दिखती है।

विश्व कीर्तिमान : पहला सेटेलाइट डिजिटल ऑडियो

1997 में स्थापित अमेरिका का वर्ल्ड स्पेस फाउंडेशन ने सर्वप्रथम सेटेलाइट रेडियो सेवा डिजिटल तकनीक के माध्यम से 24 घण्टे की डायरेक्ट-टू-रिसीवर सेटेलाइट रेडियो सेवा प्रारम्भ की। यह विश्व की सबसे बडी डिजिटल ध्वनि प्रसारण सेवा है। इसने उन स्थानों पर शिक्षा और जानकारी पर आधारित कार्यक्रम आरम्भ किए जहां पारंपरिक मीडिया प्रसारण या फिर इंटरनेट सेवा उपलब्ध नहीं है अथवा सीमित है।

रेडियो चैनल के लिए अनुबंधित प्रथम संगीतकार

संगीत निर्देशक एवं संगीतकार एआर रहमान को अप्रैल 2006 में वर्ल्ड स्पेस सेटेलाइट रेडियो के राष्ट्रीय ब्रांड अम्बसेडर के रूप में अनुबंधित किया गया। उन्होंने विशेष तौर पर एक वर्ल्ड स्पेस गीत को रचा और संगीतबद्ध किया।

निजी चैनल पर रेडियो जॉकी की सर्वाधिक लम्बी प्रात:कालीन सेवा

लखनऊ उप्र. की वेरा सिंह रेडियो सिटी 91.1 एफएम के साथ अक्टूबर 29, 2001 से जुड़ी हुई है। दिसम्बर 11, 2001 में रेडियो सिटी की आधिकारिक रूप से शुरूआत पर उन्होंने अमिताभ बच्चन का साक्षात्कार किया था।

कश्मीर में पहला एफएम रेडियो

आखिरकार दिसम्बर 18, 2006 को बिग 92.7 एफएम के प्रसारण के साथ कश्मीर की वादियों में संगीत गूंज ही उठा। इस स्टेशन पर संगीत और मनोरंजन के साथ ही कैरियर परामर्श, आध्यात्मिक तथा हास्य कार्यक्रम भी प्रसारित किये जाते हैं। इसके पहले तीन रेडियो जॉकी थे-सारा (फराह खान), हया और इस्माइल भाई (इज़हार ऋषि)।

रेडियो, गुलाब और खुशी!

विश्व के सात आश्चर्यों की सूची में ताजमहल के सम्मिलित होने की खुशी और बेंगलौर के लोगों को अतिनिष्ठा के साथ वोटिंग करने के लिए धन्यवाद देने के लिए 10 फुट लम्बी और 18 फुट चौडी ताजमहल की अनुकृति बनाई गई जिसमें 60,000 लाल गुलाबों का प्रयोग किया गया । इसके प्रायोजक रेडियो मिर्ची 98.3 एफएम और बेंगलौर की गुलाब उत्पादक कम्पनी कस्तूरी फ्लोरीटेक थे। आखिरकार गुलाब भी तो ताज की तरह प्रेम का प्रतीक है।

मिर्ची ताज को अगस्त 8-16, 2007 तक लाल बाग बोटेनिकल गार्डन में लगी स्वतंत्रता दिवस पुष्प प्रदर्शनी में प्रदर्शित किया गया। वास्तव में अगस्त 14 तक 5,999 गुलाबों का प्रयोग किया गया और अंतिम गुलाब को देश की स्वतंत्रता की 60वीं सालगिरह का प्रतीक मान कर अगस्त 15 को इसमें जोड़ा गया।

प्रथम निजी एफएम रेडियो स्टेशन

म्यूजिक ब्रॉडकास्ट प्राइवेट लिमिटेड द्वारा स्थापित एक 24 घंटे का मनोरंजन स्टेशन, रेडियो सिटी एफएम 91 (अब 91.1) जुलाई 3, 2001 को भारत के प्रथम निजी रेडियो स्टेशन के रूप में बेंगलौर में शुरू किया गया।

2000

सर्वाधिक लम्बे समय तक विदेश में समाचारवाचिका

तिरूवनंतपुरम केरल की एल कृष्णवेणी ने एशियानेट रेडियो 1539 एफएम दुबई पर तमिल समाचारवाचिका के रूप में (2,216 दिन) अप्रैल 26, 2002 से मई 20, 2008 तक निरंतर 6 साल और 24 दिन समाचारवाचन किया। वह पूरे यूएई, सऊदी अरब, कतर, मस्कट और कुवैत में प्रसारित होने वाले एक घण्टे के कार्यक्रम को प्रस्तुत करती थी।

विश्वविद्यालय के लिए पहला सामुदायिक एफएम रेडियो

दिल्ली विश्वविद्यालय ने अक्टूबर 2, 2007 को पत्राचार विद्यालय, उत्तरी कैम्पस में अपने पहले रेडियो स्टेशन का उद्घाटन किया। इस स्टेशन पर संगीत के साथ ही परीक्षा कार्यक्रम, छात्रावास में स्थान, पाठ्यक्रम तथा कॉलेज के छात्रों से जुड़ी हर जानकारी प्रसारित होती है। रेडियो जॉकी के लिये ऑडिशन लिये गए और 50 रेडियो जॉकी का चुनाव किया गया। प्रारंभ में डीयू एफएम का प्रसारण समय 8 घण्टे था बाद में यह समय बढ़ा दिया गया। यह 10 किलोमीटर की सीमा में प्रसारित होता है।

मई 2008 में इस रेडियो स्टेशन ने स्नातक पाठ्यक्रमों में प्रवेश पर प्रतिदिन एक घंटे का विशेष कार्यक्रम प्रसारित कर विश्वविद्यालय में दाखिले के कठिन दिनों में छात्रों की बहुत सहायता की।

'सर्वाधिक ऊंचाई' पर रेडियो स्टेशन!

रेडियो इंडिगो-लेनोवो डीजे की संकल्पना को रेडियो इंडिगो और लेनोवो की मीडिया बाइंग एजेंसी माइंडशेयर ने 3000 वाई 410 नाम के लैपटाप में मूर्त रूप दिया।

पहली बार एक व्यस्त सड़क पर जमीन से 20 फुट ऊपर एक रेडियो स्टेशन ने अपने विशालकाय लैपटाप पर एक सप्ताह अक्तूबर 1-7, 2007 से प्रातः 7 बजे से सायं 8 बजे तक सीधा प्रसारण किया।

इंडिगो राइज़िंग की आरजे मालविका, देत्रिपिन की मेघना, इंडिगा ज्यूकबाक्स की आयशा डिसूज़ा और क्रूस कंट्रोल के रोहित बारकेर ने विशाल लैपटाप से यह कार्यक्रम प्रस्तुत किया। इस लैपटाप स्टूडियो को बिनारी सिस्टम बेंगलौर पर रखा गया था। नेहा चौधरी ने पुरस्कार के तौर पर लेनोवो ऑडियो डीजे लैपटाप जीता।

अंतर्राष्ट्रीय अभियान में प्रथम भारतीय भागीदारी

नेशनल इंस्टीट्यूट ऑफ अमेच्योर रेडियो, हैदराबाद की 22 वर्षीय सादनैनी यामिनी जनवरी 26, 2008 को अमेच्योर रेडियो अभियान पर कोकोस आईलैंड, कोस्टारीका, मध्यअमेरिका गई।

उनकी यात्रा एनआईएआर और आस्ट्रेलियन अमेच्योर रेडियो सोसाइटी द्वारा प्रायोजित की गई। निर्जन टापू पर उतरकर तकनीकी अविष्कार करने से पहले इस टीम ने प्रशांत महासागर में बोट पर से ही 40 घंटे तक अपना काम किया। यामिनी का पहचान चिन्ह वीयू2वाईएएम है और उन्हें अलग तरह की ध्वनि और पैक्टर-3 नाम के डिजिटल संप्रेषण के लिए अनुबंधित किया गया जोकि एक ऐसा मॉडम होता है जिससे डिजिटल संचार के लिए इंटरनेट के बिना ई-मेल किया जा सकता है। विवाहिता और 3 वर्षीय बेटी की मां यामिनी को आपदाओं के समय उसके काम आने वाले अधिकाधिक संप्रेषण संपर्क हासिल करने की उम्मीद है। वह अमेरिका, यूरोप और एशिया की 12 सदस्यों की टीम में सबसे युवा एकमात्र महिला सदस्य थी। वास्तविक अभियान फरवरी 9-13, 2008 तक था।

यह मध्यपूर्व में तमिल समाचारों का प्रसारण करने वाला पहला मलयालम रेडियो चैनल था।

एक ही आरजे के साथ चलने वाला सर्वाधिक लम्बा कार्यक्रम

नवम्बर 2003 को रेडियो सिटी 91.1 एफएम पर संबंधों पर आधारित कार्यक्रम 'लव गुरू' की शुरूआत हुई। यह कार्यक्रम चुनिंदा सुरीले हिंदी गानों के साथ परामर्श, सुकून और एक दोस्ती भरा साथ देता है। एक अनजान प्रस्तुतकर्ता बहुत संवेदनशीलता के साथ लव गुरू कार्यक्रम प्रस्तुत करता है जो एक साथ 16 शहरों में प्रसारित होता है । इस कार्यक्रम और इसके नाम में अब तक कोई परिवर्तन नहीं हुआ है।

सामाजिक उत्तरदायित्व की पहल में प्रथम विजेता

स्कोर फाउंडेशन के रेडियो कार्यक्रम *आई वे-ये है रोशनी का कारवां* को प्रथम रेडियो दुनिया पुरस्कार 2008 के लिए 'सर्वोत्तम सामाजिक दायित्व' वर्ग में सर्वश्रेष्ठ रेडियो कार्यक्रम चुना गया। इस पुरस्कार समारोह का आयोजन फरवरी 12, 2008 को इंटरकांटीनेंटल- द ग्रैंड, नई दिल्ली में किया गया।

नवम्बर 2005 को आरंभ हुए 30 मिनट के कार्यक्रम *आई वे-ये है रोशनी का कारवां* में साक्षात्कार, परामर्श, एक आदर्श नेत्रहीन का जीवनवृत्त और प्रतियोगिताओं के साथ बहुत सी उपयोगी तथा रोचक जानकारी होती हैं।

रेडियो कार्यक्रम के विषय में सर्वाधिक पत्र

पुणे, महाराष्ट्र के अरविंद नीलकंठ नवारे ऑल

इंडिया रेडियो (पुणे सेंटर) पर प्रसारित होने वाले दैनिक कार्यक्रम *चिंतन* पर मुम्बई में रहने वाले अपने पुत्र अजीत अरविंद नवारे को प्रतिदिन पोस्ट कार्ड भेजते हैं। अरविंद 30 मार्च 2001 से 30 जून 2008 तक 2437 पत्र लिख चुके थे।

वॉयस ऑफ अमेरिका का हिंदी प्रसारण बंद करना

वॉयस ऑफ अमेरिका ने अपना हिंदी का

पहला 30 मिनट का दैनिक समाचार कार्यक्रम जुलाई 1, 1954 को शार्टवेव से प्रसारित किया। वॉयस ऑफ अमेरिका ने अपना अंतिम कार्यक्रम सितम्बर 30, 2008 को प्रसारित करेगा इसके पश्चात् इसके 6 सदस्यों की टीम, (जिसके 1200 से ज्यादा प्रशंसक क्लब हैं और 8 लाख से ज्यादा श्रोता इसे सुनते हैं।) हमेशा के लिये खामोश हो जाएगी। अमेरिका प्रसारण मंत्रालय के गर्वनर ने हिंदी को उन 45 भाषाओं की सूची से अलग कर दिया है जिनके माध्यम से अमेरिका पूरे विश्व से संवाद करता है।

गीतों के लिये सर्वाधिक फरमाइशी पत्र

मध्य प्रदेश, कटनी के अनिल तामराकर पूरे विश्व के रेडियो स्टेशनों पर अपनी पसंद के गानों की फरमाइश के लिये पत्र भेज रहे हैं। वह 60-70 पत्र प्रतिदिन भेजते हैं और अब तक वे 6 लाख से अधिक पत्र भेज चुके हैं। वह श्रोता पुरस्कार के साथ ही 200 से अधिक रेडियो प्रस्तुतकर्ताओं से पत्र प्राप्त कर चुके हैं। वह 1997 से जिला श्रोता एसोसिएशन के अध्यक्ष हैं और ऐसी ही 20 दूसरी एसोसिएशनों के साथ उनका सम्पर्क हैं। उन्होंने अप्रैल 2 तक अपने श्रोता मित्रों के 3,300 पत्र प्राप्त किये हैं।

उर्दू/ हिन्दी कार्यक्रमों का सर्वाधिक संग्रह

जिला यवतमल, महाराष्ट्र के असतम खान पेशे से अध्यापक हैं। वह बीबीसी उर्दू तथा हिन्दी, वॉयस ऑफ अमेरिका तथा आकाशवाणी यवतमल के नियमित श्रोता हैं। उन्होंने 1992 से आरम्भ कर मई 2006 तक इन कार्यक्रमों को 2870 आडियो कैसेटों में रिकार्ड किया है।

रेडियो पर प्रथम टैटू विशेष

रेडियो इंडिगो 91.9 बेंगलौर ने अक्तूबर 22, 2007 को शारीरिक कला टैटू उत्सव मनाया।

मछुआरों के लिये प्रथम रेडियो

मछुआरों में आपदा जागरूकता पैदा करने के एक माध्यम के रूप में मई 2006 को तिरूवनंतपुरम, केरल में रेडियो अलाकल शुरू किया गया। केरल विनाश के प्रति जागरूकता के लिये जाना जाता है। 2004 में सुनामी से प्रेरित होकर एल अजीत ने मछुआरा समुदाय के युवा लोगों के साथ चैनल को प्रारम्भ किया। तब इनके पास एफएम लाइसेंस नहीं था इसलिए मछली पकड़ने वाले गांवों के सीमित दायरे में लाउडस्पीकर पर कार्यक्रम का प्रसारण किया जाता था। इस रेडियो पर मौसम की जानकारी, तूफान की चेतावनी, लहरों की ऊँचाई तथा समुद्र की स्थिति आदि विषयों पर कार्यक्रम प्रसारित होते हैं इसका परीक्षण के तौर पर 15 तटीय गांवों में आरंभ किया गया।

इस परियोजना को केरल स्वतंत्र मत्स्य थोजिलाल फेडरेशन, साउथ इंडियन फाउंडेशन आफ फिशरमैन सोसाइटीज़ और तोयोला कालेज, तिरूवनंतपुरम द्वारा प्रोत्साहित किया गया जबकि द सोसाइटी आफ द प्रमोशन आफ अल्टरनेटिव कम्प्यूटिंग एण्ड एम्पलायमेंट ने कार्यालय और स्टूडियो के लिए जगह तथा रिकॉर्डिंग साफ्टवेयर उपलब्ध कराए।

अविराम रेडियो जॉकिंग

रेडियो मिर्ची, मेंगलौर, कर्नाटक के विश्वास कुमार ने अधिवर्ष की शुरूआत एक अविराम आरजे प्रयास से की जोकि 100 घंटों तक चली। उससे बढ़कर, फरवरी 29 ने मेंगलौर में रेडियो मिर्ची 98.3 एफएम की 98 दिनों तक उपस्थिति चिन्हित की। इसे मिर्ची एक्सप्रेस 983 (फरवरी 29 को प्रातः 4.45 बजे से मार्च 3, 2008 दोपहर 12 बजे तक) से पुकारा जाएगा। महीना एक शुक्रवार को आरम्भ हुआ और एक शुक्रवार पर ही समाप्त हुआ, कुल पांच शुक्रवार रहे! आखिरी बाद ऐसा फरवरी 1980 में हुआ था और ऐसा केवल 28 वर्षों में एक बार ही होता है!

पहले तीन दिनों तक 29 लोग थे, सुनने वाले और आरजे की जिन्दगी में परिवर्तन लाने वाले दोनों ही। अन्तिम दिन 11 लोग थे, कुल मिलाकर 87 लोग 100 घंटों से ज्यादा तक प्रसारण में शामिल थे।

प्रथम दिन चर्चा का विषय था शहर में सांस्कृतिक सुगंध। दूसरा दिन शिक्षा को समर्पित था; मेंगलौर में शिक्षा का भविष्य, पाठ्यक्रम, पेशा। तीसरा दिन बोट पर जीवन के लिए सुरक्षित था, समुद्रतट, समुद्री भोजन और चौथे दिन जिन 11 सदस्यों ने आरजे के जीवन में परिवर्तन लाया था, उनका प्रसारण किया गया। यह पूरी कसरत एक मेंगलोरियन होने की भावना को प्रबल करने की थी।

बिग 92.7 एफएम का ब्रेकफास्ट जॉकी 'स्पीड' धीना, जो ब्रेकफास्ट शो संभालता है, बिग 92.7 एफएम चेन्नई पर बिग वणक्कम, विभिन्न परिस्थितियों में अपने चुटीले अंदाजों के लिए मशहूर है। उसने चेन्नई में अगस्त 20 को दोपहर 3 बजे से अगस्त 24, 2007 प्रातः 11.07 बजे तक अविराम प्रसारण पूरा किया।

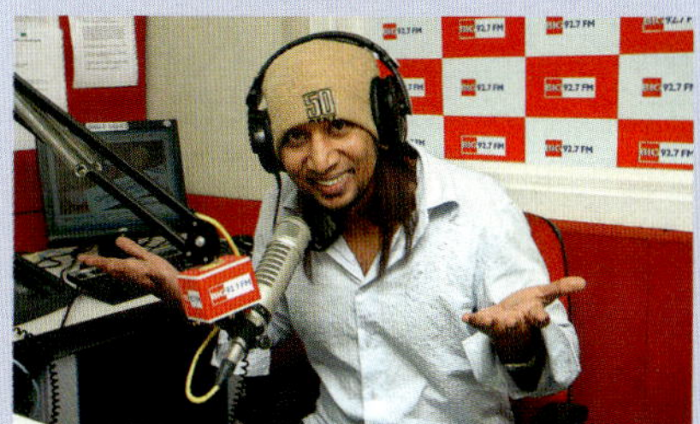

'क्रूस कंट्रोल' पर प्रस्तुतकर्ता रोहित बारकेर द्वारा श्रोताओं हर सप्ताह टैटू के विषय में श्रेष्ठ जानकारी मिलती थी और साथ ही उन्हें सर्वश्रेष्ठ तथा सबसे अधिक सनक भरे टैटू दिखाने पर पुरस्कार पाने का मौका मिलता था। 'इंक वीक' विशेषकर टैटू बनाने वाले और उन्हें गुदवाने वालों को समर्पित था। रेडियो जॉकी ने टैटू कलाकार रशैल के साथ मिलकर, विशेषकर पूरे शरीर पर सबसे मज़ेदार टैटू गुदवाने वाले लोगों से मिलवाया। इसका विशेष समापन अक्टूबर 26, 2007 को हुआ। प्रसिद्ध टैटू कलाकार रशैल अपने टैटू पार्लर तथा अपने टैटू प्रेम के लिए जानी जाती हैं। उन्होंने रेडियो इंडिगो के कर्मचारियों पर भी टैटू बनाए जिन्हें अक्टूबर 26, 2007 को सीधा प्रसारित किया गया। 'इंक वीक' मे 'मियामी इंक' के विषय में भी बताया गया। रोहित ने विश्व के श्रेष्ठ टैटू पार्लर में से एक के विषय में अधिक जानने के लिए मियामी इंक से भी संपर्क किया।

सर्वप्रथम एफएम रेडियो स्टेशन

मार्च 19, 1988 को दिल्ली में प्रथम एफएम रेडियो स्टेशन प्रारंभ हुआ। यह रात्रि 9.30 बजे शुरू हुआ और 90 मिनट तक चला। यह जल्दी ही युवाओं में लोकप्रिय हो गया।

1993

अपंगता पर प्रथम नियमित कार्यक्रम

थीरामाइयिन थिसायिल (आपकी क्षमताओं की ओर) एबिलिटी फाउंडेशन का एक साप्ताहिक कार्यक्रम है जो रविवार प्रात: 8.30 बजे चेन्नई पर प्रसारित होता है। यह कार्यक्रम आकाशवाणी चेन्नई के सहयोग से तैयार किया जाता है। इसका उद्देश्य श्रोताओं को प्रेरित करना तथा अपंग लोगों और उनके परिवारों तक पहुंचने के साथ-साथ अपंग लोगों की दुनिया के बारे में फैली भ्रांतियों को दूर करने का प्रयास करना है। यह कार्यक्रम जून 20, 2002 से मार्च 25, 2007 तक चलता रहा।

पहली बार कहानियां रूपहले पर्दे और रेडियो पर

35 फेलूदा कहानियों में से बीबीसी ड्रामा के निर्माता ऐन एडविन ने सत्यजीत रे की दो जासूसी कहानियों का रेडियो पर चित्रण किया। यह कहानियां हैं द *गोल्डन फोर्टीज़ (सोनार केला)* और द *एलिफेंट गॉड (जय बाबा फेलूनाथ)*। संयोगवश सत्यजीत रे ने भी इन दो लघु कथाओं को फिल्म बनाने के लिए चुना था।

राहुल बोस के लिए रे के प्रिय कलाकार सौमित्र चैटर्जी (इन्होंनें दोनों फिल्मों में फेलूदा की भूमिका निभाई) की कमी को पूरा करना बहुत कठिन था। अनुपम खेर ने लालमोहन गांगुली या जटायु (वह लेखक जो इन रहस्यों को सुलझाने में महत्वपूर्ण भूमिका निभाता है) की भूमिका निभाई। अन्य कलाकारों में दिलीप ताहिल (एलीफेंट गॉड में एक निकृष्ट व्यापारी मगनलाल मेघराज की आवाज़), अमीन सायानी (अभयचरण और सिंधू अंकल), जसपाल भट्टी (गुरबचन सिंह, सोनारकेला का प्रसिद्ध टैक्सी ड्राइवर) और हरि सुब्रमणियम (जोसेफ) आदि थे ।

द गोल्डेन फोर्टीज़ फरवरी 10, 2007 को और द एलिफेंट गॉड अगस्त 11, 2007 को (बीबीसी वर्ल्ड और वर्ल्ड स्पेस) पर प्रसारित किया गया।

सबसे लम्बी एकसाथ आरजे मैराथन

बिग 92.7 एफएम के 13 स्टेशन के हर एक रेडियो जॉकी ने अविराम ऑरजे और मैराथन पूरी की। अगस्त 8, 2008 कोइन स्टेशनों के प्रत्येक आरजे ने एक साथ अपनीं मैराथन प्रात: 7 बजे आरंभ की और उसके साथ निरंतर 105 घंटे तक प्रसारण में भी रहे जो अगस्त 12 सायं 4 बजे समाप्त हुई।

राज्य	आरजे का नाम
जम्मू	राहुल
जमशेदपुर	रणदीप
अमृतसर	अनूप (हैरी)
पटियाला	रोहित
कानपुर	पीयष सिंह
उदयपुर	अंकित माथुर
बरेली	मोहम्मद साजिद
अलीगढ़	मोहम्मद असद
ग्वालियर	रूचि अमरपुरी
सूरत	सेतू दवे
गोआ	उदय चारी
तिरूवनंतपुरम	फिरोज़
आगरा	नेहा

दुर्भाग्यवश, श्रीनगर की यासरा हुसैन श्रीनगर में कर्फ्यू के कारण आरजे मैराथन में भाग नहीं ले सकी।

बिना स्टूडियो का प्रथम रियलिटी संगीत कार्यक्रम

केरल के पहला निजी एफएम चैनल रेडियो मैंगो ने मई 10, 2008 को नाट्टिल थरम के नाम से अपना राज्यव्यापी संगीत रियलिटी कार्यक्रम प्रारंभ किया। चल स्टूडियो और व्यवसायिक स्पीकरों से युक्त पांच संगीत वैनों (पाट्टू वंडी) ने 500 पंचायतों में घूमकर जीत की आस लिए 20,000 गायकों को परखा। शंकर महादेवन, के.एस. चित्रा, उन्नी मेनन, राहुल देव और जैज़ी गिफ्ट ने अंतिम 10 प्रतियोगियों में से विजेता का फैसला किया और यह मुकाबला एक संगीत स्नातक जयकृष्णा ने जीता।

टेलीविजन

टेलीविजन पर सबसे ज्यादा गेट-अप्स

राजकोट, गुजरात के मिलन त्रिवेदी, जो ईटीवी गुजराती के लिए काम करने वाले एक मंच कलाकार हैं, उन्होंने चैनल के इन-हाउस कॉमेडी सीरियल के लिए 139 गेट-अप्स में भूमिका अदा की है।

पहला ट्रांस जेंडर उद्घोषक

रोज़, 29, विजय टीवी पर इप्पाडिक्कू रोज़ की मेजबानी कर रही हैं, इस भूमिका को वो बहुत गंभीरता से लेती हैं, चर्चा किये जाने वाले कई तब्बू विषयों पर बात करती है और दूसरों की मदद करती है। उसके प्रशंसकों से आये हुए मेल्स बताते हैं कि वह बहुत ही अच्छा उत्साहवर्धक काम कर रही है।

एक कॉमिक स्ट्रिप पर आधारित पहला धारावाहिक

इसे 1971 में डायमण्ड कॉमिक्स, *चाचा चौधरी* के लिए एक कॉमिक सीरीज के रूप में कार्टूनिस्ट प्राण के द्वारा बनाया गया। यह एक कार्टून स्ट्रिप पर आधारित है, जो मई 13, 2002 को सहारा चैनल पर शुरू हुआ जिसमें फिल्म एक्टर रघुवीर यादव चाचा चौधरी और महाभारत के प्रवीण कुमार रोबस्ट साबू की भूमिका अदा कर रहे हैं।

मलयालम में विजुअल ट्रैवलोग का पहला प्रसारण

संचारम्, एक विजुअल ट्रैवलोग, मलयालम टीवी चैनल एशियानेट न्यूज चैनल पर सितम्बर 2001 से 6 सालों से प्रसारित किया जा रहा है। सितम्बर 2007 तक, संतोष जॉर्ज कुलंगरा ने इस कार्यक्रम के लिए काम करते हुए 50 देशों का दौरा किया है। उनकी पहली यात्रा कोचीन दक्षिण रेलवे स्टेशन से अक्टूबर 24, 1997 को शुरू हुई। यह यात्रा गोरखपुर होते हुए नेपाल की यात्रा थी। इस ट्रैवलोग की खास बात यह है कि संतोष एकमात्र यात्री है और वह ही सीरियल के फोटोग्राफर और निर्देशक हैं।

सबसे लम्बी चलने वाली टेलीविजन प्रश्नोत्तरी

प्रश्नोत्तरी, 15 दिन में आने वाला एक क्विज़ कार्यक्रम जिसमें टेलीविजन दर्शकों के रूप में स्कूलों, कॉलेजों और सामान्य जनता से लोग भाग लेते थे, यह जयपुर दूरदर्शन केन्द्र, प्रसार भारती का पहला प्रसारण था जो जुलाई 23, 1993 को हुआ। इसके मेजबानी शुरू से ही एक आईएएस अधिकारी महेन्द्र सुराना कर रहे थे। इस क्विज़ में कई विषयों पर प्रश्न किये गये। इसने मई 31, 2008 को अपनी 321 एपिसोड पूरे किये। सुराना धीमे स्क्रिप्ट लेखक भी हैं। शो का प्रोडक्शन इन-हाउस था।

पहला क्रिकेट मैच प्रसारण

1996 में दूरदर्शन ने चार दिन के क्रिकेट मैच का प्रसारण किया। यह मैच गैरी सोबर्स-वेस्ट इंडीज बनाम ग्र बोर्ड के अध्यक्षों का था। देव राज पुरी और जोगा राव ने क्रमशः हिन्दी और अंग्रेजी की कमेन्ट्री की जबकि बड़ौदा के फतेहसिंह राव गायकवाड़ ने अच्छी टिप्पणियां की। यह प्रसारण केवल दिल्ली तक ही सीमित था।

भारत के छोटे पर्दे के सितारे संयुक्त राज्य अमेरिका में

भारतीय अभिनेता अब अमेरिकी टेलीविजन पर टीआरपी में बड़ा परिवर्तन ला रहे हैं, इस प्रकार से भारतीय अभिनेताओं के लिए भविष्य में कैरियर का रास्ता खुल रहा है। इनमें से कुछ हैं: काल पेन-हाउस सेंधिल राममूर्ति-हीरोज़ कवि लेडनायर-हीरोज़ नवी रावत-नम्बर्स पद्‌मा लक्ष्मी-टॉप शेफ आसिफ मांडवी-दैनिक शो।

पहला निजी समाचार चैनल

ज़ी न्यूज ज़ी टीवी द्वारा निर्मित और मार्च 13, 1995 को पहली बार ज़ी टीवी पर इसका प्रसारण हुआ। जिस पर हिन्दी में रजत शर्मा द्वारा एक समाचार बुलेटिन दिया गया। बाद में 1997 के अन्त में यह समाचार कार्यक्रम एक स्वतन्त्र समाचार चैनल ज़ी न्यूज़ में बदल दिया गया जो देश का पहला निजी समाचार चैनल बन गया।

विश्व कीर्तिमानः सबसे ज्यादा देखे जाने वाले पौराणिक कथाओं पर आधारित धारावाहिक

रामानन्द सागर का 78 एपिसोड का टीवी धारावाहिक रामायण सागर आर्ट्स के बैनर के अन्तर्गत निर्मित किया गया और इसका पहला प्रसारण 1987 में दूरदर्शन पर हुआ। इसका हर एपिसोड 35 मिनट का साप्ताहिक एपिसोड था। बाद में, भिन्न समयों पर सभी 5 महाद्वीपों में 17 देशों में 20 अलग अलग चैनलों पर इसका प्रसारण हुआ। यह 2,000 घण्टे से ज्यादा चला। बीबीसी के आंकड़ों के अनुसार यह धाारावाहिक दुनियाभर में 650 मिलियन से अधिक लोगों ने देखा।

वेटरन्स फिल्म निर्माता रामानन्द सागर (जन्म 1917) जिन्होंने मुम्बई में 1950 में सागर आर्ट्स की स्थापना की उन्हें 2000 में पद्मश्री से सम्मानित किया गया।

विश्व कीर्तिमानः सबसे लम्बा एक ही शॉट

एक 113 मिनट का एपिसोड एक ही शॉट में? बिना किसी एक भी कट के? सोनी एन्टरटेनमेन्ट टेलीविजन पर प्रसारित होने वाला धारावाहिक सीआईडी का एक एपिसोड नवम्बर 7, 2004 को 111 मिनट में फिल्माया गया। सह-निर्माता और निर्देशक बी पील सिंह का विचार था कि बिना रूके शॉट लिया जाये। नितिन राव कैमरे पर थे, राजन कोठारी लाईटों, डिजाईन और सिनेमेटोग्राफी पर काम कर रहे थे। सीआईडी एक अपराध पर आधारित थ्रिलर धारावाहिक है जिसका प्रसारण सोनी एन्टरटेनमेन्ट टीवी पर जनवरी 1998 से किया जा रहा है।

पहला मिलिट्री रियलिटी शो

सुरक्षा विश्लेषक मारूफ रज़ा ने 24 घण्टे के अंग्रेजी समाचार चैनल पर उन वास्तविक स्थितियों और स्थानों को दर्शाया है जहां सेना, वायुसेना और नौसेना के जवानों को वर्दी में प्रशिक्षित किया जाता है। इसमें दिखाया गया है कि वे किस तरह से शत्रु का सामना करते हैं। ऐसी स्थितियां जिन्हें एक सामान्य आदमी ने पहले कभी नहीं देखा था। पनडुब्बी से लेकर सियाचीन के जीवन तक रज़ा, जो एक भूतपूर्व सैनिक हैं, बताते हैं कि सैनिकों का जीवन ऐसा ही है। शो पहली बार फरवरी 5, 2006 को दर्शाया गया। सभी 20 एपिसोड्स फिल्माये गये और फिनाले हमारे सम्मानित व्यक्तियों पर आधारित था।

सबसे बड़ा विज्ञापनदाता

1988 में हिन्दुस्तान लीवर ने 9.23 करोड़ रूपये टीवी के विज्ञापनों पर खर्च किये। कोलगेट-पामोलिव पर 4.05 करोड़ रूपये खर्च किये गये। सबसे ज्यादा विज्ञापन दिया जाने वाला उत्पाद था साबुन।

1997

इस शो के एंकर थे मारूफ रज़ा और इसके निर्माता थे मयूरिका बिस्वास।

पहला २४ घण्टे का हिन्दी चैनल बच्चों के लिए

हंगामा टीवी जो 4 से 14 साल के बच्चों के लिए एक एन्टरटेनमेन्ट चैनल है, वह हिन्दी का पहला चैनल है जो बच्चों के लिए 24 घण्टे प्रसारित किया जाता है, इसका उद्घाटन सितम्बर 26, 2004 को किया गया।

पहला शो जिसमें जीवित आकार के पपेट्स का उपयोग किया गया।

एक राजनीतिक स्पूफ जिसमें सजीव आकार के, सजीव प्रकार के पपेट्स का प्रयोग किया गया, इसे सितम्बर 5, 2003 को दी वर्ल्ड दिस वीक के एक 3 मिनट के भाग के रूप में एनडीटीवी 24 × 7 पर प्रदर्शित किया गया। यह चैनल एक हिन्दी चैनल है और शो का नाम है गुस्ताखी

पहला नृत्य शो

बूगी वूगी 1996 से पिछले 10 वर्षों से लोगों का मनोरंजन कर रहा है। इसकी मेजबानी लोकप्रिय फिल्म और टीवी व्यक्तित्व नावेद ओर रवि कर रहे हैं, शो का मुख्य बिन्दु हैं जावेद जाफरी जो स्थायी रूप से सेलेब्रिटी जज हैं।

सबसे लम्बे समय तक चलने वाला खेल शो

जैकपोट, एक साप्ताहिक खेल शो 2001 से हर रविवार को प्रसारित किया जा रहा है, इसकी एंकर हैं खुशबु। इस शो के निर्माता, प्रायोजक, चैनल और एन्कर समान रहे हैं औसतन 9 से 13 के बीच के टीआरपी के साथ यह जय टीवी का सबसे लोकप्रिय शो है। खुशबु के अद्वितीय ब्लाउज जो कभी भी दोहराये नहीं जाते हैं, पूरे तमिलनाडु में दर्शकों के आकर्षण का केन्द्र बने हुए हैं। इससे उनके कॉस्ट्यूम डिजाईनर श्रीनिवासन को उच्च श्रेणी के ग्राहकों की एक लम्बी लिस्ट मिली है। ये 3,000 रूपये से 20,000 रूपये तक प्रत्येक ग्राहक से प्राप्त करते हैं!

सबसे लम्बा अपराध आधारित शो जिसका एक ही एंकर है

नवम्बर 22, 2004 को शुरू हुआ सनसनी, जो सप्ताह में 5 दिन (सोमवार से शुक्रवार) को प्रसारित किया जाता है। 2005 से यह एक दैनिक शो बन गया। श्रीवर्धन त्रिवेदी ने हर स्थिति में बिना ब्रेक के स्टार न्यूज़ पर इसे एंकर किया है। उनके घर में लगी आग से लेकर उनकी मां की बीमारी तक और जब पूरा सेट दैनिक शो के लिए जबलपुर में स्थानान्तरित कर दिया गया, उन्होंने फिर भी इसे एंकर किया। एंकर की रिकार्डिंग हमेशा उसी दिन की जाती है।

पहला अदालत आधारित कार्यक्रम

आप की अदालत, एक टीवी का साप्ताहिक कार्यक्रम जिसका टेलीकास्ट मार्च 13, 1992 से किया जाता रहा है। इसमें चयनित सेलेब्रिटी और व्यक्तित्व के खिलाफ कार्यवाही की जाती है। रजत शर्मा उनसे तरह तरह के सीधे सवाल पूछते हैं। और अन्त में एक चयनित जज उसे अपराधी या निर्दोष घोषित करता है। ये शो ज़ी टीवी पर बिना किसी ब्रेक के प्रसारित हुआ है व चार वर्ष में बहुत ही अधिक लोकप्रिय हो गया है। इसके बाद फरवरी 1996 से इसका टेलीकास्ट स्टार टीवी पर शुरू हो गया और अगले चार साल यह जनता की अदालत के नाम से विख्यात हुआ।

माफ। इस शो के पीछे विचार था सरकार चला रहे लोगों की नीतियों, फैंसलों, परिस्थितियों और उनकी भ्रष्टाचारी स्थिति पर टिप्पणियां करना। इन पपेट्स को सुब्बा घोष द्वारा डिजाईन किया गया है। रिचा सहाय निर्माता और निर्देशक हैं।

पहला 24 घण्टे का लोकसभा टीवी

24 घण्टे के लोकसभा टीवी चैनल की शुरूआत जुलाई 24, 2006 को स्पीकर सोमनाथ चटर्जी के ब्रेनचाइल्ड से हुई। यह जनता के प्रतिनिधियों के अधिक प्रभावी योगदान को उन मामलों में सुनिश्चित करता है जिन्हें राष्ट्रीय एकाग्रता की जरूरत होती है।

पहला रियलिटी विवाह शो

डिस्कवरी ट्रैवल एंड लिविंग, दर्शकों के लिए अगस्त 20, 2006 को रात 8 बजे लाये ग्रेट इण्डियन वेडिंग जिसमें न्यूयॉर्क आधारित विक्रम चटवाल का मॉडल प्रिया सचदेव के साथ विवाह दिखाया गया। इसमें उदयपुर और दिल्ली में अल्ट्रा ग्लैमरस थीम पार्टियों के द्वारा दर्शकों को आकर्षित किया गया और इसकी मेजबान हैं नताशा मेगो। इसे दिल्ली आधारित प्रोडक्शन हाउस, ब्लू मैंगों फिल्म्स के द्वारा बनाया गया।

पहला लाईव कॉमेडी हन्ट

पहले ग्रेट इन्डियन लाफ्टर चैलेंज, स्टार वन के विजेता रहे सुनील पाल। शो का प्रीमियर जून 3, 2005 को शेखर सुमन और नवजोत सिंह सिद्धू द्वारा किया गया जो देश में उच्च कोटि के कॉमेडियन्स को खोजने की तैयारी कर रहे थे।

बच्चों की पहली एनिमेशन फिल्म
गायब आया जिसमें प्यारा पात्र गायब, जो अच्छे काम करने वाला एक भूत है, इस का प्रसारण पहली बार मई 17, 1990 को किया गया। एनिमेटर-निर्देशक थे सुधासत्वा बासु। फिल्म बच्चों में हिट रही।

1991

सबसे लम्बा बिना रूके लाईव कवरेज

यह तब शुरू हुआ जब 6 साल का प्रिंस 60 फीट के गहरे खड्डे में गिर गया जिसे एक बोरवेल पाईप के लिए खोदा गया था। यह घटना जुलाई 21, 2006 को कुरूक्षेत्र में हुई। 50 घण्टे के बचाव कार्य के बाद बच्चे को भारतीय सेना के द्वारा अन्ततः बाहर निकाला गया। 24 घण्टे के हिन्दी स्टार न्यूज चैनल ने इस ऑपरेशन को बिना रूके दिखाया। चैनल के एंकर सईद अंसारी जुलाई 22 रात 9 बजे से जुलाई 23 दोपहर 3 बजे तक 18 घण्टे तक मुम्बई के स्टूडियो में बने रहे। मीडिया कन्टेन्ट एण्ड कम्यूनिकेशन्स सर्विसेज़ इण्डिया प्राइवेट लिमिटेड, स्टार न्यूज़ को ब्रॉडकास्ट करती है।

समाचार चैनल के लिए प्रथम राजदूत

एनडीटीवी ने मई 2006 में, शुरूआत के रूप में महेन्द्र सिंह धोनी को एक वर्ष के लिए अनुबंधित किया, जिसमें क्रिकेट सितारे के साथ साक्षात्कारों की श्रृंखला इस चैनल पर प्रसारित होगी, निःसंदेह विशिष्ट रूप से!

पहला नागरिक संवाददाता प्रयास

सीएनएन-आईबीएन ने दिसम्बर 18, 2005 को एक नयी अवधारणा की शुरूआत की। जिसमें कोई भी किसी भी समय लाइव फोन कर के जनता के किसी भी मुद्दे पर बात कर सकता है। पहले नागरिक संवाददाता थे जालंधर से विपिन कुमार जिन्होंने दो विद्युत विभाग के अफसरों पर एक स्टिंग ऑपरेशन किया। ये अफसर उनके विद्युत मीटर के प्रेक्षण को कम करने के लिए रिश्वत लेना चाहते थे। उन्होंने उन्हें रिश्वत लेते हुए पकड़ा। इस क्लिप को दिखाये जाने के बाद उन्हें निलम्बित कर दिया गया। पहली बार 2008 में सीजे पुरस्कार की शुरूआत हुई। सर्वोत्तम सीजे पुरस्कार की घोषणा बाद में की जायेगी।

भारतीय टीवी उपलब्धियां

1982 में दूरदर्शन ने अपना राष्ट्रीय संचारण किया। इसमें एशियाई खेलों को कवर किया गया।
1986 रामायण रामानन्द सागर का धारावाहिक शुरू हुआ।
1991 प्रसार भारती का बिल पास हुआ।
1993 रूपर्ट मर्डोक ने 64 प्रतिशत स्टार टीवी पर प्राप्त किये।
1994 केबल टीवी ऑर्डिनेन्स पास हुआ।
1998 भारतीय सेटेलाईट चैनल को भारतीय भूमि से जोड़ा गया।
2002 केबल टीवी संशोधन बिल पास हुआ जिससे सीएएस की शुरूआत हुई।

पहला एकमात्र क्रिकेट चैनल

जनवरी 3, 2007 को एनईओ स्पोर्ट्स पहले एकमात्र क्रिकेट चैनल के रूप में शुरू हुआ। इस खेल के लिए दीवाने इस देश के लिए यह बहुत ही अच्छी खबर थी।

धारावाहिक के सभी एपिसोड्स के लिए एकमात्र स्क्रिप्ट लेखक

राजेश बेरी ने 1,328 एपिसोड्स के लिए स्क्रिप्ट

लिखी है। ये दोपहर के एक कार्यक्रम भाभी के लिए लिखी गयी है। जो स्टार प्लस पर दिखाया जाता है। साथ ही उन्होंने कहानी, पटकथा, डायलॉग और लिरिक्स भी दिया है। शो मार्च 18, 2002 को पहली बार प्रसारित हुआ। इसका आखिरी प्रसारण मई 28, 2008 को हुआ। इस धारावाहिक का प्रसारण दोपहर 1.30 पर होता था। इसे यूटीवी के द्वारा निर्मित किया गया।

सामाजिक शिक्षा का पहला उपकरण

भारत का पहला सामाजिक प्रतिस्पर्धा का धारावाहिक हम लोग, मई 1984 से दिसम्बर 1985 के बीच इसके 156 एपिसोड्स प्रसारित किये गये। ये धारावाहिक परिवारों को नजदीक लाया।

प्रथम महिला को प्रदर्शित करने वाला प्रथम शो

अमेरिका की पहली महिला लॉरा बुश का मार्च 2, 2006 को मिडटेक द्वारा निर्मित गली गली सिम सिम, सीसेम स्ट्रीट के देसी अवतार के लिए 3 मिनट का शॉट लिया गया। नोएडा, उप्र. स्थित सैट पर बरगद के पेड़ के नीचे बैठकर उन्होंने मप्पेट चमकी को पांच तक गिनती सिखाई। यह एपिसोड सितम्बर 25, 2006 को प्रसारित किया गया।

प्रथम इन्डियन आईडल

मार्च 5, 2005 को 2 घण्टे के कार्यक्रम के बाद अभिजीत सावंत को सोनी एन्टरटेनमेन्ट टेलीविजन पर रात 8 बजे देश का पहला इन्डियन आईडल घोषित किया गया। शो का प्रीमियर अक्टूबर 28, 2004 को रात 9:30 पर हुआ। शो ने 5.5 करोड़ एसएमएस वोट प्राप्त किये।

सबसे लम्बी अवधि के लिए एक धारावाहिक के एकमात्र निर्देशक

श्री सिद्धिविनायक के प्रोडक्शन हाउस से चार दिवस सासुचे, मराठी दैनिक सोप का प्रसारण ईटीवी मराठी पर रात 8 बजे सोमवार से शुक्रवार को किया जाता था। इसने जनवरी 9, 2008 को अपने 1600 एपिसोड पूरे किये। खलील हेरेकर, जो इसके निर्देशक हैं, उन्होंने उस धारावाहिक के हर शॉट को बिना ब्रेक के निर्देशित किया। उन्होंने धारावाहिक के हर सीन, हर फ्रेम पर निर्देशन किया। इसके निर्माता हैं बाबूराव बोर्डे ओर नरेश बोर्डे साथ ही सह-निर्माता हैं खलिल हेरेकर और अमोल बोर्डे।

टीवी मेजबान के लिए उच्चतम भुगतान

अक्षय कुमार को टीवी चैनल कलर्स पर दिखाये जाने वाले फीयर फैक्टर खतरों के खिलाड़ी, जो एक साहस आधारित शो है, के 16 एपिसोड्स के लिए 24 करोड़ रूपये दिये। उन्होंने अपने निकट प्रतिद्वंदियों को पीछे छोड़ा-अमिताभ बच्चन (कौन बनेगा करोड़पति 1 व 2) शाहरूख खान (कौन बनेगा करोड़पति 3 और क्या आप पांचवी पास से तेज हैं) और सलमान खान (दस का दम)। शो के निर्माता थे एन्डेमोल लिमिटेड इसका प्रसारण जुलाई-अगस्त 2008 में हुआ।

पहला कुल मेक ओवर शो

नया रूप नयी जिन्दगी एक रियलिटी शो है जिसमें उन लोंगों की जिन्दगी पर लक्ष्य किया गया है जो अपने चेहरे या शरीर में किसी समस्या के कारण अकेलापन या किसी परेशानी का सामना कर रहे हैं। 13 व्यक्तियों का चयन किया गया। अमेरिका में एबीसी नेटवर्क के द्वारा लोकप्रिय मेकओवर फोरमेट का प्रयोग किया गया। उन लोगों पर कॉस्मेटिक और पुन: निर्माण सर्जरी, दांत की सर्जरी, आंखों की सर्जरी की गयी साथ ही भारत के सर्वोत्तम स्टाईल गुरू और मेडिकल सुविधाओं के द्वारा उन्हें डाईट और स्टाइलिंग उपलब्ध करायी गयी। एक्सपर्ट लोगों की एक टीम ने लोगों की सहायता की। ताकि उनमें विश्वास पैदा किया जा सके। जस्सी जैसी कोई नहीं की मोना सिंह इसकी उद्घोषिका थी। चयनित लोगों को आम तौर पर 3 माह का समय दिया गया। उन्हें अपने परिवार से नहीं मिलने दिया गया ताकि उनके परिवार और मित्रों को सरप्राईज़ दिया जा सके। इसका प्रसारण सोनी एन्टरटेनमेन्ट टेलीविजन पर रात 8 बजे किया जाता था।

पहली सेलेब्रिटी नृत्य प्रतिस्पर्धा

दस लोकप्रिय टीवी जोड़ों ने पहले सेलेब्रिटी नृत्य प्रतिस्पर्धा नच बलिये में स्टार वन चैनल पर भाग लिया। यह शो अक्टूबर 11, 2005 को शुरू हुआ। वास्तविक प्रतियोगिता अक्टूबर 13 को शुरू हुई। जोड़ों ने 10 सप्ताह के लिए दिसम्बर 15, 2005 तक प्रदर्शन किया। हर सप्ताह में एक जोड़ा बाहर हो जाता था। इसके जज थे सरोज खान, फिल्ममेकर फरहान अख्तर और वीजे व मॉडल मलाईका अरोड़ा खान। सचिन और सुप्रिया पिलगांवकर ने यह प्रतियोगिता जीती।

डेरेक ओ' ब्रॉयन-क्विज़िंग किंग!

अधिक जानकारी के लिए पिछले संस्करण देखें।

भारतीय क्विज मास्टर के द्वारा पहला अमेरिका दौरा 2006 में

डेरेक ओ' ब्रॉयन ने 10 क्विज़ें कीं। अमेरिका के 5 शहरों में आईसीआईसीआई बैंक के लिए की गयी इन क्विजों में से 5 जूनियर और 5 ओपन थी। शहर थे सनीवाले, न्यूयार्क, न्यू जर्सी, अटलान्टा और शिकागो।

पाकिस्तानी चैनल के लिए पाकिस्तान में स्कूल क्विज़ चलाने वाला प्रथम भारतीय क्विज़ मास्टर।

2007 में डेरेक ओ' ब्रॉयन ने विककिड चैनल के लिए पाकिस्तान में स्कूलों के लिए माइन्ड ग्राइन्ड क्विज़ के 13 एपिसोड किये।

सबसे लम्बी चलने वाली कारपोरेट क्विज़

इकोनोमिक टाइम्स ब्राण्ड इक्विटी क्विज़ जो डेरेक ओ' ब्रॉयन द्वारा संचालित की गयी। 1991 में यह एक ही क्विज़ से शुरू हुई और अब भारत के 10 शहरों में प्रसारित हो रही है। 1993-94 से डेरेक ओ' ब्रॉयन ने हर साल इसका संचालन किया है।

पहली विज्ञान फिक्शन फिल्म

स्पेस सिटी सिगमा पहली विज्ञान फिक्शन फिल्म थी जिसका प्रसारण मई 21, 1989 को किया गया। इसका निर्माण स्टूडियो इफैक्ट के द्वारा किया गया और इसका निर्देशन बिजॉय बैनर्जी और अशोक तलवार ने किया।

1992

संयुक्त राज्य अमेरिका में डाक्टरों के लिए पहली क्विज़

2007 में डेरेक ओ' ब्रॉयन ने फिलाडेल्फिया में एनआरआई डॉक्टरों के लिए एक क्विज़ का संचालन किया।

पहले भावी अन्तरिक्ष पर्यटक?

संचारम के पहले ट्रैवल मेजबान संतोष जॉर्ज कुलंगरा पहले अन्तरिक्ष पर्यटक होंगे। वे 2008 के मध्य में वर्जिन गेलेक्टिक फ्लाईट पर यात्रा करेंगे। यह यात्रा 3-4 घण्टे की होगी। कुलंगरा 5 अन्य पर्यटकों और दो नेवीगेटरों के साथ यात्रा करेंगे। उनका आरक्षण नम्बर 38 है। वे अपने ट्रैवल शो के लिए 50 से अधिक देशों में यात्रा कर चुके हैं।

भारतीय सीसेम स्ट्रीट

सीसेम स्ट्रीट का भारतीय संस्करण गली गली सिम सिम अगस्त 15, 2006 को कार्टून नेटवर्क पर शुरू हुआ। इसके 30 मिनट के 65 एपिसोड थे। इसमें टर्नर ब्रॉडकास्टिंग (सीएनएन और पोगो के मैनेजर), सीसेम स्ट्रीट न्यूयार्क और मिडिटेक का सहयोग था। गली गली सिम सिम का दिल्ली के पास नोएडा में फिल्म सिटी में एक सेट है।

1968 में यूके में शुरू होने के बाद सीसेम स्ट्रीट 25 से 28 देशों में अपना स्थान बना चुका है।

बच्चों का एकमात्र प्रसारित मल्टी टेलेन्ट पुरस्कार

चौथे साल में पोगो अमेजिंग किड्स अवार्ड्स 2007 ने भारतीय बच्चों को उनकी उपलब्धियों की खुशी मनाने का मौका दिया और दर्शकों को भारत के सबसे प्रतिभाशाली बच्चों को देखने का एक सुनहरा अवसर प्रदान किया गया। उन्हें 8 श्रेणियों (कला, खेल, संगीत, गाना, नृत्य, जीनियस, नेतृत्व, मनोरंजन) में पोगो अमेजिंग किड का सम्मान दिया गया। इसमें 14 साल तक सभी भारतीय बच्चों की प्रविष्टियां आमंत्रित की गई थीं।

पोगो अमेजिंग किड्स अवार्डस 2007 का प्रसारण दिसम्बर 29, 2007 को पोगो टीवी पर हुआ। इसकी मेजबानी फिल्म अभिनेता आमिर खान और दर्शील सफारी ने की। दर्शील *तारे जमीं पर* फिल्म का बाल कलाकार है। ऐसा पहली बार हुआ है कि आमिर ने किसी शो की मेजबानी की क्योंकि उनका मानना है कि बच्चे प्रेरणा और शक्ति का स्रोत हैं। विजेताओं में से प्रत्येक को 5 लाख रूपये की पॉलिसी और अन्य उपहार दिये गये।

पहला गैर पेशेवर सेलेब्रिटी और पेशेवर डांसर शो

सोनी एन्टरटेनमेन्ट टेलीविजन शो झलक दिखला जा - सितारों के साथ में भारत के कई जाने माने लोगों को सामने लाया। इस शो में नृत्य के साथ प्रतिस्पर्धा भी थी! भारत की कुछ जानी-मानी सेलेब्रिटी के डांस पर आधारित यह शो सितम्बर 7, 2006 को शुरू हुआ जिसमें प्रतियोगिता भी थी। इसका प्रारूप बीबीसी के द्वारा तैयार किया गया। इसे 27 देशों में बहुत अधिक सफलता प्राप्त हुई। इसमें आठ जाने माने व्यक्तित्वों ने भाग लिया- अजय जड़ेजा, मोना सिंह, संजीव कपूर, पूजा बेदी, महेश मांजरेकर, रति अग्निहोत्री, आकाशदीप सहगल और श्वेता साल्वे।

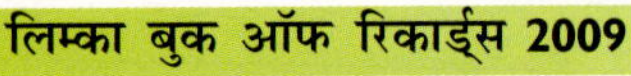

पहले बिग बॉस विजेता

अभिनेता राहुल रॉय पहले बिग बॉस शो के विजेता थे (अन्तर्राष्ट्रीय शो/ सेलेब्रिटी बिग ब्रदर का भारतीय संस्करण) इसमें बॉस या मेजबान के रूप में अभिनेता अरशद वारसी। शो नवम्बर 3, 2006 को सोनी एन्टरटेनमेन्ट टेलीविजन पर शुरू हुआ। इसमें भिन्न क्षेत्रों से सेलेब्रिटीज़ 3 माह के लिए साथ रही। उन्हें क्रम से टीवी के दर्शकों के द्वारा बाहर निकाला जाता रहा। वे खुद टीवी नहीं देख सकते थे। ना ही उनके पास मोबाईल फोन थे। उन्हें कुछ नियमों का पालन करना था। उनकी हर गतिविधि को कैमरे देख रहे थे। रॉय ने राखी सावंत, सलिल अंकोला, बॉबी डार्लिंग, केरोल ग्रेसीज़ आदि को हराकर जनवरी 2007 में 50 लाख का इनाम जीता। मुम्बई के पास एक घर में यह फिल्माया गया। 30 कैमरे लगाये गये ताकि सेलेब्रिटीज़ के कोई निजी क्षण न हों (बाथरूम को छोड़कर) घर में कोई मनोरंजन का साधन या संचार का साधन नहीं था। जैसे न रेडियो, न किताबें, न इन्टरनेट। सेलेब्रिटीज घर को शो शुरू हो जाने के बाद नहीं छोड़ सकती थी। हर सेलेब्रिटी घर में एक सूटकेस के साथ आई। एक बार घर में आ जाने के बाद बिना बिग बॉस की इजाजत के बाहर से उन्हें कुछ भी नहीं मिलता था। उन्हें खाना बनाना होता था, सफाई आदि भी करनी होती थी इसके लिए कोई नौकर आदि नहीं थे। वहां कोई मेकअप आर्टिस्ट या स्टाइलिस्ट नहीं थे जिससे वे टीवी पर अच्छे दिख सकें। शो का प्रोडक्शन एन्डेमोल भारत के द्वारा किया गया।

पहली भारतीय सेलेब्रिटी जो बिग ब्रदर शो की विजेता बनी

फरवरी 2007 में, अभिनेत्री शिल्पा शेट्टी यूके में बहुत ही अधिक लोकप्रिय रियलिटी शो को जीतने वाली पहली भारतीय थी। यह था सेलेब्रिटी बिग ब्रदर। जो 3 साल के बाद दोहराया जाता है। इसमें पांच सप्ताह तक वे 12 सेलेब्रिटीज़ के साथ रहीं जहां 38 कैमरे लगे थे। दर्शक उन्हें एक-एक करके बाहर कर रहे थे। शेट्टी पहली भारतीय थी जो इस शो में आयी। उसने 25,000 पाउन्ड जीते।

झलक दिखला जा टीवी शो का निर्माण सिनर्जी कम्युनिकेशन और थियेटर रेड के द्वारा भारत में किया गया। इसके निर्देशक सिद्धार्थ बासु थे।

इसके जज थे संजय लीला भंसाली, फराह खान और शिल्पा शेट्टी। शो की मेजबानी कर रहे थे वास्तविक जीवन का एक जोड़ा अर्चना पूरण सिंह और परमीत सेठी।

मोना सिंह, जस्सी जैसी कोई नहीं की जस्सी ने नवम्बर 2006 में इसमें जीत हासिल की।

प्रथम बेबी रियलिटी शो

एशियानेट प्लस पर गोदरेज स्नगी बेबी प्रतियोगिता जो 3 साल से छोटे बच्चों और मांओं के लिए थी। इसमें स्वास्थ्य, सामाजिक विकास जैसे तथ्यों को कवर किया गया। यह शनिवार और रविवार को प्रसारित होता था। जूरी के सदस्यों में थे बच्चों के डॉक्टर, टीवी स्टार और अन्य। प्रारम्भिक 6 एपिसोड आधे घण्टे के थे। सेमी फाईनल और फाईनल 1 घण्टे के थे। ऑडिशन तिरूवनंतपुरम, कोट्टायम, कोच्ची,

थ्रिसूर, और कोझीकोड के मैदान में हुए। प्रसारण दिसम्बर 23, 2006 को प्रारम्भ हुआ और इसका फाइनल फरवरी 11, 2007 को था।

फिल्म के लिए प्रथम टीवी टैलेन्ट हन्ट

हंगामा टीवी ने जॉन और कौन शुरू किया? मई 6, 2006 को टैलेन्ट हन्ट जिसमें 7 और 14 साल के दो बच्चे, एक लड़का और एक लड़की जीती जिसे यूटीवी प्रोडक्शन की फिल्म में जॉन अब्राहम के साथ काम करने का मौका मिलेगा। उसने 5 लाख रूपये जीते और यूटीवी के साथ 3 साल का कॉन्ट्रेक्ट भी पाया। पूरे देश से 40 बच्चों की सूची बनायी गयी थी

एक मेजबान रूप में शहर के पहले सेलेब्रिटी

जब डिस्कवरी ट्रैवल एंड लिविंग ने 6 भाग की श्रेणी-भारतीय रेन्डेजवस करने का फैसला लिया तो उसमें 6 भारतीय शहरों पर जोर दिया गया। उन्होंने सेलेब्रिटी गाईड्स रखने का फैसला लिया। जो विशेष शहरों में रहते थे। जो दर्शकों के साथ अपने व्यक्तिगत सम्बन्ध रख सकते थे। इसके लिये दिल्ली के लिए आयन अली खान, मुम्बई के लिए अभिनेत्री/ मॉडल सुषमा रेड्डी, बेंगलौर के लिए गायक/अभिनेता वसुन्धरा दास, हैदराबाद के लिए डायरेक्टर/ लेखक नागेश कुकुनूर, चेन्नई के लिए मीरा वासुदेवन और कोलकात्ता के लिए कोन्कणा सेन शर्मा।

शो बेंगलौर के साथ नवम्बर 26, 2006 का प्रथमतः प्रदर्शित किया गया।

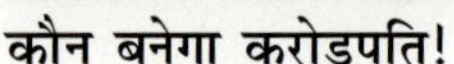

कौन बनेगा करोड़पति!

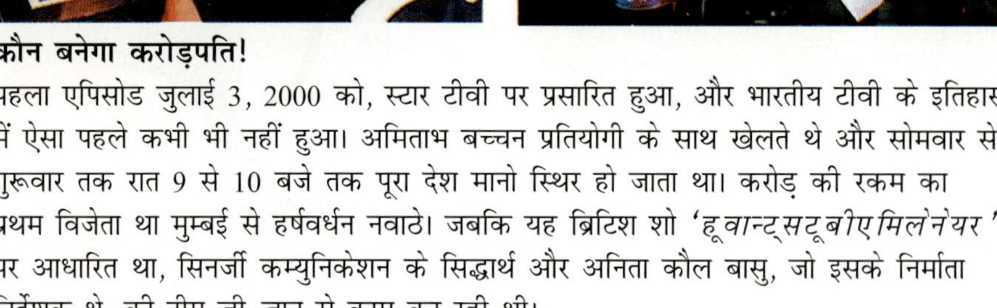

पहला एपिसोड जुलाई 3, 2000 को, स्टार टीवी पर प्रसारित हुआ, और भारतीय टीवी के इतिहास में ऐसा पहले कभी भी नहीं हुआ। अमिताभ बच्चन प्रतियोगी के साथ खेलते थे और सोमवार से गुरूवार तक रात 9 से 10 बजे तक पूरा देश मानो स्थिर हो जाता था। करोड़ की रकम का प्रथम विजेता था मुम्बई से हर्षवर्धन नवाठे। जबकि यह ब्रिटिश शो *'हूवान्ट्सटूबीएमिलेनेयर'* पर आधारित था, सिनर्जी कम्युनिकेशन के सिद्धार्थ और अनिता कौल बासु, जो इसके निर्माता निर्देशक थे, की टीम जी-जान से काम कर रही थी।

केबीसी 2 की मेजबानी शाहरूख खान ने की लेकिन यह केबीसी 1 जितना सफल नहीं हो पाया, जिसने अमिताभ बच्चन को नई बुलन्दियों पर पहुंचाया।

वास्तविक शो दिसम्बर 2006 में हुआ। आशना विरमानी, 10, विजेता रही। उसे जॉन अब्राहम की मूवी दन-दना-दन गोल में काम करने का मौका मिला।

वजन कम करने पर पहला रियलिटी शो

बिगेस्ट लूजर जीतेगा का प्रीमियर मई 18, 2007 को सहारा वन पर हुआ। 16 प्रतियोगियों ने इसमें खिताब सबसे ज्यादा खोने वाला (दा बिगेस्ट लूजर) पाने के लिए भाग लिया! वे वजन कम करने की बात करने के साथ वजन कम करते हुए पैसा कमा रहे थे। 16 सप्ताह में इस टीवी शो के दौरान जिसने सबसे ज्यादा वजन कम किया वह विजेता बना। सन्दीप सचदेव ने 50 किलो वजन कम किया और 50. 7 लाख जीते यानि कि प्रत्येक 1 किलो के लिए लगभग 1 लाख, क्या बिन्दास आइडिया है! उसके लिए धन लम्बे समय तक काम आयेगा और ज्यादा महत्वपूर्ण है कि उसने स्वस्थ बनने के धनात्मक पहलू को पा लिया।

16 भारी भरकम प्रतिस्पर्धी 16 सप्ताह तक मुम्बई के पास एम्बी वेली सिटी में रहे। प्रत्येक सप्ताह एक प्रतिस्पर्धी बाहर निकाल दिया जाता था। यह अमेरिकी शो बिगेस्ट लूजर से प्रेरित था जिसके मेजबान भारतीय फिल्म कलाकार सुनील शेट्टी थे।

पहली टेली फिल्म इशारों की भाषा में

निःशब्द कनसुगालु, एक 5 एपिसोड का कन्नड धारावाहिक जो एक बहरी लड़की की कहानी कहता है। इसके निर्माता थे इवान निगली और

दूरदर्शन के कुछ प्रथम

दिल्ली
प्रथम उद्घोषकः प्रतिमा पुरी
प्रथम समाचार वाचक, हिन्दीः प्रतिमा पुरी
प्रथम धारावाहिकः प्लेटफार्म

लखनऊ
प्रथम उद्घोषकः प्रतिमा पुरी
प्रथम समाचार वाचक, हिन्दीः नरेश श्रीवास्तव
प्रथम समाचार वाचक, उर्दूः मोहम्मद नूर बक्श
प्रथम प्रायोजित धारावाहिकः नीम का पेड़

कोलकात्ता
प्रथम समाचार वाचक, बंगालीः तरूण चक्रवर्ती
प्रथम समाचार वाचक, अंग्रेजीः एन विश्वनाथन
प्रथम उद्घोषकः शर्मिष्ठा दास गुप्ता
प्रथम फीचर फिल्म प्रसारणः काबुलीवाला
प्रथम प्रायोजित धारावाहिकः बंगला गाल्पो बिचित्रा

मुम्बई
प्रथम समाचार वाचक, हिन्दीः सरिता सेठी
प्रथम समाचार वाचक, मराठीः ज्योत्सना किरपेकर
प्रथम उद्घोषकः भक्ति बर्वे
प्रथम मराठी फिल्मः संत ज्ञानेश्वर

अहमदाबाद
प्रथम समाचार वाचक, गुजरातीः कमल त्रिवेदी
प्रथम घोषणाः अरूणा ईरानी
प्रथम गुजराती फिल्मः विसामो
प्रथम प्रायोजित धारावाहिकः कानो हाती अवि खबर

चेन्नई
प्रथम समाचार वाचक, तमिलः एस सम्पत कुमार
प्रथम घोषणाः यू एम कानन
प्रथम तमिल फिल्मः दीवम
प्रथम हिन्दी फिल्मः पाकीज़ा
प्रथम प्रायोजित धारावाहिकः वन्नाकोलंगल

तिरूवनन्तपुरम
प्रथम समाचार वाचक मलयालमः जी आर कानन
प्रथम घोषणाः पी थुलसी
प्रथम नाटकः अंचल आफिस
प्रथम फिल्मः तुराकाथा वाथिल
प्रथम प्रायोजित धारावाहिकः अवारम मनुष्यारानु

इसका प्रसारण जनवरी 8, 1995 को बेंगलौर दूरदर्शन के द्वारा किया गया।

सबसे लम्बा चलने वाला स्वास्थ्य शो
एक घण्टे का लाईव हेल्थ शो, टोटल हैल्थ जिसका प्रसारण डीडी न्यूज़ पर हर रविवार प्रात: 8.30-9:30 बजे के बीच किया जाता था। जिसमें मेडिकल एक्सपर्ट चिकित्सकों के साथ एक पैनल बातचीत की जाती थी। अशोक बुद्धिराजा निर्माता थे। पहला प्रसारण जुलाई 18, 2004 को हुआ। कुल 235 एपिसोड पूरे हुए।

दर्शकों की अधिकतम प्रतिक्रिया
सुरभि, जो लोकप्रिय नॉन फिक्शन धारावाहिक है, अपनी क्विज की प्रतिक्रिया में प्रति सप्ताह 50,000 से अधिक पत्र प्राप्त करता है।
1994

पहला रियलिटी शो
स्पेस टीवी, एक 24 x 7 रियलिटी और लाइफस्टाईल चैनल फरवरी 16, 2008 को प्रारम्भ हुआ। इसके स्वामी 20 वर्ष से अधिक आयुवर्ग के दर्शक को साधने वाले फ्री-टू-एयर (एफटीए) चैनल स्कॉर्पियन मीडिया थे। ब्रेनस्टोर्म वर्चुअल स्टुडियो को जापान से पहली बार लाया गया; जो इस प्रकार के कार्यक्रमों के लिए आदर्श है।

इसके अव्यवों में शामिल हैं घरों और स्थानों की डिजाइनिंग में टैरो और वास्तु का उपयोग। बजट होटलों की कीमतें, स्थानान्तरण के साधन, स्पा और हेल्थ रिसॉर्ट, साथ ही शापिंग के स्थान। एक नया रेवेन्यू मॉडल जो 'प्रीमियर स्पेस' कहलाता है की कल्पना की गयी है। जिसमें शीर्ष के बिल्डरों को पूरी सेवायें दी गयी हैं। जिसके लिए वे एक प्रीमियम कीमत चुकायेंगे। 14 शीर्ष की कम्पनियों में प्रत्येक कम्पनी सुबह 9 बजे से रात 9 बजे के बीच निश्चित रूप से प्रतिदिन

प्राईम टाईम के 15 मिनट कम से कम प्राप्त करेगी।

चैनल बहुत ही लक्जरी घरों में हाउस हन्ट जैसे कार्यक्रम चलाता है। ये कार्यक्रम रियल एस्टेट के आधुनिक घरों में, सेलेब्रिटी के घरों में, व्यस्त प्रतिनिधियों के लिए बजट होटल भी चलाये जाते हैं। भारत की आध्यात्मिकता की खोज के लिए भीतर की यात्रा खोजने निकले लोगों के लिए पवित्र शहरों में बसने की इच्छा वहां की जायदादों की कीमत की जानकारी। गलियों में मिलने वाला स्वादिष्ट खाना आदि।

सबसे लम्बा एक ही शॉट, नॉन फिक्शन
अगस्त 18, 2007 को, केरल में अच्छी सांस्कृतिक विरासत की अद्वितीयता को मनाने के लिए एक विशेष कार्यक्रम हुआ, जिसमें शोरनर, थ्रिस्सूर जिला, केरल में 150 मिनट 21 सेकंड का शॉट लिया गया। इसका प्रसारण ओणम उत्सव के दिनों में अमृता टीवी पर किया गया। इसमें नीला नदी के सार के बारे में बताया गया। इसका निर्देशन रेजी सायने ने किया। कैमरे के पीछे थे प्रशान्त लेंसव्यू और इसके एंकर थे अवार्ड जीतने वाले मोचिथा। इसे एक लोकगीत समूह, वयाली का सहयोग मिला। इसमें उदयमरिथम के समूह के 50 सदस्य और 150 कलाकारों ने 10 किमी यात्रा की और 25 पारम्परिक कलाओं और लोकगीतों को दर्शाया। इसमें सजे हुए हाथी, पारम्परिक घर, और गानों को भी दर्शाया गया। यह दर्शकों को इस स्थान के बारे में और यहां बसे भगवान के बारे में बताता है।

सबसे लम्बी अवधि के लिए सर्वाधिक क्विजें
डॉ सुमन्थ रमन, एक मेडिकल डॉक्टर जून 3, 2002 को शुरू हुए एक साप्ताहिक क्विज की एंकरिंग कर रहे हैं। इसका प्रसारण डीडी तमिलनाडु पर रात 10.10 से 11 बजे के बीच हर शनिवार की रात को किया जा रहा है। यह एक लाईव कार्यक्रम है-स्पोर्ट क्विज पोधिगाई। इसके प्रतिभागी पूरे भारत से और गल्फ देशों से फोन, ई मेल या एसएमएस करते हैं। बीएसएनएल स्पोर्ट्स क्विज ने बिना किसी ब्रेक के 328 एपिसोड पूरे किये हैं। मूल रूप से इसे केवल 4 सप्ताह के लिए प्लान किया गया था। (2002 फुटबाल वर्ल्ड कप की अवधि के लिए)। शो पर पूछे जाने वाले प्रश्नों के लिए कार्यक्रम को प्रति सप्ताह 1000 से अधिक ई मेल प्राप्त होते हैं। इस कार्यक्रम का विचार डीडी चेन्नई के प्रोग्राम एक्सिक्यूटिव पी एस परमेश्वरन ने दिया।

पहला गणित शो
दी मैथ शो एक एंकर आधारित शो है जो क्रमश: 9, 10, 11 और 12 वीं कक्षाओं के छात्रों को शिक्षित करने और उनके मार्गदर्शन के लिए है। इसे मिडिटेक के द्वारा नेटवर्क 18 के सहयोग से बनाया गया। शो में स्कूल स्तर की गणित को सैद्धान्तिक रूप से और प्रायोगिक रूप से सिखाया जाता है। इसके मेजबान हैं डॉ. शंकर वेंकटागिरी और पवन

राजदीप सरदेसाई - मीडिया मेग्नेट

राजदीप सरदेसाई (जन्म मई 24, 1965) पत्रकार, राजनीतिक टीकाकार और समाचार प्रदर्शक, पूर्व भारतीय टेस्ट क्रिकेटर दिलीप सरदेसाई और नन्दिनी सरदेसाई के बेटे हैं। वे सेंट ज़ेवियर कॉलेज, मुम्बई के समाजशास्त्र विभाग के पूर्व अध्यक्ष हैं। उन्होंने मुम्बई में केथेड्रल, जॉन कोनन स्कूल और कैम्पियन स्कूल में काम किया है। सेंट ज़ेवियर्स कॉलेज मुम्बई से इकोनोमिक्स में बैचलर का कोर्स किया। उन्होंने यूनिवर्सिटी कॉलेज, ऑक्सफोर्ड में अध्ययन किया। उन्हें 2007 में पद्मश्री से नवाज़ा गया।

उनके 18 साल के पत्रकारिता के अनुभव में उन्होंनें भारत में बड़ी राजनीतिक कहानियों को कवर किया है और वाद विवाद शो बिग फाईट में मेजबानी की है। जीबीएन से स्थापित होने से पहले वे एनडीटीवी 24 x 7 और एनडीटीवी के मैनेजिंग एडीटर थे। उन्होंने 5 साल से अधिक *टाईम्स ऑफ इण्डिया* के लिए भी काम किया है। एक राजनीतिक सम्पादक के रूप में 1994 में टीवी पत्रकारिता, नयी दिल्ली टेलीविजन (एनडीटीवी) में चले गये। बाद में उन्होंनें एनडीटीवी को छोड़ दिया। और सीएनएन तथा राघव बहल के टीवी-18 के साथ मिलकर ग्लोबल ब्रोडकास्ट न्यूज (जीबीएन) नामक अपनी कम्पनी शुरू की। यह दिसम्बर 17, 2005 को शुरू हुई। उन्होंने कई पुरस्कार जीते हैं जिसमें 1998 में एशियन टेलीविजन अवार्ड शामिल है। उन्हें पिछले 3 क्रमागत सालों के लिए न्यूज़ एंकर ऑफ दी ईयर का पुरस्कार भी मिला है।

हॉलीवुड चांस के लिए निर्देशकों के लिए पहली प्रतियोगिता

सोनी पिक्स ने अपने फिल्म निर्माण पर आधारित शो गेटवे के लिए बेन्जॉय नेम्बायर को विजेता घोषित किया है। वह लॉस एंजिल्स में हेदे पार्क और अशोक अमृतराज के साथ 8 सप्ताह की इन्टर्नशिप में शामिल होंगे। वे हेदे पार्क एन्टरटेनमेन्ट प्रोडयूस्ड फिल्म के निर्देशन से पहले हॉलीवुड में फिल्म निर्माण के व्यापार और कला को सीखेंगे। यह चैनल सुभाष घई के फिल्म निर्माण संस्थान विसलिंग वुड्स इन्टरनेशनल से अनुबंधित है। 12 एपिसोड के इस शो की शूटिंग विसलिंग वुड्स कैम्पस में हुई। 1000 में 18 प्रतियोगियों को चुना गया। अमृतराज के अलावा जजों में शामिल थे फिल्म निर्माता अनुराग बासु और रजत कपूर। मिलिन्द सोमन की प्रोडक्शन कम्पनी फेस एन्टरटेनमैन्ट ने शो का प्रोडक्शन किया।

वोडाफोन, वेस्टसाईड, सोनी हैन्डीकैम, और स्विफ्ट इसके पार्टनर थे। शो अगस्त 1, 2007 को शुरू हुआ जिसमें 2 से 4 मिनट की फिल्म के लिए कॉल किया जाता था। भाग लेने वाले प्रतियोगी दिसम्बर 20, 2008 तक प्रविष्टियां भेज सकते थे।

प्रशान्त रसेली को रनर अप घोषित किया गया।

हन्ना मोन्टाना पॉप स्टार ड्रीम के प्रथम विजेता

अगस्त 12, 2008 को डिज़्नी के ऑल इण्डिया हन्ना मोन्टाना बिग पॉप स्टार ड्रीम प्रतियोगिता को मुम्बई के शिवरंजनी सिंह ने जीता। एक गिब्सन गिटार जीतने के अलावा उन्हें डिज़्नी एडवेन्चर मैगज़ीन के कवर पर दर्शाया जायेगा। और एक म्यूजिक विडियो में स्टार के रूप में स्थान दिया जायेगा। इसे माह के हन्ना मोन्टाना के नये सीजन के हर एपिसोड से पहले दर्शाया जायेगा। वे हन्ना मोन्टाना से मिलने अमेरिका भी जायेंगी। यह प्रतियोगिता मई 17, 2008 को शुरू हुई। इसके ऑडिशन के लिए पूरे भारत में मुम्बई, दिल्ली, कोलकात्ता और हैदराबाद के टूर हुए।

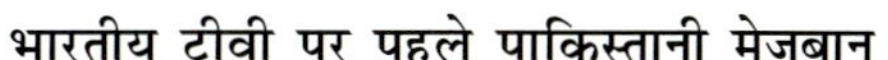

चाहन, एक्सपर्ट्स, साईकोलोजिस्ट्स, स्टूडेन्ट्स कॉल करने वाले सभी लोग, जांचकर्ता शो के मुख्य भाग हैं। ये दर्शकों को महत्व देते हैं। शो सोमवार से शुक्रवार तक 1 बजे टॉपर पर प्रसारित किया जाता है। जो देश का पहला शिक्षा आधारित चैनल है। इसका पहला प्रसारण फरवरी 18, 2008 को देश के प्रथम शैक्षणिक चैनल टॉपर पर हुआ।

प्रथम न्यूज़ एंकर खोज

दी पेन्टीन-विस्पर खुद पर करो यकीन ने मई 2007 में तीन विजेता दिये- ईशलीन कौर चण्डीगढ़ से मेगा विनर के रूप में, ज़ेहरा रहमानी मुम्बई से विस्पर कोन्फीडेन्स अवार्ड के रूप में और स्नेहिल दीक्षित भोपाल से पेन्टीन शाईन अवार्ड विनर के रूप में। सुष्मिता सेन, तनुजा चन्द्रा और शरीन बेन जज थे। इश्लीन ने आवाज के साथ 6 माह की इन्टर्नशिप जीती।

भारतीय टीवी पर पहले पाकिस्तानी मेजबान

आईएनएक्स मीडिया से सामान्य एन्टरटेनमेन्ट चैनल (जीईसी) 9 एक्स ने दिसम्बर 15, 2007 रात 10 बजे एक टॉक शो बेगम शुरू किया। इसकी मेजबानी पाकिस्तानी चैट शो की होस्ट अली सलीम आका बेगम नवाज़िश अली, कर रही हैं।

अली सलीम, 29 एक पाकिस्तानी टीवी कलाकार, स्क्रिप्ट लेखक और इम्पेशनिस्ट भी हैं। वे बेनज़ीर भुट्टो के हाव भाव की नकल करने के लिए और पाकिस्तान में आज टीवी नेटवर्क पर बेगम नवाजिश अली की क्रॉस ड्रेसिंग करने के लिए विख्यात हैं। यह शो 10 बजे हर शनिवार को 9 एक्स पर दिखाया जाता है।

पहली लाईव फीचर फिल्म

अंदाज अपना वेरी हटके एक 20 मिनट की फिल्म, मार्च 2, 2008 को चैनल वी पर प्रसारित हुई। यह सबसे तेज़ बनी फिल्म भी है। इसकी शूटिंग एमएमआरडीए ग्राउन्ड मुम्बई में हुई। लाईव सिनेमा का मतलब है कि पूरी फिल्म एक ही शॉट में बिना कट या बिना किसी रिटेक के पूरी हुई और इसी रूप में इसका प्रसारण किया गया। अभिनेताओं ने थियेटर की तरह रिहर्सल की और फाईनल शॉट दे दिया। सर रिचॅर्ड बेन्सन के साथ इसमें नेहा धूपिया ने काम किया। इसे सर ब्रेन्सन के वर्जिन मोबाईल के लांच के लिए भारत में काम लिया गया।

जूनियर मास्टरमाइंड का सबसे छोटा विजेता

डेविड वर्गीज़, 10, बीबीसी 1 पर बहुत अधिक देखे जाने वाले कार्यक्रम में दिसम्बर 2007 में 31 पाइन्ट्स से जीता। उसने अपने विशेष विषय के रूप में निर्देशक जॉर्ज लुकास के काम को चुना।

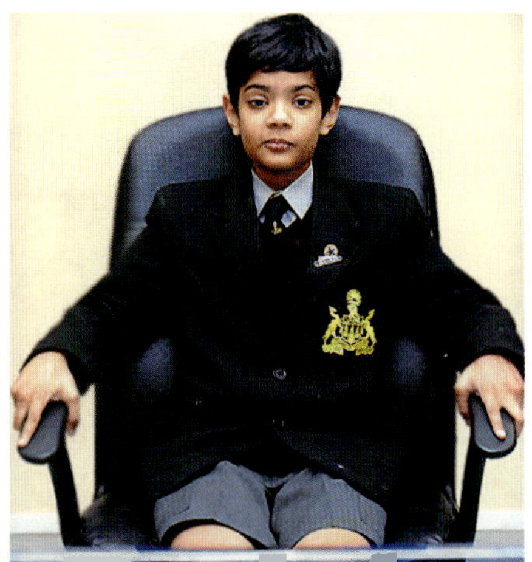

अधिकतम भाषाओं में न्यूज़ बुलेटिन

नार्थईस्ट टेलीविजन (एनईटीवी) पहला निजी सेटेलाईट चैनल है जो 13 भाषाओं में प्रसारण कर रहा है। समाचार का प्रसारण अंग्रेजी, हिन्दी, बंगाली, आसामी, बोदो, नेपाली, और कई अन्य स्थानीय भाषाओं में किया जाता है। अनुवाद डेस्क को स्थापित करने में चैनल को 4 माह का समय लगा।

प्रथम शैक्षणिक चैनल

प्रसार भारती ने डीडी-3, डीडी-ज्ञान दर्शन को एक प्रतिबद्ध शैक्षणिक चैनल के रूप में पुर्नस्थापित किया। जून 1, 2001 को इग्नू की एक इकाई, इलैक्ट्रिानिक मीडिया प्रोडक्शन सेंटर (ईएमपीसी) ने रोजाना 16 घंटों के कार्यक्रम प्रसारित करना शुरू कर दिया।

2002

सबसे लम्बी अवधि के लिए समाचार वाचक

अहमदाबाद की फाल्गुनी हीरेन शाह दिसम्बर 1988 से 20 सालों से अहमदाबाद दूरदर्शन केन्द्र में एक समाचार वाचन का काम कर रही हैं। वे फाल्गुनी देधिया थेन थीं, और उन्होंने अपनी शादी के बाद भी इसे जारी रखा।

सबसे लम्बा चलने वाला कॉमेडी शो

श्री अधिकारी ब्रदर्स टेलीविज़न नेटवर्क लिमिटेड के द्वारा निर्मित यस बॉस सोनी सब पर 2000 से चल रहा है। इसका पहला प्रसारण मई 4, 2000 को हुआ। यह साप्ताहिक शो है जो रात 8 बजे शुक्रवार को प्रसारित होता है। अगस्त 15, 2008 को इसके 553 एपिसोड पूरे हो गये थे।

प्रथम बालीवुड आधारित क्विज़

फिल्मी चैनल ने दिसम्बर 2007 को बालीवुड का बोस शुरू किया जिसमें बोमन ईरानी मेजबान है। जिसमें 240 बालीवुड के फैन बालीवुड के बारे में अपने ज्ञान का प्रदर्शन करते हैं। ऐसा करते हुए वो एक-दूसरे से आगे बढ़ने की कोशिश में अपने फिल्मी ज्ञान को विकसित करते हैं।

यूएस नेशनल स्पैलिंग बी चैम्पियनशिप के भारतीय विजेता

प्रारम्भिक और मिडल स्कूल से, पिछले वर्षों में भारतीय बच्चे इस प्रतिस्पर्धा में भाग ले रहे हैं जो ईएसपीएन और एबीसीटीवी पर प्रसारित होता है। टाईटल को जीतने वाला पहला बच्चा था 13 साल का बालू नटराजन जिसने 1985 में मिलिऊ शब्द के स्पैलिंग बताकर इसे जीता। अन्य विजेता थे:

राजश्री रामचन्द्रन–1988
नुपुर लाला–1999
जॉर्ज अब्राहम–थेम्पी 2000
प्रत्यूश बुदिगा–2002
साई आर गुन्टीरा–2003
अनुराग कश्यप–2005

मई 2007 में (प्रतियोगिता का 80 वां साल) 59 फाईनल में से फाईनल राउण्ड हुआ जिसमें 11 भारतीय थे, प्रतीक कोहली, 13, जो लांग आईलैण्ड, न्यूयार्क से था, उसने टाई में तीसरा स्थान पाया।

81वें वर्ष में (मई 2008 में) फाईनल 12 प्रतिस्पर्धियों में 4 भारतीय अमेरिकी बच्चे थे, कुल प्रतिस्पर्धी 288 थे। ये भारतीय थे–समीर मिश्रा (विजेता), सिद्धार्थ चन्द, काव्य शिवशंकर, और जाह्नवी अय्यर।

न्यूयार्क से 8 वर्ष का श्रीराम जगदीश हाथवर, जिसने 2008 में भाग लिया, वह बी के इतिहास का सबसे छोटी उम्र का प्रतिस्पर्धी था।

भारतीय ने नेशनल ज्योग्राफिक बी 2008 जीता

लिंकोलन, नेबरास्का से 11 साल के अक्षय राजगोपाल ने 20 वें वार्षिक नेशनल ज्योग्राफिक बी को वाशिंगटन डीसी में मई 21, 2008 को जीता। उसने इस प्रश्न का उत्तर दिया था–कोचाबाम्बा किस देश के तीसरा सबसे बड़ा शहरी क्षेत्र है। उसका उत्तर था–बोलिविया। अक्षय ने नेशनल ज्योग्राफिक सोसाईटी की आजीवन सदस्यता जीती और 25,000 डालर जीते। उसने अन्तिम राउण्ड में 9 प्रतिस्पर्धियों को हराया था। 10 से 14 साल के 5 मिलियन बच्चों ने पूरे देश से इस प्रतियोगिता में भाग लिया था। पहला नेशनल ज्योग्राफी बी 1989 में हुआ था।

दूसरे साल इसी श्रृंखला में एक विद्यार्थी चैम्पियन बना जिसने एक भी प्रश्न नहीं छोड़ा-छठा ग्रेडर अक्षय।

तब से मिलियन्स विद्यार्थी 25000 डॉलर के लिए प्रत्येक वर्ष इस प्रतियोगिता में भाग लेते हैं और राष्ट्रीय चैम्पियन होने का गौरव प्राप्त करते हैं।

मेरे ब्रिलियन्ट ब्रेन में भारतीय

चार भारतीय एक विशेष श्रृंखला का हिस्सा थे जिसमें एक प्रयास में मानव मस्तिष्क की विशुद्धता को जांचने का कार्य था। इस विशेष श्रृंखला में भाग लेने वाले थे टाटाघाट तुलसी, सिद्धार्थ रागराजन, निश्चल नारायणम् और राघव सच्चर। शो दिसम्बर 10, 2007 को शुरू हुआ। इसकी एंकर रहीं अभिनेत्री कोन्कणा सेन शर्मा।

यह बोमन की भी प्रथम प्रस्तुति हैं जिसमें उन्होंने एक मेजबान के रूप में टीवी पर काम किया शो का निर्माण सिनर्जी कम्युनिकेशन द्वारा किया गया।

भारतीय ने यूएस नेशनल स्पेलिंग बी चैम्पियनशिप को जीता

13 वर्ष के समीर मिश्रा ने प्रख्यात स्पेलिंग पारितोषिक राइट प्रतियोगिता का 81वां संस्करण मई 30, 2008 को जीता और पिछली शताब्दी में इस खिताब को जीतने वाला छठा बच्चा बना। इस वर्ष में फाईनल 11 में 4 भारतीय अमेरिकी थे। अन्त में उसने भारतीय अमेरिकी सिद्धार्थ चन्द को हराया।

साहित्य

सार्वजनिक बसों पर पहली बार कविता

मुम्बई और उसके आस-पास के कवियों ने मुम्बई में बेस्ट की बसों में रोज सफर करने वालों को 'चलती-फिरती कविता' से परिचित कराया। इन कविताओं में धोबी तालाब पर निसिम एजीकियल के पसंदीदा इरानी कैफे पर लिखी उनकी एक चुटीली कविता भी देखने को मिलेगी। तो, अब इस तरह मुम्बई वालों को काम पर जाते हुए सुबह के समय साहित्य का स्वाद भी चखने को मिलता है। इसकी शुरूआत करने वाले आर.श्रीराम थे और यह कविताएं स्थानीय बसों में विज्ञापन बोर्डों पर विज्ञापनों की जगह छपी हुई देखने को मिलती है। आर श्रीराम ने काला घोड़ा कला उत्सव में साहित्य उत्सव के प्रमुख की हैसियत से इसकी शुरूआत की।

सबसे लम्बे समय तक 'समय' डायरी

मुम्बई की रश्मि धारस्कर ने जनवरी 1, 1995 से विस्तृत 'समय' डायरी रख रही है। जुलाई 30, 2002 तक वह कागज़ पर लिखती थी और उसके बाद उन्होंने अपने पॉकेट पीसी पर लिखना आरंभ कर दिया। इसके लिए वह हमेशा उनके पास रहने वाली डिजिटल घड़ी का सहारा लेती हैं और दिन भर में आखिरी सेकंडों तक अपने किए हर एक काम में लगे बिलकुल सही समय को दर्ज करती है जिसमें दिन में धोए गए चम्मचों की संख्या, खाई गई सब्जियों तक का विवरण होता है!

सबसे लम्बे समय तक डायरी

वर्धा, महाराष्ट्र के रामदास भादौजी शिंदे 1955 से डायरी लिखते चले आ रहे हैं। अब तक वह 50 डायरियां लिख चुके हैं और अब भी यह जारी है।

दिसपुर, असम के अजोयानंद बोहरा 45 वर्षों से भी अधिक समय से डायरी रख रहे हैं। उन्होंने यह जनवरी 1, 1961 से आरंभ किया था। वह असमिया और अंग्रेजी में 16,000 से अधिक पेज लिख चुके हैं। अपना लेखा-जोखा रखने के साथ-साथ बोहरा खरीदे गए सामान के मूल्य और राष्ट्रीय तथा अंतर्राष्ट्रीय खबरों पर टिप्पणियों को भी संजाते हैं।

प्रसंगवश उनकी पहली डायरी की कीमत 2.30 रू. थी। कहने की आवश्यकता नहीं है कि जून 23, 2006 को *लिम्का बुक ऑफ रिकॉर्ड्स* के कार्यालय में आना भी उनकी डायरी में दर्ज है।

साहित्यिक जुगलबन्दियां!

वर्धा, महाराष्ट्र के रामदास भादौजी शिंदे 1955 से डॉम मोरियास और सरयू आहूजा, भगवान के चूल्हे से निकले: एक दरारभरी जमीन से गुजरते हैं और लम्बे कदमों से दूरी तय करते हैं।

डॉ. कल्पना स्वामीनाथन और डॉ. इशरत सैय्यद (कल्पिश रत्ना)-न्याग्रोधा: काल्पनिक इतिहास।

बुकर्स सर्वश्रेष्ठ जीतने वाले प्रथम भारतीय

सलमान रूशदी के *मिडनाइटचिल्ड्रन* को उसके प्रथम प्रकाशन के सत्ताइस वर्षों बाद जुलाई 10, 2008 को बुकर पुरस्कारों में सर्वश्रेष्ठ का पुरस्कार मिला। इसके लिए ऑनलाइन मतदान किया गया और इसकी होड़ में पांच अन्य कृतियां भी थी। यह पुरस्कार विश्व के सर्वाधिक प्रतिष्ठित साहित्यिक पुरस्कारों की चालीसवीं वर्षगांठ मनाने के लिए रखा गया था। सलमान रूशदी ने आठ उपन्यास लिखे हैं। *मिडनाइट चिल्ड्रन* को 1981 में बुकर पुरस्कार मिला था और 1993 में बुकर के 25 वर्ष पूरे होने पर सर्वश्रेष्ठ उपन्यास के लिए 'बुकर्स ऑफ बुकर' का पुरस्कार मिला। पिछले वर्ष ही उन्होंने *मिडनाइट चिल्ड्रन* का नाट्य रूपांतरण किया जिसका रॉयल शेक्सपीयर कम्पनी ने लंदन और न्यूयार्क में मंचन किया। ब्रिटिश रॉयल सोसायटी ऑफ लिटरेचर के मानद रूशदी की पुस्तकों का 40 भाषाओं में अनुवाद हो चुका है।

साहित्य अकादमी पुरस्कार पाने वाली प्रथम महिला

पंजाबी कवयित्री और लेखिका अमृता प्रीतम को इस पुरस्कार की स्थापना के एक वर्ष बाद 1956 में उनकी कविता संग्रह *सुनहरे* के लिए यह पुरस्कार मिला।

1997

लेखकों के हस्तलेख के नमूनों का सबसे बड़ा संग्रह

बदलापुर महाराष्ट्र के पंढरीनाथ अप्पाजी राउत के पास जून 15, 2006 तक 1,249 मराठी लेखकों के वास्तविक हस्तलेख के नमूने थे। राउत ने ये सभी नमूने लेखकों को भेजे गए विशेष कार्डों पर डाक पत्राचार द्वारा इकट्ठा किए हैं। इनमें से केवल छः नमूने ऐसे हैं जो उन्हें मृत्यु उपरांत लेखकों के परिवार के सदस्यों ने दिए हैं। प्रत्येक कार्ड को प्लास्टिक के पारदर्शी आवरण में संभाल कर रखा गया है। वह अभी तक इनकी तीन प्रदर्शनियां लगा चुके हैं।

कथोत्सव 2006 - विश्व कथा वाचन उत्सव

कथालय ने जून 26 से अगस्त 6, 2006 तक *कथोत्सव 06-सनफीस्ट कथा उत्सव-* अंतर्राष्ट्रीय कथावाचन उत्सव का लगातार दूसरे वर्ष आयोजन किया। इस बार उत्सव में बच्चों की भागीदारी पर भी ध्यान केंद्रित किया गया और बेंगलौर के 100 से अधिक स्कूलों के बच्चों ने हिस्सा लिया।

कथालय का मुख्य उद्देश्य लोककथाओं और कहानी सुनाने की समाप्त होती कला को कठपुतली, मुखौटा, खिलौने, थियेटर, चित्रकथा और ओरिगामी के माध्यम से फिर से जीवित करना था।

सबसे छोटी गीता

मैसाच्यूटेस इंस्टीट्यूट ऑफ टेक्नॉलोजी, अमेरिका के प्रो. पवन सिन्हा और उनकी पत्नी प्रो. पॉमिला लिप्सन ने एक अलग किस्म की गीता बनाई जिसका पूरा संस्कृत पाठ (1,700 श्लोक) 1 सेमी. ऊंची और 0.03 मी. चौड़ी असली क्रिस्टल की पट्टी पर 24 कैरेट सोने में लिखा गया है। इसके बारीक पाठ की चार पंक्तियों को इंसानी बाल के एक रेशे में रखा जा सकता है। कहने की जरूरत नहीं है कि इसे माइक्रोस्कोप से ही पढ़ा जा सकता है।

अनूठा पुस्तकालय

जेएन पोंडा द्वारा अक्तूबर 25, 1959 को पुणे में बनाया गया फीनिक्स पुस्तकालय एक अनूठे ढंग से चलने वाला पुस्तकालय है। यहां पुस्तकों के पन्नों पर पुस्तक और लेखक के विचारों आदि के बारे मे बताने वाली कतरनें चिपकाई गई हैं। पुस्तकालय में जून 25, 2007 तक अंग्रेजी और मराठी में 31,900 पुस्तकें थीं जिनमें 2,88,000 चिपकाई गई और 6,00,000 बिना चिपकी कतरनें तथा संबद्ध कतरनों की 995 नोटबुक थी। इनके पास *नेशनल ज्योग्राफिक मैगज़ीन* के पिछले 462 अंक हैं (कुछ अनुकृति हैं) और अब बंद हो चुकी लाइफ मैगज़ीन के 180 अंक हैं।

सर्वाधिक लिखित और चित्रित पुस्तकें

पुणे, महाराष्ट्र के रमेश मुधोलाकर ने अंग्रेजी व मराठी में 300 पुस्तकें लिखीं और चित्रित की हैं। इनमें से 250 एक ही प्रकाशक, अनमोल प्रकाशन, पुणे, द्वारा प्रकाशित की गई हैं। पुस्तकें पशु-पक्षी कथाओं, पुर्नलिखित आदर्श कथाएं, पुराणों से ली गई कहानियां, रंग भरने वाली पुस्तकें आदि। उसकी प्रथम पुस्तक कान्टीनेन्टल प्रकाशन, पुणे द्वारा 1972 में प्रकाशित कैन्टरबरी कथा थी।

तीसरा जयपुर साहित्य उत्सव

जनवरी 23-27, 2008 तक दिग्गी पैलेस में पांच दिन के एक आयोजन में 75 भारतीय और 25 विदेशी लेखकों ने भाग लिया। लेखकों व पुस्तक प्रेमियों के अब तक के इस सबसे बड़े आयोजन में गौर विदाल, इयॉन मैकइवान, मानिल सूरी, नयनतारा सहगल, कमिला शम्सी, कुनाल बासु, देव आनंद, अपर्णा सेन और आमिर खान जैसी हस्तियों ने हिस्सा लिया। इस उत्सव की सबसे अच्छी बात यह थी कि इसमें प्रवेश निःशुल्क था।

यह आयोजन विलियम डैलरिम्पल के दिमाग की उपज थी और एलीनॉर ओ'कीफ एवं नमिता गोखले ने उनके साथ लेखक इस प्रयास सहित चुने कि पुनः गत् वर्ष का कोई लेखक न हो।

उत्सव में वाद-विवाद, व्याख्यान, संपादन और बच्चों की कार्यशाला हुई। इसका मुख्य आकर्षण अनुष्का शंकर की संगीत प्रस्तुति थी जिनका उस समय कर्ष काले के साथ नया अल्बम *ब्रेदिंग अंडर वाटर* निकला था। उत्सव में आमिर खान की फिल्म तारे जमीं पर दिखाई गई। इस उत्सव की शुरूआत अनुवाद पर तीन दिवसीय भारत संगोष्ठी से हुई जिसके केंद्र में क्षेत्रीय भाषाएं, लेखक और अनुवादक थे।

सर्वप्रथम छात्र से लेखक

मोहाली पंजाब के विक्रम वर्मा जब सीए कोर्स के अंतिम वर्ष के छात्र थे तो उन्होंने *एमआईसीएस अन्लीशड* नाम से एक पुस्तक लिखी। एमआईसीएस से अभिप्राय है मैनेजमेन्ट इन्फॉरमेशन एण्ड कंट्रोल सिस्टम्स जो कि सीए के अंतिम वर्ष के पाठ्यक्रम का एक विषय है। मतलब यह कि विक्रम ने अपने और अपने सहपाठियों के लिए पाठ्यक्रम की पुस्तक लिखी! इस पुस्तक को सुचित्रा प्रकाशन (प्रा.) लि. ने 130 रू. की कीमत पर प्रकाशित किया ताकि सभी छात्र इसे खरीद सकें। नवम्बर 2006 में सीए अंतिम वर्ष के वर्ग द्वितीय की परीक्षा में विक्रम को एमआईसीएस विषय में बहुत कम अंक मिले जिसने उसे उसकी जरूरत को पूरा करने वाली किताब लिखने के लिए प्रेरित किया!

एक दिन में सर्वाधिक पुस्तकों का विमोचन (एक व्यक्ति की)

हैदराबाद, आंध्र प्रदेश के डा. केएफ सादिक ने 34 पुस्तकें लिखीं जिनका मई 10, 2006 को एक साथ हैदराबाद में विमोचन हुआ। इनमें से 32 पुस्तकें उर्दू में और दो अंग्रेजी में हैं। इनके शीर्षक थे *हदीस एस सोर्स ऑफ लॉ और हैदराबाद्स पॉल्यूशन एण्ड इट्स सॉल्यूशन।*

डा. जे जयललिता ने अक्तूबर 17, 2004 को एसवी शेखर की 32 पुस्तकों का विमोचन

सबसे युवा बुकर पुरस्कार विजेता (महिला)
किरण देसाई, 35, को उसकी पुस्तक द *इनहेरीटेन्स ऑफ लॉस* के लिए 2006 का मैन बुकर पुरस्कार मिला तो वह योग्यता में अपनी मां किरण देसाई से भी आगे निकल गई जिनका नाम बुकर के लिए तीन बार चुना गया था। *मिडनाइट चिल्ड्रन* के लिए सलमान रूश्दी और द *गॉड आफ स्मॉल थिंग* के लिए अरूंधती राय के बाद प्रतिष्ठित बुकर पुरस्कार जीतने वाली किरण तीसरी भारतीय है।

सुलेख में प्रथम दयानेश्वरी
पुणे, महाराष्ट्र की स्वाति विकास पाटकर, 22, कवि दयानेश्वर के मूल रूप से लिखित *प्राकृत मराठी दयानेश्वरी* (भगवद् गीता पर टीका) के 9,733 बंधों को पूरा लिख चुकी है। उन्होंने इसके लिए प्राचीन समय में प्रयोग की जाने वाली बोरू कलम और कैम्लिन पोस्टर रंगों का इस्तेमाल किया। उन्हें यह काम करने में तीन वर्ष का समय लगा जिस पर वह दिन में एक से छ: घंटे काम करती थी। स्वाति ने अप्रैल 8, 2004 को अलिन्दी मंदिर में लिखना प्रारंभ किया। उसने 17 अध्याय समाप्त करने के बाद अंतिम अध्याय अप्रैल 13, 2007 को नेवासे के दयानेश्वरी मंदिर में लिखा और सुलेख के 1,300 पन्नों को पूरा किया। स्वाति पुणे, महाराष्ट्र के सेंट एनी हाईस्कूल में अध्यापिका है।

किया। इनमें से 24 पुस्तकों में उनके प्रसिद्ध मंच नाटकों के पूरे संवाद है, दो में विभिन्न अवसरों पर उनके प्रशंसकों द्वारा पूछे गए सवालों के जवाब हैं, एक चुटकलों की किताब है, दो में दैनिक जीवन से सरोकार रखने वाले पचास हास्य प्रहसन है, दो में नाटक लेखकों-निर्देशकों-मंच के अभिनेताओं और फिल्मी कलाकारों के सामाजिक विचार तथा अंतिम पुस्तक में कलाकार की सात महीनों में सात देशों की यात्रा के अनुभव हैं। इन सभी पुस्तकों का प्रकाशन चेन्नई के प्रकाशक एलायंस कम्पनी ने किया।

एक दिन में सर्वाधिक पुस्तकों का विमोचन
अहमदाबाद के गुर्जर ग्रंथालय कार्यालय ने मार्च 9, 2005 को 101 लेखकों द्वारा गुजराती में लिखी 165 पुस्तकों का विमोचन किया। ये विमोचन 2003 में प्रकाशन व्यवसाय में 75 वर्ष पूरे होने के उपलक्ष्य में किए गए। 75 वर्ष और उससे अधिक लेखकों को स्वयं 101 वर्षीय केके शास्त्री ने स्मृतिचिन्ह देकर सम्मानित किया।

जून 21, 2007 को यशवंतराव चव्हाण प्रतिष्ठान में वयोवृद्ध लेखक एवं अखिल भारतीय मराठी साहित्य सम्मेलन के अध्यक्ष अरूण साधु ने ठाणे, मुम्बई के अनंग प्रकाशन द्वारा प्रकाशित 42 पुस्तकों का विमोचन किया। इन 42 पुस्तकों में से विभिन्न लेखकों द्वारा लिखी गई 40 पुस्तकें मराठी की और 2 पुस्तकें अंग्रेजी की हैं।

वर्ष का प्रथम अंतर्राष्ट्रीय युवा प्रकाशक
चेन्नई के एस आनंद को अप्रैल 2007 में लंदन पुस्तक मेले में वर्ष के अंतर्राष्ट्रीय युवा प्रकाशक पुरस्कार से सम्मानित किया गया। लिज़ केडर (निदेशक प्रकाशन, ब्लूमबरी पब्लिशिंग) ने अप्रैल 18, 2007 को आनंद को 7500 पौंड और लंदन पुस्तक मेला 2008 में नि:शुल्क स्टॉल पुरस्कार स्वरूप दिया।

इससे पहले आनंद को फरवरी 2006 में संयुक्त रूप से ऑक्सफोर्ड बुकस्टोर द्वारा दिया जाने वाला भारतीय युवा प्रकाशक का पुरस्कार दिया गया था। 34 वर्षीय आनंद का चयन पूरे भारत के 52 आवेदकों और फिर उनमें से चुने गए 11 आवेदकों में से किया गया। उनका प्रकाशन घर नवयान दिल्ली, चेन्नई और पांडिचेरी में हैं (*www.navayana.org*)। नवयान भारत का पहला ऐसा प्रकाशन घर है जो विशेष तौर पर जाति के मुद्दे पर केंद्रित हैं।

नौसेना पर पुस्तक लिखने वाला प्रथम सेना अधिकारी
मेजर जनरल (सेवानिवृत्त) इयॉन कार्दजू की पुस्तक द *सिंकिंग ऑफ आईएनएस*

चिकित्सा संबंधी पुस्तकों के सबसे बड़े वितरक
20,000 वर्ग फुट में बना दिल्ली बुक स्टोर, पाकिस्तान से विस्थापित होकर आए जीवन कुमार आहूजा ने 1947 में नई सड़क, पुरानी दिल्ली में एक छोटी सी दुकान के रूप में शुरू किया था। आज यह एक ऐसी दुकान हैं जहां एक ही जगह चिकित्सा से जुड़ी सभी पुस्तकें हैं। दिल्ली बुक स्टोर भारत में चिकित्सा पुस्तकों के सबसे बड़े वितरक होने के साथ एक लाख गैर चिकित्सा पुस्तकों के भी अग्रणी प्रकाशक हैं।

सर्वाधिक सह-लेखकों वाला उपन्यास

मार्च 4-5, 2008 की आधी रात को दिल्ली के निवासी ध्रुव भूषण और अनुभव जैन ने वेबसाइट *www.ourownbook.com* की शुरूआत की थी। अगस्त 15, 2008 तक 82 देशों के 1,341 लोगों ने (अधिकांश भारतीय थे क्योंकि इसका कथानक भारतीय था) 5,43,686 बार यह वेबसाइट देखी गई और इस सामूहिक प्रयास का हिस्सा बने। इस कहानी में योगदान देने वाले जून 26, 2008 को (कहानी के जारी होने के 115 दिन बाद) इससे जुदा हुए। तब से इसके उपयोगकर्त्ता वेबसाइट पर पुस्तक और अध्यायों के शीर्षक इस पर दे रहे हैं। अब कहानी को संपादित किया जा रहा है और प्रकाशन के योग्य बनाया जा रहा है। इसकी अनूठी संकल्पना के कारण इसका कोई प्रचार अथवा विज्ञापन नहीं किया गया और सारा काम ज़बानी जमा खर्च तथा मीडिया कवरेज से ही हुआ। पहली परियोजना पूरी तरह अलाभकारी उद्यम है और लाभ होने पर इसे व्यवसाय में लगा दिया जाएगा या फिर दान कर दिया जाएगा।

खुकरी: सरवाइवर्स स्टोरी (रोली बुक्स) दिसम्बर 9, 1971 की उस त्रासदी की 35वीं जयंती पर जारी की गई जिस दिन पाकिस्तानी की पनडुब्बी ने तारपीडो हमले से नौसेना के इस लड़ाकू बेड़े को डुबो दिया था जो नौसेना की सबसे बड़ी युद्धकालीन क्षति थी। 69 वर्षीय कार्दजू भारतीय पुर्नवास परिषद् के अध्यक्ष भी रह चुके हैं और इसी त्रासदी के दिन ही पूर्ववर्त्ती पूर्वी पाकिस्तान में उनकी गोरखा टुकड़ी के घिर जाने पर बारूदी सुरंग के एक विस्फोट में उन्हें अपना बांया पैर खोना पड़ा था।

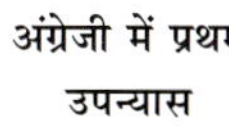

अंग्रेजी में प्रथम उपन्यास

1870 में बंकिम चंद्र चटर्जी द्वारा लिखा गया *राजमोहन्स वाइफ*। इसमें बंगाल के समकालीन समाज की पड़ताल की गई थी।

1992

दूसरी बार अतिथि बनने वाला सर्वप्रथम देश

भारत पहला ऐसा देश था जो फ्रैंकफर्ट पुस्तक मेला 2006 में दूसरी बार मेले का अतिथि बना। इसका उद्घाटन अभिभाषण लेखक/ कार्यकर्त्ता महाश्वेता देवी ने दिया जिसमें उन्होंने राज कपूर के प्रसिद्ध फिल्मी गीत मेरा जूता है जापानी... की पंक्तियों को दोहराकर वहां उपस्थित सभी दर्शकों की आंखें नम कर दी।

एकमात्र सम्पूर्ण बाल कॉमिक पत्रिका

इंडिया बुक हाउस प्रा.लि., मुम्बई द्वारा नवम्बर 14, 1980 को आरंभ की गई मासिक पत्रिका टिंकल के केवल मुम्बई में ही 2,00,000 पाठक हैं। 8 से 14 आयु वर्ग के 10.3 लाख बच्चे टिंकल का प्रमुख पाठक वर्ग है। इसमें 1.67 लाख व्यस्कों को जोड़ा जाए तो इसके पाठकों की संख्या 12 लाख के बड़े आंकड़े को जाकर छूती है।

टिंकल अंग्रेजी की मासिक पत्रिका है और इसका मूल्य 20 रूपए है। अनंत पाई प्रथम अंक से ही इस पत्रिका के संपादक हैं। इस पत्रिका का अधिग्रहण समीर पाटिल के एसीके मीडिया ने कर लिया था।

विश्व कीर्तिमान: लेखक की सभी पुस्तकों के एकमात्र प्रकाशक

पैंग्विन इंडिया विश्व भर में विक्रम सेठ की सभी पुस्तकों के एकमात्र प्रकाशक हैं।

सबसे लम्बे समय से चल रही बाल पत्रिका

वर्तमान में 13 भाषाओं में प्रकाशित होने वाली *चन्दामामा* ने जुलाई 2006 में 60 वर्ष पूरे कर लिए। 2004 में इसका 13 वां संस्करण संथाली में निकाला गया। इस तरह यह जनजातीय भाषा में निकलने वाली एकमात्र बाल पत्रिका बन गई है और इसका शीर्षक है चांमामो।

चंदामामा भारत से निकलने वाली पहली ऐसी बाल पत्रिका है जिसका विदेश (सिंगापुर और उत्तरी अमेरिका) में द्विभाषी संस्करण निकलता है। विश्वनाथ रेड्डी पिछले 40 वर्षों

भारतीय कॉमिक्स के जनक

प्राण ने 1960 में दैनिक मिलाप से अपने कार्टून कैरियर की शुरूआत की थी। प्रसिद्ध चाचा चौधरी चरित्र में उनके द्वारा रचित भारतीय चरित्र देखने को मिलते हैं। चाचा चौधरी अपने संगी साबू के साथ मुसीबतों का हल करने वाला एक साहसी और ऐसी ही जिंदगी जीने वाला बड़ी उम्र का एक प्यारा पात्र है। चाचा चौधरी टेलीविजन पर आने वाला पहला भारतीय कॉमिक पात्र भी था। इस कॉमिक्स को डायमंड कॉमिक्स, नई दिल्ली निकालता है। यह पूरे भारत में दस अलग-अलग भाषाओं में निकाली जाती है। यह इसके अब तक इसके 400 से अधिक शीर्षक निकाल चुका है और कई समाचार-पत्र नियमित रूप से इसको प्रकाशित करते हैं।

से इसके प्रकाशक हैं।

इसका प्रथम अंक इसके संस्थापक चक्रपानी के संपादन में तेलगु में भारत की आज़ादी से एक वर्ष पूर्व जुलाई 1947 में निकाला गया था। हाल ही में मुम्बई की जियोदेसिक कंपनी ने चंदामामा का अधिग्रहण किया है। 1999 से अस्तित्व में आई जियोदेसिक की संचालक किरण कुलकर्णी और इस सार्वजनिक व्यवसायिक कंपनी के कार्यालय इंग्लैंड, हांग कांग, अमेरिका और स्वीडन में हैं।

प्रथम साहित्यिक एजेंसी

ओशियान के नोविले तुली ने अप्रैल 9, 2007 को लेखकों के लिए प्रथम व्यवसायिक एजेंसी की स्थापना की। उन्होंने जून 1, 2007 को पहले लेखक के रूप में ओमेर अहमद को अनुबंधित किया। यह एजेंसी नई दिल्ली की है और ओशियांस-कॉनौसर्स ऑफ आर्ट प्राइवेट लिमिटेड का ही अंग है।

जुड़वाओं का प्रथम उपन्यास

17 वर्ष के जुड़वा भाईयों सुरेश और ज्योति गुप्ता ने अपने 18वें जन्मदिन से महज़ एक दिन पहले नवम्बर 21, 2006 को अपना प्रथम उपन्यास *कांस्परेसी ऑफ कैलपसिया* निकाला। यह उपन्यास 7 पुस्तकों की जोशीली श्रृंखला का हिस्सा था। इन्होंने 11 वर्ष की आयु में इसका पहला मसौदा लिखा था।

सबसे युवा जुड़वा लेखक

कन्नूर, केरल के विनीथ और विवेक जेम्स (13) मलायलम के अत्यंत रचनाशील लेखक है। कथा साहित्य में विनीत की पहली किताब आठ वर्ष की आयु में और विवेक की कविताओं की पहली किताब 10 वर्ष की आयु मे निकली थी। 15 अगस्त 2008 तक विनीत के सात उपन्यास और विवेक की कविताओं की पांच पुस्तकें प्रकाशित हो चुकी हैं।

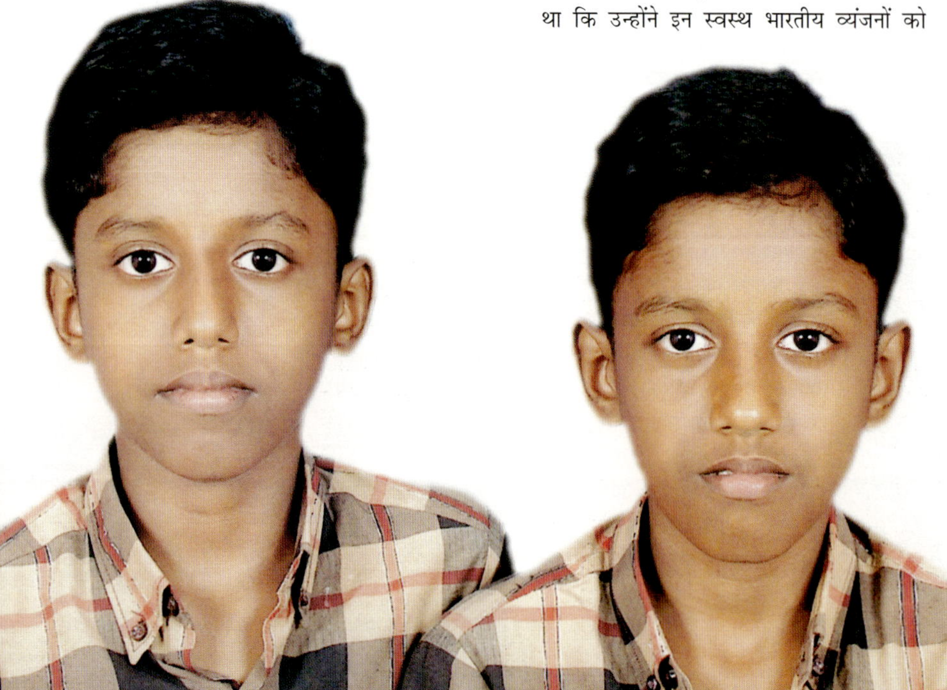

अंतर्राष्ट्रीय उड़ान में जारी सर्वप्रथम पुस्तक

मॉरिशस की एक उड़ान एमके749डी पर मुम्बई के यात्रियों का उड़ान पर होने वाले सामान्य मनोरंजन से भी ज़्यादा मनोरंजन हुआ और वह था पुस्तक विमोचन! इसकी लेखक थी केसरी टूर प्रा.लि. की मुख्य कार्यकारी अधिकारी वीना पाटिल। उनकी पुस्तक *प्रवास जागचा जगनयचा*का प्रकाशन अमिया प्रकाशन, पुणे ने किया और सितम्बर 28, 2007 को (विश्व पर्यटन दिवस) को प्रात: 4 और 4.30 बजे के बीच इसका विमोचन किया गया जिसके लिए विशेष अनुमति ली गई थी। इसका विमोचन लगे रहे मुन्नाभाई फिल्म में गांधीजी की भूमिका अदा करने वाले अभिनेता दिलीप प्रभालवकर ने किया।

भारत की पाककला पुस्तक ने तोड़ा हैरी पॉटर की बिक्री का रिकॉर्ड

अंजुम आनंद की किताब *इंडियन फूड मेड इजी* (चर्तुभाषिक) ने हैरी पॉटर की नवीनतम पुस्तक को पीछे छोड़ यूके की सर्वाधिक बिकने वाले पुस्तकों की सूची में शीर्ष स्थान बनाते हुए सबको हैरत में डाल दिया। उनकी पुस्तक में 70 ऐसे भारतीय व्यंजनों को बनाने की विधियां है जिन्हें बनाते हुए स्वाद के साथ उनके कम वसायुक्त होने का ध्यान भी रखा जाता है। उनकी किताब का भला इससे बड़ा प्रचार और क्या हो सकता था कि उन्होंने इन स्वस्थ भारतीय व्यंजनों को

सर्वप्रथम पुस्तक झलकी

नमिता देवीदयाल की पुस्तक द *म्यूजिक रूम* को सितम्बर 25, 2007 को जारी किए जाने से लगभग एक माह पूर्व रेन्डम हाउस ने वेबसाइट देखने वालों को इसकी एक झलकी दिखाई। पुस्तक के शीर्षक ने भी इसमें अपना काम किया क्योंकि इस झलकी में संगीत मर्मस्पर्शी और जिज्ञासा पैदा करने वाला था और इतना छू लेने वाला कि व्यक्ति पुस्तक खरीदने के बारे में सोचने लगेगा और ऐसा प्रतीत भी हुआ क्योंकि इस पुस्तक को प्रसिद्ध पुस्तक पुरस्कारों की श्रेणी में वोडाफोन क्रॉसवर्ड बुक अवार्ड 2007 मिला।

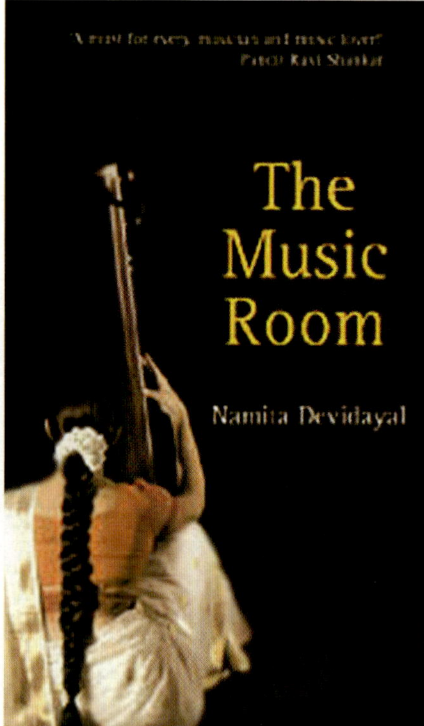

खाकर 30 किग्रा. तक वजन कम किया। संयोगवश उनकी यह किताब जुलाई 9, 2007 को बीबीसी 2 पर शुरू हुई उनकी 6 कड़ियों की टेलीविजन श्रृंखला के साथ ही जारी हुई। इससे पहले उनकी इससे कुछ कम प्रसिद्ध पुस्तक *इंडियन एवरी डे: लाइट, हेल्थी इंडियन फूड* 2003 में प्रकाशित हुई थी।

वर्ष का सर्वप्रथम भारतीय कवि पुरस्कार

अहमदाबाद, गुजरात के निखिल पारिख को कनाडा की राष्ट्रीय काव्य संस्था, कनाडियन फेडरेशन ऑफ पोएट से वर्ष 2006 के कवि का पुरस्कार मिला। यह संस्था कनाडा के गवर्नर जनरल, महामहिम मिशेल जीन से समर्थन प्राप्त है। उसने यह पुरस्कार वर्ष 2007 में प्राप्त किया।

तुकांत कविता कोश में सर्वप्रथम भारतीय कवि

निखिल पारिख पहले ऐसे भारतीय कवि हैं जिनकी कविता 'लैट्स अम्ब्रेस ऑवर न्यू रिलीजन' मैकगिल अंग्रेज़ी तुकांत कविता कोश में प्रकाशित/ शामिल की गई।

इस्लाम पर सर्वाधिक बाल पुस्तकों का लेखक

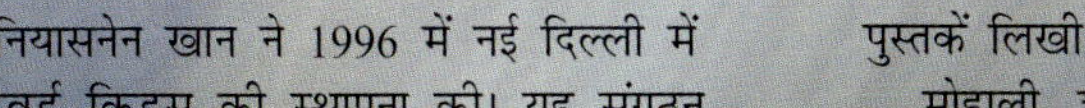

सानियासनेन खान ने 1996 में नई दिल्ली में गुडवर्ड किड्स की स्थापना की। यह संगठन इस्लाम और नैतिक मूल्यों पर बल देने वाली सम्पूर्ण और सार्थक पुस्तकें निकालने के लिए पूरी तरह प्रतिबद्ध है। इनकी 100 पुस्तकों के पाठ सरल और चित्र कल्पनाशील है। वास्तव में अल-रसीला के नाम से जानी जाने वाली गुड्वर्ड बुक्स के 20 से भी ज्यादा देशों में 100 से अधिक वितरक हैं। कुछ वर्ष पहले पाकिस्तान में इसका उर्दू अनुवाद भी बिकने लगा है। अमेरिका में इनका सबसे बड़ा बाज़ार है।

सर्वप्रथम महिला ज्ञानपीठ विजेता

बंगाल की उपन्यासकार आशापूर्णा देवी को 1976 में 1964 में प्रकाशित उनके उपन्यास *प्रथम प्रतिश्रुति* के लिए मिला।

1994

सबसे लम्बे समय तक खर्चे की डायरी

जयपुर के रंजीत मल नाहर मसूदा 1958 से बड़ी सजगता से अपने सभी हुए खर्चों की डायरी रख रहे हैं।

कम्प्यूटर पर लिखी सर्वाधिक पुस्तकें

नई दिल्ली के रमेश बांगिया ने कम्प्यूटर पर 175 पुस्तकें लिखी है।

मोहाली, चंडीगढ़ के अरूण सोनी (37) ने कम्प्यूटर पर 50 पुस्तकें लिखी हैं।

सर्वप्रथम पुस्तक-सह-कैसेट श्रृंखला

कराडी टेल्स ने नसीरूदीन शाह, गुलज़ार, गिरीश कर्नाड, ऊषा उत्थुप, नंदिता दास, निसार, मन्ना डे, उदित नारायण, एसपी बालासुब्रमणियम, शंकर महादेवन इत्यादि जैसे बढ़िया भारतीय कलाकारों की आवाज़ को इन ऑडियो पुस्तकों में एकसाथ संजोकर बच्चों को रोमांचित कर दिया।

कराडी टेल्स की प्रथम पुस्तक दिसम्बर 1996 में निकाली गई थी जिसमें पंचतंत्र की कहानी नीला सियार दी गई थी जिसमें नसीरूदीन शाह भालू बने थे। 2004 में कराडी टेल्स ने युवा बच्चों के लिए चरखा ऑडियोबुक्स की छाप के साथ ऑडियोबुक्स की दुनिया में कदम रखा। राष्ट्रपति एपीजे अब्दुलकलाम की आत्मकथा- विंग्स ऑफ फायर, चरखा ऑडियोबुक्स की प्रथम प्रस्तुति थी।

मैन बुकर अंतर्राष्ट्रीय पुरस्कार में प्रथम भारतीय निर्णायक

कथासाहित्य के लिए वार्षिक मैन बुकर पुरस्कार से भिन्न मैन अंतर्राष्ट्रीय बुकर पुरस्कार दो वर्ष में एक बार अंग्रेजी लेखन के लिए जीवित लेखक को दिया जाता है। निर्णायकों को लगभग 15 प्रतियोगियों में से एक को चुनना होगा और 2009 के आरंभ में विजेता की घोषणा की जाएगी। कोलकात्ता में जन्मे उपन्यासकार, शिक्षाविद् और संगीतज्ञ अमित चौधरी को पहली बार निर्णायक मंडली में शामिल किया गया है।

सबसे लम्बी हस्तलिखित मुद्रित पुस्तक

मिर्जापुर, उत्तर प्रदेश के डा.सत्येन्द्र प्रसाद ने *फंडामेंटल कांसेप्ट ऑफ कैलकुलस* शीर्षक से 821 पृष्ठों की पुस्तक लिखी है जोकि दिसम्बर 2007 में लेखक की अपनी ही लिखाई में हूबहू प्रकाशित की गई है। इसके प्रकाशक गुरूदेव प्रकाशन मिर्जापुर हैं।

काव्य शैली में प्रथम बाइबिल

लगभग 30 वर्ष पहले गुना, मध्यप्रदेश के आरएस चतुर्वेदी निरंजन (90) को *द वे ऑफ साल्वेशन* नाम से बेंगलौर की क्रियशचन मिशनरी द्वारा प्रकाशित एक पुस्तक मिली जिसमें पवित्र बाइबिल का सार था। उन्होंने 1967 में उसका हिन्दी में अनुवाद (मुक्ति का मार्ग) किया। इसे 1999 में राजेश्वरी प्रकाशन, गुना ने प्रकाशित किया। उन्होंने इसकी शुद्धता सुनिश्चित करने के लिए हिंदी विशेषज्ञ डा.गंगा प्रेमी से परामर्श किया।

लेखकों को सर्वाधिक पत्र

बेरहामपुर, उडीसा के उपेन्द्र नाथ साहू ने देश भर के लेखकों को उनके काम की सराहना या फिर चर्चा के लिए 9,000 पत्र लिखे हैं।

प्रथम पाई 'स्मरण' कविता

उदयपुर, राजस्थान के संदीप जोशी (23) ने छात्रों के लिए पाई के मान को याद करना बहुत आसान कर दिया। उन्होंने यह काम पाई पोयम शीर्षक से कविता बना कर किया। इस कविता के प्रत्येक शब्द के अक्षर पाई के मान के अंकों के सदृश हैं। 21 पंक्तियों की इस कविता में अंकों, समस्याओं, हल और अन्य गणितीय संदर्भों को संकेत किया गया है। उन्हें स्वयं
पाई का मान 500 अंकों तक कंठस्थ है और वह उनके लिए भी पाई को आसान बनाना चाहते थे जो उनकी तरह ही पाई को पसंद करता हो।

एक ही विषय पर सर्वाधिक कविताएं

डा. एवीएस राजू ने श्री सत्य साई बाबा की प्रशंसा में लिखी 720 (17,298-18,018) कविताओं की 32वीं पुस्तक पूरी की है। मार्च 6, 2008 को श्री सत्य साई बाबा ने इसका विमोचन किया। इस पुस्तक के साथ ही 32 भागों में कुल 18,018 कविताएं प्रकाशित हो चुकी हैं।

मीडिया पर सर्वाधिक पुस्तकें

राजकोट, गुजरात के डा.यासीन दलाल ने मीडिया पर 51 पुस्तकें लिखी हैं। वह सौजन्य प्रकाशन के संपादक हैं।

प्रथम चित्रयुक्त कविता की पुस्तक

दिल्ली की आकांक्षा चौधरी (21) ने *द अनस्पोकन थॉट्स* शीर्षक से कविताओं की पुस्तक लिखी जिसे अभिषेक प्रकाशन, चंडीगढ़ ने प्रकाशित किया। इस 116 पृष्ठों की पुस्तक में लिखी सभी 35 कविताएं दिल्ली की गलियों से खींची गई तस्वीरों से प्रेरित हैं। यह तस्वीरें सेलफोन/ अमेच्योर कैमरे से ली गई हैं। 195रू. मूल्य की इस पुस्तक का अनावरण जुलाई 8, 2008 को हुआ।

संयुक्त व्यंजनों का प्रयोग न करने वाला प्रथम लेखक

दीसा, गुजरात के भवेश पंड्या पिछले सात वर्षों से संयुक्त व्यंजनों का प्रयोग किए बिना कहानियां लिखते आ रहे हैं। उन्होंने इस तरीके से 800 से अधिक कहानियां और लगभग 100 बालगीत लिखे हैं।

सर्वप्रथम बुकर विजेता

अरूंधती राय को उनके प्रथम उपन्यास *द गॉड आफ स्मॉल थिंग्स* के लिए बुकर पुरस्कार मिला। इससे पहले यह पुरस्कार दो अप्रवासी भारतीयों सलमान रूश्दी और वीएस नॉयपाल को मिला था।

2002

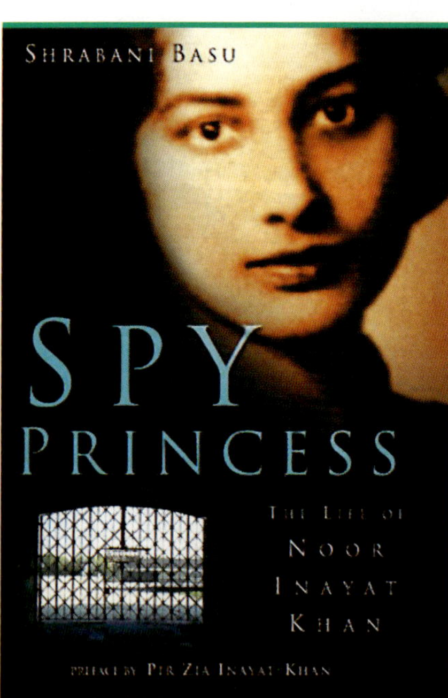

ऑरेंज/ हार्पर बाज़ार लघु कथा प्रतियोगिता जीतने वाला प्रथम भारतीय

सुखराज कौर रंधावा ने जून 4, 2008 को लंदन में सातवीं ऑरेंज/हार्पर बाज़ार लघु कथा प्रतियोगिता जीती (1,000 पौंड)। उनकी कथा हार्पर बाज़ार की पत्रिका में प्रकाशित होगी। हार्पर बाज़ार की लघु कथा प्रतियोगिता कथा साहित्य के लिए ऑरेंज ब्रॉडबैन्ड पुरस्कार का हिस्सा है और जिसका उद्देश्य अप्रकाशित लेखकों को आगे लाना है। प्रतियोगियों को महत्त्वाकांक्षा विषय पर 2,000 शब्दों की कहानी लिखने के लिए कहा गया था। इसके तीन अंतिम प्रतियोगियों ने लंदन में हॉर्पर कॉलिन्स के कार्यालय में लेखन कला पर हुई कक्षाओं में हिस्सा लिया।

एक ही व्यक्तित्व पर कॉर्टून की प्रथम पुस्तक

कार्टूनिस्ट शंकर (के शंकर पिल्लई) के जवाहर लाल नेहरू पर 400 चुनिंदा कार्टून 1983 में प्रकाशित किए गए।

सबसे पुरानी पुस्तकालय संस्था

दिल्ली लाइब्रेरी एसोसिएशन का मार्च 10, 1939 को गठन किया गया और यह मई 1940 में पंजीकृत हुई। यह एसोसिएशन 1947 में देश के विभाजन तथा अन्य राजनीतिक गतिविधियों के कारण मृतप्राय: हो गई थी। परंतु 1953 में इसे फिर से सक्रिय किया गया। इस समय एसोसिएशन के लगभग 630 सदस्य हैं। कई वर्षों तक दिल्ली लाइब्रेरी एसोसिएशन हरदयाल नगरपालिका सार्वजनिक पुस्तकालय से काम करती रही। यह एसोसिएशन 1989 में अपने नए स्थान नारायणा विहार क्षेत्र में चली गई।

एकमात्र एशियाई गुप्तचर की सर्वप्रथम जीवनकथा

टीपू सुल्तान की वंशज नूर इनायत खान, द्वितीय विश्वयुद्ध में मित्र राष्ट्रों के लिए काम करने वाली एकमात्र एशियाई गुप्तचर थी। श्रावणी बसु ने मास्को में अपने जन्म से लेकर जर्मनों द्वारा बंदी बनाने तक की कहानी को अपनी पुस्तक *स्पाई प्रिंसिज: द लाईफ ऑफ नूर इनायत खा* में समेटा है। नूर इनायत को सितम्बर 13, 1944 को जर्मनों ने गोली मार दी थी।

राइटर्स वर्कशाप-50 वर्ष

राइटर्स वर्कशाप की फिरहिस्त में लगभग 3,000 अलग-अलग नाम हैं (1958 से 2000 तक 50 से अधिक वर्षों में प्रकाशित), इसमें 1995 से प्रति वर्ष औसतन 100 नाम जुड़े हैं। इसकी शुरूआत 7 लेखकों (अनिता देसाई, देब कुमार दास, सास्तिब्रत चक्रवर्ती, विलियम हल, जेल रत्न, केवलिन सियो, प्रदीप सेन) और पी लाल ने की थी। राइटर्स वर्कशाप का कोई कार्यालय नहीं है। यह इसके मूल संस्थापक पुरूषोत्तम लाल के आवास से ही निकलती है। इसका कोई सचिव, संपादक, प्रूफ रीडर नहीं है बल्कि लाल ही इसमें कांट-छांट करते हैं। यहां कोई टाइपराइटर नहीं है, लाल इसे कलात्मक तरीके से उत्कृष्ट सुलेख में लिखते हैं। इसका कोई फुटकर अथवा वितरण नेटवर्क नहीं है। डब्ल्यूडब्ल्यू की स्थापना के 40 वर्षों के बाद 1998 में लेक गार्डन का कियोस्क, बुक नुक नाम से खोला गया। सभी सर्वाधिकार लेखक के पास ही होते हैं। इसका पद्य भाग 350 और गद्य का हिस्सा 500 प्रतियों में आया है जबकि मुद्रण हाथ से चलने वाली प्रेस में होता है।

विक्रम सेठ की पहली पुस्तक *मैपिंग्स* 1981 में प्रकाशित की गई थी। इसके अन्य लेखकों व कवियों में रस्किन बांड, निसिम इजेकील, जयंत महापात्र, चित्रा बनर्जी दिवकरूनी, प्रीतीश नंदी आदि शामिल हैं। राइटर्स वर्कशाप के द्विमासिक संग्रह को 2003 से राइटर्स वर्कशाप लिटरेरी मिससलेनी के नाम से एक पुस्तक-पत्रिका के रूप में पुनर्जीवित किया गया। इसमें विज्ञापन नहीं होते हैं। इसका प्रथम अंक नीमराणा साहित्य उत्सव, नई दिल्ली 2002 को समर्पित था।

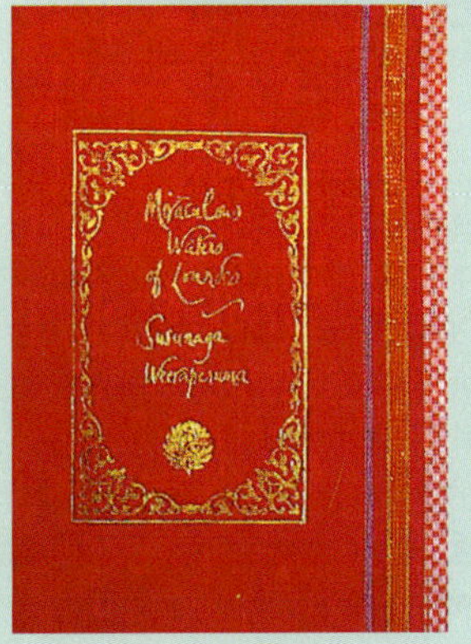

सबसे बड़ा बुकस्टोर

गांधीनगर, बेंगलौर का सपना बुक हाउस 1967 में सुरेश सी शाह ने शुरू किया था। 40,000 वर्ग फुट में फैले इस बुकस्टोर में विभिन्न विषयों पर 2,20,000 पुस्तकें हैं जिसमें स्नातकपूर्व, स्नातक और स्नातकोत्तर पाठ्यक्रमों के लिए पाठ्यपुस्तकें शामिल हैं। सपना बुक हाउस की बेंगलौर और मैसूर में चार शाखाएं हैं जिन्हें मिलाकर इसका कुल रिटेल स्थल 1,00,000 वर्ग फुट बनता है।

नायक के रूप में भारतीय सैनिक की सर्वप्रथम कॉमिक श्रृंखला

गॉलेज बर्ल्ट प्रकाशन सतरे के नाम से कॉमिक पुस्तक श्रृंखला निकालता है। इनकी पहली किताब *सेन्टीनल्स ऑफ श्रीनगर* और दूसरी *डेयरडेविल्स ऑफ दारापीर* है। पहली पुस्तक अक्तूबर 1947 के कश्मीर अभियान की है। यह 4 कुमाऊं रेजीमेन्ट का नेतृत्व करने वाले मेजर सोमनाथ शर्मा के बारे में हैं जिसने श्रीनगर हवाई अड्डे को पाकिस्तान के हाथों में जाने से बचाया। मेजर शर्मा को मरणोपरांत परमवीर चक्र दिया गया था।

श्रीलंका में आईपीकेएफ ऑपरेशन में अपने कारनामों के लिए 1988 में वीर चक्र पाने वाले कर्नल (सेवानिवृत्त) अनिल कौल (56) ने सभी आयु वर्गों को भाने वाले एक कॉमिक के माध्यम से भारतीय नायक की कहानी सुनाई ताकि लोग उसे भूल न जाए। उनकी पुत्री एवं व्यवसायिक कलाकार आराधना (28) ने रेखाचित्र बनाए और उनकी धर्मपत्नी रेखा ने इसका संपादन किया।

मैन बुकर पुरस्कार और ऑरेंज कथा-साहित्य पुरस्कार की एकमात्र दावेदार

किरण देसाई की *इनहेरीटेंस ऑफ लॉस* को 2007 में मैन बुकर पुरस्कार मिला और 2007 में ही उन्होंने महिला उपन्यासकारों को दिए जाने वाले शीर्ष साहित्य पुरस्कार ऑरेंज के लिए भी जगह बनाई। उनकी किताब पहले 20 की लम्बी सूची में चुनी गई और फिर उसने अंतिम छ: में जगह बनाई। केवल महिलाओं के लिए इस पुरस्कार की स्थापना इसलिए की गई जब महिला उपन्यासकारों की बढ़िया उपलब्धियां अक्सर प्रमुख साहित्यिक पुरस्कारों में दब कर रह जाती थी।

टेलीविजन चरित्र पर आधारित प्रथम पुस्तक

प्रसिद्ध धारावाहिक जस्सी जैसी कोई नहीं को समाप्त हुए काफी समय हो चुका है लेकिन सोनी एंटरटेनमेन्ट के सौजन्य से पॉपुलर प्रकाशन द्वारा बच्चों के लिए 25रू. में निकाली जाने वाली की एक रंग भरने की किताब बच्चों में बहुत लोकप्रिय है। इस किताब का नाम है *जस्सी का परिवार और मित्र* और यह जून 2006 में शुरू की गई थी।

एक ही लेखक के काम पर सर्वाधिक प्रदर्शनियां

पुणे, महाराष्ट्र के सुहास डी बोकली (63) मराठी लेखक आचार्य प्रहलाद् केशव अतरे (अगस्त 13, 1898-जून 3, 1969) के प्रशंसक रहे हैं। सच तो यह है कि अप्रैल 26, 1960 को अतरे को सुनने के बाद 14 वर्ष की आयु से ही उसने कतरनें (3,000), पुस्तकें (160), चित्र, संपादकीय (500), ऑडियो/वीडियो कैसेट, हस्तलेखन के नमूने, पत्र इत्यादि इकठ्ठा करने शुरू कर दिए थे। उसने पूरे महाराष्ट्र, दिल्ली और सैन जोज़, अमेरिका तथा लंदन में आचार्य अतरे पर संग्रह की 30 साहित्य दर्शन प्रदर्शनियां लगाई गई हैं।

सर्वाधिक पत्रिकाओं में श्रृंखलाबद्ध सर्वाधिक उपन्यास

क्वीलन, केरल के सुबेर (हाज़ी मोहम्मद जुबैर) के सात उपन्यास अप्रैल-मई 2007 में मलायलम की सात पत्रिकाओं में कड़ियों में प्रकाशित हुए। इन उपन्यासों में बिस्मी हॉस्पिटल: वार्ड नं. 6 से

प्रथम एसएमएस कविता प्रतियोगिता

अधिकतर रैम्पर्ट रो या फिर केर्सी दुभाष मार्ग पर आयोजित होने वाला काला घोड़ा मुम्बई के रंग-ढंग में ढला एक ऐसा उत्सव है जिसमें पूरा परिवेश एक उन्मादी गली के मेले जैसा हो जाता है। इस उत्सव में कला, खान-पान, साहित्यिक गतिविधियों वगैरह की चहल-पहल होती है। जनवरी 15-23, 2005 के उत्सव में क्रासवर्ल्ड बुकस्टोर्स के मुख्य कार्यकारी अधिकारी एसं प्रबंध निदेशक आर.श्रीराम द्वारा संयोजित साहित्यिक खंड भी था। इसका सबसे लोकप्रिय कार्यक्रम *www.caferti.com* पर शुरू की गई एसएमएस कविता प्रतियोगिता थी। एसएमएस कविता 160 शब्दों के एक एसएमएस में होना आवश्यक था। यह प्रतियोगिता अब अपने चौथे वर्ष (फरवरी 2-10, 2008) में हैं। इस वर्ष के प्रथम विजेता फलस्टाफ, द्वितीय विजेता फलस्टाफ, और तृतीय विजेता अभिषेक नागराज थे।

सर्वप्रथम स्वयं की इतिहासकार

कोच्चि, केरल की अब्राहम पुथुसेरी (जन्म अप्रैल 27, 1930) अपने पर प्रकाशित लेखों का 18 वर्ष (1948) की आयु से लेकर अब तक स्वयं संग्रह करते आ रहे हैं। इस दौरान विभिन्न प्रकाशनों में श्रेष्ठ व्यक्तित्वों के साथ छपे उनके चित्र भी 336 पृष्ठों की 45 x 30 से.मी. आयाम की उनकी संग्रह पुस्तक का एक हिस्सा है। इनमें मदर टेरेसा, संजीव रेड्डी, केपी माधवन नायर इत्यादि जैसी शख्सियतें शामिल हैं। जब वह सेक्रेड हार्ट कॉलेज, कोच्चि में पढ़ते थे तो कॉलेज पत्रिका में छपी उनकी लघु कथा से शुरू होने वाला ये संग्रह अब 15 कि.ग्रा. और 14 सेंमी ऊंची अल्बम की शक्ल ले चुका है।

लेकर दूसरे उपन्यास थे जो वनिता से सूर्या किरीडम और न्यूज अटैक में कड़ियों के रूप में प्रकाशित हुए।

सौन्दर्य पर सर्वाधिक पुस्तकें

अम्बाला छावनी, हरियाणा के प्रवेश हांडा 1982 से सौन्दर्य पर 40 पुस्तकें लिख चुके हैं। इनमें से छ: पुस्तकें 2006 से 2008 के बीच प्रकाशित हुई हैं। पुस्तक महल ने होम ब्यूटी क्लिनिक के नाम से उनकी पहली पुस्तक प्रकाशित की थी जिसके 30 संस्करण निकले।

सर्वाधिक पाठ्य/वर्कबुक लेखक

श्री श्रेयास एजुकेशन ट्रस्ट की प्रधानाचार्य नीता पी जानी ने बच्चों की कक्षाओं से लेकर 12वीं कक्षा तक की पाठ्यपुस्तकें और वर्कबुक लिखी हैं। वर्कबुक जीएचएसईबी (गुजरात उच्च माध्यमिक शिक्षा बोर्ड) के पाठ्यक्रम के अनुरूप तैयार की गई हैं।

भारतीय संगीत पर सर्वाधिक पुस्तकें

दिल्ली के डा. जेएस कुलश्रेष्ठ (जन्म 1920) ने 1943 और 2007 के बीच संगीत और भारतीय विद्या पर अंग्रेजी, उर्दू, पंजाबी और संस्कृत में 16 प्रकाशकों द्वारा प्रकाशित 151 पुस्तकें लिखी हैं। वह 22 संस्थानों में विभिन्न पदों पर रह चुके हैं और इस समय कालिदास संगीत एवं ललित कला अकादमी के उपाध्यक्ष हैं।

अपहरण पीड़ित द्वारा प्रथम पुस्तक

शाहपुर मुजफ्फरनगर, उत्तर प्रदेश के डा.आरके गुप्ता का नौ अपराधियों ने अपहरण कर लिया था! उन्हें फरवरी 2-9, 2004 तक बंधक बना कर रखा गया। अपहरणकर्त्ताओं ने 1 करोड़ रूपए की फिरौती मांगी! डा. ने फरवरी 6 को अपना जन्मदिन अपहरणकर्त्ताओं को मिल्क केक खिलाकर मनाया। आखिरकार उनके परिवार ने

उन्हें 9 लाख रूपए देकर छुड़ाया। डा. गुप्ता ने तीन वर्ष बाद अपने अपहरण पर *अपहरण* नाम से हिंदी में एक किताब लिखी। अब उन्होंने इसका अंग्रेजी संस्करण निकाला है ताकि यह ज़्यादा लोगों तक पहुंच सके।

तत्क्षण कथा साहित्य प्रतियोगिता

तत्क्षण कथा साहित्य (जिसे माइक्रोफिक्शन अथवा शार्ट-शार्ट्स भी कहा जाता है), प्रतियोगिता में आरंभ से लेकर अंत तक कहानी शब्दों और चित्रों की जुबानी एक ही पन्ने पर कहनी होती है। यह प्रतियोगिता फरवरी 10, 2007 को काला घोड़ा कला उत्सव के अंग के रूप में डेविड सेसन लाइब्रेरी गार्डन, मुम्बई में आयोजित की गई। 2008 की प्रतियोगिता में बीएस केशव प्रथम, एलन लिंडक्विस्ट द्वितीय और अरिंदम चक्रवर्ती तृतीय रहे।

स्वत: ऊष्मा ऊर्जा संरक्षण पर प्रथम पुस्तक

नागपुर, महाराष्ट्र के श्रीपद कृष्णाराव वैद्य ने ग्लोबल वार्मिंग में कमी लाने वाले पर्यावरण अनुकूल प्राकृतिक ऊर्जा स्रोत पर पर एक पुस्तक लिखी है। इस पुस्तक का प्रकाशन 2008 में नक्षत्रावन कंसल्टेंसी, नागपुर, महाराष्ट्र ने किया।

प्रथम एशियाई मैन बुकर पुरस्कार

मैन समूह ने एशियाई लेखकों के लिए एक नए पुरस्कार की घोषणा की। द मैन एशियाई बुकर पुरस्कार 18 वर्ष से अधिक के एशियाई द्वारा लिखे अप्रकाशित उपन्यासों के लिए है। अनुवाद का काम भी इस पुरस्कार का पात्र था और यह पुरस्कार 24 देशों के लेखकों के लिए था। 243 प्रविष्टियों में से 23 उम्मीदवारों को चुना गया जिसमें से 11 भारतीय थे। दिल्ली की रीति गाडेकर (फैमिलीज़ एट होम) अंतिम पांच में जगह बनाने वाली एकमात्र भारतीय थी। मैन एशियन लिटरेरी पुरस्कार, मैन ग्रुप पीएलसी और हांग कांग में 2000 से आयोजित हो रहे साहित्य उत्सव- हांगकांग इंटरनेशनल साहित्य उत्सव द्वारा सह-प्रायोजित था। उपनाम से और पहली बार लिखने वाले जियांग रोंग के चीनी उपन्यास *वोल्फ टोटॅम* को पहला मैन एशियन साहित्य पुरस्कार मिला।

प्रथम ब्रेल चल पुस्तकालय

हैदराबाद, आंध्र प्रदेश के द गुरू कोंडावीती ज्योर्तिमय सेन्ट्रल ट्रस्ट ने नवम्बर 21, 2005 को पहियों पर ई-ब्रेल पुस्तकालय की शुरूआत की। वैन में दुर्लभ ब्रेल पुस्तकें, एक रेडियो, ऑडियो पुस्तकों को सुनने के लिए एक टेप और एक कम्प्यूटर है।

2007

स्वयं की समाचार कतरनों पर प्रकाशित प्रथम पुस्तक

पटना के राम करण पाल ने डा. *राम करण*

भारतीय पुस्तक स्टैंड में रोमांस की धूम

गेराल्ड मिल्स और चार्ल्स बून ने मिल्स एण्ड बून लि., एक कथा-साहित्य प्रकाशन संस्थान, बनाने के लिए 1908 में हाथ मिलाया। तब से हरलीक्विन मिल्स एण्ड बून लि. सामान्य कथा-साहित्य के प्रकाशक से रोमांस कथा-साहित्य के प्रकाशन में इंग्लैंड के बाज़ार के बादशाह बन चुके हैं। दिसम्बर 2007 में हरलीक्विन मिल्स एण्ड बून इंडिया प्राइवेट लि. की शुरूआत हुई और उसने भारतीय बाज़ार के लिए भारत में मुद्रित नई पुस्तकों का वितरण प्रारंभ किया। इसका स्थानीय कार्यालय मॉडर्न, रोमांच और डिजायर श्रृंखला नाम से भारतीय ग्राहकों को प्रत्येक माह मात्र 99 रू. में बुक स्टोर, न्यूज स्टैंड, केमिस्ट और किराना स्टोर में नई पुस्तकें उपलब्ध कराएगा। इस तरह भारतीय लेखक भारतीय परिवेश पर लिखी कहानियों के साथ लोकप्रिय एमएण्डबी लेखकों का हिस्सा बन पाएंगे। अपने 100 वर्षों को मनाने की एक अच्छी विपणन नीति?

वोडाफोन क्रॉसवर्ड पुस्तक पुरस्कार 2007

क्रॉसवर्ड और हच (अब वोडाफोन) ने अच्छे भारतीय लेखन को प्रोत्साहन देने के लिए 1998 में हच क्रॉसवर्ड बुक पुरस्कार की स्थापना की। 2007 के विजेताओं को 3 जुलाई 2008 को नेहरू सभागार में सम्मानित किया गया।

भारतीय भाषा कथा साहित्य का अनुवाद: शंकर का *चौरंगी* (अनुवादक अरूणव सिन्हा) और सी पी सच्चिदानंद का गोवर्धन्स ट्रेवल्स (अनुवादक गीता कृष्णकुट्टी)।

अंग्रेजी कथा साहित्य: ऊषा केआर का *ए गर्ल एण्ड ए रिवर*

अंग्रेजी गैर कथा साहित्य: विलियम डेलरिम्पल का *द लॉस्ट मुगल*

लोकप्रिय पुस्तक पुरस्कार: नमिता देवीदयाल की *द म्यूजिक रूम*

अंग्रेजी कथा साहित्य वर्ग के निर्णायक: मंजुला पद्मनाभन, केई फ्राइस और मुकुल केशवन; अंग्रेजी गैर कथा-साहित्य वर्ग: अनीता रॉय, मुकुंद पद्मनाभन और हर्ष सेठी; भारतीय भाषा कथा-साहित्य अनुवाद वर्ग: दिलीप कुमार, उर्वशी बुतुलिया और पॉल ज़ाखरिया। इस बार तीन वर्गों के लिए 186 वैध प्रविष्टियां प्राप्त हुई।

पाल: व्यक्तित्व और विचार शीर्षक से वास्तविक समाचार कतरनों (अपने असली प्रारूप में) पर एक पुस्तक निकाली है। यह पुस्तक मार्च 26, 2003 को निकाली गई। इसके पहले संस्करण की सभी 1,100 प्रतियां संग्रहालयों, पुस्तकालयों, विश्वविद्यालयों, राज्य विधान सभाओं इत्यादि को सम्मानार्थ दी गई।

सार्वजनिक व्यक्तित्व पर सर्वाधिक कविताएं

बेंगलौर के टी लिंगाना चोट्टहाल्ली ने अभिनेता डा. राजकुमार पर 151 कविताओं की एक पुस्तक लिखी है। डा. राजकुमार का वास्तविक नाम मुत्तुराजू है इसलिए किताब का नाम *मुत्तुराजागे मुत्तीना हनीगलू* है। इस किताब में डा. राजकुमार के जीवन और फिल्मों (250 से अधिक) के बारे में जानकारी दी गई है। इसे 2007 में बेंगलौर के सुचित्रा प्रकाशन ने प्रकाशित किया।

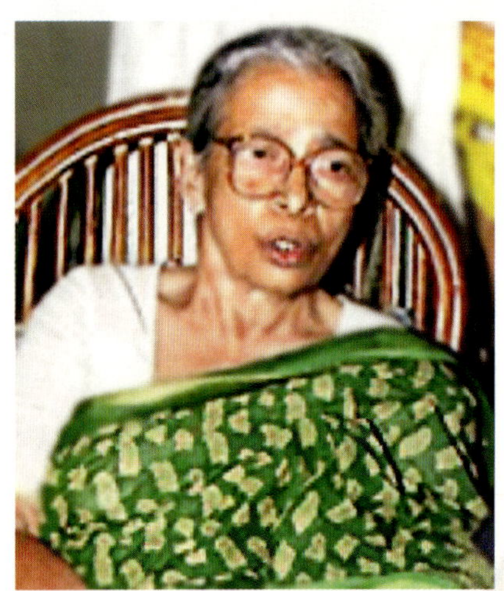

महाश्वेता देवी- लेखिका/ आंदोलनकारी

महाश्वेता देवी का जन्म 1926 में ढ़ाका, बंगलादेश में हुआ। उनकी किशोरावस्था में ही उनका परिवार भारत में पश्चिम बंगाल में आकर बस गया था एक साहित्यिक परिवार में जन्मी महाश्वेता देवी का प्रारंभिक जीवन गणत्या से प्रभावित रहा जिसने 1930 और 1940 में बंगाल में बंगाल के ग्रामीण क्षेत्रों सामाजिक और राजनीतिक रंगमंच लाने का प्रयास किया। कलकत्ता विश्वविद्यालय से अंग्रेजी में स्नातकोत्तर करने के बाद महाश्वेता देवी ने अध्यापक और पत्रकार के रूप में काम करना प्रारंभ किया। उनकी पहली पुस्तक *झांसिर रानी* (द क्वीन ऑफ झांसी) 1956 में प्रकाशित हुई। पिछले चालीस वर्षों में देवी के मुख्यत: बंगाली में 20 लघु कथा संग्रह और लगभग सौ उपन्यास प्रकाशित हुए हैं। इसके अतिरिक्त वह भारत में दमित समुदायों के कल्याण के लिए काम करने वाली बोर्तिका जैसी पत्रिकाओं के लिए नियमित रूप से लिखती रही है। अपने लेखन पर ध्यान देने के लिए वह 1984 में कोलकात्ता विश्वविद्यालय से अंग्रेजी व्याख्याता के पद से सेवानिवृत्त हो गई।

पिछले एक दशक में महाश्वेता को कई साहित्यिक सम्मान मिले। उन्हें 1996 में भारत के सर्वोच्च साहित्यिक पुरस्कार ज्ञानपीठ से सम्मानित किया गया। इसके आगामी वर्षों में वो मेगासेसे पुरस्कार पाने वालों में से एक थीं। उनकी पहले की अन्य रचनाओं में *अमृता संचय* (1964) और *अंधनमालिक* (1967) जैसी आरंभिक रचनाएं ब्रिटिश औपनिवेशिक काल से जुड़ी हैं। 1960 के पूर्वोत्तर और 1970 के उत्तरार्द्ध के नक्सली आंदोलन का भी उनके लेखक पर महत्त्वपूर्ण प्रभाव रहा है। उनका *हजार चुराशीर मां* एक ऐसी उच्च मध्यम वर्ग के परिवार की महिला की कहानी है जिसमें नक्सलवादी विचारों के कारण उसके पुत्र के मरने से हमेशा के लिए उसकी दुनिया ही बदल जाती है। इस किताब पर गोविन्द निहलानी ने हजार चौरासी की मां के नाम से एक फिल्म भी बनाई। महाश्वेता देवी लम्बे समय से आदिवासी समुदायों के राजनीतिक, सामाजिक और आर्थिक उत्थान की जबरदस्त हिमायती रही हैं। उनकी इन सरोकारों को *अरण्यर अधिकार* (वन के अधिकार) और 1979 में प्रकाशित *नैराहाइत मेघ* (पश्चिमोत्तर आकाश के मेघ) जैसे मानव-शास्त्र में देखा जा सकता है। उनका 1977 में प्रकाशित *अरण्यर अधिकार* एक आदिवासी स्वतंत्रता सेनानी बिरसा मुंडा के जीवन पर आधारित है। उन्होंने ज्ञानपीठ और मेगाससे पुरस्कार की राशि भी आदिवासी समुदायों को दान कर दी। उनकी दृष्टि में समाज में लेखक की भूमिका इस प्रकार की सक्रियता में ही हैं: ''मेरा मानना है कि सृजनात्मक लेखक को समाज के प्रति जागरूक होना चाहिए। मेरा समाज के प्रति कर्त्तव्य है। मैं स्वयं से यह करने का कारण नहीं पूछती हूं। लेखक में दायित्वों को पूरा करने की धुन होनी चाहिए और उसे अपने प्रति जवाबदेह होना चाहिए।''

चित्रकला

राजनीतिज्ञ पर पहली प्रदर्शनी
जनवरी 20, 2008 को त्रिवेणी कला संगम की अप्पाराव गैलरी में लालू प्रसाद यादव से प्रेरित एक लेखन, पाठ्य तथा कला प्रदर्शनी का आयोजन किया गया। डस्ट टू डस्ट नाम की यह प्रदर्शनी शरण अप्पाराव ने लगाई। इस मिली-जुली मीडिया प्रदर्शनी में (पेंटिग, फोटोग्राफ आदि) में अपना योगदान देने वाले 12 कलाकारों में राम रहमान, वीरेन तनवर, सूर्या सिंह, वेरनेर दोरनिक शामिल थे। इन लोगों ने लालू यादव की महिमा मंडन के साथ-साथ उनकी आलोचना भी की।

सामान्य

कला में सूक्ष्म लेखन के कीर्तिमानों को छोड़ दिया गया है - सम्पादक

रेत पर जीजस क्राइस्ट की विशाल आकृति
सुदर्शन पटनायक ने दिसम्बर 24, 2007 को क्रिसमस पर उड़ीसा के पुरी समुद्र तट पर जीजस क्राइस्ट की रेत की एक विशाल आकृति बनाई। यह 22 फुट ऊंची तथा 60 फुट चौड़ी थी। इसको बनाने में 25 घंटों का समय लगा तथा 600 टन रेत का प्रयोग हुआ।

सबसे बड़ी तैरती रंगोली
देवास, मप्र. के कला शिक्षक ने स्कूल ऑफ एक्सेलैंस, देवास मे जून 4-10, 2007 तक तैरती रंगोली बनाई। पानी की रंगोली के लिए विशेषरूप से बनाए सूखे रंगों का प्रयोग हुआ। आर्टवर्क का विषय था 1857 का युद्ध का

मैदान। चंदन और उसकी टीम को रंगोली को पूर्ण करने में 33 घंटे लगे। उसके सहायकों में कैलाश सोनी, ओमप्रकाश चंदेल, महेन्द्र सिंह राठौर, महेन्द्र सोलंकी, अभिषेक उपाध्याय, नयन कनुंग और अश्विनी शर्मा थे।

विशालतम रंगोली
वरोरा, जिला चन्दरपुर महाराष्ट्र के प्रहलाद चिंघुजी थाक ने पुलिस ग्राउंड, पुलिस हैडक्वाटर चंद्रपुर में 9,290.64 वर्ग मीटर (10,004.44 वर्गफुट) की रंगोली बनाई।

अंधों की सहायता व उपकरणों के लिए प्रथम संग्रहालय
1989 में टाइम्स ऑफ इंडिया समूह द्वारा मुम्बई में आयोजित टाइमलैस आर्ट नीलामी में एमएफ हुसैन की एक पेंटिंग ए ट्रिब्यूट टू फ्रीडम : सफदर हाशमी अविश्वसनीय रूप से 10 लाख रूपयों में नीलाम हुई

1990

इस रंगोली को बाबा आम्टे ने 'इंसानियत का मंदिर' नाम दिया। इस रंगोली को अप्रैल 2, 2007 को प्रात: 11.30 मिनट पर आरम्भ किया गया। इसे बनाने मे 70 घंटे 45 मिनट का समय लगा और अप्रैल 5, 2007 को इसे अंतिम रूप दिया गया। इसमें 35 घन मीटर रंगोली पाउडर का प्रयोग किया गया।

तिस्वाडी गोआ के नीलेश राजाराम नाईक ने 4,900 वर्ग मीटर (52,724 वर्ग फीट) की रंगोली छत्रपति

अंतर्राष्ट्रीय रेत प्रतियोगिता का प्रथम विजेता
रेत कलाकार सुदर्शन पटनायक ने बर्लिन में जून 12, 2008 को आयोजित यूएसएफ वर्ल्ड डबल चैम्पियनशिप प्रतियोगिता में प्रथम पुरस्कार जीता। यह प्रतियोगिता जून 5 को प्रारम्भ हुई जिसमें डेनमार्क, जर्मनी, अमेरिका, बर्लिन, स्पेन, मोरक्को, इटली, फ्रांस आदि के कलाकारों ने भी हिस्सा लिया। पटनायक ने 25 फुट की कलाकृति बनाई जिसमें एक अपील थी -मेरे परिवार की रक्षा करो- जिसे शीर्ष पर बने पोलर भालू ने पकड़ रखा था। पटनायक और उनके शिष्य जितेंद्र किशोर भारत का प्रतिनिधित्व करने वाल एकमात्र प्रतियोगी थे। उनकी कलाकृति मौसम में परिवर्तन और ग्लोबल वार्मिंग के भयावह रूप को दर्शा रही थी। जून 5-12, 2008 बर्लिन में हुई यूएसएफ वर्ल्ड डबल चैम्पियनशिप को जीतने वाले वो प्रथम भारतीय थे। इस प्रतियोगिता में 12 देशों ने भाग लिया।

चिल्ड्रेन चॉयस : रेत कलाकार सुदर्शन पटनायक ने जर्मनी के डर्टमंड में एक और पुरस्कार जीता जिसे चिल्ड्रेन चॉयस पुरस्कार कहते हैं।

शिवाजी टर्मिनस में बनाई। इन्होंने यह मई 4, 2008 को दोपहर 1 बजे बनाना प्रारम्भ किया। नायक ने इसमें 5,500 किलोग्राम रंगोली रंग तथा 280 किलोग्राम सीमेंट रंग का प्रयोग किया। इसे पूरा करने में 18 दिन लगे और इसे मई 22, 2008 को सार्वजनिक रूप से प्रदर्शित किया गया।

विशाल यादगार रंगोली
भारतीय स्वतंत्रता की 61वीं सालगिरह मनाने के लिये बेस्ट मैट्रिकुलेशन हायर सेकेंड्री स्कूल सिरकली, तमिलनाडु के 61 छात्रों ने भारत के 61 नक्शे बनाये। 11,956 वर्गफुट को ढ़कने के

लिये अनेक प्रकार की सामग्री और तीन औंस रंगोली पाउडर प्रयोग हुआ। प्रत्येक नक्शा 196 वर्ग फुट का था। इस पूरे कार्य में एक घंटा 40 मिनट का समय लगा। इसे अगस्त 14, 2008 को सुबह 10.40 से दोपहर 12.20 बजे बनाया गया। इसमें सज्जा के लिये रेत, मक्का, चूडी, नारियल आदि का प्रयोग हुआ।

सर्वाधिक क्षेत्र में फैली तैरती रंगोली
देवास, मध्य प्रदेश के राजकुमार चंदन और उनके 20 सहयोगियों ने 17 एकड़ में फैले 'मीठा तालाब' पर तैरती हुई रंगोली बनाई। सायं 7 बजे यह काम शुरू करते हुए 20 छात्रों ने 6 फुट से 85 फुट तक के व्यास वाले 304 फूल बनाए।

पहले बहते पानी को अस्थायी रूप से रोकने के लिये एक बांध बनाया गया। इसका आयोजन चेरिटी आर्ट गैलरी देवास द्वारा किया गया।

पहला रंगोली फिल्म पोस्टर
पणजी, गोवा में आयोजित 36वां अंतर्राष्ट्रीय फिल्म महोत्सव (नवम्बर 24 -दिसम्बर 4, 2005) में फिल्म *एसट्रिक्स और ओबेलिक्स : मिशन क्लियोपेट्रा* के आयोजकों ने नीलेश नायक को एक विशेष पोस्टर बनाने के लिए कहा और नीलेश ने यह पोस्टर बहुत बारीकी से बनाया। लेकिन यह पोस्टर आइनॉक्स थियेटर की दीवार पर न होकर उसकी ज़मीन पर था! नीलेश नायक ने प्रीति जिंटा, शाहरूख खान, अमिताभ बच्चन तथा देव आनंद जैसे बॉलीवुड के सितारों के रंगोली से चित्र बनाकर उस स्थान को सुसज्जित भी किया।

वैल्वेट पेपर से बनी सर्वाधिक कलाकृतियां
नागपुर के निनाद वी पचपोर कई वर्षों से अपने खाली समय में वैल्वेट पेपर से अपनी कला को निखार रहे हैं। वह अब तक 350 डिज़ाइन बना चुके हैं जिसका इस्तेमाल उन्होने ग्रीटिंग कार्ड, जग और गुलदस्तों आदि पर किया है। वह अब तक 6,500 ग्रीटिंग कार्ड बेच चुके हैं। यह डिज़ाइन उनके द्वारा ही संरक्षित किए गए हैं।

मुंह द्वारा बनाई गई सबसे बड़ी पेंटिग
पांडिचेरी के आर राजेन्द्रन ने वीजीपी ट्रेड सेंटर चेन्नई में 600 वर्गफुट में 12 दिनों (अक्टूबर

एक रेखाचित्र में सर्वाधिक चेहरे
बंसल एमबीए कालेज भोपाल के 23 वर्षीय छात्र सौरभ मोदी ने देश की बेतहाशा बढ़ती आबादी को दर्शाने वाले एक ही रेखाचित्र में 111 चेहरे बनाए। इस रेखाचित्र का शीर्षक निमिषा - माई लव था। उन्होने इसे बनाने में 3 घंटे का समय लिया।

अंडे के छिलकों पर चित्रकला

गर्वमेंट होल्कर साईंस कालेज इंदौर, मध्य प्रदेश के जीव-विज्ञान के प्रोफेसर डा. अरूण खेर ने 1992 में अंडे के छिलकों पर चित्रकला बनानी आरम्भ की जो अभी तक जारी है। अब तक वह अंडे के छिलकों पर 600 अलग-अलग पक्षियों (विभिन्न प्रजातियों के) के चित्र बना चुके हैं। उसकी अंडे के छिलकों की प्रथम प्रदर्शनी कोटा (राजस्थान) में आयोजित की गई जहां अक्तूबर 21-23, 1994 को इको- डेवलपमेंट एंड कंजर्वेशन पर राष्ट्रीय सेमीनार आयोजित किया गया था। उसकी चित्रकला ने पक्षी संरक्षण का संदेश फैलाया।

12-30, 2007) में एक्रेलिक रंगो द्वारा (20 फुट ग 30 फुट) अपने मुंह से पेंटिग बनाई। इसका विज़य मदर टेरेसा और विश्व शांति था। इन्होंने जीभ से पतले पेंटब्रश को पकड़ कर बाहरी रेखाएं बनाई तथा बड़े बश को पकड़ने के लिए अपने दांतों का प्रयोग किया।

एक कलाकार द्वारा बनाए गए प्रधानमंत्री के सर्वाधिक चित्र

लखनऊ के राजेंद्र करण ने दिसम्बर 2003 में ललित कला अकादमी उप्र. में अटल बिहारी वाजपेयी के अलग-अलग मनोभावों वाले 52 चित्रों की प्रदर्शनी लगाई। उन्होंने यह प्रदर्शनी दिसम्बर 25 को अटल बिहारी वाजपेयी के 79 वें जन्मदिन पर लगाई।

भगवान गणेश की सर्वाधिक अनुकृतियां

भोपाल की क्षमा कुलश्रेष्ठ एक अलग तरह की प्रतिभाशाली पेंटर हैं। इन्होंने 'अदभुत' नाम से 5 x 3 फुट की एक्रिलिक पेंटिंग बनाई इसमें गणेश की 1,248 आकृतियां थीं। हर आकृति लगभग 1 x 1 इंच बड़ी थी। कुछ दूरी से देखने पर यह छोटी-छोटी आकृतियां गणेश के एक विशाल चित्र की भांति दिखाई देती हैं। उन्होंने इस पेंटिंग को बनाने में 4,215 रंगों का उपयोग किया।

सबसे विशाल कैनवॉस

एमएफ हुसैन का बजाज ऑटो के लिए 30 x 10 फुट के कैनवॉस को भारत का सबसे बड़ा कैनवॉस कहते हैं। यह कार्य मई 1991 में पूरा हुआ व इसका अनावरण संगीत के जादूगर भीमसेन जोशी ने किया।

1994

सर्वाधिक बॉल प्वाइंट पेन से 'प्रत्यक्ष' बनाए गए चित्र

राजकोट के 70 वर्षीय नवीनचंद्रा के शाह काले बाल प्वाइंट पेन से 2002 से 500 से अधिक विशिष्ट व्यक्तियों के 'प्रत्यक्ष' रेखाचित्र बना चुके हैं। वे स्केच बनाने के पश्चात उस पर उन व्यक्तियों के हस्ताक्षर भी करवाते हैं। इनमें दलाई लामा, प्रतिभा पाटिल, पं. बिरजू महाराज, शम्मी कपूर, पं. हरिप्रसाद चौरसिया, हर्बी हेनकॉक (अमेरिकन जैज़ पियानो वादक) तथा अमीन सायानी आदि शामिल हैं।

उन्होंने मुम्बई में आयोजित सीधे प्रसारित कार्यक्रमों में चित्र बनाए हैं। कार्यक्रम के पश्चात उन्होंने उन्हीं व्यक्तियों के हस्ताक्षर जन्मतिथि के साथ लिए। वह 50 प्रतिशत चित्र उसी स्थान पर बनाते हैं और उसे अंतिम रूप घर पर देते हैं। वह दर्शक के तौर पर अथवा ग्रीनरूम में या फिर उस व्यक्ति के साथ वार्ता करते हुए उसका चित्र बनाते हैं। वह सभी चित्र 14" x 21" साइज़ के कागज़ पर और श्वेत-श्याम बनाते हैं।

अनुकृति कला

नागेशवर राव दारला एक कलाकार के तौर पर गर्वमेंट सैंट्रल प्रैस, हैदराबाद, आंध प्रदेश में

करंसी नोटों से ताजमहल

चेन्नई के नोमन एमएन हाजी ने केवल 5 रूपये के 4,382 नोटों का प्रयोग करके ताजमहल की आकृति बनाई। इन्होंने जून 2007 में यह कार्य आरम्भ किया और इसे पूरा करने में 6 महीने का समय लगा। इस ताजमहल का आकार 8 फुट x 8 फुट का तथा ऊंचाई 3 फुट थी। उन्होंने यह काम कार्यालय समय के बाद शाम को और रविवार को 6-7 घंटे का समय लगाकर किया। भारतीय करंसी के 1 से 1000 तक के नोटों से नोमन ने झोंपड़ी, घोड़े इमारतें, प्लाज़ा, होटल, मॉल, सिनेमाघर, स्टेज, गेटवे ऑफ इंडिया, बिग बेन टावर, साइकिल, मोटर साइकिल, मोपेड, रेसिंग कार, हैलिकॉप्टर आदि भी बनाये हैं। इन्होंने इस बात का ध्यान रखा कि नोट कटे-फटे न हो या फिर किसी भी समय दोबारा प्रयोग में लाए जाने लायक हो।

कार्य करते हैं। वह अपने आप को 'अनुकृति कलाकार' कहते हैं। उन्होंने 18 समाचारपत्रों के मुखपृष्ठों की हुबहू नकल की है। इनमें से 14 समाचारपत्र भारतीय भाषाओं- तेलगू, अंग्रेजी, हिंदी, उर्दू, कन्नड़, गुजराती, उड़िया, असमी, पंजाबी, मराठी, तमिल, मलयालम, बंगाली, समस्करूथम सुधर्म- के हैं। इसके अलावा उन्होंने जिन अंतर्राष्ट्रीय समाचारपत्रों की हुबहू नकल की है वे इस प्रकार हैं - *लॉस एंजिल्स टाइम्स* (अंग्रेज़ी), (किसवाहिली नैरोबी का) *ताइफालियो, अल एतिहाद* (दुबई से अरबी) और *लिआन्हे ज़नबाओ* (सिंगापुर से चीनी)।

संगीत पर चित्रकारी

इंडियन स्कूल, बहरीन के डा. प्रभाकर वाग ने अप्रैल 7-9, 2004 को एक 100 x 3 फुट के कैनवास पर 48 घंटे तक लगातार 50 चित्र बनाए। 24 विभिन्न संगीत वाद्य यंत्र बजाकर मोहम्मद ने उनका साथ दिया। संगीत से उत्पन्न मनोभावों की छवि डा. वाग की चित्रकला में देखने को मिली। शान्ति के लिये कला के इस कार्यक्रम का आयोजन नेशनल एक्शन चार्टर सोसायटी के नेशनल चैरिटी फंड ने भारतीय ललित कला संघ के सहयोग से बहरीन इंटरनेशनल एग्ज़िबिशन सेंटर में किया गया।

बिंदियों से बनी कलाकृति

हैदराबाद, आन्ध्र प्रदेश की 23 वर्षीय पी अनीथा ने 22 x 22 इंच के आइवरी पेपर पर 14,000 बिन्दियों से तीन दिन में (अगस्त 2-4, 2008) प्रातः 7 से 12 और सायं 1 से 6 बजे तक लिम्का का प्रतीक चिन्ह बनाया।

लाईन स्क्रिप्ट कला

सिकन्दराबाद, आंध्र प्रदेश के चिन्तापातला वेंकटचारी, 39 ने एक अनूठी कला खोजी है। इस कला में वह रेखाओं और स्थानों का उपयोग इस प्रकार करते हैं कि सरसरी तौर पर दृष्टि डालने पर उनका कोई अर्थ नहीं निकलता परन्तु 75 डिग्री के कोण से देखने पर इन बेआकार दिखने वाली पंक्तिओं और बिन्दुओं का अर्थ सामने आना लगता है और वो भी अनेक भाषाओं में। वह इस कला को 8 भाषाओं-अंग्रेजी, मलयालम, तेलगू, तमिल, कन्नड, हिन्दी और उर्दू और पंजाबी में उतारने में पारंगत हैं। इस श्रमसाध्य कला में बहुत अधिक समय लगता है। जैसे कि इस कला में लिखी गई कुमार स्वामी की कहानी को पूरा करने में उन्हें 40 घंटों का समय लगा। क्या आप विश्वास कर सकते हैं कि वास्तव में आप क्या देख रहे हैं - द बर्थ ऑफ लार्ड क्राइस्ट!

एक चित्रकला में सर्वाधिक झंडे

वेल्लूर तमिलनाडु के नवकुमार ने नववर्ष के कार्ड के रूप में 240 फुट लम्बे चार्ट पेपर की दो पंक्तियों पर 192 झंडों की चित्रकला की। इसमें भारतीय झंडे के निकट डव पक्षी की चित्रकला विश्व शान्ति और कला का संदेश देने के लिये बनाई गई। यह चित्रकला नववर्ष की संध्या (दिसम्बर 31, 2007) को पूरी हुई।

अंतर्राष्ट्रीय चित्रकला प्रतियोगिता में एक ही संस्थान के सर्वाधिक विजेता

अक्तूबर 2007 में बेलग्राद, सर्बिया में आयोजित जॉय ऑफ यूरोप के 9वें इंटरनेशनल ड्राइंग एंड पेन्टिंग प्रतियोगिता में अकेडमी ऑफ फाइन आर्ट, बडौदा के छात्रों ने 37 पुरस्कार जीते । इसके लिए मेडल तथा प्रशस्तिपत्र दिए गए। यह अकादमी हरिओम गुर्जर द्वारा चलाई जा रही है । सबसे युवा विजेता केवल 4 वर्ष का था। जबकि अधिकांश बच्चों नें कांस्य पदक जीते। नौंवी कक्षा की जानकी शर्मा ने स्वर्ण पदक जीता। इस पूरी अकादमी ने कांस्य पदक जीते थे ।

आर्टिस मुण्डी पुरस्कार के प्रथम विजेता

मैसूर के पेंटर एनएस हर्षा प्रतिष्ठित आर्टिस मुण्डी पुरस्कार के प्रथम विजेता हैं। उन्होंने यह पुरस्कार 2008 में जीता। हर्षा ने अपनी शिक्षा एमएस विश्वविद्यालय से पूरी की। प्रत्येक दो वर्षों के बाद मिलने वाले इस पुरस्कार की राशि 40,000 पौंड है जो कला जगत की सबसे बडी राशि है।

मुस्लिम धर्म के पोस्टरों की प्रथम प्रदर्शनी

दिल्ली के फिल्म निर्माता तथा शोधकर्ता यूसुफ सईद ने अकीदत के रंग का आयोजन किया। वे पिछले पन्द्रह वर्षों से मुस्लिम धर्म के पोस्टर तथा कैलैण्डर एकत्र कर रहे हैं। यह प्रदर्शनी अप्रैल 1-4, 2008 तक इन्दिरा गांधी नेशनल सेंटर में आयोजित की गई।

पहला ऑर्ट मॉल

दिल्ली के नरेन भीखू राम जैन द्वारा 15,000 वर्ग फुट में बनाई गई गैलरी कला की छात्रा रही उनकी बेटी के कारण अस्तित्व में आई क्योंकि उसे अपनी कला के प्रदर्शन के लिये स्थान मिलने

कैलेण्डर आर्ट

यदि कोई कैलेण्डर असली और 19वीं सदी के आरंभ का हो तो उसे कैलेण्डर बाज़ार में एक संग्रह योग्य कला के रूप में हज़ारों में बेचा जा सकता है।

भारत में राजा रवि वर्मा कोली थामपुरम (1848-1906) ने 1894 में एक प्रेस लगाकर आधुनिक भारत की सौन्दर्य के प्रति अनुभूति में अपने दम पर एक क्रान्ति सी पैदा कर दी। उनके बनाए देवी-देवताओं, पौराणिक नायक और नायिकाओं के चित्र वस्तुत: नवीन भारत की चित्रकला को परिभाषित करते हैं। उन्होंने इन पेन्टिंग की लाखों प्रतियां प्रकाशित की। इन चित्रों का प्रयोग माल और सेवाओं के विज्ञापन के साथ-साथ राजनीतिक प्रचार तक के लिए किया गया। रवि वर्मा का यह मानना था कि उनके बनाए चित्रों के बार-बार सामने आने से लाखों भारतीय असली कला की ओर अग्रसर होंगे।

बीसवीं शताब्दी के उत्तरार्द्ध में कलाविदों ने इस ओलियोग्राफ्रिक 'कला' को दोगली आडम्बरपूर्ण कला के तौर पर नकार दिया लेकिन इससे इसकी लोकप्रियता पर असर नहीं पड़ा क्योंकि इसने भारतीयों की पौराणिकता को एक ऐसी शक्ल दी जो राष्ट्र की चेतना में रच-बस गई। इसे 'कैलेण्डर कला' के नाम से जाना गया जिसे बाद में भारतीय कैलेण्डर निर्माताओं ने उठाया और रवि वर्मा की शैली को आगे बढ़ाया।

आज लोकप्रिय और कैलेण्डर चित्रों के प्रिंटो और शिल्पकारिता को हाथों-हाथ लिया जाता है। इसी का नतीजा है कि शेलबर्ज़र, न्यूमेयर और ज्योतिन्द्र जैन जैसे व्यक्तियों के महत्त्वपूर्ण संग्रहों और प्रदर्शनियों का आयोजन होता है जो कैलेण्डर कला की लोकप्रियता को रेखांकित करता है।

सबसे बड़ी डॉट-पेन चित्रकला प्रदर्शनी

कानपुर, उप्र. के एन्थॅनी डब्ल्यू मुखर्जी ने अपनी 45 चित्रकलाओं की अप्रैल 30 और मई 1, 2005 को कानपुर के राजेन्द्रा स्वरूप सैन्टर फॉर परफोर्मिंग आर्ट्स में लगाई, जिसमें सभी रंगीन डॉट पेनों से तैयार किया गया था। सर्वाधिक चित्रकलाएं प्रसिद्ध व्यक्तित्वों जैसे मदर टेरेसा, इन्दिरा गांधी, डा. एपीजे अब्दुल कलाम आदि के पोर्ट्रेट थे।

में कठिनाई आती थी। अब इसकी तीन मंजिलों का उपयोग प्रदर्शनी, कलाकारों के आवास और स्टूडियो के रूप में किया जा सकता है।

प्रथम कला बैंक

सर्जक अदिश्वर पुरी ने यह बैंक खराब पसंद से डरने वाले नौसिखिए संग्रहकर्त्ताओं के लिए आरंभ किया था। परन्तु अब सरकारी प्रतिष्ठान, बैंक, अस्पताल आदि इनके ग्राहक हैं। यहां प्रदर्शनी के लिए आने वाले चित्र बिक्री के लिए है लेकिन यहां किराए के लिए आए कई चित्र भी बिक जाते हैं जिससे कलाकार को दोहरा फायदा होता है क्योंकि आर्ट बैंक बिक्री पर कमीशन नहीं लेता। अनुबंधित कलाकार को कार्य के जमा मूल्य का 50 प्रतिशत मिलने से लाभ होता है। कैनवस को पूरे वर्ष, छ: महीने अथवा तीन महीने के लिये किराये पर लिया जा सकता है। महीने के 5,000 रूपये या उससे कुछ ज़्यादा में यदि हुसैन की पेंटिंग दीवार की शोभा बढ़ाने के लिए मिल जाए तो सौदा महंगा नहीं है!

बिना रूके पोर्टेट स्केचिंग

छिंदवाडा, मध्य प्रदेश के कमल निशाद ने मई 15 प्रात: 9.00 बजे से बजे मई 21, 2007

दोपहर बजे तक 130 घंटो में जबलपुर रेलवे स्टेशन पर 302 रेखाचित्र बनाए।

दूसरे देश की सर्वप्रथम स्टैम्प डिज़ाइनर

कालिम्पोंग, जिला दार्जिलिंग, पश्चिम बंगाल की हेमलता पेड़ पौधों का चित्र बनाने वाली कलाकार हैं जो ऑरकिड और दूसरे पौधों की पेन्टिंग बनाकर उसे कागज पर अमर कर देती हैं। हेमलता के कार्यों में 'इंटरनेशनल ईयर ऑफ द माउंटेन' को मनाने के लिए भूटान के वास्ते बनाए गए 6 डाक टिकटों के सेट के चित्र बनाने का काम भी शामिल है। उन्होंने बहुत सी किताबों के कवर को अमर कर दिया जिसमें - ऑरकिड ऑफ भूटान (डा. फिलिप जे क्रिव), रायल बोटैनिकल गार्डन (डा. निकोलस पिअर्स) लाईन इलस्ट्रेशन, हंड्रेड हिमालयन ऑरकिड एंड हॉव टू ग्रो दैम (उदय सी प्रधान, सत्यम सी प्रधान, कालिम्पोंग) शामिल हैं।

प्रथम महिला संग्रहालय

महिलाओं को समर्पित प्रथम संग्रहालय 1974-75 में एनएमकेआरवी फर्स्ट गेड कॉलेज महिला कॉलेज, बेंगलौर में आरंभ किया गया। शास्वती नाम का यह संग्रहालय भारतीय महिलाओं के जीवन की झांकी है।

1992

एक ही परिवार की तीन पीढ़ियों की कला प्रदर्शनी

अंजली ईला मेनन उनके पुत्र राजाराजा और उनकी पुत्री माधवी (11) और इंदिरा (8) ने फरवरी 25, 2007 से मार्च 8, 2007 तक धूमीमल गैलरी में अपनी कला का प्रदर्शन किया। इस परिवार पेन्टिंग ब्रश के प्रति लगाव को दर्शाती इस प्रदर्शनी का नाम मेनन-जाई-टिस रखा गया!

प्रथम विशिष्ट फोटो आर्ट गैलरी

'तस्वीर' गैलरी का प्रारंभ नवम्बर 2006 को दिल्ली, मुम्बई, कोलकात्ता और बेंगलौर में हुआ क्योंकि वास्तव में तीन फोटो संग्रहकर्ताओं का यह मानना था कि फोटोग्राफी एक श्रेष्ठ माध्यम है। शालिनी गुप्ता तथा अभिषेक पोद्दार का मानना था कि कला के इस रूप के लिये ज़्यादा कुछ नहीं किया गया है।

कागज के टुकडों से बनी विशाल चित्रकला

मुम्बई के विशाल कोठारे ने मोनालिसा की चित्रकला अगस्त 2006 में बनानी प्रारंभ की और मार्च 2007 में इसे अंतिम रूप दिया। इसमें 17,000 के लगभग छोटे गोल टुकड़ों का प्रयोग किया गया। इस चित्र का आकार 56 सेंमी. ग 70 सेंमी. था और इसका नाम ला. गाइओकांडा रखा गया।

विश्व कीर्तिमान : सर्वाधिक लम्बी चित्रकारी

एलीट चैरिटेबल ट्रस्ट (एलीट के प्रदीप कुमार, संस्थापक और मैनेजिंग ट्रस्टी) ने अगस्त 28 को 6,795.5 मीटर लम्बी चित्रकारी की जिसे क्लीनिक प्लस गेटवे 2008 नाम दिया गया। इसमें 6 स्कूलों के 6868 छात्रों ने हिस्सा लिया। इसे कोडिसिया ट्रेड काम्पलैक्स, कोयम्बटूर, तमिलनाडु में आयोजित किया गया। इस कैनवास की ऊंचाई 14.5 इंच थी। यह विजन टाइम्स इंडिया प्राइवेट लिमिटेड, तमिलनाडु ने आयोजित किया था।

प्रथम बॉयोलोजिकल कालेज प्रदर्शनी

जिला मालापुरम, केरल के 45 वर्षीय मनु कालिकड ने पत्रिकाओं से प्रसिद्ध व्यक्तियों के लेख और चित्रो को कालेज पोट्रेट बनानें के लिये एकत्र किया। उन्होनें इस में किसी प्रकार की कैंची, पेंट अथवा ब्रश का प्रयोग नहीं किया। उनकी पहली प्रदर्शनी अक्टूबर 20-23, 2003 को ललित कला अकादमी, आर्ट गैलरी, कालीकट केरल में आयोजित की गई ।

प्रथम स्वयं करने के लिये सिरेमिक स्टूडियो

विकास वर्मा ने दिसम्बर 25, 2005 को डीएलएफ मॉल गुडगॉव में कलर फैक्टरी का आरंभ किया जिसमें लोगों को मग, कप, फोटोफ्रेम आदि पर पारंपरिक पॉटरी को स्वयं बनाने का अवसर दिया जाता है। जिसमें वह अपनीं रूचि के अनुसार डिज़ाइन बना सकते हैं। विकास वर्मा के दिल्ली, मुम्बई, गोवा तथा बेंगलौर में चार स्टूडियो हैं।

प्रथम कार्टून गैलरी

बेंगलौर के इंडियन इंस्टीट्यूट ऑफ कार्टून (आईआईसी) ने अगस्त 16, 2007 में (द इंडियन कार्टून गैलरी) मिडफोर्ड हाऊस में 200 वर्ग फुट की गैलरी खोली। इस गैलरी की शुरूआत राजनीतिज्ञों पर बनाए गए कार्टूनों की तीन माह लम्बी प्रदर्शनी के साथ की गई। अपनी तरह का यह संस्थान जून 8, 2001 को शुरू किया गया था।

त्रिआयामी रंगोली

मुम्बई की भावना एच भेडा ने त्रिआयामी प्रभाव वाली रंगोली बनाई। इसके तीन आयामों को अनगलिफ, लाल तथा हरे रंग कांच से देखा जा सकता है (जैसे हम त्रिआयामी फिल्म देखते हैं) से देख सकते हैं। इन्होंने अक्टूबर 21, 2007 को यह 8.5 x 9.5 फुट की त्रिआयामी रंगोली बनाई।

सर्वाधिक लम्बी रंगोली

हिन्दुस्तान यूनीलिवर (हमाम) तथा दिनामलार ने जनवरी 28, 2007 को इनर मरीना बीच रोड़, चेन्नई, में 2.3 किलोमीटर लम्बी रंगोली (कोलम) का आयोजन किया। 2,200 मां और बेटी की जोड़ियां ने 7 x 4 फुट का *कॉलम* बनाया और *कॉलम* के 1,100 ब्लॉक बनाने में 4,400 हमाम मोल्ड का प्रयोग किया।

कागज़ की सबसे बड़ी प्रतिमा

उत्सवी मुम्बई के संस्थापक नानासाहेब शेन्दकर ने पर्यावरण अनुकूल कागज़ सज्जा विशेषकर गणेश उत्सव के लिये बनाई। उनका यह कार्य थर्मोकोल का विकल्प है। बिना किसी सहारे के 21 फुट ऊंचा कागज़ से बना हवा महल जो 9-10 कलाकारों और क्राफ्ट्समैनों की सहायता से 7-8 दिनों में बनाया गया। इसे अगस्त 29, 2007 में उत्सवी, लाल बाग मुम्बई में प्रदर्शित

कला और फुटबाल?

वर्ष 2006 के डूरंड कप में ऑसियान भी सम्मिलित हुआ क्योंकि उनका मानना था कि निश्चित तौर पर कला और फुटबाल के बीच संबंध है। दोनों में ही एकाग्रता और ऊर्जा दिखती है। देश के सर्वाधिक पुराने फुटबाल टूर्नामेंट के प्रयोजन से ऑसियान ने ढांचागत विकास के कार्यों का विस्तार किया है जिसकी शुरूआत उन्होंने कला संस्थान के रूप में की थी। फुटबाल और कला में सम्बन्ध को दर्शाने के लिये नेविल तुली (ऑसियान के संस्थापक) ने रज़ा की श्वेत-श्याम बिन्दु चित्रकला के सामने हाथ में फुटबाल थामे टूर्नामेंट की आधिकारिक शुरूआत की।

किया गया यह हवा महल 180 प्रिंटेड पेपर शीट डिज़ाइन के साथ तथा खिडकियां मोटिफ के साथ बनाई गई।

सर्वाधिक लम्बा संदेशवाहक स्क्रॉल (पट्टी)

हिन्दुस्तान यूनिलीवर लिमिटेड कोलकात्ता ने अपनें कर्मचारियों को नं. 1 बनाने के लिए जनवरी 22, 2007 को एक अनोखा रास्ता अपनाया। एक्विटा थीम पार्क कोलकात्ता में उसका 365 मीटर का संदेशवाहक स्क्रॉल 'द पावर ऑफ 1' को समर्पित था जिसमें एचसीएल के 479 कर्मचारियों को संदेशों के माध्यम से अपने विचार व्यक्त करने की खुली आज़ादी दी गई। वर्ष के 365 दिनों को दर्शाने के

प्रसिद्ध व्यक्तियों का मिला-जुला प्रयास

दिल्ली के स्वयंसेवी संगठन खुशी की वृद्धों तथा बेसहाराओं के सहायतार्थ योजना के लिए धन एकत्र करने हेतु क्रिस्टी द्वारा ब्रिटिश उच्चायुक्त के आवास पर नवम्बर 10, 2006 को कैनवॉस पर 'इंडिया ऑन कैनवास' की नीलामी की । यह पी चिदम्बरम, अंजोलि ईला मेनन, सुनील मित्तल, अमित्व दास, टीना अम्बानी, जोगेन चौधरी, रतन टाटा, लक्ष्मण श्रेष्ठ, अमिताभ बच्चन, शक्ति बर्मन, मोहित गुजराल, सतीश गुजराल और भी बहुत सी हस्तियों की मिली-जुली कला थी। इनका मूल्य 35 लाख रूपए से 95 लाख रूपए (जोगेन चौधरी/ टीना अम्बानी की चित्रकला के लिए) तक था। इस नीलामी से खुशी को सही मायनों में खुशी मिली होगी।

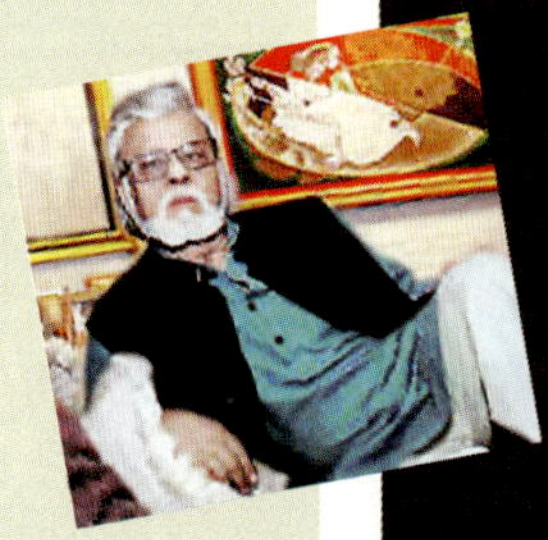

लिए विशेष तौर पर इसकी लम्बाई 365 मीटर रखी गई और इसका कारण आगामी वर्ष में एक दिन में एक करोड़ का लक्ष्य पाना था।

हिरोशिमा शांति दिवस

हिरोशिमा पर अगस्त 6, 1945 को पहला परमाणु बम गिराया गया। इसके तीन दिनों के पश्चात नागासाकी पर भी बम डाला गया। इन दो बमों नें 3,50,000 लोगों की जान ली और 2,50,000 लोगों को जीवन का संघर्ष करने के लिये छोड़ दिया। द बोर्नफ्री आर्ट स्कूल ने हिरोशिमा पीस मैमोरियल म्यूजियम के साथ मिल कर बाल भवन, क्यबोन पार्क, बेंगलौर में अगस्त 6-9, 2008 को हिरोशिमा दिवस मनाया। इस कार्यक्रम में अगस्त 6, 2008 को हिरोशिमा हमले में बचे लोगों और बेंगलौर के शांतिप्रिय निवासियों के बीच वीडियो कान्फ्रेंसिंग हुई। इस कला प्रदर्शनी का विषय युद्ध और शांति था। इसमे हिंसा के चिन्हों जैसे ब्लेड, चाकू, तलवार आदि को स्कल्पचर पार्क, रविन्द्र कला क्षेत्र में रखा गया और इनसे शांति की यादगार वस्तुएं बनाई गई। इस फोटो प्रदर्शनी में बेंगलौर पर ए-बम के प्रभाव को दर्शाने के लिये हिरोशिमा और नागासाकी पर हुए हमले के पोस्टर और फोटो प्रदर्शित किए गए। छ: विश्वविद्यालयों के 12 जापानी छात्रों ने इतिहास के इस अध्याय 9 पर एक प्रस्तुति रखी।

सबसे बड़ी स्लिक स्क्रॉल चित्रकला
लखनऊ के सनत चटर्जी ने *नाभिकीय भौतिकी के अनुसार ऊर्जा पैदा करना औरा उपभोग: भारतीय पौराणिकता से समतुल्यता* विषय पर एक 100 x 11 फुट का सिल्क स्क्रॉल बनाया जिसका प्रदर्शन मई 1999 में नेताजी इंडोर स्टेडियम कोलकात्ता में किया गया।

2000

कार से बनाई सबसे बड़ी चित्रकला
फिएट 500 के लांच पर पुणे के पॉप कलाकार जयेश सचदेव, 26, ने कार से ब्रश का काम लेते हुए ताज लैंड्स एण्ड, मुंबई में 40 x 40 फुट (1,600 वर्ग फुट) की 'टायर आर्ट' की कला प्रदर्शित की। उन्होंने यह कलाकृति 3 मिनट 35 सेकंड में पूरी की। उन्होंने जुलाई 18, 2008 को प्लाई बोर्ड पर एक्रेलिक पेन्ट से यह कलाकारी की।

पानी के अन्दर विशाल रंगोली

वडोदरा के दा साई रंगोली समूह ने गुजरात ने जनवरी 20 को प्रात: 9.00 से जनवरी 23, 2008 सायं 3.00 बजे तक सैयाजी पार्क में पानी के भीतर 50 फुट x 30 फुट की बनाई। इसमें भाग लेने वाले चार सदस्य बारोट राजश्री जी, सोनी अमित सी, बरोट चिराग जी और नलवाडे प्रणव थे।

पूल के तल पर पहले भारत का नक्शा और फिर दूसरे राष्ट्रीय चिन्ह बनाए गए। 10 लीटर तेल इस रेखाचित्र पर डाला गया। इस रंगोली को बनाने में 270 किग्रा. रंगोली पाउडर लगा। अंत में पानी के ढ़ाई टैंकरों को इस रंगोली चित्र पर डाला गया।

प्रथम कलात्मक क्रेडिट कार्ड

डच बैंक एबीएन एमरो ने अपने कलाप्रेमी उपभोक्ताओं के लिये अप्रैल 30, 2007 को एमएफ हुसैन द्वारा डिज़ाइन किया गया एक नया क्रेडिट कार्ड जारी किया। यह प्लेटेनम कार्ड आम सिंगापुर निवासी और वहाँ पर रहने वाले भारतीयों के लिये था। इसके पीछे विचार यह था कि हुसैन की कला हर व्यक्ति तक पहुंचे और वह हर बार कार्ड का इस्तेमाल करते हुए हुसैन की कला का मज़ा ले सके।

सर्वाधिक लम्बी पौराणिक चित्रकला

तिरूवनंतपुरम के 67 वर्षीय शिवथानू कुमार डैज़ ने होटल जैस्मीन पैलेस कोवलम, में ऐक्रेलिक रंगो से महाभारत की घटनाओं पर चित्रकला की। तिरूवनंतपुरम, केरल, भारत में अप्रैल 10, 2008 दोपहर 12.15 बजे बनानी आरंभ की जिसका शीर्षक अश्वत्थामा था। यह चित्रकला 100 मीटर के कैनवॉस पर थी और इसे अप्रैल 2, 2008 को पूरा किया गया। इसके प्रत्येक फ्रेम में चित्र बनाने के लिए कुल 10 फुट x 8 फुट की जगह थी। ऐसे 33 फ्रेमों पर महाभारत की महत्वपूर्ण घटनाओं को दिखाया गया।

प्रथम ऑनलाईन कार्टून प्रदर्शनी

मलयालम दैनिक केरल कुमुदी में काम करने वाले कार्टूनकार टीके सुजीथ के कार्टून *indulekha.com* पर डाले गए। यह एक संवादात्मक प्रदर्शनी थी जिसमें कार्टूनिस्ट के साथ वार्ता की जा सकती थी तथा उसे अपनी पसंद का कार्टून बनाने के लिए भी कहा जा सकता था। इस प्रदर्शनी को जनवरी 22, 2008 को वीजेटी हॉल तिरूवनंतपुरम, केरल में के करूणाकर द्वारा प्रदर्शित किया गया।

नाखून कला

भूदान पोचमपल्ली, आंध्र प्रदेश के भानू प्रकाश चिक्का ने अपने सभी नाखूनों को कलाकृति के रूप में बदल दिया। ऐसा वह पिछले चार वर्षों से कर रहे हैं।

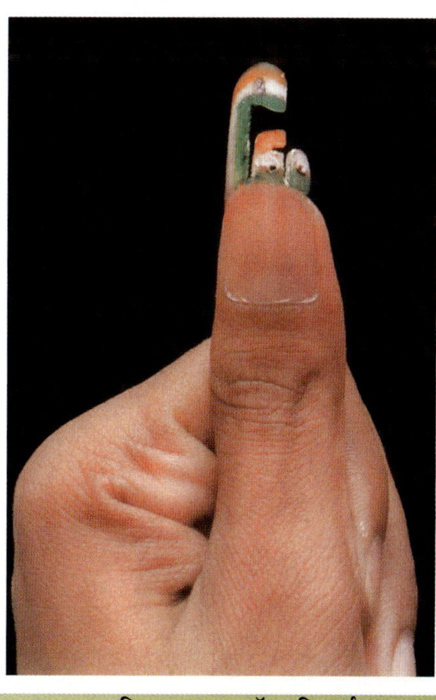

पैन के बिन्दुओं से चित्रकारी

2002 में गाज़ियाबाद उप्र. के अमरजीत सिंह संधू ने प्रसिद्ध भारतीय और अंतर्राष्ट्रीय व्यक्तित्वों के चित्र बनाने का फैसला किया। इस कार्य में वह केवल बाल प्वाइंट पैन का प्रयोग करते हैं। इसी से उन्होंने अब तक मदर टेरेसा, सोनिया गांधी, अमिताभ बच्चन, ऐश्वर्या राय, शाहरूख खान, प्रियंका चोपडा आदि के चित्र बना चुके हैं। ये सारे चित्र 24 इंच ग 36 इंच के आइवरी कागज पर बने हैं। वह हर चित्र बनाने में 350-400 घंटे का समय लगाते हैं। वह यह कार्य कार्यालय समय के बाद करते हैं।

केवल मोर!

चदरपुर की अरूणा खमामकर को मोर बहुत पसंद हैं और वो भी इतना कि वह कला के विभिन्न रूपों में मोर के 400 से अधिक अलग-अलग डिज़ाइन बना चुकी हैं। इसमें से श्रेष्ठ डिज़ाइन 'मयूर शतक' में प्रकाशित हो चुके हैं।

चित्रकला के लिए सबसे अधिक कीमत भुगतान

एमएफ हुसैन की चित्रकला ए ट्रिब्यूट टू फ्रीडम: सफदर हाशमी को 1989 में टाइम्स ऑफ इंडिया द्वारा मुम्बई में आयोजित टाइम्सलैस आर्ट ऑक्शन में अप्रत्याशित रूपये 12.5 लाख देकर खरीदा।

संग्रहालय

दाजी लाड संग्रहालय

मुम्बई का सबसे पुराना संग्रहालय, डा. भाउ दाजी लाड संग्रहालय पर ग्रेटर मुम्बई नगर निगम के अधिकार में है। इसका आरंभ 1855 में हुआ किन्तु इसे लोगों के लिये 2 वर्षों के पश्चात खोला गया। इसके संस्थापक डा. भाउ दाजी लाड, सर जमसेद जी जीजीभोय और सर जगन्नाथ शंकर सेठ थे। वर्षों तक उपेक्षित रहने के पश्चात इनटैक द्वारा इसे नवीन रूप दिया गया इस दौरान यहे चार वर्षों के लिये बन्द रहा। इस कारण इसे यूनेस्को हैरिटेज अवार्ड दिया गया। अब मुम्बई के इस संग्रहालय के अमूल्य खजाने को फिर से आम जनता देख सकती है।

राष्ट्रीय संग्रहालय, दिल्ली

1949 में खुले राष्ट्रीय संग्रहालय में सभ्यता से पूर्व के औजार तथा मोहनजोदड़ो और हडप्पा की प्राचीन वस्तुएं रखी गई हैं। इसके अतिरिक्त मूर्तियां, लोहे तथा कांस्य आदि की वस्तुएं भी रखी गई हैं। यहां प्रतिमाओं, गच और ताम्रपत्रों आदि को भी संग्रहित किया गया है। इसके अतिरिक्त यहां मध्य एशिया की दुर्लभ भित्तियों और पुरातत्त्वीय वस्तुओं के साथ अभिलेखों का खंड भी देखने योग्य है।

विशाल मैडल गैलरी

पटियाला के शीशमहल में पटियाला

प्रथम आइस्क्रीम संग्रहालय

इसका उद्‌घाटन नवम्बर 14, 2007 में नरूला के मुख्य कार्यकारी अधिकारी तथा प्रबंध निदेशक समीर कुकरेजा ने किया। नरूला की आइस्क्रीम फैक्ट्री के अन्दर बना यह संग्रहालय आने वाले लोगों का स्वागत आइस्क्रीम से जुड़े तथ्यों, इतिहास और आईस्क्रीम के हल्के-फुल्के स्वाद से करता है।

नरूला के शुभंकर बने बड्डी ब्वॉय यहां आने वालों बच्चों को संग्रहालय दिखाते हैं। यहां नरूला के 21 के अलग-अलग स्वादों को समर्पित पिक्चर गैलरी देखने योग्य हैं। बच्चे बड्डी के साथ मिल कर निरूला का आइस्क्रीम गीत गाते हैं और आइस्क्रीम के विषय में रोचक जानकारी पाते हैं।

इसका अगला हिस्सा मिक्सिंग रूम है जहां नरूला के विभिन्न स्वादों की जानकारी देने वाले पोस्टर हैं जिन्हें 1970 से संग्रहित तथा संभाल कर रखा जा रहा है। दूध की पाइपों के संग चलते हुए बच्चों को नीचे लगे संयंत्र में ले जाया जाता है जहां उन्हें असली रोमांच का मज़ा मिलता है। बच्चों को यहां स्वादों को मिलाने, टापिंग डालने तथा ट्यूबों में आइस्क्रीम भरने की पूरी छूट होती है। उनका भ्रमण आईस्क्रीम पर बने गीतों और खेलों के साथ समाप्त होता है।

नरूला एचएसीसीपी प्रमाणपत्र पाने वाली भारत की सर्वप्रथम आइस्क्रीम है। नरूला शुद्ध दूध से बनाई जाने वाली 100 प्रतिशत शाकाहारी आइस्क्रीम है। नरूला की हाट चाकलेट फ्रेश आइस्क्रीम दिल्लीवासियों को उनके स्कूल तथा कालेज के सुनहरे दिनों की याद दिला देती है। यह इतनी लोकप्रिय है इसके चाहने वाले इसे कई बार पेटेंट तक कराने के लिए कह चुके हैं।

के महाराजा भूपिन्दर सिंह (1900-38) के लगभग 300 सम्मान चिन्ह, मेडल तथा सज्जा का संग्रह है। इस संग्रह में बहुत ही दुर्लभ वस्तुएं जैसे -1348 का ऑर्डर ऑफ गार्टर (इंग्लैंड), 1856 के विक्टोरिया क्रास, 1519 का होलो घोस्ट (फ्रांस) का ऑर्डर सम्मिलित हैं।

फोर्ट सेंट जार्ज संग्रहालय

1795 में बनी इस इमारत को 1948 में संग्रहालय में परिवर्तित कर दिया गया और यह सबसे पुरानी संग्रहालय इमारत है। वास्तव में मूलरूप से यह मद्रास बैंक की इमारत थी। यह संग्रहालय दक्षिणी भारत में ब्रिटिश शासन का आईना दिखाता है, विशेषकर ईस्ट इंडिया कंपनी का। इसमें राबर्ट क्लाईव तथा कार्नवालिस के लिखे वास्तविक पत्र देखने योग्य हैं।

पर्वतारोहण संग्रहालय

इंडियन माउंटेनियरिंग फाउंडेशन दिल्ली में बने संग्रहालय की स्थापना जून 4, 1997 को हुई थी। यहां होने वाली प्रदर्शनियों में बहुत से प्रसिद्ध पर्वतारोहियों और अन्तर्राष्ट्रीय पर्वतारोहण संस्थानों की ओर से योगदान मिलता है। इस फांउडेशन की स्वर्ण जयंती 2007 में मनाई गई।

सालार जंग संग्रहालय, हैदराबाद

सालार जंग संग्रहालय की स्थापना 1951 में हुई। मीर यूसुफ अली खान (सालार जंग तृतीय) के पास प्रदर्शन योग्य वस्तुओं का विशाल संग्रह था जिसे प्रदर्शनी के लिए इस संग्रहालय में रखा गया है। इसमें पेन्टिंग, पार्सिलेन, कालीन, पांडुलिपियां, घड़ियां, चांदी और परशियन, अरबी तथा उर्दू में लिखी अमूल्य पांडुलिपियां और कई कमरों में हजारों की संख्या में कलाकृतियां रखी हैं।

नृत्य

प्रदर्शन कलाओं पर प्रारंभिक पुस्तक

भरत मुनि द्वारा रचित माने जानी वाली पुस्तक *नाट्य शास्त्र* में 37 अध्याय और *5,569* श्लोक हैं। 3-2 ईसा पूर्व और 4-5 ईसवी के बीच लिखी गई यह पुस्तक भारतीय शास्त्रीय नृत्य, संगीत और नाटक का आधार है। इस पुस्तक को पांचवे वेद के नाम से जाना जाता है।

सबसे गाढ़ा मेकअप

कत्थकली में प्रयुक्त किया जाने वाला 'चुट्टी' मुखौटे की तरह का चावल और पेपर से बना एक त्रिआयामी मेकअप होता है जो चेहरे से 15 सेमी. (6 इंच) तक बाहर होता है।

2000

प्रथम नृत्य विद्यालय

1901 में रबीन्द्रनाथ टैगोर द्वारा स्थापित शांतिनिकेतन में संगीत और नृत्य विभाग है जिसे कलाभवन के नाम से जाना जाता है।

शास्त्रीय नृत्य के प्रतिष्ठित विद्यालय *कलाक्षेत्र* की स्थापना 1931 में रूकमिणी देवी ने अद्यार, चेन्नई में की। 1936 में इसे अंतर्राष्ट्रीय कला अकादमी के रूप में स्थापित किया गया और *कुतरला कुरवंजी* इसकी प्रथम नृत्य प्रस्तुति थी।

प्रथम पुर्नस्थापित नृत्य विद्यालय

कवि वल्लाथोल नारायण मेनन ने (कत्थकली को प्रमुख क्षेत्रीय रंगमंच कला के रूप में पुर्नस्थापित करने वाले) 1930 में *केरल कलामंडलम* की स्थापना की । उन्होंने मोहिनीअट्टम को भी पुनर्जीवित किया जोकि 18वीं सदी के आरंभ में प्रसिद्ध था।

विदेश में प्रथम प्रस्तुति

उदय शंकर ने 1920 के मध्य में अन्ना पावलोवा के साथ *राधाकृष्ण* को नृत्यबद्ध किया। उनकी रचना *कल्पना* भारत की प्रथम बैले फिल्म थी जिसमें कई नृत्य संयोजन थे।

प्रथम नृत्य उद्यान मंदिर

अल्य नृत्य कलावनम्, राजामुंदरी, आंध्र प्रदेश में बना अपनी तरह का प्रथम नृत्य उद्यान मंदिर है। 2,000 वर्ग मीटर में फैले इस नृत्य उद्यान में 40 फुट ऊंचा पांच मंजिला स्तूप है।

स्तूप के भूमितल के चार कोने चार युगों के द्योतक हैं। स्तूप के बाकी चार तल परम्परागत नृत्य रूपों को समर्पित हैं जिसमें विनायक और ओम से लेकर नृत्यदेव प्रिय नटराज की प्रतिमाएं हैं। मंदिर में देवी और देवताओं की 15 फुट ऊंची छः प्रतिमाएं और भगवान विनायक के साथ 18 फुट ऊंचा *महाशिवलिंग* है।

मंदिर में कुचीपुड़ी, भरतनाट्यम, मोहिनीअट्टम और ओडीसी जैसे नृत्यों को संजोया गया है। इस मंदिर का निर्माण फरवरी 2, 2007 को आरंभ हुआ जिस दौरान 10 से 12 श्रमिक यहां रोज काम करते थे और यह निर्माण जनवरी 28, 2008 को 11 माह और 15 दिन में पूरा हुआ। डा. सप्पा दुर्गा प्रसाद इस नृत्य उद्यान मंदिर के संस्थापक हैं।

प्रदर्शन कला उत्सव में सर्वाधिक कार्यक्रमों की प्रस्तुति

पुणे, महाराष्ट्र के अखिल भारतीय सांस्कृतिक संघ ने ग्लोबल हारमोनी 2008 के नाम से नानाविध नृत्य-नाटक-संगीत उत्सव का एकमंचीय आयोजन किया। 11 दिनों का यह उत्सव सांस्कृतिक विचारों के आदान-प्रदान, शांति और वैश्विक सौहार्द्र के उद्देश्य से मई 21, 2008-विश्व सांस्कृतिक विविधता दिवस - मई 31, 2008 तक आयोजित किया गया।

तीन अलग-अलग स्थलों - बालगंधर्व रंग मंदिर, तिलक स्मारक मंदिर और केसरीवाड़ा में आयोजित इस उत्सव में 18 राज्यों के 4,500 कलाकारों ने 1,762 सांस्कृतिक कार्यक्रम प्रस्तुत किए। यह कार्यक्रम प्रातः 9 बजे से रात 12.30 बजे तक चलते थे। यह उत्सव कुचीपुड़ी, भरतनाट्यम, मोहिनीअट्टम कत्थक, सतरिया, लोक

ALL MULTI-LINGUAL DRAMA, DANCE, MUSIC FEST / CONTE

क्रिसमस, भरतनाट्यम शैली

भारतीय सांस्कृतिक संबंध परिषद और नई दिल्ली नगर पालिका ने दिसम्बर 7, 2006 को नेहरू पार्क, चाणक्यपुरी, नई दिल्ली में स्टार ओवर बेथलहम के नाम से ईसा मसीह की जन्मगाथा को संगीतमय रूप में प्रस्तुत किया जिसमें परम्परागत भरतनाट्यम की वेशभूषा में नृतकों ने प्रसिद्ध क्रिसमस आनन्दगान पर नृत्य किया।

डांस सेन्टर, नई दिल्ली ने पूर्व और पश्चिम के परम्परागत नृत्य एवं संगीत का 1 धंटे 15 मिनट लम्बा फ्यूजन प्रस्तुत किया। इस पंच आनंदगान की प्रस्तुति संकल्पना ज्योत्सना शौरी की थी और संगीत प्रस्तुति शर्मिला बनर्जी लिविंगस्टन की थी।

'द बर्थ ऑफ जीसस' नाम का यह नृत्य कार्यक्रम लगभग 13 वर्ष पुराना है। यह पहली बार दिसम्बर 6, 1996 को ब्रिटिश काउंसिल थियेटर, नई दिल्ली में प्रस्तुत किया गया। 2006 में इसका नाम बदलकर स्टार ऑफ बेथलहम कर दिया गया।

क्षेत्रीय और आधुनिक नृत्यों, गायन एवं वाद्य संगीत, बहुविध नाटकों, क्षेत्रीय भाषाओं (गुजराती, बंगाली, राजस्थानी, असमिया, मराठी और हिंदी) में मोनोएक्ट जैसी कलाओं का संगम था।

अखिल भारतीय सांस्कृतिक संघ पिछले चार वर्षों से इस बहुभाषी सांस्कृतिक उत्सव का आयोजन करता आ रहा है। हेमंत वाग इसके महासचिव है।

सबसे लम्बी भरतनाट्यम प्रस्तुति

पुडुचेरी की टी संगीथा ने जून 1, 2003 रात 9 बजे से जून 3, 2003 रात 9.10 बजे तक गांधी थिडाल, पुडुचेरी में लगातार 60 घंटे 10 मिनट तक नृत्य किया जिस दौरान उन्होंने 79 दोहराए गए गानों के साथ 521 प्रस्तुतियां दी। इसमें कुल विश्राम समय 90 मिनट का था।

विश्व कीर्तिमान : सबसे लम्बी कुचीपुड़ी प्रस्तुति

विशाखापत्तनम की सिवाला विजया दुर्गा (18) ने दिसम्बर 28 को प्रात: 9.08 बजे से दिसम्बर 30, 2000 प्रात: 11.09 बजे तक डा. बीआर अम्बेड़कर असेम्बली हॉल, आन्ध्र विश्वविद्यालय, विशाखापत्तनम में 50 घंटे लम्बी कुचीपुड़ी नृत्य की प्रस्तुति की। उन्होंने 25 घंटे में 200 प्रस्तुतियां दीं और 50 घंटे पूरे करने के लिए उन्हें फिर से दोहराया।

श्रीराम भारतीय कला केन्द्र

श्रीराम कला केन्द्र, नई दिल्ली पिछले 45 वर्षों से प्रत्येक वर्ष खेली जाने वाली रामलीला का अपने आप में एक पर्याय बन चुका है जिसमें महाकाव्य रामायण पर आधारित नाटिका का आयोजन किया जाता है। इसे हर साल नए ढंग से प्रस्तुत कर आयोजक अधिक समकालीन बनाने के प्रयास करते हैं। श्रीराम भारतीय कला केन्द्र की प्रस्तुति निर्देशक एवं उपाध्यक्ष शोभा दीपक सिंह कहते हैं कि "नृत्यनाटिका को समकालीन बनाने व बड़े दर्शक वर्ग से जोड़ने के लिए ऐसे बदलाव होते हैं।"

1956 में आरंभ हुई यह रामलीला पहले अवधी में प्रस्तुत की जाती थी लेकिन बाद में ज्यादा से ज्यादा दर्शकों तक पहुंचाने के लिए इसे हिंदी में परिवर्तित कर दिया गया। इस नृत्यनाटिका का शीर्षक भी रामायण से बदलकर 'राम-अनुकरणीय मूल्यों का एक आदर्श' कर दिया गया। इस नाटिका का अभ्यास चार माह पूर्व ही जून में शुरू हो जाता है।

2008 में 45 नर्तक व 200 से अधिक वाद्यवृंदक साउंड ट्रैक की रिकार्डिंग में शामिल थे। इसकी संगीत रचना 90 दिनों में 300 से अधिक टुकड़ों में पूरी हुई और इसका साउंडट्रैक दो स्टूडियो में पूरा हुआ। संगीत की रिकार्डिंग में लगभग 2,000 स्टूडियो घंटों का समय लगा।

स्केट्स पर नृत्य

मीना टी अग्रवाल पिछले 18 वर्षों से सूरत, गुजरात में मीना डांस क्लास नाम से डांस स्कूल चलाती हैं। उसने 4 से 18 वर्ष आयु वर्ग के 250 बच्चों (78 लड़के व 172 लड़कियों) को लेकर दिसम्बर 16, 2007 को सूरत के सिटी जिमखाना सेन्टर में *शाबाश इंडिया* की विषय धुन पर स्केट्स पर नृत्य का संयोजन किया। प्रस्तुति 3 मिनट 20 सेकंड लम्बी थी।

सबसे लम्बी कत्थक प्रस्तुति

एमिटी इंटरनेशनल स्कूल, नोएडा, उत्तर प्रदेश की ग्याहरवीं कक्षा की छात्रा पायल माथुर (जन्म मई 28, 1994) ने लगातार 24 घंटे 8 मिनट तक कत्थक नृत्य किया। उसने अपने स्कूल के सभागार में जुलाई 14, 2008 को प्रात: 5.56 बजे से जुलाई 15, 2008 को प्रात: 6.04 बजे तक लगातार नृत्य किया। पायल की सहछात्राओं और अध्यापकों ने उसके इस कीर्तिमान को बनते देखा और उसका उत्साह बढ़ाया। पायल ने 13 खंडों को प्रस्तुत करने के लिए 2 घंटे 47 मिनट के कुल 12 अंतराल लिए जबकि वास्तविक प्रस्तुति समय 21 घंटे 35 मिनट का रहा।

प्रथम एकल कुचीपुड़ी

वेदान्तम लक्ष्मी नारायण शास्त्री ने एकल कुचीपुड़ी गायन की नींव रखी की। उन्होंने प्रसिद्ध तरंगम की भी शुरूआत भी की थी जिसमें नर्तक को थाली के किनारे पर संतुलन बनाना होता है।

1998

मंच पर सर्वाधिक नर्तक

एक गैर सरकारी संगठन आर्ट ऑफ लिविंग की 25वीं वर्षगांठ को मनाने और श्री श्री रवि शंकर के स्वप्न को पूरा करने के लिए 1,200 मोहिनीअट्टम नर्तकों का समूह नवम्बर 28, 2006 को जवाहर लाल नेहरू स्टेडियम, कल्लूर, कोच्चि में एक मंच पर आया। इस समूह ने 6 टियर वाले मंच पर 50 मिनट की प्रस्तुति दी। प्रत्येक टियर पर सौ-सौ नर्तकों की दो कतारें थीं। नर्तक एक-दूसरे से 3 फुट की दूरी पर थे। प्रत्येक टियर 8 फुट चौड़ा व एक फुट ऊंचा था। दो रैम्प वाला यह मंच 300 फुट लंबा व 60 फुट चौड़ा जिसमें एक रैम्प मंच के आगे व एक पीछे था जिसे मिलाकर मंच का कुल क्षेत्र 21,000 वर्ग फुट था। मंच का बैकड्रॉप 14 फुट ऊंचा था। इसका निर्माण नवम्बर 19, 2006 को शुरू हुआ और नवम्बर 26, 2006 को समाप्त हुआ और 200 लोगों ने निरंतर इसके निर्माण का काम किया।

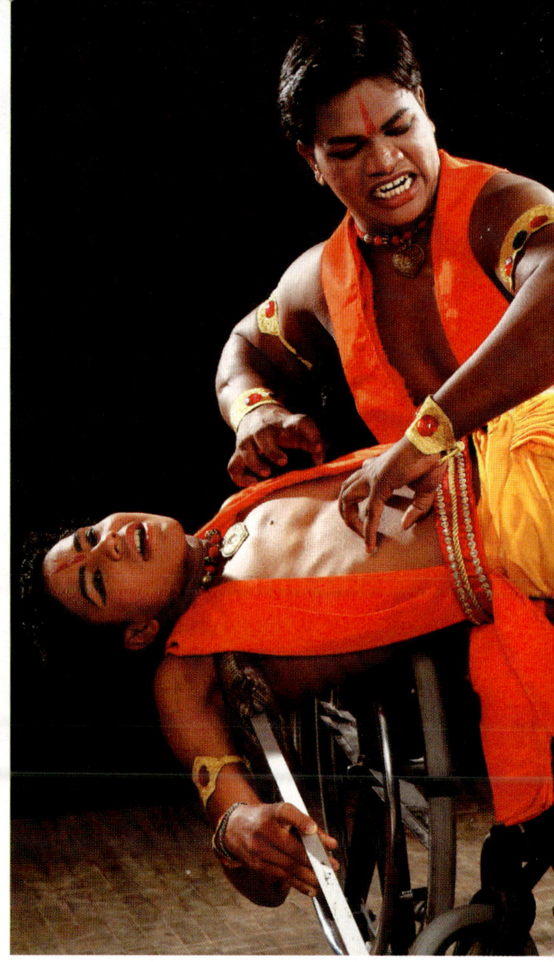

विश्व कीर्तिमान : पहियों पर भरतनाट्यम

अलग-अलग प्रकार की विकलांगता वाले लेकिन असीम क्षमता के धनी नौ छात्रों ने जुलाई 13, 2008 को कमानी सभागार, दिल्ली में व्हीलचेयर पर अपनी तरह की पहली प्रस्तुति दी। 90 मिनट लम्बी इस नृत्य प्रस्तुति में *दस दिशाएं-दस रूप* (विश्व की दस दिक् दिशाएं और भगवान विष्णु के दसावतार) विषय को पूर्ण *अदावु, जत्थी और थिरमान* के साथ व्हीलचेयर पर जीवंत किया गया और अत्यंत शुद्धता के साथ प्रस्तुत किया गया। व्हीलचेयर के घूमने की गति लगभग 100 किमी. प्रति घंटा थी। इस नाटक की परिकल्पना, निर्देशन और नृत्य निर्देशन सलाउदीन पाशा ने की थी।

विश्व कीर्तिमान : सबसे बड़ा/ लम्बा सांस्कृतिक उत्सव

प्रत्येक वर्ष सितम्बर 21 से दिसम्बर 4 तक आयोजित किया जाने वाला 75 दिन लम्बा सूर्य भारतीय उत्सव विश्व का सबसे बड़ा और लम्बी अवधि का सांस्कृतिक उत्सव है। सूर्य की गतिविधियां भारत के 15 शहरों, यूरोप, खाड़ी के और दूसरे एशियाई देशों में 35 खंडों में फैली हुई है। सूर्य के 1,00,000 से अधिक सदस्य हैं व अकेले तिरूवनंतपुरम में इसके लगभग 10,000 सदस्य हैं। फिल्मों का प्रदर्शन, निर्देशकों के सान्निध्य में सिनेमा पर संगोष्ठियां और चर्चाएं आयोजित करना सूर्य की प्रमुख गतिविधियां है। नृत्य, संगीत, चित्रकला, थियेटर, फोटोग्राफी पर उत्सव आयोजित करना सूर्य की अन्य गतिविधियां है।

सूर्य कृष्णामूर्ति के नाम से प्रसिद्ध नटराज कृष्णामूर्ति (जन्म अप्रैल 11, 1951) सूर्य स्टेज एवं फिल्म सोसायटी के संस्थापक हैं। वैज्ञानिक योग्यता रखने वाले श्री कृष्णामूर्ति 1972 में भारतीय अंतरिक्ष अनुसंधान संगठन (इसरो) में नियुक्त हुए थे व उन्होंने भूतपूर्व राष्ट्रपति और भारतरत्न श्री एपीजे अब्दुल कलाम के नीचे काम किया है। उन्होंने 27 वर्षों के बाद स्वैच्छिक सेवानिवृत्ति ले ली थी और सांस्कृतिक गतिविधियों पर ध्यान केंद्रित किया। सूर्या 2008 में अपनी 31वीं वर्षगांठ मना रहा है।

संगीत

सबसे पुराना *घराना*

नाथन पीरबख्श द्वारा 16 वीं सदी में *ग्वालियर घराने* की नींव रखी गई थी।

प्रथम संगीत विद्यालय

पंडित विष्णु दिगम्बर पलुसकर (1872-1931) ने मई 5, 1901 को लाहौर में गंधर्व महाविद्यालय की स्थापना की। यह विद्यालय जन सहायता, दान और विष्णु दिगम्बर के कार्यक्रमों द्वारा एकत्रित धन की मदद से चलाया जाता था। मई 8, 1932 को पंडित विनाकरराव पटवर्धन ने पुणे में इसकी एक शाखा आरंभ की और सितम्बर 1908 में पंडित वीडी पलुसकर ने मुम्बई में इसकी एक ओर शाखा खोली और आखिरकार स्वतंत्रता के बाद लाहौर विद्यालय को मुम्बई में स्थानांतरित कर दिया गया।

प्रथम शहनाई वादक (महिला)

1983 से शहनाई वादन आरंभ करने वाली बागेश्वरी गमर को उसी वर्ष चंडीगढ़ में 'शहनाई क्वीन' का खिताब दिया गया। उस्ताद बिस्मिल्लाह खां की शिष्या बागेश्वरी ने अपने अलग कैसेट निकालने के साथ-साथ शहनाई के उस्ताद के साथ जुगलबंदी भी की। उन्होंने 1988 में रूस महोत्सव में भारत का प्रतिनिधित्व भी किया।

कॉरपोरेट के लिए प्रथम संगीत प्रश्नोत्तरी

रेडियो सिटी 91.1 एफएम चैनल ने 2007 में भारतीय कॉरपोरेट के लिए एक संगीत प्रश्नोत्तरी, रेडियो सिटी संगीत प्रश्नोत्तरी आयोजित की। इसके क्षेत्रीय फाइनल मुकाबले मुम्बई (अक्तूबर 12, 2007), बेंगलौर (सितम्बर 28, 2007) और दिल्ली (अक्तूबर 5, 2007) में हुए जबकि बड़ा फाइनल मुकाबला मुम्बई में हुआ। इस संगीत प्रश्नोत्तरी में 250 से अधिक कॉरपोरेट के 400 से ज़्यादा प्रतिभागियों ने हिस्सा लिया। अक्तूबर 12, 2007 को ब्रॉयन टेलीज़ और आरजे रचना ने मुम्बई में फाइनल की मेजबानी की।

ड्यूश बैंक के शुभाजीत चटर्जी और विभेन्दु तिवारी ने फाइनल जीता और आईएमआरबी इंटरनेशनल के अमय सामंत और नेहा गहलौत दूसरे तथा एवल्यूसर्व तीसरे स्थान पर रहा। रेडियो सिटी की संगीत प्रश्नोत्तरी, संगीत पर आधारित अपनी तरह की पहली राष्ट्रीय संगीत प्रश्नोत्तरी रही जिसने रेडियो सिटी की उक्ति '*वट ए फन*' के अंदाज में ही कॉरपोरेट जगत की परीक्षा ली।

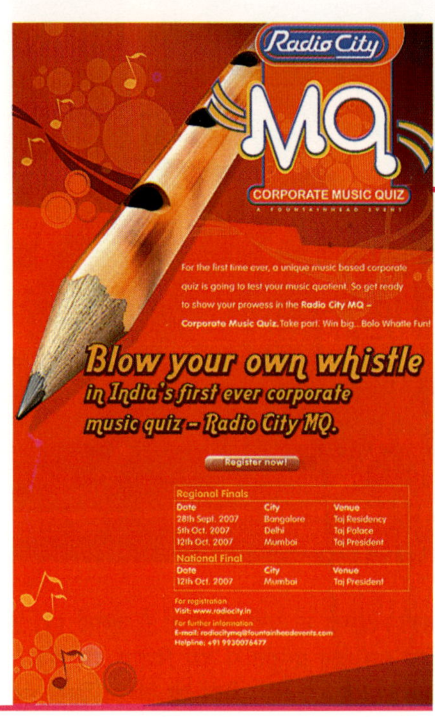

कॉरपोरेट कर्मचारियों द्वारा प्रथम संगीत अल्बम

तिरूवनंतपुरम, केरल की आईटी कंपनी टेक्नोपार्क ने केवल उसके कर्मचारियों द्वारा तैयार संगीत अल्बम *'वॉयस ऑफ द पार्क'* निकाली। इस अल्बम में चार भाषाओं (दो हिंदी, दो तमिल, दो मलयालम और एक अंग्रेजी में) सात गाने थे। तमिल के एक गाने का संगीत वीडियो भी बनाया गया। इस अल्बम को टेक्नोपार्क एम्फीथियेटर में जनवरी 25, 2008 को सायं 6 बजे से 10 बजे तक चले चार घंटे के एक कार्यक्रम में फिल्म अभिनेता मोहनलाल ने जारी किया। यह कार्यक्रम ओसीनस कंस्ट्रक्शन ने प्रायोजित किया था और फरवरी 4, 2008 को टेक्नोपार्क के कर्मचारियों में 8,000 सीडी निःशुल्क वितरित की गई। यह संगीत सीडी अभी तक खुले बाज़ार में उपलब्ध नहीं है।

प्रथम सरोद वादक (महिला)

मशहूर सरोद वादक शरण रानी बकलीवाल (जन्म अप्रैल 9, 1929 - निधन अप्रैल 8, 2008) को 'सरोद रानी' के नाम से जाना जाता है और वह बाबा अलाउदीन खान और उस्ताद अली अकबर खान से प्रशिक्षित थी। उन्हें 1974 में शास्त्रीय हिन्दुस्तानी वाद्य संगीत के लिए साहित्य कला परिषद् और संगीत नाटक अकादमी के पुरस्कार से सम्मानित किया। उन्हें 1968 में पदमश्री से नवाजा गया।

प्रथम महिला रैपर

तरन कौर ढिल्लन (28) उर्फ हार्ड कौर यूके में भारतीय मूल की प्रथम महिला रैपर है। उनकी पहली अकेली अल्बम *सूपावुमैन* 2007 में सारेगामा ने निकाली जिसमें 11 गाने थे। इस अल्बम में मीरा स्याल और हास्य कलाकार पॉल चौधरी का मसखरापन और व्यग्य भी थे। उन्होंने 2007 में फिल्म *जॉनी गद्दार* के सहलिखित शीर्षक गीत से बॉलीवुड में कदम रखा। इसका संगीत शंकर-एहसान-लॉय ने दिया था

तरन कौर से हार्ड कौर तक के उनके सफर को निदेशक आदित्य बसु भट्टाचार्य हैरतंगेज मानते हैं जो इसे परदे पर भी उतारेंगे और इसमें मुख्य भूमिका स्वयं हार्ड कौर निभाएगी।

प्रथम गायन कार्यशाला

आईस्केवयर वेन्चर ने 2007 में गाने तैयार किए जिसके कारण अपन-अपने गान तैयार करने के लिए कॉरपोरेट को प्रशिक्षण देने वाले समूह, संगीतज्ञ और शिक्षाविद एकत्रित हुए। जिसके

सीडीएआर पुरस्कार पाने वाला सर्वप्रथम/ एकमात्र

पंचम स्टूडियोज़ प्रा.लि., भुवनेश्वर, उड़ीसा के देबाशीष महापात्र (जन्म जुलाई 6, 1969) ने अगस्त 17, 2002 को आधुनिक रिकार्डिंग वर्ग में सीडीएआर पुरस्कार जीता। यह पुरस्कार 1998 में सीडीएआर ऑडियो ने शुरू किया था। उन्होंने डॉक्टर ज़िवागो (1965) के साउंडट्रैक को पुन: शुरू करने के लिए स्रोत सामग्री के रूप में 33/13आरपीएम के विनयल रिकॉर्ड का प्रयोग किया। उन्होंने सीडीएआर, सीरीज़ 2 डीसी-1 डीई-क्लिकर, सीआर-1 डरेक्लर व डीएच-2 डी-हिसर का इस्तेमाल कर अवांछित क्लिकों, निशानों, चरचराहट व सतहगत दोषों को निकाला। देबाशीष ने ध्वनि की सफाई, सीडी मास्टरिंग व एचएमवी के संग्रहण के लिए 1998 में अपने स्टूडियो की शुरूआत की थी।

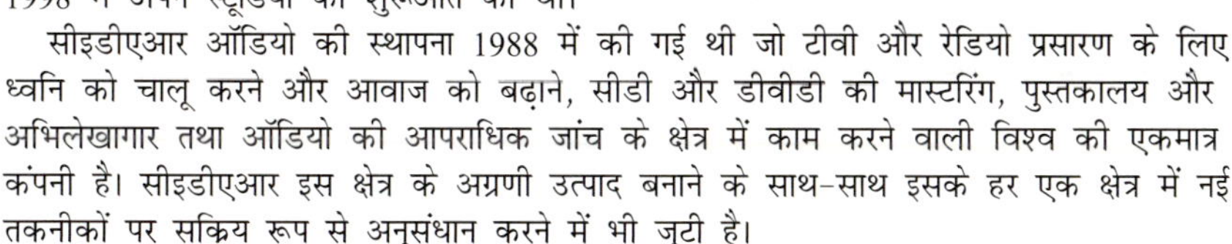

सीडीएआर ऑडियो की स्थापना 1988 में की गई थी जो टीवी और रेडियो प्रसारण के लिए ध्वनि को चालू करने और आवाज को बढ़ाने, सीडी और डीवीडी की मास्टरिंग, पुस्तकालय और अभिलेखागार तथा ऑडियो की आपराधिक जांच के क्षेत्र में काम करने वाली विश्व की एकमात्र कंपनी है। सीडीएआर इस क्षेत्र के अग्रणी उत्पाद बनाने के साथ-साथ इसके हर एक क्षेत्र में नई तकनीकों पर सक्रिय रूप से अनुसंधान करने में भी जुटी है।

चलते आज कंपनियों, समितियों और विद्यालयों के लिए तरह-तरह की गान और दल संगीत रचनाएं उपलब्ध हैं।

यह गायन कार्यशाला संगठनों, समितियों और संस्थानों सदस्यों में गर्व और जोश भरने के लिए

तैयार की गई थी जिसमें संगीत को एक जोड़ने वाली ताकत के रूप में प्रयुक्त किया गया। इसका उद्‌देश्य संगीत के माध्यम से संगठन की मूल भावना को बनाए रखना था। भागीदारी के इस स्वरूप ने दल के लिए मूल गान की रचना करने हेतु दल के सदस्यों को प्रेरित किया और उनको चुनौती दी। संगठनों अथवा निकायों के कर्मचारियों ने गान लिखा, संगीतबद्ध किया और उसे गाया। गान की यह पहली परियोजना जनवरी 29, 2007 को तेजपुर, असम में डब्लूडब्लूएफ इंडिया के लिए थी।

आईस्केवयर वेन्चर अनुपम सेन गुप्ता और शोविक राय ने 2006 में स्थापित की थी।

निंरतर दस जीत

नई दिल्ली के गौरव छाबड़ा (23) ने 2002 में जी टीवी के संगीत प्रतिभा खोजी शो *सारेगामा* लगातार 10 सप्ताह तक जीता और 1,00,000 रूपए की पुरस्कार राशि और दूसरे उपहार जीते।

2003

विश्व कीर्तिमान : सबसे बड़ा सामूहिक ड्रम वादन

मेघालय पर्यटन विकास मंच ने अक्तूबर 28, 2006 को जवाहर लाल नेहरू ओपन स्टेडियम, शिलांग में 7,951 ड्रमों को एकत्रित कर सबसे बड़ा सामूहिक ड्रम वादन किया। इस पर शरत उत्सव, शिलांग 2006 (अक्तूबर 28 से नवम्बर 5, 2006) के आगाज़ के रूप में 'पॉजीटिव वायब्रेशन' शीर्षक से संगीत का टुकड़ा 10 मिनट तक बजाया गया।

सबसे बड़ी वीणा

शिवा म्यूजिकल, बेंगलौर के सी नटराजन ने 305 सेमी. लम्बी, 76 मी. चौड़ी और 74 सेमी. मोटी एक बड़ी सार्वभौम वीणा बनाई। 70 किग्रा. की यह वीणा जैकफ्रूट लकड़ी के एक ही टुकड़े से बनी इस वीणा को 26 अक्तूबर 2002 को प्रेस क्लब, बेंगलौर में प्रदर्शित किया गया।

सबसे बड़ा तानपुरा

शिवा म्यूजिकल, बेंगलौर के सी नटराजन और उनके पुत्र विनोद नटराजन ने वर्षाकालीन वनों के सॉन पेड़ के एक शहतीर से तानपुरा अथवा थाम्बूरा बनाया। इस 150 कि.ग्रा. के तानपुरे की लम्बाई 11 फुट, चौड़ाई 3 फुट और ऊंचाई 3 फुट तथा अनुनादक (रेसोनेटर) 10 फुट व्यास वाला है।

तानपुरे के एक ओर के हत्थे पर मैसूर के दशहरा जुलूस, देवी लक्ष्मी, सरस्वती और भगवान शिव के वाद्य प्रतीकों से घिरे गणेश के चित्रों के साथ थ्यागराज पंचरत्न की प्रथम पंवित *एन्दारु महानुभवालु आंदिरी बंदागालू* को उकेरा गया है। पिता-पुत्र को यह विशाल तानपुरा बनाने में एक वर्ष का समय लगा। यह तानपुरा श्यामला जी भावे ने अप्रैल 12, 2008 को प्रेस क्लब, बेंगलौर में प्रदर्शित किया।

एक मंच पर सर्वाधिक तबलावादक

मार्डन स्कूल, नागपुर, महाराष्ट्र ने दिसम्बर 19, 2007 को साहित्य, संस्कृति और कला पर आधारित 'कुछ पन्ने इतिहास के' नाम से द्विवार्षिक प्रकाश एवं ध्वनि कार्यक्रम आयोजित किया। आयोजन की विशेषता थी 'सामूहिक तबलावादन' जिसे इस विद्यालय के 10-17 वर्ष के 109 छात्रों ने प्रस्तुत किया। यह प्रस्तुति 8-10 मिनट की थी, जिसमें छात्रों नें तीन ताल, कायदा, धाई और चक्रधर की प्रस्तुति दी। नितिन गाडगिल और रवि सतफेल तबला प्रशिक्षक थे जिन्होंने इस प्रस्तुति के लिए छात्रों को प्रशिक्षण दिया। नीरू कपाल इस स्कूल की प्राध्यापिका हैं।

सर्वाधिक भ्रमण करने वाला संगीतकार

बेंगलौर के गिटारवादक डा. के बेनी प्रसाद (जन्म अगस्त 6, 1975) उप-शास्त्रीय और भारतीय शास्त्रीय संगीत का समन्वय गिटार पर अपनी ही शैली में करते हैं। इसे बजाते हुए वह 1998 से अगस्त 15, 2008 तक 177 देशों की यात्राएं (146 संप्रभुता संपन्न राष्ट्र + 30 स्वतंत्र राष्ट्र + फिलिस्तीन) कर चुके हैं जिसमें से 157 देशों की यात्राएं केवल 2004 और 2008 में की गई। डा. के बेनी प्रसाद ने अपने वाद्य यंत्र को 'पथिक गिटार' नाम दिया है, एक गिटार जिसे दो बोंगो जोड़कर बनाया गया है। उन्होंने बेन्तार भी बनाया है, जो उनके गिटार में 54 तारों का मिश्रण है। साथ ही उनके द्वारा 6 अलग वाद्य यंत्र भी बनाए गए हैं। 2004 के एथेंस ओलंपिक में उन्हें भी आमंत्रित किया गया था। उन्होंने केवल 2008 में ही 23 देशों की यात्राएं कर ली हैं।

बजा सकता है, जिसमें - सितार, वीणा, गिटार, बांसुरी, माउथ आर्गन, सरोद, दिलरूबा, वायलिन, सेक्सोफोन, हारमोनियम, की बोर्ड, की बोर्ड 2, इकतारा, तानपुरा, चाइनीज़ ब्लाक, कांगो, मंजीरा, तुम्बी, घुंघरू, ढोल, टोम्ब (ऊंचा, नीचा, मध्यम), ब्रास ड्रम, ढोलक, ट्राइंगल, ग्लास, मटका, बिगुल, डफली, टैम्बोरिन, स्क्रैपर, कबास, मराकस, डमरू, मैंडोलिन, कंगासि, तबला, हथैली, बैल, स्नैर, चाक, क्रैश और स्टील सैबल।

मीत अग्रवाल ने जी टीवी के कार्यक्रम

शाबाश इंडिया में इन सभी वाद्यों को एक साथ बजाकर अपनी अनूठी क्षमता का परिचय दिया जहां इसने अप्रैल 24, 2008 को फिल्म सिटी, मुम्बई में 47 वाद्यों को 7 मिनट में बजाकर दिखाया।

स्मृति के आधार पर पियानो पर सर्वाधिक राष्ट्रीय गान

अर्जुन नरसिम्हा अयंगर (जन्म जून 8, 1998), 193 संप्रभुता संपन्न देशों (192 संयुक्त राष्ट्र के देश + वेटिकन सिटी), तीन नॉन स्टेट देशों (पुएर्तो रीको, ग्रीनलैंड और विरजिन आइलैंड) सामान्य अंतर्राष्ट्रीय मान्यता रहित तीन देशों (ताईवान, पलस्तीन, कोसोवो) के राष्ट्रगानों की धुनें पियानो पर बजा सकते हैं। उनके संग्रह में स्काटलैंड, इंग्लैंड और वेल्स (जिसमें यूनाइटेड किंगडम के सभी भाग) सम्मिलित हैं। वह टेलीविजन की बहुत सी टेलेन्ट प्रतियोगिताओं और कार्यक्रमों में आ चुके हैं। इन्होंने अपना पहला कार्यक्रम फरवरी 17, 2002 में 'ओल्ड ब्रिज पब्लिक लायब्रेरी' ओल्ड ब्रिज न्यू जर्सी, अमेरिका में किया था। अर्जुन अगस्त 15, 2008 तक कुल 96 सार्वजनिक कार्यक्रम दे चुके हैं।

सबसे छोटी पल्लवी

म्यूजिक अकादमी, मद्रास के महोत्सव में 1939-40 में अभी तक की सबसे छोटी पल्लवी गाई गई जो सिर्फ 45 सेकंड तक चली।

1992

एक व्यक्ति का आर्केस्ट्रा

जालंधर, पंजाब के मनप्रीत मुल्तानी (जन्म जुलाई 15, 1974) एक व्यक्ति का आर्केस्ट्रा हैं। वे 7 वाद्ययंत्र - हारमोनियम, ढ़ोलक, घुंघुरू, कैसियो, तुंबी, डफली और खंजरी एक साथ बजाते हुए पंजाबी लोकगीत तथा फिल्मी गीत गाते हैं। उन्होंने पहला सार्वजनिक प्रदर्शन जनवरी 5, 2007 को कोहला, जालंधर, पंजाब के सब्याचारक मेले में किया।

सरोद पर क्रिसमस संगीत

सरोद दिग्गज, उस्ताद अमजद अली ने क्रिसमस संगीत और भजन का समावेश कर एक अनूठी अनुभूति पैदा की। उन्होंने पश्चिमी गीत और भारतीय शास्त्रीय संगीत के मेल को इसके अनुकूल नाम *ब्रेकिंग बैरियर्स* दिया। इस अल्बम में नौ प्रस्तुतियां हैं जिसमें 'जॉय टू द वर्ड' रिमिक्स शामिल है। इसका भारतीय संस्करण टाइम्स म्यूज़िक पर और विदेशी संस्करण 'होप' शीर्षक से 2007 में जारी किया गया जिसका विपणन आई ट्यून्स ने किया। इसकी सभी प्रस्तुतियों को थोड़े बदलाव के साथ उसी स्वर में उसी स्वर में स्वयं उस्ताद अमज़द अली खां ने संगीतबद्ध किया जिनका संयोजन स्टीफन डेवासे द्वारा किया गया था।

यात्रा करते हुए निरन्तर गायन

मुम्बई, महाराष्ट्र के पलाश मुच्छल (जन्म मई 22, 1995) ने सात संगीतकारों सहित एक खुले ट्रक में नासिक, महाराष्ट्र से मुम्बई तक यात्रा करते हुए लगातार 32 घण्टे 30 मिनट तक गायन प्रस्तुत किया। उन्होंने अपनी यात्रा नासिक के कपिलेश्वर मंदिर से अक्टूबर 3, 2006 को प्रातः 5.00 बजे आरंभ करके अक्टूबर 5, 2006 को दोपहर 12.00 बजे मुम्बई के ब्रांदा पहुंचकर समाप्त की। जहां उसने अपने साढ़े तीस घण्टे के वादन से जन समुदाय को आनन्दित किया। इस दौरान उनका वास्तविक वादन समय 30 घण्टे 15 मिनट रहा। इस संगीतभरी यात्रा का प्रायोजन रोटरी क्लब ऑफ नासिक मिडटाउन ने किया।

अविरल अन्ताक्षरी

अन्ताक्षरी के एक साधारण से खेल में रोचक मोड़ तब आया जब फरवरी 7, 2007 को मुम्बई के फेमस स्टूडियोज़ में 12 गायक, 4 संगीतकार तथा सूत्रधार, स्टार वन द्वारा आयोजित 24 घण्टे की अविरल अन्ताक्षरी के लिए एकत्रित हुए। तीन दलों में विभाजित प्रतिभागियों ने दोपहर 3.00 बजे आरंभ हुए कार्यक्रम में विभिन्न हिन्दी फिल्मों के लगभग 1,000 गीत गाए। *अन्ताक्षरी-एक महान चुनौती* नामक कार्यक्रम के आरंभ की द्योतक यह अन्ताक्षरी सामूहिक रूप से स्टार वन तथा टी. एस.ए. ईवेन्ट्स द्वारा आयोजित की गई। स्टार वन पर प्रदर्शित इस कार्यक्रम के सूत्रधार अन्नू कपूर तथा जूही परमार हैं।

पानी के भीतर स्वतंत्रता दिवस

सबीर बक्श ने अपने तीन गोताखोर साथियों के साथ अगस्त 15, 2008 को यूनियन क्लब पूल, रायपुर छत्तीसगढ़ में पानी के अन्दर स्वतंत्रता दिवस मनाया। दोपहर 2-3 बजे तक आयोजित इस एक घंटे के कार्यक्रम में 15 मिनट की प्रस्तुति पानी के भीतर थी जो 4 मिनट के गीत 'चलो-चलो तुम आगे बढ़े चलो' पर आधारित थी। इसका सीधा प्रसारण सहारा समय पर किया गया। सबीर बक्श द्वारा गाया गीत मोहम्मद बशीर स्टूडियो में रिकार्ड किया गया। संगीत निर्देशन जलाल अदानी द्वारा किया गया। इसके संगीत वीडियो का निर्देशन आशीष भट्टाचार्य ने किया।

एक शहनाईवादन ऐसा भी!

सोमवर पेठ, गोकाक, कर्नाटक के जी.के. कादेशकुमार (जन्म सितम्बर 21, 1955) में नाक द्वारा शहनाई बजाने की अनोखी प्रतिभा है। वह अपने नथूनों को अंगूठे और अंगुली से दबाकर शहनाई की तरह ही स्वर उत्पन्न करता है। वह एक बार में 3-4 घंटों तक निरंतर कार्यक्रम प्रस्तुत कर सकता है। उनकी पहली प्रस्तुति 1971 में गोकक में थी। अगस्त 15, 2008 तक वह लगभग 2000 प्रस्तुतियां दे चुके हैं। वह एक स्थापित मिमिक्री और रंगमच कलाकार भी है।

सांगली महाराष्ट्र के विजय पार्श्वनाथ फराटे (जन्म सितम्बर 3, 1951) में वास्तव में किसी वाद्य यंत्र का प्रयोग किये बिना शहनाई बजाने की प्रतिभा है। वह अपने गले का प्रयोग कर शहनाई का स्वर निकालते हैं। इसे 'कण्ठ' शहनाई का उपयुक्त नाम दिया गया है। वह इस तरह 100 से ज्यादा राग गले से निकाल सकते हैं। दिसम्बर 2007 तक वह 1,200 से अधिक प्रस्तुतियां बहुत से विद्यालयों और विश्वविद्यालयों में दे चुके हैं। उनकी पहली प्रस्तुति एक मराठी नाटक थी जो 1981 में सांगली महाराष्ट्र में हुआ था।

वेटिकन में प्रथम गायन

वेटिकन शहर, रोम, इटली में 1999 में गौरव मजूमदार ने प्रदर्शन किया। उसने वायोलिन से शुरूआत की, जोकि उसने 12 वर्षों तक बजाई, बाद में सितार आचार्य पं. रविशंकर के मार्गदर्शन में उन्होंने सितार की ओर मुड़ गए।

2005

एक नाटक का आडियो

समेश प्रोडक्शंस ने सितम्बर 18, 2005 को मुम्बई के सेंट एन्ड्रयूज़ सभागार में एक नाटक मुझे रंग दे का प्रीमियर, एक आडियो रिलीज के साथ किया। रवीना टंडन और बाबी देओल द्वारा लांच किए गए संगीत को निखिल-विनय ने सोनू निगम, श्रेया घोषाल, बाबा सहगल, विनोद राठौड़, बाबुल सुप्रियो और प्रिया भट्टाचार्य की आवाज से सजाया। नाटक के इस आडियो में प्रवीण भारद्वाज द्वारा लिखित आठ गाने सम्मिलित किए गए हैं। नाटक के रचनाकार है संजय वी शाह और निर्देशन किया है अनन्त महादेवन ने तथा इसमें दिव्या दत्ता, आयशा जुल्का और अनन्त महादेवन ने मुख्य भूमिकाएं निभायी हैं।

लता मंगेशकर की संगीत यात्रा जारी है....
पार्श्व संगीत की अनूठी हस्ती लता मंगेशकर (जन्म सितम्बर 28, 1929) की आवाज ने लाखों लोगों के दिलों पर राज किया है। उन्होंने

जितना काम किया है उसे उनकी 65 साल से अधिक की संगीत यात्रा में समेटना लगभग असंभव है। उन्होंने 20 से अधिक क्षेत्रीय भाषाओं और बॉलीवुड के गीतों को आवाज़ दी है।

लता मंगेशकर नें अपनी शुरूआत बतौर अभिनेत्री एक मराठी फिल्म *पाहिली मंगला-गौर* में छोटे से रोल के साथ की थी क्योंकि *कीती हसाल* फिल्म के लिए उनके पहले गीत 'नाचू या गाडे रवेलू साडी मानी हास भारी' को आखिरी समय में निकाल दिया गया था। उनकी पहली हिन्दी फिल्म थी *'आप की सेवा में'* जिसका संगीत दत्ता देवजेकर ने दिया था।

फिल्म महल के गीत 'आएगा आने वाला' के बाद लता ने कभी पीछे मुड़कर नहीं देखा। लता ने नौशाद के लिए फिल्म बैजू बावरा (1952), मुगले आज़म (1960) और कोहिनूर (1960) में गीत गाए। शंकर जयकिशन ने लता को अपनी अधिकांश फिल्मों में लिया। उन्होंने राज कपूर की आग, आह (1953), श्री 420 (1955), चोरी-चोरी (1956) में गीत गाए । 1958 से 1966 के मध्यांतर में कोई दूसरी पार्श्व-गायिका नहीं थी जिसे श्रेष्ठ पार्श्व गायिका का फिल्म फेयर पुरस्कार मिला हो। उन्होंने 1972 में फिल्म परिचय के लिए और 1990 में लेकिन के लिए राष्ट्रीय पुरस्कार मिला। उन्हें 1989 में दादा साहेब फाल्के, 1969 में पदम भूषण और 1999 में पदम विभूषण मिला। उन्हें 2001 में भारत रत्न से सम्मानित किया गया । वह एकमात्र ऐसा व्यक्तित्व हैं जिन्हें भारत रत्न और *दादा साहेब फाल्के* दोनों से ही पुरस्कृत किया गया है।

शास्त्रीय संगीत और इलैक्ट्रानिक का साथ
अजय कपूर (जन्म जून 3, 1988), प्रिंसटन विश्वविद्यालय से कम्प्यूटर विज्ञान स्नातक हैं। उन्होंने ब्रिटिश कोलम्बिया के विक्टोरिया विश्वविद्यालय से पी.एच.डी. (2004-07) भी की है। अजय कोई साधारण कम्प्यूटर वैज्ञानिक नहीं हैं। संगीत के प्रति अत्याधिक लगाव के कारण ही अजय ने भारतीय सभ्यता के साथ कम्प्यूटर व मानव को जोड़कर अनेक भारतीय संगीतवाद्यों के इलैक्ट्रानिक संस्करणों का अविष्कार किया है, जिसमें ई-सितार (2004), ई-ढोलक (2003), ई-तबला (2002), की-ओम (कलाकार द्वारा धारण किया जाने वाला सेंसर 2006), महा-देवी बोट (2007, रोबोट की तरह) शामिल हैं व वह गणपति बोट पर काम कर रहे हैं (जो आशा है कि 2008 तक तैयार हो जाएगा)।

प्रसिद्ध भारतीय संगीत वाद्यों के ई-संस्करण ने पारम्परिक तकनीक को लीक से आगे बढाया है। इसमें कलाकार अपने वाद्य को सामान्य ढंग से बजाता है परन्तु उसमें लगे सेंसर उसकी जानकारियां एकत्र करते हैं। ईजी पूर्णत: पारम्परिक सितार है परंतु इसमें आंकड़ों को ग्रहण करने वाले सेंसर होते हैं जो कलाकार के समय, रिदम, पिच और समय के बारे में जानकारी इकठ्ठा करने में मशीन की सहायता करते हैं। इन्होंने अल्यूमिनियम के 12 हाथों वाले एक रोबोट महा-देवी बोट का अविष्कार किया है। यह रोबोट फ्रेम-ड्रम, तिब्बतन बेल, वुड ब्लॉक, बेल, टैम्ब्युरिन बजाता है। यह गोंग (स्वचालित डिवाइस जो मिडी द्वारा संचालित होती है) भी बजा सकता है।

इन्होंने व्यवसायिक रूप से 2002 में कार्यक्रम देने प्रारंभ किये। उनकी पहली प्रस्तुति मई 25, 2003 को मांट्रियल, कनाडा में थी वहां वे कैलिफोर्निया इंस्टीट्यूट ऑफ आर्ट की म्यूज़िक टैक्नोलॉजी के प्रोफेसर के रूप में उपस्थित थे।

100 भाषाओं में 100 गीत
पाराकोल, पश्चिमी गोदावरी, आंध्र प्रदेश के संगीत के महारथी डा. गजल श्रीनिवास ने 100 भाषाओं में 100 गीतों, सर्वाधिक भाषाओं में सर्वाधिक गीत, द्वारा महात्मा गांधी को अपनी श्रद्धांजली दी। अधिकांश गीत भिन्न भाषाओं में थे। जून 2, 2008 को हिस्टोरिक गांधी हिल, विजयवाड़ा में यह एक एकल प्रस्तुति थी। यह प्रस्तुति शाम 6 बजे शुरू हुई जो जून 3, 2008 प्रात: 3 बजे तक चली।

डा. श्रीनिवासन ने गीत अपनी मातृभाषा -तेलगु में लिखे थे जिनका बाद में 100 अलग-अलग भाषाओं में अनुवाद किया गया (44 विदेशी व 56 भारतीय भाषाएं)। विदेशी 44 भाषाओं में कुछ थीं - जर्मनी, स्पैनिश, फ्रैंच, चाईनीज, जैपनीज, कोरियन, मलय, रोमानियन, इटालियन, अमेरिकन, रूसी, इंग्लिश, पोलिश, पर्शियन, दारी, पश्तो और 56 भारतीय भाषाओं में, उसने आंध्र प्रदेश, असम, मिजोरम, त्रिपुरा, नागालैंड, मणिपुर की सभी जानी पहचानी भाषाओं व जनजातीय भाषाओं में गाया। स्वरबद्ध किए गाने महात्मा गांधी की सत्याग्रह विचारधारा से जुड़े हुए थे। डा. गजल श्रीनिवास 1986 से तेलगु गजलों की प्रस्तुति दे रहे हैं।

चलचित्र एवं रंगमंच

टिकट खिड़की/ चलचित्र

प्रथम बायोपिक

एक्सेल्सियर सिनेमेटोग्राफ ने 1910 में फ्यूजिटिव दलाई लामा बनाई जिसमें उसके चीन से भाग निकलकर आखिरकार दार्जिलिंग में शरण लेने को दर्शाया गया है।

प्रथम व्याख्यित फीचर फिल्म

आरजी टोर्नी और एनजी चित्रे द्वारा निर्मित पुण्डलिक मुम्बई के कोरोनेशन थियेटर में मई 18, 1912 को प्रदर्शित की गई।

प्रथम टिकट खिड़की हिट

दादा साहेब फाल्के की लंका दहन (1917) 23 सप्ताह तक चली।

प्रथम बच्चों की फिल्म

वी शान्ताराम द्वारा 1930 में निर्देशित रानी साहेबा का निर्माण प्रभात फिल्म कम्पनी ने किया था।

दक्षिण भारत में निर्मित प्रथम हिन्दी फिल्म

के सुब्रहमणियम् द्वारा निर्मित और निर्देशित प्रेमसागर (1939) दक्षिण भारत में बनी प्रथम हिन्दी फिल्म थी।

तीन भाषाओं में प्रथम फिल्म

जेबीएच वाडिया की कोर्ट डांसर (राज नर्तकी) 1941 में अंग्रेजी, बंगाली और हिन्दी में बनी थी। अंग्रेजी में इसका लघु संस्करण कोलम्बिया पिक्चर्स द्वारा अमेरिका में वितरण के लिए भेजा गया। मुम्बई और कोलकात्ता के मेट्रो सिनेमा में प्रदर्शित होने वाली प्रथम भारतीय फिल्म थी।

प्रथम फिल्म चित्रांकन

वेस्टर्न इंडिया थियेटर्स की अजीत (1949) देश की प्रथम फिल्म थी जिसे कोडाक्रोम 16 एमएम फिल्म पर चित्रांकित किया गया और तब अमेरिका में भेजा गया।

विदेश में लोकेशन कार्य वाली प्रथम हिन्दी फिल्म

एसके ओझा की नाज़ (1954) का लोकेशन कार्य लंदन और कैरो में किया गया था।

प्रथम टेक्नीकलर फिल्म

सोहराब मोदी की 1953 में झांसी की रानी प्रदर्शित।

पैसा-वापिसी गारंटी के साथ प्रथम फिल्म

पैसा-वापिसी गारंटी केवल त्वचा निखारने वाली लोशन और बिस्कुटों तक ही सीमित नहीं है। आजकल तो फिल्में भी ऐसे वायदों के साथ आती हैं! मुखबिर (जुलाई 2008) ने अपने प्रथम सप्ताह में प्रथम 5,000 दर्शकों को फिल्म पसंद न आने पर पैसा-वापिसी का वायदा किया। मणिशंकर द्वारा लिखित और निर्देशित इस फिल्म में कहानी एक पुलिस मुखबिर के इर्द-गिर्द घूमती है जो अंडरवर्ल्ड में जा घुसता है। प्रीतिश नंदी कम्यूनिकेशन्स के साथ मिलकर कलर चिप्स न्यू मीडिया लि. ने फिल्म का निर्माण किया और पिरामिड समायरा ने इसे प्रदर्शित किया।

प्रथम राष्ट्रीय पुरस्कार

सोहराब मोदी द्वारा निर्मित मिर्जा गालिब ऐसी प्रथम हिन्दी फिल्म थी जिसे 1955 में सर्वश्रेष्ठ फिल्म के लिए राष्ट्रीय पुरस्कार प्रदान किया गया।

सर्वाधिक राष्ट्रीय पुरस्कार

बंगाली सिनेमा की एक अनूठी पहचान है सर्वश्रेष्ठ फिल्म के लिए सबसे ज्यादा 21 बार राष्ट्रीय पुरस्कार पाने की। सत्यजीत रे द्वारा निर्देशित फिल्म पाथेर पांचाली ने 1956 में पुरस्कार जीता। सर्वश्रेष्ठ फिल्म के लिए आखिरी पुरस्कार 2006 में बुद्धदेब दास गुप्ता निर्देशित *कालपुरूष-मेमारीज़ ऑफ द मिस्ट* ने जीता।

एक फिल्म के लिए सर्वाधिक राष्ट्रीय पुरस्कार

अडूर गोपालाकृष्णन की स्वयंवरम् (1972) ने 1973 में चार राष्ट्रीय पुरस्कार जीते - सर्वश्रेष्ठ फिल्म, सर्वश्रेष्ठ अभिनेत्री (शारदा), सर्वश्रेष्ठ निर्देशक (अडूर गोपालाकृष्णन) और सर्वश्रेष्ठ फिल्मांकन (एमसी रवि वर्मा)। यह करिश्मा 1990 के राष्ट्रीय पुरस्कारों में पुन: दोहराया गया जबकि मथिलुकल (1989) ने चार पुरस्कार जीते - सर्वश्रेष्ठ कलाकार (मामूटी), सर्वश्रेष्ठ निर्देशक (अडूर गोपालाकृष्णन) और ध्वनि संयोजन। इसके अलावा श्रेष्ठ क्षेत्रीय फिल्म का पुरस्कार भी इसे मिला।

प्रथम त्रिआयामी फिल्म

नवोदया प्रोडक्शन द्वारा माई डियर कुट्टीचथन 1984 में तैयार की गई। यह देश में निर्मित प्रथम त्रिआयामी फिल्म भी थी।

सेलफोन द्वारा प्रदर्शित प्रथम फिल्म

सौरभ गुप्ता द्वारा लिखित और निर्देशित कन्ट्रोल आल्ट डिलीट (2005), सेल/ मोबाइल फोन से विश्वस्तर पर प्रदर्शित की जाने वाली प्रथम फिल्म है। इस 23 मिनट की मनोवैज्ञानिक रोमांचकारी फिल्म में राहुल बोस और शेरनाज पटेल मुख्य भूमिकाओं में हैं। सेल फोन द्वारा वितरित इस फिल्म को फोनेटिक्स ने प्रचारित किया।

सर्वाधिक कहानियों/ विचारों वाली फिल्म

दस अलग कहानियों/ विचारों को समेटे अलग अन्त वाली एक फिल्म दस कहानियां (2007) बनी। निर्माता संजय गुप्ता की इस फिल्म के छह निर्देशक थे - संजय गुप्ता, अपूर्वा लखिया, मेघना गुलजार, हंसल मेहता, जसमीत ढोडी और रोहित राय।

पाकिस्तान में प्रदर्शित मुख्यधारा की प्रथम फिल्म

मोहित सूरी निर्देशित आवारापन मुख्यधारा की प्रथम फिल्म थी जिसे जुलाई 2007 में पाकिस्तान के थियेटरों में प्रदर्शित किया गया।

प्रथम सजीव फिल्म

चैनल [वी] द्वारा 20 मिनट की लघु ब्लॉकबस्टर बालीवुड फिल्म अंदाज अपना वेरी हटके का निर्माण, पटकथा लेखन और निर्देशन किया गया। फिल्म शुरू हुई, शूट की गई और टेलीविजन पर सीधा प्रसारण भी किया गया। राष्ट्रीय स्तर पर प्रतिभावानों की खोज की गई जिसमें नेहा धूपिया, सर रिचर्ड ब्रेनसन और एक कलाकार चुनने का

काम हुआ। एक 500 सदस्यों के समूह ने बालीवुड मसाला फिल्म बना डाली। केवल सात दिनों में हुए इस काम में फाइनल के लिए 50 कैमरों, 49 मील की तारों, 1,000 टेपों और 100 से ज्यादा घंटों की फुटेज लगी।

अंदाज अपना वेरी हटके को युवाओं को ध्यान में रखकर मोबाइल सेवा प्रदाता टीटीएल के वर्जिन मोबाइल को लांच करने के प्लेटफार्म के रूप में इस्तेमाल किया गया। जिसका प्रीमियर मार्च 2, 2008 को चैनल [वी] पर हुआ।

(टेलीविजन अध्याय भी देखें)

सर्वाधिक फिल्म निर्माण पहलू संभाले

मधुसूदन घानेकर ने न केवल अपनी नई मराठी फिल्म घुसमात का निर्माण व निर्देशन किया है बल्कि परिकल्पना, कथा, पटकथा, संवाद और यहां तक कि एक गाना भी गुनगुनाया है। मधुसूदन ने सेट तैयार करने, विज्ञापन, विपणन, प्रचार व प्रसार का काम भी किया है। सबसे ऊपर उसने तीन पात्र भी निभाए हैं! संगीत महेश देशपांडे का था। फिल्म की सह-निर्माता उसकी पत्नी मेघना घानेकर थी। वी आर्ट्स के बैनर तले बनी इस फिल्म का प्रीमियर जुलाई 13, 2008 को सायं 6 बजे पुणे, महाराष्ट्र में हुआ।

इंटरनेट पर लघु फिल्म का नि:शुल्क प्रीमियर

उल्हास पीआर की फिल्म क्या रखा है, नाम में, मैं नहीं जानता मगर, मेरा नाम उल्हास है, मेरा परिवार, मेरे जाननेवाले मुझे इसी नाम से जानते हैं, एक लम्बे नाम वाली छह मिनट की फिल्म थी जिसे इंटरनेट पर अगस्त 15, 2008 को बिना किसी अन्य प्रदर्शन के नि:शुल्क प्रदर्शित किया गया। इस फिल्म के प्रीमियर के निमंत्रण सभी सांसदों और मीडिया को भेजे गए थे। फिल्म की कहानी हमारे देश के नाम इंडिया, भारत और हिन्दुस्तान के महत्व के आस-पास घूमती है। फिल्म का निर्देशन, निर्माण और लेखन उल्हास ने किया था।

(संचार अध्याय भी देखें)

भारत और पाकिस्तान में एक साथ प्रदर्शित

विवेक अग्निहोत्री द्वारा निर्देशित और जॉन अब्राहम, बिपाशा बासु, बोमन ईरानी और अरशद वारसी जैसे सितारों से सजी फिल्म गोल नवम्बर 24, 2007 को भारत और पाकिस्तान में एक साथ प्रदर्शित की गई।

गोल भारत की पांचवीं फिल्म है और मुख्यधारा की दूसरी फिल्म जिसे इमरान हाशमी की आवारापन के बाद थियेटरों में प्रदर्शित किया गया। संगीत प्रीतम का था।

प्रथम एक कलाकार, एक सेट फिल्म

सुनील दत्त ने 1964 में एक प्रयोगात्मक फिल्म यादें बनाई, केवल एक कलाकार (स्वयं) जिसे एक ही सेट पर फिल्माया गया। यह विश्व में अपनी तरह की प्रथम फिल्म थी।

1991

पाबंदी के बाद पाकिस्तानी थियेटरों में प्रथम प्रदर्शित फिल्म

दिलीप कुमार, मधुबाला और पृथ्वीराज कपूर जैसे सितारों से सजी के आसिफ के संगीतमय शाहकार मुगल-ए-आजम ने अप्रैल 22, 2006 में पाकिस्तान के थियेटरों में प्रदर्शन के साथ प्रथम हिन्दी फिल्म बनी और जबरदस्त धमाल किया। मूलत: फिल्म 1960 में प्रदर्शित हुई थी। इसका रंगीन संस्करण 2005 में निकाला गया।

निर्माता निर्देशक अकबर खान की ताज महल - एन इटरनल लव स्टोरी, पाकिस्तान के थियेटरों में अप्रैल 28, 2006 को प्रदर्शित हुई। फिल्म में जुल्फिकार और सोनया जहां ने मुख्य भूमिकाएं निभाई। अन्य कलाकारों में कबीर बेदी, मनीशा कोईराला, पूजा बतरा, अरबाज खान, किम शर्मा, मिलिंद गुणाजी और वकार शेख थे। मशरेक कम्यूनिकेशन्स की प्रस्तुति में संगीत महान नौशाद का था। भारत में यह फिल्म नवम्बर 9, 2005 को प्रदर्शित हुई।

Lage Raho
MUNNA BHAI
a RAJKUMAR HIRANI film a VIDHU VINOD CHOPRA production

प्रथम फिल्म उत्तरकथा जिसने राष्ट्रीय पुरस्कार भी जीता
मुन्नाभाई एमबीबीएस (2003) ने 2004 में सर्वश्रेष्ठ लोकप्रिय फिल्म का राष्ट्रीय पुरस्कार जीता। उसकी उत्तरकथा, लगे रहो मुन्नाभाई (2006) ने उसी श्रेणी में 2008 में राष्ट्रीय पुरस्कार जीता। दोनों ही फिल्मों के निर्माता विधु विनोद चोपड़ा, निर्देशक राजकुमार हिरानी और मुख्य भूमिका में संजय दत्त एवं अरशद वारसी थे।

अभिनेता

प्रथम अभिनेत्री
भारतीय फिल्मों की प्रथम नायिका एक महिला नहीं बल्कि एक सालुंके नामक युवा लड़का था। उसने 1913 में राजा हरीशचन्द्र में तारामती की भूमिका निभायी।

प्रथम महिला अभिनेत्री
दादासाहेब फाल्के द्वारा 1913 में निर्मित भस्मासुर मोहिनी में कमला ने मुख्य भूमिका निभायी।

प्रथम अभिनेता
दत्तात्रेय दामोदर ने 1913 में राजा हरीशचन्द्र में हरीशचन्द्र का अभिनय किया।

अभिनेता व अभिनेत्री दोनों की भूमिका निभाने वाला प्रथम कलाकार
1917 में फाल्के निर्देशित फिल्म लंका दहन में सालुंके ने राम और सीता दोनों का अभिनय किया।

प्रथम बाल सितारा (महिला)
दादासाहेब फाल्के की पुत्री मंदाकिनी ने हिन्दुस्तान सिनेमा फिल्म कम्पनी द्वारा 1919 में निर्मित फाल्के की फिल्म कालिया मर्दन में काम किया।

प्रथम दोहरी भूमिका
मास्टर विट्ठल फिल्मों में दोहरी भूमिकाएं निभाने वाला प्रथम अभिनेता था, शारदा फिल्म कम्पनी द्वारा 1927 में निर्मित फिल्म, प्रिजनर ऑफ लव थी। 1925 में स्थापित कम्पनी के स्वामी नानूभाई देसाई और भोगीलाल केएम दवे थे।

सभी पुरूष कलाकार
अडूर गोपालाकृष्णन की प्रदर्शित मथिलुकल में एक भी महिला कलाकार नहीं थी। फिल्म वैयकम मोहम्मद बशीर के उपन्यास पर आधारित है।

मीठा सम्मान
बॉलीवुड अभिनेत्री शिल्पा शेट्टी ने चैनल फोर रियलिटी शो बिग ब्रदर जीतने के बाद प्रसिद्ध व्यक्ति के रूप में अपनी दूसरी वापिसी का बहुत आनन्द उठाया जबकि उसके नाम पर एक मिष्ठान का नाम शिल्पा भी रखा गया। यह सम्मान उसे हाउस ऑफ कामन्स, वेस्टमिन्स्टर अब्बे में फरवरी 8, 2007 को प्रदान किया गया।

प्रथम ऑर्डर डेस आर्ट्स एट डेस लैटर्स
शाहरूख खान को फ्रैंच फिल्म फेस्टिवल के दौरान ऑर्डर डेस् आर्ट्स एट डेस् लैटर्स (कला और साहित्य का सम्मान) प्रदान किया गया। मुम्बई में जनवरी 27, 2008 को भारत में प्रथम फ्रैंच फिल्म फेस्टिवल आयोजित हुआ। इस पुरस्कार की स्थापना मई 2, 1957 को की गई थी। यह कला और साहित्य के लिए व्यक्तिगत महत्वपूर्ण योगदान को मान्यता देता है।

मुख्य भूमिका में सबसे छोटा अभिनेता
गुलीवर की यात्राओं से प्रेरित होकर पीए पॉलोज़ की अद्‌भुतद्वीपु (2005) फिल्म में पकडू अका अजय कुमार (2.7 फीट ऊंचा) ने मुख्य भूमिका निभाई।

फिल्म में सर्वाधिक बौने
अद्‌भुतद्वीपु फिल्म में 350 बौने थे जिसमें पकडू अका अजय कुमार (2.7 फीट ऊंचा) पहलवानों में से एक की भूमिका में था। फिल्म में, सबसे छोटा व्यक्ति, साजन सागरिगा (1.85 फीट ऊंचा) भी था। फिल्म का निर्देशन विनायन ने किया और यह मार्च 31, 2005 को प्रदर्शित हुई।

सर्वश्रेष्ठ अभिनेत्री/ अभिनेता के लिए सर्वाधिक राष्ट्रीय पुरस्कार
शबाना आज़मी के पास यह विशिष्टता है कि उसने सर्वश्रेष्ठ अभिनेत्री के लिए सर्वाधिक -

विश्व कीर्तिमान : सर्वाधिक फलवान अभिनेता
अब्दुल कादिर (जन्म अप्रैल 7, 1926 मृत्यु जनवरी 16, 1989), प्रेम नजीर के नाम से प्रख्यात, मलयालम फिल्म उद्योग का सर्वाधिक फलवान अभिनेता था। उसने पॉल कल्लुंगल द्वारा निर्मित मारूमकल (1952) से फिल्मों में प्रवेश किया। उसने 1979 में 39 फिल्में प्रदर्शित कीं, जो एक कीर्तिमान है। उसके नाम एक अलग ही कीर्तिमान है 700 फिल्मों में 85 नायिकाओं के सामने अभिनय करने का, जिसमें से 110 फिल्मों में उसके सामने शीला थी।

विश्व कीर्तिमान : सर्वाधिक फिल्मों में नायक
प्रेम नजीर ने 600 से अधिक फिल्मों में मुख्य भूमिकाएं निभाई हैं, 1952 में 22 वर्ष की आयु में मलयालम फिल्म मारूमकल से शुरूआत की। उसने सभी चार दक्षिण भारतीय क्षेत्रीय फिल्मों में अभिनय किया है।

पांच बार, अंकुर (1975), अर्थ (1983), खण्डहर (1984), पार (1985), गॉडमदर (1999) राष्ट्रीय पुरस्कार जीते हैं।

मामूटी और कमल हासन प्रत्येक ने तीन बार सर्वश्रेष्ठ अभिनेता के लिए राष्ट्रीय पुरस्कार जीते हैं। मामूटी ने मठिलुकल और ओरू वड़क्कन वीरगाथा (1990), पोन्थन मादा और विधेयन (1993), डा. अम्बेडकर (1999, जख़्म के लिए अजय देवगन के साथ सांझा) के लिए पुरस्कार जीता और कमल हासन ने क्रमशः मून्दरम पिरई (1983), नायकन (1988), इंडियन (1997) के लिए पुरस्कार जीता।

फिल्म समारोह

प्रथम अंतर्राष्ट्रीय फिल्म समारोह मुम्बई में 1952 में आयोजित किया गया।

प्रथम फिल्म समारोह (वृत्तचित्र) प्रथमतः मुम्बई में 1958 में सम्पन्न हुआ।

प्रथम अपनी फिल्म लाओ समारोह (बॉयऑफ)
अपनी फिल्म लाओ समारोह (बॉयऑफ) प्रत्येक वर्ष पुरी तट, उड़ीसा पर इनस्क्रीन के सहयोग से आयोजित किया जाता है। इसकी 5वीं वर्षगांठ फरवरी 21-25, 2008 के मध्य आयोजित हुई। समारोह में कोई निर्णायक मंडल, कोई नियम और चयन नहीं था।
यह प्रथम बार 2003 में आयोजित किया गया।

एशियाई और अरब चलचित्र का ओसियान का सिनेफैन समारोह
एशियाई चलचित्र का सिनेफैन या सिनेमाया समारोह 27 फिल्मों के साथ 1999 में आरम्भ हुआ। यह समारोह 2004 में ओसियान के विशेष कला निर्णायकों द्वारा संभाल लिया गया और इसका दूसरा नाम एशियाई और अरब चलचित्र का ओसियान का सिनेफैन समारोह रख दिया। 10वां एशियाई और अरब चलचित्र का ओसियान का सिनेफैन समारोह नई दिल्ली में जुलाई 10-20, 2008 के मध्य आयोजित किया गया। 1988 में स्थापित एक फिल्म पत्रिका, सिनेमाया, विशेष रूप से एशियाई फिल्मों की कवरेज, एशियाई फिल्म निर्माण को अंतर्राष्ट्रीय स्तर पर प्रोत्साहित कर वृहद अंतर्राष्ट्रीय लाभ उठाने में सहायता करने के लिए कृतसंकल्प है।

अरूणा वासुदेव इसकी मुख्य सम्पादक है।

निगाह का विलक्षण समारोह'०८
निगाह का विलक्षण समारोह (अगस्त 8-17, 2008) ऐसे लोगों व परिस्थितियों का सम्बोधन गीत है जोकि सामान्य से हटकर हैं। प्रथम विलक्षण विरोध नई दिल्ली के कनाट प्लेस स्थित सैंट्रल पार्क में अगस्त 11, 1992 को समलैंगिक अधिकारों, मानवीय अधिकारों के कार्यकर्त्ताओं और एचआईवी पॉजीटिव लोगों ने एकसाथ आकर दिल्ली पुलिस के विरूद्ध किया। समारोह के दौरान मलयालम, अंग्रेजी, जर्मन, स्पेनिश, चैक और टर्किश की लगभग 30 फिल्में सप्ताहांत में इंडियन सोशल इन्स्टीट्यूट में प्रदर्शित की गई। चित्र प्रदर्शनी नई दिल्ली के मैक्सम्यूलर भवन में लगाई गई।

सिनेमाला - लघु फिल्मों और वृत्तचित्रों का समारोह
जवाहरलाल नेहरू स्टूडेंट्स यूनियन (जेएनयूएसयू) और स्टूडेंट्स ऑफ जामिया मिलिया इस्लामिया, दिल्ली ने गोएथे इन्स्टीट्यूट, मैक्सम्यूलर भवन, नई दिल्ली के सहयोग से जवाहरलाल नेहरू विश्वविद्यालय, नई दिल्ली में अप्रैल 11-13, 2008 तक सिनेमाला के तीसरे संस्करण का आयोजन किया। इसका उद्देश्य युवा और छोटे फिल्म निर्माताओं को अपने कलात्मक कार्य प्रदर्शित करने के लिए मंच उपलब्ध कराना है।

फिल्म डिवीजन के 60 वर्ष
केन्द्रीय सरकार के कार्यक्रमों के प्रचार के लिए वृत्तचित्रों और समाचारपत्रिकाओं के निर्माण के उद्देश्य के साथ फिल्म डिवीजन 1948 में अस्तित्व में आया। वृत्तचित्र और समाचारपत्रिका देशभर में फैले विभिन्न थियेटरों में अनिवार्य रूप से प्रदर्शन के लिए भेजी जाती हैं। फिल्म डिवीजन के 10 वितरण शाखा कार्यालय हैं देशभर के 12,600 से ज्यादा सिनेमा थियेटरों और गैर-थियेटर सर्किट के लिए कार्य देखते हैं। डिवीजन के पास अपने भण्डार में वृत्तचित्रों, लघु फिल्मों और जीवप्रदान फिल्मों के 8,000 से ज्यादा शीर्षक हैं।

फिल्म डिवीजन की 60वीं वर्षगांठ मनाने के लिए फिल्म डिवीजन सभागार, नई दिल्ली में एक चार-दिवसीय समारोह जून 13, 2008 से आयोजित किया गया। समारोह का शुभारम्भ संस्थान की 60 वर्षों की यात्रा के मुख्य अंशों की 17 मिनट की फिल्म के प्रदर्शन के साथ हुआ।

सर्वाधिक पात्र अभिनीत
कमल हासन ने जून 13, 2008 को ऑस्कर रविचन्द्रन की देवस्थानम् में 10 पात्रों को निभाया है जिसमें 80 वर्षीय विधवा से लेकर अमेरिकी राष्ट्रपति जार्ज बुश तक शामिल हैं। उसने कहानी और पटकथा भी लिखी है। 60 करोड़ की फिल्म भारत, मलेशिया और अमेरिका में फिल्माई गई और तमिल, तेलगू और हिन्दी में प्रदर्शित की गई। केएस रविकुमार निर्देशित फिल्म का संगीत हिमेश रेशमिया ने दिया था। फिल्म की शूटिंग चेन्नई में अगस्त 3, 2006 को प्रारम्भ हुई। फिल्म का कुल चलन समय 3 घंटे और 5 मिनट था।

अमिताभ बच्चन - महान

अमिताभ बच्चन (जन्म अक्तूबर 11, 1942), नाम को किसी परिचय की आवश्यकता नहीं! कवि डा. हरिवंश राय बच्चन और तेजी बच्चन के बड़े पुत्र, इन्होंने 1969 में सात हिन्दुस्तानी से फिल्मों में पदार्पण किया जिसके बाद 1971 में सुनील दत्त की रेशमा और शेरा में एक गूंगे का पात्र निभाया। लेकिन 1973 में प्रकाश मेहरा की फिल्म जंजीर ने सभी को उठकर अमिताभ बच्चन की ओर देखने को मजबूर कर दिया और बाकी जो कुछ वो कहते हैं वो अब इतिहास बन चुका है। उसकी विशेष फिल्में हैं अभिमान, नमक हराम, दीवार, चुपके-चुपके, शोले, त्रिशूल, मुकद्दर का सिकंदर, डॉन, सिलसिला आदि। 1979 में अमिताभ ने मिस्टर नटवरलाल के लिए एक गीत गाया।

उसका फिल्मी जीवन उस समय लगभग समाप्त सा हो गया जब मनमोहन देसाई की फिल्म कुली की शूटिंग के दौरान वो दुघर्टनाग्रस्त हो गए। लेकिन वो झुके नहीं। उसे नया जीवन मिला जब वो 2000 में टेलीविजन के पर्दे पर रियलिटी गेम शो कौन बनेगा करोड़पति में नजर आए।

अमिताभ बच्चन को पदमश्री (1984) और पदम भूषण (2001) मिल चुका है। उसने सर्वश्रेष्ठ नवागंतुक (1970) और सर्वश्रेष्ठ अभिनेता (1991, 2006) का राष्ट्रीय पुरस्कार जीता। वह ऐसा प्रथम जीवित एशियाई है जिसकी मोम की मूर्ति मैडम तुस्सॉड्स', लंदन में 2000 में लगी। जुलाई 1999 में अमिताभ बच्चन को बीबीसी ऑनलाइन मतदान में 'शताब्दी का श्रेष्ठतम सितारा' नामित किया गया, जहां उसने हॉलीवुड के महान जैसे एलेक गिनीज़, मॉर्लोन ब्रेंडो, लॉरेंस ओलिवर, चार्ली चैप्लिन को परास्त किया।

मोहनलाल - लोगों की *लालटेन*

मोहनलाल विश्वनाथन नैयर, मोहनलाल नाम से प्रख्यात, का जन्म मई 21, 1960 को केरल के ऐलनथुर में हुआ। उसने थिरनोत्तम से फिल्मों में पदार्पण किया जोकि सेंसर समस्याओं में घिरी व कभी प्रदर्शित नहीं हो सकी। उसे 1980 में मंजिल विरिंजा पूक्कल से मौका मिला। उसके सबसे अच्छे वर्षों में से एक 1986 में उसे टीपी बालागोपालन की एमए में सर्वश्रेष्ठ अभिनेता का प्रथम राज्य पुरस्कार मिला। 90 के दशक में उसकी सफलता फिल्मों हिज हाइनेस अब्दुल्ला, मिथुनम, मिन्नाराम, थेन्मेविन कोम्बाथ, देवासुरम्, स्फादिकाम आदि के साथ जारी रही। उसने रंगमंच पर नाटक करनाभरम में करना का पात्र अभिनीत कर पदार्पण किया। छायामुखी मोहनलाल का नया नाटक है।

उसकी प्रथम गैर-मलयाली फिल्म मणिरत्नम की इरूवर थी। भारत-फ्रांस निर्माण, वानप्रस्थम् (1999) थी जिसमें उसने पहचान को तरसते एक कत्थकली नृत्य की भूमिका निभाई जिसके लिए उसने सर्वश्रेष्ठ अभिनेता का दूसरा राष्ट्रीय पुरस्कार जीता। उन्हें सर्वश्रेष्ठ अभिनेता के लिए, प्रथम राष्ट्रीय पुरस्कार भारथम के लिए 1991 में मिला। मोहनलाल ने 2002 में अपनी प्रथम हिन्दी फिल्म रामगोपाल वर्मा की कम्पनी में अभिनय किया।

अपने तीन दशकों के फिल्मी सफर में मोहनलाल ने बहुत सी अनुसंशाएं और सम्मान प्राप्त किए हैं। उनमें से महत्वपूर्ण हैं पदमश्री (2001), 1989 में राष्ट्रीय पुरस्कार (निर्णायकों का विशेष पुरस्कार), सर्वश्रेष्ठ अभिनेता के लिए फिल्मफेयर पुरस्कार (86, 88, 93, 94, 95, 97, 99, 05, 07) और आईआईएफए का सर्वश्रेष्ठ सहायक अभिनेता पुरस्कार (2003)।

संगीत और संगीत निर्देशक

प्रथम ध्वनि फीचर

यूनिवर्सल पिक्चर्स की मेलोडी ऑफ लव का दिसम्बर 1928 में कोलकात्ता के एल्फिन्सटन पिक्चर्स पैलेस में प्रीमियर किया गया।

प्रथम हिन्दी फिल्म गीत

मार्च 1931 में प्रदर्शित आलम आरा के लिए डब्ल्यूएम खान ने 'दे दे खुदा के नाम पर प्यारे, ताकत हो गर देने की' गीत गाया।

प्रथम पार्श्वगायन

1932 में देबकी बोस ने पूरण भक्त के लिए केसी डे की आवाज प्रयोग कर पार्श्वगायन की शुरूआत की। संगीत निर्देशक आरसी बोराल थे।

एक फिल्म में सर्वाधिक गाने

जेजे मदन द्वारा 1932 में निर्मित मदन थियेटर्स की इन्द्रसभा में 71 गाने थे। इस फिल्म का

सर्वाधिक राष्ट्रीय पुरस्कार (महिला)

चित्रा ने पार्श्वगायन के लिए सर्वश्रेष्ठ गायिका के छह राष्ट्रीय पुरस्कार जीते हैं - सिंधु भैरवी (1986), नकशाथंगल (1987), वैशाली (1989), मिनसारा कनावु (1996), विरासत (1997) और आटोग्राफ (2004)।

हाऊस आफ कॉमन्स में सजीव गाने वाली एकमात्र गायिका

चित्रा एकमात्र भारतीय गायिका है जिसने ब्रिटिश संसद (हाऊस ऑफ कॉमन्स) में 2004 में सजीव प्रस्तुति दी है।

रॉयल अल्बर्ट हॉल में प्रथम गायिका

चित्रा (जन्म जुलाई 27, 1963) दक्षिण भारत से प्रथम महिला गायिका बनी जिसने 2001 में रॉयल अल्बर्ट हॉल में सजीव गाना गाया।

कथानक एक बादशाह के आस-पास घूमता है जिसका नैतिक चरित्र आकाशीय ताकतों से परखा जाता है। इन्द्रसभा सैय्यद आगा हसन अमानत के लिखे नाटक पर आधारित है। फिल्म के पात्रों में शामिल थे निसार, जेहानारा कज्जन, अब्दुल रहमान काबुली और मुख्तार बेगम।

पार्श्वसंगीत के साथ प्रथम फिल्म
न्यू थियेटर्स द्वारा 1935 में निर्मित धूप छांव में पहली बार पार्श्वसंगीत का प्रयोग किया गया।

प्रथम गीतरहित फिल्म
जेबीएच वाडिया की नौजवान (1937) फिल्म में गीत नहीं थे।

सर्वाधिक राष्ट्रीय पुरस्कार (संगीत निर्देशन)
एआर रहमान ने सर्वश्रेष्ठ संगीत निर्देशन के लिए चार बार - रोजा (1993), मिनसारा कनावु (1997), लगान (1992) और कनुथिल मुथमित्तल (2003) राष्ट्रीय पुरस्कार जीता है।

निर्माता और निर्देशक

प्रथम फिल्म निर्माता (महिला)
फातिमा बेगम ने फातिमा फिल्म कॉरपोरेशन बनाई और 1926 में बुलबुले परिस्तान का निर्माण व निर्देशन किया। उसने फिल्म में अपनी पुत्रियों जुबैदा, सुल्ताना और शहजादी के साथ अभिनय भी किया है।

सर्वश्रेष्ठ निर्देशक के लिए सर्वाधिक राष्ट्रीय पुरस्कार
जाने माने फिल्मकार सत्यजीत रे ने सर्वश्रेष्ठ निर्देशक के लिए राष्ट्रीय पुरस्कार छह बार जीता है - चिड़ियाखाना (1968), गूपी गायने बाघा बायने (1969), प्रतिद्वंदी (1971), सोनर केल्ला (1975), जाना आराण्या (1976), आगन्तुक (1992)। उनके साथ-साथ मृणाल सेन हैं, जिन्होंने चार बार पुरस्कार जीता है। सत्यजीत रे ने 1973 में अशनि संकेत और 1981 में हीरक राजर देशी के लिए सर्वश्रेष्ठ संगीत निर्देशक का राष्ट्रीय पुरस्कार भी जीता है।

सबसे युवा निर्माता
केसी बोकाड़िया उस समय 19 वर्ष के थे जब उन्होंने अपनी प्रथम फिल्म रिवाज़ का निर्माण किया, जो 1977 में प्रदर्शित हुई। उसके पीछे 20 वर्ष की आयु में वो फिर आएगी (1988) के निर्माता जय मेहता हैं।

अभिनेत्री पूजा भट्ट 24 वर्ष की थी जब उसने 1997 में तमन्ना फिल्म बनाई।

विश्व कीर्तिमान : सबसे युवा निर्देशक
किशन श्रीकान्त (जन्म जून 10, 1996) ने केयर ऑफ फुटपाथ का निर्देशन किया। उसने फिल्म की कहानी और पटकथा स्वयं लिखी। फिल्म छह महीनों के दौरान 55 दिनों में फिल्मांकित की गई और अप्रैल 2006 में प्रदर्शित की गई।

वर्ष में सर्वाधिक हिट्स वाला निर्देशक
निर्देशक मनमोहन देसाई की 1977 में चार फिल्में प्रदर्शित हुई थीं - अमर अकबर एन्थोनी, परवरिश, धरमवीर और चाचा भतीजा। सभी चार फिल्में सुपरहिट निकलीं।

प्रथम संग्रह फिल्म
एक नई फिल्म को बनाने का प्रयोग, जिसमें बाम्बे टाकीज़ की 14 फिल्मों के दृश्यों को चतुराई से संपादित किया गया। अनन्य के साथ जेएस कश्यप द्वारा 1949 में निर्मित फिल्म में देविका रानी थी। इसे सह-निर्माण, पुर्नसंपादन और पुर्ननिर्देशन के साथ क्रेडिटिड किया गया।
1993

निर्माता ने सर्वाधिक निर्देशकों को उतारा
निर्माता और निर्देशक रामगोपाल वर्मा को जितना अपनी मेहनत से बनाई, तथ्यपरक फिल्मों के लिए जाना जाता है, उतना ही नई प्रतिभाओं को मौका देने के लिए, चाहे वो अभिनेता हों या फिर निर्देशक। रामगोपाल वर्मा ने 1999 से 2006 तक के अपने सात वर्षों के कार्यकाल में 15 निर्देशकों को उतारा है।

केन्स में प्रथम फिल्म निर्देशक (महिला)
पंकज कपूर और सुप्रिया पाठक से सजी भावना तलवार की फिल्म धर्म फ्रांस में आयोजित केन्स फिल्म समारोह 2007 में प्रदर्शित की गई।

विश्व कीर्तिमान : विशालतम फिल्म निर्माण परिसर
हैदराबाद में 1996 में खोली गई रामोजी फिल्म सिटी, 1,666 एकड़ में है जहां 47 ध्वनि मंच लगे हैं, विश्व का विशालतम एकत्रित फिल्म निर्माण परिसर है। इसमें सुविधाएं हैं जैसे - कैमरा यंत्र, सैट निर्माण, जायदाद, कॉस्ट्यूम्स, आडियो पोस्ट-प्रोडक्शन, डिजीटल पोस्ट-प्रोडक्शन/ एसएफएक्स और फिल्म प्रगतिकार्य। खम्बारहित शूटिंग फ्लोर्स 18,000 वर्गफीट (1,672.2 वर्गमीटर) से 26,000 वर्गफीट (2,415.4 वर्गमीटर) पर आसानी से 2,500 लोग आ सकते हैं। रामोजी फिल्म सिटी में नए आर्कषण के गौरव हैं - रामोजी मूवी मैजिक, जहां फिल्म निर्माण का पाठ सिखाया जाता है, पोस्ट प्रोडक्शन, सैट्स, स्पेशल इफैक्ट्स, स्क्रीन: फिल्मी दुनिया जो आपको स्विस एल्प्स, इम्पीरियल रोम, मिस्टिक पैलेसिस ऑफ बगदाद और रामोजी टावर जो सर्वाधिक स्वरमय और स्पेशल इफैक्ट से परिपूर्ण नयनाभिराम स्वछंद कूद का अनुभव देते हैं।

रंगमंच

सबसे पुरानी गुफा नाट्यशाला
जिला रामगढ, मध्यप्रदेश के सीताबंगा और सीतामारा मे 3,000 वर्ष पुरानी एक गुफा नाट्यशाला है।

प्रथम संगीतमय ओपेरा
अमानत, राजकवि वाजिद अली शाह ने 1853 में *इन्द्र सभा* की रचना की। इसकी कथा रूपरेखा बहुत अधिक सशक्त नहीं थी अपितु यह अपने गीतों तथा संगीत द्वारा सबसे सम्बद्ध हो पाता था।

हिन्दी में प्रथम नाटक
13वीं सदी में कृष्णमित्र यति द्वारा संस्कृत में रचित प्रबुद्ध चंद्रोदय को जोधपुर के महाराजा द्वारा हिन्दी में अनुवादित किया गया। 18 सदी में प्रबुद्ध चंद्रोदय का पंजाबी, तेलगू और बंगाली में भी अनुवाद किया गया।
1991

प्रथम पारसी रंगमंच कंपनी
1853 में स्थापित पारसी नाटक मंडली, जिसके मालिक और निर्देशक गुस्ताद जी दलाल थे। इसे दादाजी भाई नौरोजी, केआर कामा, डा. भाऊ दाजी और आर्देशीर मूर का सहयोग प्राप्त था।

प्रथम जन रंगमंच भवन
जुलाई 21, 1883 को कोलकात्ता की बीडन स्ट्रीट पर अपने प्रथम नाटक दक्ष यग्न के साथ स्टार का प्रारम्भ हुआ। तत्पश्चात् इस रंगमंच को 1888 मे इसके वर्तमान स्थान बीधन स्ट्रीट पर स्थानांतरित कर दिया गया।

वर्तमान मे सर्वाधिक पुरानी नाट्यशाला
शिमला, हिमाचल प्रदेश का 'द गयेटी थियेटर' मार्च 1887 मे स्थापित भारत की सर्वाधिक पुरानी आधुनिक नाट्यशाला है, जो वर्तमान मे भी अस्तित्व में है। इसका उपयोग व्यापक रूप से अमेच्योर ड्रामेटिक क्लब द्वारा किया जाता था।

शो अवश्य चलता रहे!
जानता राजा (बुद्धिमान राजा) 1985 से विशाल दर्शक समूह के समक्ष मराठा योद्धा राजा छत्रपति शिवाजी के जीवन पर आधारित पात्र निभाते आ रहे हैं। बाबा साहेब पूरनडार द्वारा लिखित और निर्देशित नाटक को 200 से अधिक कलाकारों द्वारा नवम्बर 2007 तक भारत तथा विदेशों मे 780 से अधिक प्रस्तुतियां दी जा चुकी हैं। प्रवीण शिरोल द्वारा संगीतबद्ध यह नाटक हिन्दी और मराठी दोनों में प्रदर्शित किया गया। इस प्रस्तुति को सर्वप्रथम 1985 में गुजरात में प्रदर्शित किया गया।

विश्व कीर्तिमान: विकलांगों द्वारा संचालित प्रथम व्यवसायिक नृत्य नाट्यशाला
एबेलिटी अनलिमिटेड, दिल्ली और बेंगलौर स्थित व्यवसायिक नृत्य कंपनी कोई साधारण नृत्य रंगमंच समूह नहीं है अपितु यह एकमात्र नृत्य रंगमंच है जो विशिष्ट रूप से विकलांगों को नियुक्त करता है तथा उनके द्वारा संचालित है। गुरू सैयद सलाउद्दीन पाशा जो एक विकलांग अधिकार सक्रियतावादी, नृत्यसर्जक और स्वयं व्यवसायिक नर्तक हैं, ने 26 वर्ष पहले शारीरिक रूप से विकलांग व्यक्तियों के साथ कार्य करना प्रारम्भ किया था। इन्होंने 1980 को बेंगलौर मे एबेलिटी अनलिमिटेड और 2002 को नई दिल्ली मे एशिया पैसिफिक थेराप्यूटिक प्रोडक्शन्स की स्थापना की। इन्होंने 120 से अधिक इंबडयन थेराप्यूटिक प्रोडक्शन्स का निर्देशन किया है। पिछले 25 वर्षों से विश्व में अपनी ही प्रकार के प्रथम 10,000 से अधिक मंत्रमुग्ध करने वाले प्रदर्शन किये हैं। इनके प्रदर्शन समूह मे 150 से अधिक विभिन्न प्रकार से योग्य कलाकार सम्मिलित हैं। इनके प्रथम इन-हाउस स्टेज प्रोडक्शन में अप-टू-यू का प्रदर्शन 1984 में अनेकल, कर्नाटक में किया गया।

दिसम्बर 3, 2007 को इस संगठन के सर्वाधिक पहुंच वाले कार्यक्रम में सम्पूर्ण भारत के 1,20,000 विकलांगों को बैठाया गया। विकलांग व्यक्तियों के अंतर्राष्ट्रीय दिवस की संध्या पर राष्ट्रपति प्रतिभा पाटिल ने सैयद सलाउद्दीन पाशा को उनके द्वारा नृत्य तथा रंगमंच के माध्यम से विकलांगों के प्रति अद्भुत योगदान के लिये राष्ट्रीय पुरस्कार से सम्मानित किया गया।

सर्वाधिक विशाल अग्रमंच पर्दे
ठाणे मुम्बई के चंदाचारी इंदूलकर (जन्म मार्च 15, 1956) ने अग्रमंच पैचवर्क वाले पर्दे बनाये, जिनका आकार 19.2 मी. 15.24 सेमी. लम्बे और 4.3 मी. 25.4 सेमी. ऊंचे थे। इन्हें दिसम्बर 15, 1978 को ठाणे, मुम्बई के राम गणेश गडकरी रंगयत्न रंगमंच मे लगाया गया। चंदा ने इसमें 3 महीने और 24,000 रूपये सरस्वती विषयवस्तु पर आधारित पर्दे बनाने में व्यय किये।

प्रथम रंगमंच-दर्शक बीमा
ठाणे नगर निगम (टीएमसी) देश का प्रथम नगर निगम है, जो रंगमंच के दर्शकों का बीमा करता है। गडकारी रंगयत्न ठाणे की एक 1,098 सीटों वाली रंगशाला है। इसके कुछ हिस्से फरवरी 20, 2006 में लगी आग के कारण नष्ट हो गये थे, फिर भी इसे केवल 4 दिनों के लिये ही बन्द रखा गया। इसके पश्चात ही टीएमसी द्वारा इसका बीमा करवाया गया। इसे 1979 में बाला साहेब ठाकरे द्वारा ठाणे इलाके के लिये 4.5 करोड़ रूपए उपहार में दिये गये थे। इस नाट्यशाला के दर्शकों का 1 करोड़ का बीमा किया गया। इस नाट्यशाला के 38 कर्मचारियों का भी 1-1 लाख का बीमा किया गया। निगम मार्च 2006 तक 1.15 लाख का लाभांश दे चुका है।

निरंतर पात्र अदायगी

जिला नालगोंडा, आंध्र प्रदेश के पेंडेम कृष्ण कुमार ने अप्रैल 29, 2006 को लायंस भवन सूर्यापेट मे 65 प्रकार के विभिन्न पात्रों को निभाया। कृष्ण कुमार ने अपना प्रदर्शन प्रात: 10.15 मिनट पर आरम्भ करके उसे अप्रैल 30, 2006 दोपहर 2 बजे तक जारी रखा। इन्होंने मंच पर 12 घंटे व्यतीत किये। इन्होंने 65 पात्रों में सामाजिक, ऐतिहासिक, धार्मिक और शास्त्रियता सम्बन्धित पात्र निभाए। एक पात्र से दूसरे पात्र को निभाने में इन्हें 15-30 मिनट का समय लगा। 65 पात्रों में से 3 पात्र महिला वेशभूषा में थे - पार्वती, कनकदुर्गा और शबरी।

हास्य मैराथन

विशाखापट्टनम के नंदूरी प्रभाकर ने जनवरी 24, 2007 दोपहर 12.10 मिनट से अगले दिन संध्या 6.20 बजे तक प्रेमासमाजम् सभागार विशाखापट्टनम मे बिना रूके हास्य मैराथन की एकल प्रस्तुति दी। यह आयोजन वंचित बच्चों के विद्यालय शिशु विकास के लिये धन एकत्र करने के उद्देश्य से किया गया। यह प्रस्तुति विशाखा ह्युमर क्लब और बीएसएनएल विशाखापट्टनम द्वारा प्रस्तुत की गई।

अविराम नाट्य मंचन

कृष्णा बोरकर ने समिधा मोक्षी के साथ मई 28, 2007 को सुदर्शन रंगमंच, पुणे मे प्रात: 8.39 मिनट से रात्रि 9.54 मिनट तक 13 घंटे 15 मिनट तक निरंतर 50 मिनट के नाटक द ब्लेम को एकल अभिनीत किया। वास्तविक प्रदर्शन का समय 10 घंटे 40 मिनट का था। यह नाटक प्रताप मालेगांवकर द्वारा लिखित तथा निर्देशित किया गया था।

ग्लास हाउस के अन्दर प्रथम नाट्य मंचन

रंगमंच से सम्बद्ध व्यक्तियों हरीश खन्ना और अमिलाष पिल्लई ने ग्लास हाउस योजना को मर्त्तरूप दिया। दिल्ली के नेशनल स्कूल ऑफ ड्रामा के 50 वर्ष पूर्ण होने के उपलक्ष्य में 10वें भारत रंग महोत्सव पर इस योजना को प्रदर्शित किया गया। जनवरी 3-20, 2008 को हरीश खन्ना ने 3 जनवरी से 15 दिन ग्लास हाउस के अन्दर प्रदर्शन करते हुए व्यतीत किये। इस ग्लास हाउस की तीन दीवारें पारदर्शी थीं, जबकि चौथी दीवार (शौचालय) सफेद प्लास्टिक की बनी थी। हरीश के पास उनका साथ देने के लिये लैपटाप, वेब कैमरा, मोबाइल फोन था, साथ ही दैनिक आवश्यकताओं के लिये राशन, सब्जियां, फल और दूध उपलब्ध था। खन्ना ने अपने नाटक हैलेन के लिये निरंतर अभ्यास किया जिसे जनवरी 20 को प्रदर्शित किया जाना था। वे अपने साथियों के साथ मोबाइल फोन द्वारा सम्पर्क में थे।

तालाब में नाटक

जिला हसन, कर्नाटक के नाट्य समूह निरंथारा कलाविदारू ने नाटक का मंचन बिल्कुल भिन्न प्रकार से किया। मुखागालायु (चेहरे) नामक 90 मिनट के नाटक को 14 पात्रों के साथ मार्च 5, 2008 को फोर्ट कल्याणी चन्नारायापत्ना के 45.7मी. x 45.7मी. x 7.6मी. के तालाब मे पूर्ण रूप से मंचित किया गया। इसे नानजुंडा मीमा द्वारा निर्देशित किया गया। कलाकार पानी में प्रदर्शन कर सके इसके लिए पानी के नीचे 0.61 मी. नीचे तैरने वाला निमज्जित लगाया गया। इस नाटक का आरम्भ रात्रि 10.30 बजे हुआ।

प्रथम पुरस्कार कारपोरेट हाउस द्वारा

महिन्द्रा एण्ड महिन्द्रा ने थिऐटर मे उत्कृष्टता के लिये राष्ट्रीय पुरस्कार को आरम्भ किया। सामाजिक और सांस्कृतिक वातावरण के प्रति नाट्य समूहों के समर्पण को महिन्द्रा एक्सिलेंस इन थियेटर अवार्ड (एमईटीए) दिया जाता है। इस पुरस्कार समारोह को मार्च 6, 2008 को नई दिल्ली में आयोजित किया गया। 2006 में प्रारम्भ इस पुरस्कार में एक प्रतीक चिन्ह व 35,000 से 1,00,000 तक का नकद पुरस्कार दिया जाता है।

एक वर्ष मे सर्वाधिक जादू के कार्यक्रम

हैदराबाद के चेरूवू रवि चन्द्र (जन्म सितम्बर 26, 1983) ने युवावस्था में ही अपनी बोलने और सुनने की क्षमता खो दी थी। फिर भी इन्होंने नकल उतारने की कला तथा जादू की कला को सीखा। वह जनवरी 4, 2007 से दिसम्बर 26, 2007 तक जादू के 120 कार्यक्रमों का प्रदर्शन कर चुके थे। कभी-कभी वह एक माह मे 16 प्रस्तुतियां भी दे चुके हैं। वर्ष के दौरान वह विदेशों मे 11 प्रदर्शन कर चुके थे। कैलिफोर्निया, अमेरिका में अप्रैल 6-13, 2008 के बीच रविचन्द्र ने 12वें वर्ल्ड डेफ मैजीशियन फैस्टिवल में हिस्सा लिया। इसमें सम्पूर्ण विश्व के 100 प्रतियोगियों ने हिस्सा लिया और इसमें रविचन्द्र को तृतीय पुरस्कार से सम्मानित किया गया।

प्रथम महिला पेटबोला

बेंगलौर की आर इन्दूश्री (जन्म फरवरी 16, 1986) पेटबोला कला में माहिर है, जो भारत और विदेशों मे पिछले 16 वर्षों से इस कला का प्रदर्शन कर रही हैं। वे अगस्त 15, 2008 तक अपनी गुडियों डिंकु (मानव गुडिया) और जॉनी (बन्दर) के साथ 2,600 प्रस्तुतियां (जादू और पेटबोला) दे चुकी हैं। इन्दुश्री फरवरी 2, 2008 को ज़ी कन्नड पर सीधे प्रसारित कार्यक्रम डिंकु दुनिया में 90 मिनट का प्रदर्शन कर चुकी हैं। तनुश्री अगस्त 2008 में स्टार न्यूज़ पर प्रसारित *लिम्का बुक ऑफ रिकार्ड्स*, कार्यक्रम वाह! इंडिया शो में तीन पुतलों के साथ भी प्रदर्शन कर चुकी हैं।

चार्ली चैप्लिन द्वितीय

मुंगेर, बिहार के रंजन कुमार (जन्म जनवरी 5, 1979) किवदंती चार्ली चैप्लिन के पात्र को हूबहु चरितार्थ करते हुए विभिन्न होटलों में दर्शकों का मनोरंजन करते हैं। वह अपना मेकअप

और अपनी प्रस्तुति की रूपरेखा स्वयं तैयार करते है। नवम्बर 2001 से 15 अक्टूबर 2008 तक इन्होंने 1,600 प्रस्तुतियों को पूर्ण करने मे 8,196 घंटे व्यय किए।

सर्वाधिक मंचित कोंकणी नाटक

नवम्बर 17, 2007 को नन्दादीप जो कोंकणी त्रिवेणी कला संगम, मुम्बई द्वारा प्रस्तुत किया गया, की 50वीं प्रस्तुति टाउन हाल मैंगलोर मे की गई। यह नाटक एक पोस्टमास्टर के मध्यमवर्गीय परिवार पर आधारित है। इसकी कथा परिवार तथा सेवानिवृत्ति के पश्चात के जीवन पर केन्द्रित है। 2 घंटे 20 मिनट के इस नाटक को चन्द्रशेखर शिनॉय ने निर्देशित किया है। यह मूल रूप से दिवंगत मधुसूदन कालेकर द्वारा लिखित नाटक दीवा जलूडे सारी रात पर आधारित इस नाटक को सर्वप्रथम 2001 में मंचित किया गया।

प्रथम भारत-पाक नाट्य उत्सव (अन्तरविश्वविद्यालयीय)

प्रथम भारत-पाक नाट्य उत्सव 2007, मार्च 22, 2007 को बोखारी सभागार, राजकीय कालेज विश्वविद्यालय लाहौर, पाकिस्तान में आयोजित किया गया। अपनी ही प्रकार का यह नाट्य उत्सव ड्रामेटिक क्लब ऑफ राजकीय कालेज विश्वविद्यालय, लाहौर द्वारा पाकिस्तान नेशनल काउंसिल ऑफ आर्ट्स के सहयोग से आयोजित किया गया। मार्च 15 को आरम्भ हुए इस उत्सव में नई दिल्ली के तीन विश्वविद्यालय सम्मिलित हुए- कमला नेहरू कालेज, हंसराज कालेज और लेडी श्रीराम कालेज। इसमें पाकिस्तान के 10 विश्वविद्यालयों ने 13 रंगमंच प्रदर्शनों के साथ हिस्सा लिया।

एक दिन में सर्वाधिक शौकिया नाटक

पुणे की अथर्व नाट्यशाला कोई साधारण नाट्यशाला नहीं है क्योंकि यह उन शौकिया व्यक्तियों के समूह द्वारा संचालित की जा रही है, जो पेशे से डाक्टर, मैनेजमेंट एग्ज़िक्यूटिव और इंजीनियर है। यह कला प्रेमी अपने व्यस्त कार्यक्रमों में से समय निकालकर नाटकों को संचालित तथा प्रदर्शित करते हैं। अथर्व नाट्यशाला ने अथर्व नाट्य महोत्सव 2008 में भाग लिया और उन्होंने चार मराठी नाटकों का मंचन किया- शान्तिचा कारता चालू आहे, मोरूची माउशी, टू मी नवहीच और तरूण तुरका म्हातारे अरका। इनका मंचन मई 11, 2008 को प्रो. रामकृष्ण मोरे परीक्षागृह, चिंचवाड, पुणे में किया गया। अथर्व नाट्यशाला के अध्यक्ष डा. संजीव पाटिल द्वारा मंच की सज्जा और नाटकों का निर्देशन भी किया है। नाटक मई 12, 2008 को प्रात: 9 बजे प्रारम्भ होकर दोपहर 1 बजे तक प्रदर्शित हुए।

जादूगरी!

प्रसिद्ध जादू कुल की उत्तराधिकारी मेनका सरकार (जन्म सितम्बर 20, 1979), पीसी सरकार जूनियर की पुत्री और भारत में इस सब की इन्द्रजाल नाम के तहत शुरूआत करने वाले पीसी सरकार सीनियर की पौत्री हैं, को स्व. इन्दिरा गांधी ने ईसाइत देकर मेनका नाम दिया। उसके जादू के प्रदर्शनों ने छोटे से समय में उसे आधुनिक जादू का नया प्रतीक बना दिया। विज्ञान से जादू को बुनते हुए वह अपने शो को माया विज्ञान (साइंस ऑफ इल्यूजन) कहती है। उसने अपने पिता से कमान लेने के बाद अपनी एकल प्रस्तुति कोलकात्ता के स्टार थियेटर में दी थी। मई 2007 से वो एक वर्ष में 200 शो की औसत से अपने प्रदर्शन कर रही है।

एक रात में सर्वाधिक रंगमंचीय प्रस्तुतियां (विभिन्न स्थानों पर)

जिला नालगोंडा, आंध्र प्रदेश के पेंडेम कृष्ण कुमार (35) एक रंगमंचीय कलाकार है, जिन्होंने सूर्यापेट, आंध्र प्रदेश में मार्च 13, 2008 को सायं 7 बजे से रात्रि 9.20 के बीच 2 घंटे 20 मिनट मे 13 विभिन्न धार्मिक और ऐतिहासिक पात्रों को अभिनीत किया। पेंडेम ने 8 भारतीय पात्रों (नारद, शिव, शबरी, कर्ण, दुर्योधन, रावण, घटोथगजूडू, शिवाजी और शकुनी) और चार विदेशी पात्र (जीसस क्राइस्ट, सैंटाक्लाज़, हैमलेट और अलेग्जेंडर) को गांधी पार्क सभागार और मर्चेंट्स एसोसिएशन फंक्शन हॉल में अभिनीत किया। इनके वास्तविक प्रदर्शन का समय 52 मिनट का था।

Did You Know?
Limca was derived from the Hindi words, 'Nimbu' + 'Jaisa' = Lime + Sa = LIMCA.
Even today, Limca refreshes and rejuvenates consumers like it did years ago...!!
'Limca' is the registered TradeMark of The Coca-Cola Company. Contains no fruit. Contains added flavour.
Fresh ho jao
lime 'n' lemoni
Limca

नसीरूद्दीन शाह-श्रेष्ठता के समकक्ष अभिनेता

बाराबंकी, उत्तर प्रदेश में जुलाई 20, 1950 को जन्मे नसीरूद्दीन शाह सिनेमा और थियेटर की दुनिया में एक विश्वस्तरीय पहचान बन चुका है। नेशनल स्कूल ऑफ ड्रामा से 1973 में स्नातक होने के बाद उसने श्याम बेनेगल की निशांत (1975) और 1980 में हम पांच से हिन्दी फिल्मों में काम शुरू किया। उसकी अगली मुख्यधारा की हिट फिल्म दिलीप कुमार के साथ कर्मा (1986) थी। वह ऐसे कुछ अभिनेताओं में से एक है जिसने अन्तर्राष्ट्रीय फिल्मों में काम किया है और लगातार कर रहे हैं। उसने मीरा नायर की मॉनसून वैडिंग (2001) में शुरूआत की। हालीवुड से प्रभावित दा लीग ऑफ एक्स्ट्राआर्डिनरी जेंटलमैन (2003) में उसने कैप्टेन नीमो का पात्र निभाया है।

1977 में उसने टॉम अल्टर और बेंजामिन गिलानी के साथ मिलकर मोटली प्रोडक्शन्स नामक थियेटर ग्रुप बनाया जिसका प्रथम नाटक सैमुअल बैकेट् की *वेटिंग फॉर गोडोट* पर आधारित करके जुलाई 29, 1979 को खेला गया। जवाहरलाल नेहरू की *दा डिस्कवरी ऑफ इंडिया* पर आधारित और श्याम बेनेगल द्वारा निर्देशित टीवी कड़ी भारत एक खोज में 1989 में शिवाजी की भूमिका निभाई। 1998 में उसने महात्मा बनाम गांधी में महात्मा गांधी का पात्र निभाया, जिसमें महात्मा के उनके बड़े लड़के हरीलाल गांधी से रिश्तों पर नजर डाली गई है।

वह इस्मत चुगताई और सआदत हसन मिन्टो द्वारा लिखे नाटकों का निर्देशन करते आ रहे हैं। उसने निर्देशक के रूप में पदार्पण 2006 में फिल्म यूं होता तो क्या होता से किया।

नसीरूद्दीन शाह को पदमश्री (1985), पदम भूषण (2003), संगीत नाटक अकादमी पुरस्कार (2000) और सर्वश्रेष्ठ अभिनेता का राष्ट्रीय पुरस्कार (स्पर्श) और सहायक अभिनेता (इकबाल) क्रमश: 1980 और 2007 में जीते और विभिन्न अन्य राष्ट्रीय व अन्तर्राष्ट्रीय पहचान मिली हैं।

फलवाटिका रंगमंच!

कल्लोल भट्टाचार्य (जन्म नवम्बर 26, 1976) की दिमागी उपज से 1994 में एक रंगमंच ग्रुप, एबोंग अमरा का गठन किया गया। ग्रुप द्वारा नाटकों का प्रदर्शन पश्चिम बंगाल के छोटे गांवों में किया जाता है। अपनी कलात्मक प्रतिबद्धता की संतुष्टि के अतिरिक्त, कल्लोल स्थानीय ग्रामीणों के लिए जीविका कमाने के विचार के साथ आगे आया। स्थानीय ग्रामीणों और अपने थियेटर ग्रुप की सहायता से, बर्धवान जिला, पश्चिम बंगाल में 20 बीघे की एक बेकार भूमि के टुकड़े को नर्सरी में परिवर्तित कर दिया गया। जहां 1997 में आम, अमरूद की फलवाटिका और एक पॉल्ट्री फार्म तैयार कर दिया गया जिससे कि उन लोगों को सहारा दिया जा सके जोकि अपनी रोज की कमाई छोड़कर थियेटर का काम और मंचन में मदद करने के लिए उसके साथ आ गए थे। सभी नाटकों का निर्देशन कल्लोल ने किया है। थियेटर ग्रुप द्वारा खेला गया प्रथम नाटक 1995 में सापकहुनिया में भूत था। एक 30 सदस्यीय ग्रुप, जिसमें आठ महिलाएं हैं, अगस्त 15, 2008 तक अपनी 15 प्रस्तुतियां दे चुका है। ग्रुप प्रत्येक वर्ष राज्य से बाहर 20-30 प्रस्तुतियां देता है।

रंगमंच पुस्तिका संग्रह

नई दिल्ली की महिमा गुप्ता (जन्म जनवरी 30, 1983) के संग्रह में रंगमंच पुस्तिकाएं, पोस्टर और टिकटें हैं जिनसे 1950 से 1990 के दौरान भारतीय रंगमंच के विकास की विलक्षण झलक मिलती है। महिमा के पिता आनन्द गुप्ता (जन्म अप्रैल 30, 1947), एक कलाकार, रंगमंच पत्रकार हैं और पाक्षिक रंगमंच पत्रिका *अभिनय* के संस्थापक-सम्पादक हैं, को प्रत्येक नाटक की पुस्तिका घर लाने की आदत थी। एक सड़क दुघर्टना में दिसम्बर 30, 2005 को अपने पिता के देहान्त के बाद, महिमा ने निस्सार अल्लाना और समता विज के साथ इस धरोहर को आगे बढ़ाने का निश्चय किया। विश्व रंगमंच दिवस के अवसर पर 1991 में सोवियत सांस्कृतिक केन्द्र, नई दिल्ली में प्रथम प्रदर्शनी आयोजित की गई, जिसमें आनन्द गुप्ता के 25 वर्षों के संग्रह को दर्शाया गया। पूरे संग्रह को विभिन्न श्रेणियों के अनुसार बक्सों में संरक्षित किया गया है जिसमें पोस्टर और पुस्तिकाओं को लेमिनेटिड किया गया है।

चार दशकों में फैले, पोस्टर व पत्रिकाओं में सबसे पुराना 1956 के हबीब तनवीर के नाटक मिट्टी की गाड़ी का है। महिमा गुप्ता के अनूठे संग्रह में अगस्त 2008 तक कुल 5,458 अंग्रेजी और क्षेत्रीय भाषाओं की पुस्तिकाएं जुड़ चुकी हैं।

सरकार

INDIA 2008

एशिया में सबसे बड़ा ई-शासन अधिवेशन

चौथे ई-इंडिया सम्मेलन का ही एक अंग ई-गव इंडिया 2008 जुलाई 29-31, 2008 तक प्रगति मैदान नई दिल्ली मे आयोजित किया गया। इस आयोजन में 40 देशों के 4,000 विशेषज्ञों और प्रतिनिधियों ने हिस्सा लिया। इस अधिवेशन में सूचना और संचार प्रौद्योगिकी के उपयोग से देश के शहरी और ग्रामीण क्षेत्रों में बेहतर शासन व्यवस्था देने के तरीकों पर विचार किया गया। इसका आयोजन साइंस डेवलपमेंट एवं मीडिया स्टडीज़, नोएडा ने सूचना प्रौद्योगिकी (आईटी) मंत्रालय और आईसीटी विकास हेतु यूएन एजेंसी की सहायता से किया। इसमें प्रमुख आईटी कम्पनियों द्वारा विकसित ई-गवर्नेंस एवं डिजिटल अध्ययन प्रौद्योगिकियों पर लगाई एक प्रदर्शनी भी इस अधिवेशन का एक हिस्सा थी।

इस आयोजन के दौरान ई-गवर्नेंस पुरस्कार भी दिए गए। खाद्य, नागरिक आपूर्ति एवं उपभोक्ता मामले विभाग, छत्तीसगढ़ को वर्ष के सर्वश्रेष्ठ आईसीटी-सक्षम सरकारी विभाग का तथा डायरक्टोरेट ऑफ इलेक्ट्रॉनिक डिलीवरी ऑफ सिटीज़न सर्विसेज़, बेंगलौर को वर्ष में सर्वोत्तम सरकारी प्रयासों का पुरस्कार दिया गया।

ई-शासन

राष्ट्रीय क्षेत्र नाम रजिस्ट्री

भारत की आधिकारिक क्षेत्र नाम रजिस्ट्री, .आईएन रजिस्ट्री की स्थापना सूचना प्रौद्योगिकी विभाग ने की। अथॉरिटी ऑफ द नेशनल इंटरनेट एक्सचेंज ऑफ इंडिया (एनआईएक्सआई) के अधीन के काम करने वाली आईएन रजिस्ट्री ने जनवरी 1, 2005 को पंजीकृत भारतीय ट्रेडमार्क एवं सर्विसेज़ के साथ काम करना शुरू किया और बाद में फरवरी 16, 2005 से इसे सभी अर्थात् लोगों, संगठनों तथा भारतीय एवं विदेशी कम्पनियों के लिए खोल दिया गया। फरवरी 12, 2008 तक यह 4,00,000 से अधिक पंजीकरण चिह्न दे चुकी है।

ई-न्यायालय व्यवस्था

दिल्ली उच्च न्यायालय पहला ऐसा न्यायालय था जिसने नवम्बर 23, 2003 को वादियों को 'डिजिटली हस्ताक्षरित' प्रमाणित प्रतियां जारी करके न्यायालयों के कम्प्यूटरीकरण हेतु न्यायालय सूचना तंत्र परियोजना को लागू किया।

सितम्बर 25, 1993 को बेंगलौर में कोर्टनिक आरंभ किया गया था जिससे पूरे देश में उपयोगकर्त्ता उच्चतम न्यायालय में मामले की स्थिति को जान सकते है। आज *http://indiancourts.nic.in* उच्चतम न्यायालय और देश के सभी 21 उच्च न्यायालयों की वेबसाइटों के एक गुच्छ के रूप में काम कर रहा है जो सेटेलाइट संचालित संचार नेटवर्क निकनेट द्वारा इंटरकनेक्टिड है।

सूचना अधिकार पोर्टल

एनआईसी ने सितम्बर 28, 2006 को *http//rti.gov.in/* आरंभ किया। यह सार्वजनिक मामलों पर अपनी सामग्री देने के लिए नागरिकों और केन्द्र एवं राज्य के सभी सरकारी संगठनों हेतु एक प्रवेशद्वार के रूप में काम करता है।

सर्वप्रथम डिजीकृत रोजगार कार्यालय

कवारती में लक्षद्वीप रोज़गार कार्यालय के पूरे रजिस्टर को अप्रैल 2007 में डिजीकृत कर दिया गया।

ई-शासन पर विशालतम कार्यक्रम

केन्द्रीय संचार एवं सूचना प्रौद्योगिकी मंत्रालय ने जून 16, 2006 को राष्ट्रीय ई-गवर्नेंस (शासन) योजना (एनईजीपी) प्रारंभ की। इस योजना में 27 मिशनगत परियोजनाएं एवं इसके 8 घटक हैं। 23,000 करोड़ रूपये की एनईजीपी परियोजना में दो लाख साइटें, 500 एजेंसियां और लगभग 70,000 लोगों ने इस पर काम किया है। आईटी सक्षमता की यह प्रक्रिया केन्द्र, राज्य और संगठित तीन स्तरों पर है। केन्द्र स्तर का लगभग 60 प्रतिशत, राज्य स्तर का 30 प्रतिशत और संगठित परियोजना के 90 प्रतिशत तक कार्यान्वयन का काम 2008 में चालू था। इसमें आय कर रिटर्न भरने, पासपोर्ट एवं वीज़ा जारी करने, बैंकिंग एवं बीमाकरण जैसी केन्द्र की परियोजना; भूमि लैंड के रिकॉर्ड को डिज़ीकृत करना, पंजीयन का स्वचालन तथा परिवहन विभाग, कोषगार के अन्य कार्यों जैसी राज्य स्तरीय परियोजनाएं तथा ई-व्यापार, ई-न्यायालय, ई-व्यवस्था और कम्पनियों द्वारा फॉर्मों की ई-फाइलिंग जैसी संगठित स्तर की परियोजनाएं शामिल हैं।

इस ढांचागत परियोजनाओं के तीन अंगों-सामूहिक सेवा केन्द्र (सीएससी), राज्यव्यापी क्षेत्र नेटवर्क (एसडब्लूएएन) और राज्य आंकड़ा केन्द्र (एसडीसी)- का एक बार काम पूरा हो जाने पर (2009 में) पूरा देश सूचना प्रौद्योगिकी के उपयोग से विभिन्न सार्वजनिक सेवाओं का लाभ (ई-सक्षम) ले पाएगा। अगस्त 15, 2008 को परियोजना की स्थिति इस प्रकार थी:

- सीएससी: प्रगति पर, 20 राज्यों में पहले ही 101,462 सीएससी स्थापित किए जा चुके हैं।
- एसडब्ल्यूएएन: लगभग 7,000 पीओपी (विषय संबद्धता) 1,00,000 से अधिक सरकारी कार्यालयों को सामग्री, वॉयस और वीडियो संपर्कता उपलब्ध करा चुके है; हरियाणा, दिल्ली, चंडीगढ़, हिमाचल प्रदेश और तमिलनाडु में पूरा हो चुका है तथा 13 राज्यों में पूरा होने के करीब है।
- 23 राज्यों/ केन्द्रशासित प्रदेशों के एसडीसी प्रस्तावों को फरवरी 26, 2008 को मंजूरी दी गई जिसकी लागत 10,77,059 करोड़ रू. है।

PIB

प्रथम ई-पासपोर्ट

जून 25, 2008 को भारत तब बायोमीट्रिक अथवा ई-पासपोर्ट जारी करने वाला प्रथम विकासशील देश बना गया जब विदेश मंत्री प्रणव मुखर्जी ने भारत की राष्ट्रपति प्रतिभा पाटिल, उपराष्ट्रपति हमीद अंसारी और प्रधानमंत्री मनमोहन सिंह को नई दिल्ली में पहला ई-राजनयिक पासपोर्ट भेंट किया। ई-पासपोर्ट के कारण जालसाज़ी नहीं हो सकती है और इसमें ई-पासपोर्ट पठन की सुविधा होने के कारण लोग आसानी से सीमाओं से आवागमन कर सकते हैं।

ई-सक्षम पासपोर्ट कार्यालय

भारत में और विदेश में भारतीय आयोगों के सभी 36 पासपोर्ट कार्यालयों में कम्प्यूटरीकृत वीज़ा जारी करने की प्रणाली स्थापित है। इस प्रणाली में विशेष रूप से ऑनलाइन पंजीयन, पुलिस सत्यापन रिपोर्टों के इलेक्ट्रॉनिक संचारण, फाईल स्कैनिंग और पासपोर्ट मुद्रण की सुविधा है।

- 'मशीन लिखित पठनीय' पासपोर्ट का पहला लॉट जुलाई 14, 2008 को क्षेत्रीय पासपोर्ट कार्यालय, नई दिल्ली में जारी किया गया।
- अक्तूबर 2005 में मुम्बई हवाई अड्डे पर वेब आधारित अप्रवास नियंत्रण प्रणाली लगाई गई।
- 2006 में मुम्बई, चेन्नई और तिरूवनंतपुरम हवाई अड्डों पर पासपोर्ट रीडिंग मशीन लगाई गई।
- दिसम्बर 2005 में दिल्ली में सामान्य एकीकृत पुलिस आवेदन परियोजना आरंभ की गई।

मंथन-एआईएफ पुरस्कार

दिल्ली के गैर सरकारी संगठन डिजीटल एम्पॉवरमेन्ट फांउडेशन ने अमेरिकन इंडिया फांउडेशन के साथ वार्षिक मंथन एआईएफ-पुरस्कार की स्थापना की थी। 2003 में आरंभ किया गया यह पुरस्कार ई-विषयक एवं सर्जनात्मकता में सर्वोत्तम कार्यों के लिए दिए जाने वाले वर्ल्ड सम्मिट अवॉर्ड का भारतीय संस्करण है। यह पुरस्कार कई वर्गों के लिए दिया जाता है। 2007 में ई-गवर्नेंस वर्ग के पुरस्कार विजेता थे:

1. एनआईसी द्वारा त्वरित मनी ऑर्डर
2. भारत का राष्ट्रीय पोर्टल: *india.gov.in*
3. मुम्बई पुलिस की वेबसाइट: *mumbaipolice.org*

विशेष उल्लेख

1. राष्ट्रीय रोजगार सेवा पोर्टल
2. आंध्र प्रदेश ग्रामीण रोजगार गारंटी योजना

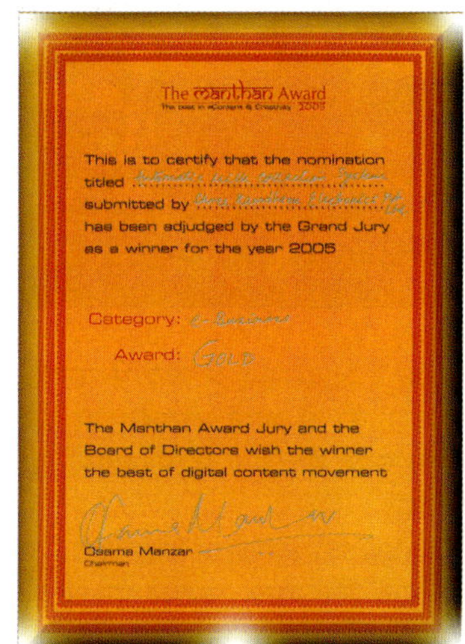
The manthan Award 2005

This is to certify that the nomination titled .... submitted by .... has been adjudged by the Grand Jury as a winner for the year 2005

Category:

Award: GOLD

The Manthan Award Jury and the Board of Directors wish the winner the best of digital content movement

Osama Manzar
Chairman

भारतीय मूल का प्रसार

भारतीय मूल की अनुमानित जनसंख्या 3 करोड़ से भी अधिक है जिसमें एनआरआई (अप्रवासी भारतीय) और पीआईओ (भारतीय मूल के लोग) तथा उनके वंशज आते हैं। भारतीय मूल के लोग 110 देशों और छः महाद्वीपों में फैले हैं।

विश्व कीर्तिमान: एनआरआई से प्राप्त धन

भारत को 27.1 मिलियन डालर (लगभग 12,55,000 करोड़ रू.) की विदेश से भेजी रकम मिली। जिससे भारत 2006-07 में अकेला सबसे अधिक रकम पाने वाला देश बना। वर्ष के दौरान विश्व में कुल प्रेषित धन में से 10 प्रतिशत धन 2.5 करोड़ की संख्या वाले बड़े भारतीय मूल वर्ग का था। इस प्रकार की आवक में रिकार्ड वृद्धि हुई है क्योंकि 1990-91 में जहां यह 2.1 बिलियन डालर था वहीं 2006-07 में यह बढ़ कर 27.1 बिलियन डालर हो गया।

संयुक्त अरब अमीरात, अमेरिका, सऊदी अरब, श्रीलंका, बंगलादेश, कुवैत, ओमान, कनाडा, नेपाल और इंग्लैड 10 ऐसे देश हैं जहां सबसे अधिक भारतीय बसते हैं।

एनआरआई धन प्रेषण सेवा

अप्रैल 25, 2006 को भारतीय विदेश मंत्रालय और एक्सिस बैंक ने प्रवासी भारतीयों के लिए संयुक्त रूप से प्रवासी भारतीय सेवा आरंभ की। यह वित्तीय सेवा सुविधा ई-सक्षम है। विदेश में बसे भारतीय एमओआईए की वेबसाइट *www.moia.gov.in* पर जाकर अपने भारत में अपने परिवार को धन भेज सकते हैं।

मानवाधिकार के लिए प्रथम यूएन उच्चायुक्त

दक्षिण भारत में भारतीय मूल की वकील नवनेत्तम पिल्लई, जन्म 1941, को जुलाई 24, 2008 को मानवाधिकार के लिए संयुक्त राष्ट्र की उच्चायुक्त नियुक्त किया गया। उनका चार वर्ष का कार्यकाल सितम्बर 1, 2008 को आरंभ हुआ। इससे पूर्व उन्होंने फरवरी 2003 से अंतर्राष्ट्रीय आपराधिक न्यायालय के न्यायाधीश के रूप में काम किया। 1995 में दक्षिण अफ्रीका के वह उच्च न्यायालय में पहली अश्वेत महिला भी थी।

1941 में डरबन में जन्मी तमिल माता-पिता की संतान नवनेत्तम की बहुत साधारण पृष्ठभूमि से थी (उनके पिता बस ड्राइवर थे)। 1965 में उनकी शादी गेबी पिल्लई से हुई जो स्वयं भी वकील थे। उन्हें रंगभेद के समय में अश्वेत होने के कारण न्यायाधीश के चैम्बर में नहीं जाने दिया गया था! दक्षिण अफ्रीका में अपनी 28 वर्षों की सेवा में वह रंगभेद विरोधी लोगों का बचाव करती रही। 1973 में उन्होंने रंगभेदी कानून के तहत बंदी बनाए गए राजनीतिक कैदियों को वकील करने के अधिकार के लिए जीत हासिल की। इन राजनीतिक कैदियों में नेल्सन मंडेला और उनके पति भी शामिल थे। 1992 में उन्हें और अन्य लोगों को समानता हासिल हुई। अब वह एक अंतर्राष्ट्रीय महिला अधिकार संगठन चला रही हैं।

PIB

प्रवासी भारतीय दिवस

प्रत्येक वर्ष 9 जनवरी का दिन प्रवासी दिवस अथवा डे ऑफ द डायसपोरा के रूप में मनाया जाता है क्योंकि इसी दिन 1915 को महात्मा गांधी दक्षिण अफ्रीका से भारत लौटे थे। घर की यादों से जुड़ा यह तीन दिन का कार्यक्रम भारतीयता की भावना से भरा था। पहला प्रवासी भारतीय दिवस जनवरी 9, 2003 को आयोजित किया गया था।

प्रवासी भारतीय दिवस का छठा संस्करण जनवरी 7-9, 2008 को दिल्ली में आयोजित किया गया था जिसमें 1,500 से प्रतिनिधियों ने हिस्सा लिया था। 12वें दिन इसके समापन पर आप्रवासी भारतीयों/ भारतीयों मूल के लोगों को प्रवासी भारतीय सम्मान से सम्मानित किया गया।

न्यूजीलैंड के गवर्नर-जनरल के रूप प्रथम एशियाई

भारतीय मूल के जस्टिस आनंद सत्यानंद (जन्म जुलाई 22, 1944) को अगस्त 23, 2006 को न्यूजीलैंड का गवर्नर जनरल नियुक्त किया गया। गवर्नर जनरल को आम तौर पर देश के वास्तविक प्रमुख के रूप देखा जाता है जिसका कोई निश्चित कार्यकाल नहीं होता है लेकिन परम्परा अनुसार उसका कार्यकाल पांच वर्ष का होता है।

अग्रसर भारत

संयुक्त राष्ट्र मानवाधिकार परिषद्

मई 9, 2006 को भारत को संयुक्त राष्ट्र मानवाधिकार परिषद् का 47वां सदस्य चुना गया। भारत का कार्यकाल जून 18, 2010 तक है। यह परिषद् मार्च 15, 2006 को संयुक्त राष्ट्र महासभा ने गठित की थी और इसकी पहली बैठक जून 18, 2007 को हुई।

अरविन्द केजरीवाल-सूचना अधिकार योद्धा

दिल्ली के अरविन्द केजरीवाल (40) देश में सूचना अधिकार आंदोलन के एक अथक सिपाही है। अरविन्द आईआईटी खड़गपुर से मैकेनिकल इंजीनियर हैं और वह 1992 में लोक सेवा में आए। दिल्ली के लोगों को न्यायपूर्ण, पारदर्शी और उत्तरदायी शासन मिले इसके लिए अरविन्द ने जनवरी 2000 में परिवर्तन के नाम से एक नागरिक अभियन की नींव रखी। परिवर्तन ने विभिन्न सरकारी कार्यालयों में भ्रष्टाचार के विरूद्ध जंग छेड़ दी। संगठन के बढ़ने के साथ उन उपायों पर ध्यान केंद्रित किया गया जिनसे नागरिकों की शिकायतों का सीधा समाधान हो। दिल्ली में सूचना का अधिकार इसका शक्तिशाली हथियार बना। परिवर्तन ने अपने आस-पास सभाएं और नुक्कड़ आयोजित करके जनता को इस प्रकार से शिक्षित करना शुरू किया ताकि वे अपने वैध अधिकारों को मांगने के लिए इस अधिनियम का प्रभावी रूप से इस्तेमाल करना सीख सकें।

2006 में, अरविन्द को ''भारत के सूचना के अधिकार अभियान को ज़मीनी स्तर पर सक्रिय करने तथा सरकार को लोगों के प्रति उत्तरदायी ठहराकर भ्रष्टाचार के विरूद्ध लड़ने के लिए नई दिल्ली के गरीब से गरीब लोगों को समर्थ बनाने'' के लिए उदीयमान नेतृत्व वर्ग में प्रतिष्ठित मेगासेसे पुरस्कार के लिए चुना गया।

अंतर्राष्ट्रीय अहिंसा दिवस

संयुक्त राष्ट्र महासभा ने महात्मा गांधी की जयंती अक्तूबर 2 को अंतर्राष्ट्रीय अहिंसा दिवस घोषित किया हुआ है। इसे पहली बार अक्तूबर 2, 2007 को मनाया गया।

क्या सूचना का अधिकार अधिनियम सफल है?

ज्ञान ही शक्ति है। संसद द्वारा सूचना अधिकार विधेयक 2005 पारित करने के साथ ही भारत जून 15, 2005 को विश्व के 55 राष्ट्रों में शामिल हो गया। यह विधेयक अक्तूबर 12, 2005 को अधिनियम के रूप में लागू हुआ।

लोकतांत्रिक शासन-व्यवस्था के अध्ययन एवं उन्नयन हेतु 1982 में स्थापित नई दिल्ली की सोसायटी फॉर पार्टीसिपेटरी रिसर्च इन एशिया (पीआरआईए) ने 2008 में सूचना अधिकार अधिनियम का आकलन किया और एक रिपोर्ट दी। इस रिपोर्ट का शीर्षक था *असेसिंग इंफॉरमेशन अंडर आरटीआई: सिटीज़नन्स एक्सपीरिंयस इन टेन स्टेट्स-2008 (सूचना अधिकार के अंतर्गत सूचना पाना: दस राज्यों में नागरिकों के अनुभव-2008)*।

आधारभूत स्तर पर किया गया यह अध्ययन 10 राज्यों के 10 जिलों में नागरिकों के सूचना अधिकार के अनुभवों पर आधारित था। यह अध्ययन बिहार के मधुबनी, गुजरात के अहमदाबाद, हरियाणा के महेन्द्रगढ़, झारखंड के जमातरा, केरल के कोवल्लम, मध्य प्रदेश के सिहोर, उत्तर प्रदेश के सीतापुर और उत्तराखंड के चमोली, उडीसा के पुरी, राजस्थान के झुंझुनु जिलों में किया गया था। यह तीन बातों पर आधारित था- 1) सूचना तक नागरिकों की पहुंच, 2) अधिकारियों की प्रतिक्रिया, 3) राज्य सूचना आयोगों की कार्यकारिता का आकलन- इस अध्ययन का निष्कर्ष यह था कि देश में सूचना का समस्त कार्यान्वयन बहुत धीमा और सुस्त है।

सूचना तक नागरिकों की पहुंच

इसमें कई बाधाएं हैं जैसे

- अधिकांश राज्यों में सार्वजनिक प्राधिकारियों का विवरण उपलब्ध नहीं
- उन लोक सूचना अधिकारियों की सूची उपलब्ध नहीं है जिन्हें आवेदन दिया जाना है
- कुछ राज्यों में प्रक्रिया बहुत जटिल है
- 2 से 5 बार सरकारी कार्यालयों के चक्कर लगाने पड़ते हैं
- लोक सूचना अधिकारी धमकाते और तंग करते हैं
- सूचना देने में बहुत समय लिया जाता है।

अपीलीय प्राधिकरण की प्रतिक्रिया पर

सूचना के अधिकार में लोक सूचना अधिकारी के निर्णय के विरूद्ध विभाग के वरिष्ठ अधिकारी और एसआईसी से दो चरणों में अपील की जा सकती है। परंतु अधिकांश आरटीआई आवेदकों को यह समय और संसाधनों की बर्बादी लगती है।

एसआईसी (राज्य सूचना आयोग) की कार्यकारिता पर

- एसआईसी ने हरियाणा, राजस्थान, उप्र. और उत्तराखंड में अपीलों को 77-93 प्रतिशत की एक अच्छी दर से निपटाया लेकिन उनमें दिया गया विवरण संतोषजनक नहीं था।
- सुनवाई में देरी के कारण (4-6 माह) कुछ ने दूसरी अपील नहीं की।

सार यह कि एसआईसी की ढुलमुल कार्यप्रणाली यही बतलाती है कि संबंधित सरकारों ने एसआईसी को एक मजबूत संस्था बनाने के गंभीर प्रयास नहीं किए।

सर्वाधिक आरटीआई शुल्क की मांग

बिहार के सामाजिक कार्यकर्त्ता गुप्तेश्वर सिंह ने भोजपुर जिला आपूर्ति अधिकारी को उनकी अधीन आने वाले कुछ क्षेत्रों में राशन और केरोसीन के वितरण पर जानकारी के लिए उन्हें आरटीआई आवेदन दिया परंतु वह तब सकते में आ गए जब अधिकारी ने आरटीआई शुल्क के तौर पर उससे रू. 78,21,252 मांगे। यद्यपि बाद में आरटीआई अधिनियम के प्रावधानों के अंतर्गत कार्यवाही करते हुए राज्य सूचना आयोग (एसआईसी) ने अधिकारी को नि:शुल्क सूचना देने के निर्देश दिए क्योंकि 30 दिन की समय सीमा बीत चुकी थी। उसने देरी के लिए अधिकारी को कारण बताओ नोटिस भी भेजा।

छः वर्षों में पांच बार चुनाव मैदान में
नवम्बर 1993 में 35 वर्ष की आयु में अपने राजनीतिक जीवन की शुरूआत करने वाले जोधपुर, राजस्थान से लोक सभा के सदस्य जसवंत सिंह बिश्नोई अक्तूबर 1999 तक छः वर्षों में पांच चुनाव लड़ चुके हैं। इनमें तीन लोकसभा के चुनाव और दो विधानसभा के चुनाव शामिल हैं जिसमें से उन्होंने दो में जीत मिली और तीन में हार का सामना करना पड़ा।

संसद

प्रथम सत्र
आज़ाद भारत में संसद का प्रथम सत्र मई 13, 1952 को प्रथम प्रधानमंत्री नेहरू और प्रथम राष्ट्रपति डा. राजेन्द्र प्रसाद के साथ हुआ।

संसद की बैठकें
वर्ष में सर्वाधिक: 15 बैठकें (1,026 घंटे) 1956 में
सबसे लम्बी बैठक (लोकसभा): 65 घंटे, अगस्त 26, 1997 को आरंभ हुए विशेष सत्र के दौरान
एक बार में सबसे लम्बी (लोकसभा): अगस्त 30, 1997 को प्रातः 11 बजे से अगले दिन प्रातः 8.24 बजे तक 22 घंटे की।

लोकसभा स्पीकर
प्रथम: गणेश वासुदेव मावलंकर, मई 15, 1952-फरवरी 27, 1956
प्रथम उप: अनंतस्यानम अय्यंगर, मई 30, 1952-मार्च 7, 1956
सर्वाधिक लम्बा कार्यकाल: बलराम जाखड़, 10 वर्ष 1980-89 तक
सबसे छोटा कार्यकाल: नीलम संजीव रेड्डी, मार्च-जुलाई 1977
सदन को सर्वप्रथम सम्बोधित करने वाला व्यक्ति: पीए संगमा, अगस्त 26, 1997
प्रथम कम्युनिस्ट: सोमनाथ चटर्जी जून 4, 2004 से

विश्व कीर्तिमानः लोकसभा चैनल की शुरूआत
24 घंटे के चैनल के रूप में जुलाई 24, 2006 को लोकसभा टेलीविज़न चैनल आरंभ हुआ। संसद थी। यह चुनाव राज्य विधानमंडल द्वारा बनाए गए नियमसम्मत कानूनों के अनुसार ही कराए जाने थे।

प्रथम इलेक्ट्रॉनिक वोटिंग मशीन
अप्रैल 1982 में केरल में विधानसभा उपचुनाव में पहली बार इलेक्ट्रॉनिक वोटिंग मशीन का प्रयोग किया गया। ये मशीनें इलेक्ट्रानिक कार्पोरेशन इंडिया लि. ने बनाई थी जिसे जुलाई 6, 1979 को संसद में प्रदर्शित किया गया था।

प्रथम फोटो मतदाता पहचान पत्र केन्द्र
फरवरी 14, 2007 को नंदनगरी, दिल्ली में वोटर रजिस्ट्रेशन और एपिक सेन्टर (वीआरईसी) खोला गया। दिल्ली के सीमापुरी विधानसभा क्षेत्र में स्थित वीआरईसी कार्यालय सुविधाजनक एककस्थल (सिंगल विंडो) द्वारा वर्ष भर दिल्ली के लोगों को सेवाएं प्रदान करता है। इस केन्द्र पर मतदाता सूची में नाम शामिल करना, ठीक करना, मतदाता पहचान-पत्र बनाना और जारी करना, प्रविष्टियों की जांच करने जैसी सेवाएं दी जाती हैं।

संसद विश्वास मत
चुनावों में खंडित जनादेश, त्रिशंकु संसद और गठबंधन सरकारें, ये संसद में संभावित विश्वास मत के सामान्य सूचक है। अतएव विश्वास मत का इतिहास गठबंधन काल से शुरू होता है जिसकी शुरूआत 1979 से हुई। अब तक आठ प्रधानमंत्री विश्वास मत से गुजर चुके हैं और कुछ ने इसका एक से अधिक बार सामना किया है।

1979: चौधरी चरण सिंह का कार्यकाल उनके त्यागपत्र देने के साथ समाप्त हुआ। उन्होंने यह त्यागपत्र उनके संभावित विश्वास मत पर लोकसभा के बैठने से एक दिन पूर्व दिया। वह पहले ऐसे प्रधानमंत्री बने जो अपने कार्यकाल के दौरान कभी संसद के सदन में नहीं जा पाए।

1989: वीपी सिंह, पद संभालने के बाद दिसम्बर में विश्वास मत जीता लेकिन बाद में भारतीय जनता पार्टी द्वारा समर्थन वापिस ले लिए जाने के कारण एक वर्ष के भीतर ही दूसरा विश्वास मत हार गए।

1990: नवम्बर में कार्यभार संभालने के बाद चंद्रशेखर ने विश्वास मत जीता लेकिन कांग्रेस द्वारा समर्थन वापिस लेने के कारण पांच महीने बाद त्यागपत्र देना पड़ा।

1991: पीवी नरसिंह राव ने जुलाई में विश्वास मत जीता और पांच वर्ष का कार्यकाल पूरा किया।

1996: एचडी देवगौडा ने जून 1996 में सदन का विश्वास मत जीता लेकिन कांग्रेस द्वारा समर्थन वापिस लेने के कारण अप्रैल 1997 मे हार गए।

1997: आईके गुजराल ने अप्रैल में विश्वास मत जीता लेकिन कांग्रेस के समर्थन वापिस लेने से नवम्बर में त्यागपत्र देना पड़ा।

1998: अटल बिहारी वाजपेयी ने विश्वास मत जीता लेकिन एआईएडीएमके के गठबंधन से निकल जाने के कारण 13 माह बाद अप्रैल 1999 में त्यागपत्र देना पड़ा।

2008: डा. मनमोहन सिंह की सरकार से वामदलों के समर्थन वापिस लेने के बाद उन्होंने जुलाई 22 को विश्वास मत जीता।

'विश्वास' योग्य तथ्य
- वीपी सिंह विश्वास मत जीतने और हारने वाले पहले व्यक्ति हैं। उन्होंने 1989 में विश्वास मत जीता लेकिन एक वर्ष से कम समय में दूसरा विश्वास मत 142 के मुकाबले 346 से हार गए।
- अभी तक कांग्रेस का कोई नेता विश्वास मत नहीं हारा है।
- चार बार सरकारों से समर्थन वापिस लेकर सबसे अधिक बार विश्वासमत के लिए बाध्य करने का श्रेय कांग्रेस के नाम हैं।
- अटल बिहारी वाजपेयी सबसे ज़्यादा बार विश्वास मत का सामना करने वाले प्रधानमंत्री हैं। उन्होंने तीन बार 1996, 1998 और 1999 में विश्वास मत का सामना किया जिसमें वह दो जीते और एक हार गए।
- अटल बिहारी वाजपेयी अप्रैल 17, 1999 को सबसे एक मत के अंतर विश्वास मत हार गए।

उन्हें 270 के मुकाबले 269 मत मिले जो कि हार का सबसे नज़दीकी अंतर था।

- डा. मनमोहन सिंह पहले ऐसे प्रधानमंत्री थे जो जुलाई 22, 2008 को अपने विश्वास प्रस्ताव पर वोट नहीं डाल पाए क्योंकि वह लोकसभा के सदस्य नहीं थे।

अविश्वास मत

1952 से सत्तासीन शासन के विरूद्ध 26 अविश्वास मत लाए गए हैं। जुलाई 1979 में मोरारजी देसाई के विरूद्ध लाए गए अविश्वास प्रस्ताव को छोड़कर सभी प्रस्ताव गिरे हैं। इसका सबसे पहले सामना 1963 में जवाहरलाल नेहरू ने किया था। यह अविश्वास प्रस्ताव जेबी कृपलानी ने रखा था जो 345 मतों के बहुमत से गिरा गया।

इंदिरा गांधी के कार्यकाल 1966 से 75 के बीच (12 बार) और 1981-82 (3 बार) के दौरान उनके विरूद्ध सबसे अधिक 15 अविश्वास मत लाए गए और वह सभी में विजयी रहीं।

मत के बदले नकदी घोटाला

जुलाई 22, 2008 का दिन भारतीय संसद के इतिहास और लोकतंत्र के लिए एक शर्मनाक दिन था! वामदलों द्वारा भारत-अमेरिका परमाणु करार पर यूपीए सरकार से समर्थन वापिस लेने के कारण इस दिन प्रधानमंत्री मनमोहन सिंह के विश्वास मत पर लोकसभा में बहस के दौरान भारतीय मुद्रा की गड्डियां लहराते हुए सदन के पटल पर आ गए और ये दावा किया कि इस महत्त्वपूर्ण विश्वास मत में सरकार को समर्थन देने के लिए उन्हें 3 करोड़ रूपए दिए गए थे। सदन की कार्रवाही के सीधे प्रसारण के कारण यह घिनौना दृश्य भी प्रसारित हुआ। इसके बाद हुए कोलाहल के बीच सदन की कार्यवाही स्थगित कर दी गई लेकिन स्पीकर के सभी दलों के नेताओं के साथ अपने चैम्बर में मुलाकात के बाद कार्यवाही फिर से शुरू हुई। बाद में स्पीकर ने इस घटना की जांच करने के लिए सात सदस्यों की एक समिति गठित की। हालांकि विश्वास मत के साथ रिश्वत और खरीद-फरोख्त के आरोप लम्बे समय से जुड़े रहे हैं परंतु सदन के भीतर ऐसा शर्मनाक दृश्य पहली बार देखा गया।

प्रथम अल्पकालीन स्पीकर

2004 में गठित 14वीं लोकसभा के अल्पकालीन स्पीकर सोमनाथ चटर्जी को बाद में जून 4, 2004 को निर्विरोध रूप से लोकसभा का स्पीकर चुन लिया गया। सोनिया गांधी ने उनके नाम का प्रस्ताव रखा जिसका अनुमोदन प्रणव मुखर्जी ने 17 अन्य दलों के नेताओं के समर्थन से किया।

संसदीय 'सुधारक'

सोमनाथ चटर्जी (जन्म जुलाई 25, 1929) जून 4, 2004 को लोकसभा का स्पीकर चुना गया। एक वकील के रूप में अपने कैरियर की शुरूआत करने वाले सोमनाथ भारत के कम्युनिस्ट दल (मार्क्सवादी) के सदस्य बन कर सक्रिय राजनीति में आए। वह 1971 से दस बार लोकसभा के सदस्य रह चुके हैं। वह 1989 से 2004 में 14वीं लोकसभा के स्पीकर बनने तक सदन में सीपीआई (एम) के मुखिया रहे।

एक प्रभावशाली विधायक और 1996 में सर्वश्रेष्ठ सांसद का पुरस्कार पाने वाले चटर्जी लोगों के दिलों में रहने वाले व्यक्ति रहे हैं। स्पीकर के रूप में उन्होंने धुन के पक्के सुधारवादी की तरह काम किया। उनके द्वारा की गई कुछ प्रमुख पहलें थी:

- राजनीतिक दलों के नेताओं के साथ नियमित रूप से बैठकें करना।

जुलाई 5, 2004 से लोकसभा के शून्यकाल का सीधा प्रसारण प्रारंभ कराया।

- विश्व में पहला 24 घंटे का लोकसभा टीवी चैनल बनाया जिसने जुलाई 24, 2004 से काम करना प्रारंभ किया।
- अगस्त 14, 2006 को अतिआधुनिक संसदीय संग्रहालय जनता के लिए खोला।
- 2005-06 में पहली बार जल संरक्षण, बाल, युवा, जनसंख्या और सार्वजनिक स्वास्थ्य, ग्लोबल वार्मिंग तथा मौसम परिवर्तन जैसे विभिन्न विषयों पर संसदीय मंच बनाए ताकि संसद सदस्य इनसे अवगत रहें और संबंधित मामलों पर उनका दृष्टिकोण परिणाम उन्मुखी रहे।
- 2005 में संसद सदस्यों के लिए विभिन्न महत्त्व के विषयों पर विशेषज्ञों के व्याख्यानों की श्रृंखला आरंभ की।
- महत्त्वपूर्ण नीतियों और योजनागत मुद्दों पर अलग-अलग क्षेत्रों के प्रतिष्ठित व्यक्तियों की समझ को जानने के लिए 2008 में (सितम्बर 4, 2008) उनके साथ राउंड टेबल आयोजित की।
- बच्चों के लिए रंगीन और अत्याधुनिक कक्ष बनाया ताकि वे पुस्तकालय, संग्रहालय और संसद के अभिलेखागार के संसाधनों का उपयोग कर सकें।
- कदाचार के मामले विशेषाधिकार प्राप्त अथवा ऐसी ही समितियों के सुपुर्द किए।
- संसदीय प्रतिनिधि मंडलों द्वारा किए जाने वाले विदेशी दौरों और यात्राओं के लिए समिति के नियमों में बदलाव किए।
- सितम्बर 2007 को नई दिल्ली में 53वां राष्ट्रमंडल संसदीय संघ (सीपीए) सम्मेलन आयोजित किया जिसमें 52 देशों ने भाग लिया। (पिछले वर्ष उन्हें सीपीए का अध्यक्ष चुना गया है)।

उन्होंने लोकसभा की कार्यप्रणाली में अधिक पारदर्शिता और उत्तरदायित्व लाने तथा विश्व के सबसे बड़े लोकतंत्र के शीर्षस्थ मंच के रूप में उसकी गरिमा को फिर से कायम करने के लिए लग्न से प्रयास किया।

पादटिप्पणी: उन्हें 2008 में उस समय एक अनोखी स्थिति का सामना करना पड़ा जब उनका दल यह चाहता था कि वह स्पीकर के पद से त्यागपत्र दें और 22 जुलाई के विश्वास मत में मनमोहन सिंह की उस सरकार के खिलाफ मत दें जिससे वह भारत-अमेरिका परमाणु करार पर समर्थन वापिस ले चुकी थी। परंतु वह अपने पद पर इस निश्चय के साथ बने रहे कि स्पीकर किसी दल से संबंधित नहीं होता है। जुलाई 24, 2008 को उन्हें उस दल से निकाल दिया गया जिसकी उन्होंने 40 वर्षों तक सेवा की थी!

टेलीविज़न नेटवर्क द्वारा चलाया जाने वाला यह विश्व का प्रथम ऐसा चैनल है जो देश की विधायिका द्वारा चलाया जाता है। यह मई 11, 2006 को 12 दिन के लिए प्रयोग के तौर पर शुरू किया गया था।

राज्यसभा के सभापति

प्रथम: एसवी कृष्णामूर्ति, मई 31, 1952
सबसे लम्बा कार्यकाल: डा. एस राधाकृष्णन, 1952-62
प्रथम महिला (उप): वॉयलट अल्वा, 1962-66 और 1966-69
सर्वाधिक बार (उप): नजमा हेपतुल्ला, 1985, '88', '92 और 98'

सबसे लम्बा कार्यकाल

कोझीकोड, केरल के बीवी अब्दुल्ला कोया (1914-98) 30 वर्षों में पांच सत्रों 1967-73, 1974-80, 1980-86, 1986-92 और 1992-98 तक राज्यसभा के सदस्य रहे। उनके नाम राज्यसभा के 120 सत्रों में भाग लेने का रिकॉर्ड भी है।

सबसे लम्बे संसद सदस्य
नौंवी लोकसभा में धांधकुला, गुजरात से निर्वाचित भाजपा के संसद सदस्य रतिलाल कालिदास वर्मा 1.98 मी. (6 फुट 5 इंच) लम्बे थे।
1994

राष्ट्रपति

प्रथम राष्ट्रपति चुनाव

भारत के संविधान के अंतर्गत मई 6, 1952 को आयोजित हुए राष्ट्रपति के प्रथम चुनाव में डा. राजेन्द्र प्रसाद पुन: राष्ट्रपति निर्वाचित हुए। इससे पहले संविधान सभा द्वारा नामांकित किए जाने पर वह जनवरी 26, 1950 को प्रथम राष्ट्रपति चुने गए थे।

राष्ट्रपति पद की प्रथम महिला प्रत्याशी

डा. लक्ष्मी सहगल (जन्म अक्तूबर 24, 1914) ने 2002 में राष्ट्रपति का चुनाव लड़ा और डा. एपीजे अब्दुल कलाम से हार गईं। उन्हें वामदलों द्वारा सत्ता गठबंधन के विरूद्ध 'प्रतीकात्मक' रूप से उतार गया था और उन्हें 450 मत मिले (10 प्रतिशत से अधिक)। वह नेताजी की इंडियन नेशनल आर्मी (आईएनए) के महिला प्रकोष्ठ रानी झांसी दल की नेता थी। वह 1947 से कानपुर में निर्धनों की चिकित्सा के रूप में सेवा कर रही हैं।

सर्वाधिक अध्यादेश

राष्ट्रपति फखरूद्दीन अली अहमद (1905-77) ने आपातकाल के दौरान (जून 26, 1975-मार्च 21, 1977) एक ही वर्ष में 29 अध्यादेश पारित किए।

सरकारी वेबसाइट पर सर्वाधिक हिट

राष्ट्रपति की आधिकारिक वेबसाइट

राज्यसभा के सबसे वृद्ध/ युवा संसद सदस्य

कांग्रेस के रिशांग केशंग (जन्म अक्तूबर 25, 1920) अप्रैल 2002 में और फिर अप्रैल 2008 में मणिपुर से राज्यसभा के लिए निर्वाचित हुए। वह प्रथम लोकसभा (1952-57) के सदस्य भी थे और सबसे लम्बे समय तक राज्य के मुख्यमंत्री रहे हैं (1985-88, 1994-95 और 1995-98)।

सीपीआई (एम) के समन पाठक अप्रैल 2006 में पश्चिम बंगाल से राज्यसभा के लिए निर्वाचित हुए थे। उनका जन्म दिसम्बर 20, 1973 को हुआ था।

जीत का सर्वाधिक/ न्यूनतम अंतर

डा. राजेन्द्र प्रसाद ने मई 6, 1952 को 99.3 प्रतिशत के बहुमत से राष्ट्रपति का चुनाव जीता। एनएन दास के विरूद्ध 4,59,290 मत पड़े और उन्हें 2,000 (0.4:) मत मिले।

केआर नारायणन ने जुलाई 25, 1997 को टीएन शेषन को 50,631 (5.03 प्रतिशत) के मुकाबले 9,56,290 (94.7 प्रतिशत) मतों से हराया।

1969 के चुनावों में वीवी गिरी ने बहुत नजदीकी अंतर से संजीव रेड्डी को हराया। वीवी गिरी को 50.2 प्रतिशत जबकि संजीव रेड्डी को 48.5 प्रतिशत मत हासिल हुए थे।

सबसे अधिक यात्राएं करने वाले संसद सदस्य

बिहार से राज्यसभा के संसद सदस्य डा. महेन्द्र प्रसाद यादव ने 203 देशों की यात्रा की हैं जिसमें 191 संयुक्त राष्ट्र के सदस्य राष्ट्र तथा अंटार्कटिका सहित 12 अन्य राज्यक्षेत्रों की यात्रा शामिल है। उन्होंने अधिकांश यात्राएं राजनयिक पासपोर्ट पर की।

टिप्पणी: 'देश' से अभिप्राय: सभी स्वतंत्र राज्यों, बसे आश्रित राष्ट्र और विवादास्पद स्वायत्त क्षेत्रों से हैं।

भारत की प्रथम महिला राष्ट्रपति

प्रतिभा पाटिल (जन्म दिसम्बर 19, 1934) ने जुलाई 25, 2007 को भारत के 12वें राष्ट्रपति के रूप में शपथ ली। उन्होंने डा.एपीजे अब्दुल कलाम की जगह भरी। उन्होंने जुलाई 19, 2007 को हुए राष्ट्रपति पद के चुनाव में अपने निकटतम प्रतिद्वंदी भैरोसिंह शेखावत को 3,00,000 मतों के अंतर से हराया। एक वकील रही पाटिल 27 वर्ष की आयु में महाराष्ट्र विधानसभा (1962-85) की सदस्य चुनी गई थी। वह 1986-88 के दौरान राज्यसभा की उपसभापति, 1991-96 के दौरान लोकसभा की सदस्य व 2004-07 में राजस्थान की राज्यपाल रही। उनका जन्म नदगांव, महाराष्ट्र में हुआ और विवाह देवीसिंह रामसिंह शेखावत के साथ हुआ। वह दो बच्चों की मां हैं।

www.presidentofindia.nic पर सितम्बर 12, 2006 को एक ही दिन में 24 लाख हिट उस समय दर्ज की गईं जबकि डा. एपीजे अब्दुल कलाब कार्यालय में थे। इस वेबसाइट पर राष्ट्रपति के संदेश, अभिभाषण, छात्रों और वैज्ञानिकों के साथ चर्चाएं और बाग एवं घटनाओं पर तथा दृष्टिहीनों के लिए विशेष खंड है जहां से वे डा. कलाम की आवाज़ की रिकार्डिंग को डाउनलोड कर सकते हैं।

एक बार का संयोग

भारत में सरकार के शीर्ष स्तर पर पहली बार दो अविवाहित व्यक्ति रहे हैं। जुलाई 25, 2002 को भारत के 25वें राष्ट्रपति चुने गए डा. एपीजे अब्दुल कलाम और अटल बिहारी वाजपेयी अपनी इच्छा से अविवाहित रहे हैं। अब चूंकि राष्ट्रपति अविवाहित थे इसलिए भारत प्रथम महिला से भी वंचित रहा।

2004

प्रधानमंत्री और मंत्रिमंडल

प्रथम प्रधानमंत्री (पीएम)

जवाहर लाल नेहरू (1889-1964) ने सितम्बर

केवल कार्यकारी पीएम

गुलजारी लाल नंदा दो बार कार्यकारी प्रधानमंत्री रहे। पहली बार वह जवाहरलाल नेहरू के निधन के बाद मई 27-जून 9, 1964 तक और दूसरी बार लाल बहादुर शास्त्री के निधन के बाद जून 11-24, 1966 तक कार्यकारी प्रधानमंत्री रहे।

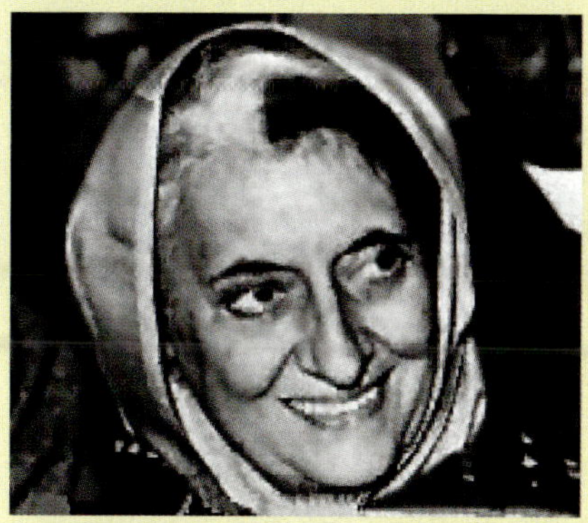

प्रथम महिला प्रधानमंत्री

लाल बहादुर शास्त्री के निधन के उपरांत जनवरी 19, 1966 को इंदिरा गांधी प्रधानमंत्री बनी।

सबसे वृद्ध/ युवा प्रधानमंत्री

मोरारजी रणछोड़जी देसाई (फरवरी 29, 1896-अप्रैल 10, 1995) ने मार्च 24, 1977 को 81 वर्ष की आयु में प्रधानमंत्री पद पर आसीन हुए।

अपनी मां इंदिरा गांधी की हत्या के बाद राजीव गांधी ने 40 वर्ष की आयु में अक्तूबर 31, 1984 को प्रधानमंत्री का पद संभाला।

राष्ट्रपति कार्यकाल

डा. राजेन्द्र प्रसाद*	जनवरी 26, 1950 - मई 13, 1962
डा. एस राधाकृष्णन	मई 13, 1962 - मई 13, 1967
डा. ज़ाकिर हुसैन	मई 13, 1967 - मई 3, 1969
वीवी गिरी	अगस्त 24, 1969 - अगस्त 24, 1974
फखरूद्दीन अली अहमद	अगस्त 24, 1974 - फरवरी 11, 1977
एन संजीव रेड्डी	जुलाई 25, 1977 - जुलाई 25, 1982
ज्ञानी जैल सिंह	जुलाई 25, 1982 - जुलाई 25, 1987
आर. वेंकटरमन	जुलाई 25, 1987 - जुलाई 25, 1992
डा. एसडी शर्मा	जुलाई 25, 1992 - जुलाई 25, 1997
केआर नारायणन	जुलाई 25, 1997 - जुलाई 25, 2002
एपीजे अब्दुल कलाम	जुलाई 25, 2002 - जुलाई 25, 2007
प्रतिभा पाटील	जुलाई 25, 2007 -

**दो कार्यकाल*

स्थानापन्न राष्ट्रपति

वीवी गिरी	मई 3 - जुलाई 20, 1969
जस्टिस एम हिदायतुल्ला	जुलाई 20 - अगस्त 24, 1969
बीडी जत्ती	फरवरी 11 - जुलाई 25, 1977

प्रधानमंत्री

जवाहरलाल नेहरू	अगस्त 15, 1947 - मई 27, 1964
लाल बहादुर शास्त्री	जून 9, 1964 - जनवरी 11, 1966
इंदिरा गांधी	जनवरी 24, 1966 - मार्च 24, 1977
मोरारजी देसाई	मार्च 24, 1977 - जुलाई 28, 1979
चरण सिंह	जुलाई 29, 1979 - जनवरी 14, 1980
इंदिरा गांधी	जनवरी 14, 1980 - अक्तूबर 31, 1984
राजीव गांधी	अक्तूबर 31, 1984 - दिसम्बर 1, 1989
वीपी सिंह	दिसम्बर 2, 1989 - नवम्बर 10, 1990
चंद्रशेखर	नवम्बर 10, 1990 - जून 21, 1991
पीवी नरसिंह राव	जून 21, 1991 - मई 9, 1996
एबी वाजपेयी	मई 16, 1996 - मई 28, 1996
एचडी देवगौड़ा	जून 1, 1996 - अप्रैल 21, 1997
आईके गुजराल	अप्रैल 21, 1997 - नवम्बर 28, 1997
एबी वाजपेयी	मार्च 19, 1998 - अक्तूबर 12, 1999
एबी वाजपेयी	अक्तूबर 13, 1999 - मई 22, 2004
मनमोहन सिंह	मई 22, 2004 -

मंत्रिपरिषदें *(पिछले संस्करण देखें)*

2, 1946 को गठित अन्तरिम सरकार चलाई।

प्रथम बर्खास्त

शेख मोहम्मद अब्दुल्लाह के नेतृत्व वाली जम्मू-कश्मीर सरकार को अगस्त 9, 1953 को बर्खास्त किया गया। उसके बाद से जम्मू-कश्मीर के प्रधानमंत्री के पद को मुख्यमंत्री पद में बदल दिया गया।

सर्वाधिक मतों से प्रधानमंत्री

1984 के उपचुनाव में राजीव गांधी को बहुचर्चित 78.5 प्रतिशत मत मिले (कांग्रेस-आई के लिए 11,52,21,078 मत)।

सबसे बड़ा गठबंधन

1999 में सत्ता में आया प्रधानमंत्री अटल बिहारी वाजपेयी का राष्ट्रीय लोकतांत्रिक गठबंधन (एनडीए) 24 दलों का गठबंधन था।

अल्पसंख्यक समुदाय से प्रथम प्रधानमंत्री

मई 22, 2004 को भारत के 14वें प्रधानमंत्री के रूप में शपथ लेने वाले भारतीय राष्ट्रीय कांग्रेस के डा. मनमोहन सिंह सिख समुदाय के हैं। उनका जन्म अविभाजित भारत के पंजाब (अब पाकिस्तान में) प्रांत में हुआ था।

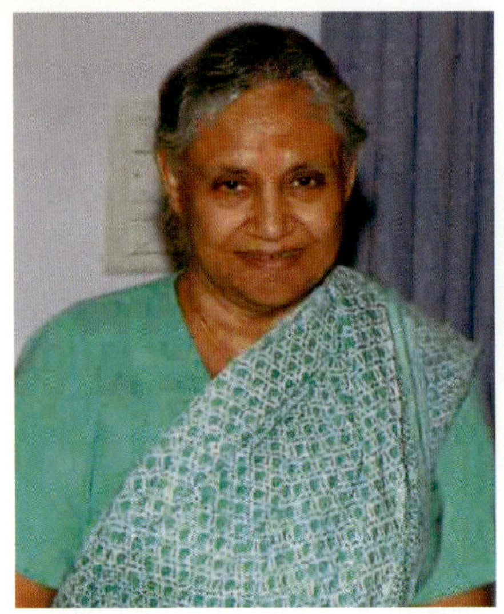

मुख्यमंत्री के रूप में निरंतर पूर्ण कार्यकाल (महिला)

कांग्रेस की शीला दीक्षित (जन्म मार्च 31, 1938) ने 1998 से दिल्ली की मुख्यमंत्री के रूप में अपने दो कार्यकाल पूरे किए हैं। उन्होंने पहले दिसम्बर 3, 1998 को और फिर दिसम्बर 15, 2003 को मुख्यमंत्री पद की शपथ ली थी।

राज्य

पहला 'भाषिक' राज्य

पोट्टी श्रीरामालु ने अलग आन्ध्र प्रदेश राज्य और मद्रास उसकी राजधानी बनाने के लिए अनशन किया था और उनके अनशन के 58वें दिन दिसम्बर 15, 1942 को उनका निधन हो गया। उनके निधन के तीन दिन बाद आन्ध्र प्रदेश अस्तित्व में आया लेकिन नए राज्य की राजधानी के रूप में मद्रास (चेन्नई) की मांग स्वीकार नहीं की गई।

प्रथम विधानसभा

त्रावणकोर के महाराजा श्री मूलम तिरूनल रामवर्मा ने मार्च 1988 में आठ सदस्यों की विधानसभा गठित की जिसकी पहली बैठक अगस्त 23, 1888 को हुई। 1904 में इसे श्री मूलम पीपल्स असेम्बली का नाम दिया गया। राजा चित्रा तिरूनल बलराम वर्मा ने अक्तूबर 28, 1932 को श्री मूलम असेम्बली (ऊपरी सदन) और श्री चित्रा राज्य परिषद् (निचला सदन) के साथ द्विसदन व्यवस्था आरंभ की। बाद में यह केरल विधानसभा बन गई।

प्रथम चुनी कम्युनिस्ट सरकार

विश्व की प्रथम कम्युनिस्ट सरकार केरल में अप्रैल 5, 1957 को मतों के द्वारा सत्ता में पहुंची, जिसे ईएमएस नम्बूदिरीपाद के नेतृत्व में चलाया गया।

विश्व कीर्तिमानः लाल सलाम!

जून 2008 में पश्चिम बंगाल में लेफ्ट फ्रंट ने राज्य में निरंतर शासन के 31 वर्ष पूरे किए और वह लोकतांत्रिक रूप से निर्वाचित सबसे लम्बे समय तक शासन करने वाली विश्व की पहली कम्युनिस्ट सरकार बन गई। वाम सरकार ज्योति बसु के नेतृत्व में जून 21, 1977 को सत्ता में आई थी।

एक दिन के लिए मुख्यमंत्री!

उप्र. राज्य विधानसभा के जगदम्बिका पाल केवल एक दिन के लिए मुख्यमंत्री रहे! पाल ने फरवरी 21, 1998 को प्रातः 10.15 बजे मुख्यमंत्री की शपथ ली। परंतु इसके खिलाफ दायर याचिका पर इलाहबाद उच्च न्यायालय ने फरवरी 23 को पूर्व सरकार को बहाल करने का आदेश दिया।

सर्वाधिक बार मुख्यमंत्री (महिला)

बहुजन समाज पार्टी की नेता मायावती अब तक चार बार उत्तर प्रदेश की मुख्यमंत्री की बन चुकी है। उनके पहले तीन कार्यकाल जून 3, 1995 से अक्तूबर 18, 1996, मार्च 21 से सितम्बर 23, 1997 और मई 3, 2002 से सितम्बर 29, 2003 तक थे जबकि उनका चौथा कार्यकाल मई 13, 2007 को आरंभ हुआ।

सबसे लम्बा मुख्यमंत्री कार्यकाल

ज्योति बसु (जन्म 1914) लगातार 23 वर्षों तक मुख्यमंत्री रहे। उन्होंने जून 20, 1977 से पश्चिम बंगाल में लेफ्ट फ्रंट सरकार का नेतृत्व किया। वह स्वास्थ्य कारणों से नवम्बर 4, 2000 को पद से हट गए।

प्रथम 'निर्दलीय' मुख्यमंत्री
निर्दलीय विधायक मधु कोड़ा ने सितम्बर 18, 2006 को झारखंड के मुख्यमंत्री पद की शपथ ली। हालांकि उन्हें गठबंधन सहयोगी संयुक्त प्रगतिशील गठबंधन (यूपीए) द्वारा समर्थन वापिस लिए जाने के बाद अगस्त 23, 2008 को त्यागपत्र देना पड़ा।

पहले मुख्यमंत्री की हत्या
अगस्त 31, 1995 को चंडीगढ़ सचिवालय के बाहर हुए विस्फोट में पंजाब के मुख्यमंत्री बेअंत सिंह की मृत्यु हो गई थी।

सर्वाधिक लम्बा/ छोटा विधानसभा सत्र
महाराष्ट्र विधानसभा का एक सत्र 17 घंटे 30 मिनट तक चला। यह अप्रैल 19, 1994 को प्रात: 10 बजे आरंभ हुआ और अगले दिन प्रात: 3.30 पर समाप्त हुआ।

राजस्थान विधानसभा का एक सत्र एक मिनट तक ही चला। यह अगस्त 14, 1972 को प्रात: 11.00 बजे शुरू हुआ और प्रात: 11.01 बजे समाप्त हो गया।

सबसे अधिक अस्थिर शासन काल वाला राज्य
पिछले पचास वर्षों में उत्तर प्रदेश के मुख्यमंत्रियों के नाम अपना पांच साल का कार्यकाल पूरा न करने का खराब रिकार्ड रहा है। 1952 में जीबी पंत से लेकर 2003 मुलायम सिंह तक राज्य में मुख्यमंत्रियों के 35 शपथ ग्रहण समारोह हो चुके हैं (इनमें से कुछ का कार्यकाल एक बार से ज़्यादा रहा है) और उनक औसत कार्यकाल डेढ़ वर्ष का रहा है।

हरियाणा में नवम्बर 1989 से और जुलाई 18, 1990 के बीच आठ महीनों में पांच मुख्यमंत्री बने हैं -नवम्बर 1989 में देवीलाल, दिसम्बर 1989 में ओम प्रकाश चौटाला, मई 1990 में बनारसी दास गुप्ता और जुलाई 1990 में ओम प्रकाश चौटाला तथा हुकुम सिंह- मुख्यमंत्री बने।

विपक्ष की प्रथम महिला नेता
अखिल भारतीय अन्ना द्रविड मुनेद्र कड़घम (एआईएडीएमके) की जे जयललिता 1989 में तमिलनाडु विधानसभा में विपक्ष की पहली निर्वाचित महिला नेता बनी।

तीन राज्यों में मंत्री
एक जनप्रतिनिधि के तौर पर भारतीय राष्ट्रीय कांग्रेस के तैयब हुसैन (जन्म अप्रैल 5, 1936- निधन अक्तूबर 7, 2008) के नाम कई उपलब्धियां हैं। वह मार्च 13, 1962 को 25 वर्ष 11 माह और आठ दिन की आयु में पंजाब विधानसभा में सबसे युवा विधायक (एमएलए) तथा मंत्री बने; तीन अलग-अलग राज्यों-पंजाब (1962-66), हरियाणा (1966-67) और राजस्थान (1993-98)-से विधायक निर्वाचित हुए और तीन राज्यों में मंत्री भी बनें। वह 1971-77 और 1980-84 में संसद सदस्य भी रहे हैं।

सबसे बड़ी कैबिनेट (राज्य)
अक्तूबर 27, 1997 को उत्तर प्रदेश के मुख्यमंत्री कल्याण सिंह ने अपने मंत्रीपरिषद का विस्तार किया और उसमें 70 नए सदस्य शामिल किए जिन्हें मिलाकर उनके मंत्रीपरिषद में मंत्रियों की संख्या 93 थी।

2006

प्रथम कम्युनिस्ट विधायक
के अनंतन नाम्बियार 1946 में मद्रास विधानसभा के सदस्य बने।

विश्व कीर्तिमान: सर्वाधिक निरंतर विजय
कांग्रेस के नेता मल्लिकार्जुन (जन्म जुलाई 21, 1942) खाड़गे ने मई 25, 2008 को नौंवी बार लोकसभा का चुनाव जीता। उन्होंने चित्तपुर निर्वाचन क्षेत्र से भाजपा के प्रत्याशी वाल्मिकी नारायण को 17,456 मतों के अंतर से हराया।

1972 से जेवरगी निर्वाचन क्षेत्र का प्रतिनिधित्व करने वाले कर्नाटक के भूतपूर्व मुख्यमंत्री एन धर्मसिंह लगातार आठ बार जीतने के बाद भाजपा के दोडप्पा गौडा से 52 मतों से हार गए।

विश्व कीर्तिमान: सर्वाधिक प्रतिनिधित्व
दिल्ली विधानसभा के स्पीकर कांग्रेस के चौधरी प्रेम सिंह एक ही दल के टिकट पर और एक ही निर्वाचन क्षेत्र से सभी चुनाव जीते हैं। 1958 में दिल्ली नगर निगम के चुनावों से शुरूआत करने वाले प्रेम सिंह पिछले 49 वर्षों से दिल्ली के डा. अम्बेडकर नगर का प्रतिनिधित्व कर रहे हैं। वह नवगठित दिल्ली विधानसभा मे 1993 से विधायक भी हैं।

प्रथम कम्प्यूटरीकृत ग्राम पंचायत
तिरूवनंतपुरम, केरल में वेल्लनादू पंचायत को जनवरी 15, 2003 को पूरी तरह कम्प्यूटरीकृत पंचायत घोषित किया गया।

प्रथम सीएफएल-प्रकाशित ग्राम/ जिला
हरियाणा में दिल्ली-जयपुर राजमार्ग पर स्थित बिनोला गांव के सभी 98 घरों में मई 2008 तक अधिकांश परम्परागत बल्बों की जगह ऊर्जा बचाने वाले फ्लूरोसैन्ट लैम्प (सीएफएल) लगाए गए। ऐसा करने वाला यह पहला गांव है। दक्षिण हरियाणा बिजली वितरण निगम के ऊर्जा बचाओ अभियान ने 40 प्रतिशत बिजली बचाने में सफलता हासिल की और उपभोक्ता भी इससे खुश हैं। और भला हो भी क्यों न, क्योंकि इससे उनके बिजली के बिल में भी तो भारी कमी आई है!

हरियाणा का सिरसा जिला भी 2008 के मध्य तक पूर्ण रूप से सीएफएल से प्रकाशमान हो चुका है। डीएचबीवीएन कर्मचारियों के 100 दलों के घर-घर के अभियान से सिरसा के 1,75,000 घरों में सीएफएल लग चुके हैं। आज जिले में 8,00,000 सीएफएल जगमगा रहे हैं।

सर्वाधिक प्रति व्यक्ति आय
केन्द्रशासित प्रदेश चंडीगढ़ लगातार पांचवी बार प्रति व्यक्ति आय के मामले में देश भर में शीर्ष पर रहा है। वर्तमान मूल्य पर उसकी प्रति व्यक्ति आय 99,262 रूपये और 2006-07 में स्थिर मूल्य पर 70,361 रूपये रही है। क्रमश: 82,903 रूपये और 54,850 रूपये के साथ गोवा दूसरे स्थान पर है। पूरे भारत का आंकड़ा 29,642 रूपये और 22,533 रूपये है *(स्रोत: अर्थशास्त्र एवं सांख्यिकी निदेशालय)*।

प्रथम सम्पूर्ण बैंकिंग राज्य
जून 30, 2007 तक केरल देश का पहला ऐसा राज्य बन गया जिसके प्रत्येक घर में बैंक खाता है जिसका राज्यव्यापी श्रेय राज्य स्तरीय बैंक समितियों (एसएलबीसी) को जाता है। इन समितियों ने निर्धन लोगों को 'शून्य बैलेंस' का विकल्प और संस्थागत ऋण दिया और इन्हें साहूकारों के चंगुलों से बचाया। राज्य सरकार की *कुदुमश्री पावर्टी इरेडीकेशन मिशन* योजना के अंतर्गत 35 बैंकों की 391 शाखाओं और 1,200 इकाईयों में

खाते खोले गए। स्टेट बैंक ऑफ त्रावणकोर (एसबीटी) ने 23,097 नए खातों के साथ बैंकों में सर्वोच्च स्थान पाया। सितम्बर 30, 2006 को जिलों में, पलक्कड़ देश का प्रथम पूर्णत: बैंकिंग वाला जिला बन गया।

एचआईवी पॉजीटिव के लिए प्रथम बार आरक्षण

केरल पहला ऐसा राज्य बना जिसने सरकारी नौकरियों को एचआईवी पॉजीटिव उम्मीदवारों के लिए आरक्षित किया। केरल स्टेट एड्स कंट्रोल सोसायटी ने अगस्त 12, 2008 को एक विज्ञापन जारी कर एचआईवी/ एड्स पीडित लोगों से विशेष तौर पर एचआईवी पॉजीटिव उम्मीदवारों से कोआर्डिनेटर के पद के लिए आवेदन आमंत्रित किए।

प्रथम पंचायत

1912 में पंचायत अधिनियम के तहत गांवों में पंचायतें बनाई गई लेकिन इन्हें 1952 में नए पंचायत अधिनियम को पुनर्जीवित किए जाने तक अधिक सफलता नहीं मिली।

उप-रजिस्ट्रार का सबसे पुराना कार्यालय

कन्नूर केरल में अंचरककंदी उप-रजिस्ट्रार कार्यालय है जिसे 1850 में ईस्ट इंडिया कम्पनी के मर्डोक ब्राउन ने बनवाया था। इसके रॉट आयरन की बनी शैल्फों में 1858 से पीछे तक के भूमि पंजीकरण के सभी रिकॉर्ड रखे हुए हैं।

सर्वाधिक सम्मानित व्यक्ति

स्कापे (अब मेसेडोनिया) में अग्नेस गोनक्सा बोजेक्स्हाइन में जन्म लेने वाली मदर टेरेसा (अगस्त 27, 1910-सितम्बर 5, 1997) को राष्ट्रीय एवं अंतर्राष्ट्रीय 195 पुरस्कारों/ सम्मानों से सम्मानित किया गया जो सभी उन्होंने निर्धन और पीडितों को समर्पित कर दिए। *'द सेंट ऑफ द गटर्स'* के नाम से प्रसिद्ध मदर टेरेसा को कैथोलिक चर्च ने अक्तूबर 19, 2003 को 'ब्लेस्ड' (दिव्य) घोषित किया।

सम्मान

नोबेल पुरस्कार

- रबिन्द्रनाथ टैगोर, साहित्य 1913
- सीवी रमन, भौतिकी 1930
- हरगोबिन्द खुराना, मेडीसन 1968
- मदर टेरेसा, शांति 1979
- एस चन्द्रशेखर, भौतिकी 1983
- अमर्त्य सेन, अर्थशास्त्र 1998
- वीएस नॉयपाल, साहित्य 2001

रमन मेगासेसे पुरस्कार

रॉकफैलर ब्रदर्स फंड, न्यूयार्क ने अप्रैल 1957 में रमन मेगासेसे पुरस्कार की स्थापना की थी। इस पुरस्कार को नोबेल के समकक्ष माना जाता है। यह 6 क्षेत्रों के लिए एशियाई लोगों को दिया जाता है। यह सम्मान पाले वाले को मेडालियन, एक प्रमाणपत्र और 50,000 डालर मिलते हैं।

सरकारी सेवाएं

- 1959 सीडी देशमुख ▪ 1961 रेडन कोदीयत
- 1994 किरण पी बेदी ▪ 1996 टीएन शेषन
- 2003 जेएम लिंगदोह

सार्वजनिक सेवाएं

▪ 1965 जयप्रकाश नारायण ▪ एमएस सुब्बालक्ष्मी ▪ 1982 मनीभाई बी देसाई ▪ 1985 मुरलीधर डी आम्टे ▪ 1989 लक्ष्मी सी जैन ▪ 1993 बनू जे कोयाजी ▪ 1997 एमसी मेहता ▪ 2005 डा.वी शांता

सामुदायिक नेतृत्व

▪ 1958 विनोबा भावे ▪ 1963 दारा एन खुरोदी, वर्गीस कुरीयन, त्रिभुवनदास के पटेल ▪ 1966 कमलादेवी चट्टोपाध्याय ▪ 1971 एमएस स्वामीनाथन ▪ 1977 इला आर भट्ट ▪ 1979 मेबल आर अरोले, रजनीकांत एस अरोल

मेगासेसे 2008 विजेता

महाराष्ट्र के जिला गदछिरोली के हेमालकसा गांव के मादिया गौंड (आदिवासी) के बीच काम करने वाले डा. प्रकाश आम्टे और डा. मंदाकिनी को 2008 में एशिया का नोबेल पुरस्कार कहे जाने वाले प्रतिष्ठित रमन मेगासेसे पुरस्कार से सम्मानित किया गया। प्रकाश गांधीवादी कार्यकर्ता बाबा आम्टे (दिसम्बर 26, 1914 - फरवरी 9, 2008) के पुत्र हैं जिन्हें इसी क्षेत्र के निर्धन कुष्ठ रोगियों के सामाजिक पुनोरूत्थान के लिए 1985 में मेगासेसे पुरस्कार से सम्मानित किया गया था। डा. प्रकाश ने 1972 में डा. मंदाकिनी से विवाह किया था। यह दंपत्ति 1973 से इस गांव में अस्पताल, विद्यालय और हॉस्टल चला रहे हैं। वर्तमान में 50 बिस्तरों वाला अस्पताल, हाई स्कूल और जूनियर कॉलेज निकटवर्ती छत्तीसगढ़ के बस्तर और आन्ध्र प्रदेश के पूर्वी गोदावरी क्षेत्र के 1,000 गांवों की जरूरतों को पूरा कर रहा है। इस दंपत्ति का पुत्र और पुत्रवधू दोनों डाक्टर है और यहां सेवा कर रहे हैं।

बाबा आम्टे के बड़े पुत्र डा. विकास आम्टे और उसकी धर्मपत्नी डा. भारती का जीवन भी सामाजिक कार्य को समर्पित है। वह महारोगी सेवा समिति (लेप्रासी सर्विस सोसाइटी) और जिला चंद्रपुर में वरोदा के निकट बाबा के आनंदवन में हस्पताल तथा अन्य परियोजनाएं चलाते हैं।

आम्टे के परिवार अब तीन मेगासेसे पुरस्कार विजेता है जो कि एक दुर्लभ उपलब्धि है लेकिन सामाजिक कार्यों के प्रति समर्पित यह परिवार सही मायनों में इस उपलब्धि का पात्र है!

- 1981 पीके सेठी ▪ 1982 चांदी पी भट्ट
- 1996 पीएस अठावले ▪ 2000 अरूणा राय
- 2001 राजेन्द्र सिंह ▪ 2003 शांता सिन्हा
- 2008 प्रकाश आम्टे एवं मंदाकिनी आम्टे

पत्रकारिता, साहित्य एवं सर्जनात्मक संप्रेषण कलाएं

- 1961 अमिताभ चौधरी ▪ 1967 सत्यजीत राय
- 1975 बीजी वर्गीस ▪ 1976 शम्भू मित्रा
- 1981 गौर के घोष ▪ 1982 अरूण शौरी
- 1984 आरके लक्ष्मण ▪ 1991 केवी सुब्बना
- 1992 रविशेखर ▪ 1997 महाश्वेता देवी
- 2007 पी साईनाथ

शांति एवं अंतर्राष्ट्रीय सौहार्द

- 1962 मदर टेरेसा ▪ 1964 डब्लूएच फिशर
- 1976 हेनिंग हॉल्क-लार्सन
- 2000 जोकिन अरपुथम
- 2004 लक्ष्मीनारायण रामदास

उदीयमान नेतृत्व

- 2002 संदीप पांडे
- 2006 अरविन्द केजरीवाल

गांधी शांति पुरस्कार

गांधी शांति पुरस्कार की स्थापना महात्मा गांधी की 125वीं जयंती पर 1995 में की गई थी। इस पुरस्कार 1 करोड़ रूपये की राशि, प्रशस्ति और एक सम्मान चिन्ह भेंट किया जाता है। यह पुरस्कार अहिंसा एवं अन्य गांधीवादी उपायों द्वारा सामाजिक, आर्थिक और राजनीतिक परिवर्तन की प्रशस्ति में दिया जाता है।

- 1995 डा. जुलियस के नेयरेरे (तंजानिया)
- 1996 डा. ए टी अरीयरत्ने (श्रीलंका)
- 1997 डा. गेरार्ड फिशर (जर्मनी)
- 1998 द रामकृष्ण मिशन
- 1999 मुरलीधर देवीदास आम्टे (बाबा आम्टे)
- 2000 डा. नेल्सन मंडेला (दक्षिण अफ्रीका) एवं द ग्रामीण बैंक ऑफ बंगलादेश
- 2001 जॉन ह्यूम (आयरलैंड)
- 2002 भारतीय विद्या भवन
- 2003 वेक्लव हावेल (चैक गणराज्य)
- 2004 कॉरेटा स्कॉट किंग, धर्मपत्नी मार्टिन लूथर किंग, जूनियर एवं उल्लेखनीय मानवाधिकार नेता
- 2005 डेसमंड मेपिलो टुटू (चित्र), दक्षिण अफ्रीकी आर्कबिशप और कार्यकर्त्ता, रंगभेद विरोधी

कानूनी तथ्य

उच्चतम न्यायालय एवं उच्च न्यायालय

उच्चतम न्यायालय की प्रथम महिला न्यायाधीश

मीरा साहिब फातिमा बीवी को अक्तूबर 1989 में उच्चतम न्यायालय की न्यायाधीश नियुक्त किया गया। वह अमेरिका की सांद्रा डे ओ' कोनोर के बाद इस पद पर नियुक्त की जाने वाली दूसरी महिला हैं।

सर्वप्रथम मामलों की ई-फाइलिंग

आप *http://tempweb97.nic.in/sc-efiling/login.jsp* पर लॉग ऑन करके घर बैठे आराम से वकील के बिना ही मामला दायर कर सकता है। उच्चतम न्यायालय ने अक्तूबर 2, 2006 को देश की प्रथम ई-फाइलिंग सुविधा आरंभ की जिसका इस्तेमाल आम आदमी और पंजीकृत एडवोकेट भी कर सकते हैं। एक बार पंजीकृत होने और नामांकित हो जाने के बाद प्रयोक्ता आसानी से इलेक्ट्रॉनिकली मामला दायर कर सकते हैं। इसमें पहले से दाखिल ई-केस में बदलाव (न्यायालय फीस अदा किए जाने तक) करने और अधिक सहयोग के लिए 'मदद' का विकल्प भी है।

कैमरे में सर्वप्रथम उच्चतम न्यायालय में लोक अदालत

भारत के सर्वोच्च न्यायालय में लोक अदालत के सत्र हुए और मई 3, 2008 को उच्चतम न्यायालय की अदालत सं.2 में पहली बार आसीन न्यायाधीशों ने उसका संचालन किया तथा इसकी वीडियोग्राफी भी की गई (सामान्य तौर पर अदालत कक्ष के 100 मीटर के भीतर कैमरा लाने की अनुमति नहीं होती है)। मुख्य न्यायमूर्ति केजी बालकृष्णन और न्यायाधीश अशोक भान, अरिजीत पसायत तथा आफताब आलम अपने परंपरागत काले परिधानों में नहीं आए और वादियों के समीप बैठे तथा टीवी कैमरे और कैमरामैन के सामने व्यवस्था पर चर्चा की।

सर्वाधिक बार बढ़ाई गई जांच

दिसम्बर 6, 1992 को अयोध्या, उत्तर प्रदेश में गिराए गए 16वीं सदी के बाबरी मस्जिद ढांचे तथा उसके बाद हुए साम्प्रदायिक दंगो की जांच के लिए दिसम्बर 16, 1992 को जस्टिस एमएस लिब्रहान आयोग बनाया गया था। इस आयोग की

सबसे लम्बी मुकदमेबाजी

जी हनुमंथा रेड्डी, आईएएस (67) ने 44 वर्षों तक सरकार के एक आदेश के विरूद्ध सबसे लम्बी कानूनी लड़ाई लड़ी। उसने अपनी सेवानिवृत्ति के सात वर्षों के बाद मामला जीता। उसने अप्रैल 12, 1945 और जनवरी 20, 1990 के बीच न्यायालय से 24 बार मदद मांगी।

1992

प्रथम दलित भारत के मुख्य न्यायमूर्ति

न्यायाधीश कोनाकुप्पकटिल गोपीनाथन (जन्म मई 12, 1945) जनवरी 14, 2007 को भारत के मुख्य न्यायमूर्ति नियुक्त किए गए। उन्होंने 1968 में केरल बार कांउसिल में वकील के रूप में अपना कैरियर आरंभ किया, 1973 में वह मुसिफ बने लेकिन उन्होंने प्रैक्टिस करने के लिए बाद में यह पद छोड़ दिया। सितम्बर 26, 1985 को वह केरल उच्च न्यायालय के न्यायाधीश बनाए गए और नवम्बर 24, 1997 को गुजरात उच्च न्यायालय में स्थानांतरित कर दिए गए। उन्हें जुलाई 16, 1998 को गुजरात उच्च न्यायालय के मुख्य न्यायाधीश बनाया गया और सितम्बर 9, 1999 को चेन्नई उच्च न्यायालय का मुख्य न्यायाधीश नियुक्त किया गया। उन्हें जून 8, 2000 को उच्चतम न्यायालय के न्यायाधीश के रूप में उन्नति मिली।

उनका जन्म कोट्टायम में थलायोलापेरम्बु के एक दलित परिवार में हुआ था और उन्हें स्कूल जाने के लिए प्रतिदिन 5 किमी. पैदल चलना पड़ता था। लेकिन वह अपने अथक परिश्रम और समर्पण से इस ऊंचाई तक पहुंचे। उनके प्रसिद्ध फैसलों में जनता को हड़ताल के लिए बाध्य करने वाले राजनीतिक दलों के विरूद्ध था।

एमएलए, मंत्री और उच्चतम न्यायालय के न्यायाधीश

जुलाई 17, 1973 को उच्चतम न्यायालय का न्यायाधीश (सेवानिवृत्त नवम्बर 14, 1980) नियुक्त किए जाने से पूर्व न्यायमूर्ति वीआर कृष्णअय्यर (जन्म 1915) को 1952 में मद्रास विधानसभा के सदस्य निर्वाचित हुए थे और 1957-59 में नवगठित केरल राज्य के विधि, गृह, सिंचाई और ऊर्जा मंत्री बने। वह 1968 में केरल उच्च न्यायालय के न्यायाधीश और 1971-73 में विधि आयोग के सदस्य बने।

कार्यावधि अब तक 46 बार बढ़ाई जा चुकी है! पूर्व प्रधानमंत्री पीवी नरसिंह राव द्वारा नियुक्त इस एक सदस्यी आयोग की वास्तविक अवधि तीन माह थी। इसका कार्यकाल 46वीं बार जुलाई 1, 2008 से सितम्बर 30, 2008 तक तीन माह के लिए बढ़ाया गया।

केन्द्रीय गृह मंत्रालय के अनुसार इस लम्बी जांच पर जुलाई 2008 तक 7 करोड़ रूपए खर्च हो चुके थे।

उच्च न्यायालय के सर्वप्रथम न्यायाधीश

कोलकात्ता मूल निवासी शम्भूनाथ पंडित फरवरी 2, 1863 को कोलकात्ता में न्यायाधीश नियुक्त किया गया। उनका कार्यकाल 1867 तक था।

प्रथम महिला मुख्य न्यायाधीश (उच्च न्यायालय)

दिल्ली उच्च न्यायालय की कार्यकारी न्यायाधीश जस्टिस लीला सेठ को अगस्त 5, 1991 को हिमाचल प्रदेश की मुख्य न्यायाधीश बनाया गया और वह 1993 को सेवानिवृत्त हुई।

सबसे युवा न्यायाधीश

प्रशांत बिहारी मुखर्जी को (जन्म जुलाई 30, 1910) को 38 वर्ष की आयु में दिसम्बर 24, 1948 को कोलकात्ता उच्च न्यायालय को न्यायाधीश नियुक्त किया गया था। वह 24 वर्ष सात माह तक उच्च न्यायालय में रहे।

मुख्य न्यायाधीश का सबसे छोटा कार्यकाल

दिल्ली उच्च न्यायालय के न्यायाधीश राजेन्द्रनाथ अग्रवाल अगस्त 16-21, 1987 तक अपने पद पर रहे।

कभी न समाप्त होने वाला रहस्य

नेताजी सुभाष चन्द्र बोस के 63 साल पहले गायब होने का रहस्य देश का सबसे लम्बा चलने वाला राजनीतिक विवाद है। लोगों का विश्वास इस बात पर नहीं था कि नेताजी का निधन अगस्त 18, 1945 को ताइपे के ऊपर हुए एक विमान दुर्घटना में हुआ था जिसके चलते सरकार सत्य का सामने लाने के लिए एक के बाद एक तीन जांच आयोग बिठाए:

- शाह नवाज़ आयोग (अप्रैल 1956-जुलाई 1956) का निष्कर्ष था कि नेताजी का निधन 1945 में ताइपे पर हुई विमान दुर्घटना में हुआ है।
- जस्टिस जीडी खोसला आयोग (जुलाई 1970-जून 1974) भी विमान दुर्घटना के निष्कर्ष से सहमत थे।
- परंतु जस्टिस मनोज कुमार मुखर्जी आयोग (1999-2005) का यह मानना था कि 'विमान हादसा' नेताजी के पूर्व सोवियत संघ में भाग निकलने की आड़ मात्र थी। यह रहस्य अभी भी बना हुआ है!

प्रथम चल (मोबाइल) न्यायालय

न्यायिक प्रणाली को दूर-दराज के और पिछड़े इलाकों में सुलभ कराने के लिए अगस्त 4, 2007 को हरियाणा के मेवाड जिले में एक चल न्यायालय का उद्घाटन किया गया। एक बस में बनाया गया यह न्यायालय पूर्व निर्धारित कार्यक्रम के अनुसार एक स्थान से दूसरे स्थान पर जाता है। यह न्यायालय सप्ताह में चार दिन चार विभिन्न स्थानों पर बैठता है लेकिन नियमित न्यायालय के तौर पर दो दिन काम करता है।

प्रथम सांध्यकालीन न्यायालय

32 लाख लंबित पड़े पुराने मामलों के बोझ को कम करने के लिए गुजरात सरकार ने वर्तमान स्टाफ को अतिरिक्त वेतन देकर दो घंटे सांध्यकालीन अदालतें लगाने का प्रयोग आरंभ किया। इन अदालतों में आठ प्रकार के छोटे मामलों की सुनवाई होती है। इन अदालतों की शुरूआत अहमदाबाद से की गई और पूरे राज्य में 67 अदालतें स्थापित की गई। इन अदालतों अपने पहले ही वर्ष मे 1.16 लाख मामलों का निपटारा किया।

एक ही न्यायालय में जीते गए सर्वाधिक मामले

रायचूर, कर्नाटक के वकील वी श्रीपाद के नाम वकालत के क्षेत्र में एक अनूठी उपलब्धि है। उन्होंने दो वर्ष के भीतर एक ही न्यायालय में एक सी कार्यवाही के लिए एक ही कंपनी के खिलाफ दायर 146 मामले जीते है। वह वीआईएनआईवी-आईएनसी बेंगलौर द्वारा किए गए कई करोड़ रूपये के जमा घोटाले के शिकार लोगों द्वारा दायर सभी 146 याचिकाओं के लिए लड़े। इन लोगों ने रायचूर की जिला उपभोक्ता विवाद निपटान अदालत में फरवरी 28, 2006 और फरवरी 29, 2008 के बीच अलग-अलग तारीखों में मामले दायर किए और फैसला प्रत्यर्थी के विरूद्ध हुआ जिसमें उसे ब्याज और क्षतिपूर्ति के साथ राशि लौटाने के निर्देश दिए गए।

अजन्मे का उपभोक्ता अधिकार

महाराष्ट्र उपभोक्ता न्यायालय की तीन सदस्यों की पीठ ने नवम्बर 6, 2006 को सात माह के उस भ्रूण को बीमा दावे का अधिकारी माना जो यवतमाल-नागपुर मार्ग पर एक कार दुर्घटना में अपने माता-पिता और दादा के साथ मर गया था। न्यायालय ने फैसले में कहा कि बीमा दावे के लिहाज से भ्रूण का भी अस्तित्व है। इससे पहले बीमा कंपनी ने अजन्मे शिशु की बीमा राशि देने से इंकार कर दिया था।

न्याय के लिए प्रतिबद्ध लडाई

चेरथल्ला, केरल के दैनिक मजदूर इलाथूवेल्लिल थैंकप्पन को जब यह बताया गया कि उसके 21 वर्ष के पुत्र ने अक्तूबर 17, 1988 को पुलिस हिरासत में आत्महत्या कर ली है तो उसने इस पर यकीन नहीं किया और न्याय मिलने तक संघर्ष करने की ठान ली। उसने अपने पुत्र का संस्कार नहीं किया और उसके शव को फॉर्मलीन से भरे कंक्रीट के एक विशेष टैंक में संरक्षित किया। क्राइम ब्रांच और सीबीआई ने भी अपनी जांच में पुलिस की 'आत्महत्या' की कहानी की पुष्टि की लेकिन थैंकप्पन ने उम्मीद नहीं छोड़ी। उसने

1999 में उच्च न्यायालय में अपील की और मामले के सभी पहलूओं की नई सिरे से जांच के आदेश दिए गए। तब जाकर उसने 11 वर्षों बाद अगस्त 31, 1999 को अपने पुत्र का अंतिम संस्कार किया।

कानूनी प्रक्रिया ने अपना समय लिया और जून 2008 में दोषी पाए गए दो पुलिस अधिकारियों को एक वर्ष की कड़ी कैद की सजा सुनाई गई। आखिरकार न्याय के लिए 20 वर्ष लम्बी लड़ाई की जीत हुई लेकिन पिता का 2005 में निधन हो गया!

लिखने की सजा

रजिस्टर के 25 पन्नों के दोनों ओर यह लिखें कि महिला को छेड़े जाने पर उसे कैसा लगता है और किसी को महिला को छेड़ना क्यों गलत हैं। यह वो अनोखी सजा है जो जून 9, 2008 को दिल्ली न्यायालय के मेट्रोपोलिटन मजिस्ट्रेट ने एक पुलिस कांस्टेबल के 21 वर्ष के लड़के को दी जिसे 2007 में चलती बस में एक महिला को छेड़ने के आरोप में पेश किया गया था। न्यायालय ने उसे महिलाओं को छेड़ने के कानून और दंड पर 500 पर्चे बनाने और उन्हें पुलिस निगरानी में सार्वजनिक स्थानों पर बांटने के लिए भी कहा।

कानून पर सर्वाधिक पुस्तकें

हैदराबाद, आंध्र प्रदेश उच्च न्यायाल के जस्टिस पेमासनी शंकर नारायण (जन्म जुलाई 13, 1948) ने 1993 से 2007 के बीच कानून के विभिन्न विषयों पर 84 पुस्तकें लिखी हैं। उन्होंने 90 पृष्ठ की *आन्ध्र प्रदेश रेवन्यू रिकवरी* से लेकर तीन अंको में 4,641 पृष्ठों की *पुलिस लॉ इन आन्ध्र प्रदेश* साइज़ तक की किताबें लिखी हैं। उनकी अधिकांश पुस्तकों के कई संस्करण निकले हैं, उनकी 2007 में प्रकाशित *पुलिस लॉ इन आन्ध्र प्रदेश* किताब का नौंवा सस्करण चल रहा है। उनके प्रकाशकों में एशिया लॉ हाउस (28 पुस्तकें), गोगिया लॉ एजेंसी (27), आन्ध्र लॉ टाइम्स (25), कर्नाटक लॉ जरनल (3) और मद्रास जरनल (1) शामिल है।

सबसे बड़ी विधि कंपनी

2006 में विधि कंपनियों फॉक्स मंडल और लिटिल एण्ड कं. के विलय से बनी फॉक्स मंडल लिटिल (एफएमएल) भारत के 11 शहरों-बेंगलौर, भुवनेश्वर, चंडीगढ़, चेन्नई, हैदराबाद, कोच्चि, कोलकात्ता, मुम्बई, नोएडा, नई दिल्ली और पुणे - के साथ लंदन (यूके) और ढाका (बंगलादेश) में कार्यरत हैं। इस कंपनी में 400 वकील और 250 अर्द्धविधिक (पैरा-लीगल) स्टाफ है। इस कंपनी को 2008 इंटरनेशनल लीगल एलायंस सम्मिट एण्ड अवार्ड द्वारा सर्वश्रेष्ठ राष्ट्रीय विधि कंपनी का पुरस्कार मिला था। 1896 में बनाई गई फॉक्स मंडल पहली भारत-ब्रिटिश भागीदारी थी जबकि 1856 में स्थापित लिटिल एण्ड कम्पनी देश की सबसे पुरानी विधि कम्पनी थी।

प्रथम नोटरी दंपत्ति

नोटरी दंपत्ति एडवोकेट अरविंद नरेन्द्र पाटिल, 83 और उनकी पत्नी सुमति पाटिल, 80, ने 54 वर्ष पहले एक ही दिन बेलगांव, कर्नाटक में अपनी प्रैक्टिस आरंभ की थी और उनकी विवाहित पुत्री एडवोकेट त्रिशला किशोर गरगाते 53 भी एक नोटरी हैं।

नियम एवं कानून

विश्व कीर्तिमान: सबसे बड़ा पुलिस बल

70 जिलों में फैली उत्तर प्रदेश पुलिस में 1.70 लाख कार्मिक, 31 सशस्त्र बटालियन और कई विशेषज्ञ विंग हैं। उत्तर प्रदेश पुलिस 16,60 करोड़ लोगों की सेवा में सेवारत हैं और 2,36,286 वर्ग कि.मी क्षेत्र में काम कर रही है।

भारत में 'ग्लोबल स्टेशन'

राजस्थान मे जयपुर के निकट मानसरोवर में शिप्रापथ पुलिस स्टेशन को आपराधिक न्याय में सुधारों के लिए काम करने वाले हेग एटलस ग्लोब एलांयस ने 2007 में विश्व का सर्वश्रेष्ठ स्टेशन चुना। यह संगठन विश्व के अन्य गैर सरकारी संगठनों और शैक्षणिक केन्द्रों के साथ मिलकर काम करता है। इस पुलिस स्टेशन के 54 पुलिस कर्मचारियों में से कोई भी किसी प्रकार का उपहार अथवा रिश्वत नहीं लेता, शराब नहीं पीता, धूम्रपान नहीं करता अथवा तम्बाकू नहीं खाता है। ये न केवल स्टेशन की साज-सफाई का विशेष ध्यान रखते हैं बल्कि हर एक व्यक्ति को सम्मान देते हैं।

अक्तूबर-नवम्बर 2006 में एजीए ने 23 देशों के 471 पुलिस स्टेशनों में 'पुलिस स्टेशन आगंतुक

मुम्बई पुलिस के सर्वप्रथम

1661: पुर्तगालियों द्वारा पहली पुलिस आउटपोस्ट
1673: भायखला में प्रथम पुलिस स्टेशन
1779: प्रथम पुलिस प्रमुख-जेम्स टॉड
1812: प्रथम पुलिस अधिनियम (मई 20 को)
1864: प्रथम भारतीय पुलिस अधिकारी
1864: प्रथम यातायात पुलिस
1942: प्रथम महिला पुलिस कांस्टेबल- पंचम बाला
1947: प्रथम भारतीय पुलिस प्रमुख- जेएस भरूच- अगस्त 15 को
1947: प्रथम महिला पुलिस सब-इंस्पेक्टर- शांति परवानी कानून एवं व्यवस्था

THE HINDU

सप्ताह' आयोजित किया था जिस के दौरान करीबन 2000 लोगों ने प्रत्येक स्टेशन में सेवाओं की गुणवत्ता का आकलन किया। केवल भारत से ही 105 पुलिस स्टेशनों ने इसमें भाग लिया।

प्रथम एसएमएस हेल्पलाइन

मुम्बई पुलिस ने अगस्त 15, 2007 को मूक एवं बधिरों के लिए विशेष एसएमएस सेवा आरंभ की ताकि वह अपनी शिकायतें एसएमएस कर सके। एक बार ऐसी शिकायत मिलने पर निर्धारित केन्द्र का अधिकारी निकटवर्ती पुलिस स्टेशन अथवा वायरलैस वैन पर संपर्क करता है और सहायता भेजता है। वह शिकायत करने वाले को यह अवगत कराने के लिए एसएमएस भी करता है कि उस तक सहायता पहुंच रही है। इस 24 घंटे की सेवा का नम्बर 9320200100 है।

हैल्मेट शक्ल का पुलिस बूथ

अहमदाबाद, गुजरात में रेमण्ड शॉप ने 2006 में हेल्मेट की शक्ल का पुलिस बूथ बनाया और भेंट कर दिया। शहर के सीजी रोड पर इस बूथ को हेल्मेट सर्किल के नाम से जाना जाता है।

सबसे बड़ा सामुदायिक पुलिस कार्य कार्यक्रम

शहर के विशालकाय और मुश्किल पहुंच वाले स्लम क्षेत्र में पुलिस निगरानी के कठिन काम को पूरा करने के लिए मुम्बई पुलिस ने जून 11, 2004 को झोपड़पट्टी पुलिस पंचायत (जैडपीपी) या फिर कहें कि स्लम स्व-शासित निकाय के रूप में एक अभिनव योजना आरंभ की (मुम्बई की कुल आबादी का 60 प्रतिशत हिस्सा स्लम में रहता है)। 15 जैडपीपी के साथ शुरू की गई इस योजना में जुलाई 2008 तक 350 जैडपीपी आ चुके हैं। इस योजना में स्थानीय झोपड़पट्टी निवासी अपने क्षेत्रों की पोलिसिंग करते है। नेशनल स्लम डीलर फेडरेशन और महिला मिलन जैसे एनजीओ भी इसमें शामिल हैं। झोपड़पट्टी पुलिस सहायक अथवा निवासियों की 10 सदस्यों की प्रत्येक समिति में 7 महिलाएं और दो पुरूष होते हैं जो पुलिस के निकट सहयोग से अपने क्षेत्र की कानून एवं व्यवस्था का ध्यान रखते हैं। पुलिस पंचायत स्थानीय विवादों को हिंसा में तब्दील होने से रोकने में विशेष तौर पर काम आती है।

पहला आधिकारिक पुलिस ब्लॉग

कर्नाटक के दक्षिण कन्नड जिले का पुलिस विभाग 2005 से *www.spdk.blogspot.com* पर अपराध से जुड़ी खबरें दे रहा है। यह ब्लॉग मुख्यत: सारे स्थानीय मीडिया को आधिकारिक जानकारी देने के लिए आरंभ किया गया था। पुलिस निरीक्षक दयानंड बनिक आईपीएस के नेतृत्व में एक टीम दैनिक रूप से इस ब्लॉग की जानकारी को अद्यतन करती है। इस ब्लॉग पर अपराध की स्थिति पर बुलेटिन, रजिस्टर की गई एफआईआर, अप्राकृतिक मौतों और गुमशुदा व्यक्तियों की जानकारी अंग्रेजी और कन्नड दोनों में होती है।

सबसे बड़ा महिला पुलिस बल

तमिलनाडु पुलिस में विभिन्न पदों पर उप निरीक्षक, इंस्पेक्टर, सब-इंसपेक्टर, हैड कांस्टेबल और कांस्टेबल के रूप में 7,682 से अधिक महिला पुलिस कार्मिक हैं। इसके बाद महाराष्ट्र आता है जिसमें 7,283 महिला पुलिस कार्मिक हैं।

तमिलनाडु/मद्रास पुलिस के सर्वप्रथम

1947: प्रथम भारतीय गुप्तचर ब्यूरो निदेशक - टी जी संजीवी
1951: प्रथम डॉग स्कवैड
1971: प्रथम पुलिस कम्पयूटर विंग
1986: प्रथम अखिल महिला अर्धसैनिक बटालियन
1994: प्रथम तटीय सुरक्षा समूह
2003: प्रथम महिला कमांडो बल
2003: प्रथम अखिल महिला पुलिस बटालियन

विश्व कीर्तिमान: प्रथम महिला यूएन पुलिस इकाई

भारत की अखिल महिला पुलिस इकाई 30 जनवरी 2007 को लीबिया में संयुक्त राष्ट्र के एक मिशन का हिस्सा बनी। केन्द्रीय रिजर्व पुलिस बल के इस अंग का नेतृत्व सीमा धुंधिया ने किया। संयुक्त राष्ट्र के इतिहास में यह पहला महिला शांतिरक्षक दल था जिसमें 103 महिलाओं ने सैन्य और पुरूषों ने कार्ययोजना संबंधी कार्य किए।

प्रथम जुड़वां महिला सिपाही

नागपुर की एक सी दिखने वाली जुड़वां बहनों रोहिणी और मोहिनी विजय (जन्म मई 13, 1983) ने 2005 में नासिक में महाराष्ट्र पुलिस अकादमी में प्रवेश लिया और 2007 में उत्तीर्ण होकर निकली। इन बहनों के पिता इंस्पेक्टर हैं और दोनों अंग्रेजी साहित्य में स्नातक हैं। ये हमशक्ल पुणे के निकट बूंद गार्डन पुलिस स्टेशन में सब इंस्पेक्टर के पद पर तैनात है।

सर्वाधिक सभी-महिला पुलिस स्टेशन

थाउसंड लाइट चेन्नई में 1992 में महिला इंस्पेक्टर के नेतृत्व में सभी-महिला पुलिस स्टेशन (एडब्लूपीएस) खोला गया और तमिलनाडु पुलिस ने राज्य के सभी जिलों में 196 एडब्ल्यूपीएस खोले।

महिला ब्लैक कैट

ब्लैक कैट के नाम से जाने जाने वाले राष्ट्रीय सुरक्षा गार्ड (एनएसजी) ने पहली बार अक्तूबर 2005 में केन्द्रीय रिजर्व पुलिस बल से ली गई 12 महिलाओं की एक यूनिट बनाई। इन महिला कमांडो ने मानेसर, हरियाणा में एनएसजी केन्द्र में अपना कड़ा प्रशिक्षण पूरा किया।

सर्वाधिक बम निष्क्रिय करने वाला

गुजरात के बम निरोधक दस्ते का प्रमुख राकेश यादव, 37, 1995 से 13 वर्षों के सेवाकाल में 300 बमों को निष्क्रिय कर चुका हैं। उसका अब तक सबसे चुनौतीपूर्ण बचाव अभियान 1998 का था जिसमें अहमदाबाद के निकट सिनेमा हाल में फलैशिंग लाईट के साथ एक जिंदा बम पाया गया था। राकेश ने बम सूट पहन कर बम को कम्बल में लपेटा और उसे अपने सीने पर रखकर सिनेमा हॉल से बाहर लाया।

हत्या का दोषी प्रथम आईपीएस अधिकारी

2002 से निलंबित हरियाणा पुलिस के भूतपूर्व इंसपेक्टर जनरल रविकांत शर्मा को दिल्ली की फास्ट ट्रैक अदालत ने मार्च 18, 2008 को पत्रकार शिवानी भटनागर की सनसनीखेजपूर्ण

सब-इंसपेक्टरों का सर्वाधिक योग्यता प्राप्त दल

केरल पुलिस की थिरूसर पुलिस अकादमी से मार्च 22, 2008 को पास होकर निकले सब-इंस्पेक्टरों के 26वें दल में 243 कैडिट थे। यह सबसे अधिक योग्यता प्राप्त सब-इंस्पेक्टरों का दल था जिसमें 2 एम फिल, 4 एमबीए, 4 एमसीए, 4 नेट पास, 3 बी.टेक, 6 दोहरे स्नातकोत्तर, 75 स्नातकोत्तर, 1 एलएलएम, 14 एलएलबी, 30 बीएड और 120 स्नातक थे। इस पद के लिए योग्यता स्नातक है। 2004 से आरंभ हुई यह अकादमी 6,994 मूल प्रशिक्षुओं और 15,695 अल्पकालीन प्रशिक्षुओं के लिए 225 प्रशिक्षण पाठ्यक्रम संचालित कर चुकी है।

सर्वाधिक योग्यता प्राप्त महिला बल

केरल पुलिस की महिला अधिकारी देश में सर्वाधिक योग्यता प्राप्त है। इसमें मार्च 2008 तक 150 दोहरी स्नातकोत्तर, 450 स्नातकोत्तर, 5 एम फिल, 37 एलएलबी और 1,197 स्नातक थी। 42,149 की संख्या वाले केरल पुलिस बल में 10 प्रतिशत से अधिक महिलाएं हैं।

महिला पुलिस का सबसे बड़ा दल

अगस्त 14, 2002 को थिरूसर पुलिस अकादमी, केरल से 490 महिला कांस्टेबल कैडेटों का दल उत्तीर्ण होकर निकला।

बधिरों के लिए पहला पुलिस स्टेशन

इंदौर के तुकोगंज में मध्य प्रदेश मूक बधिर पुलिस सहायता केन्द्र एक विशेष पुलिस स्टेशन है। यह पुलिस स्टेशन मध्य प्रदेश पुलिस ने मूक बधिरों के लिए काम करने वाली संस्था आनंद सर्विस सोसायटी के साथ मिलकर सितम्बर 7, 2002 को खोला था।

उपयोगी वाहनों के सबसे बड़े निर्माता

महेन्द्रा एण्ड महेन्द्रा लिमिटेड को अक्तूबर 2, 1945 को महिन्द्रा एण्ड मोहम्मद के नाम से स्थापित किया गया था और 1948 में इसका नाम बदला गया। आटोमोटिव और कृषि क्षेत्र के उपकरण बनाने वाली यह कम्पनी 6.7 बिलियन डॉलर के महिन्द्रा समूह की है। इस कम्पनी ने 1954 में अमेरिका की विली कंपनी के लिए उपयोगी वाहनों की असेम्बलिंग करने वाले फ्रैंचाइज़ी के रूप में काम शुरू किया था। महेन्द्रा एण्ड महेन्द्रा ने पिछले वर्षों में ग्रामीण और शहरी ग्राहकों तथा सशस्त्र सेनाओं के लिए उपयोगी वाहनों (यूवी) की व्यापक श्रेणी विकसित की है। आज यह कम्पनी यूरोप, अफ्रीका, दक्षिण अमेरिका, दक्षिण एशिया और मध्य पूर्व के कई देशों को अपने उत्पादों का निर्यात कर रही है। प्रत्येक माह महेन्द्रा के 7,000 से अधिक पिक-अप/ तिपहिया वाहनों की बिक्री होती है। विश्व के शीर्ष ट्रैक्टर ब्रांडों में महेन्द्रा एण्ड महेन्द्रा एकमात्र भारतीय कम्पनी है।

2002: महेन्द्रा एण्ड महेन्द्रा प्रथम स्वदेश में निर्मित खेल उपयोगी वाहन (यूवी) स्कॉरपियो लाए।

2007: महेन्द्रा की पिकअप भारत में 80 प्रतिशत ग्राहकों की पसंद बन चुकी है।

2008: महेन्द्रा की बॉलेरो पहला ऐसा एमयूवी ब्रांड बना जिसके एक ही वर्ष (2007-08) में 50,000 वाहन बिके।

2008: महेन्द्रा एण्ड महेन्द्रा ने 31 जुलाई को बॉलेरो पिक-अप फ्लैटबेड सीएनजी निकाली जोकि देश का पहला सीएनजी वाला बड़ा पिक-अप मॉडल (1-1.5 टन) है।

भारतीय बिल्ली जैगुआर!

टाटा मोटर्स ने मार्च 26, 2008 को ब्रिटेन के दो बड़े ऑटोमोबाइल ब्रांडो, जैगुआर और लैंड रोवर को 1.15 बिलियन पाउंड (+2.3 बिलियन) में खरीदा। 231 मील प्रति घंटा की गति से चलने वाली जैगुआर 1990 के शुरूआत में विश्व की सबसे तेज़ चलने वाली कार थी जबकि मजबूत लैंडरोवर को 45 डिग्री तक की ढ़ाल और 50 डिग्री तक के कोण पर भी संभाला जा सकता है।

सर्वाधिक बहुब्रांड कार कम्पनी

फर्स्ट चॉयस (पहले ऑटोमार्ट इंडिया) विभिन्न ब्रांडों की इस्तेमाल की गई कारों की सबसे बड़ी कम्पनी है। यह कम्पनी महेन्द्रा एण्ड महेन्द्रा लि. द्वारा एचडीएफसी और मुम्बई के साह एण्ड संघी के साथ मिल कर आरंभ की गई थी। यह कम्पनी ग्राहकों को इस्तेमाल की गई कारों की बड़ी श्रेणी उपलब्ध कराती है। यह कम्पनी देश भर के 50 शहरों में फैले अपने 80 शोरूमों द्वारा गुणवत्ता की दृष्टि से प्रमाणित इस्तेमाल कारों की बिक्री करती है। इस कम्पनी ने अपना पहला आउटलेट अगस्त 2, 2007 को गोरेगांव, मुम्बई में खोला।

सबसे बड़े कार निर्यातक

देश के दूसरे सबसे बड़े यात्री कार निर्माता हुंडई मोटर इंडिया लि. (एचएमआईएल) ने मार्च 27, 2008 को अपने चेन्नई संयंत्र से आई10 मॉडल की शक्ल में अपनी 5,00,000वीं निर्यात कार निकाली। 1999 में नेपाल को 20 कारों से शुरूआत करने वाली एचएमआईएल ने नौ वर्ष से भी कम समय में सबसे तेज़ी से यह उपलब्धि हासिल की। अब यह कम्पनी 90 देशों को निर्यात करती है।

सबसे लम्बी कार

होटल हॉलीडे इन क्राउन प्लाज़ा, नई दिल्ली 6.71मी. (22 फुट) लम्बी कैडील लिमोआइज़ीन कार के मालिक हैं। एक लिटर में 3 कि.मी. चलने वाली इस कार में रंगीन टेलीविज़न, वीडियो प्लेयर, फ्रिज, बार वगैरह है।

1994

एचएमआईएल की 30 अलग-अलग किस्म की यात्री कारें पूरे बाज़ार में हैं। हुंडई की आई10 ने अक्तूबर 2007 में भारत से ग्लोबल बाज़ार में कदम रखा और इसे अग्रणी ऑटामोटिव पत्रिकाओं और टीवी चैनलों ने 'वर्ष 2008 की सर्वश्रेष्ठ कार' का खिताब दिया जबकि सितम्बर 1999 में बाज़ार में आई हुंडई सांतरो को 2008 में सर्वाधिक विश्वसनीय कॉम्पैक्ट कार चुना गया। सांतरो 70 से भी अधिक देशों में निर्यात की जाती है।

प्रयुक्त कारों का सबसे बड़ा डीलर नेटवर्क

मारूति सुज़ूकी का इस्तेमाल कारों का डीलर नेटवर्क मारूति ट्रू वेल्यू की शुरूआत 2001 में हुई थी। इसके 152 शहरों में 233 आउटलेट और अगस्त 2008 तक इसके 1,30,000 ग्राहक थे। ट्रू वेल्यू में प्रत्येक प्रयुक्त कार 120 प्वांइट वाली गुणवत्ता जांच से होकर गुज़रती है और तब जाकर इसे मारूति द्वारा गुणवत्ता प्रमाण मिलता है। कम्पनी एक साल तक की वारंटी तथा तीन नि:शुल्क जांच भी प्रदान करती है।

बिना ड्राइवर का ऑटो

यदि आप केरल में थिरूसर के आस-पास हों और आपको बिना ड्राइवर का एक सुसज्जित ऑटोरिक्शा दिख जाए तो घबराइएगा मत या फिर उसे फिर भूत मत समझ लीजिएगा! यह थिरूसर के एन रागेश द्वारा तैयार किया गया रिमोट नियंत्रित तिपहिया हो सकता है। एक यांत्रिक इंजीनियर रागेश ने इस वाहन पर पांच सालों तक काम किया है। इसमें सेन्ट्रल लॉकिंग प्रणाली और तीन चरण वाला सुरक्षा अलार्म भी लगा हुआ है। यदि आप इसे हाथ देकर रोकेंगे तो यह आपके पास आकर रूकेगा और आपको सवारी करने के लिए ले जाएगा। इस ड्राइवर रहित ऑटो में अंतर है तो केवल इतना ही है कि यह थोड़ी दूरी तक यात्रियों को ले जा सकता है। लेकिन इसमें टेलीविज़न, डीवीडी प्लेयर और आगे-पीछे होने वाली सीटें लगी हैं और यह काफी आलीशान सवारी है।

एक बार में ईंधन द्वारा तय सर्वाधिक दूरी

राजेन्द्र सिंह और उसके भाई लाल सिंह ने एक बारगी भरे गए 185 लीटर ईंधन से 49 घंटे में 2,605 किमी. की यात्रा की। वे बजाज टेम्पो ट्रैक्स पर जून 17, 1991 को उदयपुर से निकले और जून 19, 1991 को उदयपुर लौटे। उन्होंने 14.5 किमी. प्रति लीटर की औसत से 178.6 लीटर ईंधन का प्रयोग किया।

1994

विश्व कीर्तिमान: सबसे बड़ी इलेक्ट्रिक कार रैली

रेवा इलेक्ट्रिक कार्स कं प्रा लि. ने मार्च 2, 2008 को बेंगलौर में 'मिशन ज़ीरो CO_2-सेव बेंगलौर' रैली का आयोजन किया। यह रैली ग्लोबल वार्मिंग और पर्यावरण प्रदूषण के प्रति जागरूकता फैलाने के लिए हरित अभियान था। 125 रेवा कारों का बेडा सुबह 11.15 बजे कब्बन पार्क से रवाना हुआ और हर एक कार में दो व्यक्ति (और किसी-किसी में एक बच्चा) थे। यह रैली शहर की 20 किमी. की दूरी तय करके दोपहर 1.15 बजे उसी जगह पर लौटी।

प्रथम हाईब्रिड कार

जापानी ऑटो निर्माता होंडा मोटर्स कं. ने *जून 18, 2008* को दिल्ली में होंडा सिविक हाईब्रिड निकाली। हाईब्रिड कार पेट्रोल इंजिन पर चलती है जिसके साथ बैटरी चालित इलेक्ट्रिक मोटर होती है। पेट्रोल इंजिन आकार में छोटा होता है लेकिन यह परंपरागत इंजिन से बेहतर होता है और उसके मुकाबले 50 प्रतिशत कम ईंधन की खपत और कम उत्सर्जन करता है। इस आयातित कार की कीमत 21.50 लाख रूपए (एक्स-शोरूम दिल्ली) है।

मेड-इन-इंडिया पोपमोबाइल

पोप द्वारा इस्तेमाल किया जाने वाले आधिकारिक वाहन के दो देसी संस्करण पोपमोबाइल जून 2008 को पोप बेंडिक्ट XVI को वेटिकन में भेंट किए गए। सफेद रंग के इन तिपहियों पर पोप का धर्म चिह्न लगा हुआ है और इसे महाराष्ट्र के बारामती में पियागो के संयंत्र में पियागो के ऐप कलासिनो बेस पर बनाया गया है।

सबसे बड़ी सवारी कार कम्पनी

मारूति सुज़ूकी इंडिया लि. (1981 में सार्वजनिक क्षेत्र में मारूति उद्योग लि. के रूप में स्थापित) देश की 50 प्रतिशत घरेलू यात्री कार बनाती है। अपनी शुरूआत के बाद से मारूति 70 लाख कारों का उत्पादन और बिक्री कर चुकी है जिसमें 5,00,000 कारों का निर्यात भी शामिल है। इसने 2007-08 में देश में 7,11,818 कारें बेचीं और 53,024 कारें निर्यात की। कम्पनी व्यापक श्रेणी की कारें बनाती है जिसमें आरंभिक मारूति 800 और ऑल्टो से लेकर खास तरह की कारें स्विफ्ट, वैगन आर, एस्टीलो और सीडान डिज़ायर, एसएक्स4 और खेल उपयोगी वाहन ग्रैंड वितारा तक आती हैं। 2000 में शुरू की गई ऑल्टो ने 2008 में 1 मिलियन का आंकड़ा पार किया। कम्पनी ने 2007-08 में 17,860 करोड़ रूपये का टर्नओवर दर्ज किया जो कि पिछले वर्ष से 20 प्रतिशत अधिक है।

मारूति का कार्यतंत्र बहुत बड़ा है जिसके 393 शहरों में 600 बिक्री आउटलेट, 1220 शहरों में 2,628 कार्यशालाएं हैं और मार्च 2008 तक 7,090 कर्मचारी थे। मारूति ने 2000 में काल सेन्टर शुरू किया और वह ऐसा करने वाली वह पहली कार कंपनी थी।

प्रथम सर्वमहिला ऑटो स्टैंड

केरल के श्रीक्काकारा में एक दर्जन महिला ऑटो रिक्शा ड्राइवरों द्वारा ऑटो स्टैंड चलाया जाता है। यह स्टैंड महिलाओं के लिए अपने ही गांवों में अवसर पैदा करने की नीति का एक हिस्सा है और इस नई शुरूआत के पीछे जिला परिषद् और एक स्वावलंबी महिला समूह कुडूम्बसिरी है।

प्रथम बैटरी चालित मोटरबाइक

जेनएक्सट पॉवर इंडिया लि. द्वारा निकाली गई इलेक्ट्रिक मोटरसाइकिल एवरा की अधिकतम गति 40 किमी. प्रति घंटा है और यह एक ही चार्ज में 40 किमी. तक चल सकती है। जेनएक्सटी एण्ड मिंटेज कंसलटेन्ट प्रा लि द्वारा तैयार की गई इस मोटरबाइक के डिजाइन को भारतीय और अंतर्राष्ट्रीय पेटेंट प्राप्त है।

हरित बाइक की सबसे बड़ी श्रेणी

न ईंधन न प्रदूषण! एवेरा ऑटो इंडिया प्रा लि ने जुलाई 2, 2008 को बैटरी चालित 10 श्रेणी की मोटरसाइकिलें और साइकिल रिक्शा निकाला। इनकी कीमत 16,000 से 48,000 रूपये के बीच में है। देश में निर्मित यह मोटरसाइकिलें एक अचार्ज में अधिकतम 25 किमी. प्रति घंटे की गति से 80 से 200 किमी. तक चल सकती हैं। केवल 10 पैसे/ किमी. पर यह बहुत किफायती भी है! जुलाई 2, 2008 को मयंक भसीन इसके पहले ग्राहक बने।

'जनसाधारण' की बाइक
जनसाधारण की बाइक कही जाने वाली रॉक100 को जेन्टिल समूह कम्पनी के ग्लोबल ऑटोमोबाइल ने नवम्बर 7, 2007 को राष्ट्रीय रूप से उतारा। 100सीसी की यह बाइक कीमत में सबसे कम 19,990 रूपये की है और सर्वाधिक 115 किमी. प्रति घंटा की माइलेज देती है। रॉक100 में 4-स्ट्रोक का इंजिन, इलेक्ट्रॉनिक सेल्फ स्टार्ट, टेकोमीटर, गियर इंडीकेटर और बहुत कुछ है।

चुम्बकीय स्कूटर
और अब एक ऐसा स्कूटर जो चुम्बकीय शक्ति चलता है! कोई शोर नहीं, कोई प्रदूषण नहीं, रिचार्जिंग की आवश्यकता नहीं! 'सेवेन्थ' नाम का यह स्कूटर आपके बिल में सही बैठता है। केरल के थिरूसर जिले में चेलक्करा के 27 वर्षीय नवीन सी द्वारा मई 2007 में तैयार किया गया यह स्कूटर 45 किमी. प्रति घंटे की रफ्तार से चलता है। नवीन सी को एक पुराने बजाज चेतक बेस पर अपने सपनों का स्कूटर बनाने में सात वर्षों का समय लगा। इस स्कूटर का इंजिन एक साधारण बैटरी से स्टार्ट हो जाता है और बाकी काम इसमें लगी चुम्बकीय यांत्रिक प्रणाली करती है जिसके बारे में नवीन का मानना है कि इसमें थोड़े से बदलावों के साथ किसी भी वाहन में प्रयुक्त किया जा सकता है।

इस्पात की बैलगाड़ी
सार्वजनिक क्षेत्र की कम्पनी विशाखापत्तनम स्टील प्लांट ने आंध्र प्रदेश के ग्रामीण क्षेत्रों में वितरित करने के लिए जनवरी 2007 में इस्पात की बैलगाड़ी बनाई। यह लकड़ी की परम्परागत बैलगाड़ी की अपेक्षा अधिक टिकाऊ और उपयोग में आसान है। इस बैलगाड़ी की कीमत लगभग 15,000 रूपये है।

सबसे बड़ी सामान वाहक और संभार-तंत्र सेवा प्रदाता
1997 में शुरू हुई सेफएक्सप्रेस के 3,200 वाहन 1,000 तयशुदा मार्गों पर चलते हैं और देश भर में 3,200 गंतव्यों तक जाते हैं। कम्पनी 2 घनफुट के सेफबॉक्स की शक्ल में अनूठी पैकेजिंग भी देती है जो सामान और बीमागत परिवहन जैसी व्यापार की भिन्न गंतव्य जरूरतों को पूरा करते हैं। सेफएक्सप्रेस पहली ऐसा मालवाहक कम्पनी है जो 'टू-पे फ्रेट' सेवाएं और जीपीएस आधारित सॉल्यूशन के माध्यम से बेड़े के वास्तविक समय की ऑनलाइन जानकारी देती है।

हीरो गाथा
हीरो होंडा मोटर्स लि. (एचएचएमएल) वार्षिक बिक्री के लिहाज से लगातार सात वर्षों अर्थात् 2001 से विश्व की नम्बर एक दुपहिया उत्पादक कम्पनी बनी हुई है। भारत का 55 प्रतिशत मोटरसाइकिल बाज़ार इस कम्पनी के पास है।

भारत के हीरो समूह और होंडा मोटर कम्पनी का संयुक्त उद्यम एचएचएमएल 1984 में अस्तित्व में आई थी और इसने अगले ही वर्ष अपनी पहली मोटरबाइक सीडी100 निकाली। अब तक भारतीय सड़कों पर दो करोड़ दुपहिया उतार चुकी यह कम्पनी 2008-09 में अपनी रजत जयंती मना रही है। नई दिल्ली की इस कम्पनी के धारूहेड़ा, गुड़गांव (दोनों हरियाणा) और उत्तराखंड हरिद्वार (अप्रैल 2008 में आरंभ) में तीन अत्याधुनिक संयंत्र हैं जिनकी उत्पादन क्षमता 44 लाख इकाई प्रतिवर्ष है। करिज़्मा, हंक, सीबीजैड एक्सट्रीम, एचीवर, सुपर स्पलैंडर, ग्लैमर एफ1, स्पलैंडर प्लस, स्पलैंडर एनएक्सजी, स्पलैंडर एनएक्सजी पॉवर स्टार्ट, पैशन प्लस, पैशन प्रो पॉवर स्टार्ट, सीडी डीलक्स और सीडी डॉन के अतिरिक्त प्लेजर स्कूटर हीरो होंडा के कुछ सफल मॉडल हैं।

उपलब्धियां
द विश्व का सबसे ज़्यादा बिकने वाला टू-व्हीलर ब्रांड - 2000 से हीरो होंडा स्पलैंडर (1994 में प्रारंभ)।
- देश में फोर-स्ट्रोक तक्नॉलोजी लाने वाली - 2005 में सीडी 100 डीलक्स।
- जून 26, 2006 को ग्लैमर एफ1 निकालने के साथ मोटरसाइकिलों में सर्वप्रथम ईंधन इंजेक्शन तक्नॉलोजी की शुरूआत।
- जनवरी 20, 2006 को शकूरपुर दिल्ली में महिलाओं के लिए सर्वप्रथम विशेष बाइक शोरूम जस्ट4हर खोला।
- 3,000 से अधिक ग्राहकों से जोड़ने वाला विशाल बिक्री और सेवा नेटवर्क।
- हीरो होंडा पासपोर्ट कार्यक्रम के 30 लाख से भी ज़्यादा सदस्य हैं जोकि विश्व का सबसे बड़ा ग्राहक संग कार्यक्रम है।

खेलों का एक हीरो
हीरो देश में खेलों विशेषकर क्रिकेट को भी बढ़ावा देता आ रहा है। इसका खेलों का दो दशकों से भी ज़्यादा पुराना नाता है। यह डीएलएफ की इंडियन प्रीमियर लीग की ट्वेंटी20 प्रतियोगिता के साझेदारों में से एक हैं और दिल्ली डेयरडेविल्स टीम के प्रायोजक भी है। वीरेन्द्र सहवाग, गौतम गंभीर, सुरेश रैना, मनोज तिवारी व ईशांत शर्मा जैसे क्रिकेट खिलाड़ी कंपनी के ब्रांड अम्बेसडर हैं। इससे पहले हीरो होंडा विश्व कप और चैम्पियन्स ट्राफी सहित सभी एकदिवसीय प्रतियोगिताओं हेतु अंतर्राष्ट्रीय क्रिकेट परिषद् (आईसीसी) के वैश्विक साझेदारों में से एक थी।

कम्पनी हर साल हीरो होंडा इंडियन ओपन गोल्फ प्रतियोगिता का आयोजन भी करती है। श्रेष्ठ निशानेबाज और ओलम्पिक पदक विजेता राज्यवर्धन सिंह राठौर कम्पनी के ब्रांड अम्बेसडरों में से एक है।

प्रथम सुपर स्पोर्ट्स बाइक

जून 12, 2008 को निकाली गई यामहा वाईजैडएफ आर15 लिक्विड कूल इंजिन वाली भारत में निर्मित पहली सुपर स्पोर्ट्स मोटरसाइकिल है। इस 4स्ट्रोक वाली मोटरसाइकिल में एक सिलिंडर 150सीसी का इंजिन है और इसका आयाम 1,995 x 670 x 1,070 मिमी तथा वजन 120 से 130 किग्रा. है। यामहा आरडी 350 के बाद यह छः गियर वाली देश की दूसरी मोटरसाइकिल है। इसकी कीमत (एक्स-शोरूम दिल्ली) 97,500 रूपये है।

विश्व कीर्तिमानः सबसे सस्ती पार्किंग (शहर)

लंदन की परामर्शदाता कॉलियर इंटरनेशनल द्वारा जुलाई 2008 में किए गए विश्व सर्वेक्षण के अनुसार कार पार्किंग में दिल्ली विश्व का सबसे सस्ता शहर है। दिल्ली में एक दिन की कार पार्किंग एक पाउंड (लगभग 86 रूपये) से भी कम बैठती है। इस मामले में लंदन 34 पाउंड प्रतिदिन के साथ सबसे महंगा है इसके बाद एमर्स्टडम, वेस्ट एण्ड, मॉस्को और द हेग का स्थान आता है।

हॉर्न निषिद्ध दिवस!

मुम्बई यातायात पुलिस ने अप्रैल 7, 2008 को विश्व स्वास्थ्य दिवस को 'हॉर्न निषिद्ध दिवस' घोषित किया। कुल मिलाकर यह हॉर्न निषिध अभियान सफल रहा जिसमें शहर के 15 लाख वाहन चालकों को पहले से जागरूक करने के लिए विभिन्न तरीकों का इस्तेमाल किया गया। यद्यपि उस दिन नियम को तोड़ने के लिए 6,195 लोगों पर जुर्माना भी लगाया गया।

ऑटोडिजाइनिंग

विश्व कीर्तिमानः सबसे बड़े ऑटामोटिव डिजाइनर

दिलीप छाबड़िया द्वारा 1993 में बनाई गई डीसी डिजाइन प्रा लि., मुम्बई ग्राहकों की जरूरत के

विश्व कीर्तिमानः निर्विरोध हीरो

1956 में स्थापित हीरो साइकिल लि. (एचसीएल) 1975 में देश की सबसे बड़ी साइकिल निर्माता कम्पनी बन गई। 1986 में यह विश्व में शीर्ष स्थान पर पहुंच गई। एचसीएल प्रतिदिन 18,500 साइकिलें बनाती है। यह हर साल 48 लाख साइकिलें बेचती है और देश के 48 प्रतिशत साइकिल बाज़ार पर इसका कब्ज़ा है। कम्पनी इनमें भी सबसे आगे रही है :

1989: रेंजर साइकिल, पहली पर्वतीय साइकिल
1991: किड, बच्चों के लिए पहली ब्रांडेड साइकिल
1992: इम्पैक्ट, पहली सिटीबाइक
1995: एलेग्रो, पहली एक्सरबाइक
2000: पॉवरबाइक, पहली पूर्णतः आटोमेटिड साइकिल
2003: सुपर स्टार्टर श्रृंखला
2004: सुपर स्मार्ट श्रृंखला

हीरो ई-बाइक

हीरो साइकिल ने यूके की अल्ट्रा मोटर कम्पनी (यूएमसी) के साथ मिलकर जनवरी 4, 2007 को हीरो इलेक्ट्रिक के ब्रांड नाम से इलेक्ट्रिक बाइक और स्कूटरों की सात श्रेणियां निकाली। ई-बाइकों फ्लैश, ईज़ी, हाई मोटो और डैश की कीमत 15,000 से 20,000 रूपये के बीच जबकि ई-स्कूटरों एडवांटा, एक्स्ट्रा और मैक्सी की कीमत 24,000 से 28,000 रूपये के बीच थी। इनकी अधिकतम गति 25 किमी. प्रतिघंटा और प्रति रिचार्ज औसत माइलेज 40 से 50 किमी. थी।

हिसाब से कारों की पुन: डिजाइनिंग करती है। डीसी ने ऑटोमोबाइल की विशिष्ट प्रकार की 550 आदिप्रारूप बनाए हैं जोकि विश्व में किसी व्यक्ति द्वारा सर्वाधिक हैं। उन्होंने सबसे पहले 1993 में मारूति जिप्सी को परम्परागत तौर पर डिजाइन किया था।

जलस्थल कार

यह कोरी कल्पना नहीं है कि एक कार पानी और सड़क दोनों पर चलती है। केरल, तिरूवनंतपुरम में रसलपुरम के एक मैकेनिक पीएस विनोद (28) ने 2007 में एक ऐसा ही वाहन तैयार किया। यह जलस्थल कार मारूति 800 बेस पर बनी है जिसमें जल और स्थल के लिए अलग-अलग इंजिन है तथा इसके टायरों के ऊपर तैरने वाला ढांचा है।

अपनी कार डिजाइन करें और खरीदें

टोयोटा किर्लोस्कर मोटर ने नवम्बर 2007 में नई दिल्ली विभिन्न स्थानों पर अपनी तरह का पहला कार्यक्रम 'अपनी इनोवा डिजाइन करें' आयोजित किया जिसमें भाग लेने वाले दिए गए छ: विकल्पों में से (बाहरी रूप के लिए) विकल्प चुनकर अपनी इनोवा को बदल सकते थे और अंतिम फैसला लेने से पहले कम्प्यूटर पर उसे देख सकते थे।

हस्तमुक्त वाहन

स्काईलाइन इंस्टीट्यूट ऑफ इंजीनियरिंग एण्ड टेक्नॉलोजी, ग्रेटर नोएडा, उ.प्र. के इंजीनियरिंग के पांच छात्रों के एक दल ने विकलांगों के लिए पूरी तरह पैर से चलने वाले चार-पहिया डिजाइन और विकसित किया। इस हस्तमुक्त वाहन में सभी चीजें दहन, इंडीकेटर, हॉर्न, हैडलाइट, ब्रेकिंग और गति नियंत्रण हैं जो पैरों से चालित होते हैं। इसमें 100 सीसी, 7.9 बीएचपी का काइनेटिक होंडा इंजिन लगा है जिसमें स्वचालित गियरबॉक्स हैं और अतिरिक्त स्थायित्व देने के लिए इसकी चेसिस में परिवर्तन किए गए हैं।

बहुमुखी ऑटो डिजानइर

सुधा कार, हैदराबाद के के. सुधाकर ने विभिन्न आकारों और संकल्पनाओं वाले विभिन्न ऑटोवाहनों जैसे विंटेज कार, बसों और वैकी कारों को डिजाइन किया है और उनके संग्रह को विश्व में अपनी तरह के पहले संग्रहालय सुधा कार संग्रहालय में संजोकर रखा गया है। उन्होंने अलग-अलग तरह के 200 वाहन डिजाइन किए हैं।

उनके कार्यों में साइकिलों के 34 आदिप्रारूप शामिल हैं जिसमें एक सीटर से लेकर बहुसीटर तक आते हैं। उन्होंने देश में सबसे छोटी साइकिल बनाई है जिसकी ऊंचाई केवल 15 से.मी. है (6 इंच) व विश्व की सबसे लम्बी ट्राईसाइकिल बनाई है जिसकी लम्बाई 13 मी. (13 इंच) है जिसके पहियों का व्यास 5.18 मी. (17 फुट) है और वजन लगभग 3 टन है। उन्होंने मोटरसाइकिल के 12 मॉडल बनाए हैं जिसमें 33 सेमी. (13 इंच) ऊंची बाइक शामिल है जोकि 33 किमी. प्रतिघंटे की रफ्तार से चल सकती है। उन्होंने तिपहिया, ईजीराइडर, स्क्रैम्बल, गो पैड व बहुत से ऐसे वाहन बनाए हैं। उन्होंने पलंग, कम्प्यूटर, कैमरा, सूटकेस, टेनिस बॉल, गोल्फ बॉल, क्रिकेट बॉल, फुटबॉल, बास्केटबॉल वगैरह के आकार की 32 वैकी कार भी डिजाइन की है।

वर्तमान में वह महिला श्रृंखला आभूषण ट्रेन, हैंडबैग कार, लिपस्टिक बाइक और महिलाओं के जूते और बच्चों तथा पशुओं की श्रृंखला पर काम कर रहे हैं।

नोबल ने कई अन्य उपयोगी अविष्कार भी किए हैं जिसमें मिनी तिपहिया टिप्पर, तिपहिया कार, शून्य घुमावदार व्यास कार, एक सीट का वायुयान और एक हाईब्रिड बाइक शामिल हैं।

एकपहिया मोटरसाइकिल

जहां 'पहिए' हों वहां रास्ता भी निकल आता है। केरल, तिरूवनंतपुरम में वजूथाकौड के एक इंजीनियर जी भासी (27) ने एक पहिए वाली मोटरसाइकिल डिजाइन की जिसमें 98 सीसी, 2स्ट्रोक वाला इंजिन और पेट्रोल टैंक है। इसमें चालक 60 इंच व्यास के एक ठोस टायर में बने एक भीतरी फ्रेम में बैठता है। यह इंजिन और सीट विन्यास के नोदन के संयोजन से चलती है। 85 किग्रा. की इस बाइक में सेल्फ और किक स्टार्ट बाइक का विकल्प है और यह 60 से 70 किमी. प्रतिघंटे की गति से चल सकती है। इस बाइक को शरीर की गति से मोड़ा जा सकता है। नोबल का कहना है कि उन्हें यह बाइक चलाते हुए ऐसा लगता है कि जैसे वह हवाई जहाज़ उड़ा रहा है। उन्हें यह बाइक बनाने में आठ महीने का समय लगा और लगभग 25,000 रूपये का खर्च आया।

यात्रियों को सवारी करवाई जो कि एक ही दिन किसी भी शहर से एक एयरलाइन द्वारा सर्वाधिक है।

व्यस्ततम वायुमार्ग

प्रतिदिन 53 उड़ानों के साथ दिल्ली-मुम्बई वायुमार्ग 2007-08 में व्यस्ततम वायुमार्ग पर रहा। यह विश्व का छठा सबसे व्यस्त मार्ग है।

प्रथम एयरलाइन

1932 में जेआरडी टाटा ने टाटा एयरलाइन की स्थापना की जिसका पहला नागरिक विमान उन्होंने उड़ाया। इस एयरलाइन में एक पूस मोठ और एक लियोपर्ड वायुयान, एक खजूर का शेड, एक पूर्णकालिक पायलट जिसके सहायक टाटा और विंटसेट थे और एक अंशकालिक इंजीनियर तथा दो रख-रखाव मैकेनिक थे। 1946 में यह सार्वजनिक हुई और एयर इंडिया लि. बनी तथा जेआरडी टाटा इसके पहले अध्यक्ष थे। इसमें दूसरा परिवर्तन 1953 में किया गया जब इसे सार्वजनिक निगम बनाया गया और यह आज की एयर इंडिया बनी।

सबसे बड़ी घरेलू एयरलाइन

मई 5, 1993 को स्थापित जेट एयरवेज़ (इंडिया) प्रा लि. 63 गंतव्यों के लिए प्रतिदिन घरेलू और विदेशी 357 उड़ानें, अगस्त 2008 तक संचालित करता है। यह देश की सबसे बड़ी निजी एयरलाइन है जिसकी बाज़ार में 43 प्रतिशत हिस्सेदारी है। कम्पनी का 13 विदेशी एयरलाइनों के साथ व्यवसायिक करार भी है। अप्रैल 20, 2007 को जेट एयरवेज़ ने एयर सहारा का अधिग्रहण किया जिसका नाम बदल कर जेटलाइट रखा गया। जेटलाइट में 28 वायुयान हैं जो 34 गंतव्यों के लिए उड़ान भरते हैं।

सबसे नवीनतम बेड़ा: जेटलाइट के बेड़े में अगस्त 2008 को 85 वायुयान हैं जिसमें 10 बोइंग 777-300ईआर, 10 30-200 एयरबस, 54 क्लासिक और अगली श्रेणी के बोइंग 737-400/700/800/900 और 11 आधुनिक एटीआर 72-500 टर्बोप्रॉप विमान है। इसके बेड़े की औसत आयु 4.45 वर्ष है।

तीन बार भाग्यशाली!

इंडियन एयरलाइन में फ्लाइट पर्सर देवेन्द्र कुमार मेहता के नाम तीन बार अपहरित होने का नाम विश्व कीर्तिमान है। वह भारत की घरेलू एयरलाइन के अपहरित हुए तीन विमानों में थे और उनके साथ 1982 में पहली बार में ऐसा हुआ था। वह 1965 में क्रैश लैंड हुए विमान में भी थे।

1993

राष्ट्रीय वायुसेवा

एयर इंडिया पूर्ण रूप से देश के स्वामित्व वाली एयरलाइन है जिसका वर्तमान प्रशासन 2007 में बनी नेशनल ऐविएशन कं. ऑफ इंडिया लि. के हाथों में हैं जिसने एआई का इंडियन के साथ विलय किया। इसके बेड़े में 93 विमान और 12 दूसरी अंतर्राष्ट्रीय एयरलाइनों के साथ कोड-शेयर करार है और विश्व के 130 से अधिक गंतव्यों को जोड़ती है।

भारत में प्रथम ए-380!

विश्व का सबसे बड़ा वायुयान एयरबस ए-380 पहली बार भारत की धरती पर मई 6, 2007 को आईजीआई हवाई अड्डे, दिल्ली पर उतरा। मई 8, 2007 को देश में दिल्ली से मुम्बई तक पहली उड़ान (प्रचार हेतु) में 175 चुनिंदा यात्री थे। यह डबल-डेक जम्बो जनवरी 18, 2005 को फ्रांस में आरंभ हुआ था इसकी परम्परागत बिजनेस और इकॉनामी स्वरूप वाली श्रेणी में 520 यात्री बैठ सकते हैं और पूरे इकॉनामी स्वरूप में 850 तक यात्री बैठ सकते हैं। इस विमान के पंखों का फैलाव 262 फुट और इसकी पूंछ सात मंजिला भवन जितनी लम्बी है! किंगफिशर एयरलाइन ने ए-380 के लिए सबसे पहला ऑर्डर दिया था जिसमें प्रत्येक विमान की कीमत 1,200 करोड़ रूपये है।

सर्वाधिक ऊंचाई पर उड़ान भरने वाला हेलीकॉप्टर

पवन हंस में 7,700 घंटों की उड़ान भरने वाले नोएडा, उप्र. के विंग कमांडर (सेवानिवृत्त) अनिल किशोर ने बैल 407 में 463 उड़ानें भरीं। उन्होंने यह उड़ानें जून 22 से जुलाई 24 के दौरान 2006 के सत्र में जम्मू-कश्मीर में सोनमर्ग के निकट बालटाल (समुद्र तल से 2,895 ऊपर) से अमरनाथ की पवित्र गुफा तक 2,000 तीर्थयात्रियों को ले जाने के लिए भरी। उन्होंने एक दिन में औसतन 28 लैंडिंग की!

सबसे बड़ा विमान परिचारिका प्रशिक्षण संस्थान

फ्रेंकफिन एवीएशन सर्विसिज़ प्रा लि. का मुम्बई के एक अंग फ्रेंकफिन इंस्टीट्यूट ऑफ एयर हॉस्टेज़ ट्रेनिंग के देश के 95 शहरों में 100 प्रशिक्षण केन्द्र हैं। देश की दूसरी ऐसी अकादमियां मिलकर भी इतनी विमान परिचारिकाएं/ उड़ान स्टुअर्ट नहीं निकालते जितना यह संस्थान अकेले निकालता है! यह पहला ऐसा संस्थान भी है जो जेट एयरवेज़ के सहयोग से अपने छात्रों को उड़ानों के परिवेश से परिचित होने का प्रमाणपत्र प्रदान करता है।

केबिन कर्मीदल बनने के इच्छुकों हेतु लिए फ्रेंकफिन *एवीएशन टाइम्स* नामक अपनी तरह की प्रथम मासिक पत्रिका भी निकालता है।

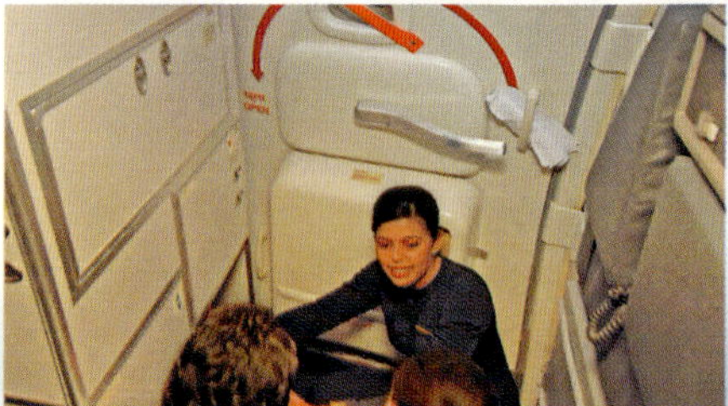

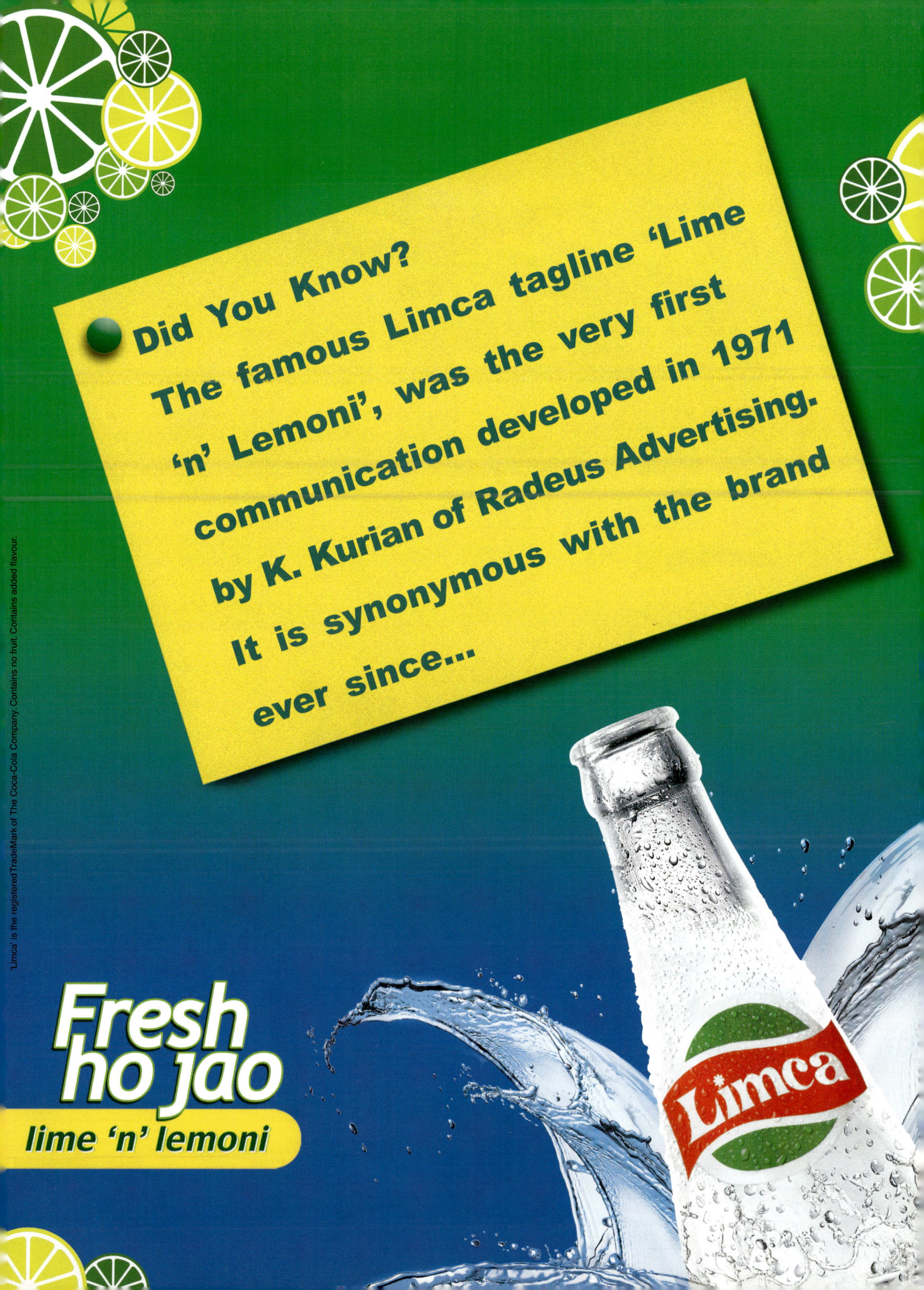
Did You Know?
The famous Limca tagline 'Lime 'n' Lemoni', was the very first communication developed in 1971 by K. Kurian of Radeus Advertising. It is synonymous with the brand ever since...
'Limca' is the registered TradeMark of The Coca-Cola Company. Contains no fruit. Contains added flavour.
Fresh ho jao
lime 'n' lemoni
Limca

प्रथम बिना तड़क-भड़क वाली सस्ती एयरलाइन

बेंगलौर की डेक्कन एवीएशन प्रा लि. (डीएपीएल) द्वारा प्रोन्नत एयर डेक्कन ने अगस्त 25, 2003 को एचएएल एयरपोर्ट, बेंगलौर से अपल व्यवसायिक सेवाएं आरंभ की। एयर डेक्कन को कई चीजे़ शुरू करने का श्रेय जाता है-

- पहली पूर्णकालिक कॉल सेन्टर
- वायुयान की पहली भीतरी और बाहरी ब्रांडिंग
- सेवा क्षेत्र में सबसे बड़ी ई-कॉम वेबसाइट जिस पर प्रतिदिन एक करोड़ से अधिक का ट्रांसेक्शन होता है (इसके बाद 50 लाख प्रतिदिन के साथ भारतीय रेलवे का स्थान है)।
- प्रथम इनफ्लाइट टीवी मनोरंजन
- ट्रेवल एजेंटों के लिए प्रथम सह-ब्रांडित क्रेडिट कार्ड-एयर डेक्कन-आईसीआईसीआई।

सबसे युवा व्यवसायिक पायलट

मुम्बई की बविका भारती को मई 24, 2007 को 18 साल और 21 दिन की आयु में व्यवसायिक पायलट लाइसेंस मिला (सीपीएल सं.5272)। एक असाधारण संयोग से उसकी मां जूडिथ जसलिन भारती को भी उसी वर्ष मई 4, 2007 को सीपीएल (सं.5217) मिला। इन दोनों ने यश एयर लि. से इकट्ठे प्रशिक्षण लिया।

जयेश उपाध्याय (जन्म मार्च 19, 1990) को 18 साल 22 दिन की आयु में अप्रैल 10, 2008 को सीपीएल मिला। उन्होंने न्यूजीलैंड में मनावतु में उड़ान का प्रशिक्षण लिया।

न्यूयार्क के लिए प्रथम अविराम सेवा

एयर इंडिया पहली ऐसी प्रथम वायुसेवा बनी जिसने अगस्त 1, 2007 को मुम्बई और न्यूयार्क के बीच पहली अविराम उड़ान शुरू की।

एयर इंडिया ने फरवरी 8, 2008 को दिल्ली और जेएफके एयरपोर्ट के बीच पहली अविराम वायु सेवा भी शुरू की। 238 सीटों वाले बोइंग 777-200 (दीर्घ श्रेणी) की ए।-101 उड़ान लगभग 16 घंटे लेती है और यह तीन घंटे कम समय लेती है।

विश्व कीर्तिमान: प्रथम पूर्ण जेट कैरियर

1962 में एयर इंडिया तब विश्व का पूर्ण जैट कैरियर बना जब उसके 707 बोइंग के बेड़े ने इसके विशेष बेड़े का स्थान लिया।

1990

प्रथम बजट अंतर्राष्ट्रीय एयरलाइन

एयर इंडिया की सीमित सादी अंतर्राष्ट्रीय वायु सेवा ने अप्रैल 29, 2005 को तिरूवनंतपुरम से आबू धाबी के बीच अपनी पहली उड़ान भरी। इस सेवा ने किराए पर 40 प्रतिशत तक की रियायत दी। एआई ने अक्तूबर 2, 2005 को वायु माल वाहक क्षेत्र में भी कार्य करना प्रारंभ किया।

चिकित्सा विज्ञान

प्रथम रोबोटिक थाइमक्टॉमी

जून 21, 2008 को अखिल भारतीय आर्युविज्ञान चिकित्सा संस्थान में डा. अरविंद कुमार के दल ने ऑटोइम्यून विकार से ग्रस्त माइसथीनिया ग्रेविस के छ: रोगियों की रोबोट से थोरास्कोपिक थाइमक्टॉमी (थाइमस ग्लैंड निकालना) की। हालांकि एम्स आठ वर्षों में 200 मामलों में वीडियो की सहायता से थाइमक्टॉमी कर चुका है लेकिन रोबोट द्वारा शल्य चिकित्सा अधिक सही होती है और वह शरीर के अगम्य हिस्सों तक तथा अंग के आकार के अनुसार मुड़ तथा घूम सकता है।

सर्वप्रथम स्पाइनल कोर्ड उद्दीपक (एससीएस) आरोपण

42 वर्ष के राजेश जैन अक्तूबर 2007 में स्टूल से गिर गए और उन्हें डाक्टरों ने बताया कि वह कभी नहीं चल पाएंगे क्योंकि उनके सी1 और सी2 लेवल की मेरूरज्जू चोटिल हो गई थी। डाक्टरों ने यह भी बताया कि उन्हें जीवन भर वेंटीलेटर पर रहना होगा। लेकिन जून 2, 2008 को डा. सूरी और उनके दल ने जैन में एससीएस लगाया जिससे वेंटीलेटर पर उनकी निर्भरता समाप्त हो गई। एससीएस ने मध्यच्छद तंत्रिकाओं को उद्दीप्त किया जोकि श्वसन तंत्र के लिए अत्यंत महत्त्वपूर्ण है। गले की दो मध्यच्छद तंत्रिकाओं पर दो इलेक्ट्रोड लगाई गई। फिर इन इलेक्ट्रोड को उदरभित्ति में अधित्वचीय रूप से लगाए गए ट्रांसमीटर से जोड़ा गया और ट्रांसमीटर ने इलेक्ट्रोड को निम्न आवृत्ति के सिग्नल भेजने आरंभ किए जिसने मध्यच्छद तंत्रिका में हरकत पैदा की जिसने संकुचन के लिए डायफ्रेग्म को क्रियाशील किया। डायफ्रेग्म के संकुचन से क्वाड्रीप्लेजिक फेफड़े सांस लेने लगे।

विश्व कीर्तिमान: सबसे भारी पंचक

पांडिचेरी की श्रीमती कमलाम्मल ने दिसम्बर 30, 1956 को विश्व के सबसे भारी पंचकों को जन्म दिया। इनका वजन 11.4 कि.ग्रा. था।

1990

आयु अनुकूल एचआईवी दवाई का सर्वप्रथम उपयोग

राष्ट्रीय एड्स नियंत्रण कार्यक्रम ने नवम्बर 2006 में चार सबसे प्रभावित राज्यों तमिलनाडु, आंध्र प्रदेश, महाराष्ट्र और कर्नाटक के 12,000 बच्चों

परीक्षण बना फैशन

न्यूयार्क की डिजाइनर संजना जोन ने 2003 में अंतर्राष्ट्रीय एड्स जागरूकता दौरे की परियोजना प्रारंभ की। उन्होंने 2006 में अक्तूबर 21 से नवम्बर 1 तक 2006 की मिस यूनीवर्स जुलेखा रिवयरा के साथ भारत के 21 शहरों का दौरा किया जिन्होंने इस कार्यक्रम के लिए धन इकट्ठा करने के लिए कार्यक्रम, रात्रिभोज और व्याख्यान दिए। भारतीय फिल्मी जगत के कई लोग सलमान खान, अनिल कपूर, माधवन, मणिरत्नम्, सुभाषिनी मणिरत्नम, शिल्पा शेट्टी, केजी यसुदास आदि भी इससे जुड़े। इस दौरे की टैगलाइन– 'कराओ परीक्षण यह है फैशन' से फैशन, मनोरंजन और बड़ी हस्तियों की ताकत का प्रयोग एड्स के बारे में जागरूकता पैदा करने के लिए किया गया। एक वेबसाइट *www.getTESTEDnow.org* बनाई गई जिसमें दौरे और एड्स परीक्षण की सारी जानकारी दी गई।

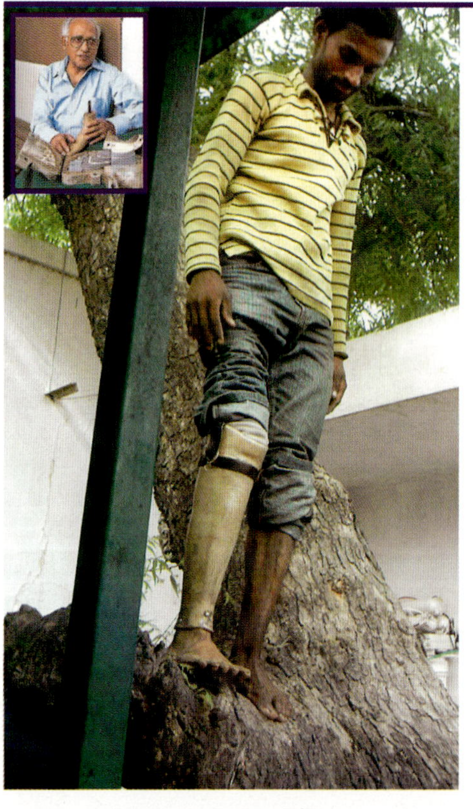

जयपुर पैर के अविष्कारक को नमन

मेगासेसे पुरस्कार विजेता डा. प्रमोद करन सेठी (निधन जनवरी 6, 2008), हड्डी रोग विशेषज्ञ ने हुनर के उस्ताद शिल्पकार रामचंद्र के साथ मिलकर विश्व का सबसे सस्ता और लोकप्रिय कृत्रिम पैर बनाया था। ये दो असमान व्यक्ति तीन दशक पहले थे जिसमें डा. प्रमोद सवाई मानसिंह हस्पताल, जयपुर में हड्डियों के सर्जन थे और रामचंद्र उसी हस्पताल में कुष्ठ रोगियों को हस्तशिल्प सिखाने वाले फन के माहिर कलाकार थे। उस समय अंगभंग लोगों के पास सीमित विकल्प होते थे। रामचंद्र यह जानते थे कि वह बेहतर विकल्प तैयार कर सकते हैं। वह डा. सेठी के पास गए और उन्होंने रामचंद्र को मानव पैर के शारीरिक पक्षों के बारे में बताया जैसे कि दबाव बिन्दु और हड्डियों की गति।

रॉयल कॉलेज ऑफ सर्जन के फैलो डा. सेठी ने ऐसा पैर निकाला जो विश्वभर में अफगानिस्तान, इराक, कम्बोडिया, लेबनान, श्रीलंका और यहां तक कि पाकिस्तान से भी 1,200 रूपये सस्ता था।

डा. सेठी को 1981 मेगासेसे पुरस्कार से सम्मानित किया गया। उनका निधन 80 वर्ष की आयु में हुआ। उन्हें डा. बीसी रॉय पुरस्कार, पदमश्री और विश्व सौहार्द्र एवं शांति के लिए रोटरी इंटरनेशनल पुरस्कार से भी सम्मानित किया गया।

यह पैर सस्ती और टिकाऊ प्रौद्योगिकी का शानदार नमूना है। यह अधिकांश तौर पर रबड़, लकड़ी और एल्यूमिनियम से बनाया जाता है और इसे स्थानीय उपलब्ध सामग्री से भी जोड़ा जा सकता है।

अब रामचंद्र दिल्ली के एक गैर लाभकारी संगठन भगवान महावीर विकलांग सहायता समिति के साथ काम करते हैं जो विकलांग व्यक्तियों को नि:शुल्क कृत्रिम अंग देती है और उनके पुर्नवास के लिए कार्य करती है। जयपुर पैर का कभी पेटेंट नहीं कराया गया और यह 25 से ज़्यादा देशों में मिलता है तथा इसे लेने वालों में अधिकांश निर्धन और उनमें से कई बारूदी सुरंगों के शिकार हुए लोग हैं।

पहला प्रोटीन विश्वकोष

डा. अखिलेश पांडे और उनके दल ने अपने इंस्टीट्यूट ऑफ बायोइनफॉरमेटिक्स में जॉन हॉपकिंस विश्वविद्यालय के सहयोग व विश्वभर की 70 प्रयोगशालाओं के साथ प्रोटीनपीडिया बनाने के लिए तीन वर्षों तक काम किया। प्रोटीनपीडिया मानव प्रोटीन का संदर्भ डाटाबेस है जिसमें फरवरी 2008 तक 15,230 मानव प्रोटीन की सूची है। यह ऑनलाइन विश्वकोष जैवचिकित्सा अनुसंधान व औषधियों के अविष्कार में सहायक होगा।

में यह पाया कि 15 साल से कम आयु के सीडी-4 ग्रस्त केवल 2,000 बच्चों को बाल एंटी रेट्रोवायरल थेरेपी (एआरटी) दी गई थी। तब तक व्यस्क को दिए जाने वाली दवा के संयोजन को बच्चों की आयु के अनुपात में बांटकर ही एआरटी दी जाती थी इसके कारण दवा की मात्रा अधिक या फिर कम रह जाती थी जिससे दवा अपेक्षित प्रतिरोधिता पैदा नहीं कर पाती थी। बिल क्लिंटन के एचआईवी/ एड्स फांउडेशन ने भारत में बच्चों को दी जाने वाली दवा की आपूर्ति की।

कॉरनरी आर्टरी बाईपास रोपण और रोस विधि लेने वाला युवा

कोलकात्ता की पिंकी मंडल (13) कॉरनरी आर्टरी तथा एरोटिक स्टेनोसिस से पीड़ित थी। उसका अक्तूबर 22, 2006 को मैक्स हार्ट इंस्टीट्यूट, दिल्ली में डा. अनिल भान और उनकी टीम ने दोनों के लिए ऑपरेशन किया। रोज विधि का नाम इसके जनक डा. डोनाल्ड रौस पर पड़ा। यह विशेषकर बच्चों के एरोटिक वाल्व के लिए संवहन को बदलने का तरीका है। 2 लाख रूपये में होने वाली पिंकी की इस सर्जरी को

सर्वप्रथम दो अंगदाताओं से लीवर प्रत्यारोपण

गणेश नेहरू, 15, पहले ऐसे व्यक्ति बने जिन्हें लीवर और किडनी एकसाथ दान में मिली। उसके अंकल मोहन राम ने लीवर और मां हेमलता ने किडनी दान की। यह दोहरा प्रत्यारोपण अप्रैल 17, 2007 को हुआ और 18 घंटों तक चला जिसे 50 डॉक्टरों तथा चिकित्सा से जुड़े व्यक्तियों ने अंजाम दिया। इसके लिए सर गंगा राम अस्पताल, दिल्ली के तीन ऑपरेशन थियेटरों के बीच जटिल संयोजन किया गया। गणेश को एक वंशानुगत विकार प्राइमरी हाइपरऑक्सल्यूरिया था जिसमें एजीटी कहे जाने वाले एनज़ाइम लीवर में नहीं होते हैं। इस केस में डा. एएस सॉयन प्रत्यारोपण सर्जरी के प्रभारी थे।

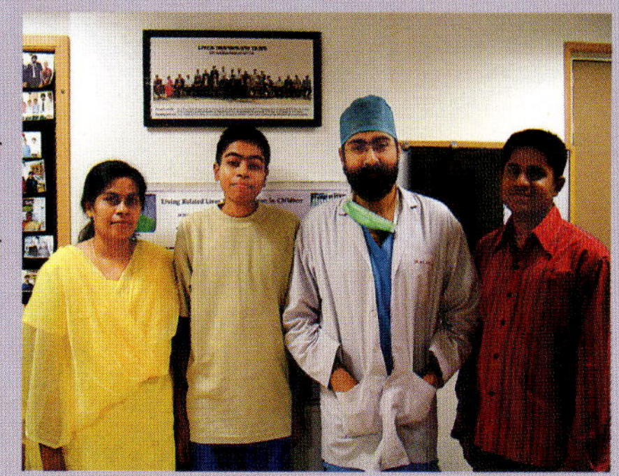

सबसे कम आयु में लीवर प्रत्यारोपण

सर गंगाराम अस्पताल, नई दिल्ली के डॉक्टरों ने लीवर प्रत्यारोपण के प्रभारी डा. एएस सॉयन के नेतृत्व में चेन्नई के 11 माह के सिद्धार्थ का ऑपरेशन किया। सिद्धार्थ की आंटी सरोजा ने सिद्धार्थ को अपने लीवर का बांयी ओर का पार्श्वीय हिस्सा दान किया। यह प्रत्यारोपण फरवरी 15, 2008 को हुआ।

दो दिन का होने पर सिद्धार्थ को पीलिया हो गया था। उसका पांच माह की आयु में चेन्नई ऑपरेशन हुआ लेकिन उसका लीवर पहले से ही सिरॉटिक पाया गया। चेन्नई के डॉक्टरों ने बताया कि केवल लीवर प्रत्यारोपण से ही उसकी जान बचेगी। जिसके बाद उसे सर गंगा राम हस्पताल लाया गया। (डा. नीलम मोहन, परामर्शक पियाड्रिक हिपॅटोलोजिस्ट एवं फिजीशियन प्रभारी बाल चिकित्सा लीवर प्रत्यारोपण)।

जीवित अंगदाता के लीवर का सर्वप्रथम पुनः प्रत्यारोपण

सर गंगाराम अस्पताल, नई दिल्ली के डॉक्टरों ने लीवर प्रत्यारोपण के प्रभारी डा. एएस सॉयन के नेतृत्व में जनवरी 9, 2008 को सुमन कपूर, 54 का दूसरी बार लीवर प्रत्यारोपण किया। जबकि पहला प्रत्यारोपण डेढ़ वर्ष पहले किया गया था।

कपूर में 2006 में क्राईपटोजेनिक सायरोसिस (अज्ञात कारणों से सायरोसिस) पाया गया व उनमें तत्काल लीवर प्रत्यारोपित किया जाना था। तब उनके छोटे बेटे कण्व, 20, ने पिता की जिंदगी बचाने के लिए अपने लीवर का दायां हिस्सा दान किया। लेकिन दिसम्बर 2007 में हेपेटाइटिस-ई होने से संक्रमित होने के कारण उनके लीवर ने काम करना बंद कर दिया। इस बार उनका बड़ा बेटा आयुष, 22, तत्काल दाता के रूप में सामने आया।

प्रथम 'दोहरा' लीवर प्रत्यारोपण

सर गंगाराम अस्पताल, नई दिल्ली में डा. एएस सॉयन के नेतृत्व में डॉक्टरों की टीम ने एक बड़ी जोखिमभरी विधि से जुलाई 6, 2007 को सेलम के अप्पू चेट्टियार, 60, में दोहरा लीवर प्रत्यारोपण किया। उसे यह दो अंगदाताओं से मिला जिसमें उनके भतीजे अरूल कुमार, 34, ने अपने लीवर का दायां हिस्सा व उसकी पत्नी प्रिया, 33, ने अपना बांया हिस्सा दिया और दक्षिण एशिया में ऐसा दान पाने वाले चेट्टियार पहले व्यक्ति बने। चेट्टियार को तीन वर्ष पूर्व हेपेटाइटिस-बी हुआ था लेकिन अप्रैल 2007 से उसकी हालत बिगड़ने लगी। 14 घंटे की सर्जरी में 40 डॉक्टरों व सहायक स्टॉफ ने काम किया।

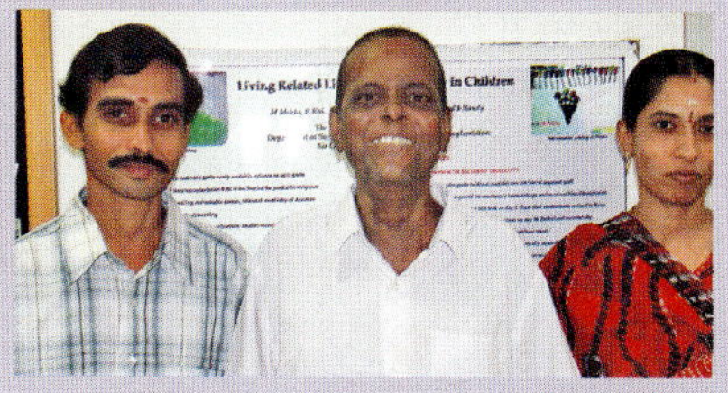

हृदय पर सबसे बड़ा अध्ययन

जब भूतपूर्व राष्ट्रपति डा. एपीजे अब्दुल कलाम रक्षा विकास अनुसंधान विकास संगठन (डीआरडीओ) के सचिव थे तो उन्होंने 1998 में अबु हेल्थी हार्ट ट्रायल के नाम से एक अध्ययन प्रारंभ किया था। ये अध्ययन यह देखने के लिए डीआरडीओ और ग्लोबल हॉस्पिटल रिसर्च सेन्टर, माउंट आबू द्वारा संयुक्त रूप से किया गया था कि क्या जीवनशैली में परिवर्तन से कॉरनरी हृदय रोग (सीएडी) में कमी लाई जा सकती है। नौ वर्ष के इस अध्ययन का यह निष्कर्ष है कि कम वसा, वाले और अधिक रेशेदार शाकाहारी आहार, रोज एक घंटा पैदल चलने और राजयोग द्वारा ध्यान के माध्यम से तनाव को कम करके 11.82 प्रतिशत तक सीएडी को कम किया जा सकता है, बाएं निलय से 30 प्रतिशत तक रक्त के बहाव को बढ़ाया जा सकता है तथा 24 प्रतिशत तक कैलोस्ट्रल को कम करके जैवरासायनिक प्रभाव और एंजाइना को भी कम किया जा सकता है।

इस अध्ययन के लिए स्वास्थ्य मंत्रालय के केन्द्रीय योग एवं प्राकृतिक चिकित्सा अनुसंधान परिषद् ने वित्तीय सहयोग दिया तथा डब्लू सेल्वामूर्ति इस परियोजना के समन्वयक थे। अध्ययन में 516 रोगियों को दो समूहों में बांटा गया जिसमें से एक समूह का सीएडी के लिए बाईपास सर्जरी एवं एंजियोप्लास्टी जैसा परम्परागत उपचार किया गया तथा दूसरे वर्ग की जीवनशैली में परिवर्तन किया गया। जिस समूह की जीवनशैली में परिवर्तन किया गया था उसके अच्छे वाले कैलोस्ट्रॉल में 16 प्रतिशत की बढ़ोत्तरी हुई और खराब कैलस्ट्रॉल में 31 प्रतिशत की कमी आई।

इससे मस्तिष्क में दिमागी शांति को इंगित करने वाली अल्फा तरंगों में वृद्धि हुई। इस अध्ययन के नतीजों को सितम्बर 22, 2006 को राजस्थान में चिकित्सकीय एवं निरोधात्मक कार्डियोलॉजी पर हुए विश्व सम्मेलन 2006 में रखा गया।

देवी नॉथूरमल परियोजना के हिस्से के रूप में नि:शुल्क किया गया।

बैलून थेरेपी

मोटापे से लड़ने के लिए गुब्बारा! इसे बीआईबी (बायोनेट्रिक्स इंट्रागेस्ट्रिक बैलून) कहा जाता है। भारत में इसकी शुरूआत मई 2007 में हुई थी और इसका सबसे पहले प्रयोग भाटिया जनरल अस्पताल के डा. पवन कुमार ने किया था। इसका प्रयोग उन लोगों के लिए किया जाता है जिनका बॉडी मास इंडेक्स (बीएमआई) 25-35 होता है। बीआईबी को एंडोस्कोप से पेट में डाला जाता है और फिर इसे 500-700 मिलि. मिथाइलीन ब्लू मिश्रित लवण घोल से भर दिया जाता है। पेट का तीन-चौथाई हिस्सा बीआईबी से भर जाने के कारण व्यक्ति नियमित भोजन का चौथाई भाग ही खा पाता है। छ: माह बाद एंडस्कोप से बैलून निकाल लिया जाता है और रोगी को आहार परिवर्तन और व्यायाम के द्वारा कम हुए वजन (10-15 किग्रा.) को बनाए रखने की सलाह दी जाती है।

अस्पताल में सबसे लम्बा समय

थेक्कमपड़ गोपालन, कांजीहंगाडू, केरल के सरकारी अस्पताल में 31 साल तक रहा। वह अप्रैल 18, 1962 को पेड़ से गिर गया था जिसके कारण उसकी रीढ़ की हड्डी में कई चोटें आई थी।

1994

अंतर्राष्ट्रीय सूची में एकमात्र भारतीय अस्पताल

न्यूज़वीक द्वारा किए गए एक सर्वेक्षण के अनुसार अखिल भारतीय आयुर्विज्ञान चिकित्सा संस्थान (एम्स) विश्व में बमरूनग्रैड अंतर्राष्ट्रीय अस्पताल, बैंकाक और बुशिंगर क्लीनिक, जर्मनी के बाद तीसरे स्थान पर था। पत्रिका के बाद वाले अक्तूबर 2006 के अंक में दस अस्पताल दिए गए जिनमें एम्स को 'अपने क्षेत्र में अग्रणी' बताया गया।

बाइलर्स पीड़ित पर सर्वप्रथम प्रत्यारोपण

अफराज़, 10, को जनवरी 25, 2007 को लाहौर, पाकिस्तान से अपोलो अस्पताल दिल्ली में लीवर प्रत्यारोपण के लिए लाया गया था। लड़के की मां रिज़वाना ने अपने पुत्र को अपने लीवर का हिस्सा दान किया जो कि बहुत कम पाए जाने वाले वंशानुगत बाइलर्स रोग से पीड़ित था जिसके कारण लीवर से पित्त को बाहर ले जाने वाली वाहिकाएं अवरूद्ध हो जाती हैं। यह ऑपरेशन डा. सुभाष गुप्ता और उनकी टीम ने किया।

चिकित्सा छात्रों के लिए सर्वप्रथम समरूपता आधारित प्रशिक्षण

यूटोपियन हेल्थकेयर की इकाई द एकेडमी ऑफ क्लीनिकल ट्रेनिंग (टीएसीटी) से जुड़े लोगों में आपातकालीन मामलों को संभालने में व्यवहारिक दक्षता की कमी को दूर करने के

भारत - विश्व की मधुमेह राजधानी

विश्व स्वास्थ्य संगठन के आंकड़ों के अनुसार एक खराब आंकड़ा भारत के साथ जुड़ा है और वो यह कि पांच मधुमेह के रोगियों में एक भारत का होता है। 1995 में यह संख्या 19.4 मिलियन था जो कि अब 35 मिलियन है जिसमें सबसे ज़्यादा संख्या चेन्नई में हैं। शायद इसीलिए डायबिटिक स्पेशलिस्ट सेन्टर के मुखिया डा. वी मोहन ने मधुमेह अभियान की शुरूआत चेन्नई से की। पोस्टग्रेजुएट इंस्टीट्यूट ऑफ मेडिकल एजुकेशन एण्ड रिसर्च, चंडीगढ़ द्वारा किए गए एक अध्ययन के अनुसार मध्यमवर्गीय मधुमेह पीड़ित व्यक्ति अपनी आय का चौथाई अथवा उससे ज़्यादा हिस्सा दवाईयों पर खर्च करता है क्योंकि इसके उपचार पर होने वाला खर्च बढ़ गया है। यदि आपके पास चॉकलेट का कोई टुकड़ा हो तो उसे अभी निकाल फेंकिए!

संभावित माताओं का शो!

अगस्त 25, 2007 को 250 गर्भवती महिलाएं एक फैशन शो के ज़रिए एकत्र हुई जिसमें मॉडल बनी दस गर्भवती महिलओं ने संभावित माताओं के लिए फैशनेबुल कपड़ों को प्रदर्शित किया, डॉक्टरों ने स्वास्थ्य से जुड़े विषयों पर जानकारी दी, शिशुओं के लिए हर्बल उत्पाद रखे गए तथा इसमें कोर्ड सैल जमा करने का मौका भी। यह शो महिलाओं के लिए बुटिक हस्पताल फोर्टिस ला फैम, टेन्ड्रिल्स, मदर्स हॉरलिक्स, लाइफसैल फॉर स्टैम सैल बैंकिंग तथा संभावित माताओं के फैशन ब्रांड 9 मंथ्स द्वारा आयोजित किया गया था। सबसे बड़ी बैली विजेता रथिका मेहरा रही।

अप्रैल 12, 2008 को हयात रिजेंसी होटल, नई दिल्ली में हुए दूसरे बेबी शॉवर में 350 गर्भवती महिलाओं ने हिस्सा लिया। इसमें सबसे बड़ी बैली विजेता रूचि वाखलो थी।

लाल रिबन एक्सप्रेस

राजीव गांधी फांउडेशन ने एक रेलगाड़ी की शक्ल में एआईवी/ एड्स से लड़ने का एक अनूठा तरीका निकाला। यह रेलगाड़ी एक वर्ष में 9,000 किमी. (या 27,000 किमी.) की यात्रा करते हुए 180 जिलों/ ठहराव स्टेशनों पर जाएगी तथा 23 राज्यों के 43,200 गांवों में कार्यक्रम और गतिविधियां चलाएगी! लाल रिबन एक्सप्रेस परियोजना को राष्ट्रीय एड्स नियंत्रण संगठन (एनएसीओ) चलाएगा। इस परियोजना का शुभारंभ विश्व एड्स दिवस के दिन दिसम्बर 1, 2007 को सोनिया गांधी ने किया। इस परियोजना के उद्देश्य हैं :

- प्राथमिक रोकथाम सेवाओं के बारे में जानकारी का प्रसार करना।
- लोगों को रोग के बारे में समझाना, एड्स ग्रस्त लोगों के प्रति भेदभाव और लांछन की भावना को कम करना।
- रोकथाम के उपायों, स्वास्थ्य आदतों तथा जीवनशैली के बारे में लोगों की जानकारी को बढ़ाना।

प्रथम डीएनए बैंक

आईक्यूआरए बायोटैक सर्विसिज़ के निदेशक डा. सईद अहमद ने जून 2008 में लखनऊ में बायोटैक पार्क, लखनऊ के साथ सार्वजनिक-निजी भागीदारी में मानव डीएनए बैंक शुरू किया। केवल 4 बूंद रक्त और 650 रूपये देकर इसका सदस्य बना जा सकता है। मानव डीएनए बैंक के सदस्यों को एक विस्तृत फार्म भरना होता है जिसमें सदस्य को पैतृक, मातृक, मानवविज्ञानी, बॉयोमीट्री विवरण के साथ किसी सार्वजनिक स्थान पर गुम हुए ऐसे बच्चे का पता लगा पाना जो बोल न सकता हो।

सदस्य को जीनप्रारूप रिपोर्ट दी जाती है और सदस्य की कई तरह की जानकारी उसके स्मार्ट कार्ड में एनकोडित होती है। रक्त की अन्य तीन बूंदे 50 वर्षों तक भविष्य के संदर्भ के लिए जैविक नमूनों के रूप में रखी जाती हैं।

लोगों को इससे होने वाले कुछ लाभ हैं:

किसी सार्वजनिक स्थान पर गुम हुए ऐसे बच्चे का पता लगा पाना जो बोल न सकता हो।

- किसी सार्वजनिक स्थान पर गुम हुए ऐसे वरिष्ठ नागरिक (ज़राचिकित्सीय व्यक्ति) का पता लगा पाना जो बोल न सकता हो।
- डीआईएस सदस्य की शहर/ देश के बाहर मृत्यु होने पर उसकी आसानी से शिनाख्त की जा सकती है।
- डीआईएस सदस्य के अचेतन अवस्था में अस्पताल में भर्ती होने की स्थिति में उसके प्रोफाइल में किसी दवाई से एलर्जी होने की लिखित जानकारी होने पर डॉक्टरों को उससे मदद मिलेगी और प्रतिकूल दवाई से होने वाले असर की संभावनाएं कम की जा सकेंगी।
- पेंशन के समय उसकी पहचान की पुष्टि की जा सकती है।

सरकार को इससे होने वाले कुछ लाभ हैं:

- शीर्ष सुरक्षा स्थलों/ संगठनों में प्रवेश के समय व्यक्ति की पहचान में सहायक।
- देश से बाहर जाने, प्रवास की अनुमति देने के लिए सही व्यक्ति की पहचान से वांछित लोगों के भाग निकलने की संभावना को कम किया जा सकता है।
- विभिन्न स्थानों पर डीएनए कार्ड की जांच से घुसपैठ का पता चल पाएगा।
- पुलिस/ रक्षा सेवाओं/ सशस्त्र सेनाओं/ गुप्तचर एजेंसियों में चयन के लिए आवेदन करने वाले उम्मीदवारों का सत्यापन।
- सरकार अथवा न्यायालय अथवा सुरक्षा एजेंसियां कानूनी अथवा सुरक्षा कारणों से किसी नागरिक को देश से बाहर नहीं जाना देना चाहती तो नागरिक देश से बाहर नहीं जा पाएगा।
- किसी व्यक्ति के 'डीएनए फिंगर प्रिंट' से काम करने वाले इसे तंत्र का नाम डीआईएस (डीएनए पहचान पद्धति) है।

सीएसआईआर-वैज्ञानिक एवं औद्योगिक अनुसंधान परिषद्

भारत के प्रमुख विकास एवं अनुसंधान संगठन वैज्ञानिक एवं औद्योगिक अनुसंधान परिषद् का गठन 1942 में उस समय की केन्द्रीय विधायिका के एक प्रस्ताव द्वारा किया गया था। यह 1860 के रजिस्ट्रार सोसायटी अधिनियम के अंतर्गत पंजीकृत एक स्वायत्त संगठन है। सीएसआईआर का उद्देश्य औद्योगिक प्रतिस्पर्धात्मकता, सामाजिक कल्याण और नीतिगत क्षेत्र के लिए मजबूत सामाजिक एवं तकनीकी आधार देना तथा आधारभूत ज्ञान को उन्नत करना है।

औषधियों के क्षेत्र में उपलब्धियां:

जीन कथा 1 : सीएसआईआर ने एक नई पुर्नसंयोज्य कोलरा वैक्सीन तैयार की और मनुष्यों के लिए उसके सुरक्षित होने का परीक्षण किया।

जीनोमैड: जब वर्ष 2000 में मानव जीन की कड़ियों के 3.2 बिलियन आधारों का पहला मसौदा निकाला गया तो सीएसआईआर को भविष्य की स्वास्थ्य सुरक्षा के लिए इस जानकारी का उपयोग करने के अवसर दिखाई दिए। उन्होंने भारतीय फार्मा कंपनियों के साथ मिलकर ज्ञान का एक ऐसा भंडार जीनोमैड तैयार किया जो सीएसआईआर के इतिहास में ज्ञान की सबसे ऊंची फीस है।

दमा: एस्मॉन, दमा के लिए नई हर्बल दवा सीएसआईआर की प्रौद्योगिकी पर आधारित है। आम तौर पर इस्तेमाल की जाने वाली स्टीरॉयड युक्त दवा से अलग एस्मॉन का कोई साइड इफैक्ट नहीं है।

मलेरिया से जंग: सीएसआईआर ने मलेरिया से लड़ने वाली दो प्रभावकारी दवाएं बनाई हैं। एलबेक्वीन एक मलेरिया प्रतिरोधी दवा है जो पुन: बुखार होने से रोकती है और क्लोरोक्वीन की अपेक्षा अधिक प्रभावकारी है। दूसरी दवा आर्टीथिर, प्रमस्तिष्कीय मलेरिया प्रतिरोधी दवा है जो 48 देशों को निर्यात की जा रही है।

सप्ताह में एक बार गोली: गर्भनिरोधक गोली, प्रोजिस्टेरान-एस्ट्रोजेन संयोजी गोली है जो परम्परागत स्टीरॉयड का सुरक्षित विकल्प है। इसका लीपीड प्रोफाइल, स्तन कैंसर प्रतिरोधिता के गुणधर्मों पर कोई विपरीत प्रभाव नहीं होता है।

स्वास्थ्यवर्धक स्पर्श: भारत की चौदह में से नई ग्यारह दवाएं सीएसआईआर से निकलती हैं। इन दवाओं में दमा, मलेरिया, गर्भनिरोधक, डिप्रेशन रोधी और स्मरण शक्ति बढ़ाने वाली दवाएं शामिल हैं।

स्माइल ट्रेन - विश्व का सबसे बड़ा क्लैफ्ट दान

भारत में प्रतिवर्ष 35,000 क्लैफ्ट विकार वाले -ऊपरी होंठ और/ अथवा तालू में अंतर-वाले बच्चे जन्म लेते हैं। हालांकि इसका पूरी तरह इलाज हो सकता है लेकिन गरीबी के कारण इनमें आधे से भी अधिक बच्चे गरीबी के कारण आवश्यक उपचार नहीं करा पाते। गौरतलब है कि क्लैफ्ट को एक सामान्य सी सर्जरी से पूरी तरह सही किया जा सकता है जिसे करने में 45 मिनट का समय ही लगता है और इस पर मात्र 8,000 रूपये का खर्च आता है।

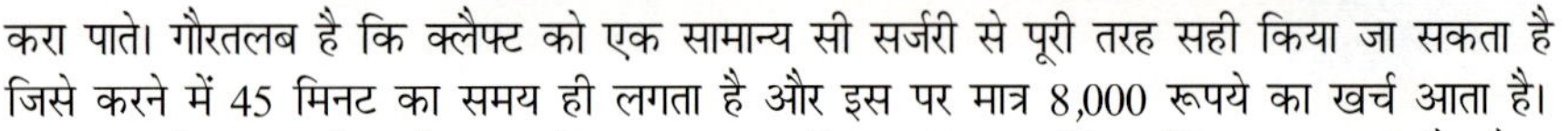

2000 से स्माइल ट्रेन पूरे भारत में 1,50,000 सुरक्षित, बढ़िया सर्जरी प्रायोजित कर चुकी है और वह भी नि:शुल्क। स्माइल ट्रेन 1999 में आरंभ की गई थी और इसकी शुरूआत चीन में एक स्थानीय चिकित्सा दल द्वारा किए गए एक ऑपरेशन से हुई थी। यह विश्व के सबसे बड़े क्लैफ्ट संगठन का आकार ले चुका है जिसके सैकड़ों सहयोगी है और इसके कार्यक्रम 72 देशों में चलते हैं। यह मार्च 2000 से 2,85,000 बच्चों की नि:शुल्क क्लैफ्ट सर्जरी कर चुके हैं। सतीश कालरा दक्षिण एशिया के क्षेत्रीय निदेशक हैं।

लिए प्रशिक्षण पाठ्यक्रम की शुरूआत की है। इसके निदेशक डा. रामकृष्णन है। टीएसीटी ने मानक और मान्य पाठ्यक्रम बनाए हैं। इसके लिए एक कम्प्यूटरीकृत आरेखण प्रयुक्त इंटरफेज़ से एक जीवंत किस्म के पुतले सिम-मैन का प्रयोग किया जाता है ताकि नैदानिक और निर्णय लेने वाले वातावरण की सीख दी जा सके। पुतले पर काम करने से पूर्व अंर्तसक्रिय सॉफ्टवेयर युक्त छ: कम्प्यूटरों के ई-स्टेशन द्वारा छात्रों को आपातकालीन वातावरण का अनुभव कराया जाता है।

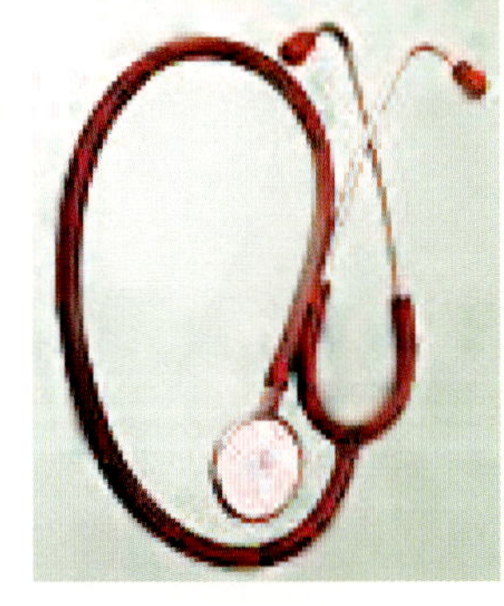

अपविकास को देखकर उसे जानने का नया तरीका

इंस्टीट्यूट ऑफ मेंटल हैल्थ एण्ड न्यूरॉलाजिकल साइंसिज़, दिल्ली के प्रमुख डा. सुनील प्रधान ने जनवरी 2008 में एक नया लक्षण खोजा जिसका उपयोग मांसपेशियों के अपविकास के मामलों को निदान के लिए किया जा सकता है। यह लक्षण उभार का होता है जिसे 'डायमंड ऑन क्वाड्रीसेप्स' कहा जाता है जो कि रोगी के मुड़े घुटनों के बल खड़े होने पर क्वाड्रीसेप्स के निकट नज़र आता है। इसका इस्तेमाल एक प्रकार के डायस्फरलिनोपेथी को देख कर पहचाना जा सकता है जो कि मासपेशीय का एक प्रकार का अपविकास है। इसके बाद इसकी पुष्टि के लिए मात्र एक जांच की आवश्यकता रह जाती है। अन्यथा इसके लिए 20 जांचों की आवश्यकता होती है जिसमें प्रत्येक की कीमत 5,000 से 9,000 रूपये के बीच में होती है।

ब्रिटेन की सबसे युवा डॉक्टर भारतीय

हीनल रायचूर, 22, को 2002 में 16 वर्ष की आयु में विश्वविद्यालय में मेडीसन के अध्ययन के लिए दाखिला मिला था। अपने स्कूल समय में वह अपने सहपाठियों से कहीं आगे थी। उसने छ: वर्षों बाद अपनी डिग्री उत्तीर्ण की है और सर्जन बनने की आशा में यूनिवर्सिटी कॉलेज ऑफ लंदन अस्पताल में काम शुरू करने वाली है। हीनल ने केवल नौ वर्ष की आयु में एमईएनएसए में प्रवेश लिया था उस समय उनका आईक्यू 170 था और वह माध्यमिक स्कूल उत्तीर्ण करने वाली सबसे युवा व्यक्ति बनी। उसे 16 वर्ष की आयु में स्वीकृति देने वाले विश्वविद्यालय को ढूंढने में बहुत कठिनाई का सामना करना पड़ा क्योंकि दाखिले की न्यूनतम उम्र 17 वर्ष 6 माह होती है। उसे लंदन के सेंट जॉर्ज विश्वविद्यालय में जगह दी गई जहां उसने मेडीसन और सर्जरी की डिग्री हासिल की। उसे जून 2008 में डिग्री मिली। हीनल को यूनिवर्सिटी कॉलेज ऑफ लंदन से

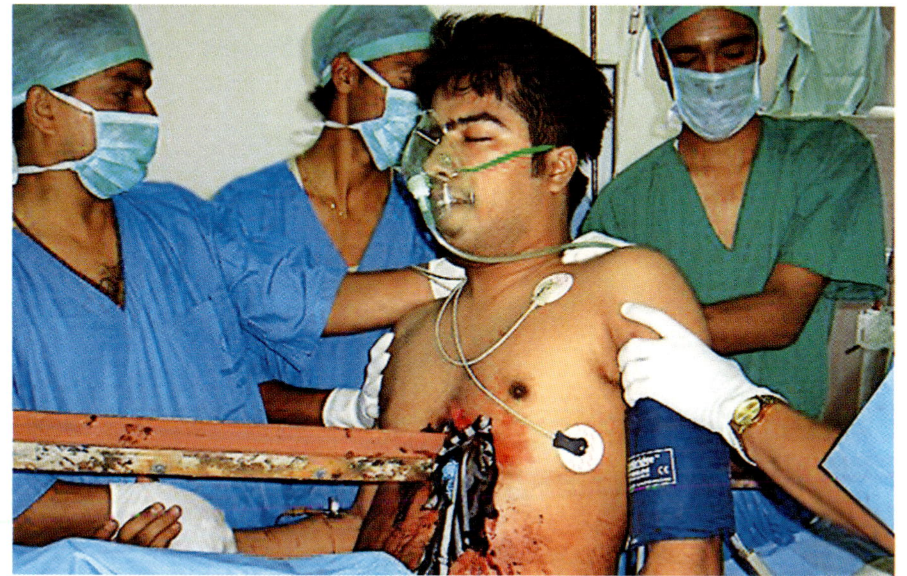

सुप्रतिम का चमत्कार!

जुलाई 12, 2008 को सुप्रतिम दत्ता, 23, की कैब एक बैरीकेड से जा टकराई। एक लोहे की छड़ कार के बोनट और डैशबोर्ड को भेदते हुए दत्ता के पेट में घुस गई। अगले 90 मिनट तक दत्ता गाड़ी में ही बैठे-बैठे परिवार और दोस्तों को सहायता के लिए पुकारते रहे। दत्ता को दिल्ली के एम्स अस्पताल के ट्रामा सेन्टर में ले जाया गया जहां आठ डॉक्टरों के एक दल ने तीन घंटे की जटिल सर्जरी के बाद उसके पेट में से छड़ निकाली। एम्स के ट्रामा सेन्टर के प्रमुख डा. एमसी मिश्रा ने यह सर्जरी चिकित्सा की जिसमें उनके साथ डा. बिप्लब मिश्रा, डा. छवि साहनी, डा. सुषमा सागर और डा. तेज प्रकाश थे।

डॉक्टरों को छड़ तक पहुंचने और उसे शरीर से खींचने की बजाए निकालने के लिए पसलियों और मध्यच्छद को काटना पड़ा। इसको खींचने से और ज़्यादा नुकसान हो सकता था। यह दुर्घटना सुबह 6.15 बजे हुई। दत्ता को सुबह 7.40 बजे अस्पताल लाया गया और सुबह 9 बजे उसे पहला चीरा लगाया गया जिससे यह पता चलता है कि रोगी को सही समय पर सहायता मिलना कितना मायने रखता है। छड़ को निकालने में 3 घंटे 15 मिनट का समय लगा।

एनॉटमी और विकासात्मक जीव-विज्ञान में डिग्री लेने के लिए एक साल और लगाना पड़ा।

सेना द्वारा पुनः अंग प्राप्त करने का सर्वप्रथम अभियान

2006 में दिल्ली के सेना अस्पताल ने एओआरटीए (आर्मी ऑर्गेन एण्ड रिट्रिवल ट्रांसप्लांटेशन आर्गेनाइजे़शन) की शुरूआत की। यद्यपि इस पहल की शुरूआत सेना में ही की गई है लेकिन इसका उद्देश्य सेना के कार्मिकों तथा नागरिकों दोनों को नया जीवन देना है। उदाहरण के लिए जब ब्रिगेडियर वाईपी बख्शी को मेरठ में अज्ञात हमलावरों ने गोली मार दी तो उनके अंगो (लीवर, आंखें और हृदय के वाल्व) को पांच लोगों में रोपित कर उन्हें नई जिंदगी दी गई।

अंगों को स्टोर नहीं किया जा सकता और उन्हें 12 घंटों के भीतर ही लगाना होता है। परिवार की अनुमति लेने से लेकर वास्तविक रोपण सर्जरी तक की सारी प्रक्रिया में 72 घंटे तक का समय लग जाता है।

प्रथम हृदय धमनी रोपण

डा. केएम चेरियन ने जून 12, 1975 को रेलवे मुख्यालय अस्पताल, पेराम्बदूर में इंट्रिगल कोच फैक्टरी, मद्रास में ड्राफ्टमैन के पद पर कार्यरत कज़ा मोहदीन में हृदय धमनी का रोपण किया।

1992

टॉप इन्वेंशन पुरस्कार २००७ के विजेता

न्यू साउथ वेल्स विश्वविद्यालय में एसोसिएट प्रोफेसर और भारतीय-आस्ट्रेलियाई वैज्ञानिक डा. कुलदीप सिद्दू को स्टैम सैल पर उनके काम के लिए बायोमेड नॉर्थ लिमिटेड द्वारा जून 2007 में 2007 के टॉप इन्वेंशन पुरस्कार से सम्मानित किया गया। उन्हें नए मानव भ्रूण स्टैम सैल लाइन, एन्डयूवर-1, की उत्पत्ति और क्लोनिंग तकनीक पर उनके काम के लिए दिया गया। उनकी यह दोनों खोजें अब अंतर्राष्ट्रीय पेटेंट के अंतर्गत सुरक्षित है। सिद्दू ने मानव भ्रूण स्टैम सैल लाईन पशु उत्पाद का प्रयोग किए बिना निकाले हैं। इस अविष्कार से संभावित स्टैम सैल थेरेपी से उपचार में पशुओं से मनुष्य को होने वाले संदूषण के जोखिम को समाप्त कर दिया। इन लाईनों से मधुमेह, पार्किन्सन रोग, मेरूरज्जू और यहां तक कि स्तन कैंसर जैसे रोगों का भी सुरक्षित इलाज किया जा सकता है। पंजाब में जिला फिरोज़पुर के मोगा के डा. सिद्दू प्रिंस ऑफ वेल्स अस्पताल में मधुमेह रोपण इकाई में अनुसंधान कर रहे हैं।

इरा ऑफ होप स्कॉलर पुरस्कार (2006)

हावर्ड मेडीकल स्कूल, ब्रिंघम एण्ड वूमैन्स हॉस्पीटल में मेडीसन एवं हेल्थ साइंसिज़ एवं तक्नॉलोजी में सहायक प्रोफेसर शिलादित्य सेनगुप्त, पीएचडी को स्तन कैंसर में अनुसंधान के लिए 4.1 मिलियन डॉलर के तीन इरा ऑफ होप पुरस्कारों में से एक पुरस्कार प्रदान किया गया। यह पुरस्कार अमेरिका के रक्षा विभाग द्वारा दिया जाता है। उन्हें निधि पांच वर्षों तक मिलेगी।

नेत्रदान पर सर्वाधिक व्याख्यान

लखनऊ, उप्र. की प्रकृति चन्द्र (जन्म नवम्बर 27, 1998) ने साढ़े चार वर्ष की उम्र (सितम्बर 14, 2003) से आंखों के प्रति जागरूकता और नेत्रदान पर व्याख्यान देने आरंभ किए थे। मई 31, 2007 तक वह लगभग 1,50,000 लोगों को व्याख्यान दे चुकी है। लगभग 20,000 लोग अपने नेत्रदान करने की शपथ ले चुके हैं। वह दृष्टि सुरक्षा अभियान की दूत है।

प्रकृति ने जून 2007 से अगस्त 10, 2008 तक 36,000 लोगों को व्याख्यान दिए और 7,588 लोगों ने नेत्रदान की शपथ ली।

सर्वाधिक लेसिक लेज़र नेत्र सर्जरी

साई सूर्य नेत्र सेवा के अध्यक्ष डा. प्रकाश कनकरिया ने अहमदनगर, महाराष्ट्र में अगस्त 17, 2008 को प्रात: 8.45 से रात्रि 8.45 के बीच आंखों के 156 लेसिक लेज़र सर्जरी की। यह लेज़र दृष्टि निवारक सर्जरी कैम्प अहमदनगर के नेत्र संस्थान साई सूर्य नेत्र सेवा की 23वीं वर्षगांठ के अवसर पर लगाया गया था।

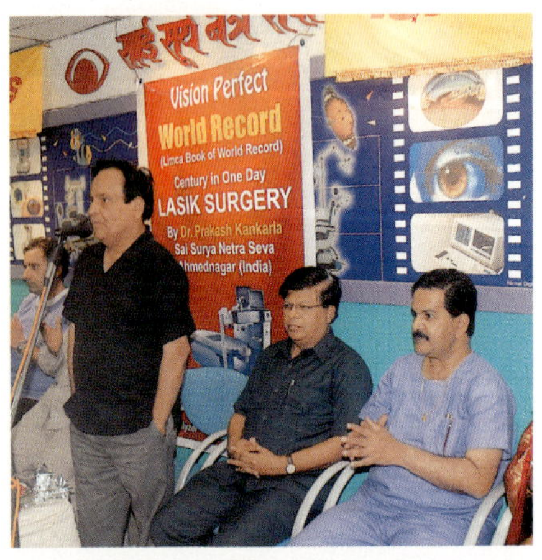

रेटीना सही करने की प्रथम टांकारहित सर्जरी

डा. सुंदरम नटराजन ने सितम्बर 4, 2007 को अपने आदित्य ज्योत नेत्र अस्पताल, मुम्बई में विट्रो-रेटीना विकार से ग्रस्त विनीत कुमार शाह की पूरी तरह सुई के बिना श्वेतपटल बकलिंग और सुईरहित 23जी विट्राक्टॉमी की।

सबसे वृद्ध व्यक्ति की मेरूरज्जू सर्जरी

देहरादून, उत्तराखंड के डा. बीकेएस संजय ने अगस्त 27, 2003 को हिमालय इंस्टीट्यूट, जौली ग्रांट, देहरादून में एक 88 वर्ष के व्यक्ति के मेरूरज्जू की सर्जरी की।

सबसे बड़ी निकाली गई किडनी की पत्थरी

मुम्बई के डा. पराग एम गवांडे ने अक्तूबर 27, 2007 को सुयोग यूरोलॉजी सेन्टर, मुम्बई में हैदरबाद के पोश रजम् मेंगा का एंडोस्कोपी से 13.3 सेमी. की पत्थरी निकाली।

सबसे बड़ी निकाली गई पित्ताशय की पत्थरी

मेरठ, उप्र. के डा. पंकज शर्मा ने अप्रैल 16, 2007 को सक्षम अस्पताल, सहारनपुर में सरोज छाबड़ा के पित्ताशय से 6.7 सेमी. x 4 सेमी. की पत्थरी निकाली। इसका पता डा. शर्मा को तब चला जब उन्होंने सरोज का एम्पीमा (पित्ताशय में पस) का ऑपरेशन किया। उनके साथ इस ऑपरेशन में डा. मोहित जैन, डा ललित और डा रणधीर राणा थे।

सर्वाधिक लेप्रोस्कॉपिक नसबंदी ऑपरेशन

गुना, मध्यप्रदेश के डा. सत्येन्द्र ओम भोला ने गुना और उसके आस-पास के कई स्थानों पर दिसम्बर 1969 और जनवरी 2007 के बीच नसबंदी के 59,594 ऑपरेशन किए।

सर्वाधिक इकोकार्डियोग्राम

कर्नाटक, रायचूर में राजीव गांधी सुपरस्पेशलिटी अस्पताल में कंसलटेंट कार्डियोलॉजिस्ट डा. सुरेश वी सागरद ने फरवरी 1, 2005 से मार्च 14, 2008 के बीच अर्थात् 1,138 दिनों में एक ही मशीन पर अकेले निरंतर 10,000 इकोकार्डियोग्राम किए।

एक ही दिन में बवासीर के सर्वाधिक ऑपरेशन

सरस्वती मिशन अस्पताल, कुरूक्षेत्र हरियाणा के निदेशक डा. सुदर्शन चुग ने अक्तूबर 28, 2007 को बवासीर के 137 ऑपरेशन किए। उन्होंने यह ऑपरेशन जेपीएपी अस्पताल, खन्ना में अखिल भारतीय सेवा दल, पेहोवा द्वारा लगाए गए नि:शुल्क सर्जरी कैम्प में किए। उन्होंने प्रात: 8.52 से रात्रि 11.53 बजे तक ऑपरेशन किए।

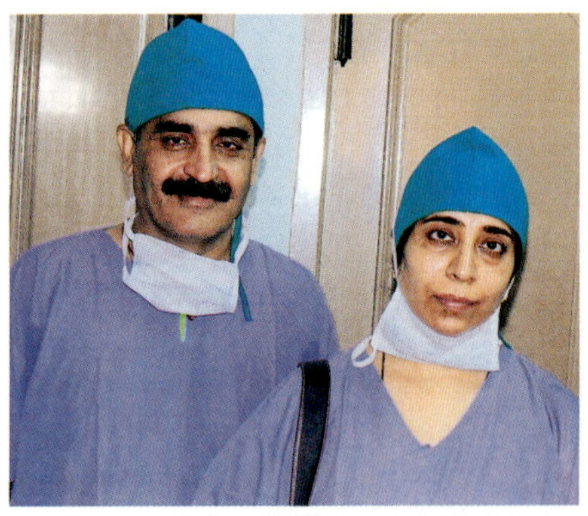

हर्ष सर्जिकल अस्पताल, कलोल, गुजरात के डा. राजेश के. शुक्ला ने दिसम्बर 8, 2007 को मिनिमली इनवेसिव प्रोसीजर फॉर हेमोराइड (बवासीर) (एमआईपीएच)-मॉडर्न पाइल्स सर्जरी की।

सबसे लम्बा नि:शुल्क मेडिकल शिक्षा कार्यक्रम/सर्वाधिक

औरंगाबाद के श्री नर्सिंग होम के तत्त्वावधान में 1995 से ब्रोनीकल अस्थमा, सीओपीडी तथा तपेदिक के रोगियों के लिए शिक्षा कार्यक्रमों का संचालन किया जा रहा है। विभिन्न स्थानों पर इन कार्यक्रमों में 10,277 रोगी हिस्सा ले चुके हैं। मार्च 2008 तक इसमें शहर के 107 डॉक्टरों ने हिस्सा लिया। इनके अलावा पांच सामाजिक कार्यकर्त्ताओं, दो योग विशेषज्ञों तथा एक आहार विशेषज्ञ भी इसमें हिस्सा ले चुके हैं। यह कार्यक्रम श्री नर्सिंग होम के डा. सुहास जे बरदापुरकर ने आरंभ किया था।

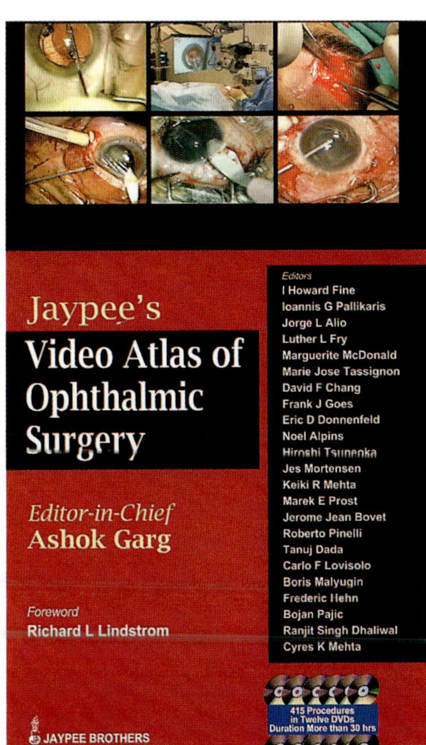

विश्व कीर्तिमान : नेत्र सर्जरी पर पहली वीडियो एटलस

हिसार, हरियाणा के डा. अशोक गर्ग 2008 में जेपी ब्रदर्स मेडीकल पब्लिशर्स (प्रा.) लि. द्वारा प्रकाशित नेत्र सर्जरी पर वीडियो एटलस के प्रमुख संपादक हैं। इस एटलस में 170 अग्रणी नेत्ररोग विशेषज्ञों द्वारा दिए गए 30 घंटे के 415 वीडियो हैं। एटलस में 12 डीवीडी भी हैं जिसमें नेत्र चिकित्सा पर दस खंड हैं। यह एटलस नवम्बर 2007 में न्यू ओरलिन्स, अमेरिका में अमरीकी नेत्र चिकित्सा अकादमी के वार्षिक सम्मेलन में जारी की गई। इसके अतिरिक्त विश्व स्वास्थ्य संगठन ने डा. गर्ग को नेत्र चिकित्सा का दूत भी बनाया है।

प्रथम ऑनलाइन एड्स शपथ अभियान

स्कूली बच्चे, ऑटो रिक्शा ड्राइवर, स्टार वॉयस ऑफ इंडिया के प्रतिभागियों तथा जीवन के सभी क्षेत्रों से हज़ारों लोग को विशेष विश्व एड्स दिवस पर एड्स के विरूद्ध शपथ लेने के लिए दिसम्बर 1, 2007 को हीरानंदानी गार्डन कॉम्पलैक्स, मुम्बई में एकत्र हुए। यह कार्यक्रम हीरानंदानी अस्पताल, मुम्बई द्वारा आयोजित किया गया था। हीरानंदानी अस्पताल 2004 से विश्व एड्स दिवस अभियान के लिए प्रतिबद्ध है और इस बार इसका विज़य था-लीडरशिप। कोई भी व्यक्ति *www.hiranandanihospital.org* पर लॉग ऑन कर 'एड्स को रोकने' के लिए वचनबद्ध हो सकता है।

लाइफलाइन एक्सप्रेस - 17वीं वर्षगांठ

जुलाई 16, 1991 को इम्पैक्ट फांउडेशन के विश्व में रेलगाड़ी पर प्रथम अस्पताल लाइफलाइन एक्सप्रेस की शुरूआत की गई थी। इसकी शूरूआत के 18 वर्षों बाद जुलाई 16, 2008 तक इस यादगार रेलगाड़ी से 400,000 भारतीय लाभान्वित हुए हैं और दूसरे देश भी अपनी लाइफलाइन एक्सप्रेस शुरू करने के लिए आगे आए हैं जिसमें चलने-फिरने, श्रवण, आंखों की रोशनी देने और क्लैफ्ट को ठीक करने करने के लिए कई महत्त्वपूर्ण ऑपरेशन किए हैं। देश भर में सौ से अधिक परियोजनाओं को पूरा करने के लिए कई संगठन लाइफलाइन एक्सप्रेस के साथ जुड़े हैं।

रेलगाड़ी के नए संस्करण (ग्रामीण क्षेत्रों के लिए) का शुभारंभ श्रीमति सोनिया गांधी ने नई दिल्ली में आयोजित एक समारोह में जुलाई 12, 2007 को रेलवे मंत्री लालू प्रसाद यादव की उपस्थिति में किया।

भारत सरकार के डाक व तार विभाग द्वारा लाइफलाइन एक्सप्रेस की 100वीं परियोजना की यादगारी विशेष आवरण व डाक टिकट शाहपुर, महाराष्ट्र के अटगांव रेलवे स्टेशन पर अप्रैल 26, 2008 को इम्पैक्ट इंडिया फाउंडेशन के चेयरमैन एएच टोबैकोवाला द्वारा जारी की गई।

डा. पी वेणुगोपाल - एआई(आई)एमएस हाई!

डा. पी वेणुगोपाल एक पूर्व स्नातक के तौर पर 1959 में एम्स में आए थे और 48 वर्षों से एम्स से जुड़े हैं। उन्हें प्रधानमंत्री जवाहर लाल नेहरू से सर्वश्रेष्ठ पूर्व स्नातक होने का स्वर्ण पदक मिला। उन्होंने एक और स्वर्ण पदक के साथ एम्स से स्नातकोत्तर की और महान हृदय शल्य-चिकित्सक डेंटन कूली से टेक्सॉस में प्रशिक्षण लिया।

उन्होंने 1974 में एम्स में भारत में प्रथम ओपन हार्ट सर्जरी कार्यक्रम आरंभ किया था। उन्होंने अगस्त 3, 1994 को एक मैकेनिक देवी राम के हृदय का प्रत्यारोपण कर भारत में पहली बार हृदय प्रत्यारोपण सर्जरी की। वह सरकारी अस्पताल एम्स में 50,000 ओपन हार्ट सर्जरी कर चुके हैं। उन्हें 1998 में पदम भूषण से सम्मानित किया गया।

वह न केवल इस संस्थान की सबसे लम्बे समय तक सेवा करने वाले डॉक्टरों में से हैं बल्कि एम्स में कार्डियो थोरायसिस एण्ड न्यूरो साइंसिज़ सेंटर (सीवीटीएस) की स्थापना में भी उनकी महत्त्वपूर्ण भूमिका रही है। पुत्तपारथी में प्रसिद्ध अति विशिष्ट अस्पताल भी उनकी देखरेख में ही बना था।

हरियाली के लिए कार्यरत

जगदीश प्रसाद सक्सेना मेमोरियल सोसायटी 2001 में बनाया गया था और यह संस्थान तभी से वंचित और उपेक्षित लोगों को सशक्त करने के लिए सामाजिकता पर आधारित अनुसंधान एवं विकास परियोजनाएं चला रहा है। संस्थान के लिए अखिल भारतीय आयुर्विज्ञान चिकित्सा संस्थान से स्नातक डा. (सुश्री) कमल सक्सेना ढांचागत कारकों और लैंडस्केपिंग के माध्यम से स्थलाकृति को व्यवस्थित बनाए रखने के उद्‌देश्य से हरियाली को बढ़ावा देने का काम कर रही है, ताकि क्षेत्र को चिकित्सा विज्ञान के लिए उपयोगी स्थल में परिवर्तित किया जा सके और जिससे इसकी क्षमताओं को बढ़ाने में पावन प्राकृतिक परिवेश के रूप में इसका कायाकल्प हो सके। इसके सौन्दर्य के लिए चुने हुए सुगंधित और हर्बल पेड़-पौधे लगाए गए हैं। इस जगह को दिल्ली नगर निगम द्वारा चलाए जा रहे स्कूल आंचल के विशेष बच्चों के लिए डिजाइन किया गया है और यहां

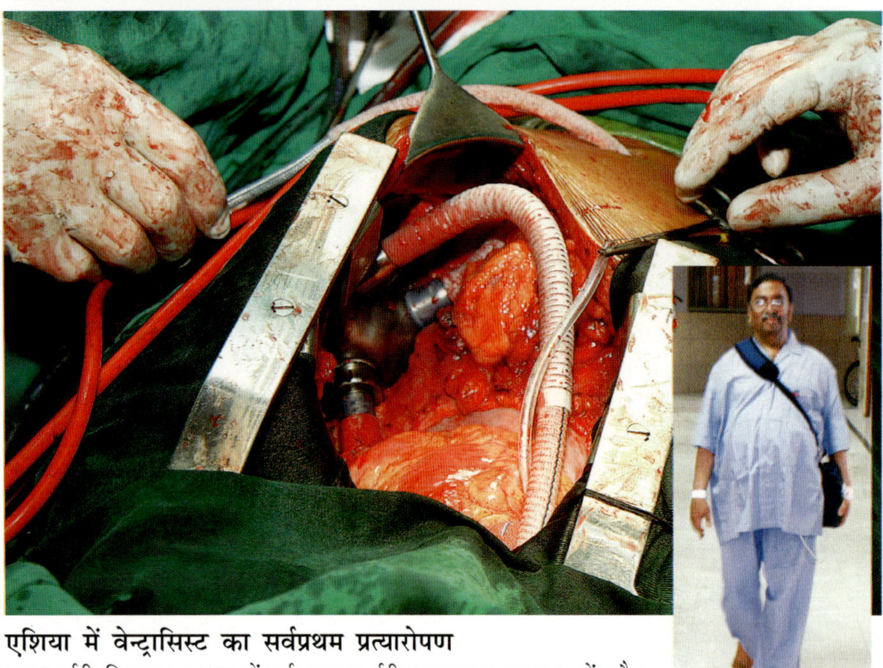

एशिया में वेन्ट्रासिस्ट का सर्वप्रथम प्रत्यारोपण

यह सर्जरी सितम्बर 2007 में हुई। यह सर्जरी नारायण हृदयालय, बेंगलौर और मिनस्टोआ विश्वविद्यालय, मिनापोलिस, अमेरिका के बीच सहयोग एवं आदान-प्रदान कार्यक्रम के कारण संभव हुई। मिनस्टोआ विश्वविद्यालय के दल में डा. लाइल जॉयस एमडी, पीएचडी, करोल टॉनिटो बीएसएन और मेगॉन राबलवस्की बीएसएन थे। जबकि वेन्ट्राकोर दल में जॉन बीग और डिवाना पतेग थे। नारायण हृदयालय के दल में कार्डियोथोरायसिज़ सर्जन डा. देवी शेट्टी और डा. टीआर राजेश तथा हृदयरोग विशेषज्ञ डा. भागीरथ आर थे।

वेन्ट्रासिस्ट तीसरी पीढ़ी का प्रत्यारोपन योग्य रक्त पम्प होता है जोकि विशेष रूप से हृदयाघात वाले लोगों के लिए डिजाइन किया गया है। इसका इस्तेमाल हृदय प्रत्यारोपण का इंतजार कर रहे रोगियों के लिए प्रत्यारोपण की भरपाई करने अथवा दुरूस्त करने में सहायक के तौर पर भी किया जा सकता है जिससे कि शिथिल होते हृदय को स्वास्थ्य लाभ का अवसर मिल सके। वेन्ट्रासिस्ट का केवल एक भाग-हाइड्रोनेमिकली निलंबित प्रेरक-गतिमान होता है। इसका भार केवल 298 ग्राम और व्यास 60 मिमी. (2.5 इंच) होता है और यह बच्चों और व्यस्कों दोनों के लिए उपयुक्त है।

घुमावदार रेल जैसे ढांचे, प्ले स्टेशन, विशेष सीढ़ियां लगे मिट्टी के टीले, ऊंचे बागान बनाए गए हैं और प्रेशर थेरेपी ज़ोन तथा कंपन थेरेपी जैसी सुविधाएं हैं।

बच्चे की मूत्रवाहिनी में सबसे बड़ा पत्थर

रूहेलखंड मेडिकल कॉलेज एवं अस्पताल, बरेली में सहायक प्रोफेसर डा. नीरज कुमार अग्रवाल ने बरेली के केशलता अस्पताल में मार्च 14, 2008 जिला बुदायूं, उप्र. के 11 वर्षीय ओमवीर के मूत्राशय से 8.5 सेमी. का लगभग बेलनाकार पत्थर निकाला।

सर्वाधिक निःशुल्क चश्मों का वितरण

सिंघवी चेरिटेबल ट्रस्ट तमिलनाडु के ग्रामीण क्षेत्रों में निःशुल्क नेत्र/ दंत कैम्प लगाता रहा है। वह अप्रैल 2008 तक 1,40,000 से अधिक चश्मों का निःशुल्क वितरण कर चुका है।

प्रथम अखिल भारतीय मेडिकल डायरेक्टरी

हेल्थ इंडिया पब्लिकेशन्स ने मई 1998 में मेडिकल डायरेक्टरी 1998 का प्रकाशन किया जिसमें राज्यवार अस्पतालों तथा चिकित्सा संस्थानों की सूची दी गई है।

2000

प्रथम जनरल सर्जन/पशु

कर्नल एमएस, वीएसएम एक योग्यताप्राप्त पशुचिकित्सक (गोल्ड मेडलिस्ट) हैं। वह 25 से भी अधिक वर्षों से एक योग्यताप्राप्त जनरल सर्जन, एमबीबीएस, एमएस (जनरल सर्जरी) के तौर पर भी काम कर रहे हैं। उन्होंने कारगिल युद्ध तथा दूसरे दूर-दूराज़ के क्षेत्रों में भी सेना अभियानों के दौरान कई सैनिकों की सर्जरी की है।

टांग को सर्वाधिक लम्बा करना

डा. प्रसाद पीएनवीएसवी ने एकल अवस्था विधि से अंर्तजघिका के अस्थिविच्छेदन द्वारा जैनब, की टांगें 16 सेमी. लम्बी कर दी। यह सर्जरी अगस्त 21, 2005 को कृष्णा इंस्टीट्यूट ऑफ मेडिकल साइंसिज़, हैदराबाद, आंध्र प्रदेश में की गई। रोगी एकांड्रोप्लासिया से पीड़ित था और टांगों को लिज़ारोव फिक्सेटर के प्रयोग से लम्बा किया गया।

विश्व कीर्तिमान: रक्तदान कैम्प

नवम्बर 10, 2004 को राजस्थान के श्रीगंगानगर जिले के गुरूसरमोदिया गांव में पूजनीय बापू सरदार माघर सिंह जी मेमोरियल विशाल रक्तदान कैम्प लगाया गया जिसमें प्रात: 8 बजे से रात्रि 8 बजे के बीच 17,921 यूनिट रक्त एकत्र किया गया। यह कैम्प डेरा सच्चा सौदा, सिरसा, हरियाणा के हजूर संत गुरमीत राम रहीम सिंह जी के नेतृत्व में लगाया गया था। इसके संपर्क अधिकारी डा. आरके सोनी थे।

सर्वप्रथम कृत्रिम कटि डिस्क बदलना

बॉम्बे अस्पताल, मुम्बई में मुम्बई स्पाइन स्कालाइसिज़ एण्ड डिस्क रिप्लेसमेंट सेन्टर में कंस्लटेंट स्पाइनल एवं डिस्क रिपलेस्मेंट सर्जन डा. अरविन्द जी कुलकर्णी ने सर्वप्रथम फरवरी 2, 2008 को हेमा जोसफ, 40 का कटि डिस्क बदला। इस प्रक्रिया में तीन घंटे का समय लगा।

किडनी की सबसे बड़ी रसौली

डा. अरूण मल्होत्रा ने पुष्पावती सिंघानिया रिसर्च इंस्टीट्यूट फॉर लीवर रिनॉल एण्ड डाजेस्टिव डिसिज़, नई दिल्ली में फरवरी 7, 2004 को एक 49 वर्ष की अफगानी महिला का ऑपरेशन किया। यह ऑपरेशन तीन घंटे बीस मिनट तक चला जिसमें सर्जिकल पैमाने के अनुसार 39 x 25 x 9 सेमी. और 7500 ग्राम भार की एक सुदम (बेनीगन) एंगीआमाईलिपोमा रसौली निकाली गई।

सर्वाधिक टीकाकरण

डा. एलन डेविस अलापट्ट ने गांव कुरूर में अपने क्लीनिक में टीकाकरण केन्द्र खोला और वह जनवरी 11, 1989 से जुलाई 30, 2008 तक 19,580 बच्चों का टीकाकरण कर चुके हैं। वह प्रत्येक बुधवार को दोपहर 1.00 बजे के बाद निरंतर इसके लिए समय देते चले आ रहे हैं और बुधवार को क्रिसमस की तरह छुट्टी भी पड़ जाए तो भी वह जरूर काम करते हैं। डा. एलन पिछले चौदह वर्षों से तलवाड़ा के जनजातीय क्षेत्रों में एक रविवार छोड़कर नियमित रूप से नि:शुल्क चिकित्सा सेवाएं दे रहे हैं। उन्होंने गांव में बोरवैल लगवाया। उन्होंने मलाड में अपने क्लीनिक में पिछले 10 वर्षों में 200 से अधिक इनुक्लीशन्स किए हैं, 20,000 बच्चों को विभिन्न रोगों के लिए टीकाकरण कर चुके हैं तथा असनगांव में नया जीवन आश्रम, मुक्ता जीवन और कुरूप आश्रम में एचआईवी पॉजीटिव बच्चों के लिए भी काम कर रहे हैं।

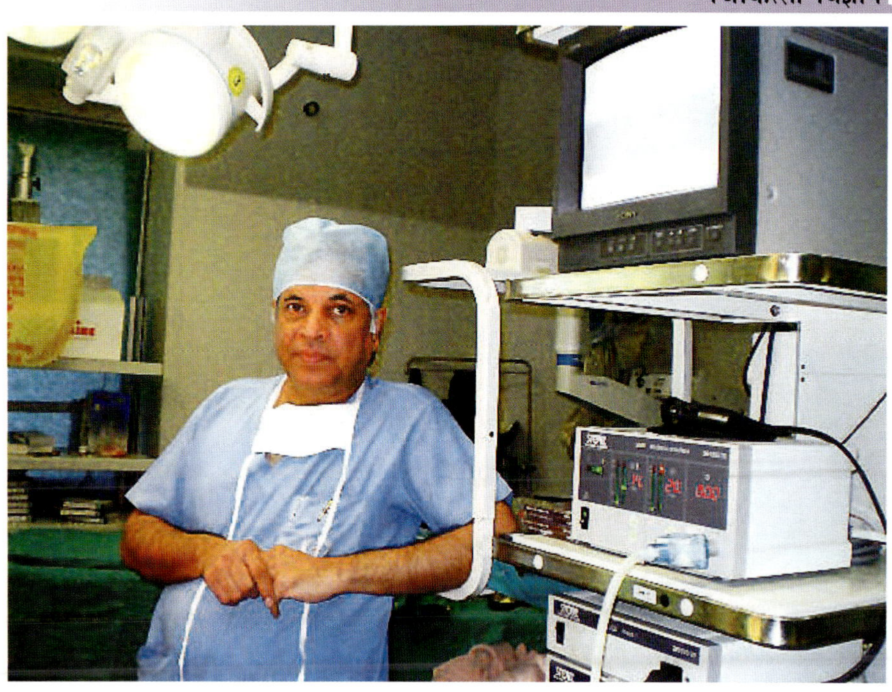

सर्वाधिक मिनिमल एक्सेस सर्जरी

डा. प्रदीप चौबे और उनकी टीम ने सर गंगाराम अस्पताल, दिल्ली के मिनिमल एक्सेस, मेटॉबॉलिक एवं बरिअट्रिक सर्जरी सेन्टर में 1992-2008 के बीच 43,450 बड़ी मिनिमल एक्सेस सर्जरी (लेप्रॉस्कॉपिक सर्जरी/की-होल सर्जरी के नाम से भी जाना जाता है) की हैं। शहर में तथा देश के कुछ हिस्सों में अतिवजन के प्रति जागरूकता पैदा करने के लिए उन्होंने गैर सरकारी संगठन ऑबेसिटी स्पोर्ट एण्ड एजूकेशन ग्रुप ऑफ इंडिया - ओएसईजीआई को आरंभ करने में प्रमुख भूमिका निभाई। वजन कम करने के बारे में संवाद मंच, सलाह, नैतिक सहायता तथा जानकारी देने के लिए मोटे लोगों के लिए सहायता समूह बनाया गया है।

(डा. चौबे के बारे में अधिक जानकारी के लिए पिछला संस्करण देखें।)

प्रथम आईवीएफ शिशु

केईएम अस्पताल, मुम्बई की डा. इंदिरा हिंदूजा ने अगस्त 6, 1986 को इन-विट्रो फर्टिलाइज़ेशन एवं एम्बरियो ट्रांसफर द्वारा (आईवीएफ-ईटी) शिशु का प्रसव कराया। हर्षा नाम के इस शिशु के अभिभावक मणि और श्यामजी चावड़ा है।

1999

सोरायसिस के उपचार का सर्वप्रथम अस्पताल

आयुर्वेदिक रिसर्च सेन्टर (प्रा.) लि., ठाणे, महाराष्ट्र के प्रबंध निदेशक डा. प्रमोद अन्नाजी अम्बलकर सोरायसिस तथा अन्य त्वचा संबंधी रोगों के 50,000 से अधिक मरीजों का इलाज कर चुके हैं। वह सोरायसिस और अन्य गंभीर त्वचा रोगों के लिए विशेषज्ञ सेवाएं देने वाले सुश्रुत अस्पताल के भी संस्थापक रहे हैं। मई 2003 से लेकर अब तक यहां सोरायसिस के 2000 से भी अधिक रोगियों का इलाज किया गया हैं। डा. अम्बलकर ने नई दिल्ली, जयपुर, कोलकात्ता, इंदौर और अहमदाबाद में अपने क्लीनिक की श्रृंखलाओं में प्रशिक्षित डॉक्टर तथा नर्सें उपलब्ध करा कर अपने आयुर्वेदिक अनुसंधान केन्द्र का विस्तार किया है।

सबसे लम्बा चलने वाला नि:शुल्क होम्योपैथिक क्लीनिक

होशियारपुर, पंजाब के डा. एसके पुरी 1947 से नि:शुल्क होम्योपैथिक क्लीनिक चला रहे हैं और अगस्त 2008 तक भी यह कामयाबी से चल रहा था।

प्रथम टेली-होम्योपैथी क्लीनिक

सिमी ग्रेवाल ने अगस्त 1, 2008 को आर्केडिया, नरीमन प्वाइंट, मुम्बई में डा. मुकेश बतरा के क्लीनिक का उद्घाटन किया। यह क्लीनिक

सबसे वृद्ध प्रतिभागी कायचिकित्सक

डा. के बैरमजी ग्रांट, 87, (जन्म नवम्बर 28, 1920), अध्यक्ष एवं प्रबंधक ट्रस्टी ने सितम्बर 1959 में ग्रांट मेडीकल फाउंडेशन के तत्वावधान में रूबी हॉल क्लीनिक मेडिकल फाउंडेशन आरंभ किया था। इससे पूर्व वह 12 वर्षों तक जहांगीर नर्सिंग होम के प्रमुख मेडिकल ऑफिसर रहे। उस समय वह बीजे मेडिकल कॉलेज एण्ड सॉसून जनरल हॉस्पीटल्स में मेडिसिन एवं कार्डियोलॉजी में मानद प्रोफेसर थे।

2006 में नए कैंसर सेन्टर में कैंसर का नवीनतम उपचार आरंभ किया गया और ऐसा करने वाला यह विश्व का पांचवां तथा एशिया की एकमात्र बीटा साइट थी। यह आईजीआरटी (इमेज निर्देशित रेडियोथैरेपी) वाला भारत का एकमात्र सेन्टर भी था।

अखिल भारतीय मां-बेटी वक्ष जागरूकता अभियान

डा. रितु बियानी ने 27 अगस्त 2006 को पुणे से कैंसर जागरूकता अभियान हाई>>>>वेज़:2006 दूसरा चरण आरंभ किया। स्वयं कैंसर से पीड़ित रह चुकी डा. रितु ने दूसरा चरण फोर्ड एन्डेवर में अक्तूबर 20, 2006 को पूरा किया। इसमें उन्होंने 10,573 किमी. की यात्रा की जिसमें विश्व की सबसे ऊंची वाहन चलाने योग्य सड़क (खरदुंग ला 17,852 फुट) की यात्रा शामिल थी।

19,647 किमी. का पहला चरण अप्रैल 2006 में शुरू किया गया था। आपने 177 दिनों में 23 राज्यों और 4 केन्द्र शासित प्रदेशों से होते हुए कुल 30,220 किमी. की यात्रा की जिसके दौरान 140 कैंसर जागरूकता कार्यक्रम आयोजित किए जिनमें 26,000 लोगों ने हिस्सा लिया। अभियान वक्षस्थल, ओरल कैंसर (चूंकि वह स्वयं दंत चिकित्सक हैं) और सरवाइकल कैंसर के बारे में भी जागरूकता पैदा करने के लिए शुरू किया गया था।

रितु ने इस अभियान में खुद ड्राइव किया। उनके साथ इस मिशन के हिस्से के रूप में उनकी 14 साल की बेटी तिस्ता और मित्र वंदना नाथू (वह भी कैंसर से पीड़ित रही हैं) भी थोड़े समय के लिए इस अभियान का हिस्सा रही। कच्छ से होकर पटियाला से पुणे तक आखिरी 3,000 किमी. तक स्वयं गाड़ी चलाई। वह औसतन प्रतिदिन 250 किमी. तय करती थी और कई बार 600 किमी. से अधिक भी तय किए। इस अभियान में वह सियाचिन बेस कैम्प (समुद्र तल से 12,188 फुट ऊंचा) मोरे (मणिपुर-भारत-म्यांमार सीमा), कन्याकुमारी, तेलंगाना, चुंग-ला और बारालच लॉ से होकर गुजरी। इन अभियान का उद्देश्य ज़्यादा से ज़्याद शहरों और पिछड़े इलाकों तक पहुंचना और कैंसरी से जुड़ी भ्रांतियों और लांछनों को मिटाने के साथ कैंसर की आरंभिक अवस्था में ही पहचानने की व वक्षस्थल की स्वयं जांच करने के महत्त्व को समझाना था। इस अभियान को वूमैन कैंसर इनिशिएटिव-टाटा मेमोरियल अस्पताल, मुम्बई फोर्ड मोटर्स और हिंदुस्तान पेट्रोलियम कं लि ने प्रायोजित किया था।

डा. बतरा के पॉजीटिव हेल्थ क्लीनिक प्रा लि. का हिस्सा है।

प्रथम हृदय संकुचन सर्जरी

डा. नरेश त्रेहान और उनके दल ने मई 31, 1996 को एस्कॉर्ट अस्पताल में हृदय संकुचन की पहली सफल सर्जरी की। यह सर्जरी 59 वर्षीय मणि राम गुरेरा की थी। हृदय संकुचन सर्जरी में बढ़े हुए हृदय से पेशियों के टुकड़ों को निकाल दिया जाता है जिससे हृदय प्रत्यारोपण पर होने वाला खर्च बच जाता है।

नाक से अधिकतम टूटी तिनकियां निकालीं

ओरेंज सिटी हास्पीटल एंड रिसर्च इन्स्टीट्यूट, नागपुर महाराष्ट्र में कंसलटेंट ईएनटी सर्जन डॉ. नन्दू कोल्वाडकर ने एक मरीज की विभक्त मवादभरी नासिका का आपरेशन किया। तीन महीनों में यह पांचवां मौका था जबकि उसका ऐसा आपरेशन किया गया।

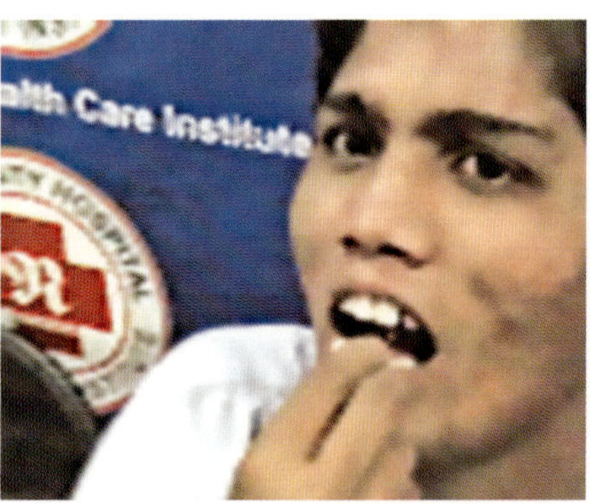

डॉ. कोल्वाडकर इस बात को लेकर हैरान थे कि पेरिकोन्ड्रियल फ्लैप्स के दोनों ओर कूबड़ सा क्यों निकल आया और हॉपकिंस एंडोस्कोप के आर-पार हो गया जहां कि नासिका मध्यफल क्षेत्र में ताजा और सड़ी हुई लकड़ी की मृतप्राय: महीन तिनकियां धंसीं थी। सवाल पूछने पर डाक्टर को पता चला कि उसके मरीज को दांतों के बीच टूटी तिनकियां डालने की आदत थी और दाढ़ की जड़ में रास्ता बनने लगा था जहां वह इन तिनकियों को डालता था। यह हरकत वह दो सालों से कर रहा था। कोल्वाडकर ने उसकी नाक से लकड़ी की तिनकियों के 50 से ज्यादा टुकड़े निकाले जोकि उसने अपने सख्त तालू की नलकियों के रास्ते से ड़ाले थे।

एक दिन में सर्वाधिक रोगी

फिजिशियन एवं कार्डियोलोजिस्ट, डा. बी रमन्ना राव ने सितम्बर 30, 2007 को बेंगलौर में अपने साप्ताहिक नि:शुल्क कैम्प में 2,582 रोगियों का इलाज किया। इस दौरान उन्होंने क्लीनिक में स्वयं अकेले ही परीक्षण, निदान किया और नि:शुल्क दवाईयों के नुस्खे दिए।

विकास

सौर ऊर्जा वाला पहला आवासीय परिसर

कोलकात्ता की सौर ऊर्जा प्रकाशित प्रथम आवासीय योजना को उसके नाम के अनुरूप रवि रश्मि अबासन या सूर्यकिरण नाम दिया गया। यह पश्चिम बंगाल के मुख्यमंत्री बुद्धदेब भट्टाचार्य का निवास है। न्यू टाउन के 1.76 एकड़ प्लाट में बने 25 बंगलों में से प्रत्येक हरित स्वर्ग है जिसमें उर्जा बचाने वाले उपकरण लगे हैं जो घरों को सर्दियों में गर्म व गर्मियों में उसे ठंडा रखते हैं।

रवि रश्मि के निवासी सौर ऊर्जा को अपने घर की छत पर लगे फोटोवोल्टिक पैनल से बनने वाली सौर ऊर्जा को ग्रिड द्वारा बिजली के रूप में उपयोग प्रयोग करते है। अगर ये ऊर्जा आवश्यकता से अधिक हो जाये तो वे उसे राज्य में उपयोग के लिये भी दे सकते हैं ।

किसी पर्यावरणविद् का स्वप्न ये भवन दक्षिण की ओर से आने वाली हवाओं के अनुकूल हैं और इसकी दीवारों के केविटी में अत्याधिक तापमान से बचाने वाले 'पफ इंसुलेशन' है। इस सामुदायिक परिसर की खिडकियों पर पारदर्शी फोटोवोल्टिक पैनल लगे हैं जो खिड़की का काम भी करते हैं।

इनमें अंत:निर्मित पॉवर बैकअप है जो 2 किलोवाट तक ऊर्जा संचित कर सकते हैं। यहां के सभी निवासियों को एईडी (लाईट इमिटिड डिओड) व सीएफएल का उपयोग करने को कहा गया है।

हर घर की छत पर सोलर हीटर लगाााया गया है जिसे स्नानघर और रसोईघर से जोडा गया है। सोलर हीटर की छोटी पानी की टंकी में थर्मल इंसुलेशन लगा है, जो पानी को 24 घंटे गर्म रखता है। इस परिसर में सौर ऊर्जा से गरम रहने वाला तरणताल भी है। सडकों पर लगी सभी 17 लाईटों में सोलर पैनल लगे हैं। इस योजना के जन्मदाता पश्चिमी बंगाल रिन्युएबल एनर्जी डेवलपमेंट एजेंसी (डब्ल्यूबीआरईडीए), और इस संयुक्त योजना के भागीदार डेवलपमेंट कंसल्टैंसिज लिमिटेड थे। प्रथम वर्ष में इसकी रेखदेख का कार्य डब्ल्यूबीआरईडीए को सौपा गया।

मुश्किलों भरा साइकिल का सफर

मेदेर मठ, जिला नादिया, पश्चिम बंगाल का मछुआरा कार्तिक पाटारी कोई सर्कस कलाकार नहीं हैं किन्तु हर सुबह वो 25-30 किलो मछली एक ऊंचे बडे डिब्बे में डालकर उसे अपने सिर पर रखकर साइकिल से ऊबड-खाबड रास्ते पर गांव से छ: किलोमीटर दूर बाज़ार में बेचने जाते हैं। वह शाम को मछलियों को बेचकर अपने परिवार की आवश्यकतानुसार चावल, सब्ज़ी, तेल आदि उसी डिब्बे में रखकर वापिस आते हैं। उनकी वापसी की यात्रा उतनी ही ऊबड-खाबड और उतनी ही कठिन होती है और शाम को रोशनी कम होने के कारण उनका यह काम और भी मुश्किल भरा हो जाता है।

पश्चिम बंगाल के इस पिछडे क्षेत्र में जीविका के लिये उस दिन यह संघर्ष और अधिक रोमांचकारी हो जाता है जिस दिन मछलियां अधिक पकडी जाती हैं। कार्तिक पाटारी अपने सिर पर इससे ज़्यादा भार के साथ तो कई किलोमीटर का सफर तय कर सकते हैं।

ROYSTON ABEL

सौ सपेरे

'ए हंड्रेड स्नेक चार्मर' की कल्पना सर्वप्रथम जीविका फाउंडेशन के बहार दत्त और विख्यात थिएटर निर्देशक रोयस्तेन अबेल ने सपेरों के समुदाय में जागरूकता लाने के दृष्टिकोण से की थी। जब से भारत के वन्य जीव कानून के अंतर्गत इनके तमाशों में सांपों के प्रयोग पर प्रतिबन्ध लगा है तब से यह समुदाय धीरे-धीरे विलुप्त हो रहा है। 'द हंड्रेड चार्मर' एक विशाल तथा अलग प्रकार का संगीत बैंड है जो हाथ से बने वाद्यों से सपेरा समुदाय के प्राचीन परंपरागत संगीत को फिर से सामने ला रहा है।

रोयस्तेन अबेल ने सपेरों के वाद्य बीन को एकत्रित कर 100 *बीनों* को सामूहिक तौर पर बजवाया। पारम्परिक तौर पर सपेरे अभी तक तमाशा दिखाकर अपनी रोज़ी-रोटी कमाते थे। लेकिन अब उन्हें परम्परागत धुनों के साथ ही साथ समकालीन धुनें भी सिखाई जा रही हैं। यह प्रयोग कामयाब रहा और इसे बहुत बड़ी सफलता मिली। अब इनके खजाने में पारम्परिक धुनों से लेकर समकालीन बॉलीवुड धुनें और कुछ स्काटिश बैगपाईप धुनें भी हैं।

'द हंड्रेड चार्मर' ने दिसम्बर 15, 2007 को सम्पूर्ण भारत व 'टीट्रो दी सैन कार्लो' नेपल्स, इटली सहित विश्वभर में प्रदर्शन किया।

विकलांगों के लिये स्वयंवर

यह राजाओं के लिए या फिर राजसी स्वयंवर न होकर उन विकलांगों का स्वयंवर था जो अपनी ही तरह के जीवन साथी के तलाश में थे। यह स्वयंवर लायंस इंटरनैशनल डिस्ट्रिक 324-ए 5 द्वारा चेन्नई में आयोजित किया गया था जिसमें उद्यम तिरूमना मंदापम, तमिलनाडु के सभी कोनों से 500 लोगों ने भाग लिया। यद्यपि अधिकांश प्रतिभागी अपंग थे किन्तु इनमें से कुछ ऐसे भी थे जो अपंग तो नहीं थे लेकिन अपने लिए जीवन साथी चाहते थे।

स्वयंवर में विशाल भागीदारी को सुनिश्चित करने के लिये लायंस क्लब ने विकलांगों के लिये कार्य करने वाले संगठनों को पत्र लिखा ताकि वे उन लोगों को वहां भेज सकें, जो अपने लिये उपयुक्त जीवन साथी की तलाश में हों। यह सभी कार्य लायंस क्लब की देख-रेख में हुए । स्वयंवर के एक महीने के पश्चात विवाह सम्पन्न हुए।

शादी का पूरा खर्च लायंस क्लब ने किया। उन्होंने वर तथा वधु को सिल्क साड़ी, सिल्क धोती, एक कमीज़, सोने की थाली तथा दो चूड़ियों के साथ पलंग, बर्तन, रसोई का एक महीने का सामान और कुछ रूपये भी दिये ।

1.25 लाख में बना बांस का घर

वंडर ग्रास कंपनी ने बांसों के उपयोग को प्रोत्साहित करते हुए अपनी व्यापारिक क्षमता का प्रदर्शन इंडियन इंस्टीट्यूट ऑफ मैनेजमेंट बेंगलौर, एनएस राघवन सेंटर इंटरप्रेन्योरशिप लर्निंग (एनएसआरसीइएल) के समक्ष किया। इन्होंने हाल ही में सामाजिक हितार्थ व्यापार के लिये बिजनेस इन डेवलपमेंट (बीआईआर) नेटवर्क द्वारा अवार्ड जीता। एन्वायरमेंट प्लानिंग एंड टैक्नोलाजी के स्नातक वैभव काले द्वारा वंडरग्रास की स्थापना की गई। इसका उद्देश्य इमारतें बनाने के बांस का अधिकाधिक व्यवसायिक उपयोग करना है। ये बांस के डिजाईन और उसके ढांचे तैयार करते हैं और इन उत्पादों की आपूर्ति श्रृंखला तैयार कर उन्हें बाजार में बेचते हैं। विशेष तौर पर तैयार बांसों से छत पर घर बनाया जा सकता है। आपदा संभावित क्षेत्र में बैंबू किट् से सरलता से जोड़े जा सकने वाले अस्थायी घर बनाये जा सकते हैं। फिलहाल ये घर अभी जीआईशीट और कासुअरिना पोल से बनाये जाते हैं जो अत्यन्त गर्म और अनाकर्षक होते हैं। बांस से बने घर ठंडे होते हैं और उसके सामान को पुन: प्रयोग में लाया जा सकता है।

कर्ग के इको-रिसोर्ट में वंडर ग्रास का प्रयोग किया गया है। अहमदाबाद के स्कूल में सूर्य से बचाव के लिये, होसुर के फार्म हाउस के विस्तार के लिये भी इसका उपयोग किया जा चुका है। वैभव का स्वप्न है कि वे 400 वर्ग फुट में बांस से घर बनाएं। इसमें हर एक की कीमत 1,25,000 रूपये है। विश्व का 45 प्रतिशत बांस का उत्पादन भारत में होता है। वैभव का मानना है कि बांस एक उत्कृष्ट इंजीनियरिंग सामग्री है।

इस क्षेत्र की नई हरित कंपनियां उन किसानों से बांस खरीदते हैं जो इसका उत्पादन कृषि के तौर पर करते हैं। कंपनी के पास संसाधित करने की इकाई नागपुर में है। नागपुर तथा केरल की इकाई में इसकी कांट-छांट कर इसे प्रयोग करने योग्य बनाया जाता है। आईआईएम, बेंगलौर इन युवा उद्यमियों की उनकी व्यापार योजनाओं में सहायता कर रहा है।

लिम्का बुक ऑफ रिकार्ड्स 2009

टीवी द्वारा प्रेरित स्वास्थ्य जागरूकता

भारत के सर्वाधिक सफल स्वास्थ्य कार्यक्रमों में से एक 'कल्याणी' दूरदर्शन पर पिछले छ: वर्षों से प्रदर्शित हो रहा है। इसने देश के 9 राज्यों के दूर-दराज़ के अल्पविकसित ग्रामीण क्षेत्रों में वहां स्वास्थ्य जागरूकता पैदा की।

2001 में सरकारी विभागों के विकास उन्मुखी विषयों को सामने लाने के लिए दूरदर्शन का संचार विकास प्रभाग बनाया गया था। सर्वप्रथम स्वास्थ्य विभाग सामने आया और उसने क्षय रोग, जलसंक्रमित और तंबाकू सम्बन्धित रोग, मलेरिया, आयोडीन की कमी से अपंगता, कोढ़, अन्धापन, कैंसर, एचआईवी और एड्स जैसे विषयों पर कार्यक्रम बनाने की पेशकश की तथा इसमें बाद में खाद्य सुरक्षा व प्रजनक स्वास्थ्य विषयों को जोड़ा गया।

डीसीडी की निर्देशक ऊषा भसीन ने सर्वप्रथम इस कार्यक्रम की परिकल्पना की जो ज्ञानवर्धक होने के साथ-साथ मनोरंजक भी हो। उन्होंने स्वास्थ्य संदेश देने के लिए टीवी तथा फिल्मी हस्तियों और पारम्परिक कथावाचकों का उपयोग किया। इसमें प्रश्नोत्तरी प्रतियोगिताएं, फोन पर डाक्टरों तथा आम व्यक्तियों के बीच चर्चा होती है। इस कार्यक्रम के लिए मुम्बई के शीर्ष गायकों और संगीत निर्देशकों को अनुबन्धित किया गया। राजस्थान, मध्यप्रदेश, छत्तीसगढ़, झारखंड, उत्तरप्रदेश, उडीसा और असम राज्यों से 'कल्याणी' कार्यक्रम का प्रसारण होता है।

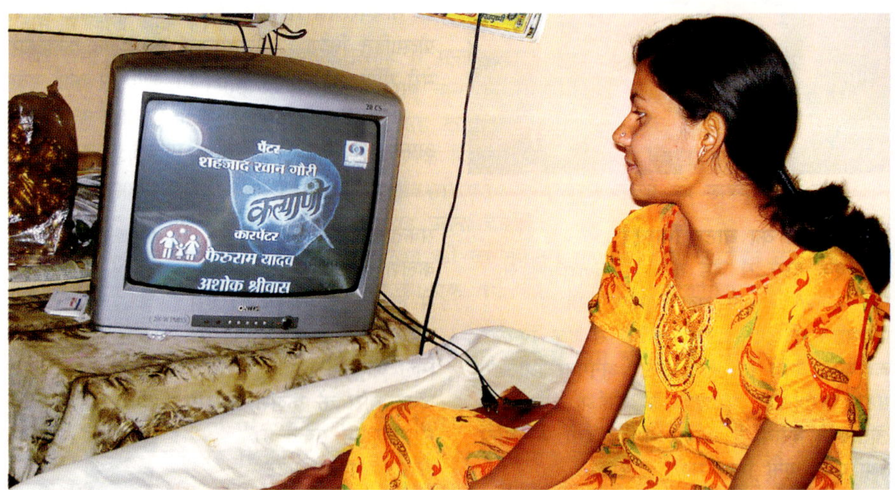

कल्याणी क्लबों का दीर्घकालीन उद्देश्य उन महिलाओं को मंच प्रदान करना था जो विकास का हिस्सा बनना चाहती है। इस समय तक 2,500 कल्याणी क्लब है और इसके सदस्यों की संख्या 55,000 है।

कुछ गांवों में कूडेदानों तक पर कल्याणी के संदेश लिखे हैं। पहली बार ग्रामीण व्यक्तियों ने रक्तदान किया और यह सुनिश्चित किया कि उपयोग में लाई जा रही सुई नई हो। उडीसा में एक हजार व्यक्तियों नें मृत्यु के उपरांत नेत्रदान के लिए हस्ताक्षर किए इनमें से आधी संख्या कल्याणी क्लब की महिला सदस्यों की थी।

कल्याणी ने बहुत से राष्ट्रीय तथा अंतर्राष्ट्रीय पुरस्कार जीते, जिनमें प्रतिष्ठित यूनीएड्स का रोज़ डी'ओर पुरस्कार सम्मिलित है। सबसे महत्त्वपूर्ण बात यह है कि यह स्वयं आय अर्जित कर रहा है जो इसके आगे बन रहने के लिए जरूरी भी है। कल्याणी कार्यक्रम के लिये विज्ञापन शुल्क समाचारों के बीच प्रसारित होने वाले विज्ञापनों के बराबर है। 30 मिनट के कार्यक्रम के लिये 10 मिनट का समय विज्ञापनों के लिये होता है ।

CIVIL SOCIETY

वन्य मूल के भोजन और औषधियों में फिर से रूचि जागृत करना

आपको पौधे, पत्ते, जड़ों, अंकुर तथा सरस फलों की 110 ऐसी खाने योग्य किस्में कर्नाटक के उत्तरा कन्नड़ के वनों में केवल आधे एकड़ वन्य भूमि से मिल सकती है जिनसे सुस्वादिष्ट व्यंजन बनाए जा सकते हैं। सुवर्ण सहयाद्रि पर्यावरण शिक्षा कार्यक्रम बच्चों में वनों तथा उनमें सदियों से मिलने वाले पारम्परिक भोजन तथा औषधियों के प्रति फिर से रूचि पैदा कर है।

चलता फिरता 'जड़ी बूटियों का एनसाइक्लोपीडिया' कहे जाने वाले पारम्परिक आयुर्वेदिक चिकित्सक वेंकटराम दाइथोटा और जयलक्ष्मी दाइथोटा 100 बच्चों को विभिन्न प्रकार के पौधों का चिकित्सकीय और पोषक महत्व की जानकारी देकर उनका मार्गदर्शन कर रहे हैं। बच्चों को इनकी पहचान करना और इनके महत्त्व के बारे में समझाया जाता है।

उत्तर कन्नड़ में वनों से मिलने वाले कंदमूल और अंकुरों से भोजन बनाने की समृद्ध परम्परा है। लोग वन्य भोजन को उनके औषधीय गुणों के कारण ही नहीं बल्कि उनके स्वाद और रूप-रंग के कारण भी पसंद करते हैं। लेकिन वन्य भोजन की विकारपूर्ण जानकारी के चलते बबूल और टीक, टमाटर और आलू जैसी चावल के साथ खाने की मेज पर दिखने लगी हैं और इन एक ही तरह की चीजों की प्राकृतिक वनों में पैदावार की जाने लगी है। कोकम, ड्रमस्टिक, फूलों और ब्राह्मी से बनने वाला स्वास्थ्यवर्धक पेय ताम्बली ही आधुनिकता की मार से बचा है।

जयलक्ष्मी ने पिछले पन्द्रह वर्षों से बाजार मे बिकने वाली सब्जियां नहीं पकाई हैं। वह कहती हैं कि वन उनकी सब्जियों का बागीचा है और वह अन्य लोगों को बताती हैं कि कैसे वे वन्य भोजन से मिले विटामिनों से स्वस्थ्य रह सकते हैं। वन्य आधारित भोजन कार्यशाला में प्रतिभागी स्वादिष्ट हर्बल पेय और व्यंजनों से जुड़े हर विषय पर चर्चा की जाती है। पोषक बैम्बू चावल के साथ अलग से 60 व्यंजन तैयार किए गए। यह बिरला व्यंजन 40 वर्षों में एक बैम्बू के फूलों के खिलने पर बनाया जाता है।

इससे यही संदेश मिलता है कि जैव-विविधता का संरक्षण अपने स्वास्थ्य को ठीक रखने के समान ही है इसलिये जैवशास्त्रियों ने हमें सतर्क किया है कि जंगली प्रजातियों को बाहर लाकर उनकी पैदावार नहीं की जानी चाहिए अन्यथा वे अपना मूल स्वरूप खो देंगे।

विकलांग द्वारा संचालित पैट्रोल पंप

शारीरिक रूप से अपंग मेघा सुहास काले ने 2007 में नागपुर, महाराष्ट्र में अपंगों द्वारा संचालित प्रथम पैट्रोल पंप शुरू किया। जब तक मेघा को यह पंप आबंटित नहीं हो गया उनके और उनके पति के प्रार्थना पत्र अस्वीकृत होते रहे।

मेघा एक निम्न परिवार से थी इसलिये उन्हें अपना स्वप्न पूरा करने के लिये अपनी कृषि भूमि का एक हिस्सा बेचना पड़ा और सहकारी बैंक से ऋृण भी लेना पडा। इस पैट्रोल पंप पर मैनेजर ही ऐसा व्यक्ति है जो शारीरिक रूप से पूरी तरह सक्षम है और सरकारी विभाग तथा ग्राहकों के बीच संपर्क का काम करता है। इस पेट्रोल पंप पर निर्धन परिवारों की तीन अपंग महिला कर्मचारी है लेकिन यह सभी अपने पैरों पर खड़े होना चाहती है।

आज तक किसी ग्राहक ने इनकी सेवा के बारे में शिकायत नहीं की है। जब इस पंप को आरंभ किया गया तब इसके पैट्रोल की बिक्री 1000 लीटर प्रतिदिन थी। अब यह बिक्री 5 गुणा अधिक बढ़ चुकी है। राजेश के पैर में 55 प्रतिशत विकलांगता और उन्हें आरंभ में एक जगह से दूसरी जगह जाने में कठिनाई होती थी किन्तु शीघ्र ही उन्होंने अपना कार्य व्यवस्थित कर लिया और इसके लिये उन्होंने सभी उपकरणों-नोषल, पंप बटन, तेल के डिब्बे, थैलियां और दूसरे छोटे उपकरणों आदि को एक ही स्थान पर रख लिए ताकि वह बिना इधर-उधर भागे बेहतर ढंग से काम कर सके।

मंजूषा पंबुधे जिनके बाएं पैर का घुटना अपंगता से ग्रस्त है, कहती है कि काम को अच्छे ढंग से व्यवस्थित करने से वह ज्यादा से ज्यादा ग्राहकों को जल्दी और बेहतरीन सेवा दे पाती है। अपना ब्यूटी पार्लर चलाने वाली ममता अध्यालकर कहती हैं कि यहां उन्हें ग्राहक से ब्यूटी पार्लर के व्यवसाय से अधिक विश्वास, निकटता और प्रशंसा मिलती है।

एमबीए *सब्जीवाला*

आईआईएमएस (इंडियन इंस्टीट्यूट ऑफ मैनेजमेंट) के अधिकांश छात्रों को कॉरपोरेट जगत 6 अंकों का आकर्षक वेतन का देकर लपक लेता है किन्तु एग्री बिजनेस मैनेजमेंट (आईआईएम) अहमदाबाद, 2007 के स्नातकोत्तर पाठ्यक्रम में सर्वोच्च स्थान प्राप्त 27 वर्षीय कुशलेन्द्र ने एक अलग मार्ग चुना।

उनका कहना है कि 'मैं बिहार में उगी सब्जियों को श्रीनगर से सेलम और शिलांग से सूरत तक सभी स्थानों पर खाने की मेज तक पहुंचाना चाहता हूं।'

कुशलेन्द्र सुनियोजित और व्यवसायिक ढंग से कार्य करते हैं। उन्होंने नालंदा और पटना के 250 सब्जी उत्पादकों से सीधे संपर्क किया। यह सभी कौशल्या फाउंडेशन के सदस्य हैं और ये अपनी सब्जियां समृद्धि मार्का के अंतर्गत बेचते हैं। इस फाउंडेशन में 14 सदस्य कार्य करते हैं।

एमबीए सब्जीवाला जैसा कि उन्हें नाम दिया गया है, उनके पास फाइबर ग्लास की ठेलागाड़ी है जिसे आईआईएम अहमदाबाद और आईआईटी के छात्रों ने डिजाईन किया है। यह आईस-कूल, चलने में हल्की और 200 किलोग्राम तक सब्जियां उठाने में सक्षम है। उन्होंने अब 50 और ठेलागाडी खरीदने के लिये पंजाब नेशनल बैंक से ऋणाधार मुक्त ऋण लिया है।

माता कौशल्या कुमारी उनकी शक्ति हैं और उन्हें उत्साहित करते हुए कहती हैं- 'अपने सपनों को साकार करो'। कौशलेन्द्र का स्वप्न बिहार को समृद्ध राज्य बनाने का है। उनका कहना है ''मैं प्रारम्भ से ही स्वयं को एक परिवर्तन लाने वाले व्यक्ति के तौर पर देखना चाहता था। बिहार के गरीब किसानों ने भी समृद्ध और बेहतर बिहार के स्वप्न देखने आरम्भ कर दिये हैं... मैं उनकी आंखों और दिलों में भी अपना सपना देखना चाहता हूं।''

खानम मुस्लिम महिलाओं की आवाज

43 वर्षीय दाऊद शरीफा खानम की परवरिश एक निम्न मध्यमवर्गीय रूढ़िवादी मुस्लिम परिवार में हुई। उन्होंने मुस्लिम महिलाओं के लिये लैंगिक आधार पर भेदभाव के खिलाफ न्याय के लिये आवाज़ उठाकर न केवल हलचल पैदा की अपितु यह भी सुनिश्चित किया कि उन्हें यह न्याय मिले। 2003 में उन्होंने केवल महिलाओं के लिये एक मंच 'जन्नत' स्थापित किया जिसमें बुजुर्गों की एक जमात पारिवारिक झगडों तथा धार्मिक मुद्दों को सुलझाता है।

उनका मानना था पुरूष मौलवियों ने इस्लाम में दहेज, तिहरा तलाक, पर्सनल कानून जैसे विषयों पर गलत धारणाएं कायम की हैं। *जमात* मस्जिद में बैठती थी जहां महिलाओं को जाने की अनुमति नहीं होती थी इसलिए महिलाएं अपना पक्ष नहीं रख पाती थी या फिर उन्हें प्रभावित करने वाले फैसले नहीं जान पाती थी। इसलिए उन्होंने महिलाओं की *जमात* - द तमिलनाडु मुस्लिम वुमेन्स जमात कमेटी की स्थापना की। यह 13 जिलों में 40 सदस्यों के साथ प्रारंभ की गई। आज इसके 25,000 सदस्य है। यह 2003 से कुरान और भारतीय संविधान से समान रूप से लिए गए उदारक तत्वों और मुस्लिम महिलाओं के अधिकारों को परिभाषित कर रहा है।

अब यह जिला पुडूकोट्टाई तमिलनाडु में मस्जिद बनाने की प्रक्रिया में सम्मिलित है जहां महिलाएं इसके अन्दर आकर प्रार्थना कर सकती हैं और आपस में दुःख-सुख बांट सकती हैं। महिला मौलवी तथा महिलाओं द्वारा ही संचालित यह वह स्थान है जहाँ महिलाएं न्याय पा सकती हैं और स्वास्थ्य, शिक्षा, तलाक जैसे मुद्दों पर चर्चा कर सकती हैं।

इन्होंने न केवल मस्जिद बनाने के लिये जमीन दान में दी अपितु इसकी नींव भी रखी। इनके अनुसार इसके निर्माण में 6 लाख रूपये का खर्च आएगा। इसके लिए वह अंतर्राष्ट्रीय महिला संगठनों से तथा उनके द्वारा बनाए गए जमीनी संगठन स्टैप द्वारा पैसा इकट्ठा करेगी जो उन्होंने मुस्लिम महिलाओं को न्याय दिलाने के लिए 1991 में शुरू किया था। एस कुदोस से उनका परिचय हुआ और उनके कार्य को आईएलओ ने मान्यता दी। उनका नाम अमेरिका के 100 हीरोइन्स प्रोजेक्ट में विश्व की 100 शीर्षस्थ महिलाओं में सम्मिलित किया गया है।

महिला काजी द्वारा मुस्लिम निकाह

अगस्त 2008 में नये *निकाहनामे* (शादी अनुबंध) के अंतर्गत लखनऊ में पहली बार एक महिला काजी द्वारा एक मुस्लिम विवाह सम्पन्न कराया गया। इस निकाहनामे को एक मुस्लिम महिला संगठन द्वारा तैयार किया गया है जिसमें महिलाओं को एक समान दर्जा दिया गया है। इसमें अंग्रेजी में इकरार किए गए और दुल्हन वास्तव में अपने *निकाह* में नाची।

तिहरे तलाक (तुरंत तलाक) के प्रति विद्रोह करते हुए मुस्लिम महिलाओं ने महिलाओं के पक्ष में एक आदर्श *निकाहनामा* बनाया जिससे शादी अधिक स्थायी और सुरक्षित तथा पति अधिक दायित्वपूर्ण हो। इसमें तिहरे तलाक से महिलाओं की सुरक्षा निश्चित की गई । डा. सयैदा हामिद एक इस्लामिक स्कॉलर और योजना आयोग की सदस्य है। इन्होंने इमरान अली और नईश हसन का निकाह करवाया। जिसमें अली ने 51,000 हजार का चैक बतौर मेहर दिया।

अमर ज्योति ट्रस्ट

डा. ऊमा तुली ने दिल्ली में अमर ज्योति चैरिटेबल ट्रस्ट को 60 के दशक में स्थापित किया। इन्होंने अपनी दिल्ली विश्वविद्यालय की नौकरी छोडकर - सम्पूर्ण शिक्षा, व्यवसायिक प्रशिक्षण, चिकित्सा देखभाल, स्व-रोजगार को दो स्कूलों में एक छत के नीचे आरम्भ किया। दिल्ली के स्कूल में 500 तथा ग्वालियर में 300 बच्चे हैं।

इन्होंने गांव जमरूदपुर ग्रेटर कैलाश, दिल्ली से अपना कार्य प्रारंभ किया, जहां के बहुत से बच्चे पोलियोग्रस्त थे। इन्होंने इन बच्चों की मदद के लिये अपना योगदान देने वाले कुछ लोगों का समूह बनाया जिसमें आर्थोपैडिक सर्जन, सायकोथैरेपिस्ट, शिक्षक, फिलैन्थ्रोपिस्ट सम्मिलित हैं। शोधक सर्जरी, कैलिपर, ब्रेसिस और व्हील चेयर मुफ्त उपलब्ध कराये गये। अपंग बच्चों को सम्पूर्ण शिक्षा प्राप्ति के लिये स्कूल भेजा गया। बहुत से बच्चों को जयपुर फुट (जयपुर के बने कृत्रिम पैर) दिए गए।

डा. तुली ने खेलों तथा सांस्कृतिक क्रियाकलापों को भी इसमें सम्मिलित किया। इन्होंने पांच *नैशनल इंटिग्रेटिड स्पोर्ट्स* प्रतियोगिताएं आयोजित कीं जिसमें देश के विभिन्न भागों के अपंग बच्चों के साथ-साथ सामान्य बच्चों नें भी हिस्सा लिया। डा. तुली भारत में रिहैबिलिटेशन इंटरनेशनल की राष्ट्रीय सचिव हैं।

5वें ऐबिलेम्पिक्स प्राग, चैकोस्लोवाकिया में भारत का प्रतिनिधित्व करने और जापान व हांगकांग में हिस्सा लेने के पश्चात् वे 2003 में भारत में ऐबिलेम्पिक्स लेकर आई।

उनके योगदान के लिये उन्हें बहुत से राष्ट्रीय और अंतर्राष्ट्रीय पुरस्कारों से सम्मानित किया गया जैसे श्रेष्ठ संस्थान के लिये 1991 में राष्ट्रीय पुरस्कार, यूएन-एस्केप एप्रेसिएशन 1998, मानव सेवा पुरस्कार, हेलेन केल्लर पुरस्कार 1999, हांगकांग पुरस्कार 1987। उन्होंने विकलांग लोगों के प्रतिनिधि के तौर उनकी शिकायतों को दूर करने के लिए चल (मोबाइल) शिकायत निवारण न्यायालय की शुरूआत की।

ग्रामीण महिलाओं का बिजनेस स्कूल

गांव की महिलाओं के लिए और उनके द्वारा चलाया जाने वाला मन्नदेशी महिला सहकारी बैंक तथा बैंक के ग्रामीण ग्राहकों के लिए महाराष्ट्र के सूखा पीड़ित सतारा क्षेत्र के मेसवाड़ गांव में 1996 में स्थापित एक विशेष बिजनेस स्कूल मन्नदेशी उद्योगिनी (एमडीयू) ने इस क्षेत्र की लगभग 16,700 महिलाओं उद्यमियों की किस्मत बदल कर रख दी।

एमडीयू ने उन महिलाओं के लिये छोटे पाठ्यक्रम प्रारंभ किये जिनके पास अपने व्यापार कौशल को निखारने, वित्त और बाजार को समझने तथा सहकारी बैंको से ऋण लेकर अपनी परियोजनाएं चलाने के लिए औपचारिक शिक्षा नहीं थी। ये फुटकर विक्रेता, बैग बनाना, स्क्रीन प्रिंटिंग और फोटोग्राफी जैसे छोटे व्यापार भी करते हैं।

एमडीयू की विद्यार्थी विनीता पाईस ने 2006 में प्रधानमंत्री द्वारा 'वुमेन एग्जैम्पलर अवार्ड' जीता। उन्होंने म्हास्वाद गांव में 35 स्वयंसेवी समूह बनाने में सहायता की जो कागज के कप बनाते तथा बेचते हैं। इस बैंक के 48,000 सदस्य हैं और बैंक की ऋण वापसी की दर 98 प्रतिशत है।

यह बैंक तथा बिजनेस स्कूल चेतना गाला सिन्हा (जो येल बिजनेस स्कूल की पूर्व छात्रा थी) द्वारा स्थापित किया गया है। आईसीएन बिजनेस स्कूल - फ्रांस, यूनिवर्सिटी ऑफ मिशीगन बिजनेस स्कूल और येल स्कूल ऑफ मैनेजमेंट के छात्रों के समूह सतारा के इस सफलतापूर्वक चल रहे स्कूल पर अध्ययन करने आते हैं।

मैला ढ़ोने वाली महिलाएं रैंप पर

राजस्थान व देश के अन्य हिस्सों से मैला ढ़ोने के काम से मुक्त कराई गई 54 महिलाओं को जुलाई 2008 में अंतर्राष्ट्रीय स्वच्छता वर्ष के मौके पर संयुक्त राष्ट्र महासभा में चोटी की मॉडलों के साथ रैंप पर चलने का अवसर मिला।

यह महिलाएं उन 60,000 लोगों में से थीं जिन्हें एनजीओ सुलभ इंटरनेशनल ने मैला ढ़ोने के काम से मुक्त करा पुर्नस्थापित किया था। मैला ढ़ोने के निकृष्ट काम से मुक्ति की कहानी बन चुकी यह महिलाएं आज अचार, पापड व नूडल बनाने का कार्य करती हैं। साथ ही अपनी कशीदाकारी, सिलाई व अन्य कारीगरी से कपड़ों में जान डाल देती हैं।

इस कार्यक्रम ने विश्व को यह दिखला दिया है कि कैसे स्वच्छता को बेहतर बना कर हाशिए पर पड़े लोगों के जीवन को बदला जा सकता है। अलवर, राजस्थान की 35 वर्षीया विमला अटवाल न्यूयार्क व संयुक्त राष्ट्र में अपनी उपस्थिति के बाद नए विश्वास के साथ अपने घर में कदम रखा। सुलभ के मुखिया और इस स्वच्छता अभियान के सर्वेसर्वा डा. बिन्देश्वर पाठक, कहते हैं जिन महिलाओं को उन्होंने मुक्त करवाया है उनके द्वारा यह विश्व जाने कि सामाजिक उत्थान की पहल करने और उसकी गति बनाए रखने के लिए उन्हें क्या करना है। पिछले वर्ष सुलभ इंटरनेशनल को स्वच्छता के क्षेत्र में सर्वश्रेष्ठ काम के लिये यूएन पुरस्कार मिला।

युद्धबीर सिंह ख्यालिया-प्रथम सम्पूर्ण शौचालययुक्त जिले के पीछे व्यक्ति

सिरसा देश का प्रथम ऐसा जिला है जहां कोई खुले में शौच नहीं करता है। यहां पर सूर्योदय से पहले व सूर्यास्त के पश्चात किसी को खेतों में चोरी छुपे जाने की आवश्यकता नहीं पड़ती। रेलवे लाईन के पास की सडकें गन्दगी रहित व गांवों से जुड़े जंगल भी स्वच्छ हैं।

8.76 लाख की जनसंख्या वाले इस जिले के सभी 333 गांवों में शौचालय हैं। सभी आंगनवाड़ियों और स्कूलों के साथ-साथ सभी घरों में शौचालय हैं और सभी लड़के एवं लड़कियों के अलग-अलग शौचालय भी बने हुए हैं।

जिला ग्रामीण विकास एजेंसी (डीआरडीए) सिरसा ने एनजीओ जय स्वच्छता समिति (जेएसएस) के साथ मिलकर ग्रामीण विकास मंत्रालय भारत सरकार के सम्पूर्ण स्वच्छता अभियान के अंतर्गत अक्तूबर 2, 2007 को *नया साल नया सवेरा* अभियान प्रारंभ किया। इसके अंतर्गत विशाल रैलियां, नुक्कड नाटक, घर-घर जाकर जागरूक करना और कक्षाएं लगाई गईं जिसमें लोगों को खुले में शौच करने से जुड़ी लज्जा और अशिष्टता तथा होने वाले रोगों के विषय मे बताया गया। केवल

90 दिनों में दिसम्बर 25 तक सभी गांवों में शौचालय बन गये और यह अभियान पूर्ण हो गया!

लोगों को खुले में शौच न करने के लिए समझाने हेतु स्वयंसेवियों को अनुबंधित और प्रशिक्षित किया गया। हमेशा की तरह इस अभियान में भी महिलाएं सबसे आगे थीं। इस अभियान में शिक्षक, गृहणियां, बच्चे और यहां तक कि वृद्ध भी शामिल थे। इसके लिए प्रशिक्षित स्वयंसेवकों ने किसी के साथ कोई जबरदस्ती न करके नम्रता से काम लिया - यानि कि गांधीगिरी!

इस अभियान में लोगों को कुछ इस तरह समझाया गया:

'मुझे खुले में यह सुविधाजनक लगता है मैं बन्द स्थान में यह पसंद नहीं करता।'

'...मैं इस आदत को बदल नहीं सकता।'

'......तुम क्या करोगे अगर मैं झाड़ी के पीछे जाकर गन्दगी फैलाऊं।'

स्वयंसेवी: 'श्रीमान, मैं आपकी गन्दगी को मिट्टी से ढ़क दूंगा।'

'अगर मैं फिर से यहीं करूं तो'

'मैं इसे तब तक ढ़कता रहूंगा जब तक इसकी आवश्यकता हो अथवा जब तक आप ऐसा करना बन्द न कर दें।'

इस अभियान को आरम्भ करने से पहले एक सर्वेक्षण किया गया, जिसमें सिरसा जिले की जनसंख्या 8,75,672 थी। इसमें 1,48,419 घर थे, जिसमें 36,724 गरीबी रेखा से नीचे व 1,11,695 गरीबी रेखा से ऊपर थे। गरीबी रेखा से ऊपर के 23,777 घरों में फिर भी शौचालय नहीं थे। अब सभी घरों में शौचालय हैं।

हालांकि सम्पूर्ण स्वच्छता अभियान 1999 में प्रारंभ किया गया था तब इसके परिणाम बहुत उत्साहजनक नहीं थे। किन्तु जब अपर जिला आयुक्त (एडीसी) एवं सीईओ, डीआरडीए, सिरसा ने इस काम को अपने हाथों में लिया तो उन्होंने इसे अभियान में बदल दिया।

प्रतिदिन एक लाख बच्चों को भोजन कराना

विश्व का सबसे बडा एनजीओ 'अक्षय पात्रा फाउंडेशन' छः राज्यों के लगभग एक लाख स्कूली बच्चों को प्रतिदिन भोजन देता है।

आईआईटी मुम्बई के एमटेक स्नातकोत्तर मधु पंडित दास द्वारा 2000 में यह फाउंडेशन स्थापित किया गया। बतौर स्वप्नद्रष्टा इन्होंने मध्यान्तर भोजन बनाने और वितरण की तकनीक विकसित की। आईआईटी बेंगलौर के एक अन्य स्नातकोत्तर चंचलपतिदास ने योजनागत कार्यों में उनका मार्गदर्शन किया।

कर्नाटक, उत्तरप्रदेश, राजस्थान, उडीसा, गुजरात और छत्तीसगढ़ के 16 स्थानों में 4,700 स्कूलों में पढ़ने वाले अभावग्रस्त बच्चों को तीन स्वादिष्ट व्यंजन प्रतिदिन परोसे जाते हैं। दक्षिण भारत में सामान्यत: साम्बर, चावल, दही और उत्तर भारत में दाल, रोटी, सब्जी तथा खीर शामिल होते हैं। खाने की पोषकता को सुनिश्चित करने के लिए इलिनोइस इंस्टीट्यूट ऑफ टैक्नॉलोजी ने एक चार्ट उपलब्ध कराया है ताकि बच्चों का सही विकास हो।

अक्षय पात्रा की इस दूरदृष्टि को ध्यान में रखते हुए कि भारत का कोई बच्चा भूख के

कारण शिक्षा से वंचित न रहे इसके लिए केन्द्रीय रसोईघर में औसतन एक लाख बच्चों का भोजन 6 घंटे से भी कम समय में बनता है। एक साथ रोटियां बनाने वाली मशीन एक घंटे में 1200 रोटियां बनती हैं और बड़े-बड़े बर्तनों में साम्बर और सब्जियां बनाई जाती हैं। रसोईघर अत्यन्त स्वच्छ होता है और यह सारी प्रक्रिया मशीनीकृत है और साथ ही इस बात का ध्यान भी रखा जाता है कि भोजन के पौष्टिक तत्व नष्ट न हों। हावर्ड बिजनेस स्कूल और इंडियन इंस्टीट्यूट ऑफ मैनेजमेंट रसोईघर के ढांचे और वितरण की प्रक्रिया पर अध्ययन किया है। जिला हुबली, कर्नाटक की रसोई में 1,80,000 लोगों का भोजन प्रतिदिन तैयार होता है। इसमें 2,00,000 लोगों के लिए भोजन बनाया जा सकता है। प्रतिदिन 15 टन (15,000 किग्रा.) चावल और 26,800 लीटर साम्बर पकाया जाता है। अधिक जानकारी वेबसाइट *http// www.akshayapatra.org* से ली जा सकती है।

प्रकृति एवं कृषि

शहरी ऊंचाईयों पर भारतीय मोरनियां!

विशिष्ट कलगी वाला मोर भारत का राष्ट्रीय पक्षी है। भारतीय मोरनियां परंपरागत तौर पर ज़मीन पर झाडियों वगैरह में अपना बसेरा बनाती है लेकिन अब ये भारतीय मोरनियां 7-11 मीटर ऊंची इमारतों के बड़े कगारों पर अपना बसेरा बना कर नई दिल्ली में इतिहास रच रही है! 2004 में विश्व फीजेंट संगठन के अध्यक्ष समर सिंह नई दिल्ली के लोधी गार्डन के साथ सटे इंडिया इंटरनशनल सेन्टर एनेक्सी के द्वितीय तल पर बने रेस्तरां में लंच कर रहे थे तो उन्होंने डायनिंग हॉल की खिड़की के कगारों पर एक मोरनी को अपने दो अंडों को सेहते हुए देखा। उस खिड़की के कगारों पर कुछ मिट्टी थी जिस पर आम तौर पर कुछ वनस्पति उग आती थी। अंडो में से बच्चे तो निकलते थे लेकिन जंगली बिल्लियां उन्हें मार देती थी। इसके बाद से समर सिंह भूमि की जगह मोरनियों द्वारा असामान्य रूप से ऊंचे कगारों पर घोंसला बनाए जाने की प्रवृत्ति की तलाश में रहने लगे।

SAMAR SINGH

उन्होंने चार साल पहले अत्यंत गर्मी वाले महीनों में डायनिंग हॉल के कगारों पर (90 x 60 सेमी.) मोरनियों के घोंसलों में दो-तीन

पौधे आरोपित किए। ये पौधारोपण गांव गजसुखदेसर में तीन स्थानों पर एनएसएस के स्वयंसेवकों, स्कूल के बच्चों और ग्रामीणों के 15,000 लोगों के दल ने 3 मिनट 50 सेकंड में किया। ये पौधारोपण कुल 1,200 बीघा (300 हैक्टेयर) में किया गया।

इस परियोजना के पहले चरण में जुलाई 30 को गड्ढे खोदने का काम पूरा किया गया। इसके बाद पूरे क्षेत्र को 100 भागों में बांटा गया और स्वयंसेवकों को प्रत्येक भाग का प्रभारी बनाया गया। प्रत्येक 20 गड्ढों के बाद एक लाइन खींची गई और लाइन पर भागीदारों को तैनात किया गया। पौधारोपण प्रातः 9:22:00 बजे आरंभ हुआ और ठीक प्रातः 9:25:50 बजे समाप्त हो गया।

सर्वाधिक पौधारोपण

जुलाई 27, 2008 को छत्तीसगढ़, रायपुर में 7 घंटे का सफल वृक्षमित्र महा अभियान चलाया गया। जिला प्रशासन द्वारा चलाए गए अभियान में 2,90,090 लोगों ने 71,34,082 पौध लगाई। इस दौरान टीक, बांस, करंजी, नीम, शीशम, विभिन्न फलदार, बारहमासी तथा अन्य पौधे लगाए गए। यह महा अभियान जिला कलेक्टर सोनमई बोहरा ने विभिन्न सरकारी विभागों, स्कूलों, महिला संगठनों, गैर सरकारी संगठनों तथा उत्साही सार्वजनिक व्यक्तियों की मदद से चलाया।

विश्व कीर्तिमानः सबसे लम्बी जूही

बंगलौर के प्रो. डा. एस रमेश बाबू के पास जूही का पौधा है जिसकी अगस्त 15, 2009 तक ऊंचाई 11.13मी. थी। (इसकी सामान्य लम्बाई 3 से 4.5मी. होती है।) इस पौधे की विशेषता यह है कि इसे चौड़ाई में 5.5मी. तक चौड़ा और और लम्बाई में 11.3मी. तक फैलने दिया गया।

सबसे लम्बा पुदीना का पौधा

केशव पुरम, दिल्ली के मदन गोपाल कोहली की छत पर बने बगीचे में एक गमले में दो वर्ष का पुदीने का पौधा लगा हुआ है जिसकी अगस्त 15, 2008 को लम्बाई मापने पर 2.18 मी. थी।

विश्व कीर्तिमानः सबसे लम्बा हिबिस्कस

हिबिस्कस पूरे देश में और दक्षिण के गर्म, आर्द्र और उमस भरे मौसम में विशेष रूप से खिलता है। 2003 में प्रो. डा. एस रमेश बाबू ने अपने अहाते की दीवार के पास एक हिबिस्कस का पौधा लगाया। उन्होंने 30 सेंमी. का एक गड्ढा खोदा और उसमें अच्छी गुणवत्ता की लाल मिट्टी और खाद डाली। पांच साल बाद आश्चर्यजनक रूप से हिबिस्कस 7.62 मी. लम्बा हो गया और अभी भी बढ़ रहा है! इसका प्रमुख तना 10 सेमी. व्यास का है और यह झाड़ पेड़ की तरह दिखता है! इसमें अभी तक कोई भी रासायनिक खाद नहीं डाली गई है।

बच्चों को जन्म देते देखा। पहले 10 दिनों तक मोरनियां दाना-पानी की तलाश में रात को या फिर भोर में उड़ जाती थी। अगले 14 से 15 दिनों तक अंडों के पकने तक वह अपने ठिकाने से बिलकुल नहीं उड़ी। आईआईसी के कर्मचारी उसे कटोरी में पानी, डबलरोटी के टुकड़े और पके हुए गेहूं के दाने या बाजरा, जिसे वो शायद खाती थी, दे देते। कुछ नए कर्मचारी मोरनियां के आहार में उबले हुए अंडे भी डाल देते।

चूजे कुछ ही घंटों में सक्रिय हो जाते हैं इसलिए उनका कगारों से गिरने का खतरा बना रहता था। इसके अलावा यह बात भी ध्यान में थी कि वह ज़मीन पर कैसे उतरेंगे। बच्चों को चोट से बचाने के लिए कगारों के ठीक नीचे 3 सेमी. का एक लकड़ी का आधार बनाया गया जिसके ऊपर से जाल डाला गया। लेकिन तीन दिन बाद चूज़ों के परिपक्व हो जाने के

बाद मां अपनी रोजमर्रा की दिनचर्या पर चली गई। उसने लौटने पर दो बड़े बच्चों को धकेला और उन्होंने अपने पंख फैला दिए और पैराशूट की तरह नीचे आ गए। सबसे छोटे शिशु ने भी उनका अनुसरण किया। एक बार ज़मीन पर आने के बाद बच्चे जल से भरे उद्यान में चले गए और वहां झाड़ियों में रहने लगे। पूरे शहर के पार्क प्रशासन को हरित क्षेत्रों में इन्हें होने वाली उन असुविधाओं के बारे में सचेत कर दिया गया जिनके कारण इनको शहरी क्षेत्रों में ऊंचे स्थानों पर अपना ठिकाना बनाने के लिए बाध्य होना पड़ता है। फिलहाल लोधी गार्डन में मादा मोरों के लिए पिंजरे बनाए गए हैं जिससे कि वह अपने बच्चों के उड़ने योग्य होने तक उनको सुरक्षित रूप से बडा़ कर सके। वर्तमान में एक माता और तीन शिशु इन पिंजरों में हैं।

बॉम्बे नेचुरल हिस्ट्री सोसायटी

हॉर्नबनी हाउस, मुम्बई में स्थित देश के सबसे पुराने और उत्कृष्ट संस्थान बॉम्बे नेचुरल हिस्ट्री सोसायटी (बीएनएचएस) की स्थापना 1883 में छः अंग्रेज़ों और दो भारतीयों ने की थी। बीएनएचएस मुख्य रूप से प्राकृतिक संसाधनों के लम्बे समय तक उपयोग पर बल देता है। इसके 20 से भी अधिक देशों में सदस्य हैं और आज भारत तथा पड़ोसी देशों में वन्यजीवन पर अधिकांश जानकारी बीएनएचएस द्वारा ही एकत्र की गई है। इसके अमूल्य संग्रह में 29,000 पक्षियों, 20,000 स्तनधारियों, 7,500 सरीसृपों तथा उभयचरों तथा 50,000 कीट-पतंगों की जानकारी है।

बीएनएचएस को बनाने में प्रसिद्ध पक्षीविज्ञानी डा.सलीम अली, सोसायटी के प्रथम निदेशक जीसी डेनियल तथा सोसायटी के संस्थापक एसएच परातर जैसे इतिहास पुरूषों की ऐतिहासिक भूमिका रही है।

बॉम्बे वाइल्ड एनीमल एण्ड वाइल्ड बर्ड प्रोटेक्शन एक्ट को बनाने में भी बीएनएचएस निकटता से जुड़ा रहा है। इसकी शुरूआत 1948 में हुई थी जिसने वर्तमान वन्यजीव संरक्षण अधिनियम 1972 के लिए आधार तैयार किया। बीएनएचएस की वैज्ञानिक अनुसंधान के आधार पर ही 1965 में जंगली भैंसों के संरक्षण के लिए बस्तर के कुतरू क्षेत्र को संरक्षित क्षेत्र के नेटवर्क में; 1971 में नीलगिरी थार हेतु केरल की इराविकुल्लम सेंचुरी; 1973 में फलेमिंगों प्रजाति के लिए कच्छ के रण; 1973 में मगरमच्छों के संरक्षण के लिए भीतरकनिका; 1978 में आर्द्रभूमि संरक्षण के लिए पंजाब की हरीकी झील; 1979 में ग्रेट इंडियन बस्टर्ड हेतु महाराष्ट्र में नानज़ और आंध्र प्रदेश में रोलपाडू तथा 1984 में प्रवासी जल पक्षियों के लिए महाराष्ट्र के मधमेश्वर को संरक्षित क्षेत्रों में शामिल किया गया। इसने विलुप्त हो रही प्रजातियों जैसे 1986 में आन्ध्र प्रदेश में मालेश्वर वन्यजीव सेंचुरी और 1993 मे तमिलनाडु की उच्च पर्वत श्रृंखलाओं में सलीम अली की फ्रूट बैट *लेटिडेन्स सलीमाली* को फिर से ढूंढ निकालने में भी महत्त्वपूर्ण भूमिका निभाई। 1983 में बीएनएचएस ने प्रमुख जलविद्युत परियोजनाओं के विरूद्ध कानून बनाने में आगे रहा व केरल की साइलंट वैली के संरक्षण में सहायता की।

बीएनएचएस ने 1993 में संरक्षण शिक्षा केन्द्र (सीईसी) बनाया जिसके द्वारा सोसायटी बड़ी संख्या में स्कूलों तथा दूसरे संस्थानों में प्रकृति के बारे में शिक्षा देती है।

BNHS

गिद्धों को नया जीवन

बीएनएचएस द्वारा सात साल पहले आरंभ किए गए गिद्ध प्रजनन कार्यक्रम में देश के विभिन्न हिस्सों से लुप्त प्राय इस पक्षियों को पकड़ कर लाया गया और चंडीगढ़ के निकट पिंजौर में, पश्चिम बंगाल में बक्सा में तथा गुवाहाटी असम के निकट रानी में केन्द्रों में रखा गया।

पिंजौर के केन्द्र में 120, बक्सा में 53 और रानी में 14 युवा गिद्ध पक्षी हैं। इन सभी को इनके शैशवकाल में या फिर लगभग एक वर्ष की आयु में पकड़ा गया। दो श्वेत पुच्छदार शिशु गिद्धों को पिंजौर केन्द्र में बड़ा किया गया जिससे इस प्रजाति के पुनरोद्धार की उम्मीद नज़र आई।

पिंजौर में गिद्ध संरक्षण कार्यक्रम की निगरानी करने वाले बीएनएचएस के प्रमुख वैज्ञानिक डा. विभु प्रकाश के अनुसार गिद्ध भारत के साथ-साथ दक्षिण एशिया में भी इको-तंत्र का हिस्सा है। एक समय भारत में लगभग 40 मिलियन गिद्ध थे। लेकिन 90 के दशक के मध्य में मुख्य तौर पर डाइक्लोफिनेक के कारण इनकी संख्या घटने लगी। डाइक्लोफिनेक पशु शवों में पाया जाने वाला एक ऐसा विषाक्त तत्व होता है जो मवेशियों के शवों को खाते समय गिद्धों में चला जाता है। स्थानीय खानाबदोश की संख्या विशेषकर श्वेत पुच्छदार गिद्ध, लम्बी चोंच वाले गिद्ध तथा पतली चोंच वाले गिद्धों की संख्या घट कर बहुत कम रह गई।

रॉयल सोसायटी फॉर प्रोटेक्शन ऑफ बर्ड्स तथा ज्योलॉजिकल सोसायटी ऑफ लंदन के सहयोग से वल्चर (गिद्ध) रिकवरी प्लान 2004 योजना के अंतर्गत दक्षिण एशिया में छः गिद्ध प्रजनन केन्द्र बनाने का फैसला किया गया जिनमें से तीन भारत में हैं। प्रत्येक विलुप्त हो रही तीन प्रजातियों के पच्चीस जोड़ों को तीन भारतीय केन्द्रों में बड़ा किया जाएगा ताकि भीतर ही पर्याप्त आनुवांशिक विविधता वाले जीवनक्षम गिद्धों की आबादी हो सके। इसके साथ ही सरकार ने डाइक्लोफिनेक तत्व वाली औषधियों पर पाबंदी लगा दी है और इसके स्थान पर इसका सुरक्षित विकल्प मेलोएक्सिम रखा है। 2007 के एक सर्वेक्षण से पता चलता है कि पतली चोंच वाले गिद्धों की संख्या 1,000, श्वेत पृष्ठ वाले गिद्धों की संख्या 11,000 और लम्बी चोंच वाले गिद्धों की संख्या 44,000 रह गई है जो कि इनकी पुरानी आबादी का एक प्रतिशत भी नहीं है।

गिद्ध लम्बे समय तक जीते हैं लेकिन इनका प्रजनन बहुत धीमा होता है। ये पांच वर्ष का होने पर परिपक्व होते हैं और साल भर में केवल एक अंडा देते हैं। इनकी आबादी में गिरावट की दर 40 प्रतिशत है। इन विषमताओं के बावजूद गिद्धों की आबादी बढ़ाने के प्रयास कमज़ोर नहीं पड़े हैं। डा. प्रकाश कहना है कि जब आम आदमी 40-50 गिद्धों को भी इकठ्ठा देखता है तो वह इनके पुर्नजीवन को लेकर उत्साहित हो उठता है परंतु अभी इस दिशा में बहुत कुछ किया जाना बाकी है।

नोबल से सम्मानित डा. आरके पचौरी

अमेरिका के पूर्व उपराष्ट्रपति अल गोर और अंर्तसरकारी जलवायु परिवर्तन पैनल (आईपीसीसी) को 2007 में नोबल शांति पुरस्कार से सम्मानित किया गया। नोबल समिति ने अपने प्रशस्ति पत्र में कहा कि इन दोनों को ''मानव निर्मित जलवायु परिवर्तन के बारे में ज्ञान को विस्तारित तथा उसका प्रसार करने के लिए इनके प्रयासों तथा ऐसे परिवर्तन को प्रभावहीन करने के उपायों की नींव रखने के लिए'' सम्मानित किया गया है।

डा.राजेन्द्र कुमार पचौरी आईपीसीसी के अध्यक्ष हैं। यह संस्था ग्लोबल वार्मिंग को तथा धरती पर उसके प्रभावों को जानने के लिए वर्ल्ड मीट्रालॉजिकल आर्गेनाइज़ेशन (डब्ल्यूएमओ) तथा यूनाइटेड नेशन्स एन्वायरमेंट प्रोग्राम (यूएनईपी) द्वारा बनाई गई है। डा. पचौरी अप्रैल 2002 से आईपीसीसी के अध्यक्ष हैं और 1981 से एनर्जी रिसर्च इंस्टीट्यूट (पूर्व में टाटा एनर्जी रिसर्च इंस्टीट्यूट), नई दिल्ली के पहले निदेशक के रूप में और फिर

अप्रैल 2001 से महानिदेशक के तौर पर इसके प्रमुख रहे।

माइक पांडे के लैंस से

प्रसिद्ध फिल्म निर्माता एवं संरक्षणविद् माइक पांडे के लिए प्रतिष्ठित हरित ऑस्कर जीतना एक आदत बन चुकी है। उन्होंने इसे एक, दो बार नहीं बल्कि तीन बार जीता है! इन्होंने अपनी पहली फिल्म द लॉस्ट माइग्रेशन-वाइल्ड

विलुप्त होती प्रजातियां

नवम्बर 1969 में बनाई गई वर्ल्ड वाइड फंड फॉर नेचर-इंडिया (डब्ल्यूडब्ल्यूएफ-इंडिया) वन्यजीवन और प्रकृति के संरक्षण के लिए कार्यरत देश की सबसे बड़ी संस्था है। मानव-पशु की लड़ाई का समाधान करते हुए यह संस्था उन समाधानों को खोजना तथा लागू करना चाहती है ताकि मानव जाति प्रकृति के साथ मिल कर रह सके और आने वाली पीढ़ियों के लिए विश्व में भरपूर प्राकृतिक संसाधन हो। यह विभिन्न लैंडस्केप व्यवस्थाओं के माध्यम से काम कर रही है जिसमें नीलगिरी और पूर्वी घाट, कंचनचंगा, काज़ीरंगा, कर्बी अंगलोंग, ब्रह्मपुत्र का उत्तरी तट, सुंदरबन, सत्तपुड़ा शामिल है। यह प्रजातियों की

एलीफेंट 1994 में सरगुजा में फिल्माई थी।

माइक ने शोर्स ऑफ साइलेंस-व्हेल शार्क इन इंडिया फिल्म बनाई जिसने 2000 में व्हेल शार्क को विलुप्त होने से बचाया। वह जब गुजरात गए तो उन्होंने वहां लोगों से व्हेल शार्क के बारे में पूछा तो मछुआरों सहित सभी ने यही कहा कि यहां कोई व्हेल शार्क नहीं है। अधिक जानकारी हासिल करने पर माइक को पता चला कि ठीक से न समझ पाने के कारण ठीक जानकारी नहीं मिल पाई क्योंकि स्थानीय लोग इसे 'बिरल' कहते थे जबकि बाहर से आने वाले लोग इसे व्हेल शार्क के नाम से जानते हैं। मछुआरों इसे बहुत कम दामों में बेच देते थे और इसे एशियाई देशों में बेचा जाता था। मछुआरों को काफी मनाने और कुछ दबावों के बाद अब मछुआरे पर्यावरणीय पर्यटन की दिशा में अग्रसर है जिसके नतीजे अच्छे हैं!

उनकी फिल्मों में हमारे खतरे में पड़े वन्यजीवन को अर्थपूर्ण तरीके से सामने रखा गया है। उनकी फिल्म वेनिशिंग जाइंट पकड़े गए हाथियों के साथ अमानवीय व्यवहार और अंततः उनकी दर्दनाक मौत को सामने लाती है जिसके लिए माइक को नए वर्ग मे 2004 के फिल्म उत्सव में वाइल्डस्क्रीन पुरस्कार मिला। उनकी सबसे अधिक प्रशंसनीय फिल्म नेचरुल हिस्ट्री ऑफ द चीता को ड्यूक ऑफ एडेनबरा पुरस्कार मिला।

"आदमी मनुष्य जीवन के जटिल जाल का एक छोटा सा हिस्सा, एक रेशा भर है। जो कुछ वह जाल के साथ करता है वह स्वयं के साथ करता है।" -माइक पांडे

बाघों की वापसी!

देश में बाघों की आबादी में तेज़ी से कमी आई है। सदी के आरंभ में इनकी संख्या लगभग 40,000 थी जिनकी संख्या 1947 में आज़ादी के समय घट कर 10,000 से 12,000 रह गई। 1972 में जब टाइगर परियोजना आरंभ की गई तो इनकी अनुमानित जनसंख्या 1,800 थी। 2007 में भारतीय वन्यजीव संस्थान द्वारा कराई गई गणना के अनुसार अब देश में 1,300 से कुछ अधिक बाघ ही बाकी हैं। 22 स्थानीय बाघों के शिकार अथवा मार दिए जाने के बाद 2005 के अंत तक राजस्थान के सरिस्का टाइगर रिज़र्व में कोई बाघ बचा नहीं था। रिजर्व में बाघों को नया जीवन देने के हित और अहित पर एक बड़ी बहस के बाद एक नर और मादा निकट के रणथम्भौर टाइगर रिजर्व से लाकर नांदेश्वर में सरिस्का के मुख्य हिस्से में बसाया गया। भारतीय वन्यजीव संस्थान, देहरादून ने बाघों को फिर से लाने की योजना तैयार की।

राष्ट्रीय बाघ संरक्षण प्राधिकरण के राजेश गोपाल के अनुसार 889 वर्ग किमी. के सरिस्का रिजर्व को अत्यंत संवेदनशील बाघ आवास (सीटीएच) के रूप में अधिसूचित किया गया जिससे इस संरक्षित स्थल का अतिक्रमण नहीं किया जा सकता। सीटीएच से यह सुनिश्चित किया जाएगा कि मुख्य स्थल पर मानव और पशु के बीच कोई टकराव न हो।

रक्षा भी करना चाहती है जिसमें एशियन हाथी, चीता, एक पूंछ वाला गैंडा, लाल पांडा, नीलगिरी थार, सारस क्रेन, ओलिव रिडली कछुए तथा घड़ियाल शामिल है। डब्ल्यूडब्ल्यूएफ-इंडिया ने वर्षों से प्रकृति और विशिष्ट प्रजातियों को जानने, प्यार करने और उनकी रक्षा करने वाली युवा पीढ़ी को तैयार किया है।

ब्रह्मपुत्र, गंगा और चम्बल के नदी स्थलों में ताजे जल वाली डॉल्फिनों की संख्या केवल 1800 से 2000 है। लेकिन डब्ल्यूडब्ल्यूएफ-इंडिया के एक दशक लम्बे प्रयासों से ऊपरी गंगा की 160 किमी. लम्बी पट्टी में इनकी संख्या 20 से बढ़कर 45 हो गई है।

अपने गांव विकास कार्यक्रम के अंतर्गत डब्ल्यूडब्ल्यूएफ-इंडिया उप्र. के जिला बुलंदशहर के पांच गांवों में रसायनों की जगह जैविक खाद के इस्तेमाल को प्रोत्साहित कर रहा है।

कृषि

सामान्य

भंडारित खाद्यान्न में कीट का पता लगाने वाला यंत्र
सेन्ट्रल इंस्टीट्यूट ऑफ पोस्ट हारवेस्ट इंजीनियरिंग और टेक्नॉलोजी (सीआईपीएचईटी), लुधियाना पंजाब ने अप्रैल 2008 में भंडारित खाद्यान्न में कीट का आसानी से पता लगाने वाला एक यांत्रिक उपकरण तैयार किया और उसे पेटेंट कराया। पोर्टेबल और कम कीमत के इस उपकरण को खाद्यान्न में चलाया जा सकता है। इस उपकरण में कीटों का पता लगाने वाले बॉक्स लगे हैं और एक यांत्रिक प्रणाली है जो इसको वांछित स्थानों पर चलाती है। कीट इकठ्ठा करने वाले बॉक्स कीटों को उड़ने नहीं देते और मरे हुए कीट भी उसमें आ जाते हैं।

जैविक कृषि
भारत में 2007-08 में 17 लाख हैक्टेयर में प्रमाणित जैविक कृषि हुई। वर्तमान में इसके जैविक बाजार की कीमत 100 करोड़ रूपए हैं और इसकी वार्षिक विकास दर 35 प्रतिशत है।

प्रथम जैव कृषि पाठ्यक्रम
इंदिरा गांधी राष्ट्रीय मुक्त विश्वविद्यालय ने एपीईडीए के सहयोग से फरवरी 16, 2008 को जैव कृषि में छः माह का प्रमाणपत्र पाठ्यक्रम आरंभ किया। मुक्त एवं दूरस्थ अध्ययन के अंतर्गत चलाए जाने वाले इस पाठ्यक्रम को देश के किसी भी हिस्से के बारहवीं उत्तीर्ण छात्र कर सकते हैं।

सिंचाई परियोजना वाला पहला गांव
महाराष्ट्र के ग्राम हतगांव की स्वयं चालित एक लघु सिंचाई परियोजना है जिसने इस सूखा पीड़ित विदर्भ क्षेत्र (किसानों की आत्महत्या के कारण सुर्खियों में रहने वाला) को सफल हरित कथा में बदल दिया है। भागीदारी सिंचाई एवं विकास प्रक्रिया की संकल्पना के तहत इस परियोजना में स्थानीय नहर पर 10,00,000 क्यू एम क्षमता का एक बांध बनाया गया है। 2 करोड़ रूपए की यह परियोजना जर्मन डेवलप्मेंट बैंक केएफडब्ल्यू और ग्रामवासियों के नकद अथवा श्रम की सहायता से तीन वर्ष में पूरी हुई तथा इसे 24 मार्च 2007 को गांव को सौंपा गया। यह परियोजना गांव की जल उपयोग समिति द्वारा महाराष्ट्र जल संसाधन विभाग और वर्धा की एक एनजीओ धरामित्रा के प्रशासनिक मार्गदर्शन की सहायता से चलाई जाती है। अब गांव में कपास के किसान साल में एक फसल की जगह तीन फसलें पैदा करते हैं। अब दूसरे गांवों में भी सफलता की यह कहानी दोहराई जा रही है।

'ब्रेड सैंडविच पद्धति'
तमिलनाडु के जैव वैज्ञानिक डा. जी नम्मालवर ने वर्ष भर सब्जियों की बढ़िया पैदावार के लिए एक अनूठी सैंडविच पद्धति विकसित की है। यह तकनीक बहुत सरल और सस्ती है-पहले मिट्टी की ऊपरी परत निकाल दें, उसके बाद निचली परत को बांट दें और उस पर उर्वरक की मोटी परत डालें और अंत में उर्वरक के ऊपर ऊपरी परत को फैलाएं। एक बार 'सैंडविच' का बिस्तर तैयार हो जाने पर किसान उस पर वर्ष भर सब्जियां पैदा कर सकते हैं जिसके लिए उन्हें दूसरी बार मिट्टी तैयार करने नहीं करनी पड़ती

प्रथम वैश्विक कृषि उद्योग मंच
भारत ने अप्रैल 8-11, 2008 तक नई दिल्ली में प्रथम ग्लोबल एग्रो इंडस्ट्रीज़ फोरम-जीएआईएफ 2008 का आयोजन किया जिसका शीर्षक 'प्रतिस्पर्धात्मकता एवं विकास के प्रभाव को बेहतर बनाना' था। यह कार्यक्रम केन्द्रीय कृषि, खाद्य, प्रसंस्करण उद्योग और वाणिज्य एवं उद्योग मंत्रालय के सहयोग से यूएन फूड एण्ड एग्रीकल्चर आर्गेनाइज़ेशन (एफएओ), यूएन इंडस्ट्रीयल डेवलपमेंट आर्गेनाइज़ेशन (यूएनआइडीओ) और इंटरनेशनल फंड फॉर एग्रीकल्चर डेवलपमेंट (आईएफएडी) द्वारा संयुक्त रूप से आयोजित किया गया था। इस कार्यक्रम में 100 देशों के 500 प्रतिनिधियों ने हिस्सा लिया।

सबसे बड़ा खाद्य तक्नॉलोजी कार्यक्रम
भारतीय व्यापार संवर्द्धन संगठन (आईटीपीओ) ने मार्च 10-14, 2008 तक अन्य सहयोगियों के साथ मिलकर प्रगति मैदान, दिल्ली में 23वीं आहार अंतर्राष्ट्रीय खाद्य, खाद्य प्रसंस्करण, होटल उपस्कर और आपूर्ति प्रदर्शनी-आहार 2008 का आयोजन किया। एशिया के ऐसे सबसे बड़े वार्षिक प्रदर्शनी कार्यक्रम में खाद्य उद्योग से जुड़ी 400 भारतीय और विदेशी कंपनियों ने हिस्सा लिया।

सर्वप्रथम एफएओ पुरस्कार पाने वाले
भारत के प्रधानमंत्री मनमोहन सिंह को अप्रैल 10, 2008 को एग्रीकोला मेडल प्रदान किया गया। यूएन फूड एण्ड एग्रीकल्चर आर्गेनाइज़ेशन (एएफएओ) का यह शीर्ष पुरस्कार कृषि एवं सामाजिक विकास कार्यक्रमों में उनके योगदान के लिए दिया गया। यह मेडल गरीबी एवं भूखमरी के उन्मूलन के लिए काम करने वाले विशिष्ट व्यक्तियों को दिया जाता है।

है। जून 2008 से देश भर के 2,500 से अधिक किसान इस पद्धति का प्रयोग कर रहे हैं।

फसलें

प्रोटीन से भरपूर मकई की किस्म

फरवरी 2008 में गुणतापरक प्रोटीन वाले मक्के की संकर विवेक-9 को फसल के लिए उतारा गया। यह संकर विवेकानंद इंस्टीट्यूट ऑफ हिल एग्रीकल्चर, अल्मोड़ा, उत्तराखंड द्वारा विकसित की गई है। दूध के प्रोटीन में मिलने वाली 90 प्रतिशत विशेषताएं इस तरह की किस्म के प्रोटीन में है जो इसे निर्धनों और बच्चों के लिए एक आदर्श पोषक तत्व बनाती है तथा इसकी जल्दी पकने की विशेषता (90 दिन) के कारण इसे देश के लगभग सभी हिस्सों में उगाया जा सकता है।

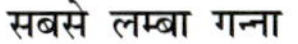

सबसे लम्बा गन्ना

कर्नाटक, मैसूर के एम वेंकटेश के बाग में लगे हीबला किस्म के गन्ने की लम्बाई नवम्बर 2002 तक 31 फुट थी (इसकी सामान्य लम्बाई 10 से 12 फुट होती है)।

2006

प्रथम भारतीय सरसों संकर

नेशनल रिसर्च सेन्टर ऑन रेपसीड-मस्टर्ड, भरतपुर राजस्थान में डा. केएच सिंह के नेतृत्व में वैज्ञानिकों के एक दल ने अगस्त 2008 में एनआरसी संकर सरसों (एनआरसीएचबी 506) के नाम से भारतीयों सरसों की संकर विकसित की। भारत में 6.33 मिलियन हैक्टेयर क्षेत्र में तोरी (रेपसीड)-सरसों की होती है और 2006-07 में 6.69 टन का उत्पादन हुआ।

सर्वाधिक कपास उत्पादन

भारत ने 2007-08 में कपास की 258.1 लाख बेलों (1 बेल=170 कि.ग्रा प्रत्येक) का उत्पादन किया जो कि 2006-07 के आंकड़ों की तुलना में लगभग 30 लाख बेल अधिक है।

सबसे अधिक खाद्यान्न उत्पादन

230 मिलियन से ज्यादा! भारत ने 2007-08 में अब तक सबसे अधिक 230.67 मिलियन टन खाद्यान्न का उत्पादन किया। इस वर्ष में अलग-अलग फसलों का भी रिकार्ड उत्पादन हुआ। अनाज में चावल (96.43 मिलियन टन), गेहूं (78.40 मिलियन टन), स्थूल अनाज (40.73 मिलियन टन) और मक्का (19.31 मिलियन टन) को अब तक का सबसे अधिक उत्पादन हुआ। कुल उत्पादन में दालों की पैदावार 15.11 मिलियन टन रही जिनमे तूर (3.09 मिलियन टन), उडद (1.52 मिलियन टन) और मूंग (1.56 मिलियन टन) का रिकार्ड उत्पादन हुआ। कुल 28.82 मिलियन टन तिलहन में से सोयाबीन (9.99 मिलियन टन) और मूंगफली (9.36 मिलियन टन) के उत्पादन ने नया रिकार्ड बनाया। *(पिछले वर्ष के आंकड़ों के लिए 2008 की लिम्का बुक ऑफ रिकार्ड्स देखें)।*

Total foodgrain production over the years

विश्व कीर्तिमान: सर्वाधिक नारियल उत्पादक

भारत 2006-07 में 1,584 करोड़ नारियलों के उत्पादन के साथ फिर से नारियल के सबसे बड़े उत्पादक के रूप में सामने आया है। यह उत्पादन पिछले वर्ष की तुलना मे 103 करोड़ अधिक है। इसके बाद दूसरे और तीसरे नम्बर पर क्रमशः इंडोनेशिया (1,498 करोड़) और फिलीपिन्स (1,260 करोड़) आते हैं।

8.98 लाख हैक्टेयर क्षेत्र में केरल 600 करोड़ नारियल उत्पादन के साथ प्रमुख उत्पादक राज्य है। इसके बाद तमिलनाडु (3.70 लाख हैक्टेयर से 480 करोड़) और कर्नाटक (3.85 लाख हैक्टेयर से 120 करोड़) आते हैं। देश के नारियल उत्पादन का 90% क्षेत्र व 91% उत्पादन इनको मिलाकर बनता है।

विश्व कीर्तिमान: सबसे बड़ा चाय उत्पादक

भारत ने 2007 में 9,450 लाख कि.ग्रा. चाय का उत्पादन किया। इस वर्ष में 1,570 लाख कि.ग्रा. चाय का निर्यात किया गया।

विश्व कीर्तिमान: सबसे बड़ा जैव चाय उत्पादक

भारत में देश के 6,000 हैक्टेयर क्षेत्र में 42 जैव चाय बागानों से लगभग 35,00,000 कि.ग्रा. जैव चाय का उत्पादन किया जाता है। लगभग सारा उत्पादन यूके, अमेरिका, जर्मनी और जापान जैसे देशों को निर्यात किया जाता है।

चाय कोला और गोलियां

जोरहाट, असम में टोकलई एक्सपेरिमेंटल स्टेशन में मृदुल हज़ारिका के वैज्ञानिकों के दल ने 2005 में चाय की गोली और चाय पेय तैयार किया जिसे जून 2007 में अस्थायी पेटेंट दिया गया। चाय कोला हरे और काले रंग में आता है

सबसे ऊंचा चाय बागान

यूनाइटेड नीलगिरी टी एस्टेट कं लि. का कोराकुंडा टी गार्डन समुद्र तल से औसत 2,414 मी. (7,920 फुट) की ऊंचाई पर स्थित है।

हरित परिवार

बेंगलौर के एक छोटे से किराए के मकान में रहने वाले बालाजी डकोजू (59) और उसकी पत्नी पदमा डकोजू (52) के लिए पौधे कोई सजावटी चीज नहीं हैं बल्कि अपने बच्चों की तरह ही हैं जिन्हें प्यार और दुलार चाहिए। वे उनसे स्नेह से बात करते हैं और पौधे भी अप्रत्याशित वृद्धि से जवाब देते हैं। सबूत के लिए तालिका देखिये।

पौधा	साइज़/उपज	सामान्य
पालक	13 फुट 9 इंच	1.5 फुट
लौकी*	213 लौकी	20 लौकी
याम	4 फुट 7 इंच	1 फुट
सूरजमुखी	69 फूल	1 अथवा 2 फूल
कॉस्मॉस	14 फुट 10 इंच	3 फुट
गेंदा	9 फुट 2 इंच	2 फुट
फ्रेंच गेंदा+	105 वर्ग फुट	4 वर्ग फुट
गुलाब का फूल	12 इंच (व्यास)	3 इंच (व्यास)
कोलीस	18 इंच	2 इंच
स्टॉक (लाइफ)	787 दिन	90 दिन
रात की रानी#	41 गुना	एकबार
रात की रानी$	101	1-4
डेहलिया	13 फुट	2 फुट
कॉक्सकॉम्ब	10 फुट 7 इंच	2 फुट
क्राइसेंथिमम	8 फुट 6 इंच	1.5 फुट
कपास का पौधा	24 फुट	4 फुट
गुलाब की झाड़ी	13 फुट 2 इंच	3 फुट

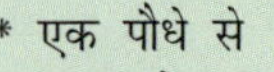

* एक पौधे से
\+ कुल क्षेत्र
\# एक वर्ष में पुष्पण
$ एक वर्ष में फूलों की संख्या

क्योंकि इनका रंग प्राप्ति के स्रोत पर-काली चाय अथवा हरी चाय- निर्भर करता है। एक चाय के गर्म तैयार प्याले जैसी ताज़गी देने वाली चबाने वाली गोली की लागत केवल 50 पैसे और मज़ेदार पेय की लागत केवल 1 रू. प्रति लीटर आती है!

सबसे बड़ा मिर्ची का पौधा

लखीमपुरी खीरी, उ.प्र. के राजीव कुमार के बगीचे में मिर्ची का पौधा 2007 में मुरझाने से पूर्व 16 फुट ऊंचा था। मिर्ची का एक सामान्य पौधा 2 से 3 फुट ऊंचा लम्बा होता है। यह पौधा जब मूल रूप से 2004 में रोंपा गया था तब इसमें मुख्य तौर पर 36 शाखाएं थी और जिन पर 1200 से अधिक मिर्चें उगी।

सबसे लम्बा भिंडी का पौधा

चारबाग, लखनऊ, उ.प्र. के अखिल सिरकर ने एक भिंडी का पौधा उगाया जिसकी लम्बाई अगस्त 15, 2008 तक 16 फुट थी। यह जैविक पौधा अप्रैल 2008 में रोंपा गया था जिससे 3 किग्रा. पैदावार हुई।

सबसे लम्बा खीरा

तमादेल्गे, कोल्हापुर, महाराष्ट्र के सरगोंदा

बाबगोंडा पाटिल की खेतीहर ज़मीन पर खीरे के एक पौधे की स्थानीय किस्म 3 फुट 2 इंच लम्बी और व्यास में 19 इंच थी और मई 2007 में इसका वजन 10.125 कि.ग्रा. था।

सबसे बड़ा आम महोत्सव

दिल्ली में प्रत्येक वर्ष अंतर्राष्ट्रीय आम महोत्सव का आयोजन 1987 से होता आ रहा है जिसमें आम की 500 से अधिक किस्म की पारंपरिक और संकर प्रजातियां प्रदर्शित की जाती है। महोत्सव में आम से तैयार उत्पादन जैसे जैम, अचार, फ्रूट जूस और कैन्ड फ्रूट भी रखे जाते हैं। दिल्ली पर्यटन और परिवहन विकास निगम (डीटीटीडीसी), कृषि एवं प्रसंस्कृत निर्यात विकास प्राधिकरण (एपीइडीए), राष्ट्रीय उद्यान बोर्ड और नई दिल्ली नगर परिषद् द्वारा संयुक्त रूप से नई दिल्ली के प्रगति मैदान में जुलाई 4,

2008 से तीन-दिवसीय महोत्सव का 20वां संस्करण आयोजित किया गया। महिलाओं के लिए आम खाओ प्रतियोगिता में अनीता चौधरी, जिसने 3 मिनट में 1.194 किग्रा. आम का गुदा खाया, ने प्रथम पुरस्कार जीता। पुरूषों की श्रेणी में शिवली खान जिसने 1.472 किग्रा. गुदा खाया, ने भी ईनाम जीता। इसके अतिरिक्त आम स्लोगन लेखन, आम गढ़ना, जादू के खेल और आम प्रश्नोत्तरी भी इसमें मुख्य आकर्षण थे।

आम बादशाह है!

भारतीय आम, फलों का राजा कहलाता है। आम ने 2007-08 में 60,000 टन से अधिक निर्यात के साथ विश्व के 90 विदेशी बाज़ारों में राज किया। भारत में हर साल 110 लाख टन आम पैदा होता है जो कि विश्व के कुल उत्पादन का लगभग 60 प्रतिशत है। कुल 12.3 लाख हैक्टेयर में आम उगाया जाता है और देश के कुल फल उत्पादन क्षेत्र में से 42 प्रतिशत क्षेत्र में आम पैदा किया जाता है।

सबसे बड़ा अमरूद

वादावनूर, पलक्कड़, केरल के के मोहनचन्द्रन ने

ठंडे रेगिस्तान में हरियाली

रक्षा अनुसंधान विकास संगठन (डीआरडीओ) ने 1962 में लेह में एक प्रयोगशाला डिफेंस इंस्टीट्यूट ऑफ हाई आल्टीट्यूट रिसर्च (डीआईएचएआर) स्थापित की थी। यह प्रयोगशाला लद्दाख क्षेत्र के सैन्य दलों तथा किसानों के लिए उपयोगी कृषि-पशुधन तक्नॉलोजी में सहायता देने के लिए बनाई गई थी। यह प्रयोगशाला समुद्र तल से औसतन 3,505 मी.(11,500 फुट) की ऊंचाई पर स्थित है और यह विश्व में सबसे अधिक ऊंचाई पर स्थित कृषि-पशु संस्थान है। वर्तमान में इसके अध्यक्ष डा. शशि बाला सिंह हैं।

एक मौसम में सर्वाधिक फसलें

डीआईएचएआर के वैज्ञानिकों डा. राघवेन्द्र सिंह, डा. ज्ञान पी मिश्रा और डा. नरेन्द्र सिंह ने अप्रैल-सितम्बर 2007 के एक मौसम में 78 अलग-अलग प्रकार की सब्जियों की सफलतापूर्वक पैदावार की। इन सब्जियों में उष्णकटिबंधीय से लेकर उप-उष्णकटिबंधीय तथा शीतोष्ण किस्म तक की सब्जियां शामिल हैं-शीतकालीन सब्जियां जैसे फूलगोभी, बंदगोभी तथा हरी गोभी; मूलीय फसलें जैसे गाजर, शलगम और बैंगन; शल्ककंद फसलें जैसे प्याज़ और लहसुन; फलीय फसलें जैसे गार्डन पी (मटर), स्नो पी और फ्रेंच बीन; सोलेनियस फसलें जैसे टमाटर, शिमला मिर्च और बैंगन; पत्तेदार सब्जियां जैसे पालक, साग, काहू; कुकुरबिट जैसे सीताफल, लौकी और नींबू; मसाले जैसे धनिया, हल्दी और अदरक के अतिरिक्त कई स्थानीय सब्जियां।

बड़ी फसलें

डीआईएचएआर ने कुछ सबसे बड़ी कृषि फसलों की पैदावार भी की है:

फसल	वजन (ग्रा.)	सामान्य (ग्रा.)
सीताफल	35,000	4000-5,000
गोभी	14,200	1000-1,500
शलगम	4,300	150-200
खोल-खोल (110 सेमी.)	3,200	500-750
लम्बा नींबू	2,000	300-600
हरी गोभी	1,500	500-750
आलू	1,100	100-150
प्याज़	750	80-100

सबसे बड़ा स्नेकगोर्ड (चिचिण्डा)

माउज सागांव, कोल्हापुर, महाराष्ट्र के पाटिल अप्पासाहिब पांडुरंग की कृषि योग्य भूमि पर स्नेकगॉर के पौधे से असाधारण रूप से लम्बे फल निकले जिसकी अगस्त 13, 2008 को लम्बाई 2.49 मी. (8 फुट 2 इंच) थी।

मार्च 19, 2007 को अपने खेत में 1.455 किग्रा. का एक अमरूद उगाया।

सबसे बड़ी फल एवं सब्जी परियोजना

नेशनल डेयरी डेवलपमेंट बोर्ड (एनडीडीबी) ने अप्रैल 2000 में मदर डेयरी और फ्रूट एवं वेजिटेबल परियोजना का विलय कर मदर डेयरी फ्रूट एवं वेजिटेबल लि. बनाया था। यह दूध और दूध के उत्पादों सफल के ब्रांड नाम से ताजे, फ्रोजन और प्रसंस्करित रूपों में कृषि उत्पादों का विपणन करती है। कंपनी की देश के विभिन्न हिस्सों में 400 अपनी दुकानें तथा 20,000 फुटकर दुकानों की श्रृंखला हैं। सफल की दिल्ली में आधुनिक वितरण प्रणाली है जिसकी वार्षिक क्षमता 200,000 लाख टन है। इसका मुम्बई में 120 टन प्रतिदिन और बेंगलौर में 250 टन प्रतिदिन की क्षमता वाला निर्यात उन्मुखी फल प्रसंस्करण संयंत्र है।

दुग्ध एवं दुग्ध उत्पाद

विश्व कीर्तिमानः सर्वाधिक दुग्ध उत्पादक

भारत ने 2007-08 में 102 करोड़ टन दुग्ध का उत्पादन किया जो कि विश्व के कुल दुग्ध उत्पादन का 15 प्रतिशत है। इसकी वार्षिक वृद्धि दर 4 प्रतिशत है जबकि विश्व की वृद्धि दर मात्र 1.1 प्रतिशत है।

विश्व कीर्तिमानः सबसे बड़ा डेयरी विकास कार्यक्रम

नेशनल डेयरी डेवलपमेंट बोर्ड ने 1970 में 'ऑपरेशन फ्लड' परियोजना आरंभ की थी। इस परियोजना के उद्देश्य दुग्ध के उत्पादन को बढ़ाना, ग्रामीण आय में वृद्धि करना तथा उपभोक्ताओं के लिए उचित दाम सुनिश्चित करना है। गांवों के दुग्ध उत्पादक सहकारिताओं को केन्द्र में रखते हुए इस परियोजना के तीन चरणों में कार्यान्वित किया गया। पहले चरण (1970-80) में भारत में दुग्ध की खपत करने वाले 18 प्रमुख केन्द्र थे जिसमें दिल्ली, चेन्नई, मुम्बई और कोलकात्ता शामिल थे। दूसरे चरण (1981-85) में 290 शहरी बाज़ारों तथा 43,000 गांवों की स्व-कार्यरत प्रणाली वाली सहकारी संस्थाओं को इसके साथ जोड़ा गया। तीसरे चरण (1985-96) में इस अभियान को संगठित रूप देते हुए 30,000 नई डेयरी सहकारिताओं को जोड़ा गया और दुग्ध खपत वाले केन्द्रों की संख्या बढ़ कर 173 हो गई। आज नेशनल मिल्क ग्रिड ने दुग्ध उत्पादकों को पूरे देश के 700 शहरों व नगरों में उपभोक्ताओं से जोड़ रखा है।

विश्व कीर्तिमानः सबसे बड़ा दुग्ध सहकारी संघ

गुजरात को-आपरेटिव मिल्क मार्किटिंग फेडरेशन (जीसीएमएमएफ), आनंद, का ब्रांड अमूल देश का सबसे बड़ा खाद्य ब्रांड है और विश्व का सबसे बड़ा थैली बंद दूध ब्रांड है जिसका 2007-08 में टर्नओवर रू. 5,255.4 करोड़ रहा। इसकी शुरूआत दिसम्बर 14, 1946 में दो गांवों के सहकारी संघ और प्रतिदिन 250 लीटर दूध से हुई। आज अमूल में 13 जिलों के सहकारी दुग्ध संघ हैं और 13,141 गांव समितियों के 27 लाख लोग इसके सदस्य हैं। इसने 2007-08 में 74 लाख प्रतिदिन की औसत से 2.69 बिलियन लीटर दुग्ध इकट्ठा किया। संघ की प्रतिदिन 102.1 लाख लीटर दुग्ध को प्रयोग में लाने की तथा

कटहल महोत्सव

उरवू इंडिजीनियस साइंस एण्ड टेक्नॉलोजी स्टडी सेन्टर ने हरित स्वासरया संघम, थिरिकपेट्टा के साथ मिलकर जून 1, 2008 को वायनाद, केरल में छक्क महोत्सवम् 2008 (कटहल महोत्सव) का आयोजन किया। इस महोत्सव में कटहल के 25 से अधिक स्वादिष्ट खाने प्रदर्शनी और बेचने के लिए रखे गए जिसमें प्यासम, हलवा, चिप्स, बिरयानी, डोसा, इडली, थोरन, उपमा, व्रती, लड्डू, वड़ा, पकौड़ा, अचार, पफ, स्कवॉश, पापड़, चटनी, जैली और जैम शामिल थे। इस महोत्सव का उद्देश्य प्रचुर मात्रा में पैदा होने वाले इस फल की उपयोगिता की तरफ लोगों का ध्यान आकर्षित करना तथा वर्षा के मौसम में इसकी बड़े पैमाने पर होने वाली बर्बादी को रोकना था। ऐसा पहला महोत्सव जून 24, 2006 को आयोजित किया गया था।

अटरली बटरली प्रचार

1967 में आरंभ हुई 'अटरली बटरली' विज्ञापन श्रृंखला निरंतर सबसे लम्बे समय तक चलने वाला और सफल प्रचारित विज्ञापन है जिसमें महीने में दो बार सामायिक राष्ट्रीय और अंतर्राष्ट्रीय घटनाओं पर कोई चुटीली टिप्पणी की जाती है। इसका पहला विज्ञापन होर्डिंग प्रमुख शहरों में 1967 में लगाया गया जिसमें अमूल लड़की को एक घोड़े पर बैठा दिखाया गया था। इसे बहुत सफल रहा। तब से यह अमूल ब्रांड को पूरे देश में लोकप्रिय कर रहा है। इस विज्ञापन के पीछे मुम्बई की डाकुन्हा कम्युनिकेशन का दिमाग है।

प्रतिदिन 626 टन दुग्ध को शुष्क करने की क्षमता है। इसके अलावा यह प्रतिदिन 3,090 टन पशुआहार का उत्पादन करता है।

दुग्ध उत्पादों का सबसे बड़ा विपणनकर्त्ता

अमूल के देश भर में 3000 वितरक हैं इसका 2007-08 में बिक्री का टर्नओवर रू.5,255.41 करोड़ रहा और पिछले वर्ष की तुलना में इसमें 23 प्रतिशत की वृद्धि हुई। यह दुग्ध, दुग्ध पाउडर, मक्खन, चीज़, घी, शिशुआहार, डेयरी व्हाइटनर और आईसक्रीम के बाज़ार में अग्रणी कंपनी है। अमूल डेयरी उत्पादों का सबसे बड़ा निर्यातक भी है जिसका टर्नओवर 2007-08 में रू.125 करोड़ रहा जबकि पिछले वर्ष यह रू. 60 करोड़ था। इसके प्रमुख अंतर्राष्ट्रीय बाज़ार खाड़ी के देश और अमेरिका है। अमूल ने 11 बार एपीइडीए निर्यात पुरस्कार जीता है।

मांसाहारी गाय!

कट्टीयत्तूर, कन्नूर, केरल के सीपी हुसैन की एक गाय मांसाहारी खाना खाती है और विशेष रूप से कच्ची या फिर तली हुई मछली और विभिन्न किस्म के चिकन खाती है! सात साल की इस गाय की ऐसी असामान्य खाने की आदत को देखने के लिए लोग दूर-दूर से आते हैं और कई बार उसे उसकी अपनी पसंद का स्वादिष्ट खाना भी परोसते हैं। गाय की यह पसंद कुछ साल पहले ही तब बनी जबकि उसके मालिक ने उसे घास के साथ मछली मिलाकर दी। लेकिन हुसैन की दूसरी दो गाय अप्रैल 2008 तक शाकाहारी ही थी।

सर्वाधिक कृत्रिम संसेचन (गर्भाधान)

मिर्धानगर के डा.गोविंद राम चौधरी ने नागौर, राजस्थान के सरकारी पशु अस्पताल में एक वर्ष (2006-07) में 5,330 मवेशियों में कृत्रिम संसेचन क्रिया की। इसकी सफलता की दर 51.5 प्रतिशत रही।

अंडे एवं चिकन

सबसे बड़ा संगठित पोल्ट्री समूह

1971 में आरंभ हुआ पुणे का वेंकटेश्वर हैचरीज़ प्रा.लि. के पास सर्वाधिक विस्तृत श्रेणी के उत्पाद है जिसमें वेनकॉब ब्रॉयलर (कबाब) एवं ब्रॉयलर ब्रीडर, बीवी-300 लेयर और लेयर ब्रीडर, पशु स्वास्थ्य उत्पाद, कुक्कुट के लिए टीके, एसपीएफ अंडे, उष्मायन (इनक्यूबेशन), पालतू पशु आहार और हेल्थकेयर, डी-ऑयलित केक, जैवनिरापद उत्पाद और पूरक खाद्य पदार्थ शामिल है। 90 प्रतिशत लेयर क्षेत्र वीएच समूह के पास है जिसका 38 लेयर का नेटवर्क और 194 ब्रॉयलर हैचरीज़ (अंडज उत्पत्तिशाला) है। इसकी अंडा पाउडर उत्पादन इकाई से 2007 में 8.7 बिलियन रूपये की आय हुई।

सबसे बड़े कबाब उत्पादक

सुगुना पोल्ट्री फॉर्म देश के सबसे बड़े और विश्व के चौथे सबसे बड़े चिकन कबाब के उत्पादक हैं जिसका टर्नओवर 2007-08 में 2,018 करोड़ रूपये रहा। यह 35 अंडज उत्पत्तिशालाएं (हैचरीज़) भी चलाते हैं जिनकी क्षमता प्रतिवर्ष कुल 350 मिलियन अंडों की है और यह एक माह में 8.5 लाख अंडों की बिक्री करते हैं। इनके पूरे देश में 38 फीड मिलें हैं। इसने 2002 में मुख्य रूप से निर्यात के लिए स्थापित संयुक्त उद्यम सुप्रीम सुगुना फूड्स में अपने सऊदी अरब के भागीदारों की 50 प्रतिशत हिस्सेदारी खरीदी।

ठेका कृषि में अग्रणी

तमिलनाडु में कोयम्बत्तूर के निकट उदमपट्ट में 1984 में बी सुंदरराजन और जीबी सुंदरराजन बंधुओं द्वारा स्थापित सुगना पोल्ट्री फॉर्म के 11 राज्यों में ठेके पर 15,000 से अधिक किसान है जो पोल्ट्री को सीधे आपूर्ति करते हैं और इसके अतिरिक्त इनकी 5,00,000 लोगों की आपूर्ति श्रृंखला है। सुगना वर्क्स ने यह काम इस तरह आरंभ किया कि यह किसानों को एक दिन के चूजे, आहार और दवाईयां देता है और

मुर्गी के सबसे बड़े अंडे

मोहाली, चंडीगढ़ के निकट रामपुर्सियां में सुरिन्द्र कुमार जोशी के गोयल पोल्ट्री फॉर्म में लो मैन प्रजाति की लेयर मुर्गी में जुलाई 16, 2008 को 162 ग्रा. (सामान्य वजन 50 से 60 ग्राम होता है) का अंडा दिया। इस अंडे की लम्बाई 10 सें.मी. और ऊंचाई 5 से.मी. थी। *(लिम्का बुक ऑफ रिकार्ड्स 2004 भी देखें।)*

इनके कर्मचारी पक्षियों के स्वास्थ्य और वृद्धि की जांच करने के लिए प्रत्यके फॉर्म का नियमित रूप से दौरा करते हैं। छः सप्ताह के बाद पक्षियों का वजन किया जाता है और कम्पनी द्वारा उसे बेच दिया जाता है और किसान को पक्षियों को रखने की फीस अदा कर दी जाती है। इसमें किसान का कोई जोखिम होता क्योंकि कम्पनी लगभग हर बात का ध्यान रखती है।

बर्ड फ्लू की पहली वैक्सीन

भोपाल, मध्य प्रदेश में उच्च सुरक्षा वाली आईसीएआर पशु रोग प्रयोगशाला में वैज्ञानिकों ने पूरे विश्व में खतरा बन चुके एवीयन इनफ्लूंजा का टीका मात्र पांच दिन में जुलाई 16, 2006 को विकसित किया। प्रयोगशाला में नया टीका विकसित करने के लिए वैज्ञानिकों ने प्रयोग के लिए 80,000 पक्षियों के नमूनों में से विषाणुओं (वायरस) की 48 किस्में अलग की। यह देश की एकमात्र ऐसी प्रयोगशाला है जहां एच5एन1 विषाणुओं से होने वाले बर्ड फ्लू का परीक्षण करने की सुविधा है।

बर्ड फ्लू मुक्त

भारत ने नवम्बर 7, 2007 को भारत स्वयं को एवीयन इनफ्लूंजा (बर्ड फ्लू) मुक्त घोषित कर दिया।

भारत में मत्स्य व्यापार

भारत के समुद्रीय और देशीय जल में मछलियों और सीप-घोंघों की 2,200 प्रजातियां है जिससे विश्व की मत्स्य जैवविविधता का 10 प्रतिशत से अधिक हिस्सा भारत में है। देश के 1.4 लोगों मत्स्य क्षेत्र से अपनी आजीविका कमाते हैं। भारत विश्व का तीसरा सबसे बड़ा उत्पादक है जहां 69 लाख टन मछलियां पकड़ी जाती हैं। जापान के बाद भारत असमुद्रीय जल मछलियों का दूसरा सबसे बड़ा उत्पादक भी है। भारत ने 2007-08 में 5,41,701 टन समुदी खाद्य का निर्यात किया जिसकी कीमत 1.89 बिलियन डॉलर थी।

मत्स्य पालन

सीआईएफटी - स्वर्ण अक्षरों में लिखित

मत्स्य से जुड़ी सभी क्षेत्रों में कार्य करने के लिए कोच्चि, केरल में 1954 में सेन्ट्रल फिशरी टेक्नॉलोजिकल रिसर्च स्टेशन बनाया गया व 1957 में यहां मछली प्रसंस्करण की शुरूआत की गई। 1962 में इसका नाम बदलकर सेन्ट्रल इंस्टीट्यूट ऑफ फिशरीज़ टेक्नॉलोजी (सीआईएफटी) कर दिया गया मत्स्य प्रौद्योगिकी के क्षेत्र में यह अकेला ऐसा राष्ट्रीय केन्द्र है जिसके अनुसंधान केन्द्र हैं। इसके अनसंधान केन्द्र वेरावल (गुजरात), विशाखापत्तनम (आंध्र प्रदेश), बरला (उड़ीसा), मुम्बई (महाराष्ट्र), कोझीकोड (केरल) और होशंगाबाद (मध्य प्रदेश) में हैं।

सीआईएफटी ने 2007 में अपनी स्वर्ण जयंती मनाई। नवम्बर 18, 2007 को इसका स्वर्ण जयंती प्रतीक चिन्ह जारी किया गया और फरवरी 14, 2007 को विशाखापट्टनम अनुसंधान केन्द्र में मत्स्य पालन में ऊर्जा संरक्षण पर एक राष्ट्रीय संगोष्ठी का आयोजन किया गया।

सीप कृषि में अग्रणी

10 साल पहले तक किसी ने सीपों के विशाल खेतों के बारे में सुना भी नहीं होगा लेकिन आज भारत के दक्षिणी समुद्र तट के साथ लगे इसके 3,500 से ज़्यादा खेत हैं जिनमें से अधिकतर की मालिक महिलाएं हैं। जीएस गुल मोहम्मद ने 1996 में केरल में पाड़ना के निकट दो छोटे-छोटे तालाबों में इसकी शुरूआत की थी। उन्होंने इसकी शुरूआत केन्द्रीय सागरीय मत्स्य अनुसंधान केन्द्र केरल के विशेषज्ञों के मार्गदर्शन में की थी। उनके तट पर जंगली हरी सीपियों को पैदा करने के प्रयासों को अपार सफलता मिली। उन्होंने दो वर्ष की सामान्य अवधि के बजाए 75 दिनों में पहली फसल लगाई! उसने गांव में बेरोजगार लोगों को इस तकनीक के बारे में बताया। उसने उनको प्रशिक्षित किया और उत्पादन एवं विपणन के लिए स्व-सहायता समूह बनाए। 1996 में इसका उत्पादन दो टन था जो बाज़ार में बढ़ती मांग के चलते 2008 में बढ़कर 13,000 टन हो गया। आज पाड़ना सीप की खेती, प्रसंस्करण समिति के 5,000 से भी अधिक सदस्य है जो आज आर्थिक आत्मनिर्भरता का मतलब जानते हैं।

पशु कल्याण

पेटा- सबसे बड़ा पशु अधिकार संगठन
यदि ठसाठस भरे ट्रक में पशुओं को बूचड़खाने ले जाया जा रहा हो, यदि पालतू कत्ते को कोई जंजीर से बांधे, यदि चिड़ियाघर में पशुओं को भयानक परिस्थिति में रखा जाए, जब शोध में छोटे से चूहे से ले कर चिम्पांजी तक पर प्रयोग किये जाते है तब पेटा हरकत मे आ जाता है। 2000 में स्थापित 'एथनिक ट्रीटमेंट ऑफ ऐनिमल' (पेटा) मुम्बई स्थित अमेरिकियों की भारतीय शाखा है। यह संगठन प्रचार, कानूनी कार्यवाही, प्रसिद्ध व्यक्तियों के सहयोग, साहसिक बचाव कार्य तथा गुप्त जांच द्वारा पशुओं के बेहतर जीवन के लिए कार्यरत है।

पेटा का मत है:
पशु हमारा भोजन नही है
पशु हमारे वस्त्र नहीं हैं
पशु हमारा मनोरंजन नहीं है

प्रारम्भ से ही पेटा का अभियान शाकाहार पर आधारित रहा है। यह न केवल पशुओं के जीवन की रक्षा करता है अपितु आपके स्वास्थ्य को बनाये रखने तथा संयमी बनाने में भी उपयोगी है। क्या आप शाकाहारी बनने जा रहे है! अगर ऐसा है तो आप जॉन इब्राहिम, माधवन, अदिती गोवित्रिकर, महिमा चौधरी, अनिल कुम्बले और शमिता सिंघा जैसे मित्र पा सकते हैं।

पेटा के कर्मचारी भारत की प्रयोगशालाओं मे नैतिक कमेटी के रूप मे कार्य करते है और उन पशुओं की संख्या मे कमी लाने का प्रयास करते है जिन्हें महत्वहीन प्रयोगों की बलि चढ़ना पड़ता है।

पेटा सदैव पशुओं की रक्षा करता है जैसे- बाघ और शेरों को सर्कस से, पक्षियों को विक्रेताओं से तथा कछुओं, बन्दरों, कुबंगों, बिल्ली, गधों, गाय, भालू, और सियारों को गैर कानूनी ढंग से बेचने से रोकता है। पीटा बच्चों को पशुओं के प्रति संवेदनशील होने की शिक्षा देता है। ''कम्पैशेनेट सिटिजन' जॉन इब्राहिम तथा जैकी श्राफ द्वारा शुरू किया कार्यक्रम है जिसमें लोगों को जीवों के प्रति संवेदनशील बनाने का प्रयास किया जाता है।

भारतीय पशु कल्याण बोर्ड

समस्त पशु कल्याण संगठनों मे शीर्षस्थ भारतीय पशु कल्याण बोर्ड (ए.डब्ल्यू.बी.आई.) जिसका मुख्यालय चेन्नई में है विश्व में अपनी तरह का प्रथम संगठन है, जिसे किसी सरकार द्वारा स्थापित किया गया है। इसे पशु क्रूरता रोधी अधिनियम 1962 की धारा 4 के अंतर्गत स्थापित किया गया। इस अधिनियम का उद्देश्य पशुओं को पीड़ा देने वाले अथवा क्रूरतापूर्ण कार्यों तथा देश में पशुओं के दुरूपयोग को रोकना है।

बोर्ड को स्थापित करने में अग्रणी रही रूकमणी देवी अरूंडाल ***(तस्वीर देखें)*** 1986 में अपनी मृत्यु तक लगभग 20 वर्षों तक बोर्ड का मार्गदर्शन करती रही। बोर्ड नैतिक, व्यवहारिक और चिकित्सकीय आधार पर शाकाहार के प्रति अपनी प्रतिबद्धता को लेकर एकदम स्पष्ट है। इसका व्यापक घोषणापत्र इसके द्वारा किये जा रहे कार्यों का विवरण देता है।

- पशुओं की जन्मवृद्धि पर रोक, सम्पूर्ण भारत मे रैबिजरोधी कार्यक्रम (आईबीसी एंड एआर) और कुत्तों की हत्या रोकना सुनिश्चित करना।
- पशुओं की बलि पर रोक लगाना।
- प्रयोगशालाओं मे पशु जीवच्छेदन पर रोक लगाना।
- खेलों मे पशुओं के प्रयोग जैसे कुत्तों और भैंसों की दौड़ पर रोक लगाना।
- पशुओं पर प्रयोगों पर नज़र, जिससे उन्हें पीड़ा न पहुंचाई जा सके।
- बूचड़खानों का निरीक्षण करना।
- सड़कों पर मनोरंजन के लिये पशुओं के प्रयोग को निषेध करना।
- पशुओं की पीड़ा को कम करने के लिये कदम उठाना।

सम्पर्क:
ऐनिमल वेलफेयर बोर्ड ऑफ इंडिया
13/1 थर्ड सीवार्ड रोड, बाल्मिकी नगर
थिरूवन्नियूर, चेन्नई-600 041
फोन-044-2445 4958, 24454935
e-mail: *awbi@md3.vsnl.net.in*

ऐनिमल सेवियर

ऐनिमल सेवियर का प्रारम्भ 2006 में हुआ। नई दिल्ली स्थित यह संगठन अपेक्षाकृत युवा है। यह दुर्घटनाग्रस्त तथा परित्यक्त पशुओं के लिये कार्य करता है। इस संगठन ने अपनी शुरूआत पशु जन्म नियंत्रण तथा कुत्तों की संख्या सीमित रखने एवं रैबिज़मुक्त (आईबीसी एंड एआर) रखने के लिए रैबीज़ रोधिता जैसे आधारभूत कार्यक्रमों से की। यह दिल्ली को रैबिज़मुक्त करने के लिये प्रतिबद्ध है। ऐनिमल सेवियर दिल्ली पुलिस के साथ मिल कर कार्य करता है और पशुओं पर अत्याचार करने वालों पर अपनी नज़र रखता है। ये विभिन्न संरक्षणगृहों के साथ सहयोग कर आवारा और परित्यक्त पशुओं के पुर्नवास के लिए काम करते हैं।

ऐनिमल सेवियर राज्य में गैरकानूनी ढंग से चल रही मांस की दुकानों को बन्द करने का अथक प्रयास करते हैं और वन्यजीव अपराधियों को कानून के सुपुर्द करते हैं। ये सपेरों और गर्मी के दिनों में रीछ का तमाशा दिखाने वालों पर भी नज़र रखते हैं।

ऐनिमल सेवियर के पास भली प्रकार से शोधित दस्तावेज जैसे- लोगों विशेषकर बच्चों को शिक्षित करने के लिये हिन्दी तथा अंग्रेज़ी में प्रकाशन, पोस्टर, पर्चे आदि हैं। इनके पास विस्तृत जानकारी देने वाली व्यापक वेबसाइट भी है। अभिनेत्री जूही चावला ऐनिमल सेवियर की संरक्षक हैं।

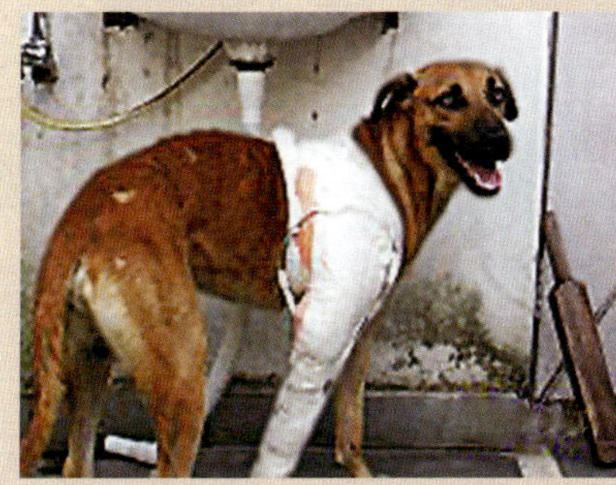

सम्पर्क :
गौतम ग्रोवर
ऐनिमल सेवियर,
बी 1/26 ए, वसंत विहार
नई दिल्ली-110 057
मो.: 99 118 99988, 98 100 82431

एचआईएस-इंडिया

हेल्प इन सफरिंग (एचआईएस) जयपुर, राजस्थान में शायद देश का सर्वाधिक सफल पशु कल्याण संगठन है जो सभी सभी प्रकार के पशुओं जैसे कुत्ते, बिल्ली, ऊंट, घोड़े यहां तक कि हाथियों के लिये भी कार्य करता है।

एबीसी एंड एआर कार्यक्रम: वर्तमान में हर सप्ताह लगभग 80 आवारा कुत्तों को पकड़ा जाता है, उनका टीकाकरण, बधियाकरण किया जाता है और पहचान के लिए निशान तथा टैटू बनाकर उन्हें उसी स्थान पर छोड़ दिया जाता है। पिछले चार वर्षों में जयपुर मे रैबिज़ की घटनाएं लगभग नगण्य हो गई है। एचआईएस एबीसी कार्यक्रम को सिस्टर सोसाइटी ऐनीमोक्स सेकोर्स, अर्थाज़, एडब्लूबीआई के फ्रांस एंड ग्रांट्स से अनुदान मिलता है।

ऊंट परियोजना : 2001 में प्रारंभ यह योजना शहर में काम करने वालें ऊंटों के अत्याधिक कष्टों को कम करने के लिये आरंभ की गई थी। इस योजना को एनीमोक्स सेकोर्स, द मार्चिंग ट्रस्ट (स्विट्ज़रलैंड) और कारपेंटर ट्रस्ट (यूके) से अनुदान मिलता है। इसके प्रमुख डा. प्रदीप सिंघल है। ऊंटों की चिकित्सकीय देखभाल के लिये एचआईएस के पास विशेष एम्बुलेंस है। इनके पास ऐसे परित्यक्त ऊंटों के लिये आश्रय स्थल भी है जो कि चोटिल होने अथवा बीमारी के कारण अच्छी दशा में नहीं हैं।

हाथियों के लिये कार्यक्रम : जयपुर में लगभग 100 बंधुआ हाथी हैं। जिन दयनीय परिस्थितियों में ये कार्य करते हैं उसे देखते हुए एचआईएस ने जागरूकता का प्रसार आरंभ किया। इन्होंने आमेर किले के निकट एक स्थान बनाया जहां से पर्यटक सवारी के लिये हाथी किराये पर लेते हैं। आज केवल योग्य और सहृदय महावत को ही लाइसेंस दिया जाता है। उनका हौदा हल्का रखा जाता है ताकि उन पर घर्षण कम हो और गर्मियों के महीनों मे सुबह 11 बजे से शाम 4 बजे तक हाथियों से काम लेने की अनुमति नहीं दी जाती।

बचाव तथा पुनर्वास : एचआईएस विशेष प्रकार की जीप तथा ढालों का प्रयोग परित्यक्त तथा घायल पशुओं जैसे बन्दर, पक्षी, गधे, गाय, बैल, कुत्ते, बिल्ली, सूअर यहां तक कि गिलहरियों को भी बचाने के लिये करते हैं। एचआईएस जयपुर का एकमात्र आश्रय स्थल है जहां अयन्त पीड़ा और कष्ट भोगते पशुओं को मानवीय आधार पर इच्छा मृत्यु दी जाती है।

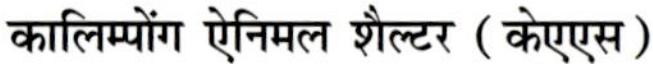

कालिम्पोंग ऐनिमल शैल्टर (केएएस)

एचआईएस कालिम्पोंग ऐनिमल शैल्टर जयपुर की ही शाखा है। यह पूर्वी हिमालय के गिरिपीठ के दूरदराज क्षेत्र में स्थित है। यहां पर कोई समतल सडक अथवा अस्पताल नहीं है। यहां कार्य करना अत्यन्त कठिन है। चिकित्सकों और उनके सहयोगियों को लम्बा रास्ता तय करने के लिये पैदल चलना पडता है। ये सभी पशुओं के लिए स्पे/बधियाकरण के कार्यक्रम, पक्षियों में न्यूकास्टल रोगों के लिए टीकाकरण, सूअर, बिल्ली और गाय-बैलों के बधियाकरण के लिए कार्यक्रम चलाते हैं। केएएस डा. ग्राहम्स होम्स, स्कूल भी चलाता है जो 1906 में लड़के और लड़कियों के लिये बने 50 कमरों के साथ प्रारम्भ हुआ था।

सुनील चावला जयपुर शैल्टर की देखभाल करते हैं जबकि नवीन पांडे कालिम्पोंग शैल्टर की देख-रेख करते हैं।

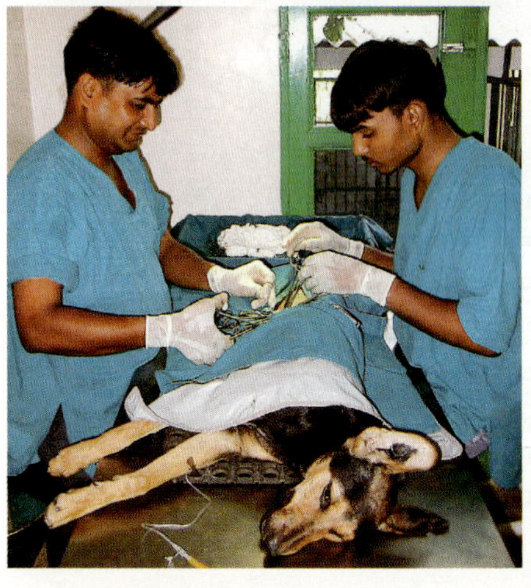

सम्पर्क:

एचआईएस, महारानी फार्म,
दुर्गापुरा, जयपुर, राजस्थान-302018,
फोन- 0141-324 5673, 276 0012
e-mail: hispr@helpinsuffering.org
Website: www.his-india.org.au

कालिम्पोंग ऐनिमल शैल्टर,
पोस्ट बाक्स 96, कालिम्पोंग,
पश्चिम बंगाल-734301
फोन- 0355-2270534
e-mail: kalimpong@helpinsuffering.org

असीम करूणा

मैं लगभग तीस साल पहले क्रिस्टल रोज़र से मिली थी जब मैं बच्चों की लोकप्रिय पत्रिका टारगेट में उपप्रमुख थी। मैं टारगेट में एक अच्छी कहानी के लिए दिल्ली में एक ऐसे फीचर की तलाश में थी जो बच्चों को करूणा और असीम स्नेह की शिक्षा दे सके। मुझे किसी ने न्यूज़ीलैंड की 65 वर्षीय महिला के विषय में बताया जो दिल्ली में आवारा कुत्तों की देखभाल करती थी और टूटे-फूटे कमरे में रहती थी। मैं इस विदेशी महिला के विषय में जानने को उत्सुक थी जो अपना देश छोड़कर भारत आई थी और दिल्ली

में आवारा पशुओं की देखभाल कर रही थी!

मैं तुरंत जाकर उनसे मिली। मुझे न केवल उनकी प्यारी कहानी सुनने को मिली बल्कि मैने उनकी किताबें भी विशेष छूट पर टारगेट के पाठकों को बेची। वह जयपुर चली गई और फिर उन्होंने अपनी अंतिम सांस बेंगलौर में ली।

अद्‌भुत कहानी!

क्रिस्टल का जन्म नवम्बर 17, 1906 को न्यूज़ीलैंड मे हुआ। वह बचपन से ही करूणामय और आशावादी थी। 1959 में न्यूज़ीलैंड जाते हुए वह कुछ समय के लिये दिल्ली रूकी थी। वह

जीवाश्रम फाउंडेशन

जब आप जीवाश्रम फाउंडेशन जाते हैं तो अनायास ही आप को एक अलग प्रकार का अनुभव होता है। यहां अन्दर खुले आकाश के नीचे एक बड़े घिरे हुए प्रांगण मे कुत्ते एक साथ खेलते, आराम करते और सुस्ताते हैं। यहां पर पिल्लों के लिए अच्छे घर की शक्ल में एक अलग अहाता है। इस आश्रय स्थल के लिए केवल एक ही शब्द से बतलाया जा सकता है और वो है- शान्ति।

लेखा पोद्दार द्वारा 1990 में राजोकरी दिल्ली के जीवाश्रम फाउंडेशन की स्थापना की गई। यह पशु कल्याण संगठन पशुओं की क्रूरता को रोकने के लिए प्रतिबद्ध है। ये उनके पुराने मालिकों द्वारा परित्यक्त कुत्तों को सुरक्षित जीवन देते है। जीवाश्रम में आप अन्य पशु भी पाएंगे जैसे-भैस, घोड़े, गधे, खच्चर और यहां तक कि परित्यक्त ऊंट भी । यहां पर दूसरे असहाय वन्य पशु-पक्षी भी है जैसे मोर, खरगोश, कबूतर और अन्य पक्षी। एक सुखद बात यह है कि पुलिस भी बचाव कार्यों तथा पुनर्वास में सहायता करती है।

वर्तमान मे जीवाश्रम का तत्कालीन उद्देश्य आवारा कुत्तों की जनसंख्या को कम करना है। इन्होंने 'रिस्पांसिबल पैट ऑनरशिप' नामक योजना का आरम्भ किया ताकि पशुओं को घर मिल सके। लोगों में अच्छे और घर की निगरानी करने वाले पिल्लों को लेने का चलन बढ़ रहा है।

जीवाश्रम रूपी इस शान्ति के उपवन में आप को शान्ति और स्वच्छता मिलेगी। यहां आधा एकड़ जमीन दफनाए गए पशुओं की याद में समर्पित है जहां आप बैंचों पर बैठ कर अपने पुराने साथियों को याद कर सकते हैं। आप यहां पेड़ अथवा प्यारे से संदेश के साथ छोटी पट्टिका लगा सकते है। दूसरे आश्रय स्थलों के विपरीत चिकित्सक यहां के परिसर में ही रहते है और चौबीसों घंटे उपलब्ध रहते हैं।

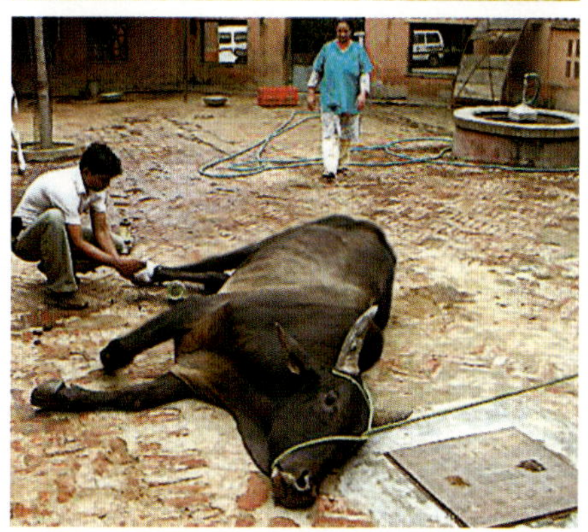

सम्पर्क:
डा. विनोद शर्मा,
जीवाश्रम फाउंडेशन, राजोकरी विलेज,
नई दिल्ली, फोन: 011-25064114/4118/3696
e-mail:jeevashram@yahoo.com
Website:www.angelfire.com/az/jeevashram

प्रथम सहायक कुत्ता

मुम्बई के कैनीनेस कैन केयर (सीसीसी) की स्थापना शिरीन और जुनैद मर्चेन्ट द्वारा 1955 में की गई। यह भारत का प्रथम संगठन है जो कुत्तों से जुड़े भिन्न किस्म के प्रशिक्षण (केनाइन) देता है। कुत्तों से संबंधित प्रशिक्षण के क्षेत्र में विशेषज्ञ सीसीसी शारीरिक रूप से असहाय व्यक्तियों को सहयोगी कुत्ते उपलब्ध कराकर उन्हे नया जीवन देते हैं। इन कुत्तों को वस्तुओं को ढूंढना, लाईट को जलाना व बन्द करना, भारी दरवाज़े खोलना और व्हील चेयर धकेलने जैसे शारीरिक कार्यों के लिए प्रशिक्षित किया जाता है। शिरीन ने हनी नाम के एक चमकीले लैब्राडोर कुत्ते को सबसे पहले सहायक कुत्ते के तौर पर प्रशिक्षित किया था। शिरीन ने कमर से निचले हिस्सा से लकवाग्रस्त अपनी मालकिन सनम रबादी की सहायता के लिये के एक अन्य काले लैब्राडोर को प्रशिक्षित किया था (नीचे चित्र में)।

सीसीसी ने मुम्बई के मूक-बधिरों तथा और मानसिक रूप से कमज़ोर बच्चों के कुछ स्कूलों को प्रशिक्षित तथा थेरेपी डॉग भी दिए हैं।

सीसीसी मानव और पशुओं को जोड़ने वाले अग्रणीय अंतर्राष्ट्रीय स्रोत डेल्टा सोसाईटी, अमेरिका के साथ पंजीकृत है।

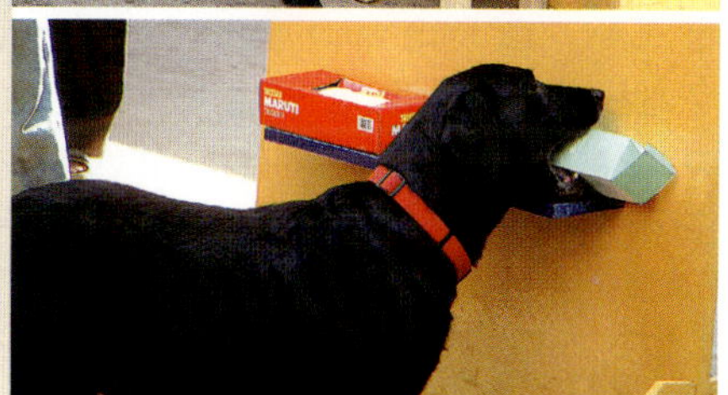

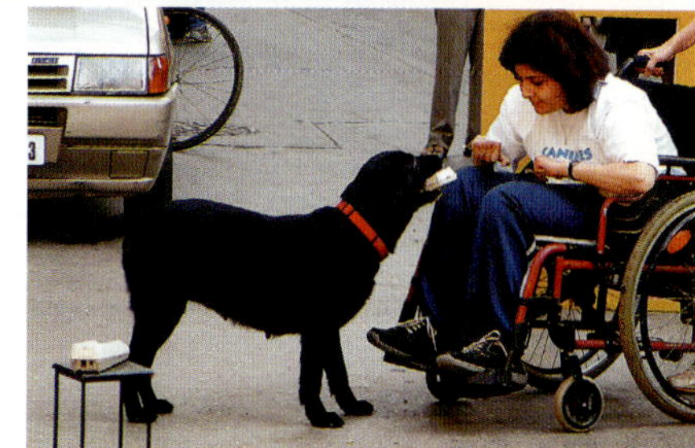

यहां पशुओं की दुर्दशा देख कर विस्मित रह गई। उन्होंने इन अवांछित जीवों के लिये एक संचुरी बनाने के लिये भारत मे रूकने का निश्चय किया। इसके उपरांत ही दिल्ली में 'द ऐनिमल फ्रेंड' अस्तित्व में आया।

करूणा के अपने संदेश को प्रसारित करने के उद्देश्य लिए वह 1978 में जयपुर गई जहां उन्होंने पशुओं के लिये *हेल्प इन सफरिंग* (एचआईएस) नामक एक सुरक्षित जगह बनाई। उन्होंने 1991 में 85 वर्ष की आयु में बेंगलौर में कम्पैशन अनलिमिटेड प्लस एक्शन (सीचूपीए) की नींव रखी। क्रिस्टल का देहान्त अगस्त 30, 1996 को हुआ।

क्रिस्टल को आरएसपीसीए ने रिचर्ड मार्टिन पुरस्कार से सम्मानित किया। भारत सरकार और भारत के पशु कल्याण बोर्ड ने उन्हें प्राणी मित्र पुरस्कार प्रदान किया।

कोई भी एक व्यक्ति युवाओं की सम्पूर्ण पीढ़ी को क्रिस्टल रोज़र की तरह प्रभावित नहीं कर सकता। उनकी किताब 'मैड डाग्स एंड एन् इंग्लिशवुमन' में भारत के उनके अनूठे अनुभवों को उतारा गया है। इसे 2000 में पेंग्विन इंडिया ने प्रकाशित किया।

(www.cupabangalore.org पर उपलब्ध)

कुत्तों पर प्रथम व्यवसायिक पत्रिका

कैनीनेस कैन केयर (सीसीसी) द्वारा 2002 में प्रकाशित *वूफ! 'द मैग विद ए वैग'* कुत्तों पर निकलने वाली भारत की एकमात्र त्रैमासिक पत्रिका है जिसने सहज ही बच्चों और व्यस्कों में समान रूप से अपना स्थान बना लिया है। शिरीन द्वारा संकलित, सम्पादित, डिजाइन, मुद्रित और प्रकाशित इस पत्रिका में वह सभी जानकारियां हैं जो कुत्तों के मालिकों को होनी चाहिए। इसमें कुत्तों के व्यवहार, पोषण, प्रशिक्षण, विशेष आहार पर लेख होते हैं तथा कुत्तों से जुड़े विश्वभर से समाचार, कुत्तों से संबंधित कुछ रोचक तथ्य, विशेषज्ञों की राय तथा बहुत कुछ सभी मनोरंजक और शैक्षिक तरीके से दिया जाता है। आप अपने कुत्ते के लिये प्रचलित कौन सी चीज़ें जैसे कोट, खिलौने, स्वादिष्ट चबाने वाली हड्डी आदि खरीदें, इससे संबद्ध बहुत सी जानकारियां भी इस पत्रिका का हिस्सा हैं।

'कुत्ते मनुष्य के लिये अच्छे होते हैं' यही वूफ की मूल अवधारणा है।

सम्पर्क:
शिरीन मर्चेन्ट, मो. 9821054690
e-mail:woofmaganize@yahoo.co.uk
k9cancare@hotmail.com
Website:www.dogsindia.com

बहादुर जिमी!

गुवाहाटी, असम के पहाड़ी वन्य उपनगर में 8 वर्षीय आवारा कुत्ते जिमी तथा रॉकी बहादुर थापा के साथ रहते रह रहे हैं, जहां बाघों का होना एक आम बात थी। दोनों कुत्तों को घूमना तथा आस-पास के पहाड़ी स्थानों की खाक छानना अच्छा लगता था।

एक सर्द रात में बहादुर थापा और उसका परिवार कुत्तों के भौंकने की आवाज सुन कर जाग गए, जब उन्होंने दरवाजा खोला तो उन्हें अपनी आखों पर विश्वास नहीं हुआ। उनके आंगन में कुत्ते एक बाघ के ऊपर भौंक रहे थे। उन्होंने अलार्म बजाया जिससे डरकर बाघ जंगल में गायब हो गया।

परन्तु युवा जिमी खतरे की परवाह न करते हुऐ बाघ का पीछा करने भागा। एक भयंकर मुठभेड़ के पश्चात् जब जिमी वापस आया तो उसका चेहरा खून से लथपथ था। उसके मुंह, आंखों, कान से खून बह रहा था। जिमी अपनी दोनों आंखें खो चुका था उसके दोनों कान नष्ट हो चुके थे। उसका जीवित बचना एक चमत्कार था!

बहादुर थापा के परिवार ने तुरन्त उसे पशु चिकित्सा उपलब्ध कराई। 2003 में जिमी के कानों के घाव भर गये परन्तु आकार बिलकुल बदल चुका था। यद्यपि वह पूरी तरह से दृष्टिहीन हो चुका है फिर भी वह आत्मनिर्भरता से आस-पास घूम सकता है। वह हर अनजान व्यक्ति का स्वागत प्रसन्नता और उत्सुकता के साथ करता है। अगर यह घटना किसी मनुष्य के शिशु के साथ होती तो उसे राष्ट्रपति साहस पुरस्कार के लिये चुना जाता! परन्तु जिमी केवल मनुष्य का मित्र है मनुष्य नहीं।

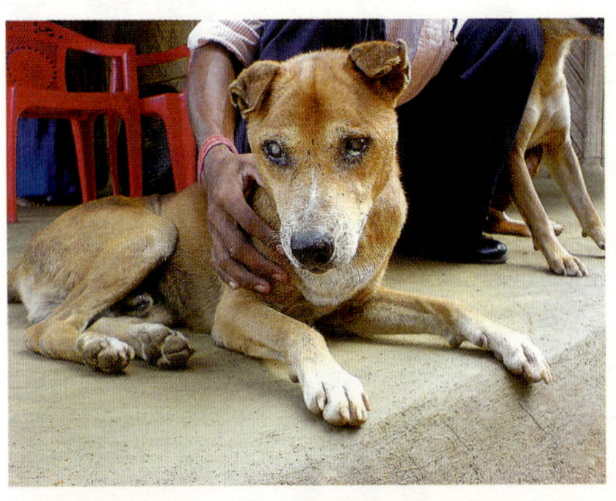

ब्ल्यू क्रास ऑफ इंडिया

मद्रास के फ्लाइंग क्लब के निर्देशक कैप्टन सुन्दरम द्वारा 1959 में प्रारम्भ किया गया ब्ल्यू क्रास ऑफ इंडिया भारत के सबसे पुराने और प्रतिष्ठित पशु कल्याण संगठनों में से एक है। जो कार्य उन्होंने प्रारम्भ किया उसे बीसीआई के चेयरमैन और संस्थापक सदस्य डा. एस चिन्नी कृष्णा आगे बढ़ा रहे हैं।

बीसीआई आवारा कुत्तों की संख्या में कमी लाने के लिए व्यापक पशु जनसंख्या नियंत्रण कार्यक्रम चलाता है। यह विश्व का पहला ऐसा संगठन था जिसने कुत्तों का बधियाकरण करने और लौटाने की अवधारणा की शुरूआत की। इनके पास पूर्णकालिक पशुचिकित्सक, 24 घंटों की एम्बुलेंस सेवा, बचाव कार्य वाहन और पशुओं की सहायता के लिए साल के 365 दिन आपातकालीन चिकित्सा कर्मचारी रहते हैं।

भारतीय कुत्तों को गोद लेने के लिये प्रोत्साहित करना ब्ल्यू क्रास के मुख्य उद्देश्यों में से एक है। वार्षिक 'ऐडेप्ट एथोन' कार्यक्रम परिवारों को प्रजनकों से उच्च नस्ल के कुत्ते खरीदने की बजाये सकर नस्ल के कुत्ते लेने के लिये प्रोत्साहित करता है। बीसीआई हांगकांग के ऐनिमल एशिया फाउंडेशन के सहयोग से मंदबुद्धि बच्चों और अस्पताल के मरीजों पर कुत्तों के चिकित्सकीय प्रभाव को सामने लाने लिए 'डॉ. डाग प्रोग्राम' को प्रोत्साहित कर रहा है।

बीसीआई बहुत से राष्ट्रीय तथा अंतर्राष्ट्रीय पुरस्कार प्राप्त कर चुका है। डा. चिन्नी कृष्णा को भारत सरकार के जीव दया पुरस्कार से भी सम्मानित किया गया है। वर्तमान में वे पशुओं की सुरक्षा के लिये बनी वर्ल्ड सोसाइटी के ट्रस्टी है। 2006 में अमेरिकन पत्रकार लॉरॅल हरमैन द्वारा पुणे में बचाई गई लिली को 2007 मे लॉरॅल द्वारा ब्ल्यू क्रास भेज दिया गया। फिलाडैल्फिया ने लिली की कहानी पर एबीसी से सम्बन्धित 'द स्ट्रीट डाग्स आफ इंडिया' नामक वृत्तचित्र बनाया। इसे सितम्बर 2008 के ऐमी पुरस्कार के लिये नामांकित किया गया परन्तु इसे पुरस्कार नहीं मिल पाया।

सम्पर्क: ब्ल्यू क्रास ऑफ इंडिया
72 वेलाचेरी रोड, गुइन्डी, चेन्नई-600032
फोन: 44-2235 4959, 2230 0666/ 0655
e-mail: *bluecrossofindia@gmail.com*
Website: *www.bluecrossofindia.org*

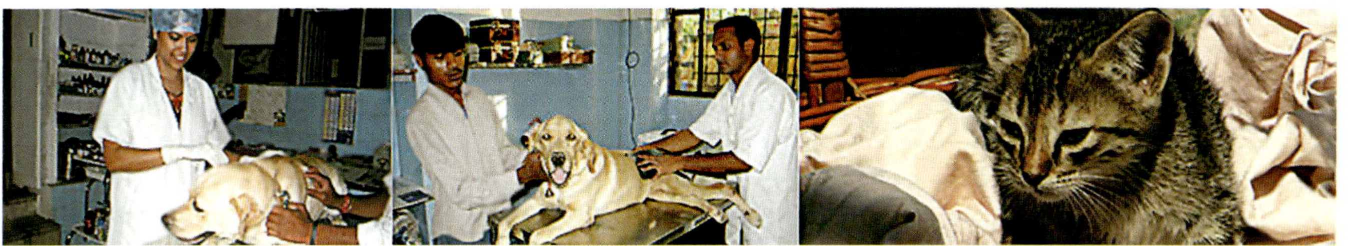

ब्ल्यू क्रास ऑफ हैदराबाद

इसे 1992 मे फिल्मी सितारों अमला और नागार्जुन अक्किनेनी ने दो राज्यों हैदराबाद और सिकन्दराबाद में स्थापित किया। हैदराबाद का ब्ल्यू क्रास एक स्वैच्छिक संगठन है जो अब तक 3,00,000 बीमार, घायल और परित्यक्त पशु-पक्षियों की सहायता कर चुका है। केवल 2007-08 में ही इस संगठन ने 34,206 पशुओं को बचाया।

वर्तमान में ब्ल्यू क्रास हैदाराबाद पूरे वर्ष में 2 एकड मे बने पशु आश्रय स्थलों में 9 योजनाओं को चलाता है। यद्यपि यह स्थान शहर के बिल्कुल निकट है फिर भी इस स्थान पर पहाडियां और विशाल मैदान होने से यहां का वातावरण शांत रहता है। इस संरक्षणगृह में विभिन्न प्रजातियों के 650 जीव रहते हैं।

ब्ल्यू क्रास हैदराबाद क्या करता है?

- बीमार और घायल पशुओं को बचाना बीसीएच का पूर्णकालीन कार्य है
- क्रूरता से पशुओं का संरक्षण
- पशुओं की जनसंख्या कम करने के लिए आवारा कुत्तों और बिल्लियों का पशु संख्या नियंत्रण और रैबीज़ प्रतिरोधी टीकाकरण करना तथा उनकी सुरक्षा की व्यवस्था करना। एबीसी एंड एआर पशुओं की संख्या को नियंत्रित करने में सर्वाधिक प्रभावी, विवेकपूर्ण तथा मानवीय कार्यक्रम के रूप में जाना जाता है जिसकी सिफारिश विश्व स्वास्थ्य संगठन ने भी की है।
- अति निर्धन समुदाय के घोड़ों की प्रजाति के लिये कार्य करना।

ब्ल्यू क्रास हैदराबाद बेघर और गुमशुदा पशुओं को पालने के लिये लेने का कार्यक्रम भी चलाता है। इनका संदेश है: अपने पालतू जीव को निकालना अपने घर के किसी सदस्य को निकाल देने जैसा ही है।

ब्ल्यू क्रास हैदराबाद की रूरल ग्रीन लाइफ सोसाइटी और उड़ीसा सरकार के साथ मिलकर उड़ीसा के तटीय क्षेत्रों में लुप्त होती ऑलिव रिडले कछुओं की प्रजाति को बचाने का कार्य भी कर रही है।

ब्ल्यू क्रास हैदराबाद भारत के ऐनिमल वेलफेयर बोर्ड का सदस्य है और आरएसपीसीए यूके का सहयोगी है ।

सम्पर्क:

ब्ल्यू क्रास ऑफ हैदराबाद
फोन: 040-3298 9858, 2354 5523, 2354 4355
e-mail: *bluecrosshyd@gmail.com*
Website: *www.bluecrosshyd.in*

ऐनिमल रेस्क्यू केरल

किसी देश के अपने पशु-पक्षियों के प्रति व्यवहार से भी उस देश की महानता को जाना जा सकता है।
-महात्मा गांधी

इंग्लैण्ड की लगभग 60 वर्षीय ऐविस लेयोंस 2000 में छुट्टियां बिताने के लिए केरल आई थी। वहां विभिन्न सडकों और समुद्री किनारों पर कुत्तों की दयनीय दशा और उनके प्रति होने वाले क्रूरता भरे व्यवहार को देखकर वह व्यथित हो उठी। अपनी छुट्टियां समाप्त होने के बाद भी वह पशुओं की दुर्दशा भूल नहीं पाई। ऐविस ने फंड जुटाने के लिये इंग्लैंड का अपना घर बेच दिया और उस फंड का उपयोग ऐनिमल रेस्क्यू केरल (एआरके) के निर्माण में किया जिसमें श्रेष्ठ उपकरणों से सुसज्जित चिकित्सालय है और कोवलम में कुत्तों के लिए आवास गृह है।

एआरके का मुख्य कार्य पशु जन्म नियंत्रण और रैबिजरोधी कार्यक्रम है जो आवारा कुत्तों की संख्या को नियंत्रण में रखने का एकमात्र मानवीय उपाय है सड़कों और समुद्री किनारों से कुत्तों को पकड़ा जाता है जहां पशुचिकित्सक डा. सूरज उनकी बीमारी और घावों के इलाज के साथ ही उनका बधियाकरण भी करते हैं। सभी बधियाकरण किए गए कुत्तों के कान पर कट का चिन्ह और टैटू बना दिया जाता है ताकि स्थानीय निवासी और पर्यटक उसे देखकर यह जान सके कि यह कुत्ता छूने तथा खाना खिलाने के लिये सुरक्षित है।

एआरके उन कुत्तों को संरक्षण देता है जो या तो बूढ़े हैं या फिर अधिक बीमार होने के कारण वापिस सड़क पर नहीं जा सकते।

यहां बहुत से युवा और स्वस्थ कुत्ते हैं जो अपने लिये अच्छे घर की खोज में हैं। अगस्त 2008 तक 40 पिल्लों और बहुत सी बिल्लियों और उनके बच्चों को यह घर मिल चुका है।

पूरे विश्व से बहुत से युवा व्यक्ति खाली समय में पशुओं की देखभाल करने के लिए यहां आते हैं।

एविस पशु प्रेमियों के सवालों का जवाब बहुत खुशी से देती है। उसे सिर्फ अंग्रेजी या हिन्दी में ईमेल करें *iarkerala@yahoo.co.uk*

एविस वर्ल्डवाइल्ड वैटनरी सर्विस तथा वर्ल्ड सोसायटी फॉर द प्रोटेक्शन ऑफ एनिमल्स द्वारा मान्यताप्राप्त संगठन है।

सम्पर्क:

एविस लेयोन
एनिमल रेस्क्यू केरल
चनालकारा रोड, कोवलम, थिरूवनंतपुरम
केरल- 695 523
फोन-0471-279 6202
e-mail: *info@animalrescuekerala.org*
rakbhima@aol.in
Website: *www.animalrescuekerala.org*

गुजरात एसपीसीए

आमतौर पर गैर सरकारी संगठन अधिकतर आवारा कुत्तों और बिल्लियों और बड़े पालतु पशुओं के लिए कार्य करते हैं। वडोदरा में गुजरात एसपीसीए एक विलक्षण संगठन है जो न केवल कुत्ते बिल्लियों अपितु वन्य जीवों जैसे सांप, अजगर, मगरमच्छ, कछुआ, कच्छप, विशाल सूअर, गिलहरी, बन्दर, गाय, बैल, गधे, गिद्ध आदि की भी देखभाल करता है।

गुजरात एसपीसीए एक पंजीकृत संगठन है जिसके कार्यकर्त्ता छोटे और बड़े दोनों तरह के पशुओं को बचाने, उनके इलाज और उनके सामान्य कल्याण के लिए चौबीसों घंटे कार्य करते हैं। हर वर्ष हजारों घायल और परित्यक्त पशुओं को चिकित्सा के लिये गुजरात एसपीसीए लाया जाता है। अधिकांश वन्य जीवों को उनके प्राकृतिक निवास और पालतू पशुओं को वापस उनके घर भेज दिया जाता है। इसके अतिरिक्त गुजरात एसपीसीए कार्य हैं:

- सपेरों, तोता, मैना और सांप विशेषकर कोबरा जैसे वन्य पशुओं/पक्षियों की गैरकानूनी खरीद-फरोख्त करने वालों पर छापा मारना।
- बैलगाडियों पर आवश्यकता से अधिक भार की निरंतर निगरानी और इसकी सूचना पुलिस को देना।

अपने कार्य के विभिन्न चरणों मे गुजरात एसपीसीए के कार्यकर्ताओं ने अब तक 303 मगरमच्छों, 42 अजगरों, 200 बन्दरों और 4 चीतों को बचाया है।

गुजरात एसपीसीए उन व्यक्तियों का नाम, पता, फोटो, वीडियो जैसा आवश्यक विवरण अपने पास रखते हैं जो उन्हें सहायता के लिये फोन करते हैं।

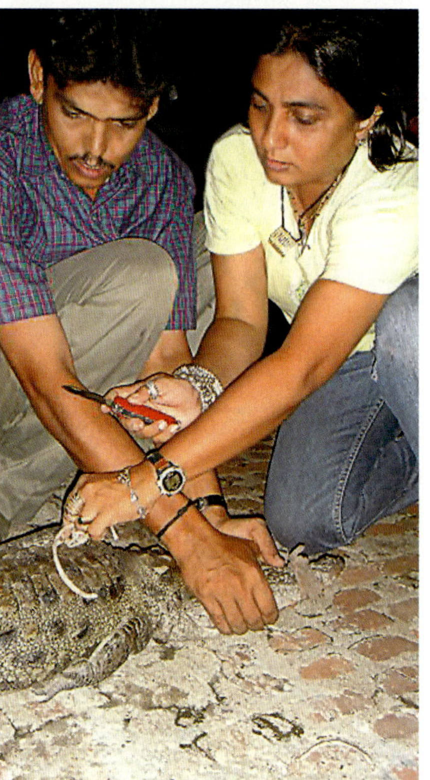

गुजरात एसपीसीए पशु बलि और उन पर प्रयोग करने के विरूद्ध हैं। वे इन पशुओं को लेते हैं और उनका पुनर्वास करते हैं अथवा उनकी मृत्यु होने तक अपने पास रखते हैं। इसमें सभी तरह के जीव जैसे चूहे, सूअर, खरगोश, पक्षी, बन्दर, कुत्ते और घोड़े भी सम्मिलित हैं।

अनदेखी रही पीड़ा उनकी,
अनसुना रहा उनका रूदन,
किसने जानी पीड़ा उनकी
और मौन मर जाना
जिया जिसने बस उसने जाना
आप ने क्यों न उसको जाना?

– अज्ञात

सम्पर्क:
स्नेहल भावसर (मानद सचिव)
गुजरात एसपीसीए
60, कुंज सोसाइटी, अल्कापुरी
वडोदरा, गुजरात
मो.: 092 277 22337, 098 250 11118
e-mail:
snehalbhattgspca@yahoo.co.in

सांप पकड़ने वाला!

नेरूल नवी मुम्बई के 51 वर्षीय सरीसृपविज्ञानी उल्हास ठक्कर 20 वर्षों से अधिक समय से सरीसृपों पर अध्ययन कर रहे हैं। छत की बीम से लटके और कमरे अंधेरे कोनों से सांपों को बचाने के लिये उन्हे हर सप्ताह कम से कम 5-6 फोन आते हैं और मानसून में यह संख्या बढ़ जाती है। सांपों के शौकीन के तौर उन्होंने सांपों और अन्य सरीसृपों के लिये एक हेल्पलाइन आरम्भ की। यह उन व्यक्तियों के लिये है जो अपनी कालोनियों और घरों में सांपों को देखते ही प्राय: अग्निशमन को फोन कर देते हैं।

इनका उद्देश्य उन लोगों को शिक्षित करना है जो सांपों के व्यवहार के विषय में अधिक नहीं जानते। उल्हास बच्चों में जागरूकता फैलाने के लिये स्कूलों में जाते हैं और कार्यशालाएं भी आयोजित करते हैं और उन्हें सिखाते हैं कि उन्हें डरना या परेशान नहीं होना चाहिए। ऐसे समय बच्चों को स्थिति और वास्तविकता का सामना करना आना चाहिए।

उल्हास का संदेश है - कभी भी सांपों की हत्या मत करो। जब तक तुम उन्हें परेशान नहीं करोगे वह तुम्हें हानि नहीं पहुंचाएगा। अगर तुम उसे छेड़ोगे तो वह तुम्हें काटेगा। बहुत से सांप जो नगरों और उपनगरों में पाये जाते हैं वह जहरीले नहीं होते इसलिए वह खतरनाक भी नहीं होते। उन्हें सर्प मित्र पुरस्कार दिया गया जिसके वे पात्र भी थे। उल्हास ने सर्प विद्या नामक पुस्तक लिखी है। वह स्वयं को अंधविश्वासों और मान्यताओं के उन्मूलन के लिए प्रयासरत एक समाजसुधारक मानते हैं।

सम्पर्क:
उल्हास ठक्कर
आनरेरी वाईल्ड लाइफ वार्डन - रायगढ़
फोन- 022-65147617
मो. 09821260145
email: *Ulhas.Thakur@silgrou.com*

पुणे का सर्प पार्क

25 वर्षों से अधिक समय से सरीसृपों का अध्ययन कर रहे नीलीमकुमार खैर (अन्ना) जानेमाने सरीसृप वैज्ञानिकों में से एक हैं। उन्होंने अपना कार्य 70 के दशक के मध्य मे प्रारम्भ किया था और वह सांपों के बचाव कार्य व शोधों मे निरंतर सक्रिय रहे हैं। अन्ना और उनके सहयोगी सांपों और अन्य सरीसृपों के संरक्षण के लिये प्रयत्नशील है। वह निरंतर जागरूकता दिवस और कार्यशालाएं भी आयोजित करते हैं। वह सर्पों के व्यवहार के विषय में जानकारियां उपलब्ध कराते हैं और उनके विषय मे फैली भ्रांतियों और डर को दूर करने के लिये प्रमाणन भी प्रस्तुत करते हैं। नीलीमकुमार भारतीय हरपेटोलाजिस्ट सोसाइटी के संस्थापक और अध्यक्ष भी हैं और वह कटराज सर्प पार्क वन्य जीवों के पुनर्वास केन्द्र के निर्देशक भी हैं। जिसे वर्तमान में राजीव गांधी ज्योलॉजीकल रिसर्च इंस्टीट्यूट पुणे के नाम से जाना जाता है। वह सर्वाधिक बिक्री वाली पुस्तक *इंडियनस्नेक* के लेखक हैं जो हिन्दी और मराठी में प्रकाशित हुई। उनकी लिखी अन्य पुस्तकें हैं - *बियोंड फ्रैंडशिप और सर्पमित्र मानावाचा।*

सम्पर्क-
नीलीमकुमार खैरे
निदेशक, पुणे सर्प पार्क,
केटराज, पुणे, महाराष्ट्र
फोन : 020-2437 0747 मो.: 098 220 22006
email: *neelimkhaire@vsnl.net*

फ्रेंडिकोस एसईसीए

फ्रेंडिकोस एसईसीए (पशुओं पर क्रूरता को समाप्त करने के लिये बनी संस्था) कुछ समर्पित लोगों द्वारा 1979 को दिल्ली मे स्थापित की गई निस्वार्थ रूप से कार्य करने वाली संस्था है। फ्रेंडिकोस अपने बचाव कार्यों द्वारा पशुओं के कष्टों को दूर करने के लिये अपनी सेवाएं देते हैं। फ्रेंडिकोस दिल्ली के आवारा तथा परित्यक्त पशुओं को बचाने, उनके पुनर्वास तथा उन्हें बेहतर जीवन के लिए सेवारत है। इसके द्वारा बचाए गए पशु दिल्ली के फ्रेंडिकोस सिटी शैल्टर अथवा गुडगांव, हरियाणा की कंट्री सैंचुरी में आश्रय पाते हैं।

घायल तथा बीमार पशुओं को फ्रेंडिकोस के दिल्ली में डिफेंस कालोनी फ्लाईओवर के नीचे स्थित सिटी शैल्टर सह हस्पताल में उपचार के लिये लाया जाता है। एक बार पूरी तरह स्वस्थ हो जाने के पश्चात उन्हें स्थान की कमी के कारण उनके मूल स्थान पर वापस छोड़ दिया जाता है। हर समय यहां 150 से 200 पशु दाखिल रहते हैं।

गुड़गांव के निकट एक गांव में दो एकड़ में बना फार्मलैंड कंट्री सैंचुरी उन 700 पशुओं का घर है जो यहां आए तो उपचार के लिए आए थे लेकिन उनकी वापिसी का कोई ठिकाना न था। उनकी या तो आयु अधिक हो चुकी है या जीवन भर के लिए अपंग हो चुके हैं या फिर अपने मालिकों द्वारा निकाल दिए गए हैं। अगस्त 15, 2008 तक यहां 400 कुत्ते, 90 बिल्ली, 50 गधे, 30 गाय, 60 बन्दर, 50 खरगोश और 15-20 घोड़े थे।

फ्रेंडिकोस एसईसीए की परियोजनाएं हैं:

- आवारा पीड़ित पशुओं के लिए कॉल सेवा। इनकी एम्बुलेंस सेवा (तीन एम्बुलेंस) के पास पीड़ित पशुओं से संबंधी प्रतिदिन 15 से 20 कॉलें आती हैं।
- बन्धीकरण कार्यक्रम। यह एक महीने में लगभग 700 बन्धीकरण करते हैं।
- एसईसीए ने 1983 में चल एक्वाइन क्लीनिक आरंभ किया था जिससे वह प्रतिदिन 50 से 70 पशुओं को देखते हैं। यह समूह लोगों को पशुओं के प्रति उत्तरदायी होने और उनकी उचित देखभाल करने के लिये शिक्षित करता है।
- फ्रेंडिकोस को हमेशा पशुओं को आश्रय देने वालों की तलाश रहती है।
- फ्रेंडिकोस हर जगह आपदा राहत के कार्यों में भी सक्रिय रहता है। चाहे फिर वह गुजरात का भूकम्प हो, असम में बाढ़ हो, सुनामी हो, महाराष्ट्र में बाढ़ हो या फिर हाल ही में बिहार में आई बाढ़ हो।

संपर्क:
फ्रेंडिकोस एसईसीए
271 व 273, डिफेंस कालोनी फ्लाईओवर मार्किट, डिफेंस कालोनी, नई दिल्ली-110 024
फोन 011-2465 1440, 2464 4231
फैक्स 011-4155 0480
Email: friends271@vsnl.com
Website: www.friendicoesseca.org

लकवाग्रस्त कुत्ते के लिये पहियोंवाली बग्घी

हर सुबह आप भारती शर्मा को गुडगांव के कतारबद्ध पेडों वाली सडकों पर कुत्तों के झुंड के साथ सैर करते हुए देख सकते हैं। इस झुंड की विशेष बात यह है कि चांदी के बालों वाला एक काला कुत्ता इस झुंड में सबसे आगे-आगे रहता है जिसके कुछ दांत नहीं है और यह कुत्ता विकलांगों द्वारा इस्तेमाल किए जाने वाले वॉकर और उसके साथ बग्घी को जोड़ कर बनाए गए सहारे की मदद से आगे बढ़ता-चलता है।

इसका नाम ब्लैकी है इसके आगे के पंजे ज़मीन पर रहते हैं और उनका वह भली-भांति इस्तेमाल कर सकता है परन्तु उसके पिछले लकवाग्रस्त पैर उस वॉकरनुमा ढांचे में रहते हैं और शरीर का निचला हिस्सा विशेष रूप से बनाए गए सहारे में रहता है। उस सहारे के पिछले दो पहिये उसे उठने और स्वयं चलने में सहायता करते हैं।

न तो उसके लकवाग्रस्त पिछले पैर और न ही क्षतिग्रस्त पृष्ठभाग ब्लैकी को सुबह की सैर से रोक सकता है। वह भोर होते ही बाहर जाने के लिये भौंकने लगता है। जो कुत्ते भारती और ब्लैकी को सुबह की सैर में साथ देते हैं वह आवारा कुत्ते हैं जिनका नाम ब्राउनी और चम्पा है और इन्हें भोजन पडोसियों द्वारा दिया जाता है। एक परित्यक्त काले-सफेद रंग का कुत्ता स्नीफी और एक अन्य बेघर कुत्ता मिल्की भी सड़क पर इस झुंड के साथ हो लेते हैं।

1998 में अपने घर की छत पर एक कौवे का पीछा करते हुए 25 फुट की ऊंचाई से गिरने से 14 वर्ष के ब्लैकी की रीढ़ क्षतिग्रस्त हो गई थी। भारती और उसके परिवार के स्नेह और देखभाल से उसके अंगों में फिर से जान आई। एक समय वे उसके दोनों पिछले पैर पकडते थे जिससे वह अगले पैरों से भाग सके। फिर वह अपने पिछले पैरों को घसीटने लगा।

आयु के साथ ही ब्लैकी ने अपने पैरों की ताकत दोबारा खो दी और फिर व्हील चेयर बनाने वालों ने उसके लिये दो पहियों वाली बग्घी बना कर दी।

भारती शर्मा दिल्ली सरकार की चिल्ड्रन वेलफेयर कमेटी की अध्यक्ष है।

रोज़ी की भैंस की रक्षा

सितम्बर 2008 में जब भारत की 'शोक नदी' कोसी का पानी उफान पर आया और उसने बिहार में विनाश किया तो बाढ़ की अनगिनत अविश्वसनीय और दुखद कहानियां सामने आई। एक ऐसी ही कहानी रोज़ी की भी थी।

रोज़ी का सब कुछ खो गया उसका घर, कपड़े, गुडिया। लेकिन उसने अपनी भैंस को बचाने के लिए अदम्य साहस दिखाया और उसे डूबने नहीं दिया। एक ओर उसकी भैंस नाक तक आ गए पानी में मौत से लड़ रही थी तो दूसरी ओर रोज़ी उसे बचाने के लिये चिल्ला कर मदद की गुहार लगाती रही।

आखिरकार फ्रेंडिकोस एसईसीए और वाईल्डलाईफ एसओएस के चिकित्सकों ने उसकी भैंस को बचाया।

वन्यजीव एसओएस

1995 से वाईल्ड लाईफ एसओएस अपने विभिन्न सफल कार्यक्रमों से प्रकृति और वन्य जीवों को सुरक्षित और प्रकृति को संरक्षित करने के लिए प्रयासरत है। वाईल्ड लाईफ एसओएस का मानना है कि 'प्रकृति को लौटाना' हर व्यक्ति का उत्तरदायित्व है तथा हमारे ग्रह और वन्य जीवन पर खतरों के प्रति सचेत रहे और उन खतरों को कम करने के समुचित उपाय करें।

वाईल्ड लाईफ एसओएस की कुछ सफल योजनाएं हैं:

सुस्त भालू : खानाबदोश जनजाति के कलन्दरों से दिसम्बर 2002 तक वाईल्डलाईफ एसओएस ने 450 नाचने वाले भालुओं को बचाया है। इन भालुओं के साथ बहुत क्रूरतापूर्ण व्यवहार होता है, इनके बच्चों के नाक के नथुनों में छेद कर दिया जाता है मादा भालुओं को शिकारी मार देते हैं और उनकी दंतपंक्ति को तोड़ दिया जाता है। नर भालुओं को बिना किसी दवा या ऐनेस्थिसिया के ब्लेड से बधियाकरण कर दिया जाता है। वाईल्ड लाईफ एसओएस इन भालुओं के लिये चार रक्षा सेवाएं चला रही हैं-

- आगरा बीयर रेस्क्यू फैसेलिटी, आगरा, उप्र.
- बन्नेरघाट बीयर रेस्क्यू सैंटर ,बेंगलौर, कर्नाटक
- वन विहार बीयर रेस्क्यू फैसेलिटी, भोपाल, मध्य प्रदेश
- पुरलिया बीयर रेस्क्यू सैंटर, पुरलिया, पश्चिम बंगाल

वाईल्ड लाईफ एसओएस कलन्दर समुदाय को आजीविका का दूसरे विकल्प भी मुहैया कराता है। भारत के पांच राज्यों के विभिन्न गांवों से लगभग 500 बच्चे अब स्कूल जाते हैं।

तेन्दुआ पुर्नवास : वाईल्ड लाईफ एसओएस ने जुनार लैपर्ड पुर्नवास योजना, जुनार महाराष्ट्र में

प्रारम्भ की है ताकि राज्य में पशुओं और मनुष्यों के बीच बढ़ते संघर्ष को कम किया जा सके। अभी यह केन्द्र 22 व्यस्क तेंदुओं और 4 परित्यक्त शिशुओं को आश्रय दे रहा है।

हाथी संरक्षण

बंधुआ हाथी कल्याण योजना का उद्देश्य उन बीमार और घायल हाथियों की ओर ध्यान आकर्षित कराना है जो असहनीय तथा तनावपूर्ण स्थिति में कार्य करते हैं। यह फाउंडेशन सडकों पर उन अकेले, घायल और निर्जलीकरण के शिकार हाथियों की खोज करते हैं जिन्हें चिकित्सा नहीं मिल पाती है। जुलाई 2008 में वाईल्ड लाइफ एसओएस ने कालेसर वाईल्ड लाइफ सैंचुरी के निकटवर्ती संतूर फॉरेस्ट ब्लाक में हाथियों के लिये पुनर्वास और अनुसंधान केन्द्र स्थापित करने के लिये एक करार पर हस्ताक्षर किये। वाईल्ड लाईफ परियोजना को वर्तमान में रायटेर्स एंड ह्युमेन सोसाइटी इंटरनैशनल, आस्ट्रेलिया का सहयोग प्राप्त है।

मून बीयर संरक्षण: लोगों द्वारा एक काले भालू को जीवित जलाने की घटना के खबरों में आने के पश्चात् वन्यजीव एसओएस ने जम्मू और कश्मीर के वन्यजीव विभाग के सहयोग से मून बीयर संरक्षण योजना प्रारम्भ की। यह अब राज्य के वन्यजीवन की रक्षा, पुनर्वास, शिक्षा व जागरूकता कार्यक्रम का रूप ले चुकी है।

सरीसृप संरक्षण : वाईल्ड लाईफ एसओएस दिल्ली और उसके आस-पास 24 घण्टे का सरीसृप रक्षा केन्द्र चलाता है। जिसके परिणामस्वरूप पिछले एक दशक से शहर का पुलिस नियंत्रण कक्ष सरीसृपों के बचाव से सम्बन्धित सभी कॉलों को दिल्ली स्थित वन्यजीव के सरीसृप रक्षा केन्द्र के मुख्यालय में स्थानांतरित कर देता है। हर महीने इससे सम्बन्धित औसतन 500 कॉल आते हैं।

वन्य जीवन रक्षा: वन्यजीव एसआएस हर बर्ष 3,000 से अधिक पक्षियों, सरीसृपों और छोटे स्तनधारी पशुओं की रक्षा करता है। इनकी एम्बुलेंस गन्धबिलावों को हवाई अड्डों की रनपट्टियों से बचाती है, लोमडी के बच्चों को शिकारियों से, साही और भालुओं के बच्चों को शिकारियों से, नीलगायों को आबादी वाली जगहों पर जाने से, चील, गिद्धों तथा बगुले जैसे पक्षियों के हमले से जैवविषाक्तता से ग्रस्त मोर एवं कबूतरों, हीरामन तोता तथा मुनिया को जंगली पक्षियों की खरीद-फरोख्त करने वालों से, तीतरों छिपकलियों और कछुओं को मांस के व्यापार से बचाती है। इन सभी विस्थापितों को गुडगांव वाईल्ड लाईफ रेस्क्यू आश्रय स्थल में शरण मिलती है। इनको पुनर्वासित किया जाता है व पूरी तरह से स्वस्थ होने पर ही वापस भेजा जाता है।

पक्षी संरक्षण: गुडगांव में बचाव सुविधाओं का एक बडा हिस्सा पक्षियों के लिए है। हर समय यहां 50 से ज्यादा लावारिस चीलें उपचार के लिये दाखिल रहती हैं। वाईल्ड लाइफ एसओएस में प्रवासी पक्षियों को बहुत बार पक्षी व्यापार और वन्यजीवन व्यापार से भी बचाया है।

Website: *www.wildlifesos.org*

पीएडब्लूएस - पशुओं के लिये युवा

'एकजुट होकर हम परिवर्तन ला सकते हैं'। यह अमेरिका के नए राष्ट्रपति बराक ओबामा के 2008 चुनाव प्रचार की एक पंक्ति - हां, हम यह कर सकते हैं- हो सकती है! हो सकता है वहां पर यह एक लुभावना वायदा भर हो लेकिन यहां मुम्बई की प्लांट एंड ऐनिमल सोसायटी के संदर्भ में (पीएडब्ल्यूएस-मुम्बई) ये पंक्ति अपना अर्थ रखती है। यह सोसायटी पशुओं को बेहतर जीवन देने के उद्देश्य रखने वाले कुछ युवाओं ने वर्ष 2000 में बनाई।

पीएडब्ल्यूएस - मुम्बई ने अपनी शुरूआत बीमार और घायल जानवरों को प्राथमिक चिकित्सा देने जैसा छोटा सा कदम उठा कर की थी। प्राय: ये वे पशु होते थे जिन्हें मांडूप के निकट वाहन घायल करके भाग जाते थे। यह संगठन अब मुम्बई में एक बड़ा अभियान बन चुका है। यह युवाओं द्वारा चलाया जाने वाला मुम्बई का एकमात्र ऐसा संगठन है जो वन्यजीवों की रक्षा करता है। मुम्बई में सांपों तथा अन्य वन्यजीवों के लिये स्थान नहीं है इसी कारण वह प्राय रिहायशी इलाकों में आ जाते हैं। पीएडब्ल्यूएस - मुम्बई के पास आवारा कुत्तों व वन्यजीवों के लिये एम्बुलेंस सेवा भी है।

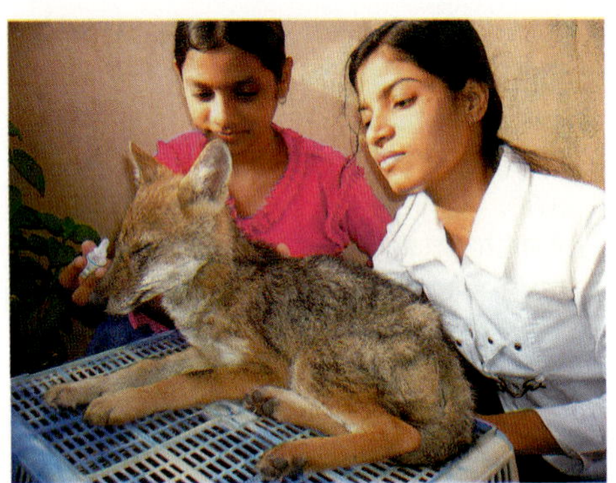

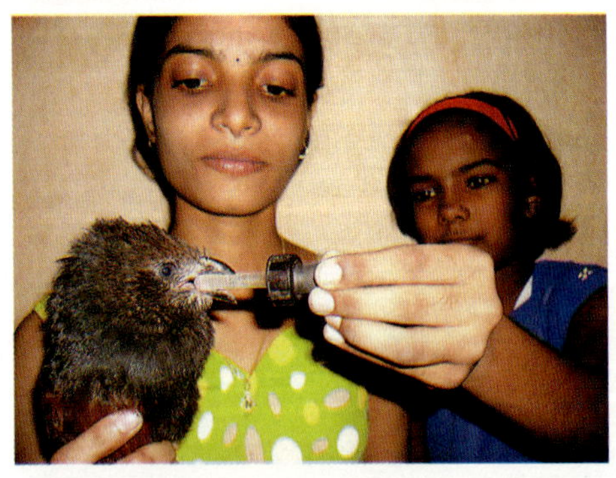

हाल ही में पीएडब्ल्यूएस - मुम्बई ने सूचना के अधिकार (आरटीआई) का उपयोग करना आरम्भ किया है जिसके उपयोग से ये ऐसी सूचनाएं प्राप्त सके जिसके द्वारा पशुओं से सम्बन्धित बहुत से गैरकानूनी कार्यों को सामने लाया जा सके।

उनके दैनिक कार्यकलाप प्रत्येक एनजीओ जैसे ही हैं- पशु संख्यावृद्धि पर नियंत्रण व रैबिजरोधी टीकाकरण कैम्प लगा कर कुत्ते और बिल्लियों की जनसंख्या में कमी लाना। रिहायशी स्थानों पर मिलने वाले पशुओं को उनके प्राकृतिक निवास में पुनर्वास कराना। आज तक यह समूह 6,000 पशुओं की रक्षा और बन्धीकरण कर चुका है।

पीएडब्ल्यूएस के पास कोई ऐसा स्थान नहीं है जहां वे घायल पशुओं को रख कर उनकी सहायता कर सके। अधिकांश पशु मरीजों का उपचार उनके घर जाकर किया जाता है अथवा उन्हें निकट के संरक्षणगृह या अस्पताल मे भेज दिया जाता है। इनके स्वयंसेवकों के छोटे से दल को प्रशंसा भरे पत्र और पुरस्कार मिले हैं। इस संगठन को न केवल प्रसिद्ध हस्तियों का साथ मिला है बल्कि यह मेनका गांधी, अन्जु महेन्द्रु, सीमा रहमानी, श्यान मुंशी, आरती सुरेन्द्रनाथ, जूही पांडे व किरण दूबे जैसे व्यक्तियों द्वारा चलाए जाने वाले कार्यक्रमों में भी हिस्सा लेता है। हैल्पलाईन : 098 334 80388

सम्पर्क-
सुनीश सुब्रह्मणियम (सचिव)
प्लांट एंड एनिमल वैलफेयर सोसाइटी-मुम्बई
2, शिवशक्ति, पाटकर कम्पाउंड, गामदेवी रोड,
भांडुप (वेस्ट), मुम्बई-400 078
फोन : 022-2596 8313/ 8314
मो.: 098 921 79542/ 098 206 78276
email: pawsmumbai@indiatimes.com, sunishforpawsmumbai@gmail.com
Website: *www.pawsmumbai.blogspot.com*

कुत्तावाला बाबा

करूणा की कोई सीमा नहीं होता। जब आप सोचते हैं कि सब कुछ समाप्त हो गया है तभी किसी चमत्कार की तरह कोई उदार व्यक्तित्व आपको सहारा देने के लिए सामने आ खड़ा होता है। चमत्कार तभी होते हैं जब कोई इसे संभव करने के लिए अथक प्रयास करता है। यह कहानी सुरकनाद औघड़ की है जो कुत्ता वाला बाबा या कुत्ता बाबा के नाम से लोकप्रिय है। इनके पास देने के लिये कुछ भी नहीं है न ही धन है और न ही साधारण भोजन या कपड़े फिर भी उनकी विनम्र इच्छाओं को पूरा करने के लिये उनके पास बहुत कुछ है।

ऋषिकेश के निकट वीरभद्र रोड पर कुत्ता बाबा का टूटा-फूटा घर (निसंदेह अस्थाई) है जो दो प्लास्टिक की चादरों से ढ़का है। उनके पास केवल एक धोती, एक स्टील की प्लेट और पानी पीने का एक छोटा कटोरा है यह सब उनकी मिट्टी से जुडी संपत्ति है। जरूरत को पूरा भर करने वाली मेडिकल किट और फटे गद्दे वाली एक चारपाई है जिस पर वह और उनकी बिल्ली मोती सोते हैं। यहां के हर कोने और दरार में सुस्ताते से, इर्द-गिर्द चक्कर लगाते या फिर आस-पास के नज़ारों को निहारते कुत्ते रहते हैं। कुत्ता बाबा इन सब पर नजर रखते हैं। बाबा ने इन सबको नाम दे रखे हैं और वे अपने नाम से पुकारने पर तुरन्त प्रतिक्रिया करते हैं।

कुत्ता बाबा मिलने वाले किसी भी कुत्ते को दुत्कारते नहीं हैं चाहे वो परित्यक्त पिल्ले, भूखी मां अथवा घायल कुत्ता क्यों न हो, वह हर एक को अपना लेते हैं। ये कुत्ते ठीक जो जाने पर बाबा का उपकार मानते हुए उनके वफादार साथी बन जाते हैं। कोई नहीं जानता बाबा उनके खानें का प्रबन्ध कैसे करते हैं किन्तु फिर भी वे सभी स्वस्थ दिखाई देते हैं। शायद ये जानवर अच्छी तरह से जानते हैं कि ये जूठन उन्हें सब के साथ मिल कर बांटनी है।

कंजूसी और लालच से चलने वाले आज के स्वार्थी युग में विरले ही ऐसी सहृदयता और मानवता देखने को मिलती है। कुत्ता बाबा का जीवन निस्वार्थ सेवा का उदाहरण है। यही आध्यात्मिकता का सार भी है...

खेल-कूद

तीरन्दाज़ी

(विस्तृत विवरण के लिए पिछले संस्करण देखें)

अधिकतम पदक

भारत ने दूसरे साउथ एशियन जूनियर और सब-जूनियर तीरन्दाज़ी चैम्पियनशिप 2008, जमशेदपुर, झारखण्ड में 37 स्वर्ण पदक, 21 रजत पदक और 4 कांस्य पदक जीते।

अर्जुन पुरस्कार

■ 1981 के एम कृष्णा दास ■ 1989 श्याम लाल ■ 1991 लिम्बा राम ■ 1992 संजीव कुमार सिंह ■ 2005 तनुणदीप रॉय, डोला बैनर्जी ■ 2006 जयन्त तलुकदार ***(तस्वीर देखें)***

द्रोणाचार्य पुरस्कार

■ 2007 संजीव कुमार सिंह

MOHD SHAFIQ

28 वीं सीनियर राष्ट्रीय चैम्पियनशिप 2008

श्रेणी	नाम/ टीम	अंक/360
पुरूष		
फीटा राउण्ड रिकर्व		
90 मीटर	प्रियंका त्यागी (उप्र.)	330*
70 मीटर	तरूणदीप रॉय (सेवायें)	344*
50 मीटर	जे तलुकदार (स्टील प्लान्ट)	336
30 मीटर	जे तलुकदार (स्टील प्लान्ट)	353
कुल मिलाकर	जे तलुकदार	1,354*
टीम	स्टील प्लान्ट स्पोर्ट्स बोर्ड	3,998*
यौगिक		
90 मीटर	चुंगदा शेरपा (सेवायें)	326
70 मीटर	उमेश बी कुवाथेकर (एम पी)	343
50 मीटर	एस श्रीधर (सेवायें)	345
30 मीटर	के एच रतन कुमार (सेवायें)	357
कुल मिलाकर	के एच रतन कुमार (सेवायें)	1,357*
टीम	सेवायें	4,056*
भारतीय राउण्ड		
50 मीटर	एस बसन्ता (मणिपुर)	329*
30 मीटर	अरूण बोरा (आसाम)	338
टीम	मणिपुर	1,927*
महिला		
फीटा राउण्ड रिकर्व		
70 मीटर	एल बोमबायला देवी (रेलवेज़)	320
60 मीटर	रीना कुमारी (रेलवेज़)	355
50 मीटर	डोला बैनर्जी (रेलवेज़)	331*
30 मीटर	डोला बैनर्जी (रेलवेज़)	350
कुल मिलाकर	डोला बैनर्जी (रेलवेज़)	1,327
टीम	(रेलवेज़)	3,949*
यौगिक		
70 मीटर	भाग्यावती चानू (झारखण्ड)	338*
60 मीटर	मन्जुदा सोय (दिल्ली)	340
50 मीटर	स्वीटी कुमारी (मप्र.)	339
30 मीटर	मंजुदा सोय (दिल्ली)	352
कुल मिलाकर	झानो हंसदा (झारखण्ड)	1,348
टीम	झारखण्ड	4,019*
भारतीय राउण्ड		
50 मीटर	एल रंजना देवी (अरूणाचल प्रदेश)	307
30 मीटर	प्रतिभा बोरा (आसाम)	332*
टीम	मणिपुर	1,822

* राष्ट्रीय रिकार्ड

एथलेटिक्स

ओलम्पिक्स

एक पदक जीतने वाला प्रथम एशियाई
नोर्मन जी प्रिचार्ड, 1900 के ओलम्पिक्स के दौरान पेरिस में छुट्टियां मनाते समय, 22.8 सेकण्ड में 200 मीटर में और 26.6 मीटर में 200 मीटर हर्डल्स में एक रजत पदक जीता (बाद में जारी नहीं रहा)

ओलम्पिक्स फाईनल में भारतीय (स्वतन्त्रता के बाद)
6 भारतीय (चार पुरूष और 2 महिलायें) ओलम्पिक्स के फाईनल में पहुँच चुके हैं-हेनरी रेबेलो (ट्रिपल जम्प, लन्दन, 1948); मिल्खा सिंह (400 मीटर, रोम, 1960); गुरबचन सिंह रंधावा (110 मीटर, हर्डल्स टोकियो 1964); श्री राम सिंह (800 मीटर, मोन्ट्रियल 1976); पीटी उषा (400 मीटर, हर्डल्स लॉस एन्जिल्स 1984); अंजु बॉबी जॉर्ज (लम्बी कूद, एथेन्स 2004)

एशियाई खेल
(विस्तृत विवरण के लिए पिछले संस्करण देखें)

प्रथम पदक (महिलाएं)
1951 में रोशन मिस्त्री ने नयी दिल्ली में पहले एशियाई खेलों 100 मीटर में रजत पदक जीता जबकि मेरी डिसूजा (200 मी) ने कांस्य पदक जीता और महिलाओं की 4 x 100 मीटर की रिले टीम जिसमें नीलीमा घोष, स्टेफी डिसूज़ा, मेरी डिसूजा ओर रोशन मिस्त्री थे, ने रजत पदक जीता।

प्रथम स्वर्ण (महिलाएं)
क्रिस्टाईन ब्राउन, स्टैफी डिसूजा, वॉयलेट पीटर्स और मेरी डिसूजा के भारतीय क्वार्टर ने 4 x 100 मीटर की रिले में, स्वर्ण पदक जीता, ये 1954 में मनीला में दूसरे एशियाई खेलों में 49.5 सेकंड में जीता गया।

प्रथम व्यक्तिगत स्वर्ण (महिलाएं)
कमलजीत संधु ने 1970 में बैंकाक में छठे एशियाई खेलों में 57.3 सेकंड में 400 मीटर को जीता।

एशियाई खेलों में दोहरा स्वर्ण
चार पुरूष -मिल्खा सिंह, (दो बार), लेवी पिन्टो, प्रद्युमन सिंह और हरी चन्द प्रत्येक ने दो स्वर्ण पदक जीते। पिन्टो ने 1951 में दिल्ली में 100 मीटर और 200 मीटर में; प्रद्युमन ने 1954 में शॉट पुट और डिस्कस को जीता और हरी चन्द ने 1978 में बैंकाक में 5,000 मीटर और 10,000 मीटर में जीता। मिल्खा ने 1958 में टोकियो एशियाई खेलों में 200 मीटर और 400

MOHD SHAFIQ

वर्ल्ड चैम्पियनशिप पदक जीतने वाला प्रथम व्यक्ति
अन्जु बॉबी जॉर्ज ने अगस्त 2003 में पेरिस में 2003 वर्ल्ड चैम्पियनशिप में लम्बी कूद में कांस्य पदक जीता। वह 6.70 मीटर के लीप के साथ तीसरे स्थान पर रही, सर्वोत्तम से 6.74 मीटर कम रह गयी। अंजु ने 2004 एथेन्स ओलम्पिक्स में बेहतर प्रदर्शन किया जब उसने 6.83 मीटर के साथ छठे स्थान को पूरा किया।

प्रतिभाशाली डॉक्टर
गुजरात की डा. भगवती ओझा (जन्म नवम्बर 17, 1936), जो एक लाईसेंसी मेडिकल प्रेक्टिशनर थी, उन्होंने 1961 में गुजरात के राजकोट से एमडी किया। उन्होंने नवम्बर 1999 में दौड़ना शुरू किया जब वह वेटेरन्स अमेच्योर एथलेटिक्स फेडरेशन ऑफ इण्डिया द्वारा आयोजित 5 किमी की दौड़ में प्रथम आयी। उन्होंने तीन हॉफ मैराथन और एक वाकाथोन में भी भाग लिया है। उन्होंने मई 1974 से जून 2004 तक चार साइकिल रैलियों और नौ पर्वतारोहण अभियानों में भी भाग लिया। वह दिल्ली ग्लाईडिंग क्लब, सफदरजंग, नयी दिल्ली (1976 और 1977-80) की भी सदस्य हैं, और 1982 में बडौदा में स्काई डाईविंग की भी सदस्य बनीं। उन्होंने 1971 में भारतीय शास्त्रीय संगीत में संगीत विशारद भी किया है और 1967 और 1992 में क्रमश: सितार और तबला में मध्यम किया है।

मीटर में और 1962 में जकार्ता एशियाई खेलों में 400 मीटर और 4 x 400 मीटर रिले में स्वर्ण पदक जीते।

पीटी उषा ने 1986 में चार स्वर्ण और रजत पदक जीते।

ज्योर्तिमय सिकदर ने 1998 में बैंकांक एशियाड में दो स्वर्ण और एक रजत पदक जीता।

सर्वश्रेष्ठ प्रदर्शन

भारतीय स्क्वैड ने 1951 में दिल्ली में शुरूआती एशियाई खेलों में 10 स्वर्ण, 12 रजत ओर 12 कांस्य पदक जीते। इससे अगला था 1978 के बैंकांक एशियाई खेलों में- 8 स्वर्ण, 7 रजत और 3 कांस्य।

कॉमनवेल्थ और एशियाई खेलों में स्वर्ण पदक (व्यक्तिगत)

मिल्खा सिंह ने 400 मीटर में 1958 और 1962 में एशियाड खेलों में और 1958 में कॉमनवेल्थ खेलों में क्रमश: स्वर्ण पदक जीते।

सबसे ज्यादा साहसपूर्ण कार्यों में भाग लेना

केलिफोर्निया, अमेरिका के राजेश अग्रवाल (जन्म मार्च 13, 1975) कई साहसपूर्ण घटना में हिस्सा लेते रहे हैं जैसे हॉफ मैराथन, मैराथन, अल्ट्रा मैराथन, स्केटिंग, ड्यूथलोन, सेन्चुरी राइड्स, एक्वाथलोन, क्रॉस कन्ट्री स्कीईंग मैराथन, हॉफ आयरनमैन मैराथन, फुल आयरनमैन ट्राईएथलोन, एडवेन्चर रेस, और लम्बी दूरी की रेस। पहली ऐसी घटना जिसमें उन्होंने हिस्सा लिया वह थी, अक्टूबर 12, 2003 को कनाडा के ब्रिटिश कोलम्बिया में रॉयल विक्टोरिया मैराथन और आखिरी घटना जिसमें उन्होंने भाग लिया वह थी मई 10, 2008 को केलिफोर्निया में ह्यूमन रेस। उन्होंने अगस्त 30, 2008 तक 5 किमी से लेकर 226 किमी तक वाले 42 आयोजनों में भाग लिया है।

एथलेटिक्स फेडरेशन ऑफ इण्डिया *(सितम्बर 11, 2008 तक)*

पुरूष

घटना	प्रदर्शन	एथलीट का नाम	स्थान	दिनांक
100 मी.	10.30s (+0.0 mps)	अनिल कुमार पी	नयी दिल्ली	24/08/05
200 मी.	20.73s (-1.7 mps)	अनिल कुमार पी	बेंगलौर	17/07/00
400 मी.	45.48s	के एम बीनू	एथेन्स	20/08/04
800 मी.	1:45.77s	श्री राम सिंह	मॉन्ट्रियल	27/07/76
1,500 मी.	3:38.00s	बहादुर प्रसाद	चेन्नई	23/12/95
3,000 मी.	7:50.30s	सुरेन्द्र सिंह	टवीकनहेम, लन्दन	04/06/08
5,000 मी.	13:29.70s	बहादुर प्रसाद	बर्मिंघम	25/06/92
10,000 मी.	28:02.89s	सुरेन्द्र सिंह	विगो, स्पेन	12/07/08
3,000 मी. एस टी चेज	8:30.88s	गोपाल सैनी	टोकियो	05/06/81
110 मी. हर्डल्स	13.96s	के कृष्ण मोहन	कोची	10/09/08
400 मी. हर्डल्स	49.51s	जोसेफ जी अब्राहम	ओसाका	26/08/07
ऊंची कूद	2.25m	हरी शंकर राय	सिंगापुर	28/09/04
लम्बी कूद	8.08m (-0.84 mps)	अमृत पाल सिंह	नयी दिल्ली	16/03/04
तिहरी कूद	17.04m	रणजीत माहेश्वरी	गुवाहाटी	23/06/07
पोल वॉल्ट	5.10m	विजय पाल सिंह	तिरूवनंतपुरम	27/12/87
शॉट पुट	20.42m	शक्ति सिंह	चेन्नई	29/07/00
डिस्कस	64.96m	विकास गौड़ा	सलीनाज	17/05/07
जेवलिन	79.68m	सतबीर सिंह	कोलकात्ता	27/10/98
हैमर	70.16m	राकेश कुमार यादव	बेंगलौर	17/07/03
4x100 मी. रिले	39.36m	भारतीय राष्ट्रीय टीम	बुसान	13/10/02
4x400 मी. रिले	3:02.62m	भारतीय राष्ट्रीय टीम	बैंकाक	19/12/98
20,000 मी. चालन	1::23:40	बाबू भाई	जमशेदपुर	24/10/07
20 कि.मी. चालन	1::25:44	सुच्चा सिंह	नयी दिल्ली	26/02/88
50 कि.मी. चालन	4::16:22s	गुरदेव सिंह	हैदराबाद	09/11/05
50,000 मी. चालन	4::10:42s	बसन्त बहादुर राणा	पटियाला	21/02/08
डिकेथलोन	7,502 pts	जोरा सिंह	नयी दिल्ली	02/03/06
मैराथन	2::12:00s	शिवनाथ सिंह	जालंधर	28/05/78

प्रथम ओलम्पिक्स मैराथनर

फादीप्पा दारिप्पा चागुले जिसने 1920 में एन्टवर्प खेलों में भारत का प्रतिनिधित्व किया। उसने 2 घण्टे 50 मिनट 45.2 सेकण्ड के साथ 19 वें को खत्म किया। फिनलैण्ड के जोहानेन कोल्हेमेनन जिसने स्वर्ण पदक लिया, उसने 2 घण्टे 32 मिनट 35.8 सेकण्ड में इसे पूरा किया।

1997

एशियाई ट्रैक एंड फील्ड

(पिछले संस्करण देखें।)

मैराथन

(विस्तृत विवरण के लिए पिछले संस्करण देखें।)

प्रथम ओलम्पिक मैराथनर

फादीप्पा दारिप्पा चागुले जिसने 1920 में एन्टवर्प खेलों में भारत का प्रतिनिधित्व किया। उसने 2 घण्टे 50 मिनट 45.2 सेकण्ड के साथ 19 वां स्थान पाया।

मैराथन वेटेरन्स

डॉ. (विंग कमांडर) आशीष रॉय (जन्म जून 1, 1932) जो एक अभ्यासरत कार्डियोलोजिस्ट थे, 52

अल्ट्रा मैराथन जोड़ा!

पति पत्नि किरण कराड़ी (जन्म नवम्बर 1974) और पदमा सुब्बारया (जन्म अक्टूबर 1974) ने 50 किमी, 80 किमी, 100 किमी और 160 किमी की अल्ट्रा मैराथन में भाग लिया। पदमा पहली भारतीय महिला हैं जिन्होंने 29 घण्टे 39 मिनट और 34 सेकण्ड में 3-4 फरवरी 2007 को 160 किमी की अल्ट्रा मैराथन पूरी की।

पदमा 37 मैराथन में दौड़ चुकी हैं जिसमें से 13 अल्ट्रा मैराथन हैं और किरण ने 30 मैराथन पूरे किये हैं जिसमें सितम्बर 2002 और अगस्त 2008 के बीच 10 अल्ट्रा मैराथन शामिल हैं।

एथलेटिक्स फेडरेशन ऑफ इण्डिया (सितम्बर 11, 2008 तक)				
महिला				
घटना	**प्रदर्शन**	**एथलीट का नाम**	**स्थान**	**दिनांक**
100 मी.	11.38s (+0.2 mps)	रचिता मिस्त्री	तिरूवनंतपुरम	12/08/00
200 मी.	22.82s(+0.8 mps)	सरस्वती साहा	लुधियाना	28/08/02
400 मी.	51.05s	मनजीत कौर	चेन्नई	16/06/04
800 मी.	1:59.85s	शाइनी विल्सन	चेन्नई	20/12/95
1,500 मी.	4:06.03s	सुनीता रानी	बुसान	10/10/02
3,000 मी.	9:06.42s	मोली चाको	हिरोशिमा	11/10/94
5,000 मी.	15:18.77s	सुनीता रानी	बुसान	12/10/02
10,000 मी.	32:04.41s	प्रीजा श्रीधरन	वाटफोर्ड, लन्दन	14/06/08
3,000 मी. एस टी चेज	10:18.76s	सुधा सिंह	जमशेदपुर	25/10/07
100 मी. हर्डल्स	13.38s (-0.7 mps)	अनुराधा बिस्वाल	नयी दिल्ली	26/08/02
	13.38s (-0.7 mps)	अनुराधा बिस्वाल	नयी दिल्ली	08/09/02
400 मी. हर्डल्स	55.42s	पीटी उषा	लॉस एन्जिल्स	08/08/84
ऊंची कूद	1.91m	बॉबी एलाईसियस	चेन्नई	18/07/04
लम्बी कूद	6.83m (+1.2 mps)	अंजु बी जॉर्ज	एथेन्स	27/08/04
तिहरी कूद	13.67m (-0.7 mps	अंजु बी जॉर्ज	हैदराबाद	18/12/02
पोल वॉल्ट	4.08m	वीएस सुरेखा	पटियाला	23/10/06
शॉट पुट	17.43m	हरबंस कौर	मुम्बई	24/11/97
डिस्कस	64.64m	सीमा अन्तिल	चेन्नई	16/06/04
जेवलिन	58.64m	गुरमीत कौर	बंगलौर	17/07/00
हैमर	61.67m	हरदीप कौर	नयी दिल्ली	08/09/02
4x100 मी. रिल	44.43s	भारतीय राष्ट्रीय टीम	फुकुओका	22/07/98
4x400 मी. रिल	3:26.89s	भारतीय राष्ट्रीय टीम	एथेन्स	27/08/04
10,000 मी. वॉक	48:10.0s	कविता गगरी	बीजींग	27/09/90
20,000 मी. वॉक	1::43:06.0s	वाई बाला देवी	हैदराबाद	30/07/03
20 कि.मी. वॉक	1::39:00.6	एल दीपमाला देवी	चेन्नई	03/11/06
हेप्टाथलोन	6,211 pts	जेजे शोभा	नई दिल्ली	17/03/04
मैराथन	2::38:10s	सत्या भामा	चेन्नई	21/12/95
हॉफ मैराथन	1::14:45s	माधुरी गुरनुले	पुणे	19/12/04

साल की उम्र में पहली मैराथन में दौड़े। उन्होंने 85 मैराथन पूरे किये (5 केवल 2008 में)। इसमें से अन्तिम था न्यूयार्क अमेरिका) में अगस्त , 2008 को, जिसे 6 घण्टे 4 मिनट में पूरा करके उन्होंने 70-79 आयुवर्ग के समूह में दूसरा स्थान पाया।

सुनीता गोदारा (जन्म सितम्बर 18, 1959) अन्तर्राष्ट्रीय स्तर की एथलीट है, उसने 1984 से अगस्त 15, 2008 तक 1,10,000 किमी पूरे कर लिये हैं। वह 25 देशों में 76 बार दौड़ी हैं और ओपन वुमेन श्रेणी में 50 पदक जीत चुकी हैं- 25 स्वर्ण, 12 रजत, और 13 कांस्य पदक। उन्होंने 116 हॉफ मैराथन में भी भाग लिया है।

पद्मश्री

■ 1959 मिल्खा सिंह ■ 1971 कमलजीत संधु ■ 1983 एमडी वालसम्मा, गीता जुत्शी, बहादुर सिंह चौहान, चांद राम, एलिजा नेल्सन ■ 1984 चार्ल्स बोरोमियो ■ 1985 पीटी उषा ■ 1991 श्री राम सिंह ■ 1998 शाइनी विल्सन ■ 2001 सुनीता रानी, मालती होला ■ 2003 ज्योर्तिमय सिकदर ■ 2004 के एम बिनामोल ■ 2004 अंजु बॉबी जॉर्ज ■ 2005 राचेल थॉमस ■ 2005 जीएस रंधावा

अर्जुन पुरस्कार

■ 1961 गुरबचन सिंह रंधावा *(तस्वीर देखें)* ■ 1962 हवलदार त्रिलोक सिंह ■ 1963 एस डिसूजा ■ 1964 मक्खन सिंह ■ 1965 केएल पोवल ■ 1966 अजमेर सिंह, बीएस बराह ■ 1967 प्रवीण कुमार, भीम सिंह ■ 1968 कैप्टन जोगिन्दर सिंह, मन्जीत वालिया ■ 1969 हरनेक सिंह ■ 1970 एमएस गिल ■ 1971 एडवर्ड सिक्वेरा ■ 1972 विजय सिंह चौहान ■ 1973 हवलदार श्रीराम सिंह ■ 1974 टीसी योहानान, एसएस राजपूत ■ 1975 इंस्पेक्टर एच चांद, वी अनुसूया बाई ■ 1976 बहादुर सिंह चौहान, गीता जुत्शी ■ 1977-78 सतीश कुमार (पेराप्लेजिक स्पोर्ट्स) ■ 1978-79 सुरेश बाबू,

MOHD SHAFIQ

एन्जेल मेरी जोसेफ ■ 1979-80 आर ग्यानसेकरन ■ 1980-81 गोपाल सैनी ■ 1981 सबीर अली ■ 1982 चार्ल्स बोरोमियो, चांद राम, एमडी वालसम्मा ■ 1983 पीटी उषा कैप्टन एस यादव ■ 1984 राज कुमार, शाइनी के अब्राहम ■ 1985 आरएस बाल, एजे सुमारीवाला, आशा अग्रवाल ■ 1986 सुमन रावत ■ 1987 बलविन्दर सिंह, बगीचा सिंह, वन्दना राव, वन्दना शानबाग ■ 1988 अश्विनी नाचप्पा ■ 1989 मर्सी कुट्टन ■ 1990 दीना राम ■ 1992 बहादुर प्रसाद ■ 1993 के सारम्मा ■ 1994 के सी रोजा कुट्टी ■ 1995 शक्ति सिंह, ज्योर्तिमय सिकदर, मलाठी के होला (पेराप्लेजिक स्पोर्ट) ■ 1996 अजीत बहादुरिया, पद्मिनी थॉमस, काले गोवड़ा (पेराप्लेजिक स्पोर्ट) ■ 1997 रीथ अब्राहम, के महादेवा (पेराप्लेजिक स्पोर्ट) ■ 1998 सीरी चांद राम, नीलम जे सिंह, एसडी ईशान, राचिरा मिस्त्री, परमजीत सिंह ■ 1999 गुलाब चन्द, गुरमीत कौर, प्रद्युम्न सिंह, सुनीता रानी ■ 2000 यादवेन्द्र वशिष्ठ, (शारीरिक रूप से विकलांग), के एम बीनामोल, विजय भालचन्द्रा, मुनीश्वर, जोगिन्दर सिंह बेदी, (लाइफटाईम अचीवमेन्ट), मिल्खा सिंह, रचना गोविल, विजयमाला भानोत ■ 2001 के एम शंकर, (शारीरिक रूप से विकलांग) ■ 2002 अंजु बॉबी जार्ज, सरस्वती साहा, रमेश टीकाराम (शारीरिक रूप से विकलांग) ■ 2003 सोमा बिस्वास, माधुरी सक्सेना ■ 2004 अनुल कुमार, जेजे शोभा ■ 2005 मन्जीत कौर ■ 2006 केएम बीनू ■ 2007 चित्रा सोमन

राजीव गांधी खेल रत्न

■ 1998-98 ज्योर्तिमय सिकदर ■ 2002 केएम बीनामोल ■ 2003 अंजु बॉबी जार्ज

द्रोणाचार्य पुरस्कार

■ 1985 ओएम नाम्बियार ■ 1994 मोहम्मद इलयाज़ बाबर ■ 1995 करन सिंह ■ 1997 जोगिन्दर सिंह सैनी ■ 1998 बहादुर सिंह, हरगोविन्द सिंह संधु ■ 1999 केनथ ओवन बोसेन ■ 2002 रेनू कोहली, जसवन्त सिंह ■ 2003 रॉबर्ट बॉबी जॉर्ज ■ 2006 आरडी सिंह (पेराप्लेजिक स्पोर्ट्स)

ध्यान चन्द अवार्ड

■ 2004 ब्रिगे. लाभसिंह, दिगम्बर पी मेहेन्दाले (शारीरिक रूप से विकलांग) ■ 2006 उदय के प्रभु ■ 2008 हाकम सिंह

बैडमिन्टन

अन्तर्राष्ट्रीय

पहला स्वर्ण
प्रकाश पादुकोन ने 1978 में एडमोन्टोन, कनाडा में इंगलैण्ड के रे स्टीवन्स को हरा कर स्वर्ण पदक जीता।

पहला विश्व कप
प्रकाश पादुकोन ने 1981 में चीन के हान जिआन को 15-10, 15-7 से हरा कर अल्बा कप जीता।

पहला अन्तर्राष्ट्रीय मिक्स्ड डबल टाइटल
वी दीजू और ज्वाला गुट्टा ने सारब्रकेन जर्मनी में 50,000 डालर बिटबर्गर ओबन में मिक्स्ड डबल का खिताब जीता इसमें उन्होंने दानिश पेयर, जोचिम नीलसन, और क्रिस्टिना पीडरसर को 8-21, 21-17 , 22-20 से हराया।
भारतीय मिक्स्ड डबल के लिए पिछली मुख्य सफलता 1982 में नयी दिल्ली में एशियाई खेलों में दर्ज की गयी जब लेरोय डीसा और कनवाल ठाकुर सिंह ने एशियाई खेलों में कांस्य पदक जीता और नन्दु लातेकर और मीना शाह ने 1962 में किंग्स कप का खिताब जीता।

सायना नेहवाल-छोटी उम्र की प्रतिभा
सायना नेहवाल (जन्म मार्च 17, 1990) हैदराबाद से भारतीय महिला वर्तमान में दुनिया में 10 वें नम्बर पर हैं, वह पहली भारतीय महिला हैं जो बीजिंग ओलम्पिक खेल 2008 में सिंगल क्वार्टर फाईनल में पहुंची और वर्ल्ड जूनियर बेडमिन्टन को जीतने वाली पहली भारतीय महिला हैं।

नवम्बर 2008 में चैम्पियनशिप। साथ ही वह पहली भारतीय महिला बैडमिन्टन खिलाड़ी हैं जिसने 2006 में अन्तर्राष्ट्रीय फिलिपीन्स ओपन का खिताब जीता।

MOHD SHAFIQ

MOHD SHAFIQ

चेतन आनंद- चैम्पियन
नेशनल चैम्पियन चेतन आनंद का सबसे अच्छा इन्टरनेशनल साल 2008 था। वे आठ टूर्नामेन्ट्स के फाईनल तक पहुंचे। उनमें से चार जीते और चार में रनर-अप रहे। उन्होंनें सारब्रकन में बिटबरर्गर ओपन जीता, मेडरिड में जर्मनी स्पेनिश ओपन जीता; काठमाण्डू में नेपाल ओपन जीता और प्राग में चेक। चेतन दुनिया में 33वें रेंक पर हैं।

विश्व कीर्तिमान: सबसे ज्यादा काम में लिये गये शटल्स
1986 में सैयद मोदी और विमल कुमार के बीच राष्ट्रीय प्रतियोगिता में 182 शटल काम में लिये गये। मोदी ने मैच को 66 मिनट में 15-12, 15-12 से जीता।

1997

सबसे अच्छा प्रदर्शन
प्रकाश पादुकोन एकमात्र भारतीय हैं जो चार बार विश्व चैम्पियनशिप के क्वार्टर फाईनल में पहुंचे। दो अन्य भारतीय भी विश्व चैम्पियनशिप के क्वार्टर फाईनल में पहुंच चुके हैं- पी गोपीचन्द और अनूप श्रीधर।

ज्वाला गुट्टा- अद्वितीय जीत!
ज्वाला गुट्टा पहले भारतीय शटलर बन गये जिन्होंने एक ग्राण्ड प्रिक्स लेवल टूर्नामेन्ट में मिक्स्ड डबल का खिताब जीता और बुल्गेरियन ओपन में वुमेन्स डबल का खिताब जीता। सोफिया अक्टूबर 12, 2008 को। मिक्स्ड डबल में ज्वाला और उसकी पार्टनर वी डीजू ने इन्डोनेशिया के जोड़े फ्रान कुर्नीआवन और शेन्डी इरावती को 15-21, 21-18, 21-19 से हराया। वुमेन्स डबल्स में ज्वाला और श्रुति कुरियन ने इन्डोनेशिया के जोड़े इरावती और मेलिआना जाउहारी को 21-11, 21-19 से हराया। एक पखवाड़े के अन्दर ज्वाला गुट्टा ने तीन खिताब जीते। इससे पहले वह वी डीजू के साथ बिटबरगर ओपन मिक्स्ड डबल्स जीत चुकी थी।

अन्य अन्तर्राष्ट्रीय

आल इंगलैण्ड चैम्पियनशिप्स
प्रकाश पादुकोन 1980 में इंडोनेशिया के लीम स्वीकिंग को हरा कर खिताब जीतने वाले पहले व्यक्ति थे। पी गोपीचन्द ने चीन के चेन होंग को 2001 में 15-12, 15-16 से हराकर यह खिताब जीता। प्रकाश नाथ 1947 में फाईनल में पहुंचने वाले पहले भारतीय थे।

पहला मास्टर्स खिताब
प्रकाश पादुकोन ने 1979 में लन्दन में इनॉगरल फ्रेन्ड्स प्रोविडेन्ट मास्टर्स बेडमिन्टन चैम्पियनशिप जीता। इसमें उन्होंने फाईनल में डेनमार्क के मोर्टन फ्रोस्ट हेन्सन को हराया।

ग्राण्ड प्रिक्स गोल्ड जीतने वाला पहला भारतीय
सायना नेहवाल ने तैपेई में चीनी पैपेई ग्राण्ड प्रिक्स में लाईडी चेहा (मलेशिया) को 21-8, 21-19 से हराकर सितम्बर 13, 2008 को गोल्ड जीता। और इस प्रकार ग्राण्ड प्रिक्स गोल्ड को जीतने वाली पहली भारतीय महिला बन गयी। उन्हें 12750 डॉलर (लगभग 5.5 लाख रूपये) ईनाम में मिले। यह बैडमिन्टन में किसी भी महिला से ज्यादा था।

ओलम्पिक क्वार्टर फाईनल में पहला भारतीय
सायना नेहवाल 2008 बीजिंग ओलम्पिक्स में क्वार्टर फाईनल में पहुंचने वाली पहली भारतीय महिला बन गयी। उन्हें इंडोनेशिया की मारिया क्रिस्टिन यूनीआन्टी ने 28-26, 14-21, 15-21 से हराया।

पहला डबल्स खिताब
सनावे थॉमस और रूपेश कुमार ने 2004 टाउलाउस ओपन चैम्पियनशिप के फाईनल में हॉप क्रिस्टोफ और इंगो किन्डरवेटर के जर्मन जोड़े को 15-7, 15-13 से हराया।

पहला जूनियर वर्ल्ड चैम्पियनशिप खिताब
सायना नेहवाल ने नवम्बर 2, 2008 को पुणे में वर्ल्ड जूनियर बैडमिन्टन चैम्पियनशिप में जापान की सायता साको को 21-19, 21-18 से हराया। अपर्णा पोपट एक मात्र अन्य भारतीय है जो 1986 में चैम्पियनशिप मे फाईनल में पहुंची।

पहली अन्तर्राष्ट्रीय जीत
सायना नेहवाल ने फिलिपीन्स ओपन 2006 जीता।

उसने दुनिया की 66 नम्बर की मलेशिया की पाई जिआन जुलिआ वोंग को हरा दिया।

एशियाई खेल

पहला पदक
भारत ने तेहरान में 1974 में टीम इवेन्ट में कांस्य पदक जीता।

पहला व्यक्तिगत पदक
सईद मोदी ने 1982 में दिल्ली में एक कांस्य पदक जीता। उसी खेल में लेरोय डी'सा और प्रदीप गांधी ने मैन्स डबल में कांस्य पदक जीता और डी'सा ने मिक्स्ड डबल में कंवल ठाकुर सिंह के साथ कांस्य पदक जीता।

पहली एशियाई चैम्पियनशिप
दिनेश खन्ना ने 1965 में एशियाई चैम्पियनशिप जीती जहां सरोजिनी आप्ते और मीना शाह ने वुमेन्स डबल्स में कांस्य पदक जीता और सरोजिनी आप्ते ने ओ रोनकेन के साथ मिक्स्ड डबल्स में कांस्य पदक जीता।

पद्मश्री
- 1977 मीना शाह
- 1982 प्रकाश पादुकोन
- 2005 पी गोपीचन्द
- 2006 मधुमिता बिष्ट

अर्जुन पुरस्कार
■ 1961 नन्दु एम नाटेकर ■ 1962 मीना शाह ■ 1965 दिनेश खन्ना ■ 1967 सुरेश गोयल ■ 1969 दीपू घोष ■ 1970 दमयन्ती वी ताम्बे ■ 1971 शोभा मार्थी ■ 1972 प्रकाश पादुकोन ■ 1974 रमन घोष ■ 1975 देविन्दर आहुजा ■ 1976 अमि घिया ■ 1977-78 कंवल ठाकुर सिंह ■ 1980-81 सईद मोदी ■ 1982 पार्थो गांगुली, मधुमिता बिष्ट ■ 1991 राजीव बग्गा ■ 1996 सन्दीप सिंह ढिल्लों (शारीरिक रूप से विकलांग) ■ 1999 पी गोपी चन्द ■ 2000 जॉर्ज थॉमस ■ 2002 रमेश टीकाराम (शारीरिक रूप से विकलांग) ■ 2003 मदासु श्रीनिवास राव (शारीरिक रूप से विकलांग) ■ 2004 अभिन्न श्याम गुप्ता ■ 2005 अपर्णा पोपट ■ 2006 बी चेतन आनन्द, रोहित भाकेर (शारीरिक रूप से विकलांग) ■ 2007 अनूप श्रीधर

राजीव गांधी खेल रत्न
- 2000-01 पी गोपीचन्द

द्रोणाचार्य पुरस्कार
- 2000 एस एम आरिफ

मुक्केबाजी

वर्ल्ड चैम्पियनशिप में पहला पदक
लाईटवेट प्रवीण कुमार (18) ने नवम्बर 2000 में हंगरी में वर्ल्ड जूनियर चैम्पियनशिप में कांस्य पदक जीता।

ओलम्पिक क्वार्टर फाईनलिस्ट
रोन नोरिस (वेल्टरवेट-67 किग्रा) हेलसिंकी में 1952 ओलम्पिक्स में, गुरचरण सिंह (लाईट-हेवी वेट-81 किग्रा) सिडनी ओलम्पिक्स 2000 में, जितेन्द्र कुमार (51 किग्रा), अखिल कुमार (54 किग्रा) और विजेन्द्र सिंह (75 किग्रा) बीजिंग में 2008 के बीजिंग ओलम्पिक्स में क्वार्टर फाईनल में पहुंचे।

सर्वाधिक खिताब
हैवीवेट कौर सिंह ने चार मुख्य अंतर्राष्ट्रीय आयोजनों में स्वर्ण पदक जीते - एशियाई बाक्सिंग चैम्पियनशिप 1980 (मुम्बई), 1982 सिओल ओलम्पिक्स, 9वें एशियाई खेल 1982 (दिल्ली) और किंग्स कप (बैंकाक) 1982। सुपर हैवीवेट सांगवन ने भी चार स्वर्ण जीते- एशियाई इनविटेशनल चैम्पियनशिप बैंकाक में 1991, चीन इनविटेशनल चैम्पियनशिप बीजिंग में (1993), एसएएफ खेल ढाका में (1993), और एशियाई बॉक्सिंग चैम्पियनशिप तेहरान में (1994)

पहला एशियाई खेल मेडल
हरि सिंह ने 1958 के मनीला खेलों में मिडिल वेट श्रेणी में भारत के लिए रजत पदक जीता। सुन्दर राव और रंगनाथन ने लाईटवेट श्रेणी और वेल्टरवेट श्रेणी में क्रमश: कांस्य पदक जीत डाले।

पदम बहादुर माल ने 1962 में जकार्ता खेलों में लाइटवेट श्रेणी में स्वर्ण पदक अपनी झोली में डाल लिया।

भिवानी बॉक्सर कांस्य ब्रॉन
विजेन्द्र (जन्म अक्टूबर 1985) पहले भारतीय बॉक्सर हैं जिन्होंने ओलम्पिक मेडल जीता। वे 1977 में सब-जूनियर श्रेणी में पहले स्थान के चैम्पियन भी हैं। उन्होंनें 2000 के राष्ट्रीय खेलों में एकमात्र स्वर्ण भी जीता। वे 2003, 2004 और 2006-07 में राष्ट्रीय चैम्पियन भी रहे हैं। उन्होंनें हैदराबाद में 2003 के एफ्रो-एशियन खेलों में रजत पदक भी जीता।

2005 के कॉमनवेल्थ चैम्पियनशिप में ग्लासगो में उन्होंने एक रजत पदक जीता। 2006 के मेलबोर्न कॉमनवेल्थ खेलों में भी रजत पदक जीता। 2006 के एस ए एफ खेलों में कोलम्बो में उन्होंने स्वर्ण पदक जीता। 2007 में एशियाई चैम्पियनशिप में एक रजत पदक जीता। थाईलैण्ड में मंगोलिया किंग्स कप 2007 में रजत पदक जीता; दोहा में 2006 में एशियाई खेलों में एक कांस्य पदक जीता। 2008 के दूसरे एशियाई ओलम्पिक क्वालीफायर्स, कज़ाकिस्तान में उन्होंने एक स्वर्ण पदक जीता। उन्होंनें जर्मनी, 2008 हाले, केमिस्ट्री कप में स्वर्ण पदक जीता।

MOHD SHAFIQ

55वीं सीनियर नेशनल बाक्सिंग चैम्पियनशिप-2008	
पुरूष	
48 किग्रा.	अमनदीप सिंह (पंजाब)
51 किग्रा.	एम सुरंजय सिंह (एसएससीबी)
54 किग्रा.	तोरक खरपरन (मेघालय)
57 किग्रा.	छोटे लाल यादव (एसएससीबी)
60 किग्रा.	अमनदीप सिंह (पंजाब)
64 किग्रा.	मनोज कुमार (आरएसपीबी)
69 किग्रा.	दिलबाग सिंह (आरएसपीबी)
75 किग्रा.	कुलदीप सिंह (पंजाब)
81 किग्रा.	जसबीर सिंह (आरएसपीबी)
91 किग्रा.	मनप्रीत सिंह (एसएससीबी)
91 किग्रा. से ज्यादा	परमजीत समोटा (आरएसपीबी)
टीम	रेलवे स्पोर्ट्स प्रोमोशन बोर्ड (आरएसपीबी)

अधिकतम एशियाई खेल स्वर्ण
हवा सिंह (हेवी वेट) ने 1966 और 1970 में बैंकाक में दो स्वर्ण पदक जीते।

पहला कॉमनवेल्थ खेल स्वर्ण
मोहम्मद अली कामर ने मेनचेस्टर में 2002 में लाईटवेट श्रेणी में एक स्वर्ण पदक जीता।

महिला

पद्मश्री
▪ 2006 एम सी मेरीकोम, बहादुर सिंह सागू

अर्जुन अवार्ड
▪ 1961 बड्डी डिसूजा ▪ 1962 हाव पदम बहादुर मल ▪ 1966 हवा सिंह ▪ 1968 हाव डेनिस स्वामी ▪ 1971 हाव मुन्नास्वामी वेनू
▪ 1972 हवलदार चन्द्राया नारायणन
▪ 1973 हवलदार मेहताब सिंह
▪ 1977-78 बीरेन्द्र सिंह थापा
▪ 1978-79 सी सी मछैया
▪ 1979-80 बख्शीश सिंह
▪ 1980-81 आईज़क अमलदास
▪ 1981 हवलदार जी मनमोहन
▪ 1982 हवलदार कौर सिंह
▪ 1983 जस लाल प्रधान
▪ 1986 जयपाल सिंह
▪ 1987 सीरा जयराम
▪ 1989 गोपाल देवांग
▪ 1991 डी एस यादव
▪ 1992 राजेन्द्र प्रसाद
▪ 1993 मुकुन्द किलेकर, मनोज पिंगले
▪ 1995 वेंकटेश देवराजन
▪ 1996 राज कुमार सांगवान
▪ 1998 एन जी डिंगको सिंह
▪ 1999 गुरचरण सिंह, जितेन्द्र कुमार
▪ 2002 मोहम्मद अली कामर ▪ 2003 मांगटे चंगनीजेंग ▪ 2005 अखिल कुमार
▪ 2006 विजेन्द्र ▪ 2007 जॉन्सन वर्गीस

एशियाई वुमेन्स बॉक्सिंग चैम्पियनशिप में अधिकतम स्वर्ण
एमसी मेरीकोम (46 किग्रा), एल सरिता देवी (54 किग्रा), आर एल जेनी (63 किग्रा), ज्योत्सना (80 और 86 किग्रा) ने एशियाई वुमेन्स बॉक्सिंग चैम्पियनशिप हिसार और ताईवान में 2003 और 2005 में प्रत्येक ने दो स्वर्ण पदक जीते।

हेट-ट्रिक!
एमसी मेरीकोम ने नवम्बर 2006 में नयी दिल्ली में चौथी वर्ल्ड वुमेन्स बाक्सिंग चैम्पियनशिप में स्वर्ण पदकों की हेट्रिक बनायी।

वर्ल्ड टूर्नामेन्ट में सर्वोत्तम बॉक्सर का अवार्ड
एमसी मेरीकोम ने 2004 में नॉर्वे में टॉन्सबर्ग वर्ल्ड बाक्सिंग टूर्नामेन्ट में स्वर्ण पदक और सर्वोत्तम बॉक्सर का अवार्ड जीता।

एशियन वुमेन्स बाक्सिंग डॉक्युमेन्टरी/ ब्लॉग ऑन वुमेन में सर्वाधिक स्वर्ण
अमीषा जोशी (जन्म अक्टूबर 26, 1972) और अन्ना सरकिसिआन (जन्म नवम्बर 19, 1982), जो मॉन्ट्रियल कनाडा में स्वतंत्र फिल्म निर्माता हैं, वे 2006 से देश में महिला बॉक्सरों की डॉक्युमेन्टरी पर काम कर रही हैं। अन्ना और अमीषा दोनों भारतीय महिला बॉक्सरों पर ध्यान केन्द्रित कर रही हैं। विशेष रूप से उनका ध्यान मणिपुर की मेरी कोम (46 किग्रा) और हरियाणा की छोटो लॉरा (50 किग्रा) पर है। साथ ही अन्य बॉक्सर जो इस रिंग के साथ डॉक्युमेन्टरी में द्वितीयक लाक्षणिक गुण रखती हैं। शूटिंग 2006 में शुरू हुई और साथ ही अक्टूबर 2006 में एक ब्लॉग शुरू हुआ जो बॉक्सरों की उपलब्धियों को समर्पित है। ब्लॉग (*http://citizen.nfb.ca/blogs/category/women-boxers-in-india*) को अपडेट कर दिया जाता है जब डॉक्युमेन्टरी के लिए शूटिंग की जाती है।

MOHD SHAFIQ

द्रोणचार्य पुरस्कार

■ 1985 ओम प्रकाश भारद्वाज ■ 1998 जीएस सन्धू ■ 1999 कैप्टन हवा सिंह ***(तस्वीर देखें)*** ■ 2003 अनूप सिंह ■ 2005 माननीय कैप्टन एम वीनू ■ 2006 दामोदरन चन्दरलाल ■ 2007 जगदीश सिंह

ध्यान चन्द पुरस्कार

■ 2002 शाहुराज वी बिराजदार

शतरंज

पुरूष

प्रथम अन्तर्राष्ट्रीय मास्टर

तमिलनाडु के मेनुअल आरोन 19671 में अन्तर्राष्ट्रीय मास्टर बन गये। वी रवि कुमार 1978 में अगले मास्टर बने।

आईआरएसटी ग्राण्ड मास्टर (जीएम)

विश्वनाथन आनन्द कोयम्बटूर में सक्थी फाईनेंस ग्राण्डमास्टर टूर्नामेन्ट में उनके 18वें जन्मदिन के एक पखवाड़े बाद दिसम्बर 28, 1987 को पहले जीएम बने।

सबसे युवा आईएम

दिसम्बर 31, 2005 को परिमार्जन नेगी 12 साल 10 माह 21 दिन की आयु में सबसे युवा अन्तर्राष्ट्रीय मास्टर बन गये। उन्होंने पी हरिकृष्णा का रिकार्ड तोड़ा जिन्होंने 13 साल 9 माह और 19 दिन की आयु में उपलब्धि हासिल की थी।

सबसे तेज आई उपाधि

पी हरि कृष्णा ने दो माह से कम समय में तीन आई एम उपलब्धियां हासिल कीं। उन्होंनें उदयपुर में एशियाई चैम्पियनशिप जीता, कोलकात्ता में गुडरिक टूर्नामेन्ट जीता, और 2000 में महाराष्ट्र में संगली में कॉमनवेल्थ चैम्पियनशिप जीती। उन्होंने के ससिकिरण का रिकार्ड तोड़ा जिन्होंने 1997 में छः माह में तीन आई एम उपलब्धियां हासिल की थीं।

भारत में पहले जीएम नोर्म

विश्वनाथन आनन्द पहले व्यक्ति थे जिन्होंनें 1987 में नयी दिल्ली में भीलवाड़ा ग्राण्डमास्टर टूर्नामेन्ट में एक भारतीय टूर्नामेन्ट में जीएम नोर्म प्राप्त की।

विश्व कीर्तिमानः सबसे युवा जीएम

परिमार्जन नेगी सबसे युवा और दुनिया में दूसरे युवा जीएम बन गये। ये उपलब्धि उन्होंने जुलाई 2006 में 12 साल 142 दिन की उम्र में हासिल की।

सबसे लम्बी अवधि

एल बड्डी डिसूजा (रेलवे) बॉक्सिंग कैरियर की अवधि 25 साल। उन्होंनें एक कतार में 9 बार नेशनल खिताब जीते- 1957-58 में लाईट मिडल वेट क्लास और 1959-65 में मिडल वेट टाईटल

1999

जीएम को हराने वाला सबसे युवा खिलाड़ी

परिमार्जन नेगी जीएम को हराने वाले सबसे युवा खिलाड़ी बन गये जब उन्होंनें 11 साल 5 माह की आयु में 2004 में बील मास्टर्स में स्विट्जरलैण्ड के इवान नेमट से ज्यादा स्कोर बनाया। नेगी ने 1995 में सूर्य शेखर गांगुली के द्वारा बनाये गये रिकॉर्ड को तोड़ा जिसने 11 साल 11 माह में 1995 में कोलकात्ता में गुडरिक ओपन में रूसी जीएम ग्रेगरी कर्पर को हराया था।

एशियाई टीम चैम्पियनशिप में सबसे अच्छा प्रदर्शन

2006 में इसफहान, ईरान में भारतीय पुरूषों ने स्वर्ण और भारतीय महिलाओं ने रजत पदक जीता।

अधिकतम राष्ट्रीय खिताब (एक वर्ष में)

पी हरिकृष्णा ने 1997-98 में 5 राष्ट्रीय खिताब जीते।

शतरंज आस्कर

विश्वनाथन आनन्द पहले भारतीय थे जिन्हें रूसी चेस मेगजीन 64 के द्वारा चेस आस्कर का सम्मान दिया गया। यह 1997 में चेस की समीक्षा की एक मैगजीन थी। इस सम्मान के लिए वोटिंग 300 जीएम के द्वारा की गयी और 50 से अधिक देशों के चेस मीडिया एक्सपर्ट्स ने इसमें भाग लिया। अनातोली कार्पोव ने 9 बार और गेरी कास्पारोव ने 8 बार ये अवार्ड जीता। आनन्द ने यह अवार्ड 5 बार जीता (1997, 1998, 2003, 2004 और 2007 में)। वे 2008 का पुरस्कार पाने के लिए लाईन में हैं।

सर्वोत्तम व्यक्तिगत परिणाम

विश्वनाथन आनन्द पहले भारतीय बन गये जिन्होंने दिसम्बर 2000 में तेहरान में स्पेन के एलेक्सी सिवरोव को फाईनल में हरा कर वर्ल्ड चेस चैम्पियनशिप को जीता।

उच्चतम रेटिंग

अप्रैल 2006 में, विश्वनाथन आनन्द ने 2803 की ईएलओ रेटिंग प्राप्त की।

सर्वाधिक राष्ट्रीय खिताब

मेनुअल आरोन ने 1969-74 तक एक श्रृंखला में 5 खिताब मिला कर कुल 9 राष्ट्रीय खिताब प्राप्त किये।

प्रथम ओलम्प्याड पदक

रफीक खान ने 1980 ओलम्पियाड में एक रजत पदक जीता।

प्रथम ओलम्प्याड स्वर्ण

दिब्येन्दु बरूआ ने 1990 में नोवी सेड (अर्स्टव्हाईल यूगोस्लाविया) में ओलम्प्याड के दूसरे बोर्ड में स्वर्ण पदक जीता।

एशियाई खेलों में पहला टीम पदक

के ससिकिरण, पी हरि कृष्णा, व के हम्पी की तिकड़ी ने दोहा में 2006 में स्वर्ण पदक जीता।

एशियाई इन्डोर खेलों में पदक

भारत ने 2007 में मकाउ में हुए एशियाई इन्डोर खेलों में 5 स्वर्ण दो रजत और एक कांस्य पदक जीता।

एशियाई खेलों में पहला पदक

के हम्पी में 2006 में एशियाई खेलों में दोहा में स्वर्ण पदक जीता।

MOHD SHAFIQ

जूनियर खिताब
(पिछले संस्करण देखें)

महिला

सर्वोत्तम उपलब्धियां
कोनेरू हम्पी की 2,612 के रेटिंग जो जनवरी 2008 में हुई वह देश में एक महिला खिलाड़ी के लिए उच्चतम है।

सबसे युवा डब्ल्यूआईएम
कोनेरू हम्पी एशिया में 12 साल 4 दिन की आयु में सबसे छोटी महिला इन्टरनेशनल मास्टर बन गयी।

प्रथम महिला ग्राण्ड मास्टर (डब्ल्यूजीएम) नोर्म
भाग्यश्री थिप्से लॉयड्स बैंक मास्टर्स टूर्नामेन्ट 21 में 1986 में महिला ग्राण्ड मास्टर प्राप्त करने वाली सबसे छोटी महिला बनी।

महिला ग्राण्ड मास्टर नोर्म प्राप्त करने वाली सबसे युवा महिला
कोनेरू हम्पी ने 2000 में मुम्बई में एशियाई जूनियर चैम्पियनशिप में महिला ग्राण्ड मास्टर नोर्म प्राप्त किया।

सबसे युवा जीएम
कोनेरू हम्पी 15 साल 58 दिन की आयु में 2001 में सबसे युवा जीएम बनी, उन्होंने हंगरी की जुदीत पोल्गर का रिकार्ड तीन माह से तोड़ा।

सर्वाधिक खिताब
कोनेरू हम्पी ने मात्र 14 वर्ष की आयु में 2001 अगस्त 2001 में वर्ल्ड जूनियर गर्ल्स (अन्डर 20) चैम्पियनशिप जीती।

प्रथम महिला आईएम
एस विजयलक्ष्मी ने सितम्बर 2000 में इन्टरनेशनल मास्टर का टाईटल प्राप्त किया।

६ बार नेशनल चैम्पियन
एस विजयलक्ष्मी ने 6 बार नेशनल चैम्पियनशिप जीती जिसमें से 5 बार एक श्रृंखला में मई 2002 में जीती।

विश्व के सर्वाधिक खिताब
कोनेरू हम्सपी ने यू-10 (1997), यू-12 (1998), यू-14 (2000) और यू-20 (2001) जीते।

एशियाई चैम्पियन्स
भारतीय महिलाओं ने 6 बार खिताब प्राप्त किये। रोहिनी खादिलकर ने 1981 में और 1983 में, अनुपमा गोखले ने 1985 और 1987 में, भाग्यश्री थिप्से ने 1991 में व तानिया सचदेव ने 2007 में।

प्रथम महिला इन्टरनेशनल मास्टर
जयश्री खादिलकर 1978 में पहली महिला इन्टरनेशनल मास्टर बनी।

प्रथम एशियाई चैम्पियन
रोहिनी खादिलकर 1981 में एशियाई महिला चैम्पियनशिप जीती।

विश्व कीर्तिमान : एकमात्र लड़की जिसने नेशनल ब्वायज़ खिताब जीता।
कोनेरू हम्पी ने अहमदाबाद में 1999 में अंडर-12 खिताब जीता।

विश्व कीर्तिमान : सबसे युवा चैम्पियन
तानिया सचदेव ने 1993 में ड्युंडी, स्काटलैण्ड में (लड़कियों का अन्डर-8) ब्रिटिश चेस खिताब जीता जब वह 14 साल की थी। 1994 में उसने 5 ब्रिटिश खिताब जीते उसने कुल 27 खेल खेले, 20 जीते और 2 ड्रॉ रहे ओर 5 हारे।

MOHD SHAFIQ

पद्म भूषण
■ 2001 वी आनन्द

पद्मश्री
■ 1988 वी आनन्द ■ 1985 अनुपमा अभयन्कर ■ 2007 कोनेरू हम्पी

अर्जुन पुरस्कार
■ 1961 मेनुअल आरोन ■ 1980-81 रोहिणी खादिलकर ■ 1983 दिब्येन्दु बरूआ ■ 1984 पीएम थिप्से ■ 1985 वी आनन्द ■ 1987 डीवी प्रसाद, भाग्यश्री पी थिप्से ■ 1990 अनुपमा गोखले ■ 2000 एस विजयलक्ष्मी ■ 2002 एस ससिकिरण ■ 2003 कोनेरू हम्पी ■ 2005 सूर्य शेखर गांगुली ■ 2006 पेन्टाला हरिकृष्णा।

राजीव गांधी खेल रत्न
■ 1991-92 वी आनन्द

द्रोणाचार्य पुरस्कार
■ 1986 रघुनंदन वसन्त गोखले
■ 2006 कोनेरू अशोक

क्यू स्पोर्ट्स
(पिछले संस्करण देखें)

पद्म भूषण
■ 1984 माईकल जे फरेरा

पद्मश्री
■ 1965 विल्सन जोन्स ■ 1985 ओम बी अग्रवाल ■ 1986 गीत सेठी

अर्जुन पुरस्कार
■ 1962 विल्सन जोन्स ■ 1970 माईकल फरेरा ■ 1972 सतीश कुमार मोहन ■ 1973 श्याम श्रॉफ ■ 1978-79 अरविन्द सावुर ■ 1983 सुभाष अग्रवाल ■ 1984 ओम बी अग्रवाल ■ 1985 गीत सेठी ■ 1989 यासीन मर्चेन्ट ■ 1997 अशोक हरिशंकर शान्डिल्या ■ 2001 देवेन्द्र श्रीकान्त जोशी ■ 2002 आलोक कुमार ■ 2003 पंकज अडवाणी ■ 2005 अनुजा प्रकाश ठाकुर

राजीव गांधी खेल रत्न
■ 1992-93 गीत सेठी
■ 2005 पंकज अडवाणी

द्रोणाचार्य अवार्ड
■ 1996 विल्सन जोन्स
■ 2001 माईकल फरेरा
■ 2004 अरविन्द सावुर

ध्यान चन्द पुरस्कार
■ 2005 मनोज कुमार कोठारी

क्रिकेट

(अगस्त 31, 2008 तक सभी प्रविष्टियां)

विश्व कीर्तिमान: पारियों के बीच स्कोर का उच्चतम अन्तर
भारत ने 2000-2001 में कोलकात्ता में आस्ट्रेलिया के सामने पहली पारी में 171 रन बनाये व दूसरी पारी में 8 के लिए 657 रन पारी घोषित बनाये।

लगातार जीते जाने वाले सबसे ज्यादा मैच
1985-86 में केन्डी में खेले गये मैचों से लेकर 1986-87 में अहमदाबाद में खेले गये मैचों तक कुल 17 मैचों में भारत ने एक भी हार दर्ज नहीं की।
विश्व कीर्तिमान: 27, 1981-82 में सिडनी से लेकर 1984-85 में मेलबोर्न तक वेस्ट इन्डीज़

सचिन तेन्दुलकर-मास्टर ब्लास्टर
सचिन तेन्दुलकर (जन्म अप्रैल 24, 1973), का नाम उसके उपन्यासकार पिता रमेश तेन्दुलकर ने प्रख्यात संगीतकार सचिन देव बर्मन से प्रभावित होकर रखा, एक सर्वोत्कृष्ट क्रिकेटर हैं। उसने टेस्ट मैचों में अपना पदार्पण नवम्बर 1989 में 16 वर्ष की आयु में पाकिस्तान के विरूद्ध और दिसम्बर 1989 में इंगलैंड के विरूद्ध एकदिवसीय मैचों में किया। विश्व के सर्वाधिक प्रभावकारी बल्लेबाज, सचिन तेन्दुलकर ने 157 टेस्ट मैच और 419 एकदिवसीय मैच खेलते हुए क्रमश: 42 और 40 शतक जमाए हैं। वह टेस्ट मैचों में 11 बाद मैन ऑफ दा मैच और चार बार मैन ऑफ दा सीरिज बने हैं। विभिन्न सम्मानों में उन्हें पदमश्री (1999), पदम विभूषण (2008), अर्जुन पुरस्कार (1994), राजीव गांधी खेल रत्न (1997-98) और विस्डन प्लेयर ऑफ दा ईयर (1997) प्रदान किए गए हैं।

PRADEEP MANDHANI

इंग्लैण्ड के दौरे पर जाने वाली पहली टीम
ओरिएन्ट क्लब 1886 में इंग्लैण्ड के दौरे पर जाने वाला पहला भारतीय क्लब था। उन्होंने 28 मैच खेले और उनमें से केवल एक ही जीता।
1994

विश्व कीर्तिमान: हर एक विकेट के लिए १०० से ज्यादा रन
हर विकेट के लिए औसतन 100 से ज्यादा रन बनाने का रिकार्ड भारत के साथ पाकिस्तान ने भी दर्ज किया है। 2005-06 में लाहौर टेस्ट में दोनों पक्षों ने आठ विकेट पर 1,089 रन बनाये जो औसतन 136.12 प्रति विकेट है; पाकिस्तान का स्कोर 679/7 और भारत का स्कोर 410/1 था, मैच ड्रा रहा।

हर विकेट पर 100 से ज्यादा रन बनाने का रिकार्ड भारत और न्यूजीलैण्ड दोनों के हिस्से में आता है। 1955 में दिल्ली टेस्ट में दोनों पक्षों ने 10 विकेट पर 1,093 रन बनाये। यह स्कोर प्रति विकेट के लिए औसतन 109.30 रन था। न्यूजीलैण्ड का स्कोर 450/2 पारी घोषित और 112 /2 और भारत का स्कोर 531/ पारी घोषित था। मैच अन्त में ड्रा रहा।

कोलम्बो में श्रीलंका के साथ 1997-98 के मैच में, प्रति विकेट पर 106.36 रन बनाये गये (1489-14)। स्कोर: भारत 537/8 पारी घोषित और श्रीलंका 952/6 पारी घोषित।

एक दिन के खेल में सबसे कम रन
अक्टूबर 19, 1956 को भारत ने चेन्नई में आस्ट्रेलिया के साथ पहले दिन के खेल में साढ़े पांच घण्टे की बल्लेबाजी के दौरान पांच विकेट पर 117 रन बनाये।
विश्व कीर्तिमान: अक्टूबर 11, 1956, करांची में 95। आस्ट्रेलिया (नाबाद 80), पाकिस्तान (15/2)।

एक पारी में सबसे ज्यादा डक्स
पांच बल्लेबाज-एस रमन, देबांग गांधी, सुनील जोशी, विजय भारद्वाज, और वेंकटेश प्रसाद ने 1999-2000 सीरीज़ में मोहाली में न्यूजीलैण्ड के साथ पहले टेस्ट में डक्स बनाये।

एडिलेड में आस्ट्रेलिया के साथ 1947-48 सीरीज में, वीनू मांकड, लाला अमरनाथ, हरि किशनचन्द, रंगनेकर और रंगाचारी ने चौथे टेस्ट में कोई रन नहीं बनाये।

1952 में लीड्स में इंगलैण्ड के साथ पहले टैस्ट की दूसरी पारी में रॉय, गायकवाड़, मन्त्री और मांजरेकर ने पहले चार विकेट खो दिये। ट्रूमैन और बेडसर ने इन चारों को पहली 14 बालों से बर्खास्त कर दिया।
विश्व कीर्तिमान: अहमदाबाद में 1996-97 सीरीज में भारत के साथ पहले टेस्ट में दक्षिण अफ्रीका ने छ: डक्स बनाये। यह कीर्तिमान पहले 1980-81 में करांची में पाकिस्तान ने वेस्ट इंडीज के साथ मैच के दौरान बनाया था।

एक श्रृंखला में मेडन
जनवरी 1964 में चेन्नई में भारत और इंगलैण्ड के बीच पहले टेस्ट के तीसरे दिन आरजी नाडकरनी ने 126 बॉलों पर (कुल 131 बॉल) 21 क्रमागत मैडन दिये जिसमें कोई रन नहीं दिये गये। उसका अन्तिम परिणाम: 32 ओवर, 27 मैडन, पांच रन और कोई विकेट नहीं।

निम्नतम कुल स्कोर
1974 में भारत ने लॉर्डस में इंगलैण्ड के साथ 42 का स्कोर किया (लेकिन एक बल्लेबाज की कमी के साथ)। भारत एक पारी और 285 रनों से हार गया। स्कोर: भारत 302, इंगलैण्ड 629 और 42 रन
विश्व कीर्तिमान: 1954-55 में ऑकलैण्ड में इंग्लैण्ड के साथ न्यूजीलैण्ड ने 26 का स्कोर दिया।

टेस्ट क्रिकेट का इतिहास: एक नजर में

पहला टेस्ट: 25/06/1932 **खेले:** 421, जीते 95, हारे 136, ड्रा 189, टाई 1, **सर्वोच्च व्यक्तिगत पारी:** 319 वीरेन्द्र सहवाग, 2007-2008 में चेन्नई में दक्षिण अफ्रीका के साथ **कैरियर के सबसे ज्यादा रन:** 11.877 (सचिन तेंदुलकर) **बल्लेबाजी का सबसे अच्छा औसत:** 54.23 (सचिन तेंदुलकर) **सर्वोच्च गेंदबाजी (पारी):** 10/74 अनिल कुंबले 1998-99 में दिल्ली में पाकिस्तान के साथ। **सर्वोच्च गेंदबाजी (मैच):** 16/136 नरेन्द्र हिरवानी 1987-88 में चेन्नई में वेस्ट इंडीज के साथ। **कैरियर के सबसे ज्यादा विकेट:** 616 अनिल कुम्बले **गेंदबाजी का सर्वोच्च औसत:** 28.71 (बीएस बेदी) **कैरियर के सबसे ज्यादा कैच:** 176 (राहुल द्रविड़) **कैरियर की सबसे ज्यादा बर्खास्तगियां:** (कॉट/ स्टम्प्ड) 198 (एसएमएच किरमानी) 160/38 **सर्वोच्च दल पारी:** 705/7 2003-04 में सिडनी में आस्ट्रेलिया के साथ। **निम्नतम दल पारी:** 42 1974 में लॉर्डस में इंगलैण्ड के साथ। **सर्वोच्च रनों का पीछा:** 406/4 1975-76 में पोर्ट-ऑफ-स्पेन में वेस्ट इंडीज के साथ।

PRADEEP MANDHANI

पदार्पण पर उच्चतम स्कोर

सौरव गांगुली ने 1996 में लॉर्ड्स में इंगलैण्ड के विरूद्ध 131 रन बनाये। गुन्डप्पा विश्वनाथ ने 1969-70 में कानपुर में आस्ट्रेलिया के साथ पहली पारी में डक के लिए बॉल आउट हो जाने के बाद 137 (दूसरी पारी) रन बनाये।

सर्वोच्च कुल स्कोर

सिडनी में 2003-04 में आस्ट्रेलिया के साथ 7 विकेट पर 705 पारी घोषित का स्कोर बनाया।
विश्व कीर्तिमान: 1997-98 में कोलम्बो में श्रीलंका बनाम भारत में 6 विकेट (पारी घोषित) के लिए 952 रन बनाये गये।

विश्व कीर्तिमान: एक दिन में दो बार बर्खास्तगी

भारत एक टेस्ट मैच में एक दिन में दो बाद बर्खास्त होने वाला पहला देश है। जुलाई 19, 1952 को उन्हें 3 घण्टे 45 मिनट में 58 और 82 पर इंगलैण्ड के द्वारा बॉल आउट किया गया। इंगलैण्ड के 347 के जवाब में भारत एक पारी और 207 रन से हार गया।

100 से नीचे के लिए बर्खास्तगी (प्रत्येक पारी)

भारत को 1947-48 में ब्रिस्बेन में आस्ट्रेलिया के साथ मैच में 58 और 98 के लिए बर्खास्त किया गया और 1952 में मैनचेस्टर में इंगलैण्ड के साथ मैच में 58 और 82 के लिए बर्खास्त किया गया।

जीता जाने वाला उच्चतम चौथी पारी योग

भारत ने 1975-76 में छः विकटों पर वेस्ट-इंडीज के साथ टेस्ट जीतने के लिए पोर्ट-आफ-स्पेन में चार विकेट पर 406 रन बनाये। अन्तिम स्कोर: वेस्ट इंडीज छः विकेट पर 359 और 271 पारी घोषित। भारत 228 और 406 रन छः विकेट पर।
विश्व कीर्तिमान: 2002-03 में एन्टिगुआ में आस्ट्रेलिया के साथ मैच में वेस्टइंडीज ने सात विकेट पर 418 रन बनाये।

हारा जाने वाला उच्चतम चौथी पारी योग

भारत 1975-76 में एडिलेड में आस्ट्रेलिया के साथ मैच में 445 का स्कोर बनाने के बावजूद 47 रन से हार गया। (आस्ट्रेलिया 505 और 256; भारत 269 और 445)
विश्व कीर्तिमान: न्यूजीलैण्ड ने 2001-02 में क्राइस्टचर्च में इंगलैण्ड के साथ मैच में 451 रन बनाये और 98 रन से हार गया।

सबसे धीमा दोहरा शतक

एनएस सिद्धू ने 1996-97 में पोर्ट ऑफ स्पेन में वेस्ट इंडीज के साथ मैच में 674 मिनट में 201 रन बनाये। उसने 489 गेंदों पर 671 मिनट में 200 रन बनाये।
विश्व कीर्तिमान: ब्रेन्डन कुरूप्पु (श्रीलंका), 1986-87 में कोलम्बो में न्यूजीलैण्ड के साथ मैच में 777 मिनट में 201 रन बना कर नॉट आउट रहे।

PRADEEP MANDHANI

ड्रा रहने वाला उच्चतम चौथी पारी योग

भारत ने 1979 में ओवल में इंगलैण्ड के साथ मैच में आठ विकेट पर 429 रन बनाये और जीतने के लिए 438 रनों की जरूरत थी।
विश्व कीर्तिमान: इंग्लैण्ड ने 1938-39 में 'टाइमलेस टेस्ट' में डर्बन में साउथ अफ्रीका के साथ मैच में पांच विकेट पर 654 रन बनाये।

विश्व कीर्तिमान: एक दिन में अधिकतम रन

जुलाई 27, 1936 को मेनचेस्टर में इंगलैण्ड भारत टेस्ट में, इंगलैण्ड ने 398 रन बनाये और भारत ने 190 रन बनाये। इस प्रकार 6 विकेट खोकर कुल 588 रन बना कर साढ़े 6 घण्टे में 90 रन प्रति घण्टा से अधिक का रिकार्ड कायम हुआ।

विश्व कीर्तिमान: बिना शतक के 500 रन

उच्चतम कुल संख्या जिसमें हर किसी ने दोहरे अंकों में स्कोर बनाया लेकिन किसी ने भी शतक नहीं बनाया। नवम्बर 1976 में कानपुर में भारत में न्यूजीलैण्ड के साथ मैच में 524/9 पारी घोषित का स्कोर दिया।

एक सीरीज़ में अधिकतम सैंकड़े (एक टीम)

1978-79 में भारत में खेली गयी 6 टेस्ट श्रृंखलाओं में भारत ने वेस्ट इण्डीज के साथ खेलते हुए 11 शतक लगाये।
विश्व कीर्तिमान: 12 (5 टेस्ट) वेस्ट इंडीज़ में आस्ट्रेलिया बनाम वेस्ट इंडीज

सबसे युवा खिलाड़ी

सचिन तेंदुलकर की उम्र 16 साल और 205 दिन थी जब उन्होंने नवम्बर 15, 1989 को कराची में पाकिस्तान के साथ अपना पहला टेस्ट खेला।
विश्व कीर्तिमान: हसन राजा: पाकिस्तान बनाम जिम्बाब्वे फैसलाबाद 1996-97 14 साल और 227 दिन की उम्र पर।

पहला टेस्ट टाई

सितम्बर 22, 1986 को चेन्नई में आस्ट्रेलिया के साथ मैच सायं 5 बजकर 18 मिनट पर खत्म हुआ जब ग्रेग मैथ्यू ने अन्तिम ओवर की पेनल्टीमेट गेंद पर महिन्दर सिंह को पगबाधा कर दिया। आस्ट्रेलिया ने पहली पारी में 177 रन बनाये थे। भारत को अन्तिम दिन जीतने के लिए 348 रन का लक्ष्य दिया। गावस्कर अपना 100वां टेस्ट खेल रहे थे। उन्होंने 90 रन का स्कोर बनाया, और 158/1 से भारत की अच्छी शुरूआत हुई, 331/6 पर पहुंचने के बाद 16 रन और 4 विकेट से हार गया।
विश्व कीर्तिमान: पहला टेस्ट टाई था दिसम्बर 14, 1960 को वुलंगब्बा, ब्रिस्बेन में खेला गया आस्ट्रेलिया बनाम वेस्ट इंडीज।

जीत का सबसे बड़ा अन्तर

2006-07 में मीरपुर में बांगलादेश के साथ खेलते

हुए भारत एक पारी और 239 रन से जीता।
विश्व कीर्तिमान: 1938 में ओवल में आस्ट्रेलिया से इंगलैण्ड एक पारी व 579 रनों से जीत गया।

अधिकतम अतिरिक्त
1987-88 में कोलकात्ता में वेस्ट इंडीज के साथ मैच में कुल 565 रन में 64 अतिरिक्त थे।
विश्व कीर्तिमान: 1987-88 में जार्जटाउन में वेस्ट इंडीज के विरूद्ध पाकिस्तान के 71 अतिरिक्त (435) थे।

अधिकतम बाईज़
1961-62 में मुम्बई में इंग्लैण्ड के साथ खेलते हुए भारत (390) के 33 बाईज़ थे।
विश्व कीर्तिमान: 1934 में ओवल में इंगलैण्ड के साथ आस्ट्रेलिया (327) के 37 बाईज़ थे।

अधिकतम लैग बाईज़
1987-88 में कोलकात्ता में वेस्ट इंडीज के साथ खेलते हुए भारत (565) के 25 लेग बाईज़ थे; 1996 में लॉर्डस में इंगलैण्ड के साथ खेलते हुए भारत (429) के 25 लेग बाईज़ थे।
विश्व कीर्तिमान: 2002 में ओवल में भारत के साथ खेलते हुए इंगलैण्ड के 31 लेग बाईज़ थे।

विश्व कीर्तिमान: अधिकतम बल्लेबाज कैच (मैच)
1991-92 में पर्थ में आस्ट्रेलिया बनाम भारत के मैच में 33 बल्लेबाज कैच आउट हुए।

अधिकतम बल्लेबाज रन आउट (पारी)
1954-55 में पेशावर में भारत बनाम पाकिस्तान के मैच में पंकज रॉय, पाली उमरीगर, विजय मंजरेकर और नरेन्द्र तमहाने रन आउट हुए।

विश्व कीर्तिमान: क्रमागत दिनों में शतक
एडिलेड में आस्ट्रेलिया के साथ खेलते हुए जनवरी 26, 1948 को विजय हजारे ने अपनी पहली पारी में 116 में से 108 रन बनाये और जनवरी 27 को 145 के स्कोर में से दूसरी पारी में 102 रन बनाये।

सबसे बड़ी उम्र के खिलाड़ी
1936 में ओवल में इंगलैण्ड के साथ सीके नायडू (41 साल 318 दिन); 1959 में दिल्ली में वेस्ट इंडीज के साथ वीनू मांकड (41 साल 303 दिन); 1951-52 में दिल्ली में इंगलैण्ड के साथ वीएम मर्चेण्ट (40 साल 26 दिन)

सबसे बड़ी उम्र के खिलाड़ी पदार्पण में: 1933-34 में इंग्लैण्ड के साथ मैच में आरजेडी जमशेदजी (41 साल 37 दिन) और 1936 में मेनचेस्टर में इंगलैण्ड के साथ कोताह रामास्वामी (40 साल 37 दिन)। 1929-30 में किंग्सटन में वेस्ट इंडीज के साथ खेलते हुए इंगलैण्ड के विल्फ्रेड रोडीज 52 साल 165 दिन की उम्र में खेले।

PRADEEP MANDHANI

पहला तिहरा शतक
वीरेन्द्र सहवाग ने 2003-04 में मुल्तान में पाकिस्तान के विरूद्ध 309 रन बनाये।
विश्व कीर्तिमान: वेस्ट इंडीज के ब्रायन लारा ने 2003-04 में एन्टिगुआ में इंग्लैण्ड के विरूद्ध 400 रन बनाये।

पदार्पण में शतक
1896 में मेनचेस्टर में आस्ट्रेलिया के साथ इंग्लैण्ड के लिए रणजीतसिंह ने नाबाद 154 रन का स्कोर बनाया। जबकि नवाब सिंह पटौदी ने 1932-33 में सिडनी में ऑस्ट्रेलिया के साथ इंग्लैण्ड के लिए 102 रन बनाये। लाला अमरनाथ ने 1933-34 में मुम्बई में इंग्लैण्ड के विरूद्ध 118 रन बनाये। भारत के 9 खिलाड़ियों ने यह सफलता प्राप्त की।

पिता पुत्र द्वारा पदार्पण पर शतक
लाला अमरनाथ ने 1933 ने मुम्बई में इंग्लैण्ड के साथ खेलते हुए भारत का पहला टेस्ट शतक बनाया। उनके पुत्र सुरिन्दर ने 1976 में ऑकलैण्ड में न्यूजीलैण्ड के साथ खेलते हुए 124 रन बनाये।

प्रथम शतक
लाला अमरनाथ ने 1933-34 ने मुम्बई में इंग्लैण्ड के साथ खेलते हुए भारत का पहला टेस्ट शतक (118) बनाया।

विश्व कीर्तिमान : अधिकतम शतक
सचिन तेंदुलकर ने 39 शतक बनाये-16 टेस्टों में 3 वेस्ट इंडीज के साथ, 25 टेस्टों में आस्ट्रेलिया के साथ खेलते हुए 9, 18 टेस्टों में पाकिस्तान के साथ खेलते हुए 2, 22 टेस्टों में इंग्लैण्ड के साथ 6, न्यूजीलैण्ड के साथ 16 टेस्टों में 3, श्रीलंका के साथ 19 टेस्टों में 7, साउथ अफ्रीका के साथ 20 टेस्टों में 3, बांग्लादेश के साथ 5 टेस्टों में 3, और जिम्बाब्वे के साथ 9 टेस्टों में 3

क्रमागत टेस्टों में शतक
1976-77 में मुम्बई में इंग्लैण्ड के साथ खेलते हुए सुनील गावस्कर ने 108 रन बनाये, ब्रिस्बेन में आस्ट्रेलिया के साथ 113, पर्थ में आस्ट्रेलिया के साथ 127, 1977-78 में मेलबोर्न में आस्ट्रेलिया के साथ 118 रन बनाये।

एक मैच में दो शतक
सुनील गावस्कर ने तीन बार एक ही मैच में 2 शतक लगाये। उसने 1970-71 में पोर्ट ऑफ स्पेन में वेस्ट इंडीज के साथ 124 और 220 रनों का स्कोर बनाया; 1978-79 में कराची में पाकिस्तान के साथ 111 और 137 रन बनाये। 1978-79 में में कोलकात्ता में वेस्ट इंडीज के साथ 107 और नाबाद 182 रन बनाये।

सबसे तेज शतक (मिनट)
दिलीप सरदेसाई ने 1964-65 में न्यूजीलैण्ड के विरूद्ध दिल्ली में 127 मिनट में एक शतक बनाया।
विश्व कीर्तिमान: आस्ट्रेलिया के जेएम ग्रेगरी ने 1921-22 में जोहान्सबर्ग में साउथ अफ्रीका के विरूद्ध 70 मिनट में शतक लगाया।

शतक बनाने वाला सबसे युवा खिलाड़ी

सचिन तेंदुलकर की उम्र 17 साल और 112 दिन थी जब उन्होंने अगस्त 14, 1990 को मेनचेस्टर में दूसरे टेस्ट में इंगलैण्ड के साथ 118 रन बनाये। इसका पिछला रिकार्ड कपिल देव के नाम था जब उन्होंनें 1979 में दिल्ली में वेस्ट इंडीज के साथ खेलते हुए 126 रन बनाये। तब उनकी उम्र 20 साल 120 दिन थी।

एक के बाद एक दोहरा शतक

विनोद काम्बली ने 1992-93 में दिल्ली में जिम्बाब्वे के साथ खेलते हुए 227 और मुम्बई में इंगलैण्ड के साथ खेलते हुए 224 रन बनाये।

PRADEEP MANDHANI

एक ही श्रृंखला में जीते गये सभी टास
मंसूर अली खान पटौदी ने भारत में 1963-64 में इंगलैण्ड के खिलाफ श्रृंखला में सभी 5 टॉस जीते। सभी टेस्ट ड्रा रहे।

1997

विश्व कीर्तिमान: 2001-02 में कोलम्बो में श्रीलंका के विरुद्ध बांगलादेश के मो. अशराफुल ने शतक लगाया जब वो 16 वर्ष 354 दिन के थे।

विश्व कीर्तिमानः अधिकतम स्थानों में शतक

सचिन तेंदुलकर ने दुनिया के 28 भिन्न केन्द्रों में 39 शतक लगाये।

सबसे तेज शतक (गेंदें)

कपिल देव (163) ने 1986-87 में कानपुर में श्रीलंका के विरूद्ध 74 गेंदों में एक शतक बनाया। मोहम्मद अजरूद्दीन ने भी 1996-97 में कोलकात्ता में दक्षिण अफ्रीका के विरूद्ध 74 गेंदों में शतक बनाया।

विश्व कीर्तिमान: वेस्ट इंडीज के विवियन रिचर्ड्स ने 1985-86 में एन्टिगुआ में इंगलैण्ड के विरूद्ध 56 गेंदों में शतक बनाया।

अधिकतम दोहरे शतक

राहुल द्रविड़ ने 5 दोहरे शतक बनाये- 2003-04 में रावलपिंडी में पाकिस्तान के साथ 270; 2003- 04 में एडिलेड में आस्ट्रेलिया के साथ 233; 2003-04 में अहमदाबाद में न्यूजीलैण्ड के साथ 222; 2002 में ओवल में इंगलैण्ड के साथ 217 और 2000-01 में दिल्ली में जिम्बाब्वे के साथ 200। वीरेन्द्र सहवाग ने भी 5 दोहरे शतक लगाये - 2003-04 में मुल्तान में पाकिस्तान के साथ 309; 2004-05 में बेंगलौर में पाकिस्तान के साथ 201; 2005-06 में लाहौर में पाकिस्तान के साथ 254; 2007-08 में चेन्नई में दक्षिण अफ्रीका के साथ 319 और 2008- 09 में गेले में श्रीलंका के साथ 201 नाबाद।

50 से ज्यादा के अधिकतम स्कोर

सचिन तेंदुलकर ने 88 बार 50 से अधिक रन बनाये जिसमें 39 शतक और 49 अर्धशतक थे।

विश्व कीर्तिमान: एलेन बार्डर ने 90 बार; (27 शतक और 63 अर्धशतक)

एक पदार्पण श्रृंखला में अधिकतम रन

सुनील गावस्कर ने वेस्ट इंडीज में 1970-71 में वेस्ट इंडीज के साथ श्रृंखला में चार मैचों में 1564.80 के औसत के साथ 774 रन बनाये। गावस्कर जो उंगली में चोट की वजह से पहला टेस्ट नहीं खेल पाये थे, उन्होंने 65 और 67; 116 और 64; 1 और 117; 124 और 220 रन बनाये।

विश्व कीर्तिमानः एक कैलेण्डर वर्ष में 1,000 प्लस अधिकतम रन

सुनील गावस्कर ने 1976 में 11 टेस्टों में 1,024 रन; 1978 में 9 टेस्टों में 1,044 रन; 1979 में 18 टेस्टों में 1,555 रन; 1983 में 18 टेस्टों में 1,310 रन बनाये। सचिन तेंदुलकर ने 1997 में 12 टेस्टों में 1,000 रन; 1999 में 10 टेस्टों में 1,088 रन; 2001 में 10 टेस्टों में 1,003 रन और 2002 में 16 टेस्टों में 1,392 रन बनाए।

उच्चतम कुल स्कोर

सचिन तेंदुलकर ने 150 टेस्टों में 1989-2008 में 11,877 रन बनाये। ये रन 244 पारियों में 54.23 के औसत से बने। वे 39 शतकों सहित 25 बार नाबाद रहे। जिसमें 4 दोहरे शतक थे। और टॉप स्कोर 248 था। *विश्व कीर्तिमान: ब्रायन लारा ने 131 टेस्टों में 11,953 रन बनाये।*

सबसे धीमा शतक

एसवी मांजरेकर ने 1992-93 में हरारे में जिम्बाब्वे के साथ खेलते हुए 500 मिनट में 422 गेंदों पर 100 रन बनाये।

विश्व कीर्तिमान: मुदस्सर नजर (पाकिस्तान) ने 1977-78 में लाहौर में इंगलैण्ड के साथ खेलते हुए (420 गेंदों पर) 557 मिनट में 100 रन बनाये।

उच्चतम स्कोर

वीरेन्द्र सहवाग ने 2007-08 में चेन्नई में दक्षिण अफ्रीका के साथ खेलते हुए 319 रन बनाये।

विश्व कीर्तिमान: ब्रायन लारा (वेस्ट इंडीज) ने एन्टिगुआ में 2003-04 में इंगलैण्ड के साथ खेलते हुए 400 रन बनाये।

पहला दोहरा शतक

पाली उमरीगर ने हैदराबाद में पहले टेस्ट में

भिन्न देशों के विरूद्ध उच्चतम व्यक्तिगत स्कोर

विरूद्ध	स्कोर	बल्लेबाज	स्थान	वर्ष
पाकिस्तान	309	वी सहवाग	मुलतान	2003-04
आस्ट्रेलिया	281	वी वी एस लक्ष्मण	कोलकात्ता	2000-01
बांग्लादेश	248	एस आर तेंदुलकर	ढ़ाका	2004-05
वेस्ट इंडीज़	236	एस एम गावस्कर	चेन्नई	1983-84
न्यूजीलैण्ड	231	एम एच मांकड	चेन्नई	1955-56
जिम्बाब्वे	227	वी जी काम्बली	दिल्ली	1992-93
इंगलैण्ड	224	वी जी काम्बली	मुम्बई	1992-93
श्रीलंका	199	मो. अजरूद्दीन	कानपुर	1986-87
दक्षिण अफ्रीका	319	वी सहवाग	चेन्नई	2007-08

PRADEEP MANDHANI

सबसे लम्बी पारी

गावस्कर की 1981-82 में बेंगलौर में इंग्लैण्ड के साथ टेस्ट में पही पारी 172 रनों के साथ 708 मिनट में समाप्त हुई ।

दोनों पारियों में उच्चतम स्कोर

सुनील गावस्कर ने 5 टेस्टों में दोनों पारियों में उच्चतम कुल स्कोर बनाया-1970-71 में त्रिनिदाद में पोर्ट ऑफ स्पेन में वेस्ट इंडीज के साथ पांचवें टेस्ट में 124 और 220; 1971 मेनचेस्टर में इंग्लैण्ड के साथ 101 और 58; 1976-77 में दिल्ली में इंग्लैण्ड के साथ 38 और 71; 1976-76 में चेन्नई में इंग्लैण्ड के साथ 39 और 24; 1978-79 में करांची में पाकिस्तान के साथ मैच में 111 और 137 *विश्व कीर्तिमान: जिम्बाब्वे के एन्डी फ्लावर, सात बार*

न्यूजीलैण्ड के सामने 223 रन बनाये। 1955-56 में उसी श्रृंखला में वीनू मांकड ने मुम्बई में दूसरे टेस्ट में 223 व चेन्नई में पांचवें टेस्ट में 231 रन बनाये।

उच्चतम व्यक्तिगत स्कोर (दिन)

वीरेन्द्र सहवाग ने 2003-04 में पाकिस्तान के सामने मुल्तान टेस्ट में पहले दिन नाबाद 228 रन बनाये। सुनील गावस्कर ने 1979 में ओवल में इंगलैण्ड के बनाम चौथे टेस्ट के पांचवे दिन उसके पूरी रात के 42 के स्कोर में 179 रन जोड़े। विनोद काम्बली ने इसे बारिश के कारण खो दिया (खेल के 17 मिनट बेकार गये) जब उसने 1992-93 में जिम्बाब्वे के बनाम दिल्ली टेस्ट में पहले दिन नाबाद 176 रन बनाये।

एक दिन के खेल में सबसे कम रन

एम एल जयसिम्हा ने पाकिस्तान के बनाम कानपुर में दिसम्बर 18, 1960 को 49 रन का स्कोर बना या। उसके पिछले दिन के 5 के स्कोर से शुरू करके, उसने दिन को 330 मिनट में 54 पर खत्म किया। वह 8 घण्टे 20 मिनट में 99 पर रन आउट हुआ, उसने 90 तक पहुंचकर 1 घण्टा बिताया।

सभी पांचों दिन बल्लेबाजी करने वाला एकमात्र खिलाड़ी

एमएल जयसिम्हा और रवि शास्त्री दुनिया के पांच बल्लेबाजों में से हैं जिन्होंने कोलकात्ता में आस्ट्रेलिया के बनाम श्रृंखला में 1959-60 में टेस्ट के सभी पांचों दिन बल्लेबाजी की। रवि शास्त्री ने कोलकात्ता में इंग्लैण्ड के बनाम 1984-85 में इसे दोहराया, इसमें उन्होंने 111 और 7 का स्कोर दिया। इस रिकार्ड को बनाने वाले तीन अन्य बल्लेबाज हैं ज्यॉफ बायकॉट (इंग्लैण्ड), किम हयूज़ (आस्ट्रेलिया) व ऐलन लैम्ब (इंग्लैंड)।

उच्चतम ओपनिंग साझेदारी

वीनू मांकड और पंकज रॉय ने 1955-56 में चेन्नई में न्यूजीलैण्ड के बनाम 413 रन बनाये। *विश्व कीर्तिमान: 415 नील मैकेन्जी और ग्रामे*

विश्व कीर्तिमान: उच्चतम शतकीय साझेदारी

राहुल द्रविड़ ने 70 बार 3 अंकों का साझा स्कोर किया-दो बार पहले विकेट के लिए, 27 बार दूसरे विकेट के लिए, 21 बार तीसरे विकेट के लिए, सात बार चौथे के लिए, 10 बार पांचवे के लिए और एक बार छठे के लिए और दो बार आठवें विकेट के लिए। उसने 14 बार सचिन तेंदुलकर के साथ और 10 बार वीवीएस लक्ष्मण के साथ साझा किया। उसका उच्चतम स्कोर वीरेन्द्र सहवाग के साथ था जब उन्होंने 2006-07 में लाहौर में पाकिस्तान के साथ खेलते हुए नाबाद 410 रन बनाये।

PRADEEP MANDHANI

सबसे अच्छी गेंदबाजी							
गेंदबाज	ओवर	मेडन	रन	विकेट	खिलाफ	स्थान	वर्ष
नरेन्द्र हिरवानी	33.5	6	136	16	वेस्टइंडीज	चेन्नई	1987-88
हरभजन सिंह	80.1	26	217	15	आस्ट्रेलिया	चेन्नई	2000-01
जासु पटेल	61.3	23 1	24	14	आस्ट्रेलिया	कानपुर	1959-60
अनिल कुम्बले	51	13	149	14	पाकिस्तान	दिल्ली	1998-99
वीनू मांकड	71.2	30	131	13	पाकिस्तान	दिल्ली	1952-53
जवागल श्रीनाथ	46.0	10	132	13	पाकिस्तान	कोलकात्ता	1998-99
अनिल कुम्बले	64.3	11	181	13	आस्ट्रेलिया	चेन्नई	2004-05
हरभजन सिंह	68.2	15	196	13	आस्ट्रेलिया	कोलकात्ता	2000-01
बी चन्द्रशेखर	34.1	5	104	12	आस्ट्रेलिया	मेलबोर्न	1977-78
वीनू मांकड	69.4	24	108	12	इंग्लैण्ड	चेन्नई	1951-52
इरफान पठान	34.2	7	126	12	जिम्बाब्वे	हरार	2005-06
एस वेंकटराघवन	112.3	56	152	12	न्यूजीलैण्ड	दिल्ली	1964-65
एल शिवरामकृष्णन	77.2	20	181	12	इंग्लैण्ड	मुम्बइ	1984-85
अनिल कुम्बले	88.5	15	27912		आस्ट्रेलिया	सिडनी	2003-04

विश्व कीर्तिमान : अधिकतम साझेदारियां
सचिन तेन्दुलकर और राहुल द्रविड ने नवम्बर 8, 1999 को हैदराबाद में न्यूजीलैण्ड के साथ खेलते हुए दूसरे विकेट के लिए 331 रन बनाये।

विश्व कीर्तिमान: अधिकतम शतक
सचिन तेंदुलकर ने 417 एकदिवसीय मैचों में 42 शतक लगाये।

अधिकतम 50
सचिन तेंदुलकर ने 417 एक दिवसीय मैचों में 89 बार 50 रन बनाये।

पहली हेट्रिक
हरभजन सिंह ने 2000-01 में कोलकात्ता में आस्ट्रेलिया के विरूद्ध हेट्रिक ली।

PRADEEP MANDHANI

विश्व कीर्तिमान: दस विकेट हॉल
अनिल कुम्बले ने फरवरी 7, 1999 को दिल्ली में दूसरी पारी में 74 रनों के लिए सभी 10 पाकिस्तानी खिलाड़ियों को आउट कर दिया। एक टेस्ट की एक पारी में यह सफलता हासिल करने वाले वे पहले भारतीय हैं। विश्व में इंगलंड के जिम लेकर के बाद उनका दूसरा स्थान है। जिन्होंने 1956 में ओल्ड ट्रेफर्ड में आस्ट्रेलिया के साथ मैच में ये रिकार्ड कायम किया।

अधिकतम छक्के
सचिन तेंदुलकर में 1997-98 में कानपुर में आस्ट्रेलिया के साथ अपनी 100 में 7 छक्के लगाये। सौरव गांगुली ने भी 1999 की वर्ल्ड कप श्रृंखला में टॉनटोन में श्रीलंका के साथ खेलते हुए 183 में से 7 छक्के लगाये। सौरव गांगुली ने 1999-2000 में ढ़ाका में बांग्लादेश के साथ मैच में अपने 135 में से एक बार 7 छक्के लगाये।
विश्व कीर्तिमान: सनत जयसूर्या ने 1996 में सिंगापुर में पाक के साथ खेलते हुए 134 में से 11 छक्के लगाये; शाहिद अफरीदी ने 1996 में नैरोबी में श्रीलंका के साथ मैच में 102 में से 11 छक्के लगाये।

उच्चतम व्यक्तिगत स्कोर
सचिन तेंदुलकर ने नवम्बर 8, 1999 को हैदराबाद में न्यूजीलैण्ड के साथ मैच में 186 रन नाबाद बनाये जिसमें 19 चौके व 4 छक्के शामिल थे। सौरव गांगुली ने मई 26, 1999 को सातवीं वर्ल्ड कप श्रृंखला में टॉनटोन में श्रीलंका के खिलाफ 183 रन बनाये जिसमें 7 छक्के ओर 17 चौके थे।
विश्व कीर्तिमान: सईद अनवर (पाकिस्तान) ने 1997 में चेन्नई में भारत के खिलाफ 194 रन बनाये।

विश्व कीर्तिमान : 16,000 रन बनाने वाला पहला व्यक्ति
सचिन तेंदुलकर ने फरवरी 5, 2008 को ब्रिस्बेन में श्रीलंका के साथ खेलते हुए 409 वें मैच में अपने 16,000 रन पूरे किये।

सबसे तेज शतक
मोहम्मद अजरूद्दीन ने दिसम्बर 17, 1988 को बडौदा में भारत-न्यूजीलैण्ड मैच में 62 गेंदों पर शतक लगाया। उसके नाबाद 108 में 3 छक्के और 9 चौके शामिल थे। सुरेश रैना ने भी 2007-08 में कराची में हांगकांग के साथ खेल में 66 गेंदों पर शतक लगाया। वीरेन्द्र सहवाग ने भी 2000-01 में कोलम्बो में न्यूजीलैण्ड के साथ मैच में 69 गेंदों पर शतक लगाया।
विश्व कीर्तिमान: शाहिद अफरीदी ने अक्तूबर 4, 1996 को नैरोबी में श्रीलंका के खिलाफ 37 गेंदों पर शतक लगाया।

विश्व कीर्तिमान: एक कैलेण्डर वर्ष में 7 बार 1,000 रन
सचिन तेंदुलकर ने एक कैलेण्डर साल में सात बार 1000 से ज्यादा रन बनाये।

विश्व कीर्तिमान: एक विकेट कीपर के द्वारा उच्चतम स्कोर
एम धोनी ने अक्तूबर 31, 2005 को जयपुर

में श्रीलंका के साथ खेलते हुए नाबाद 183 रन बनाये। उसने एडेम गिलक्रिस्ट के रिकार्ड को तोड़ा जिसने जनवरी 16, 2004 को होबार्ट में जिम्बाब्वे के साथ खेलते हुए आस्ट्रेलिया के लिए 126 गेंदों पर 172 रन बनाये थे।

सर्वोत्तम गेंदबाजी

अनिल कुम्बले ने नवम्बर 27, 1993 को कोलकात्ता में वेस्ट इंडीज के खिलाफ हीरो कप के फाईनल मैच में सर्वोत्तम गेंदबाजी करते हुए 12 रन देकर 6 विकेट लिये।

उच्चतम स्कोर

भारत ने मार्च 19, 2007 को पोर्ट ऑफ स्पेन में बरमुडा के खिलाफ बल्लेबाजी करते हुए 50 ओवरों में 5 विकेट के नुकसान पर 413 रन बनाये।

विश्व कीर्तिमान: श्रीलंका ने जुलाई 4, 2006 को आमस्टीवीन में नीदरलैण्ड के खिलाफ खेलते हुए 50 ओवर में 9 विकेट के नुकसान पर 443 रन बनाये।

उच्चतम स्कोर बल्लेबाजी दूसरा

भारत ने जुलाई 13, 2002 को लॉर्ड्स में इंगलैण्ड के खिलाफ 49. 3 ओवरों में 8 विकेट पर 326 रन बनाये इसमें इंगलैण्ड ने 50 ओवर पर 5 विकेट के लिए 325 रन बनाये थे।

विश्व कीर्तिमान: दक्षिण अफ्रीका ने मार्च 12, 2006 को जोहान्सबर्ग में ऑस्ट्रेलिया को हराया।

दक्षिण अफ्रीका - 49.5 ओवर में 438-9

ऑस्ट्रेलिया- 50 ओवर में 434-4

सबसे ज्यादा बर्खास्तगियां

एमएस धोनी ने 120 मैचों में 157 बल्लेबाजों को आउट किया। 121 कैच और 36 स्टम्प।

विश्व कीर्तिमान: एडेम गिलक्रिस्ट, (आस्ट्रेलिया) ने 287 मैचों में 472 (417 कैच और 55 स्टम्प)

एक दिवसीय अंतर्राष्ट्रीय

खिलाफ	खेले	जीते	हारे	रद्द	टाई
इंगलैण्ड	65	33	30	2	-
आस्ट्रेलिया	96	32	57	7	-
वेस्ट इंडीज	90	35	53	1	1
नाम्बीबिया	1	1	-	-	-
नीदरलैण्ड्स	1	1	-	-	-
न्यूजीलैण्ड	75	36	35	4	-
पाकिस्तान	117	45	68	4	-
श्रीलंका	106	55	41	10	-
जिम्बाब्वे	49	39	8	-	2
दक्षिण अफ्रीका	57	20	35	2	-
बांगलादेश	19	17	2	-	-
पूर्वी अफ्रीका	1	1	-	-	-
केन्या	13	11	2	-	-
यू ए ई	2	2	-	-	-
बरमुडा	1	1	-	-	-
आयरलैण्ड	1	1	-	-	-
स्कॉटलैण्ड	1	1	-	-	-
योग	**695**	**331**	**331**	**30**	**3**

विश्व कीर्तिमान: अधिकतम एमओएम अवार्ड (कैरियर)

सचिन तेंदुलकर ने भारत के लिए 417 एक दिवसीय मैच खेले।

विश्व कीर्तिमान: पदार्पण पर उच्चतम स्कोर

ब्रिजेश पटेल ने 1975 में लॉर्डस में इंग्लैण्ड के खिलाफ 82 रन बनाये। अपने दूसरे एक दिवसीय

150 विकेट

विकेट	गेंदबाज	एम	गेंदें	आर	औसत	सर्वोत्तम	4 डब्ल्यू	5 डब्ल्यू
334	अनिल कुम्बले	269	14,376	10,300	30.83	6-12	8	2
315	जे श्रीनाथ	229	11,935	8,847	28.08	5-23	7	3
288	ए बी अगरकर	191	9,484	8,021	27.85	6-42	10	2
253	एन कपिल देव	225	11,202	6,945	27.45	5-43	3	1
196	बीकेवी प्रसाद	161	8,129	6,332	32.30	5-27	3	1
197	जहीर खान	143	7,209	5,855	29.72	5-42	7	1
191	हरभजन सिंह	173	9,144	6,347	33.23	5-31	2	2
157	एम प्रभाकर	130	6,360	4,534	28.87	5-33	4	2
154	एसआर तेंदुलकर	402	8,009	6,795	44.12	5-32	4	2

सबसे महंगा विश्लेषण

2002-03 में जवागल श्रीनाथ का आस्ट्रेलिया के विरूद्ध विश्लेषण जो है 10-0-87-0

12-1-105-2 एमसी स्नेडन (न्यूजीलैण्ड) के द्वारा ओवल में 1983 में इंग्लैण्ड के बनाम।

हर विकेट के लिए साझेदारी

विकेट	रन	बल्लेबाज	खिलाफ	स्थान	वर्ष
पहला	258	सचिन तेंदुलकर एस गांगुली	केन्या	परी	2001-02
दूसरा	331	सचिन तेंदुलकर राहुल द्रविड़	न्यूजीलैण्ड	हैदराबाद	1999-2000
तीसरा	237*	सचिन तेंदुलकर राहुल द्रविड़	केन्या	ब्रिस्टल	1999
चौथा	275*	अजय जड़ेजा मोहम्मद अजरूद्दीन	जिम्बाब्वे	कटक	1997-98
पांचवां	223	मोहम्मद अजरूद्दीन अजय जड़ेजा	श्रीलंका	कोलम्बो	1997-98
छठा	158	युवराज सिंह एमएस धोनी	जिम्बाब्वे	हरारे	2005-06
सातवां	102	एच बदानी ए अगरकर	आस्ट्रेलिया	मेलबोर्न	2003-04
आठवां	82*	कपिल देव केएस मोरे	न्यूजीलैण्ड	बेंगलौर	1987-88
नौवां	126*	कपिल देव एसएमएच किरमानी	जिम्बाब्वे	टनब्रिज वेल्स	1983
दसवां	64	एल बालाजी हरभजन सिंह	इंग्लैण्ड	ओवल	2004

PRADEEP MANDHANI

अन्तर्राष्ट्रीय में पहली बार बल्लेबाजी करते हुए, युवराजसिंह ने 2000, अक्टूबर में नैरोबी में आईसीसी नॉक आउट टूर्नामेन्ट में आस्ट्रेलिया के खिलाफ 84 रन बनाये।

विश्व कीर्तिमान : सबसे ज्यादा कैच (कैरियर)
मोहम्मद अजरूद्दीन 334 मैचों में 156 कैच।

पद्म भूषण
■ 1956 सी के नायडू ■ 1980 सुनील गावस्कर ■ 1981 डी बी देवधर, कपिल देव, लाला अमरनाथ ■ 2002 चन्द्रकान्त बोर्डे

पद्म श्री
■ 1960 जासू एम पटेल, विजय हजारे ■ 1962 नरी जे कान्ट्रैक्टर, पी आर उमरीगर ■ 1963 सईद मुस्ताक अली ■ 1964 मोरप्पकम जोयसम गोपालम (हॉकी भी खेले) ■1965 प्रोफेसर डी बी देवधर ■ 1967 एमएके पटौदी ■ 1969 चन्द्रकान्त बोर्डे ■ 1970 बिशन सिंह बेदी, ईएएस प्रसन्ना ■ 1971 गुण्डप्पा आर विश्वनाथ ■ 1972 अजीत वाडेकर, बीएस चन्द्रशेखर ■ 1973 फारूख एम इन्जीनियर ■ 1975 पंकज एल रॉय ■ 1982 कपिल देव ■ 1987 दिलीप वेंगसरकर ■ 1988 एमडी अजहरूद्दीन ■ 1999 सचिन तेंदुलकर ■ 2002 डायना ईदुलजी ■ 2003 एस वेंकटराघवन ■ 2004 राहुल द्रविड, सौरव गांगुली ■ 2005 अनिल कुम्बले

एक दिवसीय अन्तर्राष्ट्रीयः एक नजर में

पहला मैच जुलाई 13, 1974
खेले 696, **जीते** 331, **हारे** 331, **टाई** 3, **कोई परिणाम नहीं** 30
उच्चतम व्यक्तिगत पारी 186 एस आर तेंदुलकर बनाम न्यूजीलैण्ड, अहमदाबाद में 1999-00
कैरियर के सबसे ज्यादा रन एसआर तेंदुलकर 16361
सर्वोत्तम बल्लेबाजी औसत 46.39 (एमएस धोनी)
सबसे अच्छी गेंदबाजी 6/12 कुम्बले बनाम वेस्ट इंडीज, कोलकात्ता में 1993-94 में
कैरियर के सबसे ज्यादा विकेट 334 एआर कुम्बले
सबसे अच्छा गेंदबाजी का औसत (50 विकेट) 27.45 (कपिल देव)
कैरियर के सबसे ज्यादा कैच 156 एम डी अजरूद्दीन
कैरियर की सबसे ज्यादा बर्खास्तगियां 157 (एमएस धोनी) 121 कैच / 36 स्टम्प
सबसे बड़ी टीम की पारी 4134/5 बनाम बरमुडा पोर्ट ऑफ स्पेन में 2007 में
सबसे छोटी टीम की पारी (सभी बर्खास्तगियां) 54 बनाम श्रीलंका शारजाह में 2000-01
उच्चतम रनों का पीछा 326/8 बनाम इंग्लैण्ड लॉर्डस में 2002

ट्वेंटी-20 विश्व कप
भारत ने सितम्बर 24, 2007 को जोहान्सबर्ग में 3 गेंदों के रहते पाकिस्तान को एक रोमांचक ट्वेंटी-20 विश्व कप फाईनल मैच में 5 रन से हराया।

इरफान पठान मैन ऑफ दा मैच रहे जबकि शाहिद अफरीदी (पाकिस्तान) को मैन ऑफ दा सीरीज़ चुना गया।

भारत ने 20 ओवर में 157 रन बनाये और पाकिस्तान ने केवल 152 रन बनाये।

PRADEEP MANDHANI

अर्जुन पुरस्कार
■ 1961 सलीम दुर्रानी ■ 1964 एम ए के पटौदी ■ 1965 अजीत वाडेकर ■ 1968 ई ए एस प्रसन्ना ■ 1969 बिशन सिंह बेदी ■ 1970 दिलीप एन सरदेसाई ■ 1971 एस वेंकटराघवन ■ 1972 एकनाथ डी सोल्कर, बीएस चन्द्रशेखर ■ 1975 सुनील गावस्कर ■ 1976 शान्ता रंगस्वामी (महिला) ■ 1977-78 जी आर विश्वनाथ ■ 1979-80 कपिल देव निखन्ज ■ 1980-81 सीपीएस चौहान, सैयद एमएच किरमानी ■ 1981 दिलीप वेंगसरकर ■ 1982 मोहिन्दर अमरनाथ ■ 1983 डायना इदुलजी (महिला) ■ 1984 रवि शास्त्री ■ 1985 एसडी कुलकर्णी (महिला) ■ 1986 एमडी अजरूद्दीन, सन्ध्या अग्रवाल (महिला) ■ 1989 मदन लाल ■ 1993 मनोज प्रभाकर, किरण मोरे ■ 1994 सचिन तेंदुलकर ■ 1995 अनिल कुम्बले ■ 1996 जवागल श्रीनाथ, काले गोवड़ा (शारीरिक रूप से विकलांग) ■ 1997 अजय जड़ेजा, एम महादेव (शारीरिक रूप से विकलांग) ■ 1998 राहुल द्रविड, नयन मोंगिया ■ 2000 वेंकटेश प्रसाद ■ 2001 वी वी एस लक्ष्मण ■ 2002 वीरेन्द्र सहवाग ■ 2003 हरभजन सिंह, मिथाली राज (महिला) ■ 2005 अंजु जैन (महिला) ■ 2006 अंजुम चौपड़ा (महिला)

राजीव गांधी खेल रत्न
■ 1997-98 सचिन तेंदुलकर ■ 2007-08 एम एस धोनी

द्रोणाचार्य पुरस्कार
■ 1986 देश प्रेम आजाद ■ 1987 गुरूचरण सिंह ■ 1990 रमाकान्त अचरेकर ■ 2004 सुनीता शर्मा।

दादी मांओं और माताओं का क्रिकेट टूर्नामेंट
स्पूर्ति गहिला समाज, बेंगलौर ने जनवरी 12, 2008 को दादी मांओ और माताओं की टीमों के बीच आपस में एक क्रिकेट टूर्नामेंट का आयोजन किया। दादी मां की टीम (50-75 वर्ष) को स्फूर्ति महिला समाज और माताओं की टीम (45-50) को क्रमश: कीर्ति महिला समाज का नाम दिया गया।

दादी मां श्रेणी में स्पूर्ति महिला समाज, हनुमंथ नगर की टीम 4 रनों से विजयी रही। उसने 6 विकटों के नुकसान पर 7 रन बनाए। मां श्रेणी की विजेता टीम का नाम कीर्ति महिला समाज, उत्तराहल्ली था जिसने 9 विकटों के नुकसान पर 84 रनों का स्कोर खड़ा किया और मैच 3 रनों से जीत लिया।

महिला क्रिकेट

टेस्ट

निम्नतम पारी योग
भारत एक पारी में 100 से कम रनों पर 3 बार पहुंचा है-जम्मू में 1976-77 में वेस्ट इंडीज़ के विरूद्ध (65), मेलबार्न में 1990-91 में आस्ट्रेलिया के विरूद्ध (92) व 2005-06 में एडिलेड में (93)।

सर्वाधिक पारी योग
भारत ने 2002 में इंगलैंड के विरूद्ध टॉनटन में 467 (177.1 ओवर) रन बटोरे।

विश्व कीर्तिमान : सबसे लम्बी एकल पारी
मिथाली राज की 2002 में इंगलैंड के विरूद्ध टॉनटन में 214 रन 598 मिनटों में बनाए।

विश्व कीर्तिमान : सर्वाधिक निरंतर ड्रा
भारत ने दिल्ली (1983-84) से सिडनी (1990-91) तक लगातार 11 टेस्ट ड्रा किये हैं।

सर्वाधिक रन
संध्या अग्रवाल ने 13 टेस्टों में 1,110 रन बनाए हैं, ऐसा करने वाली वह एकमात्र भारतीय है।

सबसे बड़ा व्यक्तिगत स्कोर
मिथाली राज ने 2002 में इंगलैंड के विरूद्ध 214 रन बनाए।

विश्व कीर्तिमान : एक कप्तान द्वारा एक श्रृंखला में सर्वाधिक रन
शांता रंगास्वामी ने वेस्ट इंडीज के विरूद्ध 1976-77 में 381 रन (छह टेस्ट) बनाए।

विश्व कीर्तिमान : एक विकेटकीपर द्वारा एक श्रृंखला में सर्वाधिक रन
फौजियह खलीली ने वेस्ट इंडीज के विरूद्ध 1976-77 में 332 रन (छह टेस्ट) बनाए।

विश्व कीर्तिमान : बिना शतक के सर्वाधिक रन (कैरियर)
गार्गी बनर्जी (1983-84 से 1990-91) ने 12 मैचों में बिना शतक लगाए 614 रन बनाए, उसका सर्वोच्च स्कोर 1986 में इंगलैंड के विरूद्ध ब्लैकपूल में बनाए 75 रन थे। उसके नाम अपने कैरियर में कोई 'डक' न बनाने का भी भारतीय कीर्तिमान है।

विश्व कीर्तिमान : दोहरा शतक लगाने वाली युवा
मिथाली राज ने 2002 में इंगलैंड के विरूद्ध टॉनटन में 19 वर्ष 257 दिन की आयु में 214 रनों का स्कोर बनाया।

विश्व कीर्तिमान : सर्वाधिक विकटें (पारियां)
नीतू डेविड ने 1995-96 में इंगलैंड के विरूद्ध जमशेदपुर में आठ विकटें झटकीं।

विश्व कीर्तिमान : निरंतर पारियों में सर्वाधिक 50
हेमलता काला ने लगातार पारियों में पांच 50 की पारियां खेली हैं - इंगलैंड के विरूद्ध 110 लखनऊ में (2001-02), दक्षिण अफ्रीका के विरूद्ध 64 पार्ल में (2001-02), इंगलैंड के विरूद्ध 62 टॉनटन में (2002), न्यूजीलैंड के विरूद्ध 110 वापी में (2003-04) और 69 लीसेस्टर में इंगलैंड के विरूद्ध (2006)।

विश्व कीर्तिमान : निरंतर सर्वाधिक 'डक'
शर्मिला चक्रबर्ती लगातार तीन पारियों में शून्य पर आउट हुई - वेस्ट इंडीज के विरूद्ध दो बार जम्मू (1976-77) में और वेस्ट इंडीज के विरूद्ध डुनेडिन में।

विश्व कीर्तिमान : सर्वाधिक 5-विकेट हॉल (पारी)
शुभांगी कुलकर्णी ने 19 टेस्टों में पांच बार प्रत्येक पारी में पांच विकटें झटकीं हैं।

पांच विकटें लेने वाली सबसे बुजुर्ग (पारी)
पूर्णिमा राव (जन्म जनवरी 30, 1967) ने 1999 इंगलैंड के विरूद्ध शेनले में 32 वर्ष 166 दिन की आयु में 24 रन देकर पांच विकेट लिए थे।

विश्व कीर्तिमान : सर्वाधिक फेंकी गई गेंदें (कैरियर)
डायना इडुलजी (1976-1991) ने अपने टेस्ट कैरियल में 5,908 से ज्यादा गेंदें डाली हैं।

विश्व कीर्तिमान : सर्वाधिक स्टम्पिंग (पारी)
फौजियह खलीली के खाते में 1976-77 में आस्ट्रेलिया के विरूद्ध पर्थ में चार स्टम्पिंग का कीर्तिमान है।

सबसे युवा कप्तान
मिथाली राज 22 वर्ष 353 दिनों की थी जब उसने 2005-06 में इंगलैंड के विरूद्ध दिल्ली में भारत का प्रतिनिधित्व किया।

विश्व कीर्तिमान : 10 विकटें लेने वाली सबसे युवा (मैच)
झूलन गोस्वामी ***(तस्वीर देखें)*** (जन्म नवम्बर 25, 1983) ने 22 वर्ष 277 दिन की आयु में इंगलैंड महिलाओं के विरूद्ध टॉनटन में 78 रन देकर 10 विकटें झटकीं।

5 विकटें लेने वाली सबसे युवा (पारी)
शुभांगी कुलकर्णी तब 17 वर्ष 104 दिन की थी जबकि उसने 1976-77 में वेस्ट इंडीज के विरूद्ध बेंगलौर में 48 रन देकर 5 विकटें लीं।

PRADEEP MANDHANI

एकदिवसीय अंतर्राष्ट्रीय

सबसे बड़ा व्यक्तिगत स्कोर
जया शर्मा ने दिसम्बर 30, 2005 को पाकिस्तान के विरूद्ध कराची में वोमेन्स एशिया कप में नाबाद 138 रन बनाए।

विश्व कीर्तिमान : शतक बनाने वाली सबसे युवा
मिथाली राज तब 16 वर्ष 205 दिन की थी जबकि उसने जून 26, 1999 को आयरलैंड के विरूद्ध मिल्टन कीनेस में नाबाद 114 रन बनाए।

विश्व कीर्तिमान : कप्तान द्वारा सर्वश्रेष्ठ गेंदबाजी विश्लेषण
ममता मेबेन ने अप्रैल 25, 2004 को श्रीलंका के विरूद्ध कैंडी में 10 रन देकर 6 विकटें लीं।

5 विकटें लेने वाली सबसे युवा (पारी)
नूशीं अल खदीर ने 21 वर्ष 348 दिन की आयु में जनवरी 27, 2003 को इंगलैंड के विरूद्ध लिंकन में 14 रन देकर 5 विकटें लीं।

5 विकटें लेने वाली सबसे बुजुर्ग (पारी)
ममता मेबेन ने 33 वर्ष 162 दिन की आयु में अप्रैल 25, 2004 को श्रीलंका के विरूद्ध कैंडी में 10 रन देकर 6 विकटें लीं।

विश्व कीर्तिमान : सर्वाधिक स्टम्पिंग (पारी)
वी कल्पना और करू जैन ने पांच स्टम्पिंग, क्रमश: जुलाई 29, 1993 को डेनमार्क के विरूद्ध स्लॉ में और मार्च 13, 2006 को न्यूजीलैंड के विरूद्ध लिंकन में, की हैं।

विश्व कीर्तिमान : विकेटकीपर द्वारा सर्वाधिक बर्खास्तगी (पारी)
वी कल्पना ने जुलाई 29, 1993 को डेनमार्क के विरूद्ध स्लॉ में छह विकटें लीं (1 कॉट व 5 स्टम्प्ड)। यह कीर्तिमान संयुक्त रूप से एसएल इलिंवर्थ (जुलाई 29, 1993 को बैकेन्हम में न्यूजीलैंड बनाम आस्ट्रेलिया) और बतूल फातिमा (मार्च 23, 2004 को कराची में पाकिस्तान बनाम वेस्ट इंडीज)।

सबसे लम्बा कैरियर
डायना इडुलजी का एकदिवसीय कैरियर 15 वर्ष 209 दिन का था। उसका पदार्पण इंगलैंड के विरूद्ध जनवरी 1, 1978 को कोलकात्ता में हुआ और उसने अपना आखिरी मैच जुलाई 29, 1993 को डेनमार्क के विरूद्ध स्लॉ में खेला।

टेस्ट क्रिकेट				
बनाम	**खेले**	**जीते**	**हारे**	**अनिर्णीत**
आस्ट्रेलिया	9	0	4	5
इंगलैंड	12	1	1	10
न्यूजीलैंड	6	0	0	6
दक्षिण अफ्रीका	1	1	0	0
वेस्ट इंडीज	6	1	1	4
कुल	**34**	**3**	**6**	**25**

कप्तान का कीर्तिमान				
कप्तान	**खेले**	**जीते**	**हारे**	**अनिर्णित**
शांतारंगास्वामी	12	1	2	9
डायना इडुलजी	4	–	–	4
मिथाली राज	4	1	1	2
शुभांगी कुलकर्णी	3	–	1	2
पूर्णिमा राव	3	–	1	2
अंजुम चोपड़ा (तस्वीर देखें)	3	1	–	2
नीलिमा जोगलेकर	1	–	–	1
संध्या अग्रवाल	1	–	1	–
प्रमिला एस भट्ट	1	–	–	1
चन्द्रकांता कौल	1	–	–	1
ममता मेबेन	1	–	–	13
कुल	**34**	**3**	**6**	**25**

PRADEEP MANDHANI

PRADEEP MANDHANI

एक पारी में सर्वोत्कृष्ट गेंदबाजी विश्लेषण

खिलाड़ी	ओवर	मेडन	रन	विकेट	विरूद्ध	स्थान	दिनांक
हेमलता काला	2.0	2	0	1	आयरलैंड	डब्लिन	जुलाई 26, 2002
हेमलता काला	0.2	0	0	1	आयरलैंड	डब्लिन	जुलाई 29, 2002
बिन्देश्वरी गोयल	7.0	6	3	3	आयरलैंड	डब्लिन	जुलाई 26, 2002
दीपा कुलकर्णी	10.0	7	3	3	श्रीलंका	कोलंबो	अप्रैल 29, 2004
दीपा कुलकर्णी	6.0	5	1	4	द.अफ्रीका	प्रिटोरिया	मार्च 26, 2005
एन अल खदीर	6.5	2	14	5	इंगलैंड	लिंकन	जनवरी 27, 2003
ममता मेबेन	6.2	3	10	6	श्रीलंका	केंडी	अप्रैल 25, 2004

उसी मैच में बल्लेबाजी और गेंदबाजी की शुरूआत

खिलाड़ी	विरूद्ध	स्थान	दिनांक
गार्गी बनर्जी	अंतर्राष्ट्रीय एकादश	नेपियर	जनवरी 17, 1982
स्मिता हरिकृष्णा	श्रीलंका	लिंकन	दिसम्बर 15, 2000
सुनेत्रा परांजपे	वेस्ट इंडीज	कोलकात्ता	मार्च 3, 2004
सुनेत्रा परांजपे	पाकिस्तान	जयपुर	दिसम्बर 19, 2006

एकदिवसीय

विरूद्ध	खेले	जीते	हारे	बराबर	अनिर्णित
आस्ट्रेलिया	32	5	27	–	–
डेनमार्क	1	1	–	–	–
इंगलैंड	46	20	24	–	2
अंतर्राष्ट्रीय 11	3	3	–	–	–
आयरलैंड	8	8	–	–	–
नीदरलैंड	3	3	–	–	–
न्यूजीलैंड	36	12	23	1	–
पाकिस्तान	6	6	–	–	–
दक्षिण अफ्रीका	7	4	2	–	1
वेस्ट इंडीज	8	8	–	–	–
कुल	**166**	**85**	**76**	**1**	**4**

सबसे युवा खिलाड़ी

गार्गी बनर्जी (जन्म जुलाई 20, 1963) ने 14 वर्ष 165 दिन की आयु में जनवरी 1, 1978 को कोलकात्ता में इंगलैंड के विरूद्ध पदार्पण किया।

सबसे युवा कप्तान

मिथाली राज (जन्म दिसम्बर 3, 1982) ने 21 वर्ष 94 दिन की आयु में मार्च 6, 2004 को वेस्ट इंडीज के विरूद्ध लखनऊ में भारत के लिए कप्तानी की।

सबसे बुजुर्ग कप्तान

डायना इडुलजी (जन्म जनवरी 26, 1956) ने जुलाई 29, 1993 को 37 वर्ष 184 दिन की आयु में डेनमार्क के विरूद्ध स्लॉ में भारत के लिए कप्तानी की।

प्रत्येक विकेट के लिए रिकार्ड विकेट सांझेदारियां

विकेट	रन	खिलाड़ी	विरूद्ध	स्थान	दिनांक
पहली	153	गार्गी बनर्जी व संध्या अग्रवाल	आस्ट्रेलिया	मुम्बई	1983-84
दूसरी	116	संध्या अग्रवाल व सुधा शाह	न्यूजीलैंड	लखनऊ	1984-85
तीसरी	136	मिथाली राज व अंजुम चोपड़ा	इंगलैंड	टॉनटन	2006
चौथी	144	मिथाली राज व हेमलता कालरा	इंगलैंड	टॉनटन	2002
पांचवीं	133	हेमलता काला व ममता मेबेन	इंगलैंड	लखनऊ	2001-02
छठी	93	संध्या अग्रवाल व रीता डे	आस्ट्रेलिया	मुम्बई	1984
सातवीं	157	मिथाली राज व जुल्हन गोस्वामी	इंगलैंड	टॉनटन	2002
आठवीं	106	शुभांगी कुलकर्णी व मिनोटी देसाई	इंगलैंड	वेदरबाई	1986
नौवीं	90	शुभांगी कुलकर्णी व मनिमाला सिंघल	इंगलैंड	वेदरबाई	1986
दसवीं	78	शशि गुप्ता व शर्मिला चक्रबर्ती	आस्ट्रेलिया	लखनऊ	1983-84

Did You Know?
Limca was born in 1971 and has led the cloudy lime category ever since. With a sharp fizz and lemoni bite, Limca has been the refresher for the past 3 decades!!
Limca
Fresh ho jao
lime 'n' lemoni
'Limca' is the registered TradeMark of The Coca-Cola Company. Contains no fruit. Contains added flavour.

फुटबाल

ओलम्पिक्स

प्रथम उपस्थिति
सात नंगे पांव खिलाड़ियों के साथ भारत ने 1948 ओलम्पिक में बंगाल के टी. राव की कप्तानी में प्रवेश किया परन्तु फ्रांस से 1-2 से मुकाबला हार गए। रमन ने एकमात्र गोल किए।

सर्वश्रेष्ठ प्रदर्शन
1956 मेलबोर्न ओलम्पिक में आस्ट्रेलिया को 4-2 से परास्त कर भारत ओलम्पिक सेमीफाइनल में पहुंचने वाला पहला एशियाई राष्ट्र बना। सेमी फाइनल में भारत ने यूगोस्लाविया के विरूद्ध शुरूआती बढ़त तो ली मगर दुर्भाग्यवश 1-4 से हार गया। कांस्य पदक की दौड़ के लिए भी भारत बुलगारिया से 3-0 से हार गया। भारत 1960 से रोम में ओलम्पिक के लिए योग्यता हासिल नहीं कर पाया है।

एकमात्र हैट्रिक
1956 में मेलबोर्न ओलम्पिक में आस्ट्रेलिया के विरूद्ध कालटैक्स मुम्बई के नेविल डि'सूज़ा ने हैट्रिक बनाई जिसमें भारत 4-2 से जीता।

अन्तर्राष्ट्रीय

क्लब एवं देश के लिए किए सर्वाधिक गोल
बाइचुंग भूटिया ने ईस्ट बंगाल, मोहन बगान तथा भारत के लिए 148 अर्न्तराष्ट्रीय खेलों में 70 गोल दागे हैं। भारत (95 मैचों में 40 गोल), ईस्ट बंगाल (40 मैचों में 22 गोल) और मोहन बागान (13 मैचों में 8 गोल)।

प्रथम अन्तर्राष्ट्रीय टूर्नामेंट जीत (क्लब)
ईस्ट बंगाल ने जुलाई 26, 2003 को जकार्त्ता में खेले गए फाइनल में थाइलैंड के बीईसी टेरो सेसानो को 3-1 से परास्त कर एलजी एसियान क्लब कप चैम्पियनशिप अपने नाम कर ली। सुभाष भौमिक ईस्ट बंगाल के कोच थे। ईस्ट बंगाल की ओर से स्कोर करने वाले थे माइक ओकोरो, बाइचुंग भूटिया और अल्विटो डी' कुन्हा।

आई लीग
ओएनजीसी के प्रारम्भिक आई-लीग में हैरतंगेज अन्त रहा। गोवा के ही दोनों क्लबों डेम्पो एससी और चर्चिल ब्रदर्स ने 36-36 अंक लेकर तालिका में सबसे ऊंचा स्थान बनाया। हालांकि डेम्पो अपने श्रेष्ठ गोल अन्तर के कारण चैम्पियन बना और उसे 50 लाख रूपये का ईनाम मिला।

एनएफएल/ आई-लीग में सर्वोच्च गोल करने वाला (भारतीय)
बाइचुंग भूटिया (ईस्ट बंगाल, जेसीटी और मोहन बागान): 81 गोल; आरसी प्रकाश (आईटीआई, मोहन बागान, महिन्द्रा यूनाइटेड, डेम्पो और ईस्ट बंगाल): 51 गोल; रमन विजयन (ईस्ट बंगाल, एफसी कोचीन, महिन्द्राज़ और मोहम्मडन स्पोर्टिंग): 43 गोल।

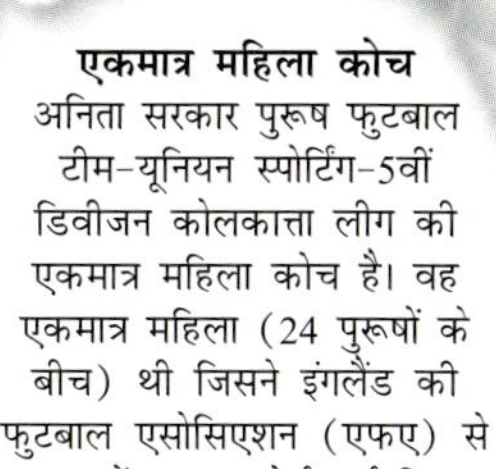
एकमात्र महिला कोच
अनिता सरकार पुरूष फुटबाल टीम-यूनियन स्पोर्टिंग-5वीं डिवीजन कोलकात्ता लीग की एकमात्र महिला कोच है। वह एकमात्र महिला (24 पुरूषों के बीच) थी जिसने इंगलैंड की फुटबाल एसोसिएशन (एफए) से 1996 में अपना कोर्स पूर्ण किया।

1999

एनएफएल/ आई-लीग में सर्वोच्च गोल करने वाला (विदेशी)
युसूफ याकूबू (चर्चिल ब्रदर्स और महिन्द्रा यूनाइटेड): 84 गोल
जोस रमिरेज़ बरेटो (मोहन बागान और महिन्द्रा यूनाइटेड): 67 गोल
डूडू ओमेग्बेमी (स्पोर्टिंग क्लब डी गोवा): 64 गोल

एक मैच में सबसे ज्यादा गोल
1997 में प्रथम एनएफएल में जेसीटी की ओर से खेलते हुए बाइचुंग भूटिया ने महिन्द्रा के विरूद्ध पांच गोल दागे।

जीत का सबसे बड़ा अन्तर
2007 में 11वें एनएफएल में महिन्द्रा यूनाइटेड ने मौहम्मडन स्पोर्टिंग को 9-0 से हराया।

एक टीम द्वारा सर्वाधिक गोल
वर्ष 2004-05 के 9वें एनएफएल में स्पोर्टिंग

बाइचुंग भूटिया - श्रेष्ठ फुटबालर
दक्षिण सिक्किम के तिनकितम में दिसम्बर 15, 1976 को जन्मे बाइचुंग भूटिया को भारतीय फुटबाल का रोशनीवाहक माना गया है। वर्तमान में भारतीय फुटबाल टीम के कप्तान, वह मोहन बागान क्लब के लिए भी खेलते हैं। 1993 में 16 वर्ष की उम्र में, उसने कोलकात्ता के प्रोफेशनल ईस्ट बंगाल क्लब से जुड़ने के लिए स्कूल छोड़ दिया। 1995 में वह जेसीटी मिल्स, फगवाड़ा के साथ चला गया। 1996 में उसे 'वर्ष का भारतीय खिलाड़ी' नामित किया गया। उसने ही सर्वाधिक गोल किए हैं - क्लब और देश के लिए 148 अर्न्तराष्ट्रीय मैचों में 70 गोल। जिसमें भारत के लिए 40, ईस्ट बंगाल के लिए 22 और मोहन बागान के लिए 8 गोल। उसे पदमश्री (2008) और अर्जुन पुरस्कार (1998) से पुरस्कृत किया गया।

MOHD SHAFIQ

MOHD SHAFIQ

तीव्रतम डबल हैट्रिक
सितम्बर 1999 में काठमांडु में खेले गए 1999 के सैफ खेलों में ग्रुप ए के लीग मैच में पाकिस्तान के विरूद्ध दूसरे हॉफ में मात्र 19 मिनटों में आईएम विजयन ने हैट्रिक बना डाली। उन्हीं खेलों में भूटान के विरूद्ध उसने इसे दोहरा दिया।

क्लब डी गोवा ने अपने 22 मैचों में 46 गोल किए।

एक खिलाड़ी द्वारा सर्वाधिक गोल
ओएनजीसी के प्रारम्भिक आई-लीग में चर्चिल ब्रदर्स के ओडाफा ओन्येका ओकोली ने 17 मैचों में 22 गोल दागे।

एशियाई खेल
1951-2006 के दौरान भारत ने 13 टूर्नामेंटों में हिस्सा लिया है, 50 मैच खेले, 21 जीते, तीन अनिर्णीत रहे, 26 हारे, 69 गोल किए और 88 गोल खाए। भारत ने 1990 और 1994 के खेलों में भाग नहीं लिया।

सबसे बुरी पराजय
1974 तेहरान एशियाड में भारत चीन से 1-7 से हार गया। एकमात्र गोल मगन सिंह ने किया था।

सर्वाधिक सफल कोच
1951 और 1962 एशियाई खेलों में सैय्यद अब्दुल रहीम कोच थे और दोनों अवसरों पर भारत ने स्वर्ण पदक जीता।

अन्तर्राष्ट्रीय क्लब मैच में सर्वाधिक व्यक्तिगत गोल
जकार्त्ता में जुलाई 16, 2003 को खेले गए एलजी एसियान कप में बाइचुंग भूटिया ने फिलीपीन्स के आर्मी एफसी के विरूद्ध ईस्ट बंगाल की ओर से खेलते हुए छह गोल, एक डबल हैट ट्रिक की।

एशियाड में सबसे बड़ी जीत
टोक्यों में 1958 एशियाड में भारत ने हांग कांग को 5-2 से हराया। रहमतुल्लाह ने दो गोल किए जबकि चुन्नी गोस्वामी, दामोदरन और टी. बलराम ने एक-एक गोल किया। भारत ने अतिरिक्त समय में तीन गोल किए। यह पहला मौका था जब भारत ने किसी अन्तर्राष्ट्रीय मैच में अतिरिक्त समय में खेल खेला।

पदमश्री
■ 1962 गोस्था बिहारी पॉल ■ 1984 चुन्नी गोस्वामी ■ 1990 पीके बनर्जी ■ 2008 बाइचुंग भूटिया

अर्जुन पुरस्कार
■ 1961 पीके बनर्जी ■ 1962 टी बलराम ■ 1963 एस. चुन्नी गोस्वामी ■ 1964 जरनैल सिंह ■ 1965 अरून लाल घोष ■ 1966 युसूफ खान ■ 1967 पीटर थंगराज ■ 1969 इन्द्र सिंह ■ 1970 सैयद नईम्मुद्दीन ■ 1971 सीपी सिंह ■ 1973 मगन सिंह रजवी ■ 1978-79 गुरदेव सिंह ■ 1979-80 प्रसुन बनर्जी ■ 1980-81 मौहम्मद हबीब ■ 1981 सुधीर कर्माकर ■ 1983 कु. शांति मल्लिक ■ 1989 सुब्रतो भट्टाचार्जी ■ 1997 ब्रहमानन्द, एसके शंखवाल्कर ■ 1998 बाइचुंग भूटिया ■ 2001 ब्रूनो कोटिन्हो ■ 2002 आईएम विजयन

द्रोणाचार्य पुरस्कार
■ 1990 सैयद नईम्मुद्दीन

गोल्फ

इंडियन ओपन जीतने वाला प्रथम
पीजी सेठी ने 1965 में कोलकात्ता में खिताब जीता।

एशियाई खेलों का प्रथम स्वर्ण
एशियाई खेलों में 1982 में गोल्फ की शुरूआत हुई। भारत ने लक्ष्मण सिंह (व्यक्तिगत स्वर्ण भी), राजीव मोहता (व्यक्तिगत रजत भी), अमित लूथरा और ऋषि नारायण के साथ टीम का स्वर्ण पदक जीता। बुसान (कोरिया) में 2002 में शिव कपूर (तस्वीर 51) ने स्वर्ण पदक जीता।

इंडियन ओपन में जीतों की हैट ट्रिक
भारतीय गोल्फरों ने 1998-2000 तक खिताब जीते। फिरोज अली 1998 में उसके बाद सबसे युवा विजेता अर्जुन अटवाल 1999 में और ज्योति रंधावा 2000 में।

MOHD SHAFIQ

यूएस ओपन खेलने वाला प्रथम (*तस्वीर देखें*)
जीव मिल्खा सिंह प्रथम भारतीय बना जिसने 2002 में यूएस ओपन खेला।

प्रथम यूरोपियन-एशियन टूर जीत
अर्जुन अटवाल एकमात्र एशियाई बना जिसने टूर पर दो खिताब जीते। उसने फरवरी 2002 में काल्टेक्स सिंगापुर ओपन व फरवरी 2003 में कार्ल्सबर्ग मलेशियन ओपन जीती। इन आयोजनों को यूरोपियन व एशियन पीजी-ए टूर की संयुक्त स्वीकृति है।

इंडियन टूर पर एक सत्र में सर्वाधिक खिताब
मुकेश कुमार ने 2004-05 सत्र के दौरान 6 खिताब जीते

सर्वश्रेष्ठ प्रदर्शन (अन्तर्राष्ट्रीय)
जीव मिल्खा सिंह ने स्पेन में अक्तूबर 2006 में वोल्वो मास्टर्स जीता जिसने उसे विश्व रैंकिंग में 144वें स्थान से 77वें स्थान पर पहुंचा दिया।

जिम्नास्टिक्स

(पिछले संस्करण देखें)

48वीं वरिष्ठ जिम्नास्टिक्स चैम्पियनशिप 2008

पुरूष

कलात्मक

फ्लोर एक्सरसाइज	आशीष कुमार (रेलवेज़)
पोमेल होर्स	रमेश बेरा (एसएससीबी)
रोमन रिंग्स	मनोज बेरा (रेलवेज़)
पैरालेल बार्स	आशीष कुमार (रेलवेज़)
हॉरीजोन्टल बार्स	एम शिनॉय (एसएससीबी)
वॉल्ट	आशीष कुमार (रेलवेज़)
व्यक्तिगत ऑल राउंड	आशीष कुमार (रेलवेज़)
टीम	रेलवेज़

महिला

कलात्मक

फ्लोर	पी मीनाक्षी (पंजाब)
बीम	रूपाली हल्दर (रेलवेज़)
वॉल्ट	राखी देबनाथ (रेलवेज़)
असमान बार्स	वन्दिता रावल (महाराष्ट्र)
व्यक्तिगत ऑल राउंड	पी मीनाक्षी (पंजाब)
टीम	रेलवेज़

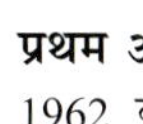

हॉकी

प्रथम अन्तर्राष्ट्रीय टूर्नामेंट

1962 के अहमदाबाद अन्तर्राष्ट्रीय टूर्नामेंट में 9 देशों ने भाग लिया। भारत प्रथम स्थान पर रहा जबकि पश्चिम जर्मनी दूसरे और आस्ट्रिया तीसरे स्थान पर रहा। दर्शन सिंह 20 गोलों के साथ सर्वोच्च खिलाड़ी रहा।

फाइनल में सबसे बड़ी जीत

भारत ने सितम्बर 19, 2007 को चेन्नई में 2007 एशिया कप फाइनल में दक्षिण कोरिया को 7-2 से धो डाला।

ओलम्पिक्स

एक ओलम्पिक में सर्वाधिक गोल

1980 मास्को ओलम्पिक में भारत ने छह मैचों में 43 गोल किए। भारत ने 1936 बर्लिन और 1956 मेलबोर्न ओलम्पिक में पांच मैचों में 38 गोल किए। भारत 1928 और 1956 में भारत ने एक भी गोल नहीं खाया।

सर्वाधिक स्वर्ण पदक

भारत ने आठ स्वर्ण पदक जीते हैं (128-56 छह बार एक ही कतार में)। भारत 1960 के फाइनल में पाकिस्तान से हार गया था परन्तु 1964 में टोक्यो में भारत ने पाकिस्तान को 1-0 से हराकर स्वर्ण पदक जीत लिया। भारत ने आखिरी स्वर्ण 1980 में मास्को में जीता था, जबकि 1960 में रोम में रजत और 1968 व 1972 में कांस्य पदक भी जीते हैं।

अन्तर्राष्ट्रीय जीतें

भारत ने 13 मुख्य अन्तर्राष्ट्रीय हाकी खिताब जीते हैं, 8 ओलम्पिक स्वर्ण, दो एशियाई खेल स्वर्ण पदक (1966 और 1998), एशिया कप (2003 और 2007) और 1975 में वर्ल्ड कप।

सबसे ज्यादा समय तक बिना हारे की स्थिति

1928 अम्सटर्डम ओलम्पिक्स से लेकर 1960 रोम ओलम्पिक तक लगातार 32 साल और 99 दिनों तक भारत 30 मैचों में बिना हारे रहा।

सबसे बुरी पराजय

मांट्रियल, कनाडा में पहली बार आर्टिफिशियल टर्फ पर टूर्नामेंट खेलते हुए भारत 1976 में आस्ट्रेलिया के हाथों 1-6 से पराजित हो गया।

यूरोपियन टूर पर प्रथम जीत

जीव मिल्खा सिंह ने अक्टूबर 2006 में स्पेन में वोल्वो मास्टर्स जीता।

एशियन टूर ऑर्डर ऑफ मेरिट में भारतीय श्रेष्ठता

जीव मिल्खा सिंह ने 2006 और 2008 में एशियन टूर ऑर्डर ऑफ मेरिट जीता। ज्योति रंधावा (2002) और अर्जुन अटवाल (2003) ने उसके बाद इस ऑर्डर पर अपनी श्रेष्ठता कायम रखी।

सर्वाधिक खिताब

जीव मिल्खा सिंह ने विश्व के तीन टूरों में कुल 12 बड़े टूर खिताब जीते हैं - तीन यूरापियन टूर पर, छह एशियन टूर पर, तीन जापानी टूर पर।

एक 'बड़े' में सर्वश्रेष्ठ प्रदर्शन

जीव मिल्खा सिंह ने 2008 की पीजीए चैम्पियनशिप में नौंवां स्थान हासिल किया।

पदमश्री

■ 2007 जीव मिल्खा सिंह

अर्जुन पुरस्कार

■ 1961 कैप्टेन पीजी सेठी ■ 1963 एएस मलिक ■ 1967 आरके पीताम्बर ■ 1972 अंजनी एन देसाई ■ 1973 विक्रमजीत सिंह ■ 1975 एसके जमशेद ■ 1977-78 सीता रैली ■ 1982 लक्ष्मण सिंह ■ 1987 नोनिता लाल ■ 1991 अली शेर ■ 1996 अमित कृष्ण लूथरा ■ 1997 हरमीत कहलॉन ■ 1999 जीव मिल्खा सिंह ■ 2002 शिव कपूर ■ 2004

MOHD SHAFIQ

ज्योति रंधावा यूएसपीजीए टूर पर श्रेष्ठ भारतीय प्रदर्शन *(तस्वीर देखें)*

2005 में अर्जुन अटवाल ने चार पर टाप-10 रहकर यूएसपीजीए टूर से 9,63,768 डॉलर कमाए हैं। उसने 17 स्टार्ट्स से 16 कट्स बनाए। उसको सर्वश्रेष्ठ चार प्रदर्शन थे। बैल साउथ क्लासिक में दूसरा स्थान, ज्यूरिस क्लासिकल ऑफ न्यू ओरिएंस में पांचवां स्थान, बीसी ओपन में नौवां स्थान और बैल कनाडियन ओपन में 10वां स्थान। इसके मुकाबले 2004 में अटवाल ने 30 आयोजनों में भाग लिया 12 में कट बनाया और 4,86,052 डॉलर की कमाई की।

विश्व कीर्तिमानः सबसे ज्यादा गोल किए
1928 में पदार्पण के बाद से भारत ने 18 ओलम्पिक गेम्स (2004 एथेन्स तक) में 415 गोल किसी भी टीम द्वारा सर्वाधिक) किए हैं और 114 मैचों में 130 गोल खाए हैं, 76 जीते, 13 अनिर्णित रहे और 25 में पराजय मिली यानि सफलता की दर 70 प्रतिशत रही है।

सर्वाधिक गोल (मैच)
अगस्त 11, 1932 को अमेरिका के विरूद्ध रूप सिंह ने 11 गोल किए जबकि उसके भाई ध्यान चंद ने 8 गोल किए।

विश्व कीर्तिमानः जीत का सबसे बड़ा अन्तर
भारत ने अगस्त 11, 1932 को लॉस एंजेल्स में अमेरिका को 24-1 से पटखनी दे डाली अगला श्रेष्ठ विजयी अन्तर 1980 में आया जब भारत ने तन्जानिया को 18-0 से रौंद डाला।

विश्व कप

(पिछले संस्करण देखें)

सबसे धनी टूर्नामेंट
71 लाख रूपयों की पुरस्कार राशि के साथ पीएचएल भारत में सबसे धनी हॉकी टूर्नामेंट है जिसमें भाग लेने वाले सभी खिलाड़ियों को पैसा मिलता है। बेंगलौर में खेली गई 4थी पीएचएल चैम्पियनशिप में हाई-फ्लायर्स को 40 लाख रूपये और रनर-अप एवं मेजबान टीम चंडीगढ़ डायनामोस ने 20 लाख रूपये कमाए। चंडीगढ़ डायनामोस के संदीप सिंह टॉप-स्कोरर रहे, जिसे एक लाख रूपये मिले। टूर्नामेंट का श्रेष्ठ खिलाड़ी, बेंगलौर हाई-फ्लायर्स के अर्जुन हलप्पा को चुना गया जिसे 1.5 लाख रूपये मिले।
4थे पीएचएल में, चैम्पियन हाई फ्लायर्स को 40 लाख और रनर्स-अप व आयोजक चंड़ीगढ़ डायनामौस को ने 20 लाख रूपये कमाए। चंड़ीगढ़ डायनामौस के संदीप सिंह टॉप स्कोरर रहे, जिसे 1 लाख रूपये का पुरस्कार मिला। मैन ऑफ दा टूर्नामेंट, बेंगलौर हाई फ्लायर्स के अंतर्राष्ट्रीय मिडफील्डर अर्जुन हलप्पा को चुना गया जिसे 1.5 लाख रूपये मिले।

सर्वाधिक गोल (कैरियर)
तीन ओलम्पिक्स में ध्यान चन्द (1905-79) ने 33 गोल किए - 10 गोल 1928 में, 12 गोल 1932 में और 11 गोल 1936 में।

MOHD SHAFIQ

प्रीमियर हॉकी लीग (पीएचएल)
प्रीमियर हॉकी लीग के चौथे संस्करण को एक ही शहर में खेले जाने वाले पुराने फार्मेट में परिवर्तित कर दिया गया। यह चंडीगढ़ में दिसम्बर 20, 2007 से जनवरी 11, 2008 तक खेला गया। बेंगलौर हाई-फ्लायर्स (पूर्व में बेंगलौर लायन्स) ने जनवरी 11, 2008 को तीसरे और निर्णायिक फाइनल में चंडीगढ़ डायनामॉस को 2-1 से परास्त कर जगमगाते ताज को अपने नाम कर लिया। इसमें कुल सात टीमों ने भाग लिया और 26 मैच खेले गए।
पीएचएल का तीसरा संस्करण दो शहरों में खेला गया था। डबल राउन्ड रोबिन लीग आधार पर यह चेन्नई (जनवरी 4-फरवरी 4) और चंडीगढ़ (फरवरी 11-मार्च 5) में खेला गया जिसमें सात टीमों ने भाग लिया और सर्वोच्च दो टीमों ने फाइनल में जगह बनाई।

MOHD SHAFIQ

प्रथम एशिया कप महिला
फरवरी 2004 में कोच एमके कौशिक की छत्रछाया में भारत ने नई दिल्ली के नेशनल स्टेडियम में खेले गए एशिया कप फाइनल में चीन को परास्त कर पहली बार खिताब जीता।

पदम भूषण
- 1956 ध्यान चन्द

पदमश्री
■ 1957 बलबीर सिंह ■ 1958 केडी सिंह 'बाबू' ■ 1964 चरणजीत सिंह ■ 1966 किशनलाल ■ 1967 शंकर लक्ष्मण, प्रीथिपाल सिंह, गुरदयाल सिंह ■ 1971 लेस्ली वाल्टर क्लाडियस ■ 1974 ले. कर्नल जोगिन्दर सिंह ■ 1981 वी भास्करन ■ 1983 एलिजा नेल्सन ■ 1986 मोहम्मद शाहिद ■ 1990 झम्मन लाल शर्मा ■ 1992 अजीत पाल सिंह ■ 1998 परगट सिंह ■ 2001 धनराज पिल्लई ■ 2003 एन मुकेश कुमार ■ 2004 दिलीप टिर्की

अर्जुन पुरस्कार
■ 1961 प्रीथिपाल सिंह, कु. एन्न ल्यूम्स्डेन ■ 1963 चरणजीत सिंह ■ 1964 एस लक्ष्मण ■ 1965 ऊधम सिंह, कु. एल्वेरा ब्रिटो

■ 1966 वीजे पीटर, गुरबक्श सिंह, कु. सुनीता पुरी ■ 1967 हरबिन्दर सिंह, जगजीत सिंह, मोहिन्दर लाल ■ 1968 कै. बलबीर सिंह ■ 1971 पी कृष्णामूर्ति ■ 1972 माइकल किन्डो ■ 1973 एमपी गणेश, डॉ. ओटलिया मेस्करेन्हास ■ 1974 अशोक कुमार, अजिन्दर कौर ■ 1975 बीपी गोविन्दा, रूपा सैनी ■ 1977-78 कैप्टन हरचरण सिंह, लोरैन लूना फर्नांडीज़ ■ 1979-80 वी भास्करन, रेखा बी मुन्धफन ■ 1980-81 मोहम्मद शाहिद, एलिजा नेल्सन ■ 1981 वर्षा सोनी ■ 1983 जफर इकबाल ■ 1984 राजबीर कौर, एस मैनी ■ 1985 पांडा मुथन्ना, एमएम सोमैय्या, प्रेम माया सोनिर ■ 1986 जेएम कार्विल्हो ■ 1988 एमपी सिंह ■ 1989 परगट सिंह ■ 1990 जगबीर सिंह ■ 1992 मार्विन फर्नांडीज़ ■ 1994 जूड फेलिक्स सेबेस्टियन ■ 1995 धनराज पिल्लई, एन मुकेश कुमार ■ 1996 एबी सुभाष, आशीष कुमार बल्लाल ■ 1997 हार्मिक सिंह, राजिन्दर सिंह, सुनिन्दर सिंह सोढ़ी ■ 1998 प्रीतम रानी, एस ओमन्ना कुमारी, सुरजीत सिंह, मोहम्मद रियाज़, बलदेव सिंह, महाराज कृष्ण कौशिक ■ 1999 बलबीर सिंह खुल्लर, ले. कर्नल हरिपाल कौशिक (सेवानिवर्त्त), रमनदीप सिंह, वीजे फिलिप्स ■ 2000 बलजीत सिंह सैनी, तिन्गोन्लिमा चानू, ग्रुप कैप्टेन आर एस भोला, बालकिशन सिंह, जलालुद्दीन रिज़वी, मधु यादव
■ 2001 दिलीप टिर्की, सीता गोसैन
■ 2002 गगन अजीत सिंह, ममता खरब
■ 2003 देवेश चौहान सूरज लता देवी
■ 2004 दीपक ठाकुर, इन्नोसेंट हेलेन मैरी
■ 2005 विरेन रासक्विन्हा
■ 2006 ज्योति सुनीता कुल्लू
■ 2007 प्रभजोत सिंह

राजीव गांधी खेल रत्न

■ 1999-00 धनराज पिल्लई

द्रोणाचार्य पुरस्कार

■ 2000 गुरदयाल सिंह भंगू ■ 2002 एमके कौशिक ■ 2003 राजिन्दर सिंह

ध्यान चंद पुरस्कार

■ 2002 अशोक धवन ■ 2003 धर्म सिंह मान, चार्ल्स कोर्नेलियस ■ 2004 हरदयाल सिंह
■ 2005 राजिन्दर सिंह
■ 2006 कमांडर जी नंदी सिंह
■ 2007 वरिन्दर सिंह
■ 2008 मुखबैन सिंह

भारोत्तोलन

(पिछले संस्करण देखें)

अर्जुन पुरस्कार

■ 1978-79 श्रुता दत्ता ■ 1984 पीजे जोसेफ, पीके यशोधरन ■ 1992 ईएस भास्कर ■ 2000 विजय बालचन्द्र मुनिश्वर ■ 2005 राजिन्दर सिंह रहेलू (शारीरिक विकलांग) ■ 2007 फरमान बाशा (विकलांग श्रेणी)

द्रोणाचार्य पुरस्कार

■ 2000 भूपेन्द्र धवन

निशानेबाजी

ओलम्पिक्स

प्रथम ओलम्पिक पदक

ले. कर्नल राज्यवर्धन सिंह राठौर ने 2004 के

अभिनव बिन्द्रा-स्वर्णिम आंख

अभिनव बिन्द्रा (जन्म सितम्बर 28, 1982) एक अचूक निशानेबाज है और निशानेबाजी में 700.5 अंक लेकर चीन के ज्हू किनान से 0.8 अंक आगे निकलकर भारत के लिए एकमात्र ओलम्पिक स्वर्ण पदक विजेता बना। भारतीय खेल प्राधिकरण के पास समुचित सुविधा उपलब्ध न होने के चलते, बिन्द्रा ने अपने मोहाली, पंजाब स्थित घर में स्वयं की अत्याधुनिक इन्डोर निशानेबाजी रेंज बना डाली, जिसके शानदार परिणाम रहे। अभिनव को जर्मनी में स्विटजरलैंड के गैबी ब्यूहीमेन ने कोचिंग दी थी। वह प्रथम भारतीय है जिसने ज़ग्रेब, क्रोएशिया में 2006 में एयर राइफल की विश्व चैम्पियनशिप का स्वर्ण पदक जीता। अभिनव बिन्द्रा 2000 ओलम्पिक गेम्स में भाग लेने वाला सबसे युवा भारतीय प्रतियोगी था। उसे राजीव गांधी खेल रत्न (2001) और अर्जुन पुरस्कार (2000) से पुरस्कृत किया गया।

प्रथम राष्ट्रीय चैम्पियनशिप्स

प्रथम राष्ट्रीय निशानेबाजी चैम्पियनशिप्स दिल्ली में नवम्बर 9-16, 1952 को आयोजित की गई।

1994

प्रथम ओलम्पिक फाइनलिस्ट

सीआईएसएफ, मुम्बई की अन्जली वेदपाठक भागवत 2000 सिडनी ओलम्पिक्स के एयर राइफल फाइनल में पहुंची। अन्जली 493.1 अंकों साथ 8वें स्थान पर आई।

सूमा शिरूर और अभिनव बिन्द्रा ने 2004 के ओलम्पिक्स में अपनी प्रतियोगिताओं के फाइनल में जगह बनाई।

एथेन्स ओलम्पिक गेम्स के डबल ट्रैप निशानेबाजी में संयुक्त अरब अमीरात के अहमद अल्मेक्टौम से पिछड़ते हुए रजत पदक जीता। आजाद भारत के लिए यह प्रथम व्यक्तिगत रजत पदक था।

प्रथम व्यक्तिगत ओलम्पिक स्वर्ण

अभिनव बिन्द्रा ने बीजिंग में अगस्त 11, 2008 को पुरूषों की एयर राइफल प्रतियोगिता में जीत दर्ज कर भारत की ओर से प्रथम व्यक्तिगत ओलम्पिक स्वर्ण पदक विजेता बने।

विश्व कप पदक

मानशेर सिंह ने 1997 में दिल्ली में खेले गए विश्व कप में ट्रैप कांस्य पदक जीता।

अंजली वेदपाठक भागवत ने 2002 में सिडनी विश्व कप में और अटलांटा विश्व कप में एयर राइफल में रजत पदक जीते। उसने 2003 में फोर्ट बेनिंग विश्व कप में एयर राइफल आयोजन में स्वर्ण पदक जीता और 2004 में सिडनी में 3-पोजीशन में कांस्य पदक जीता।

मानवजीत सिंह संधू ने नई दिल्ली में 2003 विश्व कप में ट्रैप कांस्य पदक और 2006 में करविल्ले विश्व कप में रजत पदक जीता।

राज्यवर्धन सिंह राठौर ने नई दिल्ली में 2003 विश्व कप में डबल ट्रैप कांस्य पदक जीता। उसने 2004 में सिडनी विश्व कप और 2006 में कैरो विश्व कप में स्वर्ण पदक जीता।

गगन नारंग ने 2006 में गुआंगज्होउ, चीन विश्व कप में एयर राइफल में स्वर्ण पदक जीता।

अभिनव बिन्द्रा ने 2001 और 2003 में म्यूनिख विश्व कप में एयर राइफल में दो कांस्य पदक जीते।

रोन्जन सोढ़ी ने सांतो डोमिन्गो में 2007 के विश्व कप में 200 में से 187 अंक लेकर डबल ट्रैप कांस्य पदक जीता।

जोरावर सिंह सन्धू ने चांगवॉन, कोरिया में 2007 के विश्व कप में 150 में 141 अंक लेकर ट्रैप कांस्य पदक जीता। उसने दो अन्यों के साथ संयुक्त रूप से दूसरे स्थान पर रहा था और टाई शूट में दूसरे स्थान पर आकर उसे कांस्य पदक मिला।

गगन नारंग ने बीजिंग में अप्रैल 2008 के विश्व कप में एयर राइफल में कुल 700.3 अंक लेकर कांस्य पदक जीता। वह स्वर्ण पदक विजेता चीन के ज़ू क्यिान से 0.5 अंक पीछे रहा।

MOHD SHAFIQ

दोहरा विश्व कीर्तिमान

रोन्जन सोढ़ी ***(तस्वीर 1 देखें)*** ने बेल्ग्रेड में खेले गए विश्व कप में स्वर्ण पदक जीतकर डबल ट्रैप में क्वालीफाइंग और फाइनल विश्व कप दोनों की ही बराबरी कर एक अनूठी उपलब्धि प्राप्त की है। उसने क्वालीफाइंग दौर में 147 निशाने लगाए और 194 आखिरी स्कोर रहा। आस्ट्रेलिया के माइकल डायमण्ड ने 1998 में 150 में 147 निशाने लगाकर विश्व कीर्तिमान स्थापित किया था और जून 8, 2008 को ब्रिटेन के रिचर्ड फॉल्ड्स ने उसकी बराबरी की थी, जबकि 10 दिन बाद ही रोन्जन इस क्लब में शामिल हो गए। 1999 में इटली के डेनियल डी स्पिग्नो ने 194 निशाने लगाकर अन्तिम विश्व कीर्तिमान स्थापित कर दिया।

गगन नारंग ***(तस्वीर 2 देखें)*** ने ओलम्पिक्स की खराब यादों को मिटाने के लिए नवम्बर 2008 में बैंकाक में दो विश्व कीर्तिमानों के साथ पुरूषों की एयर राइफल विश्व कप फाइनल का स्वर्ण जीता। उसने दो अन्यों द्वारा बनाए पूर्ण 600 अंकों की बराबरी कर विश्व कीर्तिमान बनाया और कुल 703.5 अंकों के साथ एक नया फाइनल विश्व कीर्तिमान बनाया।

विश्व चैम्पियनशिप

विश्व कप फाइनल पदक

अन्जली भागवत ने एयर राइफल 2003 विश्व कप फाइनल में मिलान, इटली में स्वर्ण पदक जीता और 2002 म्यूनिख, जर्मनी में रजत पदक जीता।

राज्यवर्धन सिंह राठौर ने 2006 में ग्रेनाडा, स्पेन में खेले गए विश्व कप फाइनल में डबल ट्रैप में कांस्य पदक जीता।

विश्व कीर्तिमानः विश्व कीर्तिमान स्कोर

सूमा शिरूर ने 400 में से पूर्ण 400 निशाने लगाकर फरवरी 2004 में क्वालालम्पुर, मलेशिया में आयोजित एशियाई चैम्पियनशिप की महिलाओं की एयर राइफल प्रतियोगिता में स्वर्ण पदक जीता। उसने रूस, चीन, कोरिया, आस्ट्रिया और जर्मनी की आठ अन्य खिलाडियों के साथ यह विश्व कीर्तिमान सांझा किया।

जसपाल राणा ने 2006 में ढ़ाका में आयोजित एशियाई खेलों में सेंटर फायर पिस्टल में 600 में से 590 निशाने लगाकर विश्व कीर्तिमान की बराबरी कर ली। उसके आखिरी दो निशानों में 9 ने उसे अपना कीर्तिमान स्थापित करने का मौका नहीं दिया।

विश्व चैम्पियनशिप में सर्वश्रेष्ठ प्रदर्शन

भारत ने 2006 में ज़ग्रेब, क्रोएशिया में छह पदक क्रमशः तीन स्वर्ण, एक रजत और दो कांस्य जीते।

विश्व चैम्पियनशिप फाइनल

अवनीत कौर सिद्धू विश्व चैम्पियनशिप फाइनल में पहुंचने वाली प्रथम भारतीय महिला निशानेबाज बनी। उसने 2006 में ज़ग्रेब, क्रोएशिया में विश्व चैम्पियनशिप की एयर राइफल प्रतियोगिता में 498.1 अंकों के साथ आठवां स्थान प्राप्त किया और बीजिंग खेलों की राह में ओलम्पिक कोटा जीता।

MOHD SHAFIQ

एशियाई खेल

(पिछले संस्करण देखें)

पदमश्री

■ 2002 जसपाल राणा ■ 2005 ले. कर्नल राज्यवर्धन सिंह राठौर

अर्जुन पुरस्कार

■ 1961 महामहिम महाराजा करनी सिंह ऑफ बीकानेर ■ 1968 बीकानेर की महारानी राज्यश्री (राइफल) ■ 1969 भुवनेश्वरी कुमारी ■ 1971 महामहिम महाराजा भीम सिंह ऑफ कोटा ■ 1972 उदयन चीनूभाई (राइफल) ■ 1978-79 रणधीर सिंह ■ 1981 शरद पी चौहान ■ 1983 मोहिन्दर लाल ■ 1985 अशोक जे पण्डित, सोमा दत्ता ■ 1986 भागीरथ समाई ■ 1993 मानशेर सिंह ■ 1994 जसपाल राणा ■ 1996 मुराद अली खान ■ 1997 सतेन्द्र कुमार, शिल्पी सिंह, नरेश कुमार शर्मा ■ 1998 मानवजीत सिंह संधू, रूपा उन्नीकृष्णन ■ 1999 विवेक सिंह ■ 2000 अभिनव बिन्द्रा, अन्जली वेदपाठक भागवत, गुरबीर सिंह संधू ■ 2001 समरेश जंग ■ 2002 अनवर सुल्तान, सूमा सिद्धार्थ शिरूर ■ 2003 मेजर राज्यवर्धन सिंह राठौर ■ 2004 दीपाली ए देशपांडे 2005 गगन नारंग ■ 2006 विजय कुमार ■ 2007 अवनीत कौर सिद्धू।

राजीव गांधी खेल रत्न

■ 2001 अभिनव बिन्द्रा ■ 2002 अन्जली वेदपाठक भागवत ■ 2004 ले. कर्नल राज्यवर्धन सिंह राठौर ■ 2006 मानवजीत सिंह संधू

द्रोणाचार्य पुरस्कार

■ 2001 प्रो. सन्नी थॉमस

विशेष ओलम्पिक्स

विशेष ओलम्पिक्स इन्का. की स्थापना दिसम्बर 1968 में बौद्धिक अयोग्यताओं वाले व्यक्तियों को सशक्त करने के उद्देश्य से की गई। इसमें बच्चों व बड़ों को ओलम्पिक जैसे गर्मी व सर्दी के 30 खेलों में प्रतियोगिता में भाग लेने का अवसर मिलता है। विशेष ओलम्पिक्स 180 से अधिक देशों के लगभग 2.5 मिलियन बौद्धिक अयोग्यताओं वाले लोगों को 200 से अधिक कार्यक्रमों के माध्यम से जोड़े हुए है। प्रथम अन्तर्राष्ट्रीय विशेष ओलम्पिक्स खेल जुलाई 20, 1968 को अमेरिका के शिकागो, इलिनोएस स्थित सोल्जर फील्ड में आयोजित किए गए थे और प्रथम अन्तर्राष्ट्रीय विशेष ओलम्पिक्स विन्टर खेल फरवरी 1977 में कोलोराडो के स्टीमबोट स्प्रिंग्स में आयोजित किए गए। भारत ने इन खेलों में प्रथम बार 1987 में अमेरिका के इंडियाना में भाग लिया और 4 स्वर्ण, 6 रजत और 8 कांस्य पदक जीते। वर्ष 2003 तक डबलिन, आयरलैंड विशेष ओलम्पिक्स में भारत 107 स्वर्ण, 111 रजत और 89 कांस्य पदक जीत चुका है।

दिल्ली में आधारित, विशेष ओलम्पिक्स भारत, एक राष्ट्रीय कार्यक्रम, विशेष ओलम्पिक्स अन्तर्राष्ट्रीय से मान्यताप्राप्त है। इसे भारत सरकार के युवा मामले व खेल मंत्रालय द्वारा मानसिक विकलांगों के लिए खेलों का विकास करने के लिए राष्ट्रीय खेल संघ के रूप में मान्यता मिली हुई है।

2007 विशेष ओलम्पिक्स में विजेता

शंघाई, चीन में 12वें विशेष ओलम्पिक्स समर विश्व खेलों में भारत ने 36 स्वर्ण, 45 रजत और 67 कांस्य पदक जीते।

विशेष ओलम्पिक्स में स्वर्ण विजेता प्रथम (महिला)

दिल्ली की साइकिल चालक रूषि गुलाटी (जन्म सितम्बर 18, 1993) ने शंघाई, चीन (अक्तूबर 2-11, 2007) में विशेष ओलम्पिक्स विश्व समर खेलों में 5 किमी. ट्रायल में स्वर्ण पदक जीता। उसने 1 किमी. रॉबिन लीग में 4था स्थान और 500 मी. ट्रायल के रॉबिन लीग में 5वां स्थान हासिल किया। उसने 2005 में बरेली में आयोजित विशेष ओलम्पिक्स भारत राष्ट्रीय खेलों में 2 स्वर्ण पदक जीते हैं। उसकी पदक सूची में तीन स्वर्ण पदक और शामिल हैं, राज्य स्तर (2) और जोन स्तर (1)।

तैराकी

एक अकेले राष्ट्रीय में सर्वाधिक स्वर्ण पदक

अनीता सूद ने 1985 में नई दिल्ली में 100 मी., 200 मी., 400 मी. व 800 मी. फ्रीस्टाइल तैराकी और 200 मी. व 400 मी. व्यक्तिगत मेडले में कीर्तिमान स्थापित किया

सबसे युवा चैम्पियन

निशा मिलेट मात्र 12 वर्ष की थी जब उसने 1994 में गोवा राष्ट्रीय खेलों में 50 मी., 100 मी.

सर्वाधिक राष्ट्रीय कीर्तिमान

कर्नाटक की शिखा टंडन के नाम 50 मी., 100 मी., व 800 मी. फ्रीस्टाइल, 50 मी., 100 मी. और 200 मी. बैकस्ट्रोक और 200 मी. व्यक्तिगत मेडले में सात व्यक्तिगत सर्वश्रेष्ठ भारतीय प्रदर्शन राष्ट्रीय कीर्तिमान हैं। शिखा ने अपनी अन्तिम छाप दिसम्बर 2005 में थ्रिसूर, केरल में आयोजित 59वीं राष्ट्रीय चैम्पियनशिप के 200 मी. बैकस्ट्रोक में छोड़ी।

MOHD SHAFIQ

, 200 मी., 400 मी. और 800 मी. फ्रीस्टाइल में स्वर्ण जीते।

प्रथम एशियाई खेल स्वर्ण
सचिन नाग ने दिल्ली के 1951 एशियाड में 100 मी. फ्रीस्टाइल में 1:04.7 सेकण्ड का समय निकालकर स्वर्ण जीता।

प्रथम एशियाड गोताखोरी स्वर्ण
महाराष्ट्र के केपी ठक्कर ने दिल्ली के 1951 एशियाड में प्लेटफार्म और स्प्रिंगबोर्ड दोनों में ही स्वर्ण जीते।

ओलम्पिक्स में प्रथम भारतीय तैराक
बंगाल के डीडी मुलजी ओलम्पिक्स में प्रथम भारतीय तैराक थे। उसने 1928 एम्सटर्डम ओलम्पिक्स में भाग लिया।

ओपन तैराकी प्रतियोगिता में प्रथम/ सबसे युवा
मुम्बई, महाराष्ट्र का स्वप्नलि गोपाल यादव (जन्म दिसम्बर 5, 1998) 19वीं ओडब्ल्यूएसएम मेस्सिनीकॉस गल्फ में 30 किमी. की तैराकी मैराथन में प्रथम और सबसे युवा भारतीय बन गई। तैराकी प्रतियोगिता सितम्बर 1, 2007 को प्रात: 7 बजे आरम्भ हुई जिसमें प्रतियोगियों को 12 घंटों में 30 किमी. की दूरी पूरी करनी थी। स्वप्नलि ने अपनी निर्धारित दूरी 11 घंटे 10 मिनट में पूरी कर ली। कुल 16 प्रतियोगियों में से दो 30 किमी. की पूरी दूरी पार नहीं कर सके-स्वप्नलि सबसे युवा थी।

पदम भूषण
■ 1967 मिहिर कुमार सेन

पदमश्री
■ 1959 मिहिर कुमार सेन ■ 1960 आरती साहा ■ 1990 तारानाथ शेनॉय ■ 2008 बुला चौधरी

अर्जुन पुरस्कार
■ 1961 जम बजरंगी प्रसाद ■ 1966 कु. रीमा दत्ता ■ 1969 बैद्यनाथ ■ 1971 भंवर सिंह ■ 1973 धनवीर खटाउ ■ 1974 मंजरी भार्गव (गोताखोरी), अविनाश बी सारंग (लम्बी दूरी) ■ 1975 स्मिता देसाई, एमएस राणा ■ 1978-79 शेरनाज़ केरमानी (शारीरिक विकलांग) ■ 1982 पर्सिस मदन ■ 1983 अनिता सूद ■ 1984 खजान सिंह ■ 1985 तारानाथ नारायण शेनॉय ■ 1986 आरती प्रधान ■ 1988 विल्सन चेरियन ■ 1990 बुला चौधरी ■ 1996 वी कुत्रालीश्वरन ■ 1998 भानू सचदेव ■ 1999 निशा मिलेट ■ 2000 सेबेस्टियन ज़ेवियर, जे अभिजीत ■ 2005 शिखाटंडन।

स्कवैश

प्रथम ब्रिटिश ओपन जीत
जोशना चिनप्पा ब्रिटिश ओपन खिताब जीतने वाली प्रथम भारतीय बन गई जब उसने जनवरी 2003 में अन्डर-17 का खिताब पाया।

एशियाई खेलों में सफलता
दोहा, कतर में खेले गए 2006 एशियाई खेलों में सौरव घोषाल ने कांस्य पदक जीता। एशियाई खेलों में स्कवैश में पदक जीतने वाला वह प्रथम भारतीय है।

पदमश्री
■ 2001 भुवनेश्वरी कुमारी

अर्जुन पुरस्कार
■ 1961 कैप्टेन केएस जैन ■ 1967 अनिल नायर ■ 1979-80 मेजर आरके मनचन्दा ■ 1982 भुवनेश्वरी कुमारी ■ 1990 एमआर दारूवाला ■ 1997 मीशा ग्रेवाल ■ 2006 सौरव घोषाल।

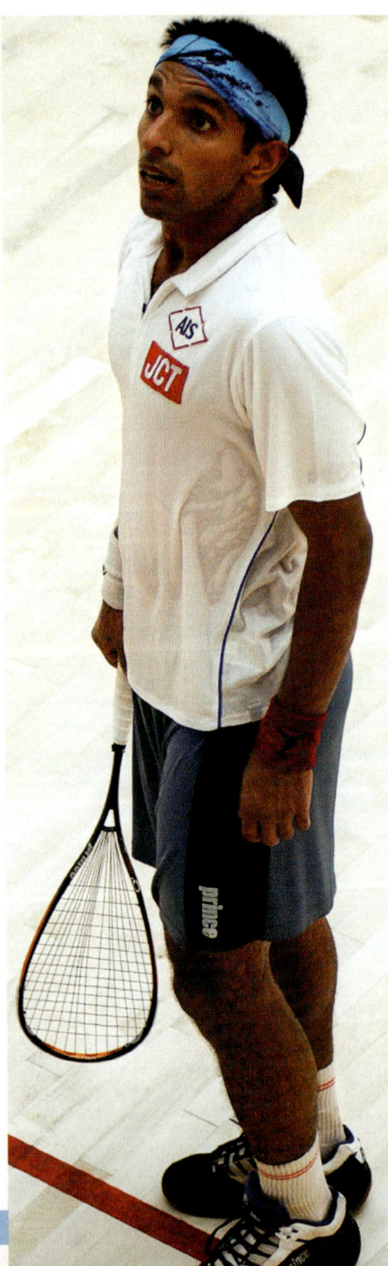

MOHD SHAFIQ

MOHD SHAFIQ

एशिया में सफलता
जोशना चिनप्पा प्रथम है जिसने 2003 में एशियन जूनियर खिताब जीता।

द्रोणाचार्य पुरस्कार
■ 2004 सायरस एम पोंचा

अन्तर्राष्ट्रीय सफलताएं
ऋत्विक भट्टाचार्य प्रथम था जिसने अन्तर्राष्ट्रीय स्कवैश खिताब जीता। उसने 2003 में न्यूजीलैंड में एक-के-बाद-एक दो टूर्नामेंट जीते। अक्तूबर 2006 तक वह छह खिताब जीत चुका था।
अन्तर्राष्ट्रीय खिताब जीतने वाला अन्य भारतीय खिलाड़ी सौरव घोषाल है जिसने 2006 में मुम्बई में ओटर्स ओपन जीता, 2007 में आईसीएल. चेन्नई ओपन में 5वीं स्थान और जुलाई 2008 में चेन्नई ओपन में 6ठा स्थान हासिल किया। सौरव ने सितम्बर 2008 में अपना प्रथम अन्तर्राष्ट्रीय स्कवैश जीता। उसने बोरडियुक्स में खेलते हुए विश्व के नं. 30 खिलाड़ी डेविड बियानचेटी (इटली) को 1-6, 11-6, 9-11 और 11-9 से हराकर ऑरनानो अन्तर्राष्ट्रीय ओपन खिताब अपने नाम कर लिया।

टेबल टेनिस

प्रथम राष्ट्रीय चैम्पियन
एम अयुब ने 1938 में कोलकात्ता में खिताब जीता।

सर्वाधिक राष्ट्रीय खिताब
कमलेश मेहता ने 1995 में जमशेदपुर में खेलते हुए अरूप बासक को 21-19, 21-15, 19-21, 21-17 से हराकर अपना आठवां खिताब जीता।

इन्दू पुरी ने महिला एकल खिताब आठ बार क्रमशः 1972, 1975 और 1979 से 1984 तक जीता है। वह 20 खिताब जीत चुकी है जिसमें एकल, युगल और मिश्रित शामिल हैं।

जीत की तिकड़ी (महिला)
चार महिलाओं ने तीन बार एक ही कतार में राष्ट्रीय खिताब जीते हैं - इन्दू पुरी (1979-84), सईदा सुल्ताना (1949-53), उषा सुन्दर राज (1964-66) और कैटी खोडाजी (1969-71)।

सबसे लम्बा मिश्रित युगल शासन
मुम्बई में फारूख खोडाजी और कैटी चार्जमैन ने पांच वर्ष एक ही कतार में 1967-71 तक सूसेन बरना कप जीता। उन्होंने इससे पहले खिताब 1965 में जीता था परन्तु 1966 में रशियन एन निकोलॉय और बी लाइमु ने उन्हें हरा दिया।

विश्व चैम्पियनशिप में सर्वाधिक उपस्थितियां
इन्दू पुरी ने 1973-85 तक भारत का सात विश्व चैम्पियनशिपों में प्रतिनिधित्व किया है।

सर्वाधिक पदक (राष्ट्रमंडल)
इन्दू पुरी ने 1973-85 के दौरान 14 पदक क्रमशः तीन रजत और 11 कांस्य जीते।

सर्वाधिक स्वर्ण पदक दक्षिण एशियाई संघ (एसएएफ खेलों में)
ए शरथ कमल ने 2006 में कोलम्बो में चार स्वर्ण पदक जीते - पुरूषों का टीम मुकाबला, पुरूषों का एकल, युगल और मिश्रित युगल।

प्रथम राष्ट्रमंडल टीम खिताब
भारत ने 2004 में क्वालालम्पुर में राष्ट्रमंडल पुरूषों का टीम खिताब जीता।

एकमात्र पिता-पुत्र भिडंत
रामानाथन कृष्णन ने राष्ट्रीय मुकाबलों में 1976 में अपने पुत्र रमेश कृष्णन के विरूद्ध खेला। रमेश ने हैदराबाद में खेला गया मैच जीता।

1993

एक ही कतार में चार राष्ट्रीय खिताब
चेतन बबूर ने लगातार चार वर्षों तक राष्ट्रीय खिताब जीते जब उसने 1999 में चेन्नई में एस रमन को हराया। इससे पूर्व गौतम दीवान और कमलेश मेहता ने भी एक ही कतार में चार वर्षों तक खिताब जीते हैं।

अर्जुन पुरस्कार
■ 1961 जेसी वोरा ■ 1964 गौतम आर दीवान ■ 1966 उषा सुन्दर दास ■ 1967 फारूख आर खोडाजी ■ 1969 मीर कासिम अली ■ 1970 गुडालोर जगन्नाथ ■ 1971 कैटी फारूख खोडाजी ■ 1973 नीरज रामाकृष्णन बजाज ■ 1975 शैलीजा सलोखे ■ 1979-80 इन्दू पुरी ■ 1980-81 मनजीत दुआ ■ 1982 वी चन्द्रशेखर 1985 केएन मेहता 1987 मोनालिसा बरूआ मेहता ■ 1989 नियति शाह ■ 1990 एमएस वालिया ■ 1997 चेतन पी बबूर ■ 1998 सुब्रमणियम रमन ■ 2002 मंटू घोष ■ 2003 ए शरथ कमल ■ 2005 सौम्यादीप रॉय 2006 सुभाजीत साहा।

राष्ट्रीय चैम्पियनशिप में सर्वाधिक उपस्थितियां
एस रामास्वामी फरवरी 2006 तक लगातार 30 बार राष्ट्रीय चैम्पियनशिप में हिस्सा ले चुका है। उसने एस श्रीराम के साथ संयुक्त रूप से बनाए 29 बार के कीर्तिमान को सुधार दिया।

टेनिस

ओलम्पिक्स

ओलम्पिक्स में प्रथम
एसएम हादी, एसएम जैकब, मोहम्मद सलीम, एए फैज़ी और डी रतनम ने 1924 में पेरिस में भारत का प्रतिनिधित्व किया। जैकब क्वार्टर फाइनल में पहुंचे और फ्रांस के जीन बोरोत्रा से हार गए। हादी और रतनम युगल के क्वार्टर फाइनल तक पहुंचे।

प्रथम ओलम्पिक पदक
लिएंडर पेस ने 1996 अटलांटा में पुरूषों के एकल मुकाबले में ब्राजील के फर्नान्डो मेलिजेनी को 3-6, 6-2, 6-4 से हराकर कांस्य पदक जीता। लिएंडर ओलम्पिक्स में 44 वर्षों में व्यक्तिगत पदक जीतने वाला दूसरा भारतीय बना।

आस्ट्रेलियन ओपन

प्रथम जूनियर लड़कों का फाइनलिस्ट
लिएंडर पेस 1990 में एक फाइनलिस्ट था।

प्रथम मिश्रित युगल खिताब
लिएंडर पेस और मार्तिना नवरातिलोवा (अमेरिका) ने 2003 में खिताब जीता।

महेश भूपति और मार्तिना हिंगिस (स्विटज़रलैंड) ने 2006 में दूसरी बार खिताब जीता।

फ्रेंच ओपन

प्रथम/एकमात्र जूनियर चैम्पियन
रमेश कृष्णन ने 1979 में जूनियर खिताब जीता।

प्रथम मिश्रित युगल खिताब
महेश भूपति और उसके जापानी साथी रिका हिराकी ने

प्रथम युगल खिताब
लिएंडर पेस और महेश भूपति ने 1999 में खिताब जीता।

1997 में खिताब जीता।
इस जीत के साथ ही भूपति (वरिष्ठ) ग्रेंड स्लैम खिताब जीतने वाला प्रथम भारतीय बन गया।

विम्बलडन

विम्बलडन में खेलने वाला प्रथम
सरदार निहाल सिंह ने 1908 में खेला परन्तु पहले ही राउन्ड में हार गया।

प्रथम सेमी फाइनलिस्ट
रामानाथन कृष्णन एकमात्र ऐसे भारतीय हैं जो दो बार क्रमश: 1960 और 1961 में सेमी फाइनल में पहुंचे।

प्रथम मिश्रित युगल खिताब
लिएंडर पेस और लीसा रेमण्ड (अमेरिका) ने 1999 में जीता।

प्रथम जूनियर लड़कों का खिताब
रामानाथन कृष्णन ने 1954 में जीता।

प्रथम जूनियर लड़कियों का खिताब (युगल)
सानिया मिर्जा और उसकी रशियन साथी अलीसा क्लेबानोवा ने 2003 में खिताब जीता।

यूएस ओपन

प्रथम व एकमात्र जूनियर लड़कों का खिताब
लिएंडर पेस ने 1991 में जूनियर खिताब जीता।

प्रथम मिश्रित युगल खिताब
महेश भूपति और उसकी जापानी साथी अइ सुगियामा ने 1999 में खिताब जीता।

प्रथम युगल खिताब
महेश भूपति ने अपने साथी मैक्स मिरनई (बेलारूस) के साथ 2002 में चैम्पियनशिप जीती। पेस और उसके चेक साथी मार्टिन डेम्म ने पुन: 2006 में इसे जीता।

एटीपी टूर

सर्वाधिक एटीपी खिताब
महेश भूपति ने अक्तूबर 2008 में स्विस इन्डोर युगल चैम्पियनशिप में अपने साथी बहामास के मार्क नोवेल्स के साथ खेलते हुए अपना 44वां कैरियर एटीपी खिताब जीता। इससे पूर्व उसी साल में नोवेल्स के साथ ही खेलते हुए उसने दो अन्य युगल खिताब जीते और चार अन्य टूर्नामेंटों के फाइनल में पहुंचा।

जब लिएंडर पेस ने बैंकाक (सितम्बर 2008) में अपने चेक साथी लुकास ड्लॉही के साथ युगल खिताब जीता तो वह उसका कुल मिलाकर 40वां एटीपी खिताब था। उसी वर्ष में वह अन्य चार एटीपी युगल टूर्नामेंटों में भी फाइनलिस्ट रहा था।

कैरियर पुरस्कार राशि कमाई
(अक्तूबर 10, 2008 तक)

लिएंडर पेस - 4.87 मिलियन अमेरिकी डालर
महेश भूपति - 4.36 मिलियन अमेरिकी डालर

विश्व वर्ग
(अक्तूबर 29, 2008 तक)
एटीपी : महेश भूपति (युगल)-7
लिएंडर पेस (युगल)-8
डब्ल्यूटीए : सानिया मिर्जा (एकल)-97
(युगल)-62

ग्रेंड स्लैम झलकियां
लिएंडर पेस ने 2008 यूएस ओपन में अपने साथी कारा ब्लैक (जिम्बाब्वे) के साथ अपना चौथा मिश्रित युगल ग्रेंड स्लैम खिताब जीता। वह अपने चेक साथी लुकास ड्लॉही के साथ यूएस ओपन में पुरूषों के मिश्रित फाइनल में भी पहुंचा।

महेश भूपति और सानिया मिर्जा की जोड़ी 2008 आस्ट्रेलियाई ओपन (जनवरी 2008) के मिश्रित युगल फाइनल में पहुंची। वो एन जिमोन्जिक और सन तियानतियन की सर्बिया/चीनी जोड़ी से हार गए।

ग्रेंड स्लैम तालिका
2008 में सभी ग्रेंड स्लैमों की समाप्ति के बाद, महेश भूपति ने दस ग्रेंड स्लैम खिताब, चार युगल (तीन पेस के साथ) और छह मिश्रित युगल जीते हैं। पेस की तालिका में कुल आठ आते हैं, चार युगल और चार मिश्रित युगल।

डेविस कप

प्रथम उपस्थिति
भारत ने अपना पहला डेविस कप 1921 में फ्रांस के विरूद्ध पेरिस में खेला और 4-1 से जीता। भारतीय टीम में एसएम जैकब, मोहम्मद सलीम, एए फैज़ी और एलएस डीन शामिल थे।

विश्व ग्रुप में श्रेष्ठ एशियाई कीर्तिमान
भारत ने 1981 में अपने पर्दापण से 16 के विश्व ग्रुप में 11 बार हिस्सा लिया है। जापान और इन्डोनेशिया ने केवल दो-दो बार भाग लिया है जबकि दक्षिण कोरिया ने अभी तक तीन बार हिस्सा लिया है।

डेविस कप में सर्वाधिक मैच खेलना
लिएंडर पेस, जो 44 भिडन्तों में 114 मैच (अक्तूबर 2008 तक) खेल चुके हैं, के नाम इस श्रेणी में विश्व का 4था श्रेष्ठ कीर्तिमान है, इसमें पहली तीन पायदान पर खड़े हैं इटली के एन पित्रांजेली (164 मैच), रोमानिया के आई नेस्तेसी (156 मैच) और स्पेन के एम सन्ताना (120 मैच)।

राष्ट्रीय
(अधिक जानकारी के लिए पिछले संस्करण देखें)

डीएससीएल राष्ट्रीय टेनिस चैम्पियनशिप
(हार्ड कोर्ट), 2008

परिणाम:

पुरूष एकल: वीएम रन्जीत ने एस बालाजी को 6-3, 6-4 से हराया।

पुरूष युगल: वी रेड्डी और ए तिवारी ने एम मुरली और वी श्रीधर को 6-4, 6-7, 10-4 से हराया।

महिला एकल: रत्निका बतरा ने श्वेता सी राणा को 6-3, 6-0 से हराया।

महिला युगल: त्रेता भट्टाचार्य और शालिनी साहू ने अरन्तेक्सा अन्ड्रेडी और स्याली भिलारे को 6-1, 6-3 से हराया।

पदम भूषण

■ 1967 रामानाथन कृष्णन

पदमश्री

■ 1962 रामानाथन कृष्णन ■ 1971 गौस मोहम्मद खान ■ 1983 विजय अमृतराज ■ 1998 रमेश कृष्णन ■ 2001 लिएंडर पेस, महेश भूपति ■ 2006 सानिया मिर्जा।

अर्जुन पुरस्कार

■ 1961 रामानाथन कृष्णन ■ 1962 नरेश कुमार ■ 1966 जयदीप मुखर्जी ■ 1967 प्रेमजीत लाल ■ 1974 विजय अमृतराज ■ 1978-79 निरूपमा मांकड़ ■ 1980-81 रमेश कृष्णन ■ 1985 आनन्द अमृतराज ■ 1990 लिएंडर पेस ■ 1995 महेश भूपति ■ 1996 गौरव नाटेकर ■ 1997 आसिफ इस्माइल ■ 2000 अख्तर अली ■ 2001 सन्दीप किरतने ■ 2005 सानिया मिर्जा।

राजीव गांधी खेल रत्न

■ 1996-97 लिएंडर पेस

कुश्ती

विश्व चैम्पियनशिप में प्रथम पदक

नवम्बर 2005 तक भारत ने चैम्पियनशिप में केवल दो पदक ही जीते। उदय चन्द ने 68 किग्रा. से कम वर्ग में योकोहामा, जापान में 1961 विश्व चैम्पियनशिप में कांस्य पदक जीता। दिल्ली में 1967 में 57 किग्रा. से कम वर्ग में बिशम्बर सिंह ने रजत पदक जीता। नौएडा कालेज ऑफ फिजीकल एजुकेशन का सुशील कुमार 2003 में अमेरिका के न्यूयार्क में आयोजित 37वीं विश्व कुश्ती चैम्पियनशिप में मामूली अन्तर से कांस्य पदक पाने से चूक गया।

नौएडा कालेज ऑफ फिजीकल एजुकेशन की अल्का तोमर (तस्वीर देखें) ने गुआनझाउ, चीन में सितम्बर 25 से अक्तूबर 11, 2006 तक आयोजित वरिष्ठ विश्व कुश्ती चैम्पियनशिप में महिला वर्ग में कांस्य पदक जीता। विश्व चैम्पियनशिप 2006 में 59 किग्रा. वर्ग में 39 वर्षों के अन्तराल के बाद पदक जीतने वाली वो प्रथम महिला बनी।

ओलम्पिक्स में प्रथम पदक

केडी जाधव ने 1952 में आयोजित हेल्सिंकी ओलम्पिक्स में बैंटमवेट वर्ग में कांस्य पदक जीता। आजादी के बाद ओलम्पिक्स में व्यक्तिगत खेलों में पदक जीतने वाला वह प्रथम खिलाड़ी बन गया।

राष्ट्रमंडल चैम्पियनशिप में श्रेष्ठ कुश्ती लड़ने वाला

सुजीत मान (74 किग्रा.) लंदन में खेली गई राष्ट्रमंडल चैम्पियनशिप में श्रेष्ठ कुश्ती लड़ने वाला था।

शीतकालीन ओलम्पिक्स

भारत ने शीतकालीन ओलम्पिक खेलों में प्रथम बार इन्सब्रुक, आस्ट्रिया में 1964 शीतकालीन ओलम्पिक्स में भाग लिया। भारत की ओर से एकमात्र एथलीट जेरेमी जॉन बुजाकोव्स्की थे जिसने अल्पाइन स्कीइंग में पुरूषों के डाउनहिल आयोजन में भाग लिया। उसने भारत का प्रतिनिधित्व ग्रेनोबल, फ्रांस में 1968 शीतकालीन ओलम्पिक्स में पुरूषों की डाउनहिल, पुरूषों के स्लालोम और पुरूषों के विशाल स्लालोम आयोजन में भाग लेकर फिर से किया।

भारत ने 20 वर्षों बाद काल्गरी, कनाडा में 1988 विन्टर ओलम्पिक में हिस्सा लिया। शैलजा कुमार विन्टर ओलम्पिक गेम्स के वोमेन्स स्लेलोम में भारत के लिए हिस्सा लेने वाली प्रथम महिला थी और गुल देव व किशोर रत्ना राय ने पुरूषों के स्लेलोम में हिस्सा लिया।

नानक चन्द और चुनी लाल ने अल्बर्टविले, फ्रांस में 1992 शीतकालीन ओलम्पिक्स में अल्पाइन स्कीइंग में पुरूषों के स्लालोम और विशाल स्लालोम आयोजन में भाग लिया। नागानो, जापान में 1998 शीतकालीन ओलम्पिक्स में भारत का एकमात्र एथलीट पुरूषों का एकल ल्यूज प्रतियोगी 16 वर्षीय शिवा केशवन था। केशवन ने साल्ट लेक सिटी, अमेरिका में 2002 शीतकालीन ओलम्पिक्स और तूरिन, इटली में 2006 शीतकालीन ओलम्पिक्स में हीरा लाल (पुरूषों का ग्रुप) के साथ फिर से देश का प्रतिनिधित्व किया।

एकमात्र ल्यूज़ प्रतिनिधि

शिवा केशवन (जन्म अगस्त 25, 1981) एकमात्र भारतीय और युवा ल्यूज़ ओलम्पियन है जिसने 16 वर्ष की आयु में जापान में 1998 शीतकालीन ओलम्पिक्स में ल्यूज़ आयोजन में भारत का प्रतिनिधित्व किया। बाद में उसने साल्ट लेक सिटी, अमेरिका में 2002 शीतकालीन ओलम्पिक्स और तूरिन, इटली में 2006 शीतकालीन ओलम्पिक्स में भाग लिया। उसने एशिया कप 2005-06 में रजत और एक कांस्य पदक जीता। उसे 1998, 2002 और 2006 शीतकालीन ओलम्पिक्स में तीन बार वर्ष का ओलम्पियन चुना गया, शीतकालीन ओलम्पिक्स के लिए योग्य होने वाला एकमात्र खिलाड़ी।

ओलम्पिक्स में दूसरा पदक

सुशील कुमार ने बीजिंग ओलम्पिक 2008 में 66 किग्रा. वर्ग फ्रीस्टाइल कुश्ती प्रतियोगिता में कांस्य पदक जीता। सुशील ने तकनीकी अंकों से बेलारूस के अल्बर्ट बेतीरोव को 8-4 से हराया। उसने फिर विश्व के 5 नम्बर के अमेरिकी खिलाड़ी डॉग श्वैब को तकनीकी अंकों से 7-4 से और 3-1 अंकों से हराया। इससे पूर्व कजाकिस्तान के लियोनिद् स्पिरिदोनोव को रिपीचेज राउंड में निर्णायक रूप से परास्त करके सुशील ने 56 वर्षों के बाद भारत के लिए कुश्ती में दूसरा पदक हासिल किया।

फिला अन्तर्राष्ट्रीय चैम्पियनशिप में श्रेष्ठ प्रदर्शन

भारतीय जूनियर महिला ग्रेपलर्स ने पांच पदक - दो स्वर्ण, तीन रजत जीते और ऋगा, लात्विया में 2005 में आयोजित प्रथम फिला अन्तर्राष्ट्रीय चैम्पियनशिप में रनर्स-अप टीम बनी। गीता (48 किग्रा.) और गीतिका जाखड़ (63 किग्रा.) प्रत्येक ने स्वर्ण जीता जबकि रचना (44 किग्रा.), मीना (51 किग्रा.) और सुनीता (55 किग्रा.) ने चैम्पियनशिप में रजत पदक जीता।

विश्व जूनियर चैम्पियनशिप (पुरूष) में श्रेष्ठ प्रदर्शन

भारतीय ग्रेपलर्स ने ताशकंत, उज्बेकिस्तान में अगस्त 2001 में आयोजित जूनियर विश्व कुश्ती चैम्पियनशिप में दो स्वर्ण और एक कांस्य पदक जीता। रमेश (69 किग्रा.) ने रशिया के अशित को 4-3 से परास्त किया और पल्विन्दर सिंह चीमा (130 किग्रा.) ने ईरान के नूरजई को 5-0 से परास्त किया और स्वर्ण जीता। ग्रीको रोमन स्टाइल में मुकेश खत्री ने 54 किग्रा. वर्ग में कांस्य पदक जीता।

भारत के गौरव

मई 1982 में जन्मे सुशील कुमार कुश्ती में ओलम्पिक कांस्य पदक के लिए खशाबा दादासाहेब जाधव के साथ कीर्तिमान सांझा करते हैं। वह पुरूषों की फ्रीस्टाइल 56 किग्रा. वर्ग में विश्व के पांच श्रेष्ठ कुश्ती लड़ने वालों में से एक है। उसने 1999 से विश्व कैडेट लेवल का प्रत्येक पदक जीता है। उसने 2001 में एशियाई जूनियर चैम्पियनशिप में स्वर्ण पदक जीता। उसने 2003 में एशियाई कुश्ती चैम्पियनशिप का कांस्य पदक जीता। उसने 2005 में राष्ट्रमंडल चैम्पियनशिप जीती और 2007 में अपना खिताब बरकरार रखा। ओलम्पिक्स में क्वालीफाई करने के लिए वह बाकू, अजरबैजान में आयोजित विश्व चैम्पियनशिप में सातवें स्थान पर आया। सुशील ने ओलम्पिक्स 2008 में 66 किग्रा. वर्ग फ्रीस्टाइल कुश्ती में एक सर्वाधिक विस्मयकारी कांस्य पदक जीता। उसे 2005 में अर्जुन पुरस्कार मिला।

52वीं राष्ट्रीय कुश्ती चैम्पियनशिप 2007-2008

पुरूष

	फ्रीस्टाइल	ग्रीको रोमन
55 किग्रा.	कृपा शंकर पटेल (रेलवेज़)	जोगिन्दर (रेलवेज़)
60 किग्रा.	कृष्ण कुमार (दिल्ली)	रविन्दर सिंह (रेलवेज़)
66 किग्रा.	सुशील कुमार (रेलवेज़)	गुरविन्दर सिंह (पंजाब)
74 किग्रा.	रमेश कुमार (रेलवेज़)	राजबीर सिंह (रेलवेज़)
84 किग्रा.	नरसिंह यादव (रेलवेज़)	मनोज (सेवाएं)
96 किग्रा.	अनिल मान (रेलवेज़)	अनिल कुमार (हरियाणा)
120 किग्रा.	राजीव तोमर (रेलवेज़)	धर्मेन्द्र (रेलवेज़)

महिला

48 किग्रा.	निर्मला (हरियाणा)
51 किग्रा.	नेहा राठी (हरियाणा)
55 किग्रा.	कमलेश (हरियाणा)
59 किग्रा.	अलका तोमर (उत्तर प्रदेश)
63 किग्रा.	ज्योति (दिल्ली)
72 किग्रा.	बबीता (उत्तर प्रदेश)

पदमश्री

■ 1983 गुरू हनुमान ■ 1998 लीला राम

अर्जुन पुरस्कार

■ 1961 हवलदार उदय चन्द ■ 1962 मालवा ■ 1963 जी अन्दाल्कर ■ 1964 बिशम्बर सिंह ■ 1966 भीम सिंह ■ 1967 मुख्तियार सिंह ■ 1969 चंदगी राम ■ 1970 सुदेश कुमार ■ 1972 प्रेम नाथ ■ 1973 जगरूप सिंह ■ 1974 सतपाल ■ 1978-79 राजिन्दर सिंह ■ 1980-81 जगमिन्दर सिंह ■ 1982 करतार सिंह ■ 1985 महाबीर सिंह ■ 1987 सुभाष ■ 1988 राजेश कुमार ■ 1989 सत्यवान ■ 1990 ओमबीर सिंह ■ 1992 पप्पू यादव ■ 1993 अशोक कुमार ■ 1997 जगदीश सिंह, संजय कुमार ■ 1998 काका पवार, रोहतास सिंह दहिया ■ 1999 अशोक कुमार ■ 2000 केडी जाधव (मरणोपरान्त) ■ 2001 रमेश कुमार, नरेश कुमार, रणधीर सिंह, कृपा शंकर पटेल ■ 2002 पल्विन्दर सिंह चीमा, सुजीत मान ■ 2003 शोखिन्दर तोमर ■ 2004 अनुज कुमार ■ 2005 सुशील कुमार ■ 2006 गीतिका जाखड़।

सर्वाधिक उपस्थितियां

सतपाल ने भारत को 28 बार, जिसमें शामिल हैं दो ओलम्पिक्स 1972 में म्युनिख और 1976 में मास्को।

2001

द्रोणाचार्य पुरस्कार

■ 1985 भालचन्द्र भास्कर भागवत ■ 1987 गुरू हनुमान ■ 2003 सुखचैन सिंह चीमा ■ 2005 महा सिंह राव।

ध्यानचन्द पुरस्कार

■ 2006 हरीशचन्द्र माधवराव बिराजदार ■ 2007 राजेन्द्र सिंह।

कार्पोरेट खेल

सरन स्पोर्ट्स

कार्पोरेट स्पोर्ट्स इवेन्ट मैनेजमैन्ट कम्पनी सरन स्पोर्ट्स ने 1997 में कार्पोरेट क्षेत्र के लिए प्रथम नियोजित खेल प्रतियोगिताएं आयोजित कीं। तब से 485 से ज्यादा बड़ी कम्पनियों के 13,000 अधिकारियों ने क्रिकेट और फुटबाल आदि में भाग लेकर इसे सबसे लम्बा चलने वाला भारत के गैर पेशेवर लोगों का कार्पोरेट स्पोर्ट्स सीरिज बना डाला। इसे प्रत्येक वर्ष मुम्बई में आयोजित किया जाता है।

विश्व कीर्तिमान: 7 की क्रिकेट
कार्पोरेट क्रिकेट इवेन्ट, 7 की क्रिकेट 1997 में प्रारम्भ हुई। इसके 2008 के संस्करण में पिछले वर्ष की 100 टीमों के मुकाबले इस वर्ष आयोजित की गई चैम्पियनशिप में 104 टीमों ने बढ़-चढ़कर हिस्सा लिया और एयरटेल ने इसे जीता।

5 की फुटबाल
कार्पोरेट फुटबाल इवेन्ट, 5 की फुटबाल 2002 में प्रारम्भ हुई। पिछले वर्ष की 70 टीमों के मुकाबले इस वर्ष इसमें 75 टीमों ने भाग लिया और एचडीएफसी ने इसे जीता। यहां महिलाओं के लिए एक विशेष श्रेणी थी, जिसमें ड्यूश बैंक विजेता रहा।

5 की जूनियर फुटबाल
सरन प्रेजेन्ट्स ने 2007 में मुम्बई में दूसरी 5 की जूनियर फुटबाल, जिसमें एक तरफ पांच खिलाडी होते हैं, प्रतियोगिता आयोजित की गई जिसमें 96 टीमें (72 लड़के और 24 लड़कियां) थीं। डॉन बॉस्को हाई स्कूल, माटूंगा ने लड़कों के वर्ग में और बॉम्बे इन्टरनेशनल स्कूल लड़की वर्ग में विजयी रहे।

बोलिंग
मुम्बई में 5वीं कॉरपोरेट बोलिंग चैम्पियनशिप 2007 सफलतापूर्वक आयोजित की गई जिसमें कुल 76 टीमों ने हिस्सा लिया। प्राईम सिक्योरिटीज (हैट्रिक) इस प्रतियोगिता के विजेता रहे। महिलाओं के लिए इस प्रतियोगिता में एक विशेष वर्ग था जिसके विजेता रहे कोटक महिन्द्रा बैंक।

स्पोर्ट्स विलेज
प्लान्ट्रानिक्स टी20 बीपीओ कप विशेषकर तीन शहरों क्रमश: दिल्ली, मुम्बई और बेंगलौर के बीपीओ के लिए आयोजित किया गया जिसमें 1,008 प्रतियोगी थे। प्लान्ट्रानिक्स साउन्ड इन्नोवेशन्स खिताबी टूर्नामेंट के प्रायोजक थे, इसे स्पोर्ट्स विलेज की शाखा स्पोर्ट्स कन्सल्ट द्वारा संयोजित किया गया था। नवम्बर 2007 से फरवरी 2008 तक चले इस टूर्नामेंट में टीमों ने तीन कपों-चैम्पियन्स, प्रीमियर और चैलेन्जर कप के लिए भाग लिया।

डायरेक्टर्स कप प्रदर्शनी मैच में डायरेक्टर और वरिष्ठ स्तर के कार्पोरेट्स ने हिस्सा लिया जिसमें 90 से ज्यादा वरिष्ठ अधिकारियों (प्रत्येक शहर से 30) सहित भारतीय क्रिकेटर रोबिन सिंह जूनियर, संजय बांगर, निलेश कुलकर्णी, सुनील जोशी और विजय भारद्वाज ने मैच में हिस्सा लिया। डायरेक्टर्स कप के साथ कुल 178 पुरस्कार और ट्राफियां प्रदान की गईं।

कार्पोरेट इन्डोर गेम्स (सीआईजी) अगस्त 2007 में तीन शहरों-मुम्बई, पुणे और चेन्नई में आयोजित किए गए जिसमें 1,500 से अधिक प्रतियोगियों (महिलाएं शामिल) ने और 65 से ज्यादा कार्पोरेट्स ने पैन इंडिया में भाग लिया। प्रत्येक शहर में एक स्थान पर विभिन्न 26 वर्गों में प्रतियोगिताएं और सात विभिन्न इन्डोर गेम्स हुए।

लीग के अपने विशेष ताने-बाने के साथ नॉक आउट के बाद दो कप प्रतियोगिताएं -लीग टॉपर्स के लिए चैम्पियन्स कप और दूसरी श्रेणी की टीम/खिलाड़ियों के लिए चैलेन्जर्स कप आयोजित हुई। 200 से ज्यादा पुरस्कार और ट्राफियां प्रदान की गईं।

रीबॉक कार्पोरेट क्रिकेट टूर्नामेंट प्रत्येक टीम के खिलाड़ियों को 25 ओवर मिलेंगे। 8वां रीबॉक क्रिकेट टूर्नामेंट जनवरी 26 से अप्रैल 12, 2008 तक खेला गया जिसमें 63 टीमों ने 22 दिनों तक 123 मैच खेले। टूर्नामेंट के आंकड़े थे 34,667 रन बने, 34,555 गेंदें डाली गईं और 1,852 विकटें गिरीं। इवेन्टस 2002 से इस टूर्नामेंट का आयोजन करता आ रहा है। प्रत्येक वर्ग में विजेता थे

कप विजेता-भारतीय वायुसेना (अधिकारी), रनर-अप सिटी फाइनेंसियल,
प्लेट विजेता-एचसीएल टेक्नोलोजीज़, रनर-अप-हैल्वेट पैकर्ड,
शील्ड विजेता- जैनपैक्ट बीएफएसआई रनर-अप-इंडिया टाइम्स।

खेलों का व्यापार

क्रिकेट अब अंग्रेजी क्लब के भिंचे होठों की कढ़ाई से बाहर निकल आया है और लम्बे समय से सफेद पौशाक पहने मैदान पर दौड़ते भद्रपुरूष की छवि बदल चुकी है। इसका स्थान सख्त नाक वाले और जबरदस्त सफल व्यवसायिक आकाओं ने इसे व्यवसायिक आयोजन बना डाला है। बीसीसीआई के उपाध्यक्ष ललित मोदी की दिमागी उपज है इंडियन प्रीमियर लीग (आईपीएल) जोकि क्लब संस्कृति के तौर पर इंगलिश प्रीमियर लीग (फुटबाल) से प्रेरित होकर टवेन्टी20 प्रतियोगिता के रूप में उतारा गया है। आईपीएल में अन्तर्राष्ट्रीय और राष्ट्रीय खिलाड़ियों की दो राउंडों में नीलामी की गई जिसमें अपवाद के रूप में भत्ता लेने वाले भारतीय अन्डर-19 क्रिकेट टीम में खिलाड़ियों को शामिल किया गया। आठ कप्तानों जिन्हें 'आइकान्स' कहा गया, की नीलामी नहीं की गई बल्कि अन्तर्राष्ट्रीय कीमत के आधार पर उन्हें एक पैकेज दिया गया। एमएस धोनी (चेन्नई सुपर किंग का प्रतिनिधित्व) 1.5 मिलियन डॉलर के साथ सर्वाधिक महंगा कप्तान और खिलाड़ी था। नीलामी अप्रैल 18, 2008 को आरम्भ हुई।

सोनी एन्टरटेनमैंट टेलीविजन (एसईटी) ने सिंगापुर आधार की वर्ल्ड स्पोर्ट्स ग्रुप ने 10 वर्षों के लिए 1.026 बिलियन डॉलर में आईपीएल मैचों के प्रसारण अधिकार ले लिए।

आईपीएल टीमें

चेन्नई सुपर किंग्स
स्वामी: इंडिया सीमेंट्स
'फ्रेन्चाइजी फीस: 91 मिलियन डॉलर
सर्वाधिक महंगा खिलाड़ी: एमएस धोनी (1.5 मिलियन डॉलर)
प्रायोजक: एयरसेल, कोरोमंडल किंग, इंडिया सीमेंट्स, रीबॉक, रायल चैलेंज, जैट एयरवेज़, पीटर इंगलैंड, रीयल वैल्यू, आनन्द विकेतन, बिग म्यूजिक, रेडियो वन

रायल चैलेंजर्स
स्वामी: यूबी ग्रुप
**फ्रेन्चाइजी फीस:* 111.6 मिलियन डॉलर
सर्वाधिक महंगा खिलाड़ी: राहुल द्रविड (1.04 मिलियन डॉलर)

डेक्कन चार्जर्स
स्वामी: डेक्कन क्रॉनिकल व ग्रुप एम
**फ्रेन्चाइजी फीस:* 107.01 मिलियन डॉलर
सर्वाधिक महंगा खिलाड़ी: एन्ड्रयू सॉयमंड्स (1.35 मिलियन डॉलर)
प्रायोजक: टाटा इंडीकॉम, बिग 92.7 एफएम

मुम्बई इंडियंस
स्वामी: रिलायन्स इन्डस्ट्रीज़
**फ्रेन्चाइजी फीस:* 111.9 मिलियन डॉलर
सर्वाधिक महंगा खिलाड़ी: सचिन तेंदुलकर (1. 12 मिलियन डॉलर)
प्रायोजक: रिलायन्स इन्डस्ट्रीज़, मास्टर कार्ड, अडीडास, किंगफिशर, रायल स्टैग

कोलकात्ता नाईट राइडर्स
स्वामी: शाहरूख खान, जूही चावला और जय मेहता
**फ्रेन्चाइजी फीस:* 75.09 मिलियन डॉलर
सर्वाधिक महंगा खिलाड़ी: सौरव गांगुली (1.09 मिलियन डॉलर)
प्रायोजक: दा टेलीग्राफ, एचडीआईएल, बेलमौंट, नोकिया, टैग हयूअर, रीबॉक

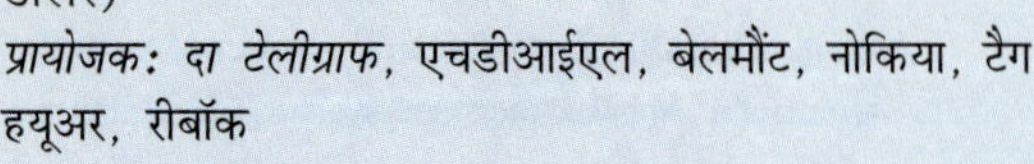

दिल्ली डेयरडेविल्स
स्वामी: जीएमआर होल्डिंग्स
**फ्रेन्चाइजी फीस:* 84 मिलियन डॉलर
सर्वाधिक महंगा खिलाड़ी: वीरेन्द्र सहवाग (8. 33,750 डॉलर)
प्रायोजक: रेलीगेयर, एडीडास, किंगफिशर, इन्टर कॉन्टीनेन्टल दा ग्रेंड नई दिल्ली, हीरो होन्डा

राजस्थान रायल्स
स्वामी: इमर्जिंग मीडिया ग्रुप
**फ्रेन्चाइजी फीस:* 67 मिलियन डॉलर
सर्वाधिक महंगा *खिलाड़ी:* मोहम्मद कैफ (6.75,000 डॉलर)
प्रायोजक: बजाज अलायंज़, किंगफिशर, रायल चैलेंज, रीबॉक

किंग्स इलेवन पंजाब
स्वामी: प्रीति जिन्टा, नेस वाडिया (बॉम्बे डाईंग), करन पाल (एपीजे सुरेन्द्रा ग्रुप), मोहित बर्मन (डाबर)
**फ्रेन्चाइजी फीस:* 76 मिलियन डॉलर
सर्वाधिक महंगा खिलाड़ी: युवराज सिंह (1.06 मिलियन डॉलर)
प्रायोजक: स्पाइस, प्रोवोग, कोटक, कोका-कोला, 9एक्स

*फ्रेन्चाइजी फीस 10 वर्षों के लिए है

HINDUISM
JAINISM
BUDDHISM
SIKHISM
ISLAM
CHRISTAINNITY

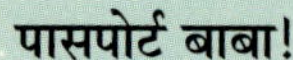

हस्तलिखित समाचार-पत्र

चेन्नई से निकलने वाला सांध्यकालीन समाचार-पत्र *दा मुसलमान* भारत का सबसे पुराना उर्दू का समाचार-पत्र है। यह हमेशा से हाथ से लिखकर निकाला जाता रहा है और पिछले 81 सालों में इसका भी संस्करण नहीं छूटा है। केवल यही नहीं इसका एक भी कर्मचारी समाचार-पत्र छोड़ कर नहीं गया और अपने मरने तक यहां काम करते रहे।

इसके प्रमुख *कातिब* या कॉपीराइटर रहमान हुसैनी ने यहां 20 साल पहले अकाउन्टेंट के रूप में काम करना शुरू किया था और बाद में उन्होंने कैलीग्राफी सीख ली। इसके भूतपूर्व प्रमुख *कातिब* के निधन के बाद रहमान ने समाचार-पत्र का प्रथम पृष्ठ संभाल लिया और तब से वह ही इसे देख रहे हैं और 2,500 रू. महीना कमा रहे हैं! रहमान का कहना है कि "आखिरकार यह हमारा परिवार है: हर एक *भाई* यहां मरते दम तक काम करता है।"

इनमें से सबसे लोकप्रिय *भाई* समाचार-पत्र के संपादक जनाब सैयद फजुल्ला साहिब थे जिनका अप्रैल 26, 2008 को 78 साल की उम्र में इंतकाल हो गया। उन्होंने *दा मुसलमान* के संस्थापक अपने पिता सैयद अज़मतुल्ला से समाचार-पत्र की बागडोर संभाली थी।

इस समाचार-पत्र के 1927 में आरंभ होने से लेकर अभी तक कुछ ज़्यादा नहीं बदला है। कैलीग्राफर 800 वर्ग फुट के एक धुंधले से कोने में बैठकर संपादन का काम करते हैं जिसमें प्रिटिंग प्रेस भी लगी है। कमरे में दो पंखे, तीन बल्ब और दो ट्यूबलाईट लगी हैं और सामने के संकरे दरवाजे से ही बाहर की रोशनी आती है।

संपादक का कमरा पुराने तरीके का है जिसमें जहां-तहां कागज़, फाइले, लैजर पड़े रहते हैं और एक फैक्स मशीन है। यहां हर समाचार-पत्र के कार्यालय में अपनी जगह बना चुके कम्प्यूटर का कहीं नामो-निशान नहीं है।

इसके पहला पृष्ठ पर राष्ट्रीय और अंतर्राष्ट्रीय खबरें, दूसरे और तीसरे पृष्ठ पर स्थानीय खबरें और चौथे पृष्ठ पर खेल की खबरें रहती हैं। दाईं ओर का निचला कोना संभावित 'ब्रेकिंग न्यूज़' के लिए खाली रखा जाता है जो दोपहर तीन बजे तक आनी चाहिए क्योंकि उसे बड़ी मेहनत से हाथ से लिखा और फिर मुद्रित किया जाता है। यह समाचार-पत्र 75 पैसे में गलियों में बिकता है।

पासपोर्ट बाबा!

कालू बागान, जमशेदपुर में एक दरगाह के सामने आपको एक अलग ही नज़ारा देखने को मिलेगा। यहां आपको हाथ में पासपोर्ट लिए नौजवान आड़ी-तिरछी कतारों में एक दूसरे का अभिवादन करते हुए मिलेंगें! लोग यहां पासपोर्ट बाबा के नाम से प्रसिद्ध मिस्कीन बाबा की दरगाह पर दुआ करने आते हैं। यहां के कर्त्ता-धर्त्ता पीर मोहम्मद के अनुसार सभी धर्मों के लोग दूर-दूर से भी यहां प्रार्थना करते हैं और अपने पासपोर्ट की प्रति दरगाह पर लगे पीपल के पेड़ पर बांध जाते हैं। मिस्कीन बाबा की छात्रों और बेरोज़गार लोगों पर विशेष कृपा रहती है!

यहां बाहर जाने की इच्छा लिए आने वाले कई ऐसे लोगों के उहादरण हैं जिन्होंने अपने नाते-रिश्तेदारों की कसम खाकर दुआ की तथा पासपोर्ट पेड़ पर बांधा और उनकी सऊदी अरब तथा ऐसे ही देशों में नौकरी मिल गई। यहां कई लोग विदेशों में अपने करीबियों के मिलने और परीक्षा में पास होने की दुआ करने भी आते हैं। इस तरह यहां पेड़ पर पासपोर्टों के साथ प्रेम-पत्र, प्रवेश-पत्र और परीक्षा प्रवेश-पत्र भी लटके मिल जाते हैं!

पासपोर्ट बाबा के बारे में कहा जाता है कि वह 150 साल पहले लाहौर से आए थे और उनमें दिव्य शक्तियां थीं। 1934 में उनकी याद में पीपल और बरगद के पेड़ के बीच दरगाह बनाई और तब से ही उनकी दिव्य शक्तियों और चमत्कारों की कहानियां चली आ रही हैं।

नशीले आलू!

ताजमहल के साथ भारत की आलू की टोकरी के नाम से भी जाने जाने वाले आगरा में किसान आलू की फसल की पैदावार को बढ़ाने के लिए पानी में देसी शराब मिलाकर डालते हैं। आलू की खेती करने वाले एक किसान का कहना है कि "यहां किसान पानी में 'देसी' शराब मिलाकर उसे फसल पर छिड़कते हैं। यह कीटनाशकों के मुकाबले सुरक्षित है और इससे फसल भी बढ़िया किस्म की होती है।"

राजा बलवंत सिंह कॉलेज के कृषि वैज्ञानिकों कहना है कि ऐसा कोई भी प्रमाण नहीं है जो यह साबित करता हो कि शराब के डालने से पैदावार अच्छी होती है। लेकिन 'देसी शराब' और कीटनाशकों का प्रयोग करने वालों की राय बंटी हुई है। लेकिन एक बात पक्की है कि कोल्ड स्टोरेज़ में आलुओं की उम्र बढ़ रही है!

इसका एक खुशनुमा नतीजा तो सामने ही है कि इस इलाके में देसी शराब की बिक्री में बढ़ोत्तरी नज़र आने लगी है!

बड़ा खली, बड़ा दिल

वह पूर्व मिस्टर इंडिया हैं और थोड़े समय तक वर्ल्ड रेसलिंग एंटरटेनमेन्ट (डब्ल्यूडब्ल्यूई) में विश्व चैम्पियन भी रह चुके हैं। 7 फुट 3 इंच और 190 किलो के दिलीप सिंह राणा आज पूरे अमेरिका में एक जाना-पहचाना नाम बन चुके हैं और डब्ल्यूडब्ल्यूई के समूह में वह एकमात्र भारतीय हैं। अब वह अटलांटा में रहते हैं लेकिन उनके बारे में शिमला में कई किस्से सुनने को मिलते हैं। हालांकि डब्ल्यूडब्ल्यूई की गिनती मुख्य धारा के खेलों में नहीं होती है परंतु जिन देशों में यह प्रसारित होता है वहां उन्हें अपार प्रसिद्धि मिली है।

डब्ल्यूडब्ल्यूई का पत्रक उनके बारे में कहता है कि खली ने हिमालय लांघा है, बाघों से लड़ाई की है और एक प्रचंड व्यक्ति के तौर पर धरती को वश में किया है। खली इन बड़ाइयों पर हंसते हैं। इस अतिमानवीय दावों के बावजूद खली धर्मगुरू आशुतोष महाराज के परम अनुयायी है। वह पक्के शाकाहारी हैं, धूम्रपान नहीं करते और न ही शराब का सेवन करते हैं लेकिन इससे भी बढ़कर यह कि जब वह कैमरे या फिर कुश्ती से दूर होते हैं तो ऐसे निराश्रित बेरोजगारों की तलाश में रहते हैं जिन्हें वो घर ला सकें और खाना खिला सकें। उनके करीबी लोग कि वर्षभर पहले 'स्वामी' खली ने एक ठिठुरते भिखारी को अपना कम्बल उतार कर दे दिया था।

पुत्र ने कराया विवाह संस्कार

लोग अपनी औलाद से बहुत उम्मीदें रखते हैं लेकिन एक पिता के लिए इससे बढ़कर सौभाग्य और क्या हो सकता है कि उसका विवाह संस्कार उसके पुत्र के हाथों हों।

कन्नमपुज़्हा एंटनी के जून 4, 2008 को उनके दूसरे विवाह का संस्कार उनके पुत्र फाद अंतरी कन्नमपुज़्हा ने कराया। 64 वर्ष के अंतरी सात साल पहले अपनी पत्नी रीथा के निधन के बाद अकेले जिंदगी जी रहे थे। उनके पुत्र और पुत्रवधू ने उन्हें फिर से शादी करने की सलाह दी। उन्होंने ब्रिगती के साथ शादी करने का फैसला किया। उनका विवाह त्रिचूर के निकट वलपाड़ में सेंट सेबेस्टियन कैथॉलिक गिरिजा में हुआ। विवाह में उनके चार में से दो पुत्रों, उनके परिवार, पोते-पोतियों, उनकी बहनों और उनके भाई शामिल हुए। विवाह संस्कार में वर-वधू की सहमति के समय पिता ने अपने पुत्र को 'फादर' सम्बोधित किया!

स्टाइलाइज़ हस्ताक्षर

आलमबाग, लखनऊ के जावेद अहमद (35) ने अपने को एक अनूठी पहचान दी है। उनके कैलीग्राफिक (सुलेखपूर्ण) हस्ताक्षरों में उर्दू, हिंदी और संख्याएं भी शामिल हैं। हस्ताक्षर अत्यंत स्टाइलाइज़ होने के बावजूद भी उसमें 'जावेद' आसानी से पढ़ा जा सकता है लेकिन इसमें विशेष बात 3196 की संख्या में हैं। इसे अलग-अलग कोणों से पढ़ने पर इसे 3186 और 9613 भी पढ़ा जा सकता है!

अरबपति भगवान

हम सभी जानते हैं कि तिरूपति के भगवान वेंकटेश्वर धरती के सबसे धनवान भगवान हैं लेकिन हर साल उनका धनाढ्य बढ़ता दिखाई देता है। पिछले वर्ष टीटीडी (तिरूपति थिरूमल देवस्थानम्) में पिछले वर्ष रू. 1,216 करोड़ का राजस्व मिला। श्रद्धालुओं द्वारा केवल इसकी हुंडी में ही सीधा चढ़ाया जाने वाला पैसा - रू. 425 करोड़ आया। भारत के सर्वाधिक पूजे जाने वाले पूजा स्थल के आंकडे आपके होश उड़ा सकते हैं। मंदिर की प्रमुख गतिविधि मुंडन है। यहां 45 महिलाओं सहित 1,000 नाई हैं जो कल्याण कट्टा में तीन पालियों में काम करते हैं। मंदिर को बालों के व्यवसाय (जो विग और परांदों में काम आते हैं) से ही प्रतिवर्ष रु.1 बिलियन की आमदनी होती है।

यहां सबसे अधिक लड्डू का प्रसादम् (प्रसाद) चढ़ाया जाता है। हर वर्ष 25,55,000 बड़े और 2,00,75,000 छोटे लड्डू बनते हैं। वंश के वर्तमान प्रमुख नेरावेल्लूर श्रीनिवास रमेश दशकों से यहां लड्डू बना रहे हैं। वह अब भी हर लड्डू की 27 पैसे लागत लेते हैं।

वज्रकीर्तिम (भगवान का मुकुट) ने 28,369 हीरे जड़े हैं। इसका वजन 13.36 किग्रा. है और इसकी कीमत लगभग रू.50 करोड़ है और आराध्य के शरीर पर खरे सोने के वस्त्र है। कहा जाता है कि भगवान एक हाथ से लेता है और दूसरे हाथ से देता है तो यहां भी रोज़ 45,000 लोगों को मुफ्त खिलाया जाता है।

अत्यंत निजी आमंत्रित

हममें से कितने लोगों को कभी ऐसा विवाह निमंत्रण मिला होगा जिसमें निमंत्रण पत्र पर एक ओर हमारा फोटो, नाम, योग्यता व परिवार का विवरण छपा हो और दूसरी ओर वर-वधू तथा मेजबान का विवरण हो। एक आमंत्रित व्यक्ति इससे अधिक की इच्छा भी नहीं कर सकता!

नेल्लूर, आंध्र प्रदेश के नूकला सेशही गुप्ता ने नवम्बर 16, 2007 को तेनाली में अपने पुत्र की शादी के लिए फैसला किया कि वह अपने सभी 833 मेहमानों को वैयक्तिक आमंत्रण भेजेंगे। उन्होंने इस अत्यंत विशिष्ट कार्ड के लिए बहुत ही व्यवस्थित तरीके से फोटो और दूसरे आवश्यक आंकड़े इकठ्ठे किए। हर एक व्यक्ति और कम्पोज़िटर के लिए इसका अंदाज़ा आसानी से लगाया जा सकता है कि कितनी बार सेटिंग बदली गई होगी। लेकिन गुप्ता अपने इस महत्वाकांक्षी सपने को पूरा करने में सफल रहे। इन 833 मेहमानों में से कोई भी इस निमंत्रण को अस्वीकार नहीं कर पाया होगा!

कर्सिव लेखन प्रतियोगिता

आज जब सभी जगह लिखने के लिए कीबोर्ड और कम्प्यूटर का प्रयोग किया जाता है तो ऐसे में इसे सुखद आश्चर्य ही कहा जाएगा कि न्यूयार्क के एक संगठन ने विश्व हस्तलेखन प्रतियोगिता का आयोजन किया। मानवता के लिए इस हस्तलेखन प्रतियोगिता में आठ वर्ष से अधिक का कोई भी व्यक्ति भाग ले सकता है। इस प्रतियागिता के लिए पूरे विश्व से प्रविष्टियां मिली और पहली बार किसी भारतीय ने कर्सिव लेखन वर्ग में दूसरा स्थान हासिल किया। इसके विजेता मंगेश पारेलकर को सितम्बर 2003 में पैन वर्ल्ड इंटरनेशनल के प्रकाशक से यह शुभ समाचार मिला। इस सम्मान के साथ उन्हें पुरस्कार स्वरूप एक पेनसेट मिला जिसके साथ 'भविष्य में आनंदमय जीवन' की शुभकामनाएं थी।

आईआईएम स्नातक का खान-पान प्रबंधन!

इलुमलई सरतबाबू की मां आंगनवाड़ी की एक कार्यकर्त्ता थी जो अपने बच्चों की पढ़ाई के लिए फुटपाथ पर इडली बेचती थी। इलुमलई ने कैट की परीक्षा पास की। पूरी तरह कर्ज में डूबा इलुमलई अहमदाबाद चला आया। उसे खाने-पीने के व्यवसाय में संभावनाएं नज़र आई। वह जानता था कि पेट की भूख क्या होती है। उसने सुना था कि 30 प्रतिशत भारतीयों को दिन में दो समय का खाना भी नहीं मिलता है। उसने अपने दोस्तों की मदद से एक कंपनी रजिस्टर कराई और 1 लाख रूपए की पूंजी से फूड किंग केटरिंग सर्विसिज़ खोली।

उसने 2006 में अहमदाबाद की एक घाटे में चल रही कंपनी को पेय और स्नैक्स की आपूर्ति शुरू की। उसे 2007 में बीआईटीएस पिलानी में एक यूनिट आरंभ करने के लिए कहा गया। फिर उन्होंने पीछे मुड़कर नहीं देखा। उसे कई ठेके मिले और उसने अपने सार कर्ज चुका दिए।

आज उसके लिए 250 लोग काम करते हैं और उसकी वार्षिक टर्नओवर रू.4 करोड़ है। इलुमलई अपनी मामूली शुरूआत को भूला नहीं है। उसका लक्ष्य ज़्यादा से ज़्यादा परिवारों की जिंदगी को बदलना है।

नागलैंड में पर्यटन बढ़ाएंगे हनुमान

नागालैंड में अधिकांश आबादी ईसाईयों की है लेकिन राज्य के दो गांवों को पर्यटन को बढ़ावा देने के लिए हिन्दू के प्रिय आराध्य हनुमान का सहारा चाहिए।

राज्य की राजधानी के 20 किमी. पश्चिम में गांव होनमा में चकित्सु कही जाने वाली एक बहुत बड़ी चट्टान है जिसका स्थानीय अंगमी भाषा में मतलब है 'पशुओं का राजा'। इस चट्टान की शक्ल बहुत कुछ हनुमान से मिलती है। पुराने प्रकृति पूजा के समय में शिकार में सफलता के लिए नागा इसकी पूजा करते थे। यहां एक उल्लू की शक्ल की शिला भी है। माना जाता है कि गांववालों की रक्षा के लिए दैवी शक्तियों ने इनकी रचना की। गैर-ईसाई अंगमी इन चट्टानों को आराध्य के रूप में पूजते थे।

राज्य की राजधानी कोहिमा से कोई 67 किमी. दूर दूसरे गांव बेनरू में ज़ेलियांग नागा रहते है। इस जगह पर प्रकृति की पूजा करने वाली लोग बड़ी संख्या में रहते हैं और यहां के समाज में उनका ही वर्चस्व है। मणिपुर की सीमा के साथ लगने वाला यह गांव राज्य के सबसे प्रभावशाली हरित क्षेत्रों में से एक है। गांव वाले इसका श्रेय गांव की रक्षा करने वाले माउंट पाउना को देते हैं। उनका मानना है कि हनुमान इसी पर्वत को उखाड़ कर ले गए थे।

पत्थर की तैरती बत्तखें

यह तो हम सभी को पता है कि बत्तखें और कछुए पानी में तैरते हैं लेकिन अगर वह पत्थर की बनी हो और फिर भी तैरे तो आप क्या कहेंगे?

धरणगधरा के विजय पी सोमपुरा (जन्म जुलाई 24, 1965) 11 वर्षों से मंदिरों के लिए पत्थर की मूर्तियां गढ़ने का काम कर रहे थे। उन्हें उस बलुआ पत्थर के हल्केपन को लेकर कौतुहल पैदा हुआ जिसका इस्तेमाल वह अपने काम में करता था। इसी आवेग में उन्होंने कछुए और मछली जैसी चीजें बनानी शुरू की जो पानी में तैर पाए लेकिन जब भी वह ये बनाते तो वह डूब जाती। अपनी आरंभिक असफलताओं से वह विचलित नहीं हुए व अपने प्रयोग करते रहे। इस अविष्कार के लिए प्रयोग करते-करते उन्हें सफलता का राज़ मिल गया। उन्होंने पाया कि यदि सभी माप सही हो तो पत्थर तैर सकता है। वस्तु के तैरने का संबंध अनुपात और संतुलन है।

वह अपने सामान को 'जादुई पत्थर' कहते हैं जिसे बनाने में उन्हें लगभग 15 दिन लगते हैं व उससे तैरने वाली एक चीज़ बनाने में कुछ महीनों का समय लगता है। उन्होंने अब तक सबसे बड़ा एक 4 फुट का मगरमच्छ बनाया है।

प्रेरक मेल-मिलाप!

वहां दर्शक उस समय सन्न रह गए जब भगवान राम और रावण के बीच प्रचंड युद्ध के मंचन की गाथा के बीच अल्पविराम घोषित कर दिया गया। जब तक मसूद अहमद ब्रेक का कारण बताने के लिए मंच पर नहीं आए तब तक भीड़ इससे नाराज़ रही और कुछ लोगों ने तो हल्ला करना भी शुरू कर दिया। नायक राम व लक्ष्मण के साथ रामलीला के दूसरे कलाकारों को नमाज़ पढ़नी थी और अपना रोज़ा तोड़ना था।

इसके बाद लखनऊ के बख्शी के तालाब मैदान में कोई विरोध नहीं हुआ। दर्शकों ने नायकों द्वारा मंच पर उन चटाईयों के समेटने तक मंचन का धैर्य के साथ इंतज़ार किया जिस पर उन्होंने नमाज़ पढ़ी!

1972 में मसूद ने अपने पिता मुजफ्फर हुसैन से बीकेटी समिति की कमान संभाली जो अपने हिन्दू मित्र के साथ मिलकर मिले-जुले कलाकारों के साथ रामायण का मंचन करते थे। आरंभ में इसे लेकर बहुत सी शंकाएं थी लेकिन यह कार्यक्रम साल-दर-साल चलता रहा और हर बार इसे देखने वालों की संख्या बढ़ती चली गई। 2007 का दशहरा मिले-जुले कलाकारों का शानदार उत्सव सा रहा जिसमें 15 वर्ष के मोहम्मद शेर खां को राम के पात्र के लिए चुना गया। मोहम्मद ने तब तक अपनी स्कूली शिक्षा भी पूरी नहीं की थी। उसने रामचरितमानस कई बार पढ़ी थी, उसे राम का चरित्र पसंद था।

आजकल के इस असहिष्णुता के समय में एकता का यह प्रयोग सच में कितना प्रेरक है!

दिन में बढ़ई रात को पढ़ाई!

चेन्नई का लक्ष्मणन नेल्लई सेलवम का एक अति-परिश्रमी बढ़ई है जो महीने में बमुश्किल दो हज़ार रूपया कमाता है जिसमें उसके परिवार के छः सदस्यों का गुज़र-बसर होता है। लेकिन छठी कक्षा पास यह बढ़ई इस मायने में औरों से अलग है कि दिन भर की मेहनतकश बढ़ईगिरी के बाद रात को उसके हाथ में औज़ारों की जगह कलम होती है।

जी हां, सेलवम लेखक है जिसने तमिल में छोटी और बड़ी कहानियां लिखी हैं। उसकी बच्चों और महिलाओं पर 15 पुस्तकें प्रकाशित हो चुकी हैं। उसकी पुस्तकों के नाम हैं *अमरीतवल्ली, कन्नीली नीर इथरकू, थोडरम पयानम्, अन्बू सेल्वी, कणमानी और चिन्ना चिन्ना कन्नीली।*

बढ़ईगिरी के साथ लेखन के इस दुर्लभ रचनात्मक हुनर को तमिलनाडु के मीडिया में बहुत जगह मिली है और भूतपूर्व राष्ट्रपति एजीपे अब्दुलकलाम से तो उसे प्रशंसा पत्र भी मिला है।

भारत पर गौरव करने के तथ्य!

- भारत सुपरकम्प्यूटर बनाने वाले तीन देशों (अमेरिका और जापान अन्य दो देश हैं) में से एक है।
- भारत सेटेलाइट भेजने वाले 10 देशों में से एक है।
- भारत की आठ कम्पनियां एनवाईएसई और तीन नैस्डैक में सूचीबद्ध हैं।
- अमेरिका के बाद भारत में तैयार राजमार्गों का दूसरा सबसे बड़ा नेटवर्क है।
- भारतीय मूल के बीस लाख अमेरिका में रहते हैं।
- सिलिकॉन वैली और वाशिंगटन डीसी में लगभग 49 प्रतिशत व्यवसायिक गतिविधियों का स्वामित्व भारतीयों के पास है या फिर भारत-अमेरिका की भागीदारी में है।
- दूसरे देशों की अपेक्षा भारत सर्वाधिक छात्र अमेरिका के कॉलेजों में भेजता है। 2004-05 में 80,000 से अधिक भारतीय छात्रों ने अमेरिकी कॉलेजों में प्रवेश लिया। इसी अवधि में चीन ने 65,000 छात्र भेजे।
- भारतीय-अमेरिकी वैज्ञानिक चक्रवर्ती ने उच्चतम न्यायालय (डायमंड बनाम चक्रवर्ती 1980) ने यह वाद जीता कि व्यक्ति को जैव अंगों के उपयोगी उत्पादन का पेटेंट मिले। चक्रवर्ती ने ऑयल-स्पिल (तेल छितराव) को समाप्त करने वाले जीवाणुओं का अविष्कार किया।

एक अलग रक्षाबंधन

इंडिया इंटरनेशनल फ्रैंडशिप सोसायटी, नई दिल्ली ने मई 31, 2008 को सुनीति यादव को भारत गौरव पुरस्कार से सम्मानित किया। मध्यप्रदेश और छत्तीसगढ़ में पर्यावरण-नारी अभियान आंदोलन चलाने वाली सुनीति को छत्तीसगढ़ की 'वृक्ष महिला' का उपनाम मिला हुआ है।

जब भारत में पर्यावरण शब्कोश के एक शब्द से ज़्यादा कुछ नहीं था उस समय सुनीति ने वन संरक्षण के लिए धार्मिक भावनाओं को जागृत किया और जिसने उसे पर्यावरण के साथ सीधे जुड़ी महिलाओं के साथ जोड़ा।

वह 'वृक्ष हमारे भाई है' का आह्वान के साथ 1992 से हर वर्ष वृक्ष रक्षा उत्सव का आयोजन करती आ रही हैं। इसी वर्ष जयपुर में वृक्ष रक्षा सूत्र कार्यक्रम द्वारा आयोजित एक कार्यक्रम में 17,000 लोगों ने पेड़ों पर राखी बांधी और जीवनभर उनकी रक्षा करने की शपथ उठाई।

सुनीति ने 1988 में रायगढ़ जिले के जनजातीय बहुल क्षेत्र में पवित्र ग्रोव संरक्षण अभियान चलाया। 1993 में उन्होंने पौध प्रसाद परियोजना आरंभ की जिसमें प्रसाद के रूप में पौध बांटी गई। उन्होंने 2001 में प्रकृति एवं प्राकृतिक संसाधनों की रक्षा के लिए पर्यावरणीय एनजीओ ग्रीन गार्जियन सोसायटी की स्थापना की। सुनीति का जीवन इससे अधिक हरा-भरा नहीं हो सकता।

सर्वाधिक शिक्षित विक्रेता

वह अपने को सबसे अधिक शिक्षित विक्रेता कहता है। वह जोधपुर से 35 किमी. दूर लूनी में रेलवे प्लेटफार्म पर समोसा, रसगुल्ले जैसी स्वादिष्ट चीजें बेचता है। अशोक कुमार भाटी (42) पिछले 27 वर्षों से इस जंक्शन पर अपनी ट्राली नं 2 लगाता आ रहा है और वह शायद अपने अच्छे भाग्य के लिए ही 786 नम्बर का बिल्ला लगाता है। लेकिन वह दूसरे विक्रेताओं की तरह नहीं है। उसके पास नौ व्यवसायिक व शैक्षिक डिग्रियां, दो स्नातकोत्तर डिग्रियां हैं। वह इनकी संख्या और भी बढ़ाना चाहता है। अब वह पीएचडी हेतु नामांकन कराने वाला है। उसके पास एलएलबी की डिग्री है, लेबर लॉ, टैक्सेशन लॉ प्रैक्टिस, टूरिज़्म और होटल मैनेजमेंट में डिप्लोमा है और उसने मानव संसाधन में एमए किया है। और यही नहीं उसे कोटा विश्वविद्यालय से स्वर्ण पदक भी मिला है!

वह निम्न श्रेणी लिपिक के पद पर नियुक्त हुआ था लेकिन एक ही तरह के काम से उक्ता गया और एक सप्ताह से ज़्यादा नहीं टिका! उसें इस बोरियत भरे क्लर्की के काम से भीड़-भाड़ वाला प्लेटफार्म ज्यादा अच्छा लगा जहां लोगों के कंधे एक-दूसरे से टकाराते रहते हैं और कहीं जाने के लिए भागम-भाग लगी रहती है...।

परंतु स्वादिष्ट चीज़े बेचने के रोजमर्रा के काम के बीच भी वह अपना लक्ष्य नहीं भूला। उसने अपनी पढ़ाई जारी रखी और उसकी डिग्रियां बढ़ती चली गई। भाटी को यह काम रेलवे प्लेटफार्म पर काम करने वाले अपने दादा और पिता से विरासत में मिला और उसे यह काम करने में कोई शर्म नहीं है। सच तो यह है कि उसे अपनी शैक्षिक योग्यता पर बहुत गर्व है। अब उसका अगला लक्ष्य है-पीएचडी।

मूंछ उगाओ नौकरी पाओ!

परम्परागत रूप से भारतीय पुरूष यह मानते हैं कि मूंछ रौबीलेपन और मर्दानगी की निशानी है। लेकिन राजस्थान में इस मूंछ प्रेम का परम महत्त्व है। जब होटल राजपूताना शेरॉटन के प्रवेश द्वार पर गजेन्द्र सिंह मेहमानों को सलाम ठोकते हैं तो कोई भी उसकी सुंदर घुमावदार मूंछों को देखे बिना नहीं रह सकता। दिलचस्प तो यह है कि इन्हीं मूंछों के कारण उसे नौकरी मिली। जब भूतपूर्व राष्ट्रपति केआर नारायणन ने राष्ट्रपति पद संभाला तो राष्ट्रपति के अंगरक्षकों के कमांडिग ऑफीसर ने नए राष्ट्राध्यक्ष को गार्ड ऑफ ऑनर का निरीक्षण कराने का जिम्मा गजेन्द्र सिंह को सौंपा। लेकिन इसके लिए शर्त यही थी कि गजेन्द्र को अपनी मूंछों को बढ़ाना और संवारना होगा! गजेन्द्र ने बिलकुल यहीं किया और इसके बाद उसे कहीं भी नौकरी ढूंढने में कोई कठिनाई नहीं आई। और आठ वर्षों से वह जयपुर के होटल के प्रवेश द्वार पर अपनी मूंछों पर ताव दे रहे हैं!

Did You Know?
Over the years, Limca has been endorsed by many glamorous faces – from the likes of Saif Ali Khan, Jayant Kriplani and Sonali Bendre to Deepika Padukone, Riya sen, Boman Irani, Yana Gupta and Sushma Reddy (in the latest brand communication)...!!
Limca
Fresh ho jao
lime 'n' lemoni
'Limca' is the registered TradeMark of The Coca-Cola Company. Contains no fruit. Contains added flavour.

डाक्टरों की खराब लिखाई की दवा!

बेंगलौर के एमएस रमैया मैमोरियल अस्पताल के डा. शतागिरी एमबी ने डाक्टरों की खराब लिखाई की शिकायतों को दूर करने का एक नायाब तरीका निकाला। वह 2006 से नुस्खे, केस हिस्ट्री, निधन की रिपोर्ट बड़े अक्षरों में लिख रहे हैं। अगर इस पर गंभीरता से बात की जाए तो उन्होंने ऐसा करने की मुख्य वजह यह थी कि डॉक्टर की लिखाई न समझ पाने के कारण कैमिस्ट गलत दवाई दे देते थे। उहारण के लिए डॉयनाल एक मधुमेह रोधक दवा है और डिवॉल एक एंटासिड है; सुगनिल एक आयुर्वेदिक दवा है और सुगरनिल एक दर्दनिवारक दवा है!

आठ पोतों के लिए जनेऊ

जनेऊ उस पवित्र धागे को कहा जाता है जो बच्चा शिक्षा ग्रहण करने के समय धारण करता है और हिन्दू संस्कार रीति में इसे *उपनयन* संस्कार कहा जाता है। इन्दोर की मोहिनी देवी भाटिया (78) के आठ पोते हैं जिनका जनेऊ संस्कार नवम्बर 19, 2007 को अजमेर में बहुत ही धूमधाम से एकसाथ किया गया। पहले पोते की आयु 29 और सबसे छोटे की चार वर्ष थी।

उसी दिन ही मोहिनी देवी के आठ पोते-पोतियों का *मुंडन* अथवा *छिद्रीकरण* भी किया गया जिसमें बाल्यवस्था के आरंभिक एक से तीन वर्षों के बीच में सारे बालों को साफ करके सिर के बीच एक चोटी रखी जाती है।

अध्यापक - पहले स्वयं को पढाएं

यह टीवी गेम शो आर यू स्मार्टर दैन ए फिफ्थ ग्रेडर या फिर उसके देसी संस्करण *क्या आप पांचवी पास से तेज़ हैं* से प्रेरित हो सकता है?

2007 में महाराष्ट्र के शिक्षा विभाग के सामने एक गंभीर चुनौती आ खड़ी हुई जब उसने पाया कि 1.25 लाख में से उसके 90 प्रतिशत स्कूली अध्यापक अंग्रेज़ी और गणित की पाठ्यक्रम की पुस्तकों के प्रश्नों के उत्तर नहीं दे पाए। राज्य शैक्षिक अनुसंधान एवं प्रशिक्षण परिषद द्वारा अध्यापकों की क्षमता के मूल्यांकन के लिए चलाए गए कार्यक्रम में यह सच सामने आया।

'हाज़िरी' के लिए अंगूठा

भारत के ग्रामीण विद्यालयों में अध्यापकों का न होना एक आम बात है। लेकिन गुजरात का पिछड़ा हुआ जनजातीय बहुल नर्मदा जिला में यह स्थिति को तेज़ी से बदल रहा है।

स्थानीय लोग इसे अंगूठाछापों की समस्या का 'अंगूठे' से निकला रास्ता कहते हैं। इसके लिए जिला और तालुल्का कार्यालयों और स्कूलों में भी फिंगरप्रिंट (उंगलियों की छाप) बायोमीटरी प्रणाली से हाजिरी लेनी शुरू की गई। नर्मदा जिले के विकास अधिकारी मिलिंद तोरवणे ने जिले की शिक्षा प्रणाली की कायापलट कर रख दी। अन्यथा उनके आने तक अध्यापक स्कूलों में नज़र नहीं आते थे और साक्षरता की स्थिति जस की तस बनी हुई थी। फिंगरप्रिंट से हाज़िरी लेने की खबर से जिले में हड़कम्प मच गया। तोरवणे ने अर्थशास्त्र से इसका हल निकाला। 'हर एक मशीन की कीमत लगभग 25,000 रू. है लेकिन इसके फायदे देखते हुए यह सरकार के लिए कोई बड़ी कीमत नहीं है।'

कुल 2,508 अध्यापक और कक्षा एक से लेकर सात तक के 76,994 कर्मचारी इसी प्रणाली से अपनी हाज़िरी लगाते हैं। तोरवणे कहते हैं अकेले नर्मदा जिले में अध्यापकों का वेतन 20 करोड़ रूपए से अधिक है इससे 10 प्रतिशत अनुपस्थिति समाप्त की जा सकती है।

तोरवणे विद्यालयों में खाने की चोरी को रोक कर अल्पाहार योजना को सही ढंग से लागू करने के लिए भी बायोमीटरी प्रणाली का इस्तेमाल करने की योजना पर विचार कर रहे हैं।

वीके जोशी, सहायक शिक्षा अधिकारी जिले में बडी संख्या में बच्चों द्वारा स्कूल छोड़ने का मुख्य कारण अध्यापकों की अनुपस्थिति को मानते हैं। मशीन अध्यापकों को जिम्मेदार बनाएगी जो स्कूल में केवल रजिस्टर पर हस्ताक्षर करने के लिए आते हैं। इससे अभिभावक भी नियमित रूप से अपने बच्चों को स्कूल भेजेंगे।

गुजरात में तोरवणे की योजना बहुत लोकप्रिय हो रही है। इसी से सीख लेते हुए वडोदरा के जिला विकास अधिकारी एम थनेसरण ने जिले के सभी पहाड़ी जनजातीय क्षेत्रों के उन सभी 38 आश्रमशालाओं में बायोमीटरी हाज़िरी प्रणाली लागू करने का फैसला किया है जिनमें सरकार के धन से आदिवासी बच्चे प्राथमिक शिक्षा पाते हैं।

वरिष्ठ नागरिकों के लिए सैर-सपाटा!

उम्र के जिस पड़ाव पर लोग यह सोचते हैं कि वे बहुत घूम-फिर चुके हैं और आराम करने की सोचते हैं वहां द सीनियर सिटीज़न आर्गेनाइज़ेशन इन इंडिया ने 53 वरिष्ठ नागरिकों के दल को थाइलैंड, मलेशिया और सिंगापुर की सैर कराई। उन्होंने यह यात्रा सेन गुरू ज्येष्ठा नागरिक मंडल धुले, महाराष्ट्र के प्रयास से आयोजित की।

यह वृद्ध प्रतिनिधियों के लिए केवल सैर-सपाटा ही नहीं था बल्कि उन्होंने वाईएमसीए के सीनियर सिटीज़न क्लब के साथ कुआलालम्पुर, मलेशिया में सितम्बर 8, 2007 को 3 घंटे का संयुक्त सांस्कृतिक कार्यक्रम भी प्रस्तुत किया। अपने जीवन के अंतिम पड़ाव में पहुंच चुके और ऐसा कार्यक्रम देने वाले लोगों हेतु भारत में भी पहली बार ऐसा दौरा आयोजित किया गया था।

निर्देशिका

निर्देशिका

निर्देशिका

निर्देशिका

निर्देशिका

निर्देशिका

नियम एवं दिशा-निर्देश

प्रविष्टि की पात्रता

लिम्का बुक ऑफ रिकार्ड्स में विविध क्षेत्रों में भारतीयों की उपलब्धियों की ऐसी पुस्तक है जिसमें पहले अविष्कार, खोज, मानव प्रयास के सभी क्षेत्रों में देश और विदेशों में मिले सम्मान और पुरस्कार शामिल हैं। कोई भी ऐसा व्यक्ति जिसने कोई अनूठा कार्य किया हो वह हमें सूचित कर सकता है।

दिशा-निर्देश

राष्ट्रीय और अंतर्राष्ट्रीय कीर्तिमान बनाते हुए स्वीकार्य और मानक मानदंडों तथा नियमों का अनुपालन करना होगा।

- कीर्तिमान को प्रमाणित करने का दायित्व, दावा करने वाले पर होगा। दावे पर दावाकर्त्ता के हस्ताक्षर हों और यह पर्याप्त तथा संतोषजनक दस्तावेजों के साथ हो अन्यथा इसे स्वीकार नहीं किया जाएगा। **प्रेस की कटिंग, श्रव्य/ दृश्य टेप और फोटो प्रकाशक की सम्पत्ति होंगे और लौटाए नहीं जाएंगे।**
- *लिम्का बुक ऑफ रिकार्ड्स* के कार्मिक के लिए कीर्तिमान बनाने के सभी प्रयासों के समय उपस्थित रहना आवश्यक नहीं हैं लेकिन इसकी प्रमाणिकता सुनिश्चित करना आवश्यक होगा। प्रमाणिकता किसी जिम्मेदार व्यक्ति जैसे स्कूल अथवा कॉलेज के प्रधानाचार्य, राजपत्रित अधिकारी अथवा ऐसे ही दर्जे के व्यक्ति से कराई जा सकती है। आवश्यक प्रमाणिकता के बिना आने वाले कीर्तिमान तत्काल निरस्त कर दिए जाएंगे।
- तकनीकी आधार पर अयोग्यता से बचने के लिए कीर्तिमान तोड़ने वाला व्यक्ति प्रयास करने से कम से कम एक माह पूर्व *लिम्का बुक ऑफ रिकार्ड्स* को सूचित करे। वर्तमान कीर्तिमान को तोड़ते हुए पहले से बनाए गए नियमों का पालन किया जाए।
- कीर्तिमान तकनीकी रूप से बंटे हुए न होकर सम्पूर्ण हों। जैसे कि यदि टाइपिंग का कोई रिकार्ड हो तो उसे सामान्य टाइपिंग ही माना जाएगा। एक उंगली या दो उंगलियों से टाइपिंग को अलग कीर्तिमान के रूप में दर्ज नहीं किया जाएगा। कीर्तिमान गिनने योग्य, तुलना योग्य और माप योग्य हों।
- नई श्रेणियां स्वीकार की जा सकती हैं लेकिन यह अत्यंत रूचिकर हों। गिटार बजाने को कोई कीर्तिमान न होने पर भी दो घंटे तक गिटार बजाने की कवायद स्वीकार्य नहीं होगी।
- संग्रह के आधारभूत 'मानक' होने चाहिएं। सीमित संख्या वाली अज्ञात किस्म की चीजें तभी स्वीकार्य होंगी जब वह अत्यंत रूचिकर हों।
- दूरी वाले कीर्तिमानों के लिए मोटरसाईकल, स्कूटर, मोपेड और कार जैसे आधारभूत वाहन ही मान्यता रखते हैं। विभिन्न श्रेणियों के वाहनों जैसे 100, 200 सीसी की मोटरसाइकिलों पर बनाए गए कीर्तिमानों को शामिल करने को लेकर पूछताछ होती है। हम इनके बीच कोई अंतर नहीं करते हैं। इसे मापने के लिए एक समय में तय की गई दूरी को मानदंड रखा जाता है। यादृच्छिक क्रॉस-कंट्री मोटरिंग के कीर्तिमान मान्य नहीं होंगे। जो लोग साइकलिंग अथवा अन्य किसी प्रतिस्पर्धा में कीर्तिमान बनाना चाहते हों वह अपने को शामिल कराने के लिए हम से अवश्य अनुमति लें।

मैराथन/ क्षमता प्रतिस्पर्धा

एक विस्तृत लॉगबुक रखी जाए जिसमें प्रविष्टियां कालक्रमानुसार हों जो मान्यताप्राप्त/ स्थापित/ प्रतिष्ठित संस्थान अथवा व्यक्ति द्वारा देखी गई और प्रमाणिक हों। इसकी एक नमूना शीट हमारे पास है और यह अनुरोध पर दी जाएगी।

मैराथन प्रतिस्पर्धा को निकाला जा रहा है। ऐसी प्रतिस्पर्धाओं पर बल दिया जाएगा जिनमें विशेष प्रकार की कुशलता सामने आए।

विश्राम लेने संबंधी विशेष तथ्य

क्षमता प्रदर्शित करने वाले प्रयासों की पांच श्रेणियां हैं।

मैराथन: एक घंटा पूरा करने के बाद दस मिनट के लिए विश्राम के ठहराव अनुमति है। यह ठहराव इकट्ठे किए जा सकते हैं (अर्थात् 3 घंटे के बाद 30 मिनट का ठहराव) लेकिन इन्हें रिकार्ड में न जोड़ा जाए। लॉग बुक में लिए गए विश्राम स्पष्ट रूप से दिए जाएं।

लगभग निरंतर: चिकित्सा/ शौचालय के लिए न्यूनतम ठहराव लिए जा सकते हैं। इन्हें लॉग बुक में लिया जाए।

निरंतर: रोटेटिंग अथवा रिले आधार पर किए गए।

हुनर/क्षमता: यथा आवष्ठयक ठहराव की अनुमति

एकदम निरंतर: कोई ठहराव नहीं

सभी साहसिक कार्यों/ असाधारण कार्यों/ करतबों/ खेलों इत्यादि के लिए संबंधित अथॉरिटी की लिखित में स्वीकृति लेना आवश्यक है।

बच्चों के कीर्तिमान

सामान्य श्रेणी में प्रतिस्पर्धी होने अथवा असाधारण रूप से प्रभावशाली होने पर ही अवयस्कों के कीर्तिमान स्वीकार किए जाते हैं। उदाहरण के लिए *अष्टाधायी* या फिर *तिरूकुरल* जैसे शास्त्रीय पुस्तकें कंठस्थ करने वाले बच्चों पर विचार किया जाएगा। परंतु राजधानियों, नदियों के नाम याद करना, कार के मॉडलों, नामों की पहचान करना इत्यादि पर विचार **नहीं** किया जाएगा।

कानून का उल्लंघन करने वाले कीर्तिमान (यथा लाइसेंस के लिए निर्धारित आयु से पहले ड्राइविंग करना), ऐसे कीर्तिमान जिनके लिए अधिक शारीरिक श्रम की आवश्यकता हो (जैसे मैराथन अथवा पर्वतारोहण), जो अव्यस्क के स्वास्थ्य के लिए हानिकर हो, स्वीकार नहीं किए जाएंगे। माता-पिता जिन कामों को असाधारण मानते है उनके लिए *लिम्का बुक ऑफ रिकार्ड्स* की अनुमति लेना आवश्यक है।

किसी व्यक्ति या सार्वजनिक सुरक्षा को जोखिम में डालने वाले कीर्तिमानों को प्रोत्साहित नहीं किया जाता है। खतरे वाले कीर्तिमानों के लिए दावा करने वाले को इस आशय का प्रत्याख्यान देना **आवश्यक** होगा कि दावा करने वाले को किसी प्रकार की शारीरिक या मानसिक क्षति होने पर *लिम्का बुक ऑफ रिकार्ड्स* का प्रकाशक, संपादक अथवा स्टाफ उत्तरदायी नहीं होगा। किसी महिला का *प्रथम* करने का दावा स्वीकार्य नहीं होगा।

सामान्य अवलोकन

लिम्का बुक ऑफ रिकार्ड्स पूरी तरह से प्रामाणिक होने का प्रयास करता है। परंतु कई बार ऐसा हो सकता है कि पहले का कोई कीर्तिमान पुस्तक के जारी होने के बाद सामने आए। ऐसी स्थिति में संशोधन/ नवीनतम तथ्य अगले संस्करण में दिया जाएगा। यह आवश्यक नहीं है कि 'प्रथम' कहलाने वाला कीर्तिमान स्थायी हो इसे बिना पूर्व सूचना के हटाया जा सकता है।

स्थान अथवा किसी भी अन्य कारण से निश्चित प्रविष्टि निकाली जा सकती है। संपादक दावाकर्त्ता को स्थिति में परिवर्तन के बारे मे सूचित कर सकता है लेकिन वह ऐसा करने के लिए बाध्य नहीं होगा।

रिकॉर्ड धारक किसी पुरस्कार राशि, उपहार अथवा *लिम्का बुक ऑफ रिकार्ड्स* की प्रतियां मुफ्त पाने का अधिकारी नहीं होगा। लेकिन उसे इसके आवरण मूल्य पर 25 प्रतिशत की छूट मिलेगी।

यदि रिकॉर्ड धारक को पुस्तक जारी होने के दो महीनो के भीतर उनका प्रमाणपत्र प्राप्त नहीं होता तो वह *लिम्का बुक ऑफ रिकार्ड्स* के कार्यालय में सम्पर्क करे।

किसी कीर्तिमान को शामिल करने के निर्णय का अधिकार संपादक के पास होगा। ऐसे सभी मामलों में निर्णय अंतिम है।

नई प्रविष्टियों की अंतिम तिथि: **मई 31, 2009**

अन्तिम शब्द...

इन अप्रत्याशित क्षणों में सुस्ती असर दिखा रही है, सांसों में थकान का स्वर है, अस्पष्ट यादों के मकड़जाल का धुंधलका छंट रहा है। मेरे पास यादों का खजाना है जिसमें मैं अक्सर डूबती-उतराती रहती हूं ताकि कहीं कोई गुम नाम या विचार जो तब काम नहीं कर सका था और उसे संग्रहित किया था ताकि बाद में उससे कोई बात बन सके। इन बीस वर्षों में जिसमें हम प्रत्येक वर्ष *लिम्का बुक ऑफ रिकार्ड्स* (गर्व से एलबीआर के नाम से संबोधित) का प्रकाशन करते आ रहे हैं, ऐसी वो कौन सी घटनाएं हैं जिन्हें हम याद करना चाहेंगे?

एक मन को छूने वाली याद दूसरे संस्करण (1991) के एक पोस्ट कार्ड की है जो हमें मदुराई के एक अज्ञात बी. विलेउधापेरूमल ने भेजा था। वह प्यार का मारा व्यक्ति अपनी प्रेम कहानी को रिकार्ड कराना चाहता था ताकि वह अपने ससुर को अपनी क्षमता की श्रेष्ठता सिद्ध कर सके कि वह दुनिया का एकमात्र व्यक्ति है जो अपने प्यार का इजहार कर सकता था!

तब, हमने पहला कार्टून प्रकाशित किया जिसने मीडिया में सुर्खियां बटोरीं - पोनप्पा *लिम्का बुक ऑफ रिकार्ड्स* पर।

1992 में हमने पहली बार पीपुल ऑफ दा ईयर अर्वाड्स की घोषणा की जो वार्षिक रीति बन गया है। इस दौरान मीडिया के साथ भव्य, सितारोंभरा व सुन्दर माहौल और समाज का भाईचारा निभाने के लिए जाम से जाम टकराते मतवाले। उसमें शामिल थे टी-सीरीज के गुलशन कुमार, आई सर्जन डॉ. एम सी मोदी, आंखों देखा हाल सुनाने वाले रेडियो उद्घोषक अमीन सयानी, साहसी मनदीप सिंह सोयन और स्कवैश चैम्पियन भुवनेश्वरी कुमारी।

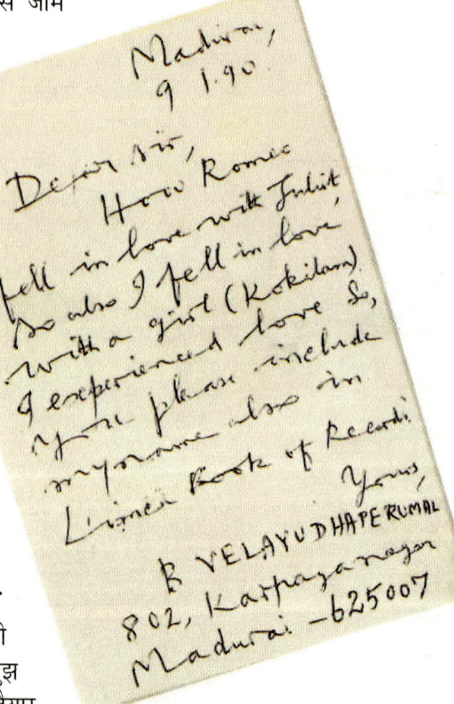

Madurai,
9.1.90.

Dear Sir,
How Romeo fell in love with Juliet, So also I fell in love with a girl (Kokilam). I experienced love So, you please include my name also in Limca Book of Records.

Yours,
B VELAYUDHAPERUMAL
802, Karpaganagar
Madurai -625007

1999 में एलबीआर क्विज़ और लांच के संयोग से कौन 10वीं वर्षगांठ के संस्करण को भूल सकता है? जब क्विज़मास्टर बैरी ओ' ब्रॉयन ने युवा विश्वनाथन आनन्द के सभागार में उपस्थिति की उद्घोषणा की, तब वहां उपस्थित दर्शकों ने खड़े होकर उसका जबरदस्त, उत्साहपूर्वक स्वागत किया। बाद में विश्वनाथन ने कहा कि उसे इससे पहले स्वागत की इतनी जबरदस्त खुशी नहीं मिली!

मैं इसी तरह कहानी दर कहानी जोड़ती रहती हूं, प्रत्येक मन को छूती, संवेदनशील, हैरान कर देनेवाली ...

लिम्का बुक ऑफ रिकार्ड्स के दो दशकों से ज्ञान की या पुस्तक में अपूर्व, विलक्षण अनुभवों की प्यास नहीं बुझ सकती। परन्तु आप के लिए, हमारे पाठकगण, पुस्तक तैयार नहीं हो सकती थी। मैं आप सभी के लिए कृतज्ञ हूं जो पत्र भेजते हैं, अपने निवेदन ई-मेल करते हैं, जांच के लिए तरह-तरह के दस्तावेज भेजकर, अपना नाम/ रिकार्ड पुस्तक में शामिल करने के लिए पूछते हैं ...

परिवर्तन अवश्यम्भावी है। उन व्यक्तियों के लिए जो न केवल अपने जीवन में विभिन्न दौर से गुजरते हैं बल्कि रिकार्ड पुस्तक में भी। मुझे आशा है कि आप इस पुस्तक में परिवर्तन देखेंगे और पसन्द करेंगे। यह 20वां संस्करण हमारे रिकार्ड धारकों के सम्मान में है। तो पढ़िये, खोजिये, विचारिये, गरारे कीजिये, ठहाके लगाइये! हमें आपके फैंसले का इन्तजार रहेगा।

Vijaya Ghose